Hiddensee
Fehmarn
Stralsund
Usedom
Poel
Rostock
Greifswald
Lübeck
Wismar
MECKLENBURG-
VORPOMMERN
SCHWERIN
Neubrandenburg
Neuruppin
Oranienburg
Stendal
BERLIN
Brandenburg
POTSDAM
Frankfurt
a.d.O.
Wolfsburg
MAGDEBURG
BRANDENBURG
Halberstadt
SACHSEN-
ANHALT
Wittenberg
Dessau-Roßlau
Cottbus
Nordhausen
Halle
(Saale)
Leipzig
Görlitz
Naumburg
SACHSEN
DRESDEN
ERFURT
Weimar
Jena
Chemnitz
Gera
Zwickau
THÜRINGEN
Plauen

Bibliografische Information der Deutschen Nationalbibliothek:
Die Deutsche Nationalbibliothek verzeichnet diese Publikation in der Deutschen Nationalbibliografie; detaillierte bibliografische Daten sind im Internet über www.dnb.de abrufbar.

oekom – Gesellschaft für ökologische Kommunikation mbH,
Goethestraße 28, 80336 München
+49 89 544184 – 200
www.oekom.de

Herausgeber: Slow Food Deutschland e. V.,
Genussführer-Kommission

Umschlaggestaltung, Satz: Ines Swoboda, oekom verlag
Innenlayout: www.buero-jorge-schmidt.de
Kartenlayout: Reihs Satzstudio, Lohmar
Redaktion: Martin Wurzer-Berger
Korrektur: Petra Kienle
Anzeigen: Andreas Hey, hey@slowfood.de

Druck: Friedrich Pustet GmbH & Co. KG, Regensburg

ISBN 978-3-98726-097-1

FSC www.fsc.org MIX Papier | Fördert gute Waldnutzung FSC® C014889

Slow Food® Deutschland (Hrsg.)

Slow Food

Genussführer 2025/26

Die besten Restaurants und Gasthäuser in Deutschland

Inhalt

Symbole 6

Benutzerhinweise 7

Herausgeber und Testgruppen 8

Willkommensgruß von den Vorsitzenden von *Slow Food Deutschland* 9

Vorwort 11

Slow Food – gutes, sauberes und faires Essen für alle 13

Die *Genussführer*-Testkriterien 16

Die Arche des Geschmacks 20

Grußwort der Slow Food Chef Alliance 22

Kleine Warenkunde 27

ABC der regionalen Spezialitäten 65

Nachwort der Redaktion 583

Bildnachweis 585

Gaststättenregister und Ortsregister 586

Baden-Württemberg 98

Bayern 186

Berlin 328

Brandenburg 340

Bremen 352

Hamburg 358

Hessen 366

Mecklenburg-Vorpommern 402

Niedersachsen 410

Nordrhein-Westfalen 440

Rheinland-Pfalz 480

Saarland 506

Sachsen-Anhalt 518

Sachsen 526

Schleswig-Holstein 552

Thüringen 572

Symbole

NEU Ein neu aufgenommenes Lokal im Vergleich zur Ausgabe 2023/24.

Das Lokal ist für Menschen mit Behinderung (nicht) barrierefrei zugänglich. Bitte informieren Sie sich vor Ihrem Besuch über die genauen Gegebenheiten vor Ort.

Das Lokal hält Übernachtungsmöglichkeiten bereit.

Bio Das Restaurant ist biozertifiziert.

Das Lokal imponiert mit einem überdurchschnittlichen vegetarischen Angebot.

Das Lokal bietet selbst gebrautes Bier an.

Das Lokal schenkt selbst gekelterte Weine (oder Apfelweine) aus.

Der Küchenchef ist Mitglied der Vereinigung Chef Alliance (siehe Seite 22) und pflegt somit intensive Kontakte zu seinen Produzenten.

* Das rote Sternchen verweist auf Gerichte, die im »ABC der regionalen Spezialitäten« (siehe Seite 65) erläutert sind.

→ Besondere Attraktionen und Aktivitäten der Lokale und Tipps zum Wandern, Fahrradfahren oder Besichtigen im Umkreis.

Hier finden Sie empfehlenswerte Produzenten und Manufakturen in der Nähe der Lokale.

Bei den Preisen werden Abkürzungen wie folgt verwendet:

V = Vorspeise
H = Hauptgericht
N = Nachspeise

Benutzerhinweise

Einteilung/Örtlichkeiten

Jedes Lokal ist unter seinem Standort aufgeführt. Die Städte bzw. Ortschaften sind innerhalb der Länderkapitel alphabetisch geordnet, maßgeblich ist der Name der Hauptgemeinde. Teilgemeinden werden im Rahmen der genauen Adressbezeichnung aufgeführt. Ein Lokal in Eltville-Hattenheim finden Sie unter »E« wie Eltville.

Informationsbasis

Ruhetage, Öffnungs- und Ferienzeiten sowie die Anzahl der Plätze wurden von den Wirten und Betreibern der Lokale selbst angegeben.
Die angegebenen Zeiten können sich je nach Jahreszeit, Saison und Personalsituation ändern. Bitte informieren Sie sich auf der Homepage oder telefonisch beim jeweiligen Restaurant.

Karten

Die beiden großen Deutschlandkarten am Anfang und Ende des Buchs zeigen einmal die nördliche und einmal die südliche Hälfte Deutschlands mit allen empfohlenen Lokalen, die als rote Punkte markiert sind. Vor jedem neuen Kapitel finden Sie darüber hinaus eine Karte des jeweiligen Bundeslands mit unseren Empfehlungen. Hier sind ausschließlich die Hauptgemeinden aufgeführt. Auf Namenszusätze wurde verzichtet: Neuburg an der Donau erscheint nur unter dem Namen »Neuburg«.

Herausgeber und Testgruppen

Slow Food Deutschland e. V., Genussführer-Kommission (Hrsg.): Ingo Plessing (Leitung), Martin Wurzer-Berger (Redaktion), Armin Brucker, Moni Islam, Thomas Marbach, Sabine Schäfer, Tina Schey, Gerhard Tremel, Sebastian Wenzel

Die Testgruppen folgender Convivien haben zum Genussführer beigetragen:

Aachen
Altmühlfranken
Augsburg
Bad Tölz-Tegernsee
Baden-Schwarzwald
Barnim-Oderland
Bergisches Land
Berlin
Bielefeld/OWL
Bodensee
Bonn
Bremen
Bruchsal-Kraichgau
Chiemgau-Rosenheimer Land
Dresden
Duisburg-Niederrhein
Düsseldorf
Essen
Frankfurt/Main
Freiburg
Fulda
Hamburg
Hannover
Harz
Ingolstadt
Karlsruhe
Köln
Lausitz
Leipzig-Halle
Lörrach
Lübeck
Lüneburg-Heide-Wendland
Mainfranken-Hohenlohe
Mittelhessen
München
Münster/Münsterland
Niederbayern
Nordhessen
Nürnberg
Oberfranken
Odenwald
Oldenburg
Osnabrück
Ostfriesland
Pfalz
Pfälzerwald
Potsdam-Fläming-Havelland
Regensburg-Oberpfalz
Rheingau
Rhein-Mosel
Rhein-Neckar
Saarland
Sauerland
Schwarzwald-Baar-Heuberg
Stuttgart
Südlicher Teutoburger Wald
Südniedersachsen
Südwest-Sachsen
Thüringen
Tübingen/Neckar-Alb
Ulm

Willkommen

Sie blättern in der sechsten Ausgabe des *Slow Food Genussführers* – ein Markenprodukt hat sich erfolgreich etabliert. Noch deutlicher zeigt sich der Erfolg unseres *Genussführers* darin, dass er als Vorbild staatliche Einrichtungen inspiriert hat, um selber mit viel Kapital im Hintergrund auch einen Genussführer herauszugeben.

Unser *Slow Food Genussführer* ist jedoch viel, viel mehr als ein schlichter Restaurantführer.

Der *Slow Food Genussführer* enthält Informationen, die in dieser Form nirgendwo sonst zu finden sind. Die »Kleine Warenkunde« ist längst nicht mehr klein, sondern ziemlich umfassend. Das Kapitel »ABC der regionalen Spezialitäten« ist ein unglaublicher Schatz an historischem, regionalem Wissen.

Der *Genussführer* legt die Prüfkriterien gänzlich offen. Alle Prüfer*innen sind ehrenamtlich tätig, und das, was sie bei ihren Testessen bestellen, zahlen sie aus eigener Tasche. Damit sie in einer Testgruppe mitmachen dürfen, müssen sie sich intensiven Schulungen unterziehen. Viel Freizeit muss dafür aufgewendet werden, und nicht immer ist ein Testessen auch ein Genuss.

Für die Slow-Food-Bewegung ist Genuss, genussvolles Essen im Kreise von Gleichgesinnten, kein hedonistischer Akt, er ist Teil unserer Strategie, die Ernährungswende voran zu bringen. Die geprüften Gaststätten sind Leuchttürme der Ernährungswende. Regionalität, Saisonalität, handwerkliches Arbeiten in der Küche sind essentiell, damit die Ernährungswende vorankommt. In Zeiten, in denen Systemgastronomie immer mehr Marktanteile gewinnt, sind Gaststätten, wie sie in unserem *Genussführer* vorgestellt werden, Oasen der Kreativität, der Vielfalt und der regionalen Verwurzelung. Und sie haben ein Gesicht.

Um so einen Restaurantführer auf die Beine zu stellen, braucht man zuverlässige, professionelle Partner an der Seite. Den haben wir mit dem oekom verlag seit vielen Jahren, ihm möchte ich an dieser Stelle danken. Gute Zusammenarbeit zeigt sich auch darin, dass man Themen, auf die es unterschiedliche Sichtweisen geben kann, einem gemeinsamen Ziel zuführt. So ist es uns gelungen, die Genussführer-Restaurants auch über eine App zugänglich zu machen. Eine großartige Symbiose ist entstanden: Das Buch für zu Hause, zum Schmökern, um mit seinen Lieben über das eine oder andere Restaurant zu diskutieren, die App auf Reisen, um schnell eine Gaststätte zu finden, bei der man sicher sein kann, dem erwarteten Genuss zu begegnen.

Genießen Sie das Essen in den vom *Genussführer* empfohlenen Gaststätten und tragen Sie dazu bei, das großartige Engagement der Genussführer-Gaststätten zu würdigen.

Dem *Genussführer* – ad multos annos!

Rupert Ebner, 1. Vorsitzender *Slow Food Deutschland e.V.*
Sabrina Buchholz, 2. Vorsitzende *Slow Food Deutschland e.V.*

Go Slow!
„Für mich hat jeder Mensch ein Recht auf ‚echtes' Essen und ich möchte zeigen, wie wir das in der Küche umsetzen können."
Luka Lübke, Sprecherin der Chef Alliance in Deutschland
Foto: Marta Urbanelis

Vorwort

Die sechste Auflage des Slow Food *Genussführers* überrascht mit einem zeitgemäßen Erscheinungsbild und gestrafften Inhalten. Unverändert im Fokus bleibt das wesentliche Versprechen, mit dem er vor über zehn Jahren erstmalig erschien: Er ist und bleibt der verlässliche Kompass, der zu Slow-Food-gemäßen Gasthäusern führt.
In ihnen bereitet das Essen sinnlichen Genuss, weil es sich vom Einheitsgeschmack deutlich abhebt. Auf den Tisch kommen Gerichte, die im Einklang mit den Jahreszeiten aus frischen und saisonalen Grundprodukten aus der Region entstanden sind. Sie entstehen auf handwerkliche Art und Weise, mit dem bewussten Verzicht auf industrielle Fertigerzeugnisse, Aromastoffe, Natriumglutamat und andere künstliche Zusätze. Kurzum: Sie bieten den Gästen eine unverfälschte Küche zu einem vernünftigen, nachvollziehbaren Preis.
So unterschiedlich die im *Genussführer* beschriebenen fast 450 Gasthäuser auch sein mögen – und keines wirklich mit einem anderen vergleichbar ist –, eint sie doch alle, dass es Orte sind, an denen mit Freude authentisch gekocht wird. Jedes Haus verkörpert auf seine eigene Art und unverwechselbare Weise einen ehrlichen und unverfälschten Kochstil.
Hier finden Genuss und Verantwortung aufs Schönste und Schmackhafteste zusammen. Denn nicht allein Gaumenkitzel und Gastfreundschaft sind für Slow Food entscheidend. Der Fokus liegt gleichermaßen auf dem transparenten und fairen Warenbezug regionaler Grundprodukte.
Alles beginnt mit guten, sauberen und fairen Produkten. Denn die Slow-Food-Maxime, zu wissen, was man isst und welche Hände das Essen zubereitet haben – oder anders gesagt, unter welchen Bedingungen die Lebensmittel entstanden sind und hergestellt wurden – gilt ganz besonders für den *Genussführer*. Es geht um das soziale Miteinander von Wirt*innen, Lieferant*innen und Gästen. Sie eint der gemeinsame Stolz, lokale Spezialitäten und gute Produkte präsentieren und schmecken zu dürfen. Das lenkt die Aufmerksamkeit auf die Grunderzeugung und die handwerklichen Zwischenschritte zwischen Acker und Gabel oder Trog und Teller.
Unser Dank gilt in erster Linie den bemerkenswerten und auch einzigartigen Landwirt*innen, Gärtner*innen, Züchter*innen, Bäcker*innen, Fischer*innen, Metzger*innen, Jäger*innen also allen, die das gastronomische Angebot der *Genussführer*-Lokale ermöglichen. Weiter gilt der Dank selbstverständlich allen Akteur*innen in den Gasthäusern, die unsere Geschmackswelt immer wieder engagiert und originell bereichern. Nicht zuletzt danken wir den 61 Testgruppen mit Hunderten ehrenamtlichen Testenden, die nach wie vor ohne Spesenbudget und damit auf eigene Rechnung unterwegs sind, um unermüdlich gastronomische Perlen zu entdecken, den Kontakt zu den bestehenden Lokalen zu pflegen und auszubauen. Sie halten beständig alle Informationen zu den Gasthäusern aktuell. Nicht zuletzt beschreiben sie den sinnlichen Genuss an Speisen und Getränken anschaulich, appetitlich und für die Leserschaft anregend.

Doch vor allem danken wir Ihnen, liebe Lesende, halten Sie doch dieses Buch in Händen und haben offensichtlich ein so großes Interesse am *Genussführer*, dass Sie sich selbst das Vorwort zu Gemüte führen. Ihnen ist es zu verdanken, dass die Erfolgsgeschichte »*Genussführer*« sich fortsetzt. Er hat die gastronomische Landschaft spürbar verändert. Tatsächlich etabliert sich mit ihm eine etwas andere Form der gastronomischen Kritik. Die Themen Nachhaltigkeit, regionaler Warenbezug, Ehrlichkeit und Transparenz, spielen inzwischen über Slow Food hinaus eine spürbare Rolle. War es bei der ersten Ausgabe noch eine stille Hoffnung, ein vager Traum, ist der Slow Food *Genussführer* inzwischen über die Generationen hinweg ein liebgewonnener und unverzichtbarer Reisebegleiter. Nicht ausschließlich für Slow-Food-Mitglieder, auch viele andere hungrige, Qualität und Genuss suchende Entdecker*innen möchten ihn nicht mehr missen.

Ingo Plessing
Leiter des Herausgeberteams

P. S.
Wenn Sie nicht schon Slow-Food-Mitglied sind – vielleicht wäre der *Genussführer* eine gute Gelegenheit, darüber nachzudenken.

Slow Food – gutes, sauberes und faires Essen für alle

Die Gasthausempfehlungen in diesem Buch wurden von mehr als 500 engagierten Slow-Food-Mitgliedern zusammengetragen, die in ihren Testgruppen nach festgelegten Kriterien die Lokale geprüft haben. Aber was ist eigentlich Slow Food?
Slow Food ist eine weltweite Bewegung, die es sich zum Ziel gesetzt hat, eine Ernährungswelt zu schaffen, die auf fairen Beziehungen basiert, die biologische Vielfalt, das Klima und die Gesundheit fördert und es allen Menschen ermöglicht, ein Leben in Würde und Freude zu führen. Bei Slow Food engagieren sich Menschen mit Überzeugung und aus Leidenschaft für ein Ernährungssystem, das auch zukünftige Generationen ernährt. Teil dieses Netzwerks sind Engagierte jedes Alters. Es sind interessierte Verbraucher*innen, Fachleute aus Landwirtschaft, Fischerei, Lebensmittelhandwerk, Gastronomie sowie Wissenschaft und Forschung. Mit Millionen von Menschen aus mehr als 160 Ländern treibt Slow Food die Ernährungswende im öffentlichen und privaten Bereich voran und macht sich zielgerichtet stark für die Erhaltung der biologischen und kulturellen Vielfalt, die Sensibilisierung und Vermittlung von Wissen durch Bildungsarbeit sowie die politische Interessenvertretung.

Wofür wir stehen

Gut Wir setzen uns ein für das Recht aller Menschen auf wohlschmeckendes, gesundes und kulturell vielfältiges Essen: Aus der Vielfalt von Menschen, Kulturen, Orten, Lebensmitteln und Geschmäckern entstehen resiliente Gesellschaften und Ökosysteme.
Sauber Wir unterstützen möglichst lokale und widerstandsfähige Ernährungssysteme, die die wertvollen Ressourcen der Erde schonen und wiederherstellen, anstatt sie zu erschöpfen, und die alle Ökosysteme und Arten schützen. Unsere Ernährungssysteme spielen eine wichtige Rolle bei der Eindämmung der Klimakrise und des Verlusts der biologischen Vielfalt.
Fair Wir schaffen Wirtschaftskreisläufe, die auf Partnerschaft gründen. Alle am Ernährungssystem beteiligten Menschen werden in ihrer Entscheidungsfreiheit respektiert. Soziale Gerechtigkeit erreichen wir durch faire und inklusive Arbeitsverhältnisse und den gleichberechtigten Zugang zu Lebensmitteln, Wasser und Land.

Zukunftslösungen für unsere Ernährungswelt: politisch – praktisch – kulinarisch

Ihren Ursprung nahm die Slow-Food-Bewegung 1986 in Italien. Der Journalist und Soziologe Carlo Petrini gründete sie als Reaktion auf eine immer schnellere und unbewusstere Nahrungsaufnahme, mit der die Menschen sich zunehmend von den Ursprüngen ihrer Lebensmittel entfernten. Während das anfängliche Ziel von Slow Food vor allem darin lag, für kulinarischen Genuss einzutreten, erwuchs bald die Einsicht, dass eine ökologische

Landwirtschaft, das Lebensmittelhandwerk sowie eine gesunde Umwelt Voraussetzungen sowohl für eine nachhaltige Kultur des Essens als auch für die Ernährungssicherheit insgesamt sind. Somit steht zunehmend die mit Essen verbundene Verantwortung gegenüber Mensch, Tier und Planet im Zentrum der Betrachtung.

Slow Food Deutschland (SFD) wurde 1992 als erster nationaler Verein außerhalb Italiens gegründet. Mit 87 Convivien, den Regionalgruppen, ist Slow Food in weiten Teilen Deutschlands vertreten: Engagierte Mitglieder bauen Kontakte zwischen Erzeugerinnen, Köchen, Händlerinnen und Verbrauchern auf, setzen Veranstaltungen und Projekte um und stärken so die Beziehungsgeflechte und tragfähigen Bündnisse vor Ort. Neben der lokalen Ebene ist Slow Food Deutschland auch auf nationaler wie europäischer Ebene aktiv und sichert mit einem Netzwerk entlang der Lebensmittelwertschöpfung umfassendes und übergreifendes Denken und Handeln sowie eine starke Basisorientierung.

Erhaltung biologischer und kultureller Vielfalt

Vielfalt statt Masse – auch dieser Gedanke spielte bei der Gründung und Namenswahl eine wichtige Rolle für den Verein: Slow Food statt Fast Food. Statt des ewig und überall gleichen Angebots der globalen Fast-Food-Ketten setzen wir auf regionale wie saisonale Diversität, auf verschiedene Geschmäcker, Aromen, Farben und Formen von Lebensmitteln und auf handwerkliches Können. Vielfalt statt Uniformität bringt für uns ein Mehr an Lebensqualität und auch an Verantwortung. Denn diese Vielfalt gilt es zu schützen. Der Verein zeigt dies exemplarisch durch Projekte wie die Arche des Geschmacks, Netzwerke wie die Chef Alliance, Initiativen wie den *Genussführer* und die Zertifizierung als Slow-Wein-Deutschland-Weingut sowie mit Messen, Märkten und Veranstaltungen.

Wissen muss schmecken

Bildungsarbeit und Bildungsprojekte von Slow Food vermitteln Kindern, Jugendlichen und Erwachsenen Wissen engagiert und alltagsnah. Sie kommen mit Expert*innen aus Theorie und Praxis auf Höfen, in Schulen, Küchen und Backstuben sowie bei Veranstaltungen zusammen und erleben mit »Kopf und Bauch«, wie eine für Mensch und Planet gesunde Ernährung gelingt, schmeckt und lohnt. Die Slow Food Youth Akademie macht junge Menschen zu Changemakers, die kreative Lösungen für unsere Gesellschaft erarbeiten. Mit dem 2021 initiierten Ursula Hudson Preis ehrt Slow Food Einzelpersonen, Initiativen oder Gruppen, die im Ernährungsbereich bzw. in der Ernährungspolitik und -bildung aktiv sind. Mit ihrer innovativen Gestaltungskraft haben sie Vorbildcharakter.

Essen ist politisch

Im Dialog mit Entscheidungsträger*innen und in der Zusammenarbeit mit anderen Organisationen treibt Slow Food die dringend erforderliche ökologische und soziale Transformation des Lebensmittelsystems voran.

Der Verein fordert u. a. eine ganzheitliche Ernährungspolitik sowie die Schaffung von Ernährungsumgebungen, die nachhaltige, gesunde und faire Verbraucherentscheidungen fördern.
Das Thema Ernährung wird immer relevanter: Mit Messer und Gabel bestimmen wir täglich über die Zukunft der Welt. Slow Food möchte Lust machen auf diese gesamtgesellschaftliche Aufgabe – und zeigen, wie Genuss und Verantwortung zusammenspielen. Wir freuen uns, wenn Sie mitmachen und uns dabei unterstützen!

Die *Genussführer*-Testkriterien

Gelegentlich werden wir nach den Kriterien für die Aufnahme in unseren Führer gefragt. Der *Genussführer* ist ein Projekt von Slow Food Deutschland. Im *Genussführer* werden ausschließlich Gastronomiebetriebe empfohlen, die handwerklich arbeiten und deren Gerichte eine regionale Kompetenz aufzeigen. Wir testen die Lokale mithilfe von über ganz Deutschland verteilten örtlichen Testgruppen nach einheitlichen Vorgaben. Mit derzeit 61 örtlichen Testgruppen mit über 500 Mitgliedern überblickt Slow Food die Küchenlandschaft hierzulande und zeigt mit dem *Genussführer*: Es gibt sie, die gute und saubere Regionalküche!

Die Testgruppenmitglieder arbeiten vor Ort ehrenamtlich und ohne ein Spesenbudget – die Unparteilichkeit und der kritische Blick auf das Dargebotene bleiben gewahrt. Die Arbeit der lokalen Testgruppen wird von der *Genussführer*-Kommission von Slow Food Deutschland koordiniert. Sie ist der Herausgeber dieses Buchs.

Der Slow Food *Genussführer* von Slow Food Deutschland

Wir unterscheiden uns mit dem Slow Food *Genussführer* bewusst von herkömmlichen Restaurantführern. Wir betreiben keine Restaurantkritik im klassischen Sinne. Wir etablieren mit dem *Genussführer* eine neue Form der Restaurantkritik, die die Ziele von Slow Food vertritt. Das grundlegend Neue ist die ganzheitliche Betrachtung der Gastronomie. Deren herkömmliche Gesichtspunkte Geschmack, Textur und Komposition einzelner Speisen, die Beurteilung von Gasthäusern nach dem reinen Gaumenkitzel, ihrer Ausstattung und ihrer Serviceleistung erscheint uns als nicht mehr allein entscheidend. Aus Slow-Food-Sicht ist das nicht zeitgemäß.

Slow Food Deutschland nimmt die gesamte Ausrichtung eines Restaurants oder Gasthauses in den Blick: Gut, sauber, fair, regional, saisonal, frisch, und authentisch sind ebenbürtige Gesichtspunkte. Slow Food sieht die Speise auf dem Tisch in ihrem Kontext, inklusive ihrer Beziehungen zu Produzent*innen, zu kulinarischen Traditionen, zu Verarbeitungstechniken, zu Natur und Umwelt, zu den Mitarbeitenden. Slow Food etabliert seine komplexere Sicht auf die Gastronomie und fördert sie mit dem *Genussführer*.

Die Prinzipien der neuen Gastronomie

Die von Slow Food angestrebte und geförderte neue Kultur des Essens verbindet auf gleichzeitig selbstverständliche und innovative Weise den Genuss von Speisen und Getränken mit

- der Sauberkeit und Nachhaltigkeit der Grundstoffe und Herstellungsweisen,
- der Transparenz in den Beziehungen zwischen Erzeuger*innen, Händler*innen, Köch*innen und Gästen,
- dem fairen und schonenden Umgang mit Mensch, Tier und Umwelt,
- dem Wissen um handwerkliche Traditionen in der Küche, auf der Weide und auf dem Acker und

- der Erhaltung oder Weiterentwicklung traditioneller Rezepturen und der Bewahrung der Artenvielfalt in der Natur.

Zur Erreichung der Ziele pflegen die Testgruppen einen konstruktiven, vertrauensvollen Dialog mit den Gastronom*innen.

Wir wünschen uns, dass wir mit diesem Buch eine Bewegung anstoßen, die Wirt*innen und Köch*innen Mut macht, sich auf die Grundsätze einer Küche der regionalen Kompetenz zu besinnen, die schmeckt und die dem Slow-Food-Ideal »gut, sauber und fair« folgt.

VIVANI
THE ART OF CHOCOLATE
Aus Liebe zur Schokolade
Aus Respekt vor dem Leben
demeter
VIVANI
Feine Trinkschokolade 50% Cacao
Fine Drinking Chocolate
Boisson Chocolatée
Chocolate para beber
CERTIFIED BIODYNAMIC VEGAN
demeter
VIVANI
Edel Cacao Santo Domingo
Fine cocoa powder
Cacao en poudre
Cacao puro en polvo
Im Biohandel & Reformhaus
Aromatische Trinkschokolade aus Demeter-Edelkakao und deutschem Rübenzucker.
Zum Backen, für Desserts oder als Getränk. Stark entölt, naturbelassen (nicht alkalisiert).
demeter
70
VIVANI
Dunkle Milch 70% Cacao Santo Domingo
Fine Dark Milk
Noir Lait
Fondente Latte
demeter
80
VIVANI
Edel Bitter 80% Cacao Santo Domingo
Superior Dark
Supérieur Noir
Fondente Extra
CERTIFIED BIODYNAMIC VEGAN
bean to bar
demeter
100+
VIVANI
Edel Bitter Blutorange 100% Cacao Santo Domingo
Superior Dark Blood Orange
Supérieur Noir Orange Sanguine
Fondente Extra Arancia Rossa
CERTIFIED BIODYNAMIC VEGAN
bean to bar
demeter
Mit Edelkakao von 3 Demeter-Fincas in der Dominikanischen Republik. 100 % rückverfolgbar.
Alle Prozesse der Schokoladenfertigung in einem Werk.
vivani.de

Die Arche des Geschmacks

In vielen Restaurantbeschreibungen dieses *Genussführers* tauchen »Arche-Passagiere« auf, mit denen gekocht wird. Mal ist es die Alblinse, »Albleisa« genannt, mal eine seltene Kohlsorte wie der »Bremer Scheerkohl« oder eine alte Rinderrasse wie das »Hinterwälder Rind«. Wir möchten Ihnen an dieser Stelle nahebringen, was es mit der Arche des Geschmacks, dem internationalen Rettungsschiff in Slow-Food-Diensten, auf sich hat.

Das biblische Symbol der Arche hat Slow Food als Sinnbild für das 1996 gestartete Projekt »Arche des Geschmacks/Arco des Gusto/arc of taste« gewählt. Es versinnbildlicht, dass Tiere, Pflanzen, aber auch Methoden und Techniken zum Herstellen von Nahrungsmitteln einen Platz zum Überleben benötigen – und auf dieser Arche auch finden. Die Arche ist ein wirksamer Beitrag zur Erhaltung der Biodiversität, also der Artenvielfalt im Bereich essbarer Tiere und Pflanzen.

Von 30.000 essbaren Pflanzen werden heute nur 150 Arten für die menschliche Ernährung genutzt. Mais, Reis und Weizen liefern zusammen die Hälfte des Nahrungsbedarfs der Weltbevölkerung. Auch innerhalb der Nutzpflanzenarten schwindet die Vielfalt der Sorten rapide: Seit 1900 sind drei Viertel der Sorten verloren gegangen. In Deutschland liegen gegenwärtig nur sechs von etwa 2000 bekannten Apfelsorten in den Supermarktregalen. Es gibt eine enorme Verengung auf Hochleistungssorten und eine Konzentration auf die weltweit geeignetsten Anbaugebiete. Erhaltung von Bodenfruchtbarkeit, Reduzierung von Transportaufwänden, Ernährungssouveränität und kulturelle Identitätsstiftung über Nahrungsmittel spielen aktuell leider eine sehr untergeordnete Rolle.

Von den noch vorhandenen Nutzpflanzen gibt es viele nur noch »ex situ«, das heißt außerhalb des natürlichen Verbreitungsgebiets in Samen- oder Genbanken, die nur gelegentlich zur Erhaltung der Keimfähigkeit ausgesät werden. Solche Sorten lassen sich nur schwer wieder in den Verkehr bringen, weil sie sich nicht an klimatische Veränderungen anpassen und weil das Wissen über ihre Eigenschaften verloren geht. Nur ein regelhafter Anbau in vermarktbaren Mengen hält Nutzpflanzensorten lebendig. Es ist überaus wichtig, das Engagement von bäuerlichen Betrieben, Gärtnereien und Privatpersonen zu unterstützen, die sich mit viel Engagement für »ihre« Sorte einsetzen.

Bei den Nutztieren ist das Bild ähnlich: Milchbetriebe haben fast nur noch hochgezüchtete Rinder der Rassen Holstein-Friesian oder American Swiss im Stall, die über drei Jahre mit hohen Mengen Kraftfutter unnatürlich hohe Milchmengen produzieren und dann ausgemergelt sind und geschlachtet werden. Bei Legehennen und Mastgeflügel spielen alte Rassen keine Rolle mehr. In den Mastbetrieben gibt es ausschließlich Hybriden in immer neuen Kreuzungsvarianten. Alle diese modernen Rassen erreichen selbst mit regelmäßigen Medikamentengaben nicht immer den vorgesehenen frühen Schlachtzeitpunkt. Viele der Hochleistungszuchten müssen als Qualzuchten bezeichnet werden.

Aus Sicht von Slow Food Deutschland führt uns eine Landwirtschaft, die in immer größeren spezialisierten Betrieben mit großem Input an Kunstdünger, Pestiziden, Kraftfutter etc. in eine Sackgasse: Ernährungssicherheit, Bewahrung von Bodenfruchtbarkeit, Tiergesundheit und Bewältigung der Klimakrise lassen sich so nicht gestalten. Landwirtschaft muss nachhaltiger werden. Dazu zählen nachhaltige Rassen und Sorten, die an die örtlichen Boden- und Klimabedingungen adaptiert sind.

Die Arche des Geschmacks ist ein erfolgreicher Versuch, das vielfältige Potenzial der alten Rassen und Sorten am Leben zu erhalten. Slow Food trägt das Wissen um die Passagiere zusammen und entwickelt eine anschauliche Geschichte, die Lust auf das Kennenlernen von besonderen Tieren und Pflanzen machen soll. Erfolgreich erhalten werden können sie letztlich nur, wenn es für die daraus hergestellten Lebensmittel eine Nachfrage gibt. Das Motto »Essen, was man retten will« bringt es auf den Punkt: Nur wenn sich genug Esserinnen und Esser finden, die den besonderen Geschmack und die Bedeutung der Produkte zur Erhaltung von Artenvielfalt und regionalen Kulturen zu schätzen wissen, wird es genug Bäuerinnen und Bauern geben, die sich langfristig um die Erhaltung der Rassen und Sorten kümmern. Der Aufwand für aus Arche-Passagieren gewonnene Lebensmittel ist in der Regel größer als für die aus Hochleistungssorten. Daraus ergibt sich zumeist ein höherer Preis für Mahlzeiten aus den Arche-Passagieren.

Mit dem Erzählen einer Geschichte zu den Arche-Passagieren ist es deshalb nicht getan: Slow Food entwickelt Netzwerke, die sich um die Vermarktbarkeit der einzigartigen Lebensmittel kümmern. Dazu gehören Regional- und Bauernmärkte, Kochaktionen mit den guten Produkten, die Einbindung in touristische Angebote und die Präsenz der Passagiere auf den Speisekarten von Restaurants, die Slow Food durch die Aufnahme in den Slow Food *Genussführer* oder die Mitwirkung in der Chef Alliance besonders verbunden sind.

Ein Beispiel für den Erfolg der Arche ist die Kartoffelsorte »Bamberger Hörnla«, die sich durch einen hervorragenden nussigen Geschmack und eine speckige Konsistenz auszeichnet. Sie ist in ihrer fränkischen Heimat besonders als Grundlage von Kartoffelsalat beliebt. In Anbau und Ernte stellt sie große Herausforderungen an Erzeuger. Sie benötigt nährstoffreiche durchlässige Böden und ist nicht sehr groß, was der maschinellen Ernte nicht förderlich ist. Sie wächst auch noch krumm, was die Verarbeitung in der Küche erschwert. Ihr Anbau ist fast zum Erliegen gekommen. Die Aufnahme des Bamberger Hörnla als Arche-Passagier hat die gewünschte Steigerung der Aufmerksamkeit bewirkt, der Anbau hat wieder deutlich zugenommen.

Wir hoffen, dass Sie neugierig geworden sind und gezielt nach Gerichten mit Arche-Produkten Ausschau halten und sie verkosten. Und natürlich, dass Sie die besonderen Geschmäcker schätzen lernen und mithelfen, die Nachfrage nach erhaltenswerten alten Rassen und Sorten weiter anzukurbeln.

Gerhard Schneider-Rose
für die *Arche-Kommission von Slow Food Deutschland*

Grußwort der Slow Food Chef Alliance

*Liebe Leser*innen,*
wenn Sie dieses Buch in den Händen halten, ist Ihnen längst klar, dass ein gutes Essen nicht nur gut schmecken, sondern auch gut, sauber und fair für den Planeten und alle Geschöpfe auf ihrem Weg auf unseren Teller sein soll. Wir, die Chef-Alliance-Köchinnen und -Köche, möchten Sie dazu willkommen heißen.
Chef Alliance, das hat weder etwas mit Luftfahrt noch mit Versicherungen zu tun. Es ist das weltweite Bündnis der Köchinnen und Köche von Slow Food. Ins Leben gerufen wurde es 2006 in Turin. Eintausend Köchinnen und Köche aus 150 Ländern schufen eine gemeinsame Plattform, um sich als Botschafter*innen ihrer Region und ihrer Kochzunft gleichermaßen für ein gutes, sauberes und faires Lebensmittelsystem einzusetzen.
In Deutschland gibt es die Chef Alliance seit 2016. Wir sind inzwischen über einhundert persönliche Mitglieder aus vielfältigen Betriebsformen, vom Gasthaus bis zur Gemeinschaftsverpflegung. Wir übernehmen Verantwortung, indem wir tatsächlich das in die Praxis umsetzen und leben, was sich derzeit nahezu jedes gastronomische Unternehmen – wenn auch nur aus Marketinggründen – allzu gerne auf die Fahne schreibt:

- mit regionalen und saisonalen Lebensmitteln arbeiten, die zu verschwinden oder gar auszusterben drohen – darunter auch Passagiere der Arche des Geschmacks von Slow Food,
- bei landwirtschaftlichen und handwerklich arbeitenden Kleinerzeugern kaufen,
- ihre Lieferanten persönlich kennen und ihre Gäste umfassend über Produkte und deren Erzeuger informieren, also einen Bezug zwischen beiden herstellen – einerlei ob über die Speisenkarte, online oder im persönlichen Gespräch,
- jedes Element auf dem Teller selbst herstellen und auf industriell erzeugte Ware und Zusatzstoffe verzichten,
- alle Teile von Tier und Pflanze verarbeiten und das handwerkliche Wissen dafür weitergeben,
- durch eine professionelle und kreative Sortimentsgestaltung Lebensmittelverschwendung vermeiden,
- ökologisch und möglichst verpackungsfrei arbeiten,
- ihre Achtsamkeit gegenüber dem Lebensmittel nicht nur leben, sondern auch öffentlich darüber sprechen,
- aktive Slow-Food-Mitglieder zu sein.

Ein zentraler Punkt unserer Arbeitsweise ist die Nähe zu den Produzent*innen unserer Lebensmittel, mit denen jedes gute Essen beginnt: unsere Beschaffungsphilosophie. Kaum ein Mensch, der noch nie in der Gastronomie tätig war, kann sich vorstellen, wie viel zusätzlicher Aufwand, Geduld und Feingefühl diese Vorgehensweise im Gegensatz zum herkömmlichen Einkauf bei einem einzelnen Großhändler bedeutet. Durch den

direkten Kontakt mit den Erzeugern von Gemüse, Getreide oder tierischen Produkten arbeiten wir möglichst dicht an der Natur.
Es gibt nicht immer alles. Nicht immer ist dann, wenn wir es uns wünschen, etwas in ausreichender Menge da. Und manchmal gibt es – im Gegenteil – zu viel von einem Produkt. Die Köchinnen und Köche der Chef Alliance halten es für zeitgemäß, genau darauf einzugehen. Denn auch den Produzent*innen gegenüber muss Rücksicht genommen werden. Mit einem möglichst flexiblen Speiseangebot, mit Abnahmegarantien gegenüber den Produzierenden, mit Einkaufskooperationen in unserem Netzwerk und allem voran: durch die Einbeziehung unserer Gäste. Sie sollen sehen und spüren, woher Ihr Essen kommt, Sie sollen Fragen stellen und uns ganz und gar in die offen vorliegenden Karten schauen dürfen. Denn wenn Sie essen gehen, gehen Sie nicht nur bei uns essen, sondern auch bei Kellner und Spülerin, den Fischern, Brauerinnen und Winzern, beim Landwirt und der Käsefrau und deren Familien, beim Stromerzeuger, bei der Tier- und Pflanzenwelt, die uns ernährt, beim Klima und Boden.
Köchin oder Koch in der Chef Alliance wird man nicht durch begleichen eines Mitgliedsbeitrags. Vielmehr bedarf es eines sorgfältigen persönlichen und individuellen Gesprächs mit der Chef-Alliance-Kommission. Nicht nur unser Sortiment, sondern auch unsere Produzierenden und Lieferant*innen werden befragt. Wenn Sie in diesem *Genussführer* unter einem Lokal das Chef-Alliance-Siegel sehen, ist nicht nur das Lokal von der fachkundigen Testgruppe und *Genussführer*-Kommission für gut befunden worden. Darüber hinaus wurde die Köchin oder der Koch des Hauses von der Chef Alliance in ihren Kreis aufgenommen.

> Jens Rittmeyer ergänzt:
> »Die CA ist für mich der Zusammenschluss von Gastroprofis, deren Blick weit über den Tellerrand hinausgeht und die verstanden haben, welche Zusammenhänge zwischen den guten und wichtigen Erzeugern und Genuss auf dem Teller besteht. Sie scheuen keine Mühen, um ihren Gästen etwas Besonderes zu bieten, und zeitgleich wissen sie, die unmittelbare Umgebung von Erzeugern vor der Haustür zu stärken, um so ein größeres Miteinander zu schaffen. Den Mitgliedern der CA ist es in besonderer Weise wichtig, die besonderen Produkte und Lebensmittel zu pflegen, zu wertschätzen und ihre Geschichte den Gästen weiterzuerzählen. Denn nur durch Essen und das Sprechen darüber stärken wir das Alte und Besondere.«

Was ich Ihnen noch mit auf Ihre kulinarische Lebens- und Entdeckungsreise geben möchte: Essen Sie, wo immer Sie sind, dort, wo die Speisekarte klein ist, wo die Quellen offenbart werden, wo auch mal was »aus« ist, wo noch geschmort wird, wo nichts von ganz weit herbeigeschafft wird und – probieren Sie auch mal etwas ohne Tiere!
Danke, dass Sie in unserem Sinne essen gehen und dadurch zu einem zukunftsfähigen, planetengesunden Lebensmittelsystem und damit zum

Erhalt unserer handwerklich arbeitenden Zunft beitragen. Und vor allem: Haben Sie Spaß dabei!

CA-Köchin Nina Meyer bringt es sehr schön auf den Punkt:

> »Ich bin mir sicher, dass wir die Welt mit gutem Essen retten, weil gutes Essen die Herzen berührt, und Herzen, die berührt wurden, ändern sich auch. Größere Tische mit Platz für mehr Menschen und auf den Tischen großartiges Essen und alles unverdrossen. That's the way!«

In diesem Sinne – Ihnen einen guten Appetit!

Luka Lübke (Köchin und Sprecherin der *Slow Food Chef Alliance Deutschland),* Nina Meyer (Köchin *Chef Alliance*) und Jens Rittmeyer (Koch *Chef Alliance*)

Kleine Warenkunde

Der Mensch lebt nicht vom Brot allein. Er braucht auch Wasser und Wurst, Fleisch und Fisch, Bier, Obst und Wein. Acht Grundnahrungsmittel stellen wir Ihnen auf den folgenden Seiten vor. Eine aktuelle Bestandsaufnahme bei Bäcker*innen, Metzger*innen, Brauer*innen und Winzer*innen. Und ein kritischer Blick auf die täglich konsumierten Lebens- und Genussmittel, die in unserer Kultur eine herausragende Stellung für die Grundversorgung einnehmen.

Für noch mehr Informationen schauen Sie gern in unser Online-Lexikon Slowpedia: Hier haben wir interessante und unterhaltsame Inhalte zu zwölf unterschiedlichen Lebensmittelkategorien aufbereitet. Sie erreichen die Seite unter slowpedia.de oder über den QR-Code.

Brot

Sag mir, wo die Bäcker sind

Deutschland ist Brotland. Die Vielfalt im Brotregal ist ausgeprägter als in jedem anderen europäischen Land. Wichtigste Voraussetzung: Böden und Klima sind ideal für den Getreideanbau. Nördlich des Mains gedeiht vor allem Roggen, unsere wichtigste »Brotfrucht« für Sauerteigbrote, im Süden bringt der Weizen gute Qualitäten. So verfügen unsere Bäcker mit variablen Getreideanteilen über einen natürlichen Reichtum. Dazu kommt die deutsche Kleinstaaterei. Nicht nur politisch, sondern auch in Sitten und Gebräuchen, in der Ess- und Trinkkultur hat sich viele Jahrhunderte vor unserer Zeit eine erstaunliche regionale Vielfalt entwickelt. Brote und Brotformen wechselten von Ort zu Ort wie die Landschaft und die Herrschaft. Diese Vielfalt ist weitgehend erhalten geblieben, ein echter kulinarischer Jackpot. Im amtlichen deutschen Brotregister sind sagenhafte 3.200 Brotspezialitäten erfasst, die sich aber oft nur in Nuancen unterscheiden: Roggen-, Weizen- und Mischbrot, Bauern-, Graham- und Malzbrot, Vollkorn-, Drei- und Vierkornbrot, Toast- und Kommissbrot, Pumpernickel, Doppeltgebackene, Freigeschobene und vieles mehr. Mal mit einem Kochstück angereichert, pikant gewürzt oder ganz neutral, Hauptsache, die Kruste kracht. Der Norden tendiert eher zum Schwarzbrot, der Süden mag es heller. Brot wird mit Ölsaaten angereichert, mit Kümmel, Koriander und Fenchel aromatisiert, mit Keimlingen und Rosinen gebacken. Mit dem Einfluss der mediterranen Küche kamen Baguette, Focaccia und Ciabatta dazu, die heute ganz selbstverständlich im Brotkorb liegen. In der Gastronomie ist Brot ein unverzichtbarer Bestandteil. Nicht nur zur Vesper oder Suppe. Mit Brot wird die Soße getunkt, der Käse eskortiert. Brot und Butter sind in vielen *Genussführer*-Lokalen die Ouvertüre eines schönen Mahls.

Doch unsere Brotkultur ist ernsthaft in Gefahr. Das Bäckereihandwerk erlebt seit Jahrzehnten eine wirtschaftliche und qualitative Talfahrt. Industrielle Großbäckereien klopfen mehr und mehr den Takt. Die kleine Urbäckerei, der Familienbetrieb um die Ecke, der sein Wohnviertel versorgt, scheint auszusterben. Nach Auskunft des Zentralverbands des Bäckerhandwerks existieren in Deutschland 2023 nur noch 9.242 in die Handwerksrolle eingetragene Bäckereien. Zum Vergleich: 1980 waren es noch 31.000, im Jahr 2005 immerhin noch 18.000. Im *Genussführer* 2017/18 konnten wir noch von 12.611 Bäckereien berichten. So wird handwerkliche Arbeit durch industriell geprägte Prozesse ersetzt. Mehr als die Hälfte der Backwaren wird beim Discounter gekauft. Bei einem der größten kostet ein Roggenmischbrot – ein Kilogramm – um die zwei Euro. »Die Brotpreise in unseren Bäckereien sind ungefähr doppelt so hoch wie die der Lebensmitteldiscounter«, bilanziert der Zentralverband. Neben den Discountern verkaufen die mit vielen Filialen ausgestatteten Großbäckereien das meiste Brot. Spätestens an dieser Stelle müssen wir die Jeremiade über künstlich zugesetzte Backenzyme, Emulgatoren und den übrigen Chemiebaukasten der Branche anstimmen, über Abermillionen tiefgefrorener Fertigteiglinge aus Asien und Osteuropa und über die vielen Backstationen, die sich Bäckereien nennen, aber weder Backstube noch Backofen besitzen, geschweige denn einen anständigen Bäckermeister. Stattdessen bräunen Verkäuferinnen in Heißluftgeräten bleiche Teiglinge im Minutentakt. Auch kleine Bäckereien greifen nicht selten auf Fertigmischungen oder Teiglinge zurück. Der Verfall von Geschmack und Handwerkskunst ist offensichtlich. Die industrialisierte Bäckerei hat keine Zeit für aufwendige Teigführungen und lange Fermentationsprozesse.

Doch Naturgesetze kann man nicht außer Kraft setzen: Wer richtig gutes Brot backen will, braucht Zeit zum Kneten, Teigreifen und Backen. Viel Zeit. Mit Sauerteig angesetztes Backwerk, das mehrere Tage »geht«, ist keine Seltenheit. Solche echten Bäcker haben deshalb mehr Arbeit, müssen ihre Betriebsabläufe sorgfältig planen. Wird das Brot dagegen im Schnelldurchgang mit chemischen Backhilfen produziert, dann schmeckt es auch so. Dann liegt es nach einem Tag wie ein Stein im Brotkasten.

»Wo aber Gefahr ist, wächst das Rettende auch«, erkannte der Dichter Hölderlin. So ist es auch bei der Bäckereimisere. In vielen Städten gründen kleine Handwerksbäcker neue Qualitätsoasen. Mit der Vereinigung »Die Bäcker – Zeit für Geschmack« ist eine unabhängige Berufsorganisation entstanden, die mit Vorteigen und langen Teigführungen arbeitet. Zurück zum alten Handwerk! Noch sind die langsamen Bäcker nicht flächendeckend vertreten, aber ein Anfang ist gemacht. Eine andere Nothilfe gegen geschmackloses Industriebrot ist das Selberbacken. Viele *Genussführer*-Lokale backen Brot im eigenen Ofen. Sie sind stolz darauf, dieses ursprüngliche Nahrungsmittel selbst herzustellen. Wie groß das Interesse am selbst gebackenen Brot ist, beweisen die

enormen Klickzahlen für die Brotblogs im Netz. Lutz Geißler, Liebling der Szene, kommt mit seinem »Plötzblog« auf mehr als 400.000 Klicks im Monat. Selbst gestandene Bäckermeister informieren sich bei dem mit wissenschaftlicher Akribie arbeitenden Brotmaniac Geißler und besuchen seine Kurse. Darf man wieder hoffen, dass unser jahrtausendealtes Bäckereihandwerk neu belebt wird?
Der Mensch lebt nicht vom Brot allein, aber Brot ist und bleibt ein besonderes Lebensmittel – sprichwörtlich und religiös aufgeladen. Man verdient sein Brot, geht einem Broterwerb nach, sofern man keine brotlose Kunst produziert. Brot ist Synonym für Nahrung und Leben, es wird in vielen Familien niemals weggeworfen und es ist Teil des Abendmahls der Christen. Unzählige Künstler haben sich mit Brot beschäftigt, das kulturelle Erbe ist gewaltig. Jeffrey Hamelmann, Autor vieler Brotbücher, formuliert es mit einem Schuss Pathos so: »Was für ein wundervolles Gefühl, zurück auf Hunderte Bäckergenerationen zu schauen, deren gesamte Erfahrung wir geerbt haben. Deshalb haben wir eine große Verantwortung für die Zukunft!«

Manfred Kriener

Fleisch

Mit dem Schnitzel per Du

Darf's ein bisschen weniger sein? Der Fleischverzehr* in Deutschland ist in den letzten Jahren deutlich zurückgegangen auf 51,6 Kilogramm (2023) pro Kopf und Jahr. Er hatte 1988 einen Höchstwert von 70,3 Kilogramm erreicht. Doch mehr noch als diese nüchternen Zahlen verraten die öffentlichen Debatten und der Aufschwung der Vegetarier- und Veganerbewegung über unser Verhältnis zum Fleisch. Drei von vier Befragten finden es richtig, weniger Fleisch zu essen. Etwa die Hälfte der Deutschen befürwortet in Meinungsumfragen fleischfreie Tage und ein abgespecktes Fleischangebot in Kantinen und Mensen. Parallel dazu verzeichnete der Lebensmitteleinzelhandel in den vergangenen Jahren ein rasantes Wachstum im Verkauf vegetarischer und veganer Fleischalternativen. Gleichwohl: In Deutschland essen 71 Prozent der Bevölkerung »mehrmals pro Woche« Fleisch oder Wurst, wie das Forsa-Institut ermittelte. Auch in Restaurants und Wirtshäusern wird in der Regel ein Fleischgericht mit Beilagen bestellt. Schon das Wort »Beilagen« drückt unzweideutig aus, wer die Hauptrolle auf dem Teller spielt. Die Deutschen verzehren heute doppelt so viel Fleisch wie Anfang des 20. Jahrhunderts, Männer essen deutlich mehr als Frauen. Ein Großteil wird in verarbeiteter Form als Wurst oder Schinken verspeist. Das Schwein ist trotz eines spürbaren Minus des Deutschen liebster Fleischlieferant mit einem Anteil am jährlichen Verzehr von 27,5 Kilogramm. Vom klassischen Schweinebraten bis zum gefüllten Saumagen – das Borstentier liegt deftig-bodenständig auf dem Teller und in den ländlichen Regionen wird nach wie vor die Schlachtplatte zelebriert. Geflügel folgt mit großem Abstand auf das Schwein und belegt Platz zwei mit 13,1 Kilogramm. Gans und Ente gehören vor allem am Jahresende zu den liebsten deutschen Festtagsbraten. Huhn und Hähnchen kommen als Suppe, gebraten, gegrillt und in Teilstücken das ganze Jahr über auf den Tisch, der preiswerte Alleskönner. Bei Rind- und Kalbfleisch stehen 8,9 Kilogramm in der Statistik, Platz drei. Steaks und Rindsroulade, Kalbsbraten, Gulasch und Wiener Schnitzel sind die beliebtesten Gerichte. In den Kurvenverläufen zur Fleischeslust fallen immer wieder kräftige Dellen auf. Sobald ein Skandal hochkocht, reagiert der Verbraucher mit kurzzeitiger Abstinenz oder er wechselt zu anderen Fleischpartien. Das Statistische Bundesamt schreibt in seinem Report Fleischversorgung in Deutschland: »Das Verbraucherverhalten hat sich nachhaltig verändert. Das liegt vor allem daran, dass Fleisch früher als gesund und lebenswichtig galt, während heute für viele Menschen der Verzehr von Fleisch mit negativen Assoziationen verknüpft ist. Das Vertrauen ist erschüttert.« In der Tat: Ein großer Teil der Verbraucher lehnt die heutige Massentierhaltung ab. Doch diese Ablehnung bleibt oft ein eher theoretisches Konstrukt. Das Einkaufsverhalten hat sich in den letzten Jahren nur geringfügig geändert. Durch die Biosupermärkte hat sich der Zugang zu Biofleisch gerade in den Städten zwar deutlich verbessert, doch die Umsätze bleiben im Vergleich zur konventionellen Fleischwirtschaft weiter in der Nische stecken. Der Verkauf von Biofleisch macht unterm Strich gerade mal 3,9 Prozent aus. Entscheidende Wachstumsbremse ist die Sparsamkeit der Kundschaft,

die offenbar mehrheitlich nicht bereit ist, höhere Preise zu zahlen. In Relation zum Einkommen geben wir immer weniger Geld für Lebensmittel und auch für Fleisch aus. Slow Food unterstützt das Umdenken hin zu einem bewussteren Fleischkonsum: weniger, aber dafür gutes Fleisch aus artgerechter Tierhaltung. Slow Meat heißt die Kampagne für einen verantwortungsbewussten nachhaltigen Fleischkonsum. Die

Wiedergeburt des Sonntagsbratens ist dabei ein interessantes Konzept, das auch von einigen *Genussführer*-Lokalen gepflegt wird. Während wochentags die Fleischportionen kleiner gehalten werden und vegetarische Gerichte den Speiseplan bereichern, kann sich der liebevoll inszenierte Braten am Wochenende zum kulinarischen Höhepunkt aufschwingen. Slow Food empfiehlt Fleisch von »Neuland« und Biofleisch, es hat oft eine bessere Qualität und es kommt in der Regel aus Betrieben mit vernünftigen Haltungsbedingungen. Auch bei der Fleischreifung, beim Räuchern und Verarbeiten muss auf Qualität geachtet werden. Der Einsatz von Emulgatoren und

Rauchduschen sowie die Schnellreife in Folie sind abzulehnen, ebenso alle Arten von Geschmacksverstärkern und anderen Chemiezusätzen. Einige *Genussführer*-Lokale bieten Fleisch von gefährdeten Rassen an. Dabei gilt der auf den ersten Blick irritierende Grundsatz: essen, was man retten will. Wer das Überleben dieser Tierrassen sichern will, muss die Nachfrage ankurbeln. Ob Limpurger oder Murnau-Werdenfelser Rind, Buntes Bentheimer Schwein oder Rhönschaf: Viele alte Rassen sind bedroht und brauchen nicht nur engagierte Züchter, sondern auch Käufer und letztlich vor allem Konsumenten. Die Welternährungsorganisation FAO hat in ihren Berichten zur Lage der Nutztierrassen wiederholt auf die prekäre Lage der schwindenden Vielfalt aufmerksam gemacht. Eine Besonderheit im Fleischangebot ist Wild. Es wird wegen des kleinen Anteils am Gesamtverzehr in den Statistiken nur unter »Sonstiges« geführt. Doch das Fleisch von Rehen und Hirschen, Hasen, Fasanen und Wildschweinen ist seit jeher beliebt und gilt als Domäne der Gastronomie. Auch in unseren *Genussführer*-Lokalen bereichern saisonale Wildangebote viele Speisekarten, häufig bestehen enge Verbindungen zu Jägern der Region. Und gerade Wildbret gilt als delikat und gesund, frei von Hormonen und Antibiotika.

Manfred Kriener

* Verzehr und Verbrauch werden häufig verwechselt. Beim Verbrauch werden Knochen, Fell und andere Abschnitte des Tieres mitgerechnet. Beim Verzehr wird die Fleischmenge rein »netto« angegeben.

Fisch

Liebling Lachs

Selbst gut informierte Verbraucher stehen oft ratlos vor der Fischtheke. Was soll man kaufen: Wildfang oder Aquakultur, den heimischen Raubfisch Forelle oder den exotischen Allesfresser Tilapia? Und was ist mit all den Labels und Zertifikaten? Fischkonsum wird zur Denksportaufgabe. Immerhin: Die EU scheint sich mit ihrer Fischereireform langsam in eine vernünftige Richtung zu bewegen, doch eine nachhaltige Fischwirtschaft ist noch weit entfernt. Volle Teller, leere Ozeane: Die Zahlen der Welternährungsorganisation FAO belegen die Misere. Danach sind 7,3 Prozent der Meeresregionen »unterfischt«. Aber 35,4 Prozent sind überfischt und 57,3 Prozent werden bis zum Maximum befischt. Inzwischen kommt jeder zweite Fisch auf dem Teller aus Aquakultur. Die FAO* beziffert die Menge der in Teichen, Netzgehegen, Tanks und Becken weltweit produzierten Fische, Muscheln und Krustentiere in ihrer 2022 erschienenen Bilanz auf 87,5 Millionen Tonnen. Nominal liegen die Wildfänge aus Meer und Binnengewässern (90,3 Millionen Tonnen) zwar noch etwas höher. Doch 16 Millionen Tonnen Meeresgetier landen gar nicht auf dem Teller, sondern werden zu Fischfutter verarbeitet – für die Aquakultur! Deshalb liegt der Anteil der Aquakultur an unserer Fischversorgung schon bei 55 Prozent. In der Fischzucht gilt vor allem die Mast von Raubfischen (Lachs, Wolfsbarsch, Dorade) in den Netzkäfigen der Meeresküsten als problematisch. Trotz stark veränderter Futterzusammensetzung wird dort noch immer mehr Fisch verfüttert als erzeugt. Andere Haltungssysteme der Aquakultur sind vernünftiger. So werden in Teichen und auf überfluteten Reisfeldern Asiens Buntbarsche (Tilapien) und Karpfen gehalten, die teilweise ohne Zusatzfutter auskommen. Schnellwüchsige Tilapien verwerten auch Küchenabfälle. In Deutschland hat die Teichwirtschaft eine große Tradition. Die Teiche passen sich ideal in die Landschaft ein, die Fische finden weitgehend

natürliche Lebensräume. Von allen Aquakultursystemen gilt die Teichwirtschaft als umweltfreundlichste. Oft noch von Klöstern angelegt, ist sie seit Jahrhunderten verlässlicher Lieferant für Süßwasserfische. Doch in den letzten Jahren hat sie an Boden verloren, immer mehr Teiche werden aufgegeben. Die Besitzer finden keinen Nachfolger, sie sind den Kampf gegen Kormorane und Wasserbehörden leid. Und es fehlt die Wertschätzung der Gesellschaft. Deutschland produziert nur wenig Fisch in Aquakulturen und auch die heimische Hochseefischerei deckt nur einen Bruchteil des Konsums. Bei einem Fischkonsum von 1,1 Millionen Tonnen im Jahr ergibt sich für 2023 ein Pro-Kopf-Verbrauch von 13,4 Kilogramm.** 83 Prozent unseres Fischverbrauchs wurden durch Importe gedeckt. Die 2.016 deutschen Aquakulturbetriebe erzeugten 2023 nur 16.849 Tonnen Fisch, ein Minus von 5,5 Prozent gegenüber dem Vorjahr. Die Muschelerzeugung stieg dagegen kräftig auf 18.029 Tonnen.
Meistverzehrter Speisefisch ist bei uns der vor allem in Fischstäbchen verwendete Alaska-Seelachs mit einem Marktanteil von 19,1 Prozent. Es folgen der Zuchtlachs (17,1 Prozent), der Thunfisch (14,5 Prozent), der Hering (9,9 Prozent) und die Garnele (8,7 Prozent). In deutschen Aquakulturen dominiert die Forelle. 2023 wurden 5.800 Tonnen Regenbogenforellen produziert, 1.800 Tonnen Lachsforellen und 1.600 Tonnen Saiblinge. Ein gutes Viertel der Fischerzeugung in deutschen

Aquakulturen entfiel mit 4.400 Tonnen auf die karpfenartigen Fische wie Karpfen, Schleien und Rotaugen. Großer Aufsteiger ist der Afrikawels auf Rang fünf. Er erträgt in enger Beckenhaltung selbst schlechteste Wasserqualitäten und extreme Besatzdichten. Wichtigster heimischer Meeresfisch bleibt der Hering. Bismarckhering, Rollmops, Brathering, Bückling, Matjes oder grüner Hering: Der kleine Silberling ist Verwandlungskünstler und Alleskönner, der in unterschiedlichsten Zubereitungen auf den Tisch kommt. Einst stand er so dicht, dass man auf seinem Rücken übers Wasser spazieren konnte. Inzwischen hat er viele Krisen überstanden. Der Sylter Spitzenkoch Johannes King serviert den »extrem schmackhaften Hering« auch in der Spitzengastronomie: »Die Leute sind

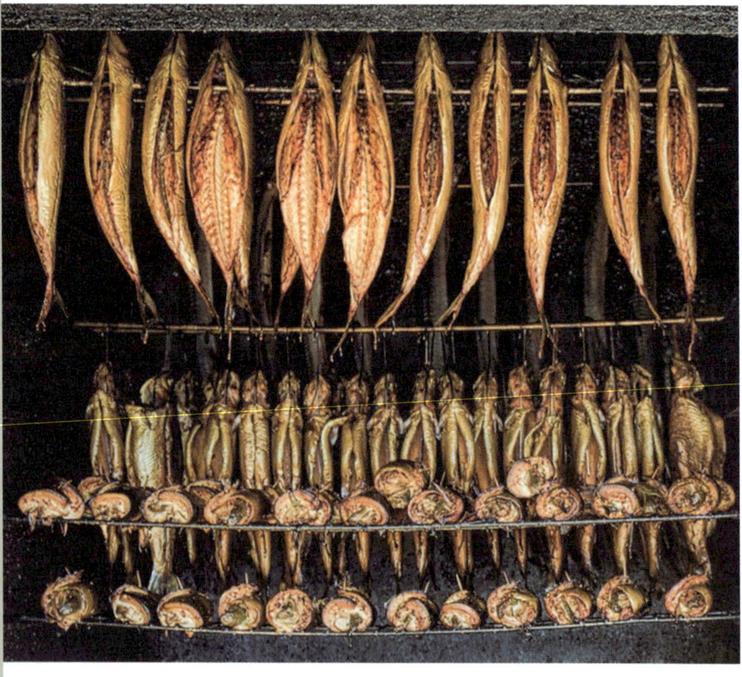

immer wieder überrascht, wie delikat Hering sein kann.« Heringseier zelebriert King wie russischen Kaviar auf dem Löffel. Kabeljau und Dorsch – Synonyme für denselben Fisch in Nord- und Ostsee – haben ebenfalls heftige Krisen hinter sich. Zuletzt waren die Bestände wieder stabiler. Kulinarisch ist der Kabeljau ein ausgezeichneter Speisefisch, der auch zur großen Küche taugt. Der Lachs dagegen hat zwar den Gaumen der Deutschen erobert, er bleibt aber umstritten,

denn der Lieblingsfisch kommt fast ausschließlich aus den Netzkäfigen der Aquakultur. Inzwischen versucht man, den Raubfisch stärker vegetarisch mit Soja, Getreide und Rapsöl zu ernähren, aber noch immer wird mehr Fisch verfüttert als geerntet.
Krabben und Schollen, Butterfische und Makrelen sind norddeutsche Klassiker. Der Alaska-Seelachs, Deutschlands Nummer zwei, ist ein Importfisch, der größtenteils zu Fischstäbchen verarbeitet wird. Der Aal hat als Räucherfisch eine überragende Bedeutung. Doch zuletzt war er von allen Speisefischen die am stärksten bedrohte Art. Der World Wildlife Fund WWF sieht den Aal auf dem »historischen Tief«; er steht in den offiziellen Listen der vom Aussterben bedrohten Arten. Bei klassischen Süßwasserfischen ist die Lage entspannter. Forelle, Saibling und Zander sind in der gesamten deutschen Gastronomie weit verbreitet, sie kommen meist aus Zuchtbetrieben. Hechte und die in Ostdeutschland »Maränen« genannten Felchen sind seltener, gehören aber immer noch zu den bekanntesten Speisefischen. Weißfische werden kaum noch serviert, obwohl sie viele Gewässer bevölkern. Paradefisch der Teichwirtschaft ist der Karpfen, vor allem in Bayern und Sachsen eine kulinarische Konstante. Er darf mit Fug und Recht als nachhaltigster Fisch der Aquakultur bezeichnet werden. Karpfen kommen mit wenig Fütterung aus, sie fressen, was die Teiche hergeben, sind robust und anspruchslos. Biobetriebe sind in der Fischwirtschaft dünn gesät. Biozertifikate gibt es nur für Fische aus Aquakultur. Wildfänge können dagegen mit dem Label des »Marine Stewardship Council MSC« ausgezeichnet werden, sofern sie aus nachhaltigem Fang kommen. Doch auch das MSC-Label ist umstritten. Es wird immer wieder als viel zu kommerziell kritisiert.

Manfred Kriener

* Welternährungsorganisation FAO: »Globefish Highlights«, 2/2022
** Fischinformationszentrum: »Fischwirtschaft – Daten und Fakten 2023«

Wurst

Ein deutsches Kulturgut

Der große Poet Ernst Jandl hielt das bescheidene Wort »Wurst« für eines der schönsten der deutschen Sprache. Kein Wunder, denn kaum ein Begriff verfügt über eine vergleichbare Bedeutungsfülle in positiver, negativer, manchmal sogar in moralischer Hinsicht. Es geht schon in der Kindheit los mit dem Lob des »Würstchens« im Töpfchen, später im Leben geht es in entscheidenden und besonders in existenziellen Fragen »um die Wurst«, vieles ist einem einfach nur »wurscht«, andere Dinge sind »wurstförmig«, und Mitleid haben wir mit einem »armen Würstchen«. Die Wurst ist etwas Verwirrendes, sie hat kein Oben und kein Unten, keinen Anfang und auch kein Ende, es sei denn, man hat sie aufgegessen. Etymologisch soll das Wort »Wurst« von »wirren« abgeleitet sein, im Sinne ihres wirr durcheinandergemischten inhaltlichen Gemengsels. Seit 1.200 Jahren hat sich die Wurst phonetisch nicht verändert, der Begriff ist damit dauerhafter als Salami und fast untrennbar mit dem verbunden, was gemeinhin als deutsch gilt. Wurst muss man nicht übersetzen, deutsche Würste sind im Ausland bekannter als Goethe, man setzt uns gewissermaßen mit Würsten gleich. Deutschland verfügt über eine Wurstkultur, die einmalig ist auf der Welt. Es gibt mehr als 1.500 verschiedene Sorten, wobei sich Vorlieben und Geschmack von Region zu Region, manchmal sogar von Dorf zu Dorf und von Metzger zu Metzger unterscheiden. Bei den Wurstnamen ist die Vielfalt grenzenlos. Das Tier, das Gewürz, der Ort, die Form, die Konsistenz, die Farbe, das Herstellungsverfahren, die Zubereitungsart, die Organe und diversen Inhaltsstoffe, Berufsstände, oft auch erotisch oder ironisch lustig Assoziierbares – all das kann namensgebend sein. Jeder Metzger kennt durchschnittlich 80 bis 100 Würste mit eigenen Rezepturen.

Doch all das ist in Gefahr: Gegen die industrielle Produktion, die Massentierhaltung mit vollautomatisierten Schlacht- und

Verarbeitungsprozessen ist der einfache redliche Handwerker ohnmächtig. Den Dumpingpreisen der Supermärkte und den großen Vermarktungsstrategien kann er nichts entgegensetzen. Gleichzeitig verändern sich durch die Globalisierung die Bedürfnisse der Verbraucher. Deren Geschmack wird durch gezielt eingesetzte Geschmacksverstärker manipuliert und nivelliert. Lokales bleibt auf der Strecke und verloren geht damit auch ein Stück unserer Tradition und Identität. Eines der größten Probleme der Branche besteht darin, überhaupt noch qualifizierten Nachwuchs zu finden. Die schiere Personalnot ist mit ein Grund dafür, dass heute fast fünf Prozent jährliche Betriebsschließungen zu verzeichnen und zu betrauern sind. Und: Die Großen fressen die Kleinen. Ein gutes Beispiel dafür ist die Entwicklung in meiner Heimat. Da ich in Niederbayern aufgewachsen bin, habe ich eine besondere Verbundenheit zu den Würsten dieser Region. Nirgends schmeckt mir der Presssack besser, nur hier mundet das Schwarzgeräucherte so wie früher. Es ist fest und aromatisch, kein bisschen wässrig. Und dennoch erkenne ich auch in meinem Heimatort Pfarrkirchen die vertrauten Metzgereien kaum mehr wieder. Nur noch fünf sind übriggeblieben, obwohl sich die Einwohnerzahl verdreifacht hat. Der frühere Großbetrieb »Südfleisch«, bei dem sich die Rottaler zu Dum-

pingpreisen versorgen konnten, hat, bevor er selbst von einem holländischen Fleischgiganten geschluckt wurde, die vielen handwerklichen Kleinbetriebe verdrängt. In anderen Städten und Regionen ist der Strukturwandel noch dramatischer. Die Hauptstadt Berlin zählte nach 1945 noch 2.500 Fleischereien, davon 1.600 im Westteil und 900 im Ostteil. Heute gibt es in ganz Berlin noch 60 echte Metzgereien, die dem klassischen

Bild eines Fleischereifachbetriebs entsprechen. Bedenkt man die Größe dieser Stadt, ist das eine erschreckende Entwicklung. Überall auf meiner Reise durch Deutschland bin ich auf ähnlich bittere Zahlen gestoßen. Es gibt viele Ursachen für den Niedergang des einst hoch geschätzten Handwerks. Die strengen Auflagen für Schlachtbetriebe sind ein wesentlicher Grund, dass sich die Einheit von Schlachtung und Verarbeitung heute kaum noch aufrechterhalten lässt. So ist auch die schlachtfrische Warmfleischverarbeitung mit ihren einzigartigen Aromen auf der Strecke geblieben. Aber die Metzger selbst sollten auch offensiver für ihr Handwerk eintreten. Sie dürfen sich nicht auf die bösen Tiertotmacher reduzieren lassen. Das ist ein vollkommen verzerrtes Bild. Ich habe bei meiner Rundreise auf den Spuren der Wurst überall warmherzige und sensible Menschen getroffen, die mit Leidenschaft ein gutes Lebensmittel herstellen. Sie sind die Vertreter eines uralten Handwerks und Kulturguts, das untrennbar mit unserem Leben verbunden ist. Und mehr noch: Der gute Fleischer ist für mich auch ein Künstler, die Wurst ist sein Werk und der Konsument ihr Rezipient. Ich kann nur allen Leserinnen und Lesern empfehlen, einmal eine billige industriell gefertigte Discounterwurst mit einer noch von Meisterhand erzeugten handwerklichen Wurst derselben Sorte zu vergleichen. Man braucht kein Gourmet zu sein, um den großen Unterschied wahrzunehmen. Dann geht es einem wie Goethe, der sich immer wieder von Frauen mit Würsten versorgen ließ und ihnen herzlich dafür dankte: »Die schönen Würste haben ein gar gutes Ansehen, und so ist alles in der besten Ordnung.«

Wolfger Pöhlmann

Wasser

Das wichtigste Lebensmittel

Wasser ist unser wichtigstes Lebensmittel. Diese Aussage würde sicher jeder unterschreiben, der auch nur einen einzigen Tag lang dürsten musste. 60 Prozent unseres erwachsenen Körpers bestehen aus Wasser. 2,5 Liter sollten wir täglich zu uns nehmen, davon 1,5 Liter als Getränk, der Rest ist in unseren Lebensmitteln enthalten. Rund 145 Liter Mineralwasser trinkt jeder Deutsche im Jahr. Aber was wissen wir über dieses Mineralwasser? Nach Umfragen wissen die Deutschen gerade mal zwei Dinge: Erstens ist es nass und zweitens gibt es welches mit und ohne Kohlensäure. Dabei ist Wasser extrem bedroht. Damit sind nicht nur die globalen Wasserkrisen gemeint, die von Kapstadt bis Kalifornien reichen und sich rasant verschärfen. Nein, auch in Deutschland haben wir massive Probleme mit der Wasserqualität. 28 Prozent aller Grundwassermessstellen melden Belastungen über dem – ohnehin schon viel zu hohen – gesetzlichen Grenzwert von 50 Milligramm Nitrat je Liter. Damit sind wir, zusammen mit Malta, Schlusslicht in der gesamten EU. In 46,6 Prozent aller Messstellen konnten Pflanzenschutzmittel oder deren Abbauprodukte nachgewiesen werden – 35 verschiedene Mittel und zwölf verschiedene Abbauprodukte. Es ist die industrielle Landwirtschaft, die den Hauptanteil der flächendeckenden Wasserverschmutzung zu verantworten hat. Hinzu kommt ein ganzer Kanon weiterer Stoffe, die in gutem Wasser nichts zu suchen haben, wie die Rückstände von Süßstoffen, Arzneimitteln und einer großen Bandbreite von Umweltchemikalien. Dabei ist nicht nur oberflächennahes Grundwasser von dieser Entwicklung bedroht. Inzwischen sind die Segnungen der konventionellen Landwirtschaft auch in tiefen Mineralwasserquellen angekommen. Damit stellt sich immer dringlicher die Frage nach der

Qualität der Wässer und wie der Verbraucher sie erkennen kann. Beim Trinkwasser hat er dazu nur wenige Möglichkeiten. Von allen wichtigen anthropogenen Verunreinigungen muss unser Trinkwasser nur auf Nitrat und einige ausgewählte Pflanzenschutzmittel untersucht werden. Die ganze Breite heutiger Verschmutzung bleibt also im Dunklen, was der Landwirtschaft, Pharma- und Chemieindustrie wahrscheinlich gut gefällt. Dabei zeigen ausgewählte flächendeckende Untersuchungen, dass viele relevante Rückstände in großem Umfang nachweisbar sind, insbesondere im Wasser unter unseren Großstädten.*

Was unterscheidet nun das Mineralwasser vom Nass aus unseren Wasserhähnen? Ein entscheidender Unterschied ist die von Mineralwasser geforderte ursprüngliche bakteriologische Reinheit. Das heißt: Der Brunnenbetrieb darf nicht mit Chlor oder einem der vielen anderen Helferlein seiner Hygiene auf die Sprünge helfen. Beim Trinkwasser ist das Wasserwerk immer nur bis zum Hauseingang zuständig. Mineralwasser muss dem Kunden dagegen immer original, in der verschlossenen, mit Sicherung versehenen Flasche serviert werden. Was in einer Karaffe oder im Glas auf den Tisch kommt, darf niemals als Mineralwasser bezeichnet werden. Aber es gibt weder das Trinkwasser noch das Mineralwasser in Deutschland. Die Qualitätsunterschiede sind riesig. Dabei kann der Kunde beim Mineralwasser die charakteristischen Inhaltsstoffe auf dem Etikett lesen. Vom Trinkwasser findet er nur eine dürftige Analyse mit vorwiegend technischen Parametern auf der Webseite seines Versorgers. Doch auch beim Mineralwasser sind von außen Rückstände oder Gehalte unerwünschter Stoffe nicht erkennbar. Das war ein Grund, warum 2008 die Qualitätsgemeinschaft Biomineralwasser gegründet wurde, um auf der Grundlage von fast 50 Qualitätskriterien ein sicheres, gesundes und nachhaltig erzeugtes Produkt zu garantieren. Biomineralwasser-Abfüller müssen viel für die Förderung des ökologischen Landbaus tun, der wirksamsten Methode für flächendeckenden Wasserschutz. Denn: Was nicht auf den Acker kommt, landet auch nicht im Wasser.

Doch Mineralwasser nur nach Rückstandsfragen zu beurteilen greift viel zu kurz. Mineralwasser ist ein Kulturgut mit über 2.500 Jahren Geschichte. In Griechenland nahm die europäische Wasserkultur ihren Anfang und die Dimensionen römischer Thermen wurden erst in der Neuzeit wieder erreicht. Paracelsus, der berühmteste Arzt des Mittelalters, gab ein Badebüchlein heraus und forderte dazu auf, heimische Substanzen zu konsumieren. Ein Terroirgedanke, der in Sachen Wasser die Gesundheit und die lokale Herkunft vortrefflich

verbindet. Im 18. Jahrhundert erblühten nicht nur vielfältige Badeorte, auch der Versand des gesundheitsdienlichen (Heil-)Wassers boomte. Die Grundlagen heutigen Mineralwasserrechts fanden dort ihren Anfang. Selters, das berühmte, wurde in Millionen Steinkrügen jedes Jahr in alle Welt versandt. Es war das Getränk der Reichen des 18. und 19. Jahrhunderts. Mineralwasser ist ein Gesundheitsgut. Je nach seiner Zusammensetzung hat es die unterschiedlichsten Eigenschaften. Ob es als Calciumhaltiges gut ist für die Knochen oder als Magnesiumreiches Benzin fürs Herz liefert und Krämpfe bekämpft, ob es mit viel Sulfat die Verdauung unterstützt oder mit viel Hydrogencarbonat Säure und Sodbrennen bekämpft, ob es nur leicht mineralisiert und kochsalzarm für Entschlackung sorgt und zum Fasten sich eignet oder mit viel Natrium, Calcium und Magnesium ideal ist zum Sport: Mineralwässer bieten ein Füllhorn guter Fähigkeiten. Dabei sind diese Eigenschaften terroirabhängig. Jede Region in Deutschland hat ihre eigenen Mineralwasserspezialitäten. Da erscheint es nur logisch, dass sich diese Bandbreite auch im Geschmack wiederfindet.

Die Doemens-Schule in München-Gräfelfing bildet in vierzehn Tagen zum Wassersommelier aus. Die Kandidaten lernen die Vielfalt des Geschmacks anhand von Mineralwässern aus der ganzen Welt kennen und beurteilen. Was passt zu verschiedenen Rot- und Weißweinen, womit kann man guten Tee oder Kaffee zubereiten, womit macht man den Eiswürfel für guten Whiskey, welche Speisen werden am besten mit welchem Mineralwasser zubereitet? Um die Fragen wenigstens teilweise zu beantworten: Zur Zubereitung von Kaffee, Tee oder für Eiswürfel sollte man leicht mineralisiertes Wasser nehmen (unter

200 Milligramm je Liter Gesamtmineralisation), für Kaffee darf es etwas Kohlensäure haben, für Tee und Whiskey aber bitte ohne Blubber. Das schont die Aromen und löst sie am besten. Als Begleitung zum Kaffee ist ein Glas natriumhydrogencarbonatreiches Mineralwasser ideal, da es die Gerbsäuren dämpft. Das ist auch gut für den Kater nach zu viel Whiskey. Kohlensäure öffnet die Geschmacksknospen, weshalb Mediumwasser mit wenig Kohlensäure zu Weinen eine gute Idee ist. Ausgewogene und mittelmineralisierte Wässer (500 bis 1.500 mg/l Mineralstoffe) passen gut zu vielen Weinen. Zu süßen Weißweinen und gerbstoffhaltigen Rotweinen kann ein sulfatreiches Wasser gut passen. Für schwere Barriqueweine sollte man ein natriumhydrogencarbonatreiches Mineralwasser probieren. Sollen Frucht oder Gerbstoffe besondere Betonung finden, dann ist ein sehr leicht mineralisiertes Wasser richtig.
Gerade Deutschland mit seinen über 800 anerkannten Mineralwasserquellen ist weltweit das Mineralwasserland schlechthin. Was es bei uns nicht gibt, gibt es nirgendwo. Nur noch die Italiener trinken in Europa etwas mehr Mineralwasser pro Kopf als die deutschen Wasserfans. Rund 200 Mineralbrunnenbetriebe in gut 100 selbstständigen Unternehmen füllen diese Vielfalt ab. Aber die deutsche Wasserwelt ist schon lange nicht mehr in Ordnung. Mehr als 50 Prozent des gesamten deutschen Mineralwassersees werden allein von den drei größten Abfüllern in Plastikflaschen zu Billigstpreisen für den Discounter hergestellt. Und der größte deutsche Mineralwasserabfüller ist ausgerechnet Lidl. Das zeigt einmal mehr, wer nichts von Lebensmitteln weiß, kennt nur den Preis als Entscheidungskriterium. Der fatale Trend zu Trinkwasserzapfstellen, Refill-Projekten oder Karaffenwasser in der Gastronomie tut ein Übriges, um die regionalen Brunnen unter Druck zu setzen. Allen hygienischen Problemen und Bedenken der chemischen Qualität zum Trotz glauben manche Zeitgenossen, damit ökologisch etwas zu verbessern. Dabei sind es nicht einmal 0,3 Promille des in Deutschland verbrauchten Leitungswassers, die als Mineralwasser in Flaschen gefüllt werden. Ist es das wert, eines der ältesten deutschen Kulturgüter aufs Spiel zu setzen? Slow Food kämpft für gute, saubere und faire Lebensmittel. Das gilt auch für gute Mineralquellen, deren Geschmacksvielfalt bekanntgemacht und deren Qualität für kommende Generationen gesichert werden muss.

Manfred Mödinger

* Siehe »Schwarzbuch Wasser« unter https://bio-mineralwasser.de/downloads/

Bier

Wir sind Weltmeister

2016 jährte sich zum 500. Mal die Proklamation des bayerischen Reinheitsgebots. Auch wenn die Bedeutung dieses Jubiläums vor allem von der Brauindustrie reklamehaft übertrieben wurde, da auch schon vor 1516 das Bedürfnis zur Reinhaltung des wichtigsten deutschen Volksgetränks sich in verschiedenen Edikten niederschlug und die Motive für dessen Einführung nicht immer vom reinen Verbraucherschutz geleitet waren: Die Reduktion der Inhaltsstoffe des Biers auf Hopfen, Malz und Wasser, zu denen sich dann später noch die Hefe hinzugesellte, um der ursprünglichen Spontanvergärung Herr zu werden, sorgte in Deutschland über fünf Jahrhunderte hinweg im Großen und Ganzen für ein sauberes Grundlebensmittel, das in keiner heimischen Stube oder Schänke fehlen durfte, manchmal gar Gegenstand politischer oder kriegerischer Auseinandersetzungen wurde und sogar dem Fastenden Stärkung bieten durfte. Selbst in jenen Gegenden Deutschlands, die dem Weinbau den Vorzug geben, war das Bier als Volksgetränk immer präsent. Trotz oder vielleicht gerade wegen der Reduktion auf wenige Zutaten haben deutsche Brauer vor allem in den letzten 150 Jahren eine Vielfalt unterschiedlicher Biertypen geschaffen, die ihresgleichen auf der Welt sucht. Die erstaunliche Anzahl von etwa 5.000 verschiedenen Biersorten hierzulande verkörpert trotz sinkender Absatzzahlen noch immer typisch deutsches – vorzugsweise männliches – Lebensgefühl. 2020 wurden in Deutschland stolze 1539 Braustätten gezählt. Nicht nur in Helles und Dunkles, in Pils und Weizenbier, in obergäriges und untergäriges Bier scheiden sich die unterschiedlichen Typen des Gerstensafts. Sorten wie Altbier, Berliner Weiße, Kölsch, Bamberger Rauchbier oder Zoigl sind nur einige wenige Beispiele für zahllose regionale Spezialitäten.

Weniger laut ausgesprochen wird hingegen, dass sich heute zehn Brauriesen – meist nur als inländische Anhängsel eines internationalen Getränkemultis – in Deutschland fast zwei Drittel des Biermarkts mit einem Gesamtausstoß von rund 60 Millionen Hektoliter (hl) untereinander aufteilen. Gleichzeitig erzeugen auf der Seite der Kleinbrauer 862 kleine Betriebe weniger als 1.000 hl im Jahr. Das Brauereisterben ist leider immer noch nicht gestoppt. Wenn sich heute eine Region wie das bayerische Oberfranken rühmt, die höchste Brauereidichte der Welt zu besitzen, dann darf dabei nicht verkannt werden, dass sich unter den dort ansässigen über 300 meist kleinen und kleinsten Braustätten zahlreiche Gasthaus-, Nebenerwerbs- und Saisonbetriebe befinden, die beständig um ihre Existenz kämpfen, um dem Billigbier aus dem Discounter mit dem einzigen Mittel beständiger Qualität entgegentreten zu können. Negative Folge der Konzentration der Braustätten ist nicht zuletzt die Überschwemmung des Markts mit austauschbaren geschmacksarmen Industrieprodukten, die sich höchstens rühmen können, in München wie in Schanghai völlig gleich zu schmecken. In Bierliebhaberkreisen kursiert das Bonmot, dass allein die Eigenschaften gelb, kalt und nass, die insbesondere auf das sogenannte Autobahnbier zutreffen, als kleinster gemeinsamer Nenner eine größtmögliche Zahl von Konsumenten garantieren. Gar nur hinter vorgehaltener Hand spricht man darüber, dass das Reinheitsgebot in seiner ursprünglichen Form nicht nur im Bereich der Industriebiere längst zu einer Fiktion geworden ist: Hopfenextrakt statt Naturhopfen, Schönungsmittel oder Klärstoffe, die angeblich »... bis auf gesundheitlich, geruchlich und geschmacklich unbedenkliche, technisch unvermeidbare Anteile wieder ausgeschieden werden« (Biergesetz) mit Namen wie »Polyvinylpolypyrrolidon« könnten dem Verbraucher möglicherweise den Geschmack verderben, wenn sie auf dem Etikett deklariert werden müssten. Über 200 solcher Hilfsmittel aus dem Chemiebaukasten der Lebensmittelindustrie dürfen heute erlaubterweise dafür sorgen, dass Flaschenbiere oft ein Jahr lang haltbar sind und sich das frisch gezapfte Pils länger mit einer hübschen Schaumkrone präsentiert. Ob das den Erfindern des Reinheitsgebots gefallen hätte?

Demgegenüber zeichnet sich in den letzten Jahren glücklicherweise ein positiver Trend ab: Obwohl als beliebtestes Bier der Deutschen noch immer das Pils mit über 50 Prozent Marktanteil gilt – überwiegend produziert von norddeutschen Brauereikonzernen –, verzeichnen inzwischen vor allem junge Brauer mit neuen Ideen und Biersorten wieder

Landgewinne. 2017 entstanden allein 85 neue Braustätten in Deutschland. Alte Brautraditionen leben in den verschiedenen Regionen auf und machen Kellerbier, Zoigl oder Gose zu gefragten Spezialitäten in Gasthäusern und Bierkneipen. Der Trend zur Regionalität macht gerade vor dem regionalsten aller deutschen Lebensmittel nicht halt: Viele handwerklich arbeitende Brauereibetriebe besinnen sich wieder auf ihre Kernkompetenz und kreieren neue Sorten oder erwecken alte wieder zum Leben. Die zahlreichen Craft-Bier-Brauer, die seit einiger Zeit die Bierlandschaft umkrempeln, setzen verstärkt Akzente. Aus dem angelsächsischen Raum nachempfundene Biersorten wie Pale Ale, Stout oder Porter sorgen für Furore bei Bierkennern. Exotische Hopfensorten und neue Brauverfahren verwandeln solche Biere vom Volksgetränk in einen gehobenen Genussartikel und befreien den Gerstensaft vollends von seinem Bierdimpflnimbus. Nicht wenige dieser »Jungen Wilden« unter den Brauern setzen auch bei der Qualität der verwendeten Rohstoffe neue Maßstäbe und sagen den Schönungsmittelchen der Industrie den Kampf an. Dass die Abkehr von Hopfen und Malz aus industrieller Landwirtschaft mit all ihren negativen Nebenerscheinungen wie der Verwendung von Kunstdüngern und rabiaten Unkrautvernichtern zunehmend auch Biobrauer auf den Plan gerufen hat, war eine logische Folge der ökologischen Landwirtschaft. Viele dieser oft noch jungen Betriebe liefern ihre von chemischen Zusätzen weitgehend freien Spezialitäten an *Genussführer*-Lokale und erobern sich auch dadurch ein wachsendes Publikum. Langsam, aber stetig steigt in den letzten Jahren der Anteil der Biobiere am Gesamtkonsum der Deutschen. Allerdings liegt er mit unter einem Prozent noch immer in einem Bereich, über den die Biergiganten nur lächeln können. Zudem ist besonders bei den Biobieren ein Trend zu Nichtgerstenbieren nicht zu übersehen. Dinkel-, Roggen- oder Emmerbier treten verstärkt an die Seite des Weizenbiers, das jahrhundertelang als einzige Ausnahme neben den reinen Gerstensäften zugelassen war. Selbst ausgefallene Spezialitäten wie Hirsebier haben an Boden gewonnen. Slow Food setzt auch beim Bier bedingungslos auf saubere Zutaten und Produktionsweisen. Hopfenextrakt ist ebenso tabu wie die chemischen Hilfsmittel und Stabilisatoren, die dem Bier künstliche Eigenschaften verleihen, die dieses Handwerksprodukt aus reinen Naturstoffen nicht haben muss. Um auch den im Aussterben begriffenen regionalen Biersorten wieder eine Chance zu geben, wurden die echte Berliner Weiße und das Bamberger Rauchbier zu Slow-Food-Arche-Passagieren.

Wieland Schnürch

Wein

Starker Tropfen

Der deutsche Wein hat seit Ende der 1980er-Jahre eine Qualitätsexplosion erfahren. Dazu haben eine bessere Ausbildung der Winzer und Fortschritte in der Weinbereitung beigetragen. Ein weiterer wichtiger Grund ist der Klimawandel. Die deutschen Anbaugebiete gehören bisher noch zu den Gewinnern der Klimaveränderung. Temperaturen und Zahl der Sonnenstunden haben sich erhöht. Das Klima ist mediterraner geworden. Doch zuletzt häuften sich Trockenjahre und Jahre mit starken Pilzkrankheiten, dazu die Katastrophe im Anbaugebiet Ahrtal.

Noch bis in die 1980er-Jahre mussten die Winzer in schlechten Jahren tief in den Zuckersack greifen, um überhaupt trinkbare Weine auf die Flasche zu ziehen. Vor allem der Riesling, die spät reifende, große Traditionstraube, hing immer wieder über dem Abgrund. Heute haben die Winzer ganz andere Sorgen: Neue Schädlinge wie die Kirschessigfliege, Wetterkapriolen von Spätfrösten bis zu Starkregen zur Erntezeit mit in der Folge rasanter Fäulnis und der immer frühere Lesebeginn machen ihnen zu schaffen. Zu niedrige Säurewerte in heißen Jahren sind ebenfalls ein neues Thema. Gleichzeitig sind die Mostgewichte oft so hoch, dass umfangreiche Laubarbeiten zur Verringerung der Fotosynthese durchgeführt werden und auch früher gelesen werden muss, um fette, brandig-alkoholische Tropfen zu vermeiden. Die deutschen Weine sind auf breiter Front muskulöser und cremiger, harmonischer und ausdrucksstärker geworden. Vor allem die Weißweine, das bestätigen internationale Vergleichsproben, haben ein prächtiges Niveau. Aber auch die Rotweine haben zugelegt. Nicht nur Spätburgunder sind heute farbintensiver und aromatischer, besitzen mehr Struktur und ein intensiveres Gerbstoffgerüst.

So darf man – ohne muffigen Patriotismus – behaupten, dass unsere Weine noch nie so gut waren. Mit dem Klimawandel und der nun selbstverständlichen Reife hat sich auch die Philosophie geändert. Das ewige Schielen auf Öchslegrade ist einem neuen Qualitätsdenken gewichen, das sich auch auf dem Etikett widerspiegelt. Die Weinberge und das Terroir kommen stärker zu ihrem Recht. Viele Betriebe verzichten auf Prädikate wie Spätlese oder Kabinett und konzentrieren sich lieber auf Weinbergslagen und Bodenformationen. Die Spitze der deutschen Winzer orientiert sich dabei am Vorbild des Burgunds und dessen vierstufiger Klassifikation: einfache Gutsweine, ambitionierte Ortsweine und schließlich die Spitzenweine (Erste Lage und Großes Gewächs). Weil ein Teil der Winzer aber noch an den alten Prädikaten festhält, ist ein Durcheinander entstanden, das den normalen Weintrinker oft überfordert.

Die Gastronomie hat auf den Qualitätssprung reagiert. Gerade in unseren *Genussführer*-Lokalen stehen verstärkt Gewächse aus den 13 deutschen Anbaugebieten auf der Karte. Die Auswahl ist groß, kein anderes Weinland kennt eine solche Vielfalt an Rebsorten und Qualitätsstufen. Im Burgund sind vier Rebsorten zugelassen, in Deutschland 140 von Acolon bis Zweigelt. Das ist zwar ziemlich unübersichtlich, bietet aber auch die Chance, unterschiedlichste Rebsorten und Weinstile kennenzulernen. Bei den Weißweinen behauptet der Riesling unverändert seine Spitzenposition mit 24.410 Hektar Anbaufläche vor dem Müller-Thurgau (10.970 ha). Deutsche Rieslinge sind bekannt für Eleganz und Rasse, sie können ihr Terroir gut widerspiegeln. An Saar, Mosel und an der Nahe gibt es immer noch federleichte filigrane Rieslinge, teilweise mit weniger als zehn Volumenprozent Alkohol. Eine einmalige Spezialität, die bestens in die Zeit passt. Der mit natürlicher Restsüße ausgebaute Riesling, der über Jahrzehnte reifen kann,

hat dagegen ein wenig an Reputation verloren. Zu Unrecht. Diese Weine verbinden Süße und Säure in einem einmaligen Spiel, sie besitzen beachtliches Alterungspotenzial und sind nach wie vor Juwelen unserer Weinkultur. Dass es dem Riesling an immer mehr Standorten inzwischen zu warm wird, ist die Kehrseite der Klimaveränderung. In den nach Süden exponierten Steillagen Württembergs oder der Pfalz pflanzen viele Winzer inzwischen lieber Rotweintrauben oder Chardonnay. Besonders eindrucksvoll fällt der Qualitätssprung deutscher Weine bei den Burgundersorten aus. Weiß- und Grauburgunder, Chardonnay, Auxerrois, Früh- und Spätburgunder liefern Jahr für Jahr eine Fülle schöner Weine, die attraktive Essensbegleiter sind. Ihr Flächenanteil wächst kontinuierlich. Auch der gute alte Silvaner hat sein mausgraues Image abgestreift, er eskortiert mit frischem Selbstbewusstsein die aufblühende vegetarische Küche, während der Müller-Thurgau überwiegend als einfacher Zech- und Vesperwein ausgebaut wird. Die Aromasorten Sauvignon Blanc, Gewürztraminer, Muskateller und Scheurebe komplettieren den heimischen Weißweingipfel, wobei vor allem die »Scheu« immer interessanter wird. Bei den Rotweinen geht der Anbau des farbintensiven, aber pummeligen Dornfelders deutlich zurück. Der feinduftige, in der Spitze höchst finessenreiche Spätburgunder scheint jedes Jahr besser zu werden. Er behauptet mit 11.602 Hektar Anbaufläche souverän die Poleposition. Leider wird er häufig zu warm ausgeschenkt und verliert so an Ausdruck. Für Spitzenweine werden beim Spätburgunder inzwischen sogar dreistellige Beträge bezahlt, gleichzeitig gibt es feine

Tropfen für zehn Euro. Der Trend zu internationalen Sorten hat bei den Rotweinen seinen Höhepunkt überschritten. Cabernet Sauvignon, Merlot und Syrah gehören inzwischen mit teilweise beeindruckenden Weinen fast selbstverständlich zum Rebsortenspiegel deutscher Winzer. Die anfänglich große Begeisterung für die sonnenhungrigen Exoten hat sich allerdings normalisiert. Das Potenzial des oft unterschätzten Lembergers scheint dagegen längst nicht ausgeschöpft. Der Trollinger bleibt ein einfacher Vesperwein, der im Sommer – gut gekühlt – durchaus Freude macht.

Eine kostbare Spezialität sind die edelsüßen deutschen Weine: Auslesen, Beeren- und Trockenbeerenauslesen sowie Eisweine. Die Lese von Eisweinen wird immer schwieriger, weil die frühen harten Fröste in vielen Jahren fehlen. Beeren- und Trockenbeerenauslesen bleiben uns aber erhalten, denn der für die Edelfäule verantwortliche Pilz *Botrytis cinerea* schreckt vor dem wärmeren Klima nicht zurück.

Food Deutschland hat in den vergangenen Jahren in seiner Weinkommission die Zertifizierung zum Slow Wein Deutschland (SWD) entwickelt und geht einen anderen Weg als die internationale Slow Wine Coalition. Die SWD-Zertifizierung setzt auf einer Biozertifizierung auf und formuliert weitere, konkrete Bedingungen für Weine, die gut, sauber und fair erzeugt werden. Nachhaltige Bewirtschaftung der Weinberge, handwerkliche Erzeugung im Keller, das kollegiale Gespräch der Slow-Wein-Güter untereinander und der Kontakt mit den Kunden als Mitproduzenten – der Weg ist ambitioniert, aber er wird zum Erfolg für die Weingüter führen.

Manfred Kriener

Auch wenn mein Wein mal die ganze Welt erobert – meine Wurzeln sind hier.
Weine aus deutschen Regionen:
Qualität, die man schmeckt.
GESCHÜTZTE URSPRUNGSBEZEICHNUNG
Die 13 deutschen Weinregionen sind geschützte Ursprungsbezeichnungen.

Obst

Wahre Schätze der Natur

Heimisches Obst bietet mehr als die industriell erzeugten Früchte aus den Supermärkten. Für den Handel stehen die Kriterien Preis, Gleichmäßigkeit, Transportierbarkeit und möglichst ganzjährige Verfügbarkeit – häufig aus aller Welt – an erster Stelle. Geschmack, regionale Erzeugung, Vielfalt von Tier- und Pflanzenarten, naturverträgliche Anbaumethoden oder gesundheitliche Aspekte spielen fast keine Rolle. Im Ergebnis gibt es immer weniger Sorten und der Selbstversorgungsgrad von Obst liegt in Deutschland bei nur noch 22 Prozent.[1]

In unserer Heimat wächst eine begeisternde Fülle an Obstarten und -sorten mit vielfältigen Qualitäten und einem breiten Verwendungsspektrum. Neben den bekannten Klassikern wie Apfel, Birne, Kirsche und Zwetschge fallen jedoch traditionell geschätzte Obstsorten wie Mirabellen, Renekloden, Quitten und viele mehr dem Vergessen anheim. Denn der Obstanbau in Deutschland hat sich in den letzten einhundert Jahren stark verändert. Heute finden sich Obstwiesen mit stattlichen Bäumen, einstmals wertvolle Lebensräume mit einer großen Arten- und Sortenvielfalt, meist nur noch auf Etiketten und in Bilderbüchern.

Die lange Zeit üblichen Streuobstwiesen sind in den Obstbauregionen den modernen, intensiven Spindelanlagen gewichen. Rationalität und maschinelle Bearbeitung bestimmen den Anbau. Der Preis der intensiven Systeme sind eine Verarmung der Landschaften und Lebensräume und ein hoher Einsatz von Pestiziden und Düngemitteln. Bei Äpfeln lag der durchschnittliche Behandlungsindex (Anzahl der Pestizideinsätze) zwischen 2011 und 2019 bei 31,1.[2] Aber der intensive Obstbau steckt in einer Krise. Er ist abhängig von den Vorgaben des Handels, Spritzmitteln und Energie. Demgegenüber stehen die Forderungen des Klima- und Artenschutzes und die Erwartungen der Konsumenten nach Energie- und Pestizidreduktion. Auch der Bioobstbau hat sich in vielen Bereichen ähnlich intensiviert.

Der Einsatz von dort zugelassenen Mitteln wie Kupfer, Schwefel und Pyrethrinen ist unter Naturschützern umstritten.
Streuobstwiesen gelten demgegenüber als Hotspots der Artenvielfalt, in denen bis zu 5.000 Tier- und Pflanzenarten zu finden sind. Die Bewirtschaftung ist aufwendiger und die erzeugten Früchte sind weniger gleichmäßig. Es gibt jedoch nach wie vor Bewirtschafter der Streuobstwiesen, die sich der Erntemühen dieser Schätze mit Überzeugung unterziehen. Sie bewahren die Bäume durch ihre Pflege. Der Lohn ihrer Arbeit ist ungespritztes Obst in einer großen Sortenvielfalt. Für den Konsumenten ist es lohnend, nach den Bewahrern zu suchen und sie zu unterstützen. Denn dort findet er ungespritztes Obst und weitere verarbeitete Spezialitäten, von sortenreinen Apfelsäften bis zu Zibärtle-Bränden.
Der Wert der alten Obstsorten ist aus weiteren Gründen bedeutsam: Die alten Sorten sind über viele Jahrzehnte gezüchtet und ausgelesen. Sie sind oft widerstandsfähiger und an die regionalen Gegebenheiten angepasst. Gerade für die großen Herausforderungen des Klimawandels ist eine große Artenvielfalt ein wichtiges Werkzeug, um den sich verändernden Klimabedingungen auch züchterisch zu begegnen.
Wer sich die Mühe macht, eine Quelle für alte Obstarten und -sorten zu suchen oder selbst ein paar Bäume zu bewirtschaften, wird mit aromatischem Obst belohnt. Viele der alten Sorten sind besonders schmackhaft oder haben besondere Eigenschaften. So ist zum Beispiel das »Hausmütterchen« eine der besten Sorten für Apfelkompott.
Das Lieblingsobst der Deutschen ist mit einem Pro-Kopf-Verbrauch von jährlich knapp 22 Kilogramm[3] der Apfel. Es gibt jedoch immer mehr Menschen, die rohe Äpfel nicht vertragen. Schätzungen gehen von bis zu vier Millionen Apfelallergikern aus, bei denen der Genuss von Äpfeln Reaktionen auslöst – vom Brennen im Mund bis zur Atemnot. Für sie ist es eine gute Nachricht, dass einige alte Apfelsorten wie beispielsweise »Freiherr von Berlepsch« oder »Weißer Winterkalvill« gut vertragen werden. Der Grund dafür liegt im höheren Polyphenolgehalt alter Sorten.[4]
Die Verarbeitung von Obst hat in den Anbauregionen eine lange Tradition. Ganz nach dem Slow-Food-Motto »Gut, sauber und fair« werden bei den heimischen Brennereien, Mostereien und Manufakturen zahlreiche besondere und auch exklusive Produkte hergestellt. Aber nicht nur traditionelle Betriebe, sondern auch Start-ups widmen sich der Verarbeitung von regionalem Obst.
Wurde in den Brennereien früher Schnaps meist in mäßiger Qualität gebrannt, entsteht an den heutigen Brennkesseln eine

große Bandbreite geistvoller Produkte. Vor allem im Süden Deutschlands hat das Brennen eine lange Tradition. Hintergrund sind die bis 2018 geltenden Sonderregelungen für Abfindungsbrennereien mit einem Kontingent von 50 und 300 Liter Alkohol, die nur in den südlichen Bundesländern galten. Zahlreiche Obstbauern und Weingüter produzieren – teilweise seit Generationen – feine Destillate, Geiste und Liköre. Große Mengen des gebrannten Alkohols wurden jedoch abgegeben. Mit dem Wegfall des Branntweinmonopols 2018 entfiel die Möglichkeit, Alkohol unabhängig von der Qualität an die staatliche Monopolverwaltung zu verkaufen. Das lässt immer mehr Brennereien auf hochwertige Spezialitäten in hervorragender Qualität setzen. Gut ausgebildete Brenner verstehen es, die flüchtigen Aromen reifer Früchte auf die Flasche zu bringen. Nicht wenige Brennereien bieten Tasting-Abende und Brennereiführungen an. Auch die Gastronomie und die Barszene haben die heimischen Produkte entdeckt. Im Restaurant kann man längst nicht mehr nur einen »Willi« (Williams-Christ-Birnenbrand) bestellen, sondern man findet auch regionale Besonderheiten wie z. B. das »badische Zibärtle«.
Große Mengen Obst werden als Saft konsumiert. Wir Deutschen gelten auch in dieser Disziplin als Weltmeister. Mit einem Pro-Kopf-Verbrauch von 30 Litern trinken wir dreimal so viel Saft wie die Italiener.[5] Verbrauch und Erzeugung unterliegen einem starken Wandel: Der Verbrauch ist seit 2020 um knapp über zehn Liter gesunken und während früher der heimische Apfelsaft der beliebteste Saft war, führt heute Orangensaft die Statistik an. Ein Zusammenhang mit den Entwicklungen der Industrie und der Billigmentalität von Verbrauchern kann nicht ausgeschlossen werden. Während früher die Äpfel in einer großen Sortenvielfalt auf den artenreichen Streuobstwiesen vor der Haustüre wuchsen, kommen die Äpfel heute oft aus aller Welt. Konzentrate aus Polen und China helfen der Saftindustrie, dem Preisdruck der Handelsketten standzuhalten. Äpfel aus intensivem Anbau werden bis zu 30-mal mit Pestiziden behandelt. In der Regel werden die gleichen Apfelsorten gepresst, die auch im Supermarkt zu finden sind. Aus den auf Süße und Knackigkeit gezüchteten Tafelsorten wie Jonagold oder Gala werden jedoch keine besonders aromatischen Säfte. Zudem werden oft – dem Preis und den riesigen Verarbeitungsmengen geschuldet – auch überreife oder gar faulige Äpfeln gepresst. Angesichts der Entwicklungen und Zustände wundert der Rückgang des Konsums nicht unbedingt.
Es gibt jedoch auch Alternativen zum industriellen Massenmarkt. Streuobstinitiativen, Direktvermarkter und Mostereien verschreiben sich der Qualität. Sie pressen aromatische und

naturtrübe Direktsäfte aus heimischem Obst. Dabei achten sie auf reifes und gesundes Obst und verzichten auf den Einsatz von Enzymen zur Ausbeutensteigerung sowie Mittel wie Gelantine zum Klären des Safts oder Ascorbinsäure, um den Saft aufzuhellen. Neben großartigen Streuobstsäften gibt es immer mehr sortenrein abgefüllte Säfte wie vom »Rheinischen Bohnapfel« oder »Bittenfelder Sämling«. Sie machen die heimische Vielfalt schmeckbar.

Apfelwein mit seinen vielen Stilrichtungen erlebt aktuell eine Renaissance. Während der traditionelle Ebbelwoi (hessischer Dialektausdruck für Apfelwein) außerhalb Hessens wenig Fans hat, finden sich immer mehr Liebhaber für eine Vielfalt von Frucht(-schaum-)weinen. Im Fahrwasser regionaler Traditionsprodukte wie Viez, Most und Traubenwein und gleichermaßen inspiriert von britischem Cider und französischem Cidre, haben sich viele flüssige Genusserlebnisse entwickelt. Wein aus der Ananas-Renette, Schaumwein aus Quitten, Cider aus Streuobstäpfeln und Poiree aus Mostbirnen sind nur einige Beispiele.

Johannes Geng

[1] https://www.landwirtschaft.de/landwirtschaft-verstehen/haetten-sies-gewusst/infografiken

[2] https://www.nap-pflanzenschutz.de/indikatorenforschung/indikatoren-und-deutscher-pflanzenschutzindex/deutscher-pflanzenschutzindex/behandlungsindex

[3] https://de.statista.com/statistik/daten/studie/247425/umfrage/die-beliebtesten-obstsorten-der-deutschen/

[4] Mehr Informationen unter https://obstparadies-staufen.de/gute-nachrichten-fuer-apfelallergiker/ und https://www.bund-lemgo.de/apfelallergie.html

[5] https://www.fruchtsaft.de/branche/daten-und-fakten/

NEU
SONNENTOR
ZUM
(R)EIN-
LEGEN
SONNENTOR
KIMCHI
GEWÜRZ
SONNENTOR
EINLEGE
GEWÜRZ
SONNENTOR
KOMPOTT
GEWÜRZ

ABC der regionalen Spezialitäten

Typische Gerichte und Zutaten der regionalen Küche erkennt man oft an ihrer mundartlichen Terminologie. Mit ebenso liebe- wie klangvollen Begriffen werden die Speisen in ihrem Wesenskern beschrieben. »Ausländer« verstehen nur Bahnhof, wenn die Schupfnudel zum Buabaspitzle, der Speisequark zum Bibiliskäs und der Kloß zum Mehlbüddel mutiert. Wir erklären Ihnen die Spezialitäten von A wie Ahle Worscht bis Z wie Zwibbelsploatz.

A

Ahle Worscht (hessisch)

Aus den vielen Dialektworten hat sich »Ahle Wurscht« (hochdeutsch »alte Wurst«) als Bezeichnung für das kulinarische Aushängeschild der Nordhessen durchgesetzt. Für die lange haltbare Rohwurst aus Schweinefleisch und Schweinespeck werden auch die Edelteile des Muskelfleisches schlachtwarm oder schlachtfrisch verarbeitet. Die Zutaten werden mittelgrob gewolft, die Würzung ist lokal unterschiedlich, teilweise wird geräuchert. Besonders in und um Kassel wird die Ahle Wurscht nur luftgetrocknet. Das feuchtkühle Klima der nordhessischen Winter und Lehmkammern sorgen für eine langsame Reifung und lange Haltbarkeit der dickeren Kaliber bis zum nächsten Herbst. Je nach genutzter Wursthülle heißt die Wurst »dürre Runde« (dünner Darm rund gebunden), »Stracke« (lang gestreckte Wurst in dickerem Darm) oder »Schmalzhaut«, »Schmerhaut« und »Feldkieker« (keulenförmige Kälberblasen oder zusammengenähte Schmalzhäute). Verwendete Gewürze, Reifedauer und vor allem die natürlichen Reifekulturen der Wurschtekammern führen schließlich zu einer großen Geschmacksvielfalt der verzehrreifen Würste. Die nordhessische Ahle Wurscht in traditioneller Herstellung ist seit 2004 *Slow-Food-Arche-Passagier*. Ein Förderverein kümmert sich um die Einhaltung der Qualitätskriterien.

Albleisa (schwäbisch)

Leisa – der schwäbische Begriff für Linsen – wurden auf der Schwäbischen Alb bis zur Mitte des 20. Jahrhunderts angebaut. Aufgrund niedriger Erträge und großer Aufwände bei Ernte und Reinigung verschwand die uralte Nahrungspflanze. Seit 1985 baut der Bioland Hof Mammel wieder Albleisa an, zunächst auf Grundlage der grünen Le-Puy-Linse. 2001 gründeten die Linsenpioniere eine Erzeugergemeinschaft und koordinieren als »Lauteracher-Alb-Feldfrüchte« den gesamten Wertschöpfungsprozess. Seitdem steigt die Zahl der Linsenbäuer*innen stetig. 2006 wurde in einer Saatgutbank in Sankt Petersburg (Russland) Saatgut der traditionellen Sorten Späths Alblinse I und Späths Alblinse II wiederentdeckt. Die Erzeugergemeinschaft hat aus wenigen hundert Linsensamen vermarktbare

Mengen entwickelt und deckt heute über die Hälfte des gesamten Linsenanbaus in Deutschland ab. Die Albleisa ist ein *Slow-Food-Arche-Passagier*.

Alter Fränkischer Satz

Slow-Food-Arche-Passagier, entspricht einer über lange Zeiträume hinweg praktizierten Anbaumethode für Weinberge. Bis Ende des 19. Jahrhunderts war diese Anbaumethode nicht nur in Franken, sondern in allen deutschen Weinbaugebieten verbreitet, da sie geeignet war, auch in ungünstigen Jahren einigermaßen gesichert Weine zu erzeugen. Durch Anpflanzung von unterschiedlichen Weinsorten in einem Weinberg wurde das Risiko des Totalausfalls der Weinernte minimiert. Wenn durch Spätfröste früh austreibende Sorten erfroren, überstanden spät austreibende Sorten und sicherten eine Traubenernte. Beim Alten Fränkischen Satz werden die Trauben aller Weinsorten zum gleichen Zeitpunkt geerntet und gemeinsam vinifiziert. Dies führt im Gegensatz zu Weincuvées, bei denen die Weinsorten getrennt gelesen, vinifiziert und erst am Ende verschnitten werden, zu einer größeren geschmacklichen Vielfalt, die von Weinberg zu Weinberg und von Jahr zu Jahr unterschiedliche Weine hervorbringt.

Apfelmichl

Ein süßer Auflauf aus altbackenen Brötchen, die mit Milch, Eiern, Rosinen und Obst gebacken werden. Der Apfelmichl ist, vor allem in Schwaben und im Allgäu, auch als »Scheiterhaufen« bekannt.

B

Backers, Baggers, Baggerla

Bezeichnungen für eine Art fränkischen Kartoffelpuffer oder Reibekuchen. Roh geriebene Kartoffeln werden mit Eiern, Zwiebeln und Muskat vermengt. Die daraus geformten Taler werden im heißen Öl goldgelb gebraten.

Bamberger Hörnchen (Hörnle, Hörnla)

Die auch »Hörnchen« oder »Hörnle« genannte Zapfenkartoffel ist in Bamberg seit dem 19. Jahrhundert bekannt. Das Bamberger Hörnla ist an die Boden- und Klimaverhältnisse des Bamberger Beckens angepasst. Die fingerförmigen Knollen werden höchstens zehn Zentimeter lang. Mit ihrer speckigen, festen Konsistenz, ihrer sattgelben Farbe und ihrem intensiven nussartigen Aroma ist die Kartoffel eine Delikatesse. Sie wird für Kartoffelsalate verwendet und als Pellkartoffeln oder in Butter geschwenkt gegessen. Geringer Ertrag, nicht geeignet für maschinelle Ernte, krankheitsanfällig: Die Sorte überlebte nur dank des Traditionsbewusstseins einiger Bamberger Bäuer*innen und eines treuen Kundenstamms. Das Bamberger Hörnla ist ein *Slow-Food-Arche-Passagier*. Seit 2009 ist das Hörnla Slow-Food-Presidio, seit 2013 trägt es das EU-Siegel »geschützte geografische Angabe« (g.g.A.).

Bauchstecherla, Bauchstechala (fränkisch)
Aus den Handinnenflächen heraus gedrehte, spitze Nudeln aus Mehl, Ei und Salz. Sie sind mit den schwäbischen Schupfnudeln oder Bubenspätzle verwandt. Manchmal werden sie auch »Fingernudeln« genannt.

Bauernfrühstück
Eine Omelettevariante, die durch ihre rustikalen Einlagen (hauptsächlich Kartoffeln) ihren verklärenden Namen erhielt, der suggerieren soll, dass mit solcher Unterlage selbst ein hart arbeitender Landmann gut in den Tag startet. Tatsächlich wird das Bauernfrühstück von den Deutschen mit Vorliebe als Abendessen aufgetischt. Die Gewürzgurke ist obligatorisch und bildet einen sauren Kontrast zu der sämigen Speise. Das Bauernfrühstück wurde wahrscheinlich in den 1950er-Jahren aus der älteren französischen Omelette à la paysanne in die deutsche Küche eingeführt – der in Frankreich obligatorische Sauerampfer mutierte zur Gewürzgurke. Es handelt sich vermutlich um eine Adaption der Wirtschaftswunderzeit, in der sich Neuerungen und Exotik in der Küche auch in betonter Rustikalität ausdrücken konnten.

Bayrisch Kraut (bayerisch)
Für das Weißkohlgericht werden Speckwürfel und grob gehackte Zwiebeln angebraten, zu denen man das in Streifen geschnittene Kraut gibt und es unter Zugabe von Wasser weichdünstet. Es wird mit einer hellbraunen Mehlschwitze gebunden.

Bayrisch(e) Creme
Für die bayerische Nachspeise wird (ähnlich der Panna cotta) eine Vanillecreme aus Milch, Eigelb, Zucker, Sahne und Gelatine zubereitet. Entgegen anderslautenden Legenden liegt der Ursprung der Creme in Frankreich: »Bavarois« bezeichnet in älteren französischen Kochbüchern alle Cremes, die mit untergehobener Schlagsahne zubereitet werden. Damals nannte man die Creme noch »fromage bavarois«, abgeleitet von dem lateinischen *formaticus*, geformt.

Beinwell

Beinwell *(Symphytum officinale)*, Raublattgewächs und alte Heilpflanze, deren Wurzeln in der Pharmakologie verwendet werden. Beinwell hilft bei Gelenk-, Muskel- und Knochenschmerzen, bei Zerrungen und Verstauchungen. Die Blätter haben einen ungewöhnlich hohen Eiweißgehalt und werden, wenn auch sehr selten, in der Küche eingesetzt. Wegen ihrer Größe eignen sich Beinwellblätter besonders gut, um Füllungen appetitlich zu verpacken.

Bergische Kaffeetafel

Üppige Kaffeetafel aus dem Bergischen Land bei Köln. Zur Bergischen Kaffeetafel gehören Waffeln, Korinthen- und Schwarzbrot, süße Aufstriche wie Honig, Marmeladen und Zuckerrübensirup, außerdem Milchreis mit Zimt und Zucker und eine große, meist dreibeinige Kaffeekanne, die Dröppelminna. Auch herzhafte Komponenten können die Bergische Kaffeetafel ergänzen: Schwarzbrot mit Butter und Gouda und ein Klarer. Manchmal gibt es noch eine Kottenbutter (Schwarzbrot mit geräucherter Mettwurst, Zwiebel oder Düsseldorfer Löwensenf) dazu. Die Kottenbutter hat ihren Namen von den wasserbetriebenen Schleif- oder Hammerwerkskotten, in denen sie von den Bergischen Metallbearbeitern zum Frühstück gegessen wurde.

Berliner Schnitzel (berlinerisch)

Berliner Schnitzel oder Falsches Kotelett ist ein traditionelles Berliner Fleischgericht. Gekochtes Kuheuter wird in schnitzelgroße Scheiben geschnitten, paniert und gebraten.

Beuschel, Beuscherl, Baischerl (bayerisch-österreichisch)

Ragout aus Lunge und Herz, oft auch aus Milz, Zunge und Leber; meist vom Kalb; süddt. auch »Lüngerl« genannt.

Beutelches, Beulches (hessisch)

Im »Beutelchen« genannten Leinensäckchen in Salzwasser gegarte, deftige Kartoffelklöße mit Lauch und Geräuchertem im Teig. Je nach Region werden Hartwurst, Solper oder Dörrfleisch verwendet. Meist werden sie mit einer Zwiebelsauce serviert.

Bibiliskäs, Bibbeliskäs (badisch)

Weißer Käs', eine Speisequarkzubereitung, im Württembergischen auch »Luggeleskäs« genannt. Der erfrischende Bibiliskäs wird aus Quark mit frischen Kräutern, oft mit Schnittlauch, gehackten Zwiebeln, etwas Knoblauch und Rahm hergestellt. Das mit frischem Brot oder gekochten Kartoffeln servierte einfache Gericht ist geschmackvoll und nahrhaft, abgewandelt auch als Folienkartoffel. Die Bezeichnung stammt vom alemannischen Wort »Bibbeli«, einem Synonym für Knubbel.

Biertreberbrot

Als »Treber« bezeichnet man das nach dem Bierbrauen ausgelaugte, geschrotete Malz. Dem Brotteig zugesetzt, macht er das Brot herzhafter und gröber. Ein guter Begleiter zu Schmalz und deftigen Wurstplatten.

Birnen, Bohnen und Speck

Es handelt sich um einen Eintopf mit Kochbirnen, die nicht für den Rohverzehr geeignet sind. Für die Bohnen verwendet man in Hamburg Türkische Erbsen und gibt geräucherten Bauchspeck dazu. Das Gericht wird in seiner ursprünglichen Form nur im Hoch- und Spätsommer serviert.

Blaue Zipfel (fränkisch)

Blaue Zipfel, auch »Saure Zipfel« oder »Saure Bratwurst« genannt, werden in Essigsud gegart. Sie sind eine Spezialität der fränkischen und auch Oberpfälzer Küche.

Blootz (fränkisch)

Ein Blechkuchen aus Roggenbrotteig mit süßem oder salzigem Belag.

Bodenseefelchen

Bekannteste Fischart des Bodensees. Das wohlschmeckende Felchen gehört zur Ordnung der Lachsartigen und wird in Deutschland auch als Maräne, Rheinanke, Renke oder Schnäpel bezeichnet. Der Fisch kommt in tieferen Seen im Alpenraum, aber auch in Ost- und Norddeutschland vor (siehe auch »Maräne«).

Bœuf de Hohenlohe

Rindfleisch von Weiderindern, die nach strengen Richtlinien meist von der Schwäbisch-Hällischen Erzeugergemeinschaft erzeugt werden. Robuste einheimische Rinderrassen wie Limpurger und Fleckvieh werden mit französischen Limousin-Rindern zu Bœuf de Hohenlohe gekreuzt. Bœuf de Hohenlohe (Rind aus Hohenlohe) ist eigentlich ein historischer Begriff für gesundes, prächtiges Mastvieh von den fruchtbaren Weiden Hohenlohes. Der französisch klingende Name ist im ausgehenden 18. Jahrhundert entstanden, als die Tiere bis nach Paris getrieben wurden. In der französischen Küche wurde ihr Fleisch wegen seiner Zartheit und seines Geschmacks gerühmt.

Bohnerkern, Bohnenkern (bayerisch/alemannisch)
Weiße Bohnen in einer dunklen Einbrenne. Dazu werden Klöße und grüner Salat gereicht. Gelegentlich gibt es Rauchfleisch als Einlage.

Bolle (nord- und westdeutsch)
Zwiebel. Siehe auch »Bollenfleisch«.

Bollenfleisch (berlinerisch)
Mit »Bollen« sind Zwiebeln gemeint. Bollenfleisch ist geschmortes Lammfleisch mit reichlich Zwiebeln. Es wird traditionell mit roten Beten und Kartoffeln kombiniert – eine alte Berliner Spezialität, zu der ursprünglich Hammelfleisch verwendet wurde. Das Gericht ist nur noch selten auf Speisekarten zu finden.

Bottermelksupp mit Klümp (plattdeutsch)
Angedickte oder eingekochte Suppe aus Buttermilch mit Grießklößen.

Böfflamott, Bœuf à la mode (bayerisch)
Rindfleisch in Rotwein. Verballhornung der französischen Bezeichnung »Boeuf a la mode«. Während die sprachliche Herkunft klar zu sein scheint, ist umstritten, wie das französische Gericht nach Deutschland kam. Tatsächlich taucht ein Bœuf à la mode in Deutschland wohl erstmalig in dem von Johanna Katharina Morgenstern in Magdeburg verfassten Kochbuch von 1782 auf. Weinessig und Weißwein sind hier die charakteristischen Zutaten des Rinderschmorbratens. In Bayern beginnt die sprachliche Adaption des Bœuf à la mode erst mit dem Kochbuch der Maria Katharina Siegel von 1817: Sie unterscheidet ein »Böf a la Mod« auf bayerische und auf französische Art, wobei Ersteres mit Essig, Letzteres mit Wein zubereitet wird.

Brägele, Brägel (badisch)
Der Begriff »Brägele« ist von dem deutschen Wort »Bratkartoffel« abgeleitet. Dabei handelt es sich ähnlich den aus rohen Kartoffeln hergestellten Schweizer Rösti um beidseitig gebratene und gut mit Pfeffer und Salz, oft auch mit Speck und Zwiebeln gewürzte, geraspelte Kartoffeln aus gekochten Knollen. Brägele gelten als Grundnahrungsmittel echter Südbadener. Sie werden gern mit Schäufele, Bibiliskäs oder auch Wurstsalat serviert.

Buabaspitzle (schwäbisch)
Gemeint ist der Penis (Spitzle) des Knaben (Buaba). Gericht aus Kartoffelteig; in der Größe eines kleinen Fingers oder

Knabenpenis geformt und spitz zulaufend. Sie werden gebraten oder frittiert als Beilage zu Schmorgerichten oder zu Sauerkraut gereicht. Sie können auch süß in Butter geschwenkt mit Mohn angeboten werden. Varianten sind als »Schupfnudeln« bekannt.

Bundwurzeln
Ein Bund Möhren, der nach der Ernte dekorativ zusammengebunden wird. Unter »Wurzeln« versteht man auch Karotten oder Möhren, Mohrrüben, gelbe Rüben oder Ruebli.

Burger Brezel
Slow-Food-Arche-Passagier. Die Burger Brezel ist eine kunstvoll dreifach geschlungene Dauerbackware aus fettarmem, leicht gesüßtem Hefeteig. Sie wird seit dem 18. Jahrhundert im Bergischen Land rund um Schloss Burg (Solingen) nach traditionellen Rezepten in Handarbeit hergestellt.

C

Calenberger Pfannenschlag
Der Calenberger Pfannenschlag (plattdeutsch: Calenberger Pannenslag) hat seine Bezeichnung von der historischen Landschaft Calenberger Land südwestlich von Hannover. Es handelt sich um eine fetthaltige Grützwurst aus Hafergrütze sowie gekochtem Schweine- und Rindfleisch. Andere Bezeichnungen sind Knipp, Hackgrütze oder Hackewack.

D

Diplomatencreme
Creme aus Eiern und Milch, die meist kandierte Früchte oder Rosinen und Alkohol enthält. Häufig werden Biskuitreste oder Löffelbiskuit verwendet.

Döppekooche
Das Traditionsgericht aus dem Rheinland und den angrenzenden Gebieten besteht aus geriebenen Kartoffeln, Zwiebeln, Eiern und Gewürzen, beliebig versetzt mit Speckstreifen oder Mettwurststückchen.

Dotsch (oberpfälzisch)
Gemeint sind Reiberdatschi, Kartoffelpuffer aus geriebenen gekochten oder rohen Kartoffeln. Wird »Dootsch« ausgesprochen.

Duckefett (hessisch)
Eine Soße, die zu Pellkartoffeln oder Kartoffelklößen gegessen wird. Fetter oder magerer Speck werden mit Zwiebelwürfeln ausgebraten; dazu kommt Schmand. Weitere Varianten enthalten saure Sahne, Kondensmilch, Vollmilch, Mehl und/oder Schnittlauch.

E

Egli
Ein vor allem in der Schweiz gebräuchliches Synonym für den Flussbarsch (siehe auch »Kretzer«).

F

Feldgold
Feldgold ist ein aus den Samen der Rapspflanze gewonnenes Rapsöl. Inzwischen ist es das meisthergestellte deutsche Pflanzenöl. Es gibt unterschiedliche Qualitätsstufen, wobei kalt gepresstes, natives Öl das beste ist.

Flädlesuppe (schwäbisch)
Pfannkuchensuppe. Flädle sind in Streifen geschnittene Pfannkuchen, die in einer Fleisch- oder Gemüsebrühe als Einlage dienen. »Pfannkuchen« bezeichnet in Süddeutschland einen Eierkuchen aus Mehl, Eiern und Milch.

Fläschknepp (pfälzisch)
Fleischbällchen aus gemischtem Kalb-, Rind- und Schweinehackfleisch, das mit in Milch eingeweichten Brötchen, Eiern

und Gewürzen vermischt wird. Die Bällchen werden in Rindfleischbrühe langsam gegart und traditionell mit einer Meerrettichsoße serviert.

Flönz (rheinisch-westfälisch)
Eine gekochte, aber nicht geräucherte Blutwurst mit Speckstückchen. Die Wurst ist weich und zerläuft beim Braten. Seit 2016 ist die Flönz als geschützte Herkunftsbezeichnung (g. g. A.) bei der Europäischen Kommission registriert.

Flurgönder (hessisch)
Ein Gönder ist ein roh geräucherter Schwartenmagen. Zum Flurgönder wird er durch Garziehen im Salzwasser. Er wird, je nach Tradition, mit Nudeln, gerösteten Semmelbröseln, Apfelmus oder Salat serviert.

Freiämter Weiderind
Siehe auch »Hinterwälder Weiderind«.
Freiamt ist eine Gemeinde im Kreis Emmendingen in Baden. Mit dem Freiämter Weiderind ist das Schwarzwälder oder Hinterwälder Weiderind gemeint, dessen Fleisch besonders zart und schmackhaft ist. Das Hinterwälder Rind wird erstmals 1829 erwähnt und gilt als das ursprüngliche Schwarzwälder Landvieh.

Frittaten (bayerisch-österreichisch)
In Streifen geschnittene Pfannkuchen als Suppeneinlage. Siehe auch »Flädlesuppe«.

Futjes (Pförtchen) (plattdeutsch)
Kleine Hefekuchen, die traditionell mit Zimt und Zucker als Nachtisch serviert werden.

G

Gaisburger Marsch
Der traditionelle schwäbische Eintopf aus Ochsenfleisch, Spätzle, Kartoffeln und Gemüse geht der Erzählung nach auf den Stuttgarter Stadtteil Gaisburg zurück. Das Militär der benachbarten Berger Kaserne soll dort in einer beliebten Gaststätte diesem Gericht besonders zugesprochen haben und in »Marschordnung« angetreten sein. Das auf einem Teller angerichtete gewürfelte Fleisch, die separat gekochten Spätzle und Kartoffeln werden mit der Fleischbrühe übergossen und mit geschmälzten Zwiebeln und Petersilie garniert.

Gansjung (bayerisch)
In einer säuerlichen Soße gegarte Flügel und Innereien der Gans. In Bayern früher meist ein Nachessen des Gänsebratens am Montag nach dem Kirchweihsonntag oder am 2. Weihnachtsfeiertag. Das lange Zeit auch in besseren Zeiten sehr beliebte Gericht geriet in den Zeiten des Wirtschaftswunders als Resteverwertungsgericht in den Hintergrund. Das schmackhafte Gericht erlebt heute eine Renaissance.

Gelbvieh
Das Gelbvieh zählt unter den alten Rinderrassen zu den großen. Es ist einfarbig und gut bemuskelt. Sein ruhiges Temperament ist dem vormaligen Dreinutzen Milch, Fleisch und Arbeit geschuldet: Die Zugleistung erforderte Gelassenheit. Nach Jahrzehnten der Einkreuzung von einheimischem fränkischem Vieh erfolgte 1897 die Gründung des mittelfränkischen Gelbvieh-Verbands. 1908 ergab die Viehzählung 576.662 Tiere. In der Blütezeit Ende der 1950er-Jahre gab es in der BRD über 800.000 Tiere. Der Strukturwandel mit Mechanisierung und die Hochleistungszucht gleichermaßen verdrängten das Gelbvieh. Die Gesellschaft zur Erhaltung alter und gefährdeter Haustierrassen e. V. stuft es als gefährdet ein. Heute nutzen vor allem Low-Input-Betriebe das Gelbvieh. Weidehaltung findet sich vorrangig in den fränkischen Mittelgebirgen. Das Fleisch des Gelbviehs ist gut marmoriert und hat einen hervorragenden Geschmack. Das Gelbvieh ist ein *Slow-Food-Arche-Passagier*.

Geräjsde
Geräjsde oder Gebrätelde sind Bratkartoffeln. Gekochte Kartoffeln werden – vorzugsweise in einer gusseisernen Pfanne – in reichlich Butterschmalz goldbraun und knusprig angebraten.

Gestovt
Gestovtes Gemüse ist gedämpftes oder gedünstetes Gemüse in einer Mehlschwitze.

Getzen
Fleischloses Gericht aus der erzgebirgischen Küche. Besonders beliebt ist der Buttermilchgetzen aus geriebenen rohen Kartoffeln und Buttermilch, in der Getzenpfanne im Backofen gebacken. Heute wird der Getzen oft mit weiteren Zutaten angereichert. Es gibt auch süßen Getzen mit Früchten.

Glanrind
Die Heimat des Glanrinds liegt in Rheinland-Pfalz, wo es schon im 18. Jahrhundert gezüchtet wurde. Seither hat sich die Rasse auch in Teilen von Nordrhein-Westfalen und im Saarland verbreitet. Die Tiere sind einfarbig gelb mit Aufhellungen um Augen und Flotzmaul sowie Bauch und Unterbeinen. Der Kopf zeichnet sich durch eine breite Stirn und eine breite Nasenpartie aus. Die Hörner sind teilweise leicht abwärts geneigt. Fruchtbar und genügsam, lässt sich das Glanrind ganzjährig im Freien halten, vor allem auf schwierig zu bewirtschaftenden und ertragsarmen Flächen. Die Rasse zeichnet sich durch ihr zartes, aromatisches und von feinen Fettadern durchzogenes Fleisch aus, das traditionell für Schmor- oder Sauerbraten, Rouladen und Rumpsteaks verwendet wird. Seit den 1960er-Jahren verschwand das Glanrind langsam und wurde durch Hochleistungsrassen in Ställen ersetzt. Das Glanrind ist ein *Slow-Food-Arche-Passagier*.

Glückstädter Matjes
Der Glückstädter Matjes wird handgekehlt und mit den Enzymen seiner Bauchspeicheldrüse fermentiert. Andere Matjes werden in der Regel mit einem künstlichen Enzym fermentiert. Die besten Matjes werden aus fetten Heringen vor dem ersten Ablaichen gewonnen.

Gniedla (fränkisch)
Kartoffelknödel.

Goasbratl (bayerisch)
Goaßbratl sind üppig mit Sahne angereicherte und überbackene Kartoffeln, begleitet von Schweineripperl.

Göger (fränkisch)
Das ausgewachsene männliche Huhn wird in Oberfranken »Göger« genannt.

Gräwes (pfälzisch)
Eifel- und moselländisches Sauerkraut-Kartoffel-Püree mit gebräunten Zwiebeln. Oft als Beilage für Blut- und Leberwürste.

Grombira, Grumbira
Der Dialektausdruck leitet sich von Grundbirne ab. Der Begriff entstammt dem Höchstalemannischen und ist weit verbreitet, so auch in Voralberg als »Grumpara« oder in Kroatien und Serbien als »Krumpir«. Man beachte auch die regionalen Bezeichnungen »Erdbirn« und »Erdapfel« für das populärste deutsche Gemüse.

Großer Hans (norddeutsch)
Synonym für den »Mehlbüddel« (siehe dort).

Gröstl (bayerisch-österreichisch)
Ein Gericht zur Resteverwertung: meist in der Pfanne geröstete (gekochte) Kartoffeln mit Küchenresten von Fleisch, Gemüse und anderen Überbleibseln. Das bayerische Gericht wurde vom »Tiroler Gröstl« adaptiert. Es kann statt gekochter Kartoffeln auch klein geschnittene Kartoffel- oder Semmelknödel enthalten, die gelegentlich aber auch als »gröste Knödl« auf der Speisekarte stehen, was sich nicht auf deren Größe bezieht, sondern auf das Anrösten.

Grünkern
Das Ausreifen des Dinkels als früher wichtigstem Brotgetreide in Süddeutschland war im kargen Landstrich des Baulands in vielen Jahren riskant. Deshalb erntete man den Dinkel unreif und trocknete ihn über dem Herdfeuer, im Backofen, später auch in eigens dafür gebauten Darren. Der fränkische Grünkern war geboren. Während der Grünkernzeit brannten die Buchenholzfeuer in den Darrhäusern der Bauländer Dörfer. Fränkischer Grünkern wird ausschließlich aus der alten lokalen Dinkelsorte »Bauländer Spelz« hergestellt. Das Korn wird auf etwa 13 Prozent Restfeuchte getrocknet. Auf diese Weise entstehen der typische würzige Geschmack und das glasige, bissfeste, grünbraune Korn. Brot lässt sich daraus nicht backen. Traditionell wird der Grünkern als Suppeneinlage und Bratling verwendet, die moderne Küche nutzt ihn auf vielfältige Art u.a. in Klößen, Eintöpfen, Salaten, Kuchen und Gebäck. Besonders delikat sind Gerichte aus dem ganzen Korn wie Grünkern-Gemüsepfannen oder Grünkern-Risotto. Fränkischer Grünkern aus der Sorte »Bauländer Spelz« ist ein *Slow-Food-Arche-Passagier*.

Gschmorgel
Eine andere Bezeichnung für »Kratzete« (siehe dort).

Guter Heinrich
Ein Gemüse, ähnlich dem Spinat, manchmal auch wilder Spinat genannt. Die jungen Blätter werden wie Blattgemüse verwendet, die Stängel kann man wie Spargel kochen. Das Deutsche Wörterbuch von Jacob und Wilhelm Grimm notiert zu »Heinrich« als Pflanzenname: »es ist das zu erklären aus den vorstellungen von elben und kobolden, die gern Heinz oder Heinrich heiszen, was hernach auf teufel und hexen übergieng. solchen dämonischen wesen schrieb man die heilkraft des krautes zu.«

Gwerch (fränkisch)
»Gwerch« bedeutet Unordnung, Durcheinander. Beim Altdorfer oder Nürnberger Gwerch handelt es sich um einen traditionellen Wurstsalat, für den stets Ochsenmaulsalat als Basis verwendet wird. Weitere Zutaten sind meist weißer und roter Presssack und Hausmacher-Stadtwurst. Der Wurstsalat wird mit einer Essig-Öl-Marinade angemacht. Es können auch Käse, Gurken oder Eier in einem Gwerch enthalten sein.

H

Haddekuche (hessisch)
Der »harte Kuchen« wird traditionell zum Äppelwoi serviert. Er ist eines der Produkte, die der »Brezelbub« in seinem Korb hat, wenn er in Frankfurt von einer Äppelwoi-Wirtschaft zur nächsten zieht. Es handelt sich um einen harten, rautenförmigen Lebkuchen, der das gleiche gerippte Muster trägt wie die Apfelweingläser.

Halligbrot
In Nordfriesland: Schwarzbrot, bestrichen mit Butter und belegt mit Nordseekrabben und Spiegeleiern.

Hämchen (rheinisch)
Traditionelles Eisbein, also ein mit der Schwarte gekochtes Vorderbein vom Schwein. Wird immer mit scharfem Senf serviert, oft mit Kartoffelbrei und/oder mit Sauerkraut.

Her(r)gottsb(e)scheißerle
Erzählungen zufolge haben die Zisterziensermönche des Klosters Maulbronn die Nudelteigtaschen erfunden. Vor Jahrhunderten suchten die Mönche nach Wegen, sich auch in der Fastenzeit und an den zahlreichen Fastentagen gut zu ernähren. Sie versteckten das eigentlich untersagte Fleisch in Teigtaschen, um es vor dem Herrgott zu verbergen. So entstand der Name »Hergottsbscheißerle« für die Taschen aus Maulbronn mit unterschiedlichen Füllungen, meist aus Hackfleisch, Wurstbrät, Spinat und Zwiebel. Sie werden häufig angebraten, mit und ohne Ei, aber auch in der Suppe oder mit geschmälzten Zwiebeln serviert.

Haspel (hessisch)
Gekochte, gegrillte, geschmorte oder in Mischformen zubereitete Schweinehaxe.

Himmel un Äd (rheinisch)
Auch in anderen Regionen bekanntes Püree aus Kartoffeln (Erde) und Äpfeln (Himmel). Traditionell mit Röstzwiebeln und gebratener Blutwurst serviert.

Hinkelsche (hessisch)
Ein Hinkelsche ist ein Hühnchen, in Südhessen ein mit Alkohol geschmortes Federvieh. Je nach Region gart das Tier in Apfel- oder Traubenwein, eine lokale Variante des Coq au vin.

Hinterwälder Weiderind
Das Hinterwälder Rind ist ein alter Landschlag aus dem Südschwarzwald, der wahrscheinlich vom Keltenrind abstammt. Mit einer Schulterhöhe von etwa 120 Zentimeter gilt es als kleinste Rinderrasse Mitteleuropas. Es ist leicht, beweglich, trittfest und widerstandsfähig. Genügsam und robust, weidet es in den schwierigsten Höhenlagen und trägt zum Erhalt der traditionellen Allmendeweiden bei. Das Haarkleid des Hinterwälder Rinds ist hellgelb bis dunkelrot-braun auf weißem Grund. Aus der Milch der Hinterwälder lässt sich wohlschmeckender Bergkäse herstellen. Ihr feinfaserig marmoriertes Fleisch ist besonders zart und saftig. Es eignet sich gut für Kurzgebratenes, Siedefleisch, Schmorbraten und zum Grillen. Aufgrund der wachsenden Nachfrage nach fettarmem Fleisch sowie der Verbreitung der Hochleistungsrassen ist das Hinterwälder Rind in den 1970er-Jahren fast ausgestorben. Das Hinterwälder Rind ist ein *Slow-Food-Arche-Passagier*.

Holler (bayerisch-österreichisch)
»Holler« ist eine mundartliche Bezeichnung für Holunder. Hollerbeeren sind wegen des Inhaltsstoffs Sambunigrin roh giftig. Gekocht werden sie gerne für Desserts und Gelees verwendet. Seine Blüten werden mit Zitrusfrüchten zu einem aromatischen Sirup veredelt oder in Bierteig ausgebacken (Hollerküchlich).

Höri-Bülle
Die »Höri-Bülle« ist eine rote Speisezwiebel, die auf der Bodenseehalbinsel Höri traditionell angebaut wird. Ihre Außenhaut weist eine helle rotbraune Färbung auf. Die typische flache, bauchige Form wird oft verglichen mit der einer fliegenden Untertasse. Die Sorte zeichnet sich durch ein zartes Aroma und eine milde, nicht aufdringliche Schärfe aus. Deshalb schmeckt sie auch roh hervorragend. Sie wird gerne in Salaten verwendet, insbesondere in Wurstsalat. Erst beim Garen entwickelt die Höri-Bülle ihre Schärfe, ohne dabei die rote Färbung zu verlieren. Im Herbst wird sie auf regionalen Festen als Zwie-

belkuchenspezialität »Bülle-Dünne« mit einem Glas »süeße Moscht« serviert. Da die Sorte ausschließlich durch mühsame eigene Nachzucht vermehrt wird und wegen ihrer Form für Sortieranlagen wenig geeignet ist, bauen immer weniger Bauern sie an. Die Höri-Bülle ist ein *Slow-Food-Arche-Passagier*.

Hörispinat
Spinat von der Bodenseehalbinsel Höri (siehe »Höri-Bülle«).

Hoorische (Saarland, Pfalz)
Grumbeer-Spatze, Grompere-Stippchia, Schlembadde, Riwwelspatze sind Klöße aus rohen Kartoffeln.

Husch Nusch oder Schnüsch (norddeutsch)
Eine Gemüsesuppe, bei der das Gemüse in Milch gekocht wird. Zutaten sind typische Sommergemüse wie dicke und grüne Bohnen, Erbsen, Kohlrabi und Kartoffeln. Typisch im nördlichen Schleswig-Holstein. Das Gericht gibt es auch als Nationalgericht in Westfalen und wird in westfälischem Platt »Husch und Susch« genannt. Im Hochdeutschen kennt man das Rezept als »Blindhuhn« oder »Blindes Huhn« – Huhn kommt jedoch keines in den Topf.

K

Kalbstöttchen (westfälisch)
Töttchen sind eine westfälische Spezialität aus dem Münsterland, ursprünglich ein Arme-Leute-Essen, für das Lunge, Herz und ähnliche Bestandteile vom Rind mit Zwiebeln und Essig zu einem süßsauren Ragout verkocht werden. Töttchen wird weiter von Metzgern und in vielen Restaurants des Münster-

landes in veredelter Form wieder angeboten: Statt Innereien werden vorwiegend Kalbfleisch und Kalbszunge verwendet.

Kalter Hund

Hauptsächlich in der Nordhälfte Deutschlands mit unterschiedlichen Bezeichnungen verbreitete Torte aus in Kakaocreme geschichteten Butterkeksen. Kalter Hund hieß in der DDR auch »Lukullus« und war dort meist ein Kuchen in Kastenform. Die Kekse wurden schichtweise abwechselnd in Rum oder Sahne getränkt. Die einfache Kakaomasse besteht aus Kokosfett, Zucker und Kakao. Wird mit Vorliebe zum Kindergeburtstag gegessen.

Kartäuserkloß

Eine Variante der »Armen Ritter» aus altbackenen Brötchen oder aus Toastbrot, die, gut eingeweicht, in einer Royal aus Milch oder Sahne mit Eiern, Zucker und Vanille vermischt und anschließend in Butterschmalz goldgelb gebraten werden. Siehe auch »Rostige Ritter«.

Kartoffelzwirl (bayerisch)

Altes Oberpfälzer Kartoffelgericht, auch Bröselschmarrn, Gurgelmarterer, Sterz oder Bröselbart genannt. Kartoffeln werden gekocht und durchgepresst, mit Mehl vermengt und in der Pfanne unter mehrmaligem Wenden goldbraun herausgebacken. Schmeckt als Hauptgericht besonders mit Blaukraut oder Sauerkraut, mit Rahmschwammerl oder in der süßen Variante mit Kompott. Der Zwirl passt auch als Beilage zu Fleischgerichten mit kräftigen, dunklen Soßen.

Kaspressknödel (österreichisch/bayerisch)

Ursprünglich eine Spezialität aus Westösterreich (Tirol, Vorarlberg). Aus Knödelbrot und Käse werden flache Knödel gepresst, die, entweder als Suppeneinlage oder in Butterschmalz gebraten, als Hauptgericht mit Sauerkraut genossen werden. Je nach Region wird vorwiegend Berg- oder Graukäse verwendet.

Kasspatzen (bayerisch)

Kasspatzen ist der bayerische Dialektausdruck für Käsespätzle. Ihre Heimat liegt vorzugsweise im schwäbischen Teil Bayerns.

Kieler Sprotte

Eine Sprotte ist ein kleiner heringsartiger Seefisch, der in Eckernförde geräuchert wird und früher seinen Versandstempel am Kieler Bahnhof bekam. Der Fisch kann komplett mit Kopf und Gräte gegessen werden.

Klump, Klümp (norddeutsch)
Ein Kloß.

Knipp
Siehe »Calenberger Pfannenschlag«.

Kratzede, Kratzete, Gschmorgel (badisch-schwäbisch)
Schmarrn oder Schmarren: ein meist dicker Pfannkuchenteig, der noch in der Pfanne zerrissen wird. Kann süß zubereitet werden, aber auch salzig. Wird in salziger Form häufig als Beilage zum Spargel serviert.

Krempelsopp
In der Rhön versteht man darunter eine kräftige Brühe (gern auch eine Wurstsuppe) mit kleinen Mehlklößchen als Einlage. Regional auch als Milchsuppe bekannt.

Kretzer, Kretzerfilet
Barsch aus dem Bodensee. Sehr aromatischer, aber leider grätenreicher Fisch. Er wird deswegen meistens als Filet angeboten. Kleinere Exemplare werden auch im Ganzen frittiert.

Kriecherl (bayerisch-österreichisch)
Die Kriechen- oder Haferpflaume *(Prunus domestica insititia)* trägt meist kleine blauschwarze Früchte.

L

Labskaus
Ein Seemannsgericht aus gepökelter Rinderbrust mit Kartoffeln und Roter Bete. Die Zutaten werden weich gekocht und durch den Fleischwolf gedreht. Klassische Beilagen sind Gewürzgurke, Spiegelei und Matjes.

Lerchenzungen
Lerchenzungen sind eine alte wohlschmeckende Grünkohlsorte.

Limpurger Weideochse
Das Limpurger Rind gilt als die älteste noch existierende Rinderrasse Württembergs. Sie entstand nach dem Dreißigjährigen Krieg in der ehemaligen Grafschaft Limpurg südlich von Schwäbisch Hall als Dreinutzungsrind (Arbeitsleistung, Milch, Fleisch). Das Schlachtalter der Weideochsen beträgt mindestens 30 Monate; das Fleisch ist saftig, feinfaserig und zart mit optimaler Fettabdeckung und Marmorierung.

Luggeleskäs
Siehe »Bibiliskäs«

M

Maibock
Maibock (1): Nach dem Ende der Schonzeit im Mai erlegter Rehbock. Der Maibock ist das erste in der Saison erhältliche Wildfleisch. Die Gastronomie bietet leider häufig nur den »Rücken vom Maibock« an.
Nicht zu verwechseln mit: Maibock (2): Bezeichnung für das Bockbier, das traditionell im Monat Mai gebraut wird. Bockbiere sind Starkbiere mit mindestens 16 Prozent Stammwürze und einem hohen Alkoholgehalt. Ursprünglich handelt es sich um eine Starkbierart aus Einbeck (Ainpock).

Maräne
Maränen *(Coregonus)* sind eine besonders artenreiche Gattung von Fischarten der Lachsartigen. Synonyme Namen sind R(h)einanken, Renken, Felchen, Coregonen, Schnäpel und Schnepel. Manchmal bezeichnet ein Name auch mehrere Unterarten. Viele von ihnen sind inzwischen selten geworden, einige sogar vom Aussterben bedroht. Die Maräne ist ein ausgezeichneter Speisefisch in vielen ostdeutschen Seen und als »Bodenseefelchen«auch im größten deutschen See.

Meefischli (mainfränkisch)
Kleine frittierte Fische aus dem Main. Traditionell sollen sie nicht größer sein als der kleine Finger der Statue des Heiligen Kilian auf der Würzburger Mainbrücke. Die Fische werden fangfrisch zubereitet und ohne Beilagen im Ganzen ohne Besteck verspeist. Der Name Meefischli leitet sich von der mundartlichen Bezeichung des Mains in und um Würzburg ab.

Mehlbüddel (norddeutsch)
Mehlbüddel steht für den Mehlbeutel. Gemeint ist allerdings ein Serviettenkloß, der sowohl süß mit Früchten als auch in der salzig-herzhaften Variante zubereitet wird. Was übrig bleibt, kommt am nächsten Tag gebraten auf den Tisch. Gibt es auch als braune Variante, wenn er mit etwas Blut angereichert ist. Varianten sind Holsteiner Mehlbüddel und Schwarzer Mehlbeutel.

Mehlspatzen
Fränkische Beilagenspezialität. Sie werden aus einem Mehlteig hergestellt, gelegentlich auch mit eingeweichten, altbackenen

Brötchen. Vom Teig werden Nocken abgestochen und in Salzwasser gar gezogen.

Mettenden (westfälisch)
Dünne geräucherte Mettwürstchen, eine Rohwurst aus Schweinefleisch.

Mistkratzerle (schwäbisch)
Junges Hähnchen, traditionell aufgewachsen. Der Begriff soll die Natürlichkeit der Haltung betonen, als würde das Huhn auf dem Misthaufen des Bauernhofs nach Futter suchen.

Mogndratzerl (bayerisch)
Mundartlicher Ausdruck für ein Appetithäppchen, eine kleine Vorspeise. Der Magen (Mogn) wird ein wenig geneckt, gekitzelt.

Moiakäferle
Das Moiakäferle ist abgeleitet von Gasthausnamen: ein kleiner Rostbraten, darauf eine Maultasche und Röstkartoffeln, sowie ein kleiner Salat, meist Ackersalat.

Moorlinda
Kartoffeln der Sorte Linda, die im Moorboden angebaut werden. Moorkartoffeln kommen ungewaschen in den Handel, da Moorboden kaum an der Kartoffel haftet.

Murnau-Werdenfelser Rind
Das Murnau-Werdenfelser Rind, ein *Slow-Food-Arche-Passagier*, ist eine vom Aussterben akut bedrohte Haustierrasse. Die einzige autochthone Rinderrasse Bayerns wurde von der Gesellschaft zur Erhaltung alter und gefährdeter Haustierrassen (GEH) für das Jahr 2007 zur »Nutztierrasse des Jahres« gekürt. Die Heimat des Murnau-Werdenfelser Rinds ist das Werdenfelser Land, das Alpen- und Voralpengebiet um Garmisch-Partenkirchen, Mittenwald, Oberammergau und Murnau. Das Murnau-Werdenfelser Rind ist sehr widerstandsfähig und an raues Klima gewöhnt. Bis zu Beginn des 20. Jahrhunderts war das Murnau-Werdenfelser als »Dreinutzungsrind« beliebt, also als Arbeitstier, Milch- sowie in beschränktem Umfang als Fleischlieferant. Milch und Fleisch dieser Rasse weisen eine besondere geschmackliche Qualität auf.

N

Nonnafürzle (schwäbisch)
Wörtlich: die Darmwinde der Nonnen. Ein besonders zur Fastnacht hergestelltes Schmalzgebäck, wahrscheinlich ein

Relikt aus dem klösterlichen Leben. Vom Brandteig werden mit Teelöffeln kleine Kugeln abgestochen und nach dem Ausbacken in Zucker gewälzt. Wird heute oft, aber fälschlich aus Hefeteig hergestellt.

O

Obatzter, Obazda (bayerisch-fränkisch)
Angemachter Camembert, meist mit Butter, süßem Paprika und Zwiebeln vermischt. Eine klassische Biergartenbrotzeit.

Ofenschlupfer
Ein süßer Auflauf aus dem Backofen. Man verwendet altbackene Wecken (Brötchen), Äpfel, Rosinen, Eier und Milch. Wird gerne mit Vanillesoße serviert.

Oldenburger Mockturtle
Falsche Schildkrötensuppe aus Kalbs- oder Rindfleisch. Ursprünglich als preiswerter Ersatz für die Schildkrötensuppe gedacht, gab es bereits seit Mitte des 18. Jahrhunderts in England die Mockturtlesuppe (»unechte Schildkrötensuppe«), für die statt Schildkrötenfleisch Kalbfleisch vom Kopf, teilweise auch Rindfleisch verwendet wird. Aufgrund der über hundertjährigen Personalunion zwischen England und Hannover wurde die Mockturtlesuppe eine Spezialität Niedersachsens.

P

Palatschinken
Österreichisch für Eierkuchen. Ein flüssiger Teig aus mit Mehl und Eiern verquirlter Milch wird in der Pfanne in Butter zu dünnen runden Fladen herausgebacken. Aus Ungarn stammend, fand die Palatschinke (»Palatschinken« ist die Pluralform) erst um 1920 Eingang in die Wiener und später auch in die gesamtösterreichische Küche. In Süddeutschland wird sie gemeinhin als »Pfannkuchen« oder »Pfannenkuchen« bezeichnet. Palatschinken (man spricht: Pala-tschinken) sollen schon manchen Touristen hinters Licht geführt haben, der unter der Bezeichnung eine Schinkenspeise vermutete. Dabei hat die Herkunft des Namens nicht das Geringste mit Fleisch zu tun; das ungarische »palacsinta« leitet sich von lat. »*placenta*«, Kuchen, ab.

Panhas (rheinisch-westfälisch)
Kochwurst aus Schweine- und Rindfleisch. Wird in Scheiben geschnitten, angebraten und mit Beilagen serviert.

Pannfisch

»Pann« ist der plattdeutsche Begriff für Pfanne. Der Pannfisch wird paniert und in der Pfanne gebraten. Früher waren es oft die übrig gebliebenen Stücke vom Vortag. Pannfisch wird klassisch mit Senfsoße serviert.

Paradeiser (bayerisch-österreichisch)

Der Begriff kommt vom Paradiesapfel. Gemeint sind Tomaten.

Pfefferpotthast

Westfälische Spezialität. Kräftiger Rindfleischeintopf, bei dem das Fleisch so lange gekocht wird, bis es auseinanderfällt.

Pförtchen, Förtchen

Traditionelles norddeutsches Wintergebäck. Die Pförtchen werden in einer Pfanne mit kugelrunden Vertiefungen auf dem Herd in Fett ausgebacken.

Pickert (westfälisch)

Pickert ist ein Kartoffelgericht der westfälischen Küche. Er hat als Grundlage geriebene Kartoffeln, die mit Mehl, Eiern, Milch und Salz vermengt werden. Er wird in der Bratpfanne langsam gebacken. Kastenpickert hingegen wird in einer Kastenkuchenform ähnlich einem Brot gebacken, nach dem Auskühlen in Scheiben geschnitten und in einer Pfanne in heißem Fett gebraten. Man bestreicht ihn wahlweise mit Butter, Apfel-, Pflaumen- oder Zwetschgenmus, Marmelade – oder auch Leberwurst.

Pillekuchen

Ein Kartoffelpfannkuchen aus dem Bergischen Land. Dabei werden gebratene Kartoffeln mit einem Pfannkuchenteig übergossen und nochmals kräftig gebraten.

Pinkel

Begleitet in Nordwestdeutschland unbedingt jedes Grün- oder Braunkohlgericht. Kohl mit Pinkel ist ein echter Küchenklassiker. Pinkel ist eine geräucherte, grobkörnige Wurst, die mit Grütze und Speck hergestellt wird und besonders in der Gegend um Oldenburg und Bremen sowie in Friesland zum Grünkohl gegessen wird. Die Bezeichnung leitet sich vermutlich von der Verwendung des Mastdarms (Pinker) für die Wurst ab.

Platteklöß

Heichebrögger Plattekløß sind eine traditionelle Speise aus dem Spessart. Sie eignen sich sowohl als Beilage zum Schweinebraten als auch als Hauptgericht, das dann von einer Erbsensuppe oder von Apfelmus oder Zwetschgenkompott begleitet wird. Die aus geriebenen Kartoffeln, Mehl, Zwiebel und Ei geformten Klöße werden goldbraun ausgebacken.

Pluckte Finken (norddeutsch)

Bremer Eintopfgericht mit weißen Bohnen, Wurzelgemüse, Äpfeln und gestreiftem Speck. Früher war das ein Seefahrergericht mit Walspeck (Vinken).

Potthucke

Im Sieger- und Sauerland versteht man unter der Potthucke das, was im Topf (Pott) festhockt: Ein würziger Teig aus rohen und gekochten Kartoffeln wird entweder pur oder mit Speckstückchen und Zwiebeln im Ofen gebacken. Im Rheinland auch als Dippekuche, im Saarland als Dippelappes bekannt, in anderen Regionen als Puffert.

Powidl (österreichisch)

Der Begriff ist vom tschechischen »povidla« für eingekochtes Zwetschgenmus abgeleitet.

Primtjes

Eine Wortschöpfung aus »Primeur« und »Matjes«: der jüngste, feinste und zarteste Matjes.

Q

Quarkkeulchen

Sächsischer Klassiker. Kleine, flache in der Pfanne gebratene Klöße aus Quarkteig, meist mit Zimt, Zucker und Kompott kombiniert.

R

Rauchemaat

Erzgebirgischer Reibekuchen aus geriebenen gekochten Kartoffeln.

Röhrkohl

Röhrkohl, auch Strand-Dreizack oder Salz-Dreizack genannt, ist eine grasartige Pflanzenart, die zur Familie der Dreizackgewächse gehört. Der Strand-Dreizack kann als Gemüse (Röhrkohl) gekocht werden. Der Röhrkohl ist in Norddeutschland ein traditionelles Frühjahrsgemüse.

Rostige Ritter

Eine Regionalbezeichnung für »Arme Ritter«: Halbierte Brötchen oder Weißbrotscheiben werden in einer Mischung aus Milch oder Rahm mit Eiern, Zucker und Vanille eingeweicht und anschließend in Fett gebraten. In anderen Regionen auch als Bavesen, Pofesen, Semmelschnitten, Semmelnudeln, Semmelschmarrn, Weckzämmädä, Weckschnitten, Gebackener Weck, Fotzelschnitten oder Kartäuserklöße bekannt.

Rotes Höhenvieh

Das mittelgroße Rote Höhenvieh ist genügsam, langlebig, sehr mütterlich und ein guter Futterverwerter. Als Dreinutzungsrind (Milch, Fleisch, Arbeit) machte es in vielen Mittelgebirgsregionen im 19. Jahrhundert bis zu 90 Prozent der Rinder aus. Doch in der intensivierten Landwirtschaft zählten Qualitäten wie »eifriger Arbeiter« und »genügsames Milchrind« nicht mehr. Mitte der 1960er-Jahre waren regionale Vertreter der Rasse überall nahezu ausgestorben. Die Rettung kam 1983 regionenübergreifend durch den züchterischen Zusammenschluss im »Verein zur Erhaltung und Förderung des Roten Höhenviehs e. V.«. Heute beweidet es – meist zur Landschaftspflege in Mutterkuhherden – teilweise wieder seine Mittelgebirgslandschaften. Rotes Höhenvieh aus extensiver Haltung beeindruckt durch sein feinfaseriges, leicht marmoriertes, sehr schmackhaftes Fleisch. Das Rote Höhenvieh ist ein *Slow-Food-Arche-Passagier*.

S

Saitenwürstle

Dünne Brühwürstchen im Schafsdarm (»Saite«). In Baden-Württemberg sind Saitenwürstle unverzichtbarer Bestandteil des Nationalgerichts Linsen und Spätzle. Außerhalb Südwestdeutschlands werden sie meist als »Wiener Würstchen« bezeichnet.

Sauerfleisch

Beim Sauerfleisch werden die fetteren Stücke vom Schwein mit Gewürzen und Essig weich gekocht. Nach dem Abkühlen geliert die Brühe. Das Sauerfleisch wird kalt serviert, meist mit Bratkartoffeln und Gewürzgurke. In Bayern und Österreich heißt das Sauerfleisch »Tellerfleisch« oder »Tellersulz« (von Sülze).

Schäufele, Schäuferle, Schäuferla (fränkisch-alemannisch)

Schweineschulter, in Portionsstücke zerteilt. Der Name leitet sich vom schaufelartig aussehenden Schulterblatt ab. Während in Franken das Schäufele mit der Schwarte kross gebraten wird, wird in Baden das Schäufele schwartenfrei mild gepökelt, leicht geraucht und dann gekocht oder gebraten. Für ein gekochtes badisches Schäufele wird eine vorbereitete Schweineschulter mit Gewürzen wie Pfeffer, Wacholderbeeren, Lorbeer, Nelke sowie Weißwein gekocht bzw. gesimmert, bis sich der Knochen vom Fleisch löst. Traditionell gibt es dazu Kartoffelsalat. Im Fränkischen werden die Schäuferla gern mit Klößen serviert.

Schiebböcker (sächsisch)
Erzgebirgischer Brotaufstrich: Harzerkäse wird in heißem Bier und Butter geschmolzen und auf Brot mit Zwiebeln serviert. Der Name leitet sich vom Schiebbock ab, einem historischen Schubkarren.

Schlutzkrapfen, Schlutzer
Aus (Süd-)Tirol stammende Nudelspezialität. Der Teig aus Roggen- und Weizenmehl wird mit Fleisch, Gemüse oder Spinattopfen gefüllt. Charakteristisch ist die halbmondartige Ausformung. Meist schwimmen sie in zerlassener Butter.

Schmand
Sauerrahm; in einigen Regionen ist dies aber die Bezeichnung für süße Kaffeesahne.

Schmätzchen
Eine Lebkuchenvariante, die in Sachsen und Oberfranken beheimatet ist. So sind Coburger Schmätzchen Honigplätzchen mit einer speziellen Gewürzmischung sowie Zitronat, Orangeat und Ölsamen.

Schneeballen
Ein Schneeball, häufig auch »Schneeballen« genannt, ist ein Gebäck aus Mürbeteig, das in der Region Hohenlohe/Franken, insbesondere in Rothenburg ob der Tauber, Feuchtwangen und Dinkelsbühl, bekannt ist. Seinen Namen verdankt das in Puderzucker gewälzte Gebäck seiner Kugelform von ca. zehn Zentimetern Durchmesser. Sie dürfen nicht verwechselt werden mit den Schneebällchen aus dem Saarland und der Pfalz. Hierbei handelt es sich um kleine luftig lockere Knödel, die aus gekochten mehligen Kartoffeln, Eiern, Mehl und Muskat hergestellt werden.

Schnitzel Holstein
Unter Schnitzel Holstein, auch à la Holstein, versteht man ein Kalbsschnitzel mit einer Garnitur aus Spiegelei, Räucherlachs,

Ölsardinen, Kapern, Sardellenfilets und geröstetem Weißbrot. Heute in vereinfachter Form meist nur noch als Schnitzel mit Spiegelei serviert.

Schnüsch (norddeutsch)
Siehe Husch Nusch.

Schornbladln (bayerisch)
Schorrenblätter sind Oberpfälzer Fladen aus Brotteig.

Schupfnudeln
Auch regional unter »Bubaspitzle« oder »Fingernudeln« bekannt. Sie werden aus Kartoffelteig mit etwas Mehl und Ei hergestellt und in Salzwasser gar gekocht und in der Pfanne goldbraun geröstet. In einigen schwäbischen Regionen sind Schupfnudeln mit Kraut eine besondere Spezialität.

Schwartenmagen (badisch-schwäbisch-pfälzisch)
Presswurst, Pressack, Presskopf und andere regionale Bezeichnungen. Schweinefleisch, häufig auch Kopffleisch, wird mit Anteilen von Schwarten ursprünglich in einen Schweinemagen gefüllt.

Schwarzer Mehlbeutel
Siehe »Mehlbüddel«.

Schwarzsauer (norddeutsch)
Resteverwertungsgericht nach der Schlachtung. Fleischreste, Innereien und Schwarten werden mit Schweineblut, das durch die Zugabe von Essigsud gerinnt und schwarz wird, gebunden. Gewürzt wird mit Lorbeer, Pfefferkörnern, Nelken und Zwiebeln.

Schwimmerli
Suppeneinlage: Die unterfränkischen bestehen aus Brandteig, die mittelfränkischen aus einem dem Palatschinken ähnlichen Teig ohne Zucker. Beide werden in Fett ausgebacken.

Snirtjebraten (friesisch)
Schmorgericht aus großen Stücken vom Schweinefleisch, traditionell aus Nacken oder Schulter, die mit Nelken, Piment, Wacholderbeeren und Lorbeerblättern gewürzt und zusammen mit reichlich Zwiebeln angebraten werden. Der Name leitet sich von »snirrtjen« ab, dem plattdeutschen Wort für brutzeln oder braten.

Solber (hessisch)
Ehemals das gepökelte »Übrige« vom Schwein, wie Füßchen, Ohren, Schwanz. Heute werden edlere Teile gepökelt und mit Kartoffelbrei und Sauerkraut serviert.

Soljanka
Säuerliche Suppe mit osteuropäischen Anklängen, war in der DDR weit verbreitet. Wird bis heute in Ostdeutschland gern zubereitet. Wichtigste und charaktergebende Zutat ist die Salzgurkenlake – und einige Gurkenstückchen extra. Ihre rote Farbe erhält sie von Tomaten und Tomatensoße. Gemüse- und Schinkenstreifen, Fleisch- und Fischreste (Fisch-Soljanka) oder Pilze werden gern verarbeitet. Abgeschmeckt wird mit Kräutern, Zitronensaft und saurer Sahne. Auch Wurststücke verirren sich gern in diese Suppe.

Spanisch Frikko (hessisch)
Deftiger Eintopf, für den die Zutaten in eine verschließbare Form geschichtet und im Wasserbad gegart werden. Hinein gehören Rindfleisch, Schweinefleisch, Kartoffeln, Zwiebeln und eine gute Portion Schmand.

Spargeldätscher (fränkisch/schwäbisch)
Dätscher, Detscher oder Betscher, Dinnete bezeichnet je nach Region einen Rahmfladen, der mit Sauerrahm, Speck, Frühlingszwiebel oder Schnittlauch, aber auch mit Gemüse belegt wird. Er ist eng verwandt mit dem Elsässer Flammkuchen.

Steak au four
Steak au four ist ein bekanntes Gericht der DDR. Eine Scheibe vom Schweinesteak wird mit Würzfleisch bedeckt und mit einer Käsescheibe überbacken. Dazu werden oft Pommes frites und gedünstete grüne Erbsen, manchmal auch Bratensoße gereicht.

Stint
Kleiner Fisch aus den Küstengewässern, der traditionell im Frühjahr bis zum 15. April gegessen wird. Wird meliert gebraten, die Gräten können mitgegessen werden.

Stippmilch (westfälisch)
Quark wird mit Milch zu einer glatten Creme verrührt und mit Zucker gesüßt. Dazu werden Früchte serviert.

Stopfer (fränkisch)
Bezeichnung für Kartoffelpüree oder Kartoffelbrei.

Striezel (bayerisch-fränkisch)
Süßes Gebäck aus Germ- oder Hefeteig, oft in der Form eines Zopfs.

Stupperle
Ein traditionelles Gericht aus der Oberlausitz: in Scheiben geschnittene Kartoffelklöße.

Süür-Essen
Badische Variante des Schwarzsauer.

T

Teltower Rübchen
Teltower Rübchen sind kleine, grau- bis braunstichige weiße Rüben, die in relativ nährstoffarmen, lehmigen Sandböden gedeihen. Versuche, das Teltower Rübchen außerhalb seiner brandenburgischen Heimat anzubauen, scheiterten. Nur dort entwickelt es seinen charakteristischen, etwas scharfen Geschmack. Das älteste Rezept findet sich im Brandenburgischen Kochbuch von Maria Sophia Schellhammer (vermutlich 1723). Aufgrund seiner Frosttoleranz kann das Rübchen von Oktober bis März frisch angeboten werden. In der kollektivierten Landwirtschaft der DDR lohnte sich der arbeitsintensive Anbau jedoch nicht. Die schon von Johann Wolfgang Goethe, Theodor Fontane und Immanuel Kant gerühmten Rübchen haben die Hobbygärtner erhalten. Das Teltower Rübchen ist ein *Slow-Food-Arche-Passagier*.

Töttchen (westfälisch)
Traditionsgericht aus der Region Münster. Innereien wie Lunge, Herz und anderes vom Rind werden mit Zwiebeln und Essig zu einem süßsauren Ragout verkocht (siehe Kalbstöttchen).

Trambele (schwäbisch)
Die Schwäbisch-Haller Trambele sind in der Region Hohenlohe als esslöffelgroße, flach gedrückte (Trambele!) Klößchen aus gemischtem Spätzle- und Semmelknödelteig bekannt, die mit Kräutern verfeinert werden können. Sie werden wie Spätzle aufgekocht und können in der Pfanne angebraten werden.

V

Verheierte (schwäbisch-badisch)
Kartoffelschnitz mit Spätzle in der Brühe, meist mit gerösteten Brotwürfeln und geschmälzten Zwiebeln sowie einer Fleischbeilage, ähnelt dem »Gaisburger Marsch«.

Verheiratete (saarländisch)
Geheirate(-te) oder Verheirate(-te) sind ein traditionelles saarländisches Gericht aus Kartoffeln, Mehlklößchen und Speck. Gekochte und gewürfelte Kartoffeln werden mit den aus Mehl, Eiern, Salz, Muskat sowie Wasser hergestellten Mehlklößchen gemeinsam gegart. Sie gehen gewissermaßen eine Ehe ein. Vor dem Servieren werden die so »verheirateten« Klößchen und Kartoffeln mit zerlassenem Speck, nach Geschmack auch mit angerösteten Zwiebeln und etwas Kochwasser oder Sahne vermischt.

Vogelsuppe
Dieses Gericht gibt es nur im Hersbrucker Land und ausschließlich am Donnerstag vor der örtlichen Kirwa (Kirchweihfest). Eigentlich besteht die Vogelsuppe aus mehreren Gerichten: einer Leberknödelsuppe, dem sauren und dem gekochten Rindfleisch. Heute wird die Vogelsuppe in allerlei Variationen angeboten.

Vulkanspargel
Schnittzichorie, Spargel-Chicorée oder Puntarelle genannt. Zumeist wild wachsende Zichorienart mit dem botanischen Namen *cicoria catalogna cimata*.

W

Weckewerk (hessisch)
Muskelfleisch, Speck, Schwarte und manchmal auch Innereien vom Schwein werden gewolft und mit Zwiebeln und trockenen Brötchen (»Wecken«) verlängert. Gewürzt wird mit Salz, Pfeffer, Kümmel und Majoran. Die Masse wird in Bratwurstdärme abgefüllt oder in Gläsern oder Kunstdarmblöcken eingekocht. Weckewerk wird in der Pfanne gebraten und mit Pellkartoffeln oder Salzkartoffeln und Kopfsalat, sauren Gurken oder Roten Beten serviert. Der sinkende Schwarten- und steigende Hackfleischanteil wird in Nordhessen als Wohlstandsindikator angesehen.

Welfenspeise, Welfencreme (niedersächsisch)
Ein zweischichtiger Pudding aus einer weißen gekochten Milch-Vanille-Creme. Darüber wird nach dem Erkalten eine gelbe Schicht von Weincreme gegeben. Namensgeber sind die heraldischen Farben des Adelsgeschlechts der Welfen Weiß-Gelb.

Würzfleisch
Würzfleisch ist eine Ableitung vom französischen Ragout fin. Die DDR kreierte ihr eigenes Würzfleisch. Statt teuren Kalbfleischs nahm man meist Schweinefleisch, das gewürfelt

und zusammen mit einigen Gewürzen gekocht wurde. Die Fleischbrühe wurde mit Kondensmilch, Eigelb und Weißwein vermischt und mit Mehl zu einer hellen Sauce gebunden. Traditionell wird Würzfleisch mit Käse bestreut und überbacken. Dazu werden zwei halbe Toastecken gereicht. In schlechten Restaurants war das ein oft lieblos zusammengerührtes Resteessen, heute erlebt es eine Renaissance mit durchaus feiner Aromatik.

Z

Zoigl (bayerisch)
Der Zoigl ist ein untergäriges Bier, das hell oder dunkel hauptsächlich in der nördlichen Oberpfalz gebraut wird. Es hat einen geringeren Kohlensäureanteil. Viele der Biere sind weder filtriert noch gespundet und damit eine Variante des Zwickelbiers. Das von Privatpersonen im Kommunbrauhaus hergestellte Bier wird in einem bestimmten Turnus ausgeschenkt. Ist ein Brauberechtigter an der Reihe, zeigt er dies an, indem er den an eine Stange befestigten Zoiglstern aus dem Fenster seines Hauses hängt. Daher leitet sich auch der Name des Biers ab: Zoigl kommt von »zeigen«.

Zwetschgenbames (fränkisch)
Ein langsam auf Zwetschgenholz geräucherter Rinderschinken, eine Spezialität der fränkischen Schweiz.

Zwetschgenbavesen (bayerisch)
Bavesen bestehen traditionell aus zwei in Milch und Ei getauchten und bedeckten Weißbrotscheiben mit einer Füllung aus Zwetschgenkompott, welche in siedendem Fett gebacken und mit Zimtzucker bestreut werden. Variante der »Armen Ritter«.

Zwibbelsploatz (hessisch)
Deftiger Zwiebelkuchen vom Blech mit Brotteig als Unterlage. Je nach Ort mit Speck, Geräuchertem oder saurer Sahne im Belag.

Zwickel(bier), Zwickl(bier) (bayerisch-alemannisch)
Zwick(e)l bezeichnet den Probierhahn des Brauers für die erste Fassprobe. Der Begriff »Zwickelbier« ist in Baden-Württemberg, Südbayern und Österreich (in letzteren beiden in der Dialektabwandlung »Zwickl«) ein Synonym für unfiltriertes Bier. Im nördlichen Bayern sowie im nördlichen Rest der Republik hat sich vorwiegend der Name »Kellerbier« durchgesetzt. Ganz im Norden spricht man auch von »Kreusenbier«. Ungespundetes Bier in Bamberg und Zoiglbier in der bayerischen Oberpfalz sind Varianten des Zwickelbiers.

Baden-Württemberg

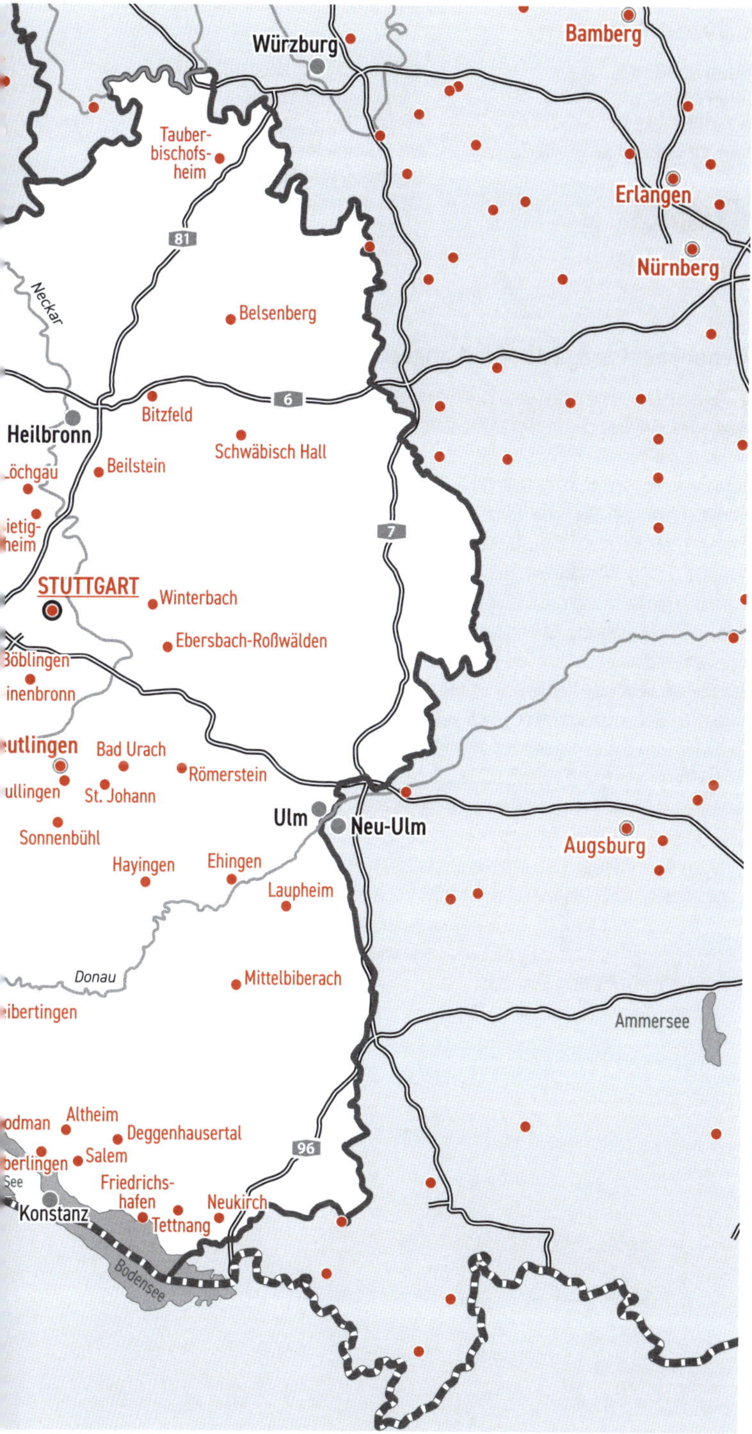
Würzburg
Bamberg
Tauber-
bischofs-
heim
81
Erlangen
Nürnberg
Neckar
Belsenberg
6
Bitzfeld
Heilbronn
Schwäbisch Hall
öchgau
Beilstein
ietig-
heim
7
STUTTGART
Winterbach
Ebersbach-Roßwälden
öblingen
inenbronn
utlingen
Bad Urach
Römerstein
ullingen
St. Johann
Ulm
Neu-Ulm
Augsburg
Sonnenbühl
Hayingen
Ehingen
Laupheim
Donau
Mittelbiberach
ibertingen
Ammersee
odman
Altheim
Deggenhausertal
berlingen
Salem
See
Friedrichs-
hafen
Konstanz
Neukirch
Tettnang
96
Bodensee

Löwen Altheim

Hauptstraße 41,
88699 Altheim
0 75 54 / 86 31
loewen-altheim.de

Größe: 60 Sitzplätze im Gastraum, 25 im Außenbereich
Preise: Hauptgerichte 16–27 Euro; Drei-Gänge-Menü 40 Euro
Kreditkarten: EC, Maestro, VPay
Öffnungszeiten: Di–Sa 17.30–23 Uhr; So 11.30–14 Uhr; Ruhetag: Mo

Gehobener Landgasthof mit angeschlossenem Hexenhäusle

Das »Gasthaus Löwen« liegt in Altheim, einem kleinen Dorf im Hinterland des Bodensees. Am Fuß der Dorfkirche lädt der Löwen seit mehr als 400 Jahren zum Essen, Trinken und Verweilen ein. Der gemütliche Gastraum wurde vom Vater, einem gelernten Schreiner, mit viel Holz gestaltet, genau wie das benachbarte »Hexenhäusle« mit zwei Ferienwohnungen. Die Familie Pfaff führt die Wirtschaft in der vierten Generation, seitdem Roman Pfaff, Koch und BWL-Absolvent, aus Stuttgart, Zermatt und Amsterdam zurückgekehrt ist. Er legt Wert auf eine Küche, die sich durch Frische und Natürlichkeit auszeichnet, die aus regionalen und saisonalen Zutaten frisch zubereitet wird. Sie verbirgt ihre internationalen Einflüsse nicht. Es entstehen kreative Gerichte mit authentischem Charakter. Alle Speisen sind hausgemacht, die Produkte werden von Erzeugenden im Umland bezogen: Rindfleisch liefert die Fairfleisch GmbH, die Fleisch aus artgerechter Tierhaltung von zertifizierten Betrieben vertreibt, Fisch liefert die Fischerei Heyer und Käse kommt von der Demeter-Hofkäserei Heggelbach. Kräuter wachsen im heimischen Garten.

Als Vorspeise ist die Zweierlei Lachsforelle (pochiert und gebeizt), der marinierte Hüttenkäse mit Gurke, Apfel und Sonnenblumenkernen oder die Spargelcremesuppe mit Spargeleinlage und Räucherlachsstreifen unbedingt empfehlenswert. Bei den Hauptgerichten gefallen die Klassiker Lammfilet im Portweinsößle, die Fischplatte (Felchen, Zander und Lachsforelle) mit Blattspinat und Kartoffelgratin oder die vegetarischen Kartoffelblinis mit Spargel-Frühlingsgemüse, Zitronensauce und Chilifrischkäse ausgezeichnet. Als Nachtische erfreuen saisonbezogene Leckereien wie der Zwetschencrumble – oder die kleine Crème brûlée mit einem Espresso.

Auf der Weinkarte dominieren Bodensee- und badische Weine.

Gasthof Sonne

Bergstraße 2,
79346 Endingen am Kaiserstuhl
0 76 42 / 72 42
sacherer-weine.de/i/
gasthaus-sonne

Größe: 40 Plätze im Gastraum
Preise: Gerichte 8–25 Euro
Kreditkarten: Keine
Öffnungszeiten: Do–Mo 11–14 und 17–22 Uhr; Mi 17–22 Uhr; Ruhetag: Di

Tradition am Talende

In einem kleinen Seitental im Norden des Kaiserstuhls findet sich unterhalb der Katharinenkapelle Amoltern. Der »Gasthof Sonne« liegt inmitten weniger Häuser. Familie Sacherer bewirtschaftet das Dorfgasthaus schon lange. Es hat den entspannten Charme eines Gasthauses, in dem die Zeit stehen geblieben ist. Das gilt keinesfalls für die Gerichte von Küchenchef Arno Sacherer, den es nach einer zwei Jahrzehnte währenden Wanderschaft zurück in die Heimat zog.

Auf Vorbestellung richtet er ein typisch badisches eingemachtes Kalbfleisch, das im hauseigenen Weißwein erst eingelegt und beim Braten dann abgelöscht wurde. Ebenso traditionell und keineswegs selbstverständlich ist die Kalbszunge, die in einer schmackhaften Burgundersauce gereicht wird mit Nudeln als Beilage. Wer trotz eines reichhaltigen Tellers noch Appetit auf die perfekt abgeschmeckten Saucen und Beilagen verspürt, erhält einen Nachschlag, solange die Töpfe in der Küche noch nicht geleert sind. Spezialitäten wie Baeckeoffe, Dinkelnudeln, Ossobuco mit Gremolata oder Saltimbocca stehen entweder auf der Tafel vor dem Restaurant oder müssen vorbestellt werden. Vegetarier freuen sich auf leckere Kässpätzle oder Capunett, feine Spinatspätzle in einer Gorgonzolasauce. Lammsteak oder Wild werden saisonal angeboten, Spargel gibt es während der kurzen Saison frisch vom Feld. Die Bärlauchrahmsuppe ist eine appetitanregende Vorspeise. Wer nachmittags zu Kaffee und Kuchen einkehrt, sollte die Linzer Torte nach Omas Hausrezept probieren, bei der die Kaiserstühler Walnüsse perfekt zur Geltung gebracht werden. Auch die hausgemachten Sorbets aus Quitte oder Weinbergpfirsich sind sehr zu empfehlen. Beim Kirschparfait mit Schattenmorellen wird am Kirschwasser keinesfalls gespart.

Die Weinkarte listet ein breites Angebot sortenrein ausgebauter Weine des Bruders, die auch glasweise ausgeschenkt werden; zudem gibt es Flaschenweine von weiteren Kaiserstühler Weingütern.

→ Oberhalb des Orts Amoltern liegt das älteste Kaiserstühler Naturschutzgebiet Amolterer Heide, das als Halbtrockenrasengebiet eine Vielzahl Orchideen beheimatet. Im späten Frühjahr blüht hier die Echte Schlüsselblume. Das Gebiet lässt sich sehr gut zu Fuß erkunden.

Heckerstuben im Wasserschloss Eichtersheim

Schlossstraße 1,
74918 Angelbachtal-Eichtersheim
0 72 65 / 49 99 07
heckerstuben.de

Größe: 60 Plätze in der Stube
Preise: V 11–20, H 29–40, N 12 Euro
Kreditkarten: EC
Öffnungszeiten: Do–Sa 18–23 Uhr; So 12–15 und 17.30–20.30 Uhr; Ruhetage: Mo–Mi

Fein tafeln im Schloss

Das Wasserschloss Eichtersheim in der Gemeinde Angelbachtal im Kraichgau nahe Sinsheim ist von einem Schlosspark umgeben. Das Restaurant »Heckerstuben« teilt sich die Schlossräume im Erdgeschoss mit Ortsverwaltung und Polizei. Der Namensgeber Friedrich Hecker, ein badischer Revolutionär von 1848, wurde im Rentamt gegenüber vom Schloss geboren; heute lebt dort der Bildhauer Jürgen Goertz. Die Wirtsleute Robert Petermann (Koch) und Isabell Landsgesell (Service) zogen 2007 in die Heckerstuben. Sie haben in den Gasträumen den Schlosscharakter dezent erhalten. Die Beleuchtung ist angenehm, die Dekoration stilvoll und schlicht. Im Sommer sitzt man entspannt am Wasser. Petermann verzichtet konsequent auf Convenience und setzt, wann immer möglich, Bioprodukte und regionale Zutaten ein. Kraichgauer Ochsenfleisch und Wild aus heimischen Wäldern werden regelmäßig verarbeitet, das Gemüse wächst in Sichtweite. Die Karte wechselt monatlich und mit der Saison und ist erfreulich übersichtlich.

Überschriften auf der Speisekarte wie Badisches, Mal was anderes sowie Vegetarische Gerichte machen neugierig. Als Gruß aus der Küche weckt eine feine Essenz vom Tafelspitz mit Markklößchen den Appetit. Die im Glas servierte Erbsenschaumsuppe mit Einlage betont das Aroma junger Erbsen. Wer möchte, isst sich in Miniportionen durch die Vorspeisen. Die Hauptspeisen wie Kalbsbäckchen in badischem Rotwein, zart geschmort mit Schnittlauch-Kartoffelstampf und kleinem Gemüse, ein Stück vom Hirschkalb, zart und rosa an Wirsinggemüse mit Biss und ungesüßten Preiselbeeren, Champignons, Esskastanien und selbst gemachten Schupfnudeln* überzeugen ebenso wie die Kalbsleber, außen leicht kross und innen zart, oder der Winterkabeljau auf Lauch-Tomaten-Gemüse mit Senfschaumsoße. Den erfrischenden Schlusspunkt setzt ein hausgemachtes Sorbet.

Es gibt Kraichgauer Weine im offenen Ausschank, zu jedem Gericht den passenden Begleiter. Regionale und internationale Weine werden auch in Flaschen angeboten. Guter Service.

Gasthaus Hirsch

Monbachstraße 47,
75378 Bad Liebenzell-Monakam
0 70 52 / 23 67
hirsch-genusshandwerk.de

Größe: 47 Plätze in Gasträumen
Preise: V 16–23, H 24–40, N 6–14 Euro
Kreditkarten: EC
Öffnungszeiten: Fr–Mo 17.30–22.30 Uhr; Sa 12–15 und 17.30–22.30 Uhr; Ruhetage: Di–Do

Familien-Landgasthof mit gehobener Küche

Das Gasthaus an der langen Hauptstraße im alten Ortskern überrascht hinter unscheinbarer Fassade mit angenehm gestalteten Innenräumen und Tischen aus eigenem Holz. Im »Hirsch« arbeitet die ganze Familie von Inhaber und Küchenchef Andreas Sondej mit. Vieles kommt aus eigenem Gemüseanbau, alle Lieferant*innen werden auf der Karte genannt. Sondejs Philosophie ist Genusshandwerk mit klarer Linie: Statt des üblichen Kartenallerleis setzt er auf gezielte, handwerklich und kreativ umgesetzte Gerichte. Was in den Kochtopf wandert, hat Saison und stammt aus der Region – bis auf den Nordseefisch, eine bleibende Erinnerung an die Sylter Küche, die er seit seiner Ausbildung liebt und schätzt. Die Gerichte zeigen Einflüsse aus der gehobenen Gastronomie, ergänzt durch entschieden regionale Bodenhaftung. Damit vertritt Sondej ein zeitgemäßes Regionalitätsprinzip, das trotz starker heimischer Wurzeln den Blick über den Tellerrand nicht scheut. Selbstbewusst hält er daran fest: Nur hochwertige Ausgangsprodukte schmecken.

Die Karte mit einem Fischgericht, fünf Fleischspeisen sowie einem vegetarischen Angebot wechselt monatlich. Das Entree stimmt trefflich ein: ein Frühlingssalat mit blauen Kartoffelchips oder eine Rahmsuppe von zweierlei Spargel mit Schinkenbrot und Liebstöckelmayonnaise. Vorzüglich die Hauptgerichte wie die interessante Komposition Lehninger Landschwein mit fettem Speck, Datteln, Heckengäulinsen und Ziegenquark. Ebenfalls ausgezeichnet das Rinderfilet auf Kürbis oder die Kalbsnieren in Senfsoße mit Steckrüben-Kartoffelstampf, Brotchips, gebratenen Schwarzwurzeln und kandierten Johannisbeeren. Fantasievoll auch die Nachspeisen wie das hausgemachte Haselnussparfait oder die geeisten Gartenkräuter mit Waldmeistergranité und marinierten Erdbeeren. Für einen kulinarischen Streifzug durch die Sondej-Küche werden Drei- bis Fünf-Gänge-Menüs angeboten.

Die Weinkarte entspricht dem Niveau des Restaurants und listet auch offene Weine – alle aus dem Ländle. Der Quitten- und Streuobstbirnenbrand kommen aus der eigenen Brennerei.

Brände, Liköre und einige Leckereien aus eigener Herstellung können käuflich erworben werden.

Karl's Esszimmer

Stuttgarter Straße 5,
72574 Bad Urach
0 71 25 / 9 43 40
flairhotel-vierjahreszeiten.de/
restaurant

Größe: 80 Plätze in den Gasträumen
Preise: V 10–12, H 14–30 Euro
Kreditkarten: Alle gängigen Karten
Öffnungszeiten: Di–Sa 18–22 Uhr;
Ruhetage: So, Mo

Zentral gelegenes Hotel-Restaurant & Bar

Das Restaurant »Karl's Esszimmer« und das familiengeführte Hotel Vier Jahreszeiten blicken gemeinsam auf eine über 100-jährige Tradition zurück. Entstanden sind sie aus einer Metzgerei mit kleiner Vesperstube. Das Haus liegt mitten in der Altstadt von Bad Urach am Fuße der Schwäbischen Alb. Inhaber und Gastgeber Thomas Frank setzt auf Nachhaltigkeit und ist mehreren Regionalvereinigungen angeschlossen. Die Kurstadt Bad Urach lädt mit ihren romantischen Fachwerkbauten zum Verweilen ein. Sie wird oftmals als Perle der Schwäbischen Alb bezeichnet. Die Speisekarte orientiert sich am saisonalen Angebot der regionalen Lieferanten. Beständig sind die Maultaschenvarianten aus der eigenen Manufaktur, darunter ungewöhnliche Rezepturen mit Reh und Wildschwein aus heimischer Jagd oder mit Alblamm vom Schäfer Stotz.

Bei den Vorspeisen schmeckt im Sommer die geeiste Gemüsesuppe aus Produkten vom Biolandhof Bleiche mit Burrata ausgezeichnet, ebenso die hausgebeizte Ermstal-Lachsforelle mit Frischkäsecreme und Limonengel. Die sehr zarten Sauren Kutteln mit Bratkartoffeln sind auch in einer Vorspeisenportion erhältlich. Bei den selbstgemachten Burgern gefällt neben dem Klassik Burger auch der Veggi Burger mit einem Patty aus Albleisa. Überhaupt sind die vegetarischen oder veganen Gerichte abwechslungsreich: Die Bratkartoffelpfanne mit vielfältigen Gemüsen, Champignons und Zitronen-Melisse-Öl mundet prächtig. Ebenfalls auf der Karte stehen der Zwiebelrostbraten mit zweierlei von der Zwiebel und Spätzle und – ein Höhepunkt – der Rehrücken mit Kräuterkruste, hausgemachten Spätzle und Preiselbeeren. Zum Abschluss locken Apfelküchle mit Lautertaler Eis und Sahne oder das Buttermilch-Mousse mit Beerenragout und Crumble.

→ Deutschlands schönster Rundwanderweg 2016, der 10 km lange Wasserfallsteig, führt zum 30 m hohen Uracher Wasserfall und bietet einen herrlichen Blick auf die Burgruine Hohenurach.

Unter dem Titel Sophie's Kaufládle 2.0 (Sophie Frank war die Urgroßmutter von Thomas Frank und die Mitbegründerin des Hotels) werden selbst gemachte Speisen, Soßen und Beilagen auch über einen Onlineshop angeboten.

Restaurant im Golfclub

Fremersbergstraße 127,
76530 Baden-Baden
0 72 21 / 2 35 27
restaurant-im-golfclub.de

Größe: 80 Plätze im Gastraum
Preise: V 7–14, H 11–28 Euro
Kreditkarten: EC, Master, Visa
Öffnungszeiten: Di–So 12–14 Uhr und 18–21.45 Uhr; Ruhetag: Mo

Eines der schönsten Clublokale

Der Baden-Badener Golfclub ist der drittälteste in Deutschland, entstanden auf Initiative des englischen Reverend T. Archibald S. White Anfang des vorigen Jahrhunderts. Das »Restaurant im Clubhaus« wird von Christine und Uli Krause bewirtschaftet und ist öffentlich zugänglich. Das Ambiente ist angenehm, im Winter flackert der offene Kamin, im Sommer lädt die schöne Terrasse mit bequemen Gartenmöbeln unter alten Kastanien mit Blick in den Schwarzwald zum Entspannen ein. Die Küche verwöhnt mit regionalen Produkten, hauptsächlich aus dem Baden-Badener Umland, aus der Ortenau und dem nahen Elsass. Das Restaurant pflegt Partnerschaften mit Erzeuger*innen und Lieferant*innen, darunter die Metzgerei Glasstetter, die Gemüselieferantin »Margots Paradies« und der Geflügelhof Siebert. Spezialitäten im Herbst und Winter sind Enten und Gänse, die nach bewährter Tradition zubereitet werden.

Als Vorspeise wecken das Carpaccio von Gelber und Roter Bete mit gebratenem Ziegenkäse und der Tafelspitzsud mit Flädle die Aufmerksamkeit. Auf der Karte stehen neben klassischen Gerichten wie Rindertafelspitz in Meerrettichsoße mit Roter Bete und Bouillonkartoffeln oder den deftig-rustikalen Blutwurstbratkartoffeln mit Spiegelei und Gewürzgurke auch Saisonales wie Spargel oder Wild. Der preiswerte Mittagstisch offeriert gelegentlich einen aus der Hüfte geschnittenen Zwiebelrostbraten mit Bohnen und Spätzle. Der beliebteste Nachtisch ist ein Espresso mit Vanilleeis. Nachmittags gibt es kleine Gerichte, Vesper und hausgemachte Kuchen.

Kleine Weinkarte.

→ Es wird ein Abholservice angeboten.

Landgasthof Zum Sternen

Schienerbergstraße 23,
78345 Bankholzen am Bodensee
0 77 32 / 24 22
zum-sternen.de

Größe: 90 Plätze im Gastraum
Preise: V 6–12, H 14–40, N 6–11 Euro
Kreditkarten: EC
Öffnungszeiten: Mo 17–22 Uhr;
Do–So 11.30–14 und 17–22 Uhr;
Ruhetage: Di, Mi

Dieser Stern leuchtet schon lange zum Wohl der Gäste

Seit 130 Jahren bewirtschaftet Familie Bohner-Seibold am Fuß des Schienerbergs den »Landgasthof Zum Sternen« in der Ortsmitte von Bankholzen am westlichen Bodensee. Im Biergarten unter einer alten Kastanie oder in der Gaststube werden badische und schwäbische Gerichte im neuen Gewand angeboten. Fleisch und Gemüse in Bioqualität stammen aus der Region, etwa vom Schienerberg und von der Höri, der Fisch vom Bodensee. Die Erzeuger*innen, Fischer*innen und Verarbeiter*innen der Produkte werden auf der Karte namentlich genannt. Noch hält die Wirtin Brigitte Bohner-Seibold die Zügel in der Hand, doch in der Küche prägt Sohn Florian schon einen neuen Stil, ohne den Stammkunden zu starke Veränderungen zuzumuten.

Es gefällt die große Auswahl knackiger, frisch geernteter Salate, die mit »Vogelfutter« garniert werden. Die Karte versammelt Suppen und viele saisonale Gerichte, wie den Bärlauch-Pfannkuchen mit Spargel in Weißweinsud. Das Fischangebot richtet sich nach dem aktuellen Fang. Die Hechtklößchen in Weißherbstsoße mit den wunderbar aromatischen Kartoffeln sind sehr zu empfehlen. Weitere Angebote sind Wacholderschäufele*, zart geräucherte und gekochte Schweineschulter mit Kartoffelsalat oder der Zwiebelrostbraten mit einer Soße, die »slow« innert zweier Tage entsteht. Die Fleischmaultaschen werden mit dem beliebten Kartoffelsalat serviert. Vegetarisch sind die Höri-Tortilla-Kartoffel und die Rösti mit Appenzeller Käse und Ei. Bei den Nachpeisen werden saisonal Früchte in hauchdünne Pfannkuchen gebettet oder kombiniert mit Joghurt und Fruchtsaucen.

Die Weinkarte listet Bodenseeweine, noch im echten Viertele ausgeschenkt, und frisch gezapfte Biere aus der Region. Der Service ist schnell, kompetent und freundlich.

Mayers Burgrestaurant Hohenbeilstein

Langhans 1,
71717 Beilstein
0 70 62 / 6 50 77
burg-beilstein.de

Größe: 90 Plätze im Restaurant, 60 im Außenbereich
Preise: V 8–18, H 17–55 Euro
Kreditkarten: EC
Öffnungszeiten: Mi–Fr 17.30–22 Uhr; Sa, So, Feiertag 11.30–21 Uhr; Ruhetage: Mo, Di

Gaumenschmeichler im Burggemäuer

Hoch über dem Weinort Beilstein, am Rande der Löwensteiner Berge, liegt – umgeben von Weinreben – die Burg Hohenbeilstein. Das ökologisch wirtschaftende Schlossgut gleichen Namens befindet sich in unmittelbarer Nähe. Die Aussicht von der Burg oder vom gemütlichen Burggarten ist wunderbar, auch ohne Restaurantbesuch lohnt der Ausflug. Im alten restaurierten Burggemäuer, über dem für Feiern genutzten Kellergewölbe, befindet sich die heimelige Burgstube. Augenzwinkernd grüßt der Kachelofen mit seinen verzierten Suppenschüsseln. Die Decke ist hoch, den Gast erwartet ein Mix aus Tradition und Moderne. Bei gutem Wetter lockt der Biergarten des Burghofs.

Die übersichtliche Karte bietet saisonale Monatsangebote und eine schwäbische Karte. Der Inhaber betont den Einsatz regionaler Produkte und begrüßt seinen Besuch mit einem luftigen Kräuterquark als Brotaufstrich. Die Steinpilzsuppe aus heimischen Steinpilzen mit Tiroler Speckknödel ist ein Gaumenschmeichler, die gebratene Lammleber auf Petersilienpüree ist ihren Preis wert und geschmacklich ein Gedicht. Besonderes Lob gebührt dem Koch für den Karpfen mit selbst gemachter Remoulade und Kartoffelsalat – der Karpfen kommt aus einer benachbarten Zucht und findet sich nur selten auf schwäbischen Speisekarten. Der Sauerbraten vom regionalen Weiderind mit seiner dunklen Soße, in der sich die Spätzle wohlfühlen, wurde den Erwartungen mehr als gerecht. Der dazu gereichte Salat hatte eine angenehm pikant-säuerlicher Betonung. Albleisa auf Saitenwürstle*, paniertes Schnitzel, selbst gemachte Maultaschen, Käsespätzle, Siedfleisch aus dem Unterland oder Medaillons vom Schweinelendchen: Insgesamt wird jeglicher Wunsch erfüllt. Das Schmankerl zum Nachtisch ist der geschmorte Pfirsich mit Karamelleis und Thymian-Butterstreusel, süß wohlschmeckend, mit feinem Duft.

Das Getränkeangebot ist reichhaltig und besonders bei den Weinen gut sortiert. Aus der Region und vom Schlossgut gibt es viele gute, des Probierens werte Tropfen. Die Bedienung ist freundlich und kompetent.

In unmittelbarer Nachbarschaft befinden sich zwei Bioweingüter: Bioweingut Schlossgut Hohenbeilstein (www.schlossgut-hohenbeilstein.de) und Biologisches Weingut Sankt Annagarten (www.sankt-annagarten.de).

NEU

Vesperstube Scheierle Belsenberg

Heilig-Kreuz-Straße 57,
74653 Künzelsau-Belsenberg
0 79 40 / 5 05 93 82
scheierle-vesperstube.
business.site

Größe: 40 Plätze im Gastraum
Preise: Hauptgerichte 10–13 Euro
Kreditkarten: Keine
Öffnungszeiten: Do, Fr 17–23 Uhr; Sa 15–23 Uhr, So 10–22 Uhr; Ruhetage: Mo–Mi

Hohenloher Hausmannskost in umgebauter Scheune

Belsenberg liegt etwas außerhalb von Künzelsau an der Bundesstraße nach Bad Mergentheim. Die »Scheierle Vesperstube« in der Ortsmitte ist bekannt für ihre Bratwurstvariationen. Beim Hohenloher Slow-Food-Contest »Wer macht die beste Bratwurst in Hohenlohe« 2012 belegte Hausmetzger Klaus Hertrich mit seinen groben Bauernbratwürsten den ersten Platz und lag mit anderen Wurstsorten auf den vorderen Rängen. Der Preis war Ansporn für ihn, eine zwei Jahrhunderte alte Scheune umzubauen, um kleine Hohenloher Spezialitäten zu servieren. Er tischt mit seiner Frau Irene, die in der Küche die Chefin ist, einfache, ehrliche, regionale Gerichte auf. Getreu der Slow-Food-Philosophie kochen die Wirtsleute, »was grood gibt und wächst«, und »verschaffe die Sau vum Rissel bis zum Schwaunz«. Die Schweine stammen dabei von kleinen Bauernhöfen aus der Hohenloher Gegend, die Kartoffeln vom Bauer Metz aus Neufels.

Im stilechen Scheierle mit seinen rustikalen Holztischen werden Bratwürste aller Art angeboten: grobe Bauernbratwürste, Wildbratwürste, Chilibratwürste, Wiesenkräuterbratwürste. Zudem gibt es Vesper mit Würsten aus eigener Schlachtung und am Wochenende Broades, Spätzli oder Ebire un Salod: Der Sonntagsbraten ist mal vom Schwein, mal vom Rind und mal vom selbst gejagten Wild. Die Soßen zieht Irene Hertrich selbst aus Knochen und mit Wurzelgemüse. Salat und Gemüse stammen aus regionalem Anbau.

Dazu gibt es einen feinen Silvaner aus Belsenberg und andere Weine aus dem angrenzenden Kochertal sowie Säfte aus Hohenlohe.

→ Eine Radtour entlang des Kocherradwegs ist empfehlenswert.

Gasthof Hirschen-Dorfmühle

Dorfstraße 19,
79215 Biederbach
0 76 82 / 3 27
hirschen-dorfmuehle.de

Größe: 120 Plätze im Restaurant
Preise: Hauptgerichte 10–25 Euro
Kreditkarten: EC, Visa
Öffnungszeiten: Do–Mo 11.30–13.45 und 17.30–21.30 Uhr; Ruhetage: Di, Mi

Familiäres Schwarzwälder Landgasthaus

Die attraktive Lage des Landgasthofs von Paul und Renate Burger im Dorfmittelpunkt von Biederbach im Herzen des Schwarzwalds ist ein idealer Ausgangspunkt zum Wandern, Walken und Biken. Das familiär geführte, gemütliche Gasthaus liegt bei Elzach und hat ein traditionelles Schwarzwälder Ambiente, hell und freundlich. Die Terrasse vor dem Haus verspricht sommerliche Schwarzwaldluft. Auf der Speisekarte dominiert eine traditionell badische Küche: Fleisch- und Fischgerichte mit saisonalem Pfiff. Gekocht wird mit frischen Zutaten und regionalen Produkten der Umgebung. Auffallend sind die vielen Wildgerichte des Hauses. Reh, Hirsch und Wildschwein tragen heimische Jäger*innen in die Küche. Das Lammfleisch stammt aus der eigenen kleinen Schafzucht. Salate werden mit besonderen Essigspezialitäten angerichtet.

Auf der Saisonkarte stehen Wildschweinrücken und Rehschnitzel auf Pfifferling-Bohnengemüse, dazu Brotplätzchen. Im Frühjahr gibt es gefülltes Schweinefilet mit Frischkäse und Bärlauchnudeln. Den Frischkäse stellt die Hofkäserei Monte Ziego her, der Bärlauch wächst reichlich in den Wäldern des Elztals. Typisch für die Region sind auch die Maultaschen. Im »Hirschen« werden Maultäschle vom Lamm mit Zwiebelschmelze und buntem Salat serviert.

Die Weinkarte listet vor allem badische Tropfen vom Kaiserstuhl und aus dem Markgräflerland.

Das hofeigene Lammfleisch wird auch zu Wurst und Schinken verarbeitet.

Koppes Tafelhaus – Restaurant

Hauptstraße 32,
74321 Bietigheim-Bissingen
0 71 42 / 91 80 40
koppes-tafelhaus.de

Größe: 50 Plätze im Restaurant, 30 auf der Terrasse
Preise: V 7–9, H 17–30, N 7–9 Euro; Fleisch aus dem Reifeschrank bis 55 Euro
Kreditkarten: EC, Amex, Master, Visa
Öffnungszeiten: Fr, Sa 18–22 Uhr; Di–Do Lunch-Buffet 12–14 Uhr; Ruhetage: So, Mo, Feiertag

Bester Geschmack in der malerischen Altstadt

Im ersten Stock eines renovierten Altbaus mit Spitzgiebel auf der Hauptgeschäftsstraße der malerischen historischen Altstadt von Bietigheim ist »Koppes Tafelhaus« zu finden. Zwei imponierende Leuchten begleiten den kurzen Aufstieg über eine Außentreppe zum Eingang. Der Gastraum ist schlicht-modern in warmen Farben eingerichtet, schön eingedeckt und dezent dekoriert.

Auf einer »Kleinen Karte für jeden Abend« werden Suppen, Salate und kleine warme Gerichte vorgeschlagen. Die Karte »Zeit zum Genießen« unterscheidet traditionelle und innovative Speisenangebote. Als Amuse-Gueule wird eine Gemüsesuppe mit einem Stückchen Käse aus der Region gereicht. Das Schaumsüppchen von der Brunnenkresse aus Bissingen mit gerösteten Pinienkernen hat einen aromatisch-intensiven Geschmack. Das Original Wiener Schnitzel vom Hohenloher Kalbsrücken wird von tadellosen Pommes frites und einem guten Salat, nach schwäbischer Art mit würzigem Dressing, begleitet. Der Zwiebelrostbraten stammt von Rindern aus süddeutscher Zucht, reift im Reifeschrank des Restaurants und erfreut durch seine zarte Konsistenz. Die selbst gemachten Spätzle und der köstliche Kartoffelsalat finden breite Zustimmung. Die hausgemachten Sorbets lösen große Begeisterung aus. Es gibt regelmäßig ein vegetarisches Menü.

Die kleine Weinkarte muss ohne Jahrgangsangaben auskommen, sie enthält verschiedene Tropfen vom lokalen Spitzenweingut, dazu die Weine einiger Genossenschaften. Der freundliche Service bemüht sich um die Gäste. Auf Wunsch gibt es kleinere Portionen.

Markus Koppe betreibt im Nachbarhaus (Hauptstraße 30) den kleinen Laden »Koppes Feingemachtes«. Dort gibt es wochentags verschiedene Mittagsgerichte, Eingewecktes im Glas zum Zu-Hause-Erwärmen, regionale Feinkost, Weine, Hochprozentiges, Besonderes und Leckeres.

Gasthaus zum Löwen

Alte Straße 15,
74626 Bitzfeld
0 79 46 / 13 88
loewen-bitzfeld.de

Größe: 25 Plätze in der Gaststube, 100 im Nebenzimmer
Preise: Hauptgerichte 10–21 Euro
Kreditkarten: EC, Master, Visa
Öffnungszeiten: Mo, Do 17–23 Uhr; Fr, Sa 17–24 Uhr, So 11–22 Uhr; Ruhetage: Di, Mi

Geradlinige Hohenloher Küche

Das »Gasthaus zum Löwen« in Bitzfeld, eine ehemalige Post- und Umspannstation, ist seit fünf Generationen im Besitz der Familie Wolf. Birgit Wolf als Köchin und Wirtin sorgt dafür, dass sich die Gäste im »Löwen« wohlfühlen. Die Oma brachte ihr bei, wie man nach Hohenloher Art Kuttel, Nieren, Kalbsleber, Siedfleisch mit Meerrettich, ein Gschmorgel mit Birnenschnitz und vieles mehr zubereitet. Das sind Gerichte, die auch heute gelegentlich auf der Karte stehen. Birgit Wolf vereint am Herd Tradition mit Innovation und probiert immer wieder Neues aus, wenn irgend möglich, kocht sie mit regionalen Erzeugnissen. Das Fleisch stammt von der Bäuerlichen Erzeugergemeinschaft Schwäbisch Hall, das Lammfleisch und der Schafskäse vom benachbarten Biohof Jauernik, der Käse aus Geifertshofen, das Gemüse von örtlichen Gemüsebaubetrieben und das Wild aus heimischer Jagd. Zum »Löwen« gehört, wie früher üblich, auch ein Bauernhof, Lieferant für Obst, Trauben und Wein.

Bei den Klassikern gefallen das Schnitzel vom Hällischen Schwein mit Kartoffelsalat, die Fleischküchle oder der Braten vom Schweinehals mit hausgemachten Spätzle sowie Saure Nieren in feiner Soße. Im Herbst wird eine Kürbissuppe mit Curry serviert, auch Nichtvegetarier*innen sollten die Hohenloher Nudel in Rahmwirsing oder die cremige Kürbispasta mit Bioschafskäse probieren. Als leckeren Abschluss empfehlen sich die Apfelküchli mit Vanillesoße oder der Pfannkuchen mit Quittenmus.

Der Wein stammt von der WG Hohenlohe, an die Familie Wolf ihre Trauben liefert, die Biere von der Distelhäuser Brauerei und der Neuenstädter Biermanufaktur.

In Pfedelbach-Lindelberg bietet die Hofmetzgerei von Friedrich Hack Fleisch und feinste Wurstspezialitäten an.

Blauer Affe

Sernatingenstraße 16,
78351 Bodman-Ludwigshafen
0 77 73 / 93 83 73
blauer-affe-ludwigshafen.de

Größe: 50 Plätze im Restaurant
Preise: V 7–12, H 22–36, N 7–10 Euro
Kreditkarten: EC
Öffnungszeiten: Mi–Sa 16.30–22 Uhr; So, Feiertag 12–14 und 16.30–22 Uhr; Ruhetage: Mo, Di

Kochen ohne Theater

Die gemütliche Gaststube des »Blauen Affen« unweit des Bahnhofs von Ludwigshafen ist dezent eingerichtet und hübsch mit maritimen Accessoires, blumiger Tischdekoration, Kerzen und Stoffservietten dekoriert. Zum Bodenseeufer sind es nur wenige Schritte, ideal für einen ausgiebigen Spaziergang. Michael Nolls geschmacks- und erlebnisreiche Küche und Chefin Petra Noll mit ihrem charmanten, aufmerksamen Service, der dem Gast herzlich zugewandt ist, garantieren einen angenehmen Aufenthalt. In der verführerischen Speisekarte wird erläutert, woher die regionalen Produkte aus Küche und Keller kommen. Glücklich der Umstand, dass Petra Noll einer alten Obstbau- und Brennereifamilie entstammt und die Kräuter im eigenen Garten wachsen.

Der mit Kräutern und Blüten ummantelte Frischkäse, zu dem es gutes Brot gibt, ist ein attraktives Amuse-Gueule. Jahreszeitlich passend ist die samtige Bärlauchschaumsuppe. Der bunte gemischte Beilagensalat überzeugt mit seiner Vielfalt und einem aromatischen Dressing. Sowohl das Ragout vom Biolamm als auch das Wiener Schnitzel vom deutschen Kalb sind butterzart, das Saisongemüse ist passend. Bemerkenswert die in der Eisenpfanne gebräunten, wunderbar krossen Bratkartoffeln. Nur mit den richtigen Sorten gelingt ein solches Geschmackserlebnis.

Die gut strukturierte Weinkarte listet Weingüter vorwiegend aus der Region. Für Biertrinker gibt es frisch gezapftes Fürstenberg, Meckatzer Export, die beliebten »Zwickel«* sowie Kristallweizen von der Hirschbrauerei.

Heinehof

St. Ulrich 21,
79283 Bollschweil-St. Ulrich
0 76 02 / 2 81
heinehof.de

Bio

Größe: 60 Plätze im Gastraum, 50 auf der Terrasse
Preise: Hauptgerichte 10–20 Euro
Kreditkarten: EC
Öffnungszeiten: Mo, Do, Fr 16–23 Uhr; Sa, So, Feiertag 11–23 Uhr; Ruhetage: Di, Mi

Direkt von der Weide auf den Tisch

Eingebettet in Wiesen und Wälder liegt das schlichte, in hellem Holz gehaltene Gasthaus »Heinehof« mit schöner Terrasse am Fuß des Freiburger Hausbergs Schauinsland in St. Ulrich in der Gemeinde Bollschweil. Seine attraktive Lage macht das Haus zum beliebten Ziel für Wandernde, Tourist*innen und Einheimische. Der Hof wurde 1641 erstmals erwähnt und ist seit 1867 im Besitz der Familie Sonner; heute sind Barbara und Valentin Sonner verantwortlich. Auf der Speisekarte stehen einfache, schmackhafte Gerichte. Es werden fast ausschließlich eigene Produkte angeboten, vor allem Limousin-Rindfleisch. In Kürze folgen auch die Slow-Food-Arche-Passagiere Hinterwälder Rinder. Die Rinder werden in Mutterkuhhaltung auf dem 70 Hektar großen Hof aufgezogen, dazu Schweine und Gänse, die in den Sommermonaten auf den Weiden des Hofes gehalten werden. Ab November bis Dezember werden sie als kulinarischer Höhepunkt auf Vorbestellung im Steinofen gebraten. Tierhaltung und biologische Wirtschaftsweise des Grünland- und Viehzuchtbetriebs sind durch Bioland zertifiziert und umfassen auch das Gasthaus. Durch den Neubau eines modernen Schweinestalls ist jetzt auch der Kauf von Bioschweinefleisch möglich. Die junge Familie führt das gepflegte Anwesen mit der gelungenen Kombination aus Land- und Gastwirtschaft engagiert und überaus freundlich.

Als Hauptgericht gibt es gekochtes Rindfleisch mit Meerrettichsoße, Salzkartoffeln, Preiselbeeren und Salat. Ein typisches Heinehof-Gericht sind die herzhafte Sülze von Rindfleisch mit Wurzelgemüse und Brägele* (Bratkartoffeln) oder die Hackfleischküchle. Zum Nachtisch gibt es Bauernhofeis und andere hausgemachte Leckereien, zum Beispiel Grießschnitten mit Apfelmus. Die reichhaltige Kuchenauswahl wird wie das traditionelle Bauernbrot in der Hofbackstube gebacken. Einkehrende Wander*innen freuen sich über die schönen Vesperplatten mit Käse, Wurst und Speck. Der naturtrübe Apfelsaft kommt von alten Streuobstbeständen.

Der Hof besitzt seit über 100 Jahren Brennrecht, das im »Schnapshisli« umgesetzt wird. Die angebotenen Weine stammen überwiegend von Weingütern aus dem Markgräflerland, einige auch aus ökologischer Erzeugung.

→ Für kleine Gäste ist der Besuch der Bauernhoftiere ein besonderes Erlebnis.

Gasthaus zum Rössle

St. Ulrich 11,
79283 Bollschweil-St. Ulrich
0 76 02 / 2 52
gasthausroessle.de

Größe: 100 Plätze in der Gaststube, 50 auf der Terrasse
Preise: V 7–8, H 19–33, N 7–14 Euro
Kreditkarten: EC
Öffnungszeiten: Do–Fr 17–23 Uhr; Sa, So, Feiertag 11.30–15 Uhr und 17–23 Uhr; Ruhetage: Mo–Mi

Verwunschenes Kleinod im Möhlintal am Sonnenhang

Die mit viel Holz auf Schwarzwälder Art eingerichtete, gemütliche und zünftige Gaststube – ohne überladenes Schwarzwalddekor – begrüßt in ruhiger Lage Wander*innen, Radfahrer*innen und Genießer*innen. Das Gasthaus geht auf eine ehemalige Klostermühle von 1700 zurück und ist seit fast zwei Jahrhunderten in Familienbesitz. Seit 1995 ist Inhaber Dominik Sumser in der Küche für die regionaltypischen Gerichte zuständig. Ein Besuch lohnt sowohl kulinarisch wie landschaftlich: Das reizvolle Möhlintal ist trotz der geringen Entfernung von nur 15 Kilometern bis Freiburg bisher touristisch nicht überlaufen. Im Sommer sitzt man auf der Terrasse direkt an der sanft rauschenden Möhlin unterhalb des Klosters St. Ulrich.

Die Speisekarte des »Rössle« ist typisch für einen Landgasthof, wobei es kleine Ausnahmen gibt. Die Produkte werden überwiegend bei regionalen Produzent*innen erworben. Das Wild stammt aus heimischer Jagd. Rind- und Kalbfleisch für Spezialitäten wie den Sauerbraten oder den Rindfleischsalat kommen meist vom Vorderwälder Weiderind der umliegenden Höfe. Die Rinderbrühe mit Markklößchen wird schonend zubereitet und schmeckt vorzüglich. Hauptgerichte wie gekochtes Kalbszüngle mit Estragon, Nudeln und Gemüse oder Lammschulter mit Kartoffelgratin und Ratatouille werden zum Glück auch als kleine Portionen angeboten. Auf der Vesperkarte steht der saftige Wurstsalat oder ein Schwarzwälder Schäufele* mit Butter und Brot. Als süßes Finale ist das familienfreundlich bepreiste Bauernhofeis aus Horben zu empfehlen.

Interessant ist die Weinkarte: Die günstige Kalkulation der Flaschenweine ist einmalig, es werden qualitätsvolle Gutedel und Bioweine angeboten. Weitere Markgräfler Erzeuger ergänzen das Angebot. Unaufgeregter, flotter Service, auch wenn alle Tische belegt sind.

→ Eine Reservierung ist ratsam.

Restaurant »Zum Reussenstein«

Kalkofenstraße 20,
71032 Böblingen
0 70 31 / 6 60 00
reussenstein.com

Größe: 100 Plätze im Restaurant
Preise: V 8–10, H 31–41, N 14–16 Euro
Kreditkarten: Alle gängigen Karten
Öffnungszeiten: Di–Fr 17–23 Uhr;
Sa 12–15 und 17–23 Uhr;
Ruhetage: So, Mo

Lust auf 100 Prozent schwäbisch? Böckle macht's möglich

Der Name des Hotels mit Restaurant verweist lediglich auf die schwäbische Geschichte, in Böblingen, eine Mittelstadt im Großraum Stuttgart, gibt es gar keine Burg. Eine Burgruine Reussenstein befindet sich 50 Kilometer östlich am Rand der Schwäbischen Alb. Die Einrichtung des Restaurants ist gutbürgerlich mit modernen Akzenten. Küchenchef, Inhaber und Chef Alliance-Mitglied Timo Böckle verarbeitet nur das, was im Ländle hergestellt, erzeugt oder veredelt worden ist. Auf der Speisekarte sind alle Produkte, Lieferant*innen und Erzeuger*innen aufgelistet - mehr Transparenz geht nicht. Auch das »Heimateis« stammt aus Eigenproduktion.

Die Karte führt in heimatlicher Tonlage ausschließlich regionale Gerichte auf: von Albleisa* mit Schbätzla (Alblinsen mit Spätzle) über baggene Mauldascha (Gebackene Maultaschen) bis zum Sauerbrooda (Sauerbraten) und Weilemer Goisakääs (Ziegenfrischkäse aus Weil). Den Auftakt macht eine Rübensuppe als Gruß aus der Küche. Die Flädlesuppe beinhaltet nicht nur Flädle, sie ist mit Wildkräutern verfeinert. Auch die Metzgermaultäschchen in der Brühe sind delikat. Das Tatar von der Räucherforelle mit der Imkermarinade zergeht auf der Zunge. Die Landschweinbäckchen im Senfsößle sind butterzart, die Soße umhüllt die Spätzle. Der Färsenrostbraten kommt englisch wie bestellt, dazu passend die gebratenen Zwiebelstreifen. Ob gekräuterte Brust vom Biolandgockel oder schlachtfrische Leber vom heimischen Weiderind, alles ist originell und handwerklich bestens zubereitet. Das gilt auch für die fangfrische Schwarzwaldforelle mit Speck-Kartoffel-Rübengemüse. Zum Nachtisch gibt es ein Waldenbucher Schokoküchlein mit Holunderblüteneis oder einen ofenwarmen Birnenschlupfer mit Haselnusseis.

Die Getränkekarte bietet bei Kaffee, Säften, Wasser und Destillaten eine reiche Auswahl regionaler Lieferant*innen, dazu die Weine namhafter Güter Württembergs. Bei den offenen Weinen sind die regionalen Weingüter angesagt.

Mohrenstube

Kirchgasse 1,
88693 Deggenhausertal-Limpach
0 75 55 / 93 00
mohren.bio

Größe: 100 Plätze in den Gaststuben
Preise: Hauptgerichte 13–34 Euro
Kreditkarten: EC, Master, Visa
Öffnungszeiten: Sa, So, Feiertag 11.30–14 Uhr; Mi–So kleine Karte 14–17 Uhr; Di–Fr, Feiertag 17.30–21 Uhr; Ruhetage: Mo, Di (für externe Gäste)

Biorestaurant mit Blick auf Bodensee und Alpen

In hügeliger Landschaft, eingebettet zwischen Gehrenberg, Höchsten und Heiligenberg, liegt die Gemeinde Deggenhausertal. Sie bietet viele Höhenwanderwege mit herrlichen Ausblicken ins Tal und auf den Bodensee. Im ländlichen Ortsteil Limpach liegt das »Bio Hotel Mohren« mit seinem Biorestaurant und einem eigenen, von Bioland zertifizierten Gutshof. Von der Wiese auf den Teller werden Wurzelgemüse, Obst von Streuobstbäumen und Rindfleisch für die frische Naturküche des »Mohren« erzeugt. Auf 40 Hektar weidet eine Black-Angus-Herde mit Bulle, Mutterkühen, Jungvieh und Kälbern. Auf einem Hektar werden Wurzelgemüse wie gelbe und rote Karotte, Zwiebel, Kürbis, Rote Bete, Pastinake, Sellerie, Lauch, Rosenkohl und Kartoffeln angebaut. »Man muss ehrlich und authentisch bleiben«, sagt Patron Jürgen Waizenegger. Der Gast sitzt in der Mohrenstube in einer richtigen Dorfwirtschaft an gebürsteten Eichentischen, um ihn herum eine beschirmende Holzvertäfelung. Die Landhausstube mit Eichendiele, Sofas, weißen Tischdecken und Naturdekoration bietet einen eleganteren Rahmen.

Auf der Speisekarte stehen – neben Salaten, Gemüse und vegetarischen Angeboten – das knusprig gebratene Zwiebelfleisch nach Großmutters Rezept, das mit einer deftigen Zwiebelsauce serviert wird. Der Rinderschmorbraten reift vier Wochen und wird 18 Stunden schonend gegart. Als Vorspeisen empfehlen sich die Rinderkraftbrühe vom Black Angus mit Kräuterflädle, ein Rote-Bete-Tatar mit Chili-Dip oder das Carpaccio vom Black-Angus-Weiderind. Gegrillte Bachforelle aus heimischem Bioweiher, Leber vom Weiderind mit Bratkartoffeln sowie gegrillte Hähnchenbrust vom heimischen Naturlandhof mit Honig-Thymianjus erweitern das Angebot. Nachtische aus regionalen Produkten wie den Sorbetteller mit Schwarzer Johannisbeere und Himbeere oder ein Käsedessert von Nachbars Bioland- und Demeter-Hofkäserei mit Kräuteroliven und Quittengelee.

Auf der Weinkarte findet man überwiegend Bioweine. Der Service ist aufmerksam und freundlich.

Genießerhof Schlemmer-Scheune

Stauchestraße 1,
78661 Dietingen
07 41 / 94 20 58 67
geniesserhof.de

Größe: 60 Plätze in der Scheune
Preise: V 5–6, H 12–23, N 3–9 Euro
Kreditkarten: Keine
Öffnungszeiten: Do–So 11.30–20 Uhr; Ruhetage: Mo–Mi

Bodenständige Küche in der Scheune – kreativ umgesetzt

Einst als Viehstall genutzt, ist die Schlemmer-Scheune der Familie Schittenhelm mit rustikalen Bänken und Tischen und der wunderschönen Gartenterrasse einladend, mit familiärer Atmosphäre ohne aufgesetzte Rustikalität. Bereits das Studium der originellen Speisekarte bereitet Freude; die Bedienung ist aufmerksam und kompetent in Beratung und Service. Die bodenständigen Gerichte werden liebevoll und abwechslungsreich mit frischen Kräutern und Blüten hübsch garniert, die Portionen sind reichlich. Der Wunsch nach kleinen Portionen wird berücksichtigt, dem nach einem zweiten Besteck wird gern nachgekommen. Gluten- und laktosefreie sowie vegetarische und vegane Gerichte werden zu moderaten Preisen angeboten. Verarbeitet werden in erster Linie Lebensmittel vom eigenen Naturland-Bauernhof. Zugekauft wird bei ausgewählten Betrieben, weitgehend aus der Region und mit Biozertifizierung.

Sommer- wie Winterkarte bieten vielfältige, einfallsreiche Variationen der heimischen Küche. Von der Winterkarte sind das Apfelschmalz und die panierte Bauernbratwurst ebenso zu nennen wie die hausgemachte Kartoffelsuppe mit Speck-Zwiebel-Eis. Empfehlenswert die Schupfnudeln* in Kürbiscreme mit Käse überbacken oder die Bauern-Power, ein gebackener Wurstsalat mit Bratkartoffeln und einer Salatgarnitur. Vegetarisch/vegan ist das Soja-Kartoffelgratin mit Kürbissoße. Auf der Sommerkarte finden sich aus dem breiten Angebot vegetarischer und veganer Gerichte Brennnesselrahmsuppe und Löwenzahnpfannkuchen. Herzhaft und rustikal ist das Heiße Eisen, Bratkartoffeln und Spätzle mit Schweinesteakstreifen, mit Bergkäse überbacken. Sau-Goad ist eine regionale Burger-Variante mit buntem Sommersalat. Als Nachtisch empfiehlt sich ein Bauernhofeis oder der hausgemachte Rumtopf.

Die Weine kommen von einem ökologisch bewirtschafteten Weingut im württembergischen Remstal, das Bier aus der Hirschbrauerei im benachbarten Wurmlingen. Nicht fehlen dürfen die typischen schwäbischen Obstmoste und -säfte. Liköre, Schnäpsle und Schaumweine von der schwäbischen Alb ergänzen das Angebot. Die selbstgemachten Limonaden sind besonders empfehlenswert.

→ Eine Reservierung ist empfehlenswert.

Hervorzuheben sind die kulturellen Veranstaltungen in der Schlemmer-Scheune und das Event »Landwirtschaft aktiv erleben«.

Im Hofladen werden eigene und weitere Produkte aus ökologischer Herstellung verkauft. Die Fleisch- und Wurstwaren sowie das Mehl aus eigener Produktion sind zu empfehlen.

Gasthaus Eyachmühle

Eyachmühle 14,
75335 Dobel
0 70 81 / 38 41 09
eyachmuehle.com

Bio

Größe: 80 Plätze in der Gaststube und der Außenbereich
Preise: V 8–10, H 11–34, N 7–12 Euro
Kreditkarten: EC
Öffnungszeiten: Mi, Do 11.30–18.30 Uhr; Fr, Sa 11.30–21 Uhr; So, Feiertag 11.30–20 Uhr; Ruhetage: Mo, Di

Schwarzwälder Waldgaststätte im Naturschutzgebiet

Das schmale Eyachtalsträßchen schlängelt sich sieben Kilometer durch das Tal, bis es sich lichtet und der Blick auf die unscheinbare »Eyachmühle« fällt. Nach der Einkehr beginnt die kulinarische Vorfreude beim Blick auf die Tafel mit dem Motto »regional, ehrlich, frisch«. Das Ambiente ist für eine Schwarzwälder Waldgaststätte typisch: einfach gehalten mit robusten, rustikalen Anklängen, liebevoll gepflegt und eingerichtet. Die sommerliche Trumpfkarte ist die große überdachte Terrasse mit freiem Blick auf die Umgebung. Ihre lokalen und regionalen Zulieferer hat Inhaberin und Köchin Gabriele Späth in vorbildlicher Weise auf der Speisekarte und Webseite benannt.

Die Speisekarte bietet eine verlockende Auswahl. Eine wichtige Rolle spielen Gerichte rund um die Schwarzwaldforelle, die als ganzer Fisch, als Filet oder als Flammkuchenbelag auf den Teller kommt. Die Forellen werden aus einer vielfach prämierten Fischzucht im nahen Würzbachtal bezogen. Weiterer Schwerpunkt sind hausgemachte Dinkelflammkuchen, die sich auch im Badischen eingebürgert haben und sich geschmacklich nicht vor dem Elsässer Original verstecken müssen. Zudem gibt es schmackhafte Fleischgerichte wie den sanft geschmorten Demeter-Rinderbraten mit Dinkelspätzle und vegetarische Angebote, die mit Frische und Fantasie glänzen. Das zeigt sich nicht zuletzt beim saftigen Ziegenkäsestrudel mit Thymian und Rosmarin auf gartenfrischem Pflücksalat.

Die Weinkarte enthält ausschließlich Gewächse von ökologisch arbeitenden Weingütern aus Baden-Württemberg, der Pfalz oder dem Rheingau.

→ Die reizvolle Umgebung lädt vor oder nach dem Essen zu einem ausgedehnten Spaziergang ein.

Schwarzwaldforellen von der Forellenzucht Calmbach, Würzbachtalstraße 278, in 75323 Bad Wildbad-Calmbach.

Zum Bäckerhaus – Weinstube und Café

Dorfstraße 13,
73061 Ebersbach-Roßwälden
0 71 63 / 87 67
zumbaeckerhaus.jimdofree.com

Größe: 34 Plätze im Gastraum, 16 im Außenbereich
Preise: V 7–18, H 15–35, N 8–14 Euro
Kreditkarten: EC
Öffnungszeiten: Mi–Sa 17–22 Uhr, Fr 12–14 und 17–22 Uhr; Ruhetage: So–Di

Dorfgasthaus mit Bäckerei und typisch schwäbischer Küche

Im Ebersbacher Stadtteil Roßwälden im Kreis Göppingen geht es »Zum Bäckerhaus«. Die »Weinstube« ist ein traditionelles Dorfgasthaus mit einer angegliederten Bäckerei und Konditorei, die als Familienbetrieb in sechster Generation liebevoll betrieben wird. Behutsam wurde mal hier, mal dort renoviert, eine der beiden Gaststuben hat eine gemütliche Ofenheizung. Die reich bestückten Brotkörbe laden ein, sich durch das Sortiment der Bäckerei zu probieren. Die Karte ist betont regional, sowohl bezüglich der Gerichte als auch der Zutaten. Der Küchenchef und Chef Alliance-Mitglied Markus Eberhardinger legt großen Wert auf Ganztierverwertung. Er bezieht ganze Kälber aus Roßwälden, Thüringer Waldziegen, Heidschnucken und Hinterwälder Rinder aus dem Nachbarort Hochdorf sowie Bunte Bentheimer Schweine und Limpurger Rinder vom Hof Herzogenau. Geschlachtet und zerlegt in einer nahen Metzgerei, kommen alle Innereien und Teile der Tiere zum Bäckerhaus und sind eine abwechslungsreiche Grundlage für die Tageskarte.

Das Essen beginnt mit Rillettes vom Bunten Bentheimer, Tomatenchutney und einem Brotkob. Vorweg machen das Zweierlei vom Kalbskopf mit Sauce Tatar und eingelegtem Gemüse und die vegetarische Kresserahmsuppe mit Pfeisele (Backerbsen) große Freude. Als Hauptgericht gefallen das Ragout vom Bunten Bentheimer Schweinmagen mit herrlich fluffigen Brezelknödeln sowie das Roßwälder Kalbsfilet mit Kräutersaitlingen, Filder-Spitzkraut, Selleriepüree und Schupfnudeln ausgezeichnet. Der zarte Zwiebelrostbraten, englisch wie gewünscht, ist schön saftig und von dreierlei Zwiebeln gekrönt. Die Spätzle sind leicht und bissfest, ohne trocken zu sein. Von guter Qualität sind auch die vegetarischen Brezelknödel mit Ziegenfrischkäse, gebratenen Champignons und Kürbissoße. Zum Nachtisch werden Kartäuserklöße* mit in Rotwein marinierten Zwetschgen und selbst gemachtem Vanilleeis serviert.

Die Getränkekarte zeigt Biere der regionalen Brauereien Gruibinger und Schönbuch. Die Weine kommen hauptsächlich von schwäbischen Winzergenossenschaften, aber auch renommierte Weingüter sind vertreten.

Während der Öffnungszeiten die Bäckerei besuchen. Höhepunkt sind die Cornetti.

Gasthof zum Ochsen

Schulgasse 3,
89584 Ehingen
0 73 91 / 77 05 30
hotel-zum-ochsen-ehingen.de

Größe: 98 Plätze im Restaurant, 80 im Außenbereich
Preise: V 8–12, H 12–25, N 5–9 Euro
Kreditkarten: EC, Master, Visa
Öffnungszeiten: Mo, Fr, Sa 17–21.30 Uhr; Di–Do 11.30–14 und 17–21.30 Uhr, So 11.30–14 Uhr

Traditionell schwäbisch

Der »Gasthof zum Ochsen« liegt gut erreichbar in der Altstadt von Ehingen und ist seit 1630 Teil der Altstadtkulisse. Der ehemalige Bauernhof mit Gasthof entwickelte sich über die Jahre zu einer Speise- und Gastwirtschaft, wurde dann zum Brauereiausschank der Dorfbrauerei »Berg« und schließlich zum heutigen Hotel mit Restaurant. Großer Wert wird auf die Verwendung saisonaler Produkte von regionalen Erzeugern gelegt; die Albleisa* für die sauren Alblinsen mit Butterspätzle, Saitenwürsten und Wammerln kommen von der Familie Mammel/Lauteracher Feldfrüchte. Das Wildfleisch wird von einem Jäger aus der Region bezogen. Im Gasthof wird eine herzliche Gastgeberkultur praktiziert. Im Sommer lädt der schöne, ruhig gelegene Biergarten zu einer kulinarischen Auszeit ein.

Zum Auftakt bietet sich eine Suppe aus saisonalem Gemüse oder eine Wirsing-Cremesuppe an. Als Hauptspeisen stehen Klassiker aus der schwäbischen Küche zur Wahl: saure Kutteln vom Rind, hausgemachte, gebratene Maultaschen oder schwäbischer Zwiebelrostbraten vom Rinderrücken des Allgäuer Weiderinds mit geschmelzten Pfannenzwiebeln und Butterspätzle. Auch der Schwabentraum aus Schweinemedaillons vom oberschwäbischen Landschwein an cremiger Champignonsoße und Butterspätzle und der Rinder-Tafelspitz mit Meerrettichsauce und Salzkartoffeln sind zu empfehlen. Ein selten zu findendes Gericht ist die saure Kalbsleber. Zum Repertoire zählt ein Schwabenburger mit hausgemachten Laugenbrioche-Buns und zarten Roastbeef-Streifen. Aus der vegetarischen Küche überzeugt die geschmorte Rote Bete mit gebratenen Austernpilzen, Kartoffeltalern und Kräuterdip. Die Karte wechselt saisonal. Zu Ostern werden Lammfleischgerichte der Schäferei Stotz und Wildkräutersalate aus der Gärtnerei Schänzle aus Obermarchtal angeboten. Die Nachtischkarte listet selbstgemachte Ulrichsbier-Eiskrem, Espresso-Eis vom Lautertal-Eis in Indelhausen oder Seelenwärmer wie Heiße Liebe oder gebackene Apfelküchle.

Die Getränkekarte bietet frisch gezapfte, handwerklich gebraute Biere von der Bergbier-Brauerei aus Ehingen-Berg, alkoholfreie hausgemachte Limonaden und Weine aus Baden-Württemberg an.

Zum Restaurant zählt das »Ochsen-Läde'le«, in dem man selbstgekochte Köstlichkeiten wie Wildschweingulasch, Saure Albleisa und Saure Kutteln, feine Spirituosen von der Schwäbischen Alb sowie Honig vom Bodensee erwerben kann.

Gasthof Knupfer

Rottenackerstraße 15,
89584 Ehingen-Dettingen
0 73 91 / 24 88
gasthof-knupfer.de

Größe: 30 Plätze im Gastraum, 20 auf der Terrasse und 24 im Hofgarten
Preise: V 6–12, H 24–30; Drei-Gänge-Menü 42–50 Euro
Kreditkarten: EC
Öffnungszeiten: Mo, Do–Sa 17–22 Uhr; So, Feiertag 11.30–14 Uhr; Ruhetage: Di, Mi

Einfach und gut

Dettingen ist ein Ortsteil von Ehingen, der größten Stadt im Alb-Donau-Kreis. Direkt am Donauradweg liegt der familiengeführte »Gasthof Knupfer«. Der Gastraum ist freundlich und offen gestaltet, die Atmosphäre familiär. Die Inhaber Bernhard und Tamara Knupfer pflegen mit ihrem Team einen bewussten Umgang mit den Produkten unter Beachtung der saisonalen Verfügbarkeit und Qualität. Die Gäste erwartet eine traditionelle Küche mit Freude an neuen kulinarischen Ideen, die ihre Speisen frisch herstellt. Ein großer Teil des Gemüses – von Kartoffeln und Rosenkohl bis zu Bohnen, Pastinaken und Schwarzwurzeln – kommen aus der elterlichen Landwirtschaft. Auch der Obst- und Kräutergarten ist ein Pluspunkt für die Küche. Die Karte wechselt nach Saison kurzfristig, das Augenmerk liegt auf der regionalen Küche.

Zum Start laden knackige Salate, die durch ihre Frische und das schmackhafte Haus-Dressing überzeugen, ein. Aus dem Suppentopf gibt es eine Topinambur-Suppe. Die hausgebeizte Lachsforelle wird mit Meerrettich, Rote Bete und Apfel gereicht. Das Fleisch für die langsam geschmorten Rinderbäckchen stammt von der bäuerlichen Erzeugergemeinschaft Schwäbisch Hall (Boeuf de Hohenlohe). Die Wurst- und Fleischwaren einer Kreuzung aus Sattelschwein und Pietrain »Sattelsau« kommen vom nahegelegenen Schirmerhof in Deppenhausen. Als vegetarische Hauptspeise werden Gemüsebratlinge mit Spargel, Champignons oder einem Dinkelrisotto angeboten. Hausgemachte Nachspeisen wie das weiße Schokoladenmousse mit Rhabarberragout und Mohneis bieten einen geschmackvollen Abschluss. Das Eis stammt von der Eismanufaktur »Lieblingseis« aus Biberach.

Die herzliche Bewirtung sorgt für entspannten Genuss. In der Getränkekarte findet sich Apfelsaft aus Äpfeln vom hauseigenen Garten, eine große Auswahl guter, deutscher Weine sowie regionale Biere von den Brauereien Schwert, Rössle und der Adlerbrauerei in Moosbeuren.

→ Am letzten Samstag im Monat ist das Restaurant geschlossen. Für Feiern ab zehn Personen öffnet das Restaurant auch sonntags, ab 15 Personen ist eine Reservierung auch außerhalb der Öffnungszeiten möglich.

Eine Reservierung sei empfohlen.

Gasthaus Rössle

Hauptstraße 19,
79215 Elzach
0 76 82 / 2 12
roessleelzach.de

Größe: 120 Plätze im Gastraum, 20 auf der Terrasse
Preise: V 9–19, H 17–39, N 9–14 Euro
Kreditkarten: EC, Master, Visa
Öffnungszeiten: Do–Di 12–15 und 17–22.30 Uhr; Ruhetag: Mi

Bei diesem Koch geht man gern noch einmal in die Schule

Im Herzen des Schwarzwaldstädtchens Elzach befindet sich das Traditionshaus »Rössle«, von Manuel und Kristin Häringer in der vierten Generation geführt. 2018 wurde der Betrieb um ein schmuckes Stadthotel erweitert. Das in warmen Rottönen gehaltene, stilvolle Ambiente des großen Gastraums mit Wintergarten und Kachelofen lädt zu behaglichem Genuss ein. Bei schönem Wetter ist die kleine Terrasse geöffnet. Manuel Häringer ist ein ambitionierter Koch mit klarem Kurs. »Was immer Sie zu uns führt – es ist die Erinnerung, die Sie zurückbringt!« Das Bekenntnis zu frischen Produkten aus der Region gehört dazu, aber auch der konsequente Verzicht auf die Segnungen der Küchenalchemie. Obst und Gemüse kommen aus Forchheim vom Lindenbrunnenhof, die Bachforellen von regionalen Züchter*innen. Das meiste Fleisch wird von Metzgereien aus Elzach bezogen. Das saisonal angebotene Wild kommt aus heimischer Jagd.

Als Klassiker gibt es Rinderzunge in Madeirasauce, Nudeln und Salatteller. Hausgemachte Kalbfleischküchle werden mit Champignons, Spätzle und buntem Salatteller kombiniert. Die Schwarzwaldforelle mit Kräuterbutter und Forchheimer Kartoffeln hat ein Heimspiel; sie wird kross gebraten serviert. Von allen Gerichten gibt es kleine Portionen. Zum Nachtisch lockt ein Schokokuchen mit flüssigem Kern, Himbeeren, Erdbeeren und Vanilleeis.

Die kleine Weinkarte konzentriert sich auf badische Gewächse. Ein Steckenpferd des Gastgebers ist Single-Malt-Whisky von den besten Destillerien Schottlands.

→ Eine Kochschule mit Themenabenden bereichert das Angebot.

Die Löwenbrauerei Elzach von Johannes Dold ist immer einen kleinen Umweg wert.

Merkles Pfarrwirtschaft & Garten

Hauptstraße 2,
79246 Endingen
0 76 42 / 92 43 11
merkles-restaurant.de/
pfarrwirtschaft

Größe: 40 Plätze im Restaurant
Preise: Hauptgerichte 10–35 Euro
Kreditkarten: Alle gängigen Karten
Öffnungszeiten: Mi, Sa 12–14 und 17–22 Uhr; So 12–20 Uhr; Ruhetage: Mo, Di

Kaiserstühler Lebensart im alten Pfarrhaus

Thomas Merkle kocht in der »Pfarrwirtschaft & Garten« einfache, gute Gerichte ohne prätentiösen Schnickschnack. Mit ein wenig Kultur, einem guten Tropfen aus der Region oder einem kühlen Riegler Bier entsteht Lebensart à la Kaiserstuhl. Aus dem Restaurant fällt der Blick in die offene Küche der Pfarrwirtschaft. Der Aufwand, der für die schlichte Bistro-Küche offensichtlich getrieben wird, ist beeindruckend. Die Pfarrwirtschaft ist Mitglied im JRE Genussnetz. Dessen Mitglieder wählen ihre Produzent*innen und Lieferant*innen nach den Kriterien Qualität, Nachhaltigkeit und Erhaltung regionaler, sortentypischer Spezialitäten aus. Wer auf der Karte nicht fündig wird, kann fragen, was gerade angeboten werden kann.

Zum Apéro um fünf gibt es Burger mit selbst geschnitzten Pommes. Immer auf der Karte stehen Kalbsfrikadellen, die einzeln, als Doppel oder sogar im Dreierpack bestellt werden können, eine substanzielle Stärkung nach dem Abstieg aus dem inneren Kaiserstuhl über die Katharinenkappelle nach Endingen. Seit Kurzem steht ein vegetarischer Burger mit Ziegenkäse, Zwetschge und geraspeltem Weißkohl auf der Karte. Wer nur »ebis kleins« möchte, freut sich über den Flammkuchen Schwarzwald mit Schwarzwälder Schinken oder den Flammkuchen Vegi mit Ziegenkäse, Bärlauch und roten Zwiebeln. Als Hauptgerichte überzeugen die Spinatknödel mit Frühlingsgemüse und Nussbutter, das Wiener Schnitzel vom Kalb mit Kartoffelsalat, das Dry-Aged-Rinderfilet Echt Schwarzwald mit Whisky-Pfeffer-Soße oder Kräuterbutter und Pommes frites oder, tatsächlich, Maultaschen. Auch die Nachtische sind nicht zu verachten, es stehen Eisnachtische und eine Crème brûlée auf der Karte.

Im Weinkeller liegen die renomierten Badischen Weingüter, die Endinger Weingüter sind ebenfalls alle vertreten. Riegeler Felsen Pils vom Kaiserstuhl gibt es vom Fass, bei den Flaschenbieren ist das Bilger Stümple interessant.

→ Der Inhaber der Käserei Monte-Ziego hat in der Rempartstraße 7 in Endingen in einem alten Milchladen ein Käsereimuseum eröffnet, dessen Besuch sich lohnt.

Gasthaus »Zur Krone«

Mußbach 6,
79348 Freiamt
0 76 45 / 2 27
krone-freiamt.de

Größe: 50 Plätze im Gastraum sowie Saal und Terrasse
Preise: Hauptgerichte 14–27 Euro
Kreditkarten: EC
Öffnungszeiten: Mo, Fr 17.30–23 Uhr; Sa, So, Feiertag 12–14 Uhr und 17.30–21 Uhr; Ruhetage: Di–Do

Badisch mit Akzent – Ausflugsziel auf Freiamter Höhenlage

Freiamt ist ein Naherholungsort unweit von Emmendingen und Freiburg, bestehend aus sechs Hauptgemeinden und zahlreichen verstreuten Anwesen. Das Gasthaus »Zur Krone« liegt im Ortsteil Mußbach. Es befindet sich seit 220 Jahren und in neunter Generation im Besitz der Familie Kern. Patron Manfred Kern hat bei Adolf Frey im »Rebstock« in Denzlingen gelernt - dessen Einfluss ist bis heute spürbar - und kehrte Anfang der 90er-Jahre in den elterlichen Betrieb zurück. Seine Ehefrau Silvia ist für den aufmerksamen und zugewandten Service verantwortlich, der sich freut, wenn Kinder als Gäste kommen. Die saisonale Ausrichtung der Speisekarte ist selbstverständlich. Die Küche verwendet regionale Erzeugnisse und hat kompromisslose Qualitätsansprüche an die Grundprodukte. Natürlich wird hier badisch gekocht, allerdings mit einigen italienischen und französischen Akzenten - und fein angerichtet. Kalb- und Schweinefleisch liefert die Metzgerei Schumacher in Ottoschwanden. Rindfleisch und Innereien kauft Kern beim Schlachter Färber in Freiburg. Ziegen kommen vom Hof der Familie Wagner auf dem Wöpplinsberg. Dreimal die Woche liefert die Firma Saumer aus Rastatt frischen Fisch und Krustentiere. Spargel und Feldsalat werden aus Munzingen bezogen.

Es sind die längst legendäre Schlachtplatte im Oktober, der Gänsebraten im November und Dezember, die Lammgerichte im März, die Zicklein an Pfingsten und die gefüllten Wachteln im Sommer, die die Speisekarte auszeichnen, auch die Wildteller sind eine Spezialität. Natürlich bietet Kern auch einfache Gerichte wie Sulz, Kalbsbratwürstle oder ein schlichtes Schnitzel in guter Qualität zum günstigen Preis. Vegetarier*innen werden durchaus fündig. Neben den Gerichten, die jahreszeitlich angeboten werden, stehen fast immer eine Fischsuppe, ein Fisch-Carpaccio mit Koriander, ein geschmorter Hahn in Rotwein, ein Kalbsrückensteak mit Morcheln und eine Gemüseplatte auf der Karte. Dazu kann man Spätzle, Kartoffelgratin und Brägele* wählen. Stammgäste schätzen das selbst gemachte Eis mit Meringe und Sahne.

Im Weinkeller liegen Abfüllungen renommierter badischer Güter neben einigen Südeuropäern.

Kartoffelhaus

Basler Straße 10,
79100 Freiburg im Breisgau
07 61 / 7 20 01
daskartoffelhaus.de

Größe: 100 Plätze im Restaurant
Preise: Hauptgerichte 8–26 Euro
Kreditkarten: EC, Master, Visa
Öffnungszeiten: Mo–Mi 17–24 Uhr; Do–So 11.30–24 Uhr

Bunte Kartoffelvielfalt im Herzen Freiburgs

Das Lokal von Bettina Baumann-Heubach und Karim Madani liegt am Rande der Freiburger Innenstadt im Stadtteil Wiehre gegenüber der Johanneskirche. Das schöne Ambiente im historischen Gebäude mit freigelegtem Mauerwerk, gefliestem Boden und unterschiedlichen Farben ist einladend. Bei schönem Wetter ist die kleine Gastwirtschaft im Hof geöffnet. Auf ansprechend gestalteter Speisekarte spielt die Kartoffel in allen Variationen die Hauptrolle – als regionale Gerichte und hausgemachte Kartoffelspezialitäten mit allem, was dazu passt: Fleisch, Fisch, Gemüse, Käse. Gekocht wird ausschließlich mit frischen Lebensmitteln der Region, es werden keine Convenience-Produkte verwendet. Die 19 Lieferant*innen sind auf der Speisekarte mustergültig aufgeführt, vom Reitterhof in Ottenheim (Simmentaler Rind) bis zum Fischhaus Freiburg. Zu Allergien neigende Menschen können gluten- oder laktosefrei essen, auch vegan Lebende finden eine komplette Speisekarte inklusive Nachspeisen. Je nach Saison wechseln nicht nur die Kartoffelsorten, wie Charlotte, Blaue Vitelotte oder La Ratte, sondern auch die Gemüsespezialitäten.

Der Gast ist aufgefordert, selbst zu kombinieren: Kartoffelsuppe mit Speck oder Bauernwurst, mit geräucherter Lachsforelle oder vegetarisch mit Schnittlauch, Crème fraîche und Croutons. Die Ofenkartoffeln werden mit Avocado-Guacamole oder mit Krabben und Dillsauce, mit Heringssalat und vielem mehr serviert. Die Kombinationen funktionieren auch andersherum. Ein Schnitzel Wiener Art kann wahlweise mit Bratkartoffeln, Kartoffelpüree, Kartoffelsalat, Kartoffelgratin oder Pommes frites bestellt werden. Auch jenseits der Knolle gibt es ein Leben: feine Bandnudeln, knackiges Gemüse in Olivenöl, frische Kräuter und gehobelter Parmesan. Es werden ein preiswerter Mittagstisch und Kindergerichte angeboten, zudem gibt es saisonale Aktionen.

Auch für die veganen Gerichte werden als Begleitung entsprechende Weine empfohlen. Die Weinauswahl konzentriert sich auf das heimische Anbaugebiet Baden mit Ausflügen nach Spanien und Frankreich. Der hilfsbereite und freundliche Service wird besonders geschätzt.

→ Bettina Baumann-Heubach organisiert unter selberhelden.net Veranstaltungen zur selbst organisierten Lebensmittelproduktion, die im Berghäuschen im Attental bei Stegen stattfinden.

Das Blümchen

Unterdorf 2,
79112 Freiburg im Breisgau
0 76 64 / 6 12 38
bluemchen.restaurant

Größe: 70 Plätze in Gaststuben, 80 im Biergarten
Preise: Tapas-Menü 10–35 Euro
Kreditkarten: EC
Öffnungszeiten: Mo–Sa 17–21 Uhr; Sa, So, Feiertag 12–14 Uhr

Historisches Gasthaus am Tuniberg

Familie Halweg-Frey betreibt seit einem Jahrzehnt die mitten im Freiburger Stadtteil Opfingen am Tuniberg gedeihende »Blume«, die sich zu einem »Blümchen« verjüngt hat. Die kleine Gaststube und die Nebenzimmer sind gemütlich eingerichtet. Die Küche von Sascha Halweg ist regional und saisonal; wenn machbar, wird mit Bioprodukten gekocht. Lieferant*innen, sämtlich aus dem näheren Umkreis, sind in der Speisekarte genannt. Im Sommer sitzt man im gemütlichen Biergarten hinterm Haus unter Bäumen, abgeschieden vom nervigen Verkehrslärm. Mit seinem Konzept kreiert Sascha Halweg einen neuen Restauranttyp. Die Gerichte werden in Schalen serviert und eignen sich gut zum Teilen. Auf diese Weise kann eine größere Zahl »Tapas« verkostet werden.

Anstelle großer Hauptgerichte werden im »Blümchen« attraktive Miniportionen serviert: rotes Linsenmus mit Kohlrabi, Schnitzel vom gesottenen Tafelspitz, Bärlauch-Graupen-Risotto, Schwarzwald-Bowl oder eingelegtes Gartengemüse. Saisonal treten zahlreiche kleine Gerichte hinzu, die zum Teil als vegan ausgezeichnet sind. Im Frühjahr wird eine Spargelkarte mit Bio-Spargel und Kartoffeln aus eigenem Anbau aufgelegt.

Die Karte regionaler Weine ist übersichtlich. Aus dem Zapfhahn fließt Bier der Brauerei Waldhaus. Biokaffee kommt von Tee-Peter in Freiburg.

→ Mit schmissigen Videos haben Sascha Halweg und seine Crew eine neue Kundenschicht gewinnen können. Blumen-TV ist Kult.

Es wird ein Liefer- und Abholservice angeboten.

Gasthaus Zähringer Burg

Reutebachgasse 19,
79108 Freiburg im Breisgau
07 61 / 55 38 60
gasthaus-zaehringer-burg.de

Größe: 40 Plätze im Gastraum
Preise: Hauptgerichte 11–20 Euro
Kreditkarten: Keine
Öffnungszeiten: Do–Sa, Mo 17.30–23 Uhr; So 11–15 und 17.30–23 Uhr; Ruhetage: Di, Mi

Badisch, frisch und deftig mit Kultschnitzel

Studierendengenerationen wurden im »Zähringer Ochsen« sozialisiert, einem der ältesten Gasthäuser Freiburgs. Er wird generalsaniert und in Wohnungen umgewandelt. Küchenchef und Inhaber Michael Winterhalter hat nur einen knappen halben Kilometer entfernt in der »Zähringer Burg« ein neues Domizil gefunden. Obwohl sich die Zahl der Sitzplätze fast verdoppelt hat, bleibt eine Reservierung notwendig. Auch an der neuen Wirkungsstätte genießt man Winterhalters qualitativ und quantitativ herausragenden Schweineschnitzel. Die angebotene badische Küche ist deftig und einfach. Alle Produkte und Zutaten sind frisch und werden von heimischen Erzeuger*innen geliefert: Fleisch vom Freiburger Schlachthof Färber, Salat und Gemüse von der Gärtnerei Herr in Vörstetten.

Das dünne, panierte und in frischem Öl gebratene Schweineschnitzel kommt saftig und geschmackvoll auf den Tisch. Die Beilagen wie Kartoffelsalat oder Brägele* mit fein angemachtem grünen Salat sind ebenfalls bestens. Die riesigen Portionen werden auf großen Platten tischweise serviert, Übriggebliebenes wird eingepackt. Für den normalen Hunger werden »kleine« Portionen angeboten. Neben dem obligatorischen Schweineschnitzel – auch als Cordon Bleu mit Schinken und Käse – gibt es je nach Jahreszeit und Tageseinkauf Innereien wie frische Kalbsleber und montags Nierle. Omelett, Pilzgerichte und im Frühjahr natürlich Opfinger Spargel mit Kratzete*– immer wird ein vegetarisches Gericht angeboten. Michael Winterhalter ist passionierter Jäger. Das Wild wird von ihm selbst oder seinen Jagdfreunden erlegt und er bereitet es zu: Rehrücken mit Spätzle und Pfifferlingen ist ein typisches Wildgericht. Auch den Kuchen backt der Chef. Traditionelle Nachtische wie das Vanilleeis mit Früchten der Saison sind ebenso einfach wie köstlich.

Die schlichte Weinkarte, bestückt mit kleinen und feinen Weingütern, ist regionaltypisch, das junge Servicepersonal flink und freundlich.

Scheunenstrauße Waltershofen

Umkircherstraße 11,
79112 Freiburg-Waltershofen
0 76 65 / 74 51
scheunenstrausse.de

Größe: 40 Plätze im Gastraum, im Sommer auch draußen
Preise: Hauptgerichte 8–25 Euro
Kreditkarten: Keine
Öffnungszeiten: Mo, Do–Sa 17–21 Uhr; So 12–20 Uhr; Ruhetage: Di, Mi

Einfache Wirtschaft mit großartiger Hinterwälder-Zucht

Die »Scheunenstrauße Waltershofen« hat eine volle Gaststättenkonzession, die Einschränkungen einer Straußenwirtschaft gelten nicht mehr – doch die Herkunft aus einem Straußenbetrieb lässt sich nicht leugnen. Familie Heitzler betreibt schon seit Jahrzehnten eine Zucht der kleinen Hinterwälder-Rinderrasse, die bekannt ist für Remmidemmi im Stall, großartigen Fleischgeschmack und das geduldige Abweiden steiler Hanglagen. Sie hat mitgeholfen, dass diese zierlichen Keltenrinder nicht in Vergessenheit gerieten. Die Herde steht von April bis November am Tuniberg und im Schwarzwald auf der Weide. Die unvergleichliche Fleischqualität wird durch Fütterung und Haltung erzielt, sie zeigt sich auf dem Teller in der »Scheunenstrauße«: Die Rinder und die entsprechenden Fleischgerichte sind der ganze Stolz der Heitzlers. Vegetarisch sind nur die Salate.

Das Ochsenkotelett gibt es in Größen ab 500 Gramm, abgerechnet wird in 100-Gramm-Einheiten. Jeden Donnerstag ist Steaktag, montags gibt es frische Rinderleber aus der eigenen Schlachtung. Die Vesperkarte hält mit dem Rindfleischsalat eine seltene Spezialität parat. In verschiedenen Varianten gibt es den traditionellen Wurstsalat, außerdem Bibiliskäs, ebenfalls in mehreren Versionen. Brägele* brutzeln auf dem Herd und werden stets frisch gemacht, was bei einem vollen Restaurant zu Wartezeiten führen kann. Das Ergebnis entschädigt für die Pausen und macht sie vergessen. Die Preise sind auf Straußenniveau, das Preis-Leistungs-Verhältnis ist unschlagbar. Die Nachtischkarte ist einfach gehalten.

Mit einem guten Schnäpsle zum Abschluss ist alles jedoch kein Problem. Weine gibt es in kleiner Auswahl aus der Gegend, auch hier fällt die gastfreundliche Kalkulation ins Auge.

Restaurant im Hotel Langenwaldsee

Straßburger Straße 99,
72250 Freudenstadt
0 74 41 / 8 89 30
hotel-langenwaldsee.de

Größe: 170 Plätze im Gastraum
Preise: V 8–12, H 19–38, N 9 Euro
Kreditkarten: EC, Master, Visa
Öffnungszeiten: Täglich 11.45–13.30 und 18–20 Uhr

Stille Tage am Langenwaldsee mit richtig guter Küche

Das Hotel mit seinem »Restaurant Langenwaldsee« liegt eingebettet in unberührte Natur am eigenen Waldsee, umgeben von hohen Tannen – in einer sagenhaften Ruhe. Das Haus ist seit 1925 im Besitz der Familie Kaltenbach. Restaurant und Kaminstube bieten ausreichend Platz, im Sommer sitzt man wunderbar auf der Seeterrasse. Die bodenständige Küche ist weit über die Grenzen Freudenstadts bekannt und beliebt. Der Ehrgeiz ist groß und was die Küchenbrigade an jahreszeitlichen Genüssen offeriert, zählt zu den Höhepunkten der schwäbisch-badischen Küche. Langjährige Kochkunst trifft auf geschätzte Produzenten der Region: Fisch kommt von der Forellenzucht Lohmühle in Alpirsbach, Wild aus den Forstbezirken Freudenstadt und Kniebis, Rindfleisch vom Biohof Bruno Grätzer, Gemüse wächst beim Biohof Frey in Dürrenmettstetten. Die eigene Konditorei bietet den Gästen selbst gebackene Kuchen, gern auf der Terrasse am See. Die schwäbisch-badische Küche trägt eine unverwechselbare Handschrift. Die Küchenchefs Ludwig Grätzer und Konrad Schwarzwälder verarbeiten saisonal Produkte der persönlich bekannten Produzent*innen und Lieferant*innen der Region – auch aus der ökologischen Landwirtschaft. Davon profitiert nicht zuletzt die vegetarische Küche. Tagesgerichte und feine Menüs erwarten die Gäste mittags wie abends.

Das Naturparkmenü ist der Region, ihren Produkten und Lieferant*innen gewidmet. Besonders empfehlenswert sind das Cordon bleu von der Schwarzwaldforelle, mit Lachs und Käse gefüllt, in feiner Rieslingsoße mit Safrannüdelchen und Salaten oder das geschnetzelte Rehnüssle aus heimischer Jagd mit Wacholdersoße, gefülltem Preiselbeerapfel, Pfifferlingen und handgeschabten Spätzle. Auch das Gulasch vom Reh mit Speckpfifferlingen, handgeschabten Brettspätzle und Kräuter-Semmelknödelchen schmeckt richtig gut, ebenso die Schwarzwälder Lachsforelle vom Grill mit Blattspinat, Gorgonzolakäse und Schwenkkartöffelchen. Der Höhepunkt zum Abschluss ist das hausgemachte Schwarzwälder Kirsch-Tiramisu.

Schöne badische Weine, aber auch internationale Gewächse.

→ Es gibt Wellnessangebote direkt am See, auch mit japanischen Entspannungstechniken.

Restaurant Maier

Poststraße 1–3,
88048 Friedrichshafen-Fischbach
0 75 41 / 40 40
hotel-maier.de

Größe: 120 Plätze im Gastraum
Preise: Hauptgerichte 10–25 Euro
Kreditkarten: EC, Master, Visa
Öffnungszeiten: Di–Sa 12–14 und 18–23 Uhr; Ruhetage: So, Mo

Gutes aus dem See und dem Umland

Das »Restaurant Maier«, im Volksmund »Café Maier« genannt, war früher vor allem für seine Wildgerichte bekannt. Vor einigen Jahren wurde das Angebot auf regionale Küche und Produkte aus dem Umland erweitert. Familie Maier mit Tochter Sandra und Schwiegersohn Hendrik Fennel bewirtet die Gäste des Hauses charmant. Die ursprüngliche Gaststube mit ihren Holzbalken lässt eine rustikale Atmosphäre entstehen, die neueren Räume sind hell und modern eingerichtet. Mit der Karte lässt sich um den Bodensee reisen: der Bregenzer Wald mit seinen Käsen, der Fisch aus dem See, Spargel aus der Umgebung von Tettnang, frisches Gemüse der Insel Reichenau oder Kässpätzle aus dem Allgäu. Dazu das Bodenseeobst und die reiche Auswahl von Seeweinen. Die Nähe der regionalen Lieferant*innen wird auf der Speisekarte mit der Angabe der Entfernung zum Restaurant herausgestellt – von 25 Lieferant*innen sind nur zwei weiter als 60 Kilometer entfernt.

Ein Birnenschaumwein von der Champagnerbratbirne erhöht als Aperitif den Appetit auf die Vorspeisen. Mit dem Strudel von der Albschnecke mit Linsencreme und einem geschichteten Ziegenfrischkäse mit Apfel-Kürbis-Chutney und Wildkräutersalat oder dem Feldsalat (Seesalat aus Horgenzell) mit Walnussöl und luftgetrocknetem Bauernschinken vom Schwäbisch-Hällischen Schwein beginnt die kulinarische Exkursion rund um den See. Das gebratene Bodenseefelchenfilet* auf Krautfleckerln mit Senfbutter und Kartoffeltalern bringt den Klassiker gut zur Geltung. Das Zweierlei vom Reh (Rücken und Schäufele*) mit Steinpilzen und Kartoffel-Sellerie-Püree bestätigt den Ruf des »Restaurants Maier« als gutes Wildlokal. Ein Grauburgunder aus Lottstetten und ein Spätburgunder aus Hohentengen sind angenehme Begleiter. Der lauwarme Schokoladensavarin mit in Bodenseeportwein eingelegten Trockenfrüchten ist ein gelungener Abschluss.

Länderübergreifend werden Weine des deutschen Bodenseeufers ebenso angeboten wie Vorarlberger Weine und Schweizer Weine vom Bündner Land.

Biorestaurant Rose

Aichelauer Straße 6,
72534 Hayingen-Ehestetten
0 73 83 / 9 49 80
tress-gastronomie.de/
bio-restaurants/rose

Bio

Größe: 80 Plätze im Gastraum
Preise: V 7, H 10–26, N 7 Euro
Kreditkarten: EC, Master, Visa
Öffnungszeiten: Mi–Fr 17.30–21 Uhr; Sa 11.30–21 Uhr; So, Feiertag 11.30–20 Uhr; Ruhetage: Mo, Di

Demeter-Urgestein in zeitgenössischer Farbgebung

Der Bauernhof der Familie Tress, seit 1950 Demeter-Mitglied, hat sich zu einem mittelständischen Biounternehmen entwickelt. Das Stammhaus ist die »Rose« mit ihrem vielfach ausgezeichneten Biorestaurant und dem ersten Biohotel Baden-Württembergs. Die gemütlichen Gasträume der »Rose« präsentieren sich in zeitgenössischem Farbenspektrum und strahlen stilvolle Eleganz aus. Im Backhaus wird sämtliches Brot selbst gebacken. Alle Gerichte werden frisch und à la minute zubereitet. Viele Zutaten wachsen im eigenen Garten und Gewächshaus. Was nicht aus dem eigenen Anbau stammt, bezieht man vorwiegend von Demeter- und Biolandbetrieben der Region. Auf der Speisekarte dominieren innovative vegetarische und vegane Speisen. Fleischgerichte, unter Verwertung des ganzen Tieres, werden wie eine Beilage angeboten. Die feine Küche entwickelt sich beständig und erprobt alternative Angebote.

Auf der Vorspeisenkarte im Stammhaus gefällt das Kohlrabi-Mousse mit Kräuteröl, fermentierten Radieschen und Kartoffelstroh und die Frühlings-Gemüse-Quiche mit Zwiebelcreme und Gemüsechips. Bei den Hauptgerichten überzeugen das Vegane Butter Chicken mit cremiger Polenta und Ofengemüse und der vegetarische Röstzwiebel-Bacon Burger mit gebackenem Süßkartoffel-Stick und Zwiebel-Jus. Zu allen Gerichten kann ein jeweils Zweierlei vom Rind, Gockel oder Lamm bestellt werden

Der freundliche Service gibt kompetente Empfehlungen aus der reichen Bioweinauswahl.

→ Im angeschlossenen Bio-Fine-Dining-Restaurant 1950 wird ein Menü offeriert, bei dem der Kohlendioxidverbrauch berechnet wird. Es wurde 2024 erstmals mit einem Michelin-Stern und mit dem Michelin-Nachhaltigkeits-Symbol ausgezeichnet.

Im Hofladen werden eigene Öle, Nudeln, Suppen, Salate und andere Feinkost angeboten. Ein Besuch der zehn Kilometer entfernten Hofkäserei Rauscher (Heidäckerhof, 72531 Hohenstein) lohnt. Besonders interessant ist der Albbüffelkäse als Mozzarella und als Schnittkäse. Hier gibt es zudem eine kleine Produktauswahl von der Schwäbischen Alb.

Restaurant Wolfsbrunnen

Wolfsbrunnensteige 15,
69118 Heidelberg
0 62 21 / 37 37 92
restaurant-wolfsbrunnen.de

Größe: 50 Plätze im Gastraum, 30 auf der Terrasse, 120 im Großer Saal, 18 in der Kurfürstenstube
Preise: V 11–16, H 19–35, N 10–13 Euro; Menü ab 55 Euro
Kreditkarten: EC, Visa
Öffnungszeiten: Mi–Sa 18–21.30 Uhr; So 12–14.30 und 17.30–21 Uhr; Ruhetage: Mo, Di

Gute Küche im kurfürstlichen Lust- und Jagdhaus

Im Heidelberger Stadtteil Schlierbach, einen kurzen Waldspaziergang vom berühmten Schloss entfernt, führt Artus Zeller mit dem »Restaurant Wolfsbrunnen« ein Haus, das Mitte des 15. Jahrhunderts seine erste Erwähnung fand. Nach sehenswerter Renovierung lädt es zur Einkehr ein. In der gemütlichen Stube mit imposantem Kachelofen gibt es wechselnde, am saisonalen Marktangebot orientierte Speisen. Fleisch- und Fischgerichte dominieren, doch auch Vegetarierinnen und Vegetarier finden Reizvolles auf der Karte. Kraichgauer Landschwein und Simmentaler Rind aus dem Schwarzwald garantieren kurze Transportwege, den Süßwasserfisch liefert der Forellenhof Spohn aus dem nahen Steinachtal. Befreundete Jägerinnen und Jäger aus Heidelberg und der Pfalz liefern das Wild. Teile des Jagderfolgs werden im benachbarten Leimen vom Metzger des Vertrauens zur Herstellung der beliebten Wildbratwürste verarbeitet. Die meisten Salate stammen vom Schröderhof in Dossenheim, die Kartoffeln aus der Pfalz und in der Saison bedient sich Artus Zeller der Leidenschaft pilzkundiger Sammlerinnen und Sammler. Ziegenkäse liefert der Nußlocher Ziegenkäsehof. Die Spätzle jedoch schabt der Chef selbst. Im Herbst sind hausgemachte Knödel in vielen Variationen die bevorzugte Beilage.

Neben Einzelgerichten auf der täglichen Schiefertafel bietet die anspruchsvolle Küche Drei- und Vier-Gänge- Menüs an. Hier erfreuen Spitzkohllasagne mit Steinpilzen den Gaumen oder Filet und Schulter vom Heidelberger Hochlandrind. Fischliebhaber und Fleischliebhaberinnen finden eine zarte Steinbuttschnitte mit Spinat und Rote Bete. Als Nachtisch lockt eine Maronenschnitte mit Birne und Sorbet. Alle Gerichte kommen liebe- und kunstvoll angerichtet auf den Tisch, der Service ist angenehm und kundig.

Neben regionalen Bieren wird eine Auswahl an badischen, pfälzischen, württembergischen und internationalen Weinen angeboten.

→ Das Bürgerprojekt Wolfsbrunnen gGmbH bietet Kulturveranstaltungen und thematische Führungen zum Haus, Brunnen und der umgebenden Natur an (wolfsbrunnenkultur.de).

Im Sommer lockt der große Biergarten. Die Karte erfreut hungrige und durstige Wanderer und Wanderinnen ebenso wie radelnde Menschen, ist jedoch kein Teil dieser Genussführer-Empfehlung.

Im 18 km entfernten Heiligkreuzsteinach fließt die Steinach direkt durch die Fischbecken des Forellenhofs Spohn (Forellenhof Spohn, In der Au 2, 69253 Heiligkreuzsteinach, 0 62 20 / 92 24 62). Wer möchte, kann nach Reservierung sogar selbst angeln gehen.

red – die grüne Küche

Poststraße 42,
69115 Heidelberg
0 62 21 / 9 14 52 06
red-diegruenekueche.com

Größe: 78 Plätze im Restaurant, 66 auf der Außenterrasse
Preise: Hauptgerichte 8–16 Euro
Kreditkarten: Alle gängigen Karten
Öffnungszeiten: Mo–Sa 11.30–21 Uhr; Ruhetag: So

Vegetarische Bioküche: So geht's!

In der Stadtmitte von Heidelberg bietet das Ehepaar Annette und Hans-Jürgen Sickler im beliebten »red« eine konsequent kreative vegetarische Bioküche an. Das Konzept als Selbstbedienungsrestaurant hat sich nicht nur für die schnelle Mittagspause bewährt, vielmehr lässt das Ambiente auch ein ausgiebiges Abendessen in einer der gemütlichen Ecken und Nischen zu. Das Büfett ist abwechslungsreich und immer frisch, darauf legt die Chefin sehr viel Wert und kontrolliert persönlich. Die Präsentationsschüsseln sind nicht zu groß gewählt, damit jederzeit frisch aus der Küche nachgekocht und -gelegt werden kann. Das Konzept ist einfach: Man nimmt sich einen Teller, läuft das ovale Büfett ab und bedient sich je nach Lust und Laune. An der Kasse wird nach Gewicht bezahlt. Das funktioniert so gut, dass im »red« keine Schnellimbissatmosphäre aufkommt. An freundlich-hellen Holztischen genießt man eine reiche Auswahl an warmen und kalten Gerichten, wie Kartoffel-Rüben-Auflauf, Linsen mit Räuchertofu oder Blutorangensalat mit Pfeffer. Dazu gibt es täglich wechselnde Pfannengerichte. Das »red« arbeitet ausschließlich mit Produkten aus biologischem Anbau und achtet auf möglichst kurze Transportwege: Der Biolandhof Morgentau in Kleinniedesheim liefert gelbe Bete, rote Karotten, die »gelben Pfälzer« – eine Karotte mit Pastinakenaroma – und alle Kartoffelsorten. Kräuter und Salate liefert die Heidelberger Bioland-Gärtnerei Wiesenäcker. Alle Zutaten werden selbst verarbeitet, die Gerichte immer frisch zubereitet. Das Motto des sympathischen Ehepaars: »Das Leben ist zu kurz, um schlecht zu essen und zu trinken. Genussvoll, frisch und gesund muss es sein!«

Die Getränkekarte weist neben frischen Säften und selbst gemachten Limonaden auch lokale Biere und einige Pfälzer Weine von Bioland- und Demeter-Betrieben auf. Der Kaffee kommt vom biozertifizierten Heidelberger Kaffeeröster Florian Steiner. Eine üppige Auswahl hausgemachter Kuchen und Torten, auch vegan und glutenfrei, lockt zum Nachmittagskaffee.

→ Alle Gerichte gibt es auch zum Mitnehmen. Besonderen Wert legt das »red« auf die nachhaltige Kooperation mit einem pfandfreien Mehrwegsystem. Darüber hinaus werden individuelle Caterings und abendliche Kochkurse angeboten. Termine und Anmeldungen auf der Webseite.

Richtig tolles Brot aus Bio-Mehlen findet man bei Jean-Marc Mantei in der Brückenstraße 11 in Heidelberg und samstags auf dem Wochenmarkt auf dem Wilhelmsplatz. www.le-pain.de

Adler-Stuben

Adlerplatz 3,
79856 Hinterzarten
0 76 52 / 12 70
parkhoteladler.de

Größe: 100 Plätze im Restaurant
Preise: Hauptgerichte 16–39 Euro
Kreditkarten: Alle gängigen Karten
Öffnungszeiten: Täglich 18–21 Uhr

Feine Schwarzwälder Regionalküche in gediegenem Ambiente

Die »Adler-Stuben« im gleichnamigen Parkhotel am Ortsrand des malerischen Schwarzwaldorts Hinterzarten bieten eine feine Regionalküche. Das Haus hat eine über 500-jährige Familientradition, die Gäste werden in der gemütlichen Schwarzwaldstube in gediegener Umgebung bewirtet. Küchendirektor und -meister Bernhard König setzt seit mehr als zehn Jahren ein nachhaltiges, regionales Gastronomiekonzept um. Die Fleischspezialitäten kommen von der Metzgerei Kaltenbach in Schallstadt, Obst und Gemüse werden regelmäßig vom Kartoffelhof Binder in Forchheim geliefert. Alle Einkaufsquellen werden vorbildlich in der Speisekarte gelistet. Das Restaurant ist Mitglied bei den Naturparkwirten, die sich für die regionale Beschaffung der Grundprodukte einsetzen. An warmen Tagen kann man auf der Restaurantterrasse unter dem historischen Holzbalkon des prächtigen Schwarzwaldhauses speisen.

Der Schwerpunkt liegt auf traditionellen badischen oder elsässischen Spezialitäten. Selbst gemachte Flammkuchen werden als kleine Zwischenmahlzeit serviert. Passend zur Jahreszeit gibt es Markgräfler Spargel, auch mit Kratzerle*. Feine Wildgerichte mit selbst gemachten Nudeln stehen im Spätjahr und Herbst auf der Karte. Gelegentlich werden geschmorte Schweinebäckle oder Ochsenbäckle angeboten.

Die Weinkarte versammelt badische und internationale Positionen; vor allem unsere französischen Nachbarn sind gut vertreten.

→ Hotelgäste können das Restaurant im Rahmen ihrer Übernachtungspakete besuchen; für externe Gäste ist eine Reservierung obligatorisch.

Biobiere kann man bei der Brauerei Rogg in Lenzkirch genießen.

Gasthaus zur Sonne

Hauptstraße 21,
79241 Ihringen-Wasenweiler
0 76 68 / 2 29
sonne-wasenweiler.de

Größe: 80 Plätze
Preise: Hauptgerichte 10–25 Euro
Kreditkarten: EC, Visa, Master
Öffnungszeiten: Di–Sa 11–14 und 17–23 Uhr; So 11–14 und 17–22 Uhr; Ruhetag: Mo

Bodenständige und raffinierte Dorfküche

Seit fast 300 Jahren und in der achten Generation betreibt die Familie Ambs die Dorfwirtschaft, die in der Abendsonne in warmem Gelb erstrahlt. Im Ortszentrum unterhalb der Kirche gelegen, ist sie das Herz der Gemeinde. Wer in Wasenweiler etwas zu feiern hat, geht in die »Sonne«. Die Verankerung im Dorfleben spiegelt sich auch in der Speisekarte: bodenständige, regionale Küche mit saisonalen Angeboten wie Spargel oder Pfifferlinge. Die Betreiber der Sonne lassen auch bei Regen den Kopf nicht hängen – weil es dann mehr Pilze gibt. Statt der grassierenden Jungbullenmanie verwendet Herr Ambs deutsche Färsen, weibliche Rinder, die noch nicht gekalbt haben und ein viel besseres Fleisch bieten.

Ein Essen beginnt mit einer Flädlesuppe oder einer traditionellen Badischen Schneckensuppe. Marktfrisch zubereitete Salate gibt es in vielen Varianten, auch die typischen Spezialitäten wie Bibiliskäs*, Rindfleischsalat oder Ochsenmaulsalat kommen perfekt angemacht und auf Wunsch mit Brägele* auf den Tisch. Als vegetarische Gerichte werden frische Rahmchampignons im Spätzlenest oder Gemüsevariationen frisch vom Markt mit Kartoffelrösti angeboten. Für Fleischliebhaber gibt es den klassischen Badischen Sauerbraten mit hausgemachten Spätzle. Auf der Karte stehen Innereien: Leberle geröstet oder sauer mit Brägele* oder Saure Kutteln mit Brägele*. In den Wintermonaten gibt es donnerstags und freitags auch das »Süür«-Essen*, eine Kaiserstühler Schlachtspezialität. Regelmäßig auf der Karte sind Wildgerichte, die hausgemachten Wildschweinbratwürste mit Steinpilzen müssen sich vor den Pfannengerichten mit Schnitzelvarianten nicht verstecken.

Auf der Weinkarte finden sich lokale Erzeuger, sie werden auch glasweise angeboten. Schön ist das reiche Digestifangebot.

Rudmanns Hofladen, ein Demeter-Betrieb in der Hauptstraße am Ortseingang, ist für sein Tomatensortiment bekannt.

NEU

Restaurant Krone

Riehenstraße, 92,
79594, Inzlingen
0 76 21 / 22 26
wio-group.de/krone

Größe: 50–100 Plätze im Restaurant
Preise: V 9–24, H 28–40, N 7–12 Euro; Vier-Gänge-Menü 71, vegetarisch 55 Euro
Kreditkarten: Alle gängigen Karten
Öffnungszeiten: Sa–Mi 12–14 und 18–20.30 Uhr, Fr 18–20.30 Uhr; Ruhetag: Do

Badische Gerichte mit Fokus auf Frische und Regionalität

Rainer Wiedmer stammt aus Inzlingen und besuchte schon als kleiner Junge mit seinen Eltern das Dorfgasthaus Krone, entdeckte dort sein Talent für Gastronomie und übernahm nach Lehr- und Wanderjahren in der gehobenen Gastronomie das Gasthaus. Sohn Nicolai kreierte mit 13 Jahren sein erstes Silvestermenü und inspiriert weiterhin die Kronen-Küche, obwohl er längst im dritten Familienbetrieb im Sternenhimmel kocht. Gemeinsam mit ihm entwickelt Küchenchef Marco Wagner, Rainer Wiedmers Schwiegersohn, traditionelle Gerichte wie eine Erbsensuppe zu kleinen Überraschungen und präsentiert im Menü badische Klassiker wie Kalbsbäckle und gebackenen Kalbskopf. Sein Fleischlieferant, die handwerkliche Metzgerei Stich aus dem nahen Wiesental, beliefert ihn mit allen Teilen von Tieren aus der heimischen Landwirtschaft.

Bemerkenswert ist der gedünstete, gedörrte oder pürierte Einsatz der Wintergemüse wie Steckrüben, Sellerie, Wurzelgemüse und Lauch bis Ende März. Gemüse und Obst bezieht der Küchenchef von Sütti's Hofladen in Schallbach. Beim Haus-Klassiker Spargel beachtet die Krone weitgehend den natürlichen Wachstumszeitraum. Eine Erbsen-Curry-Suppe, bei der die Einlage appetitlich auf dem Teller liegt, bevor die delikate Suppe angegossen wird, zeugt von handwerklicher Küchenkunst, die Suuri Läberli, Kalbsleber sauer – oder alternativ in Butter gebraten – mit Rösti vom Schätzen regionaler Tradition. Das Vier- oder Fünf-Gänge-Kronenmenü wechselt regelmäßig. Beim vegetarischen Menü werden die Gänge auf Wunsch vegan ausgeführt.

Die Weinkarte führt mit einem guten Dutzend offener Weine durch das nah gelegene Markgräflerland zu fair kalkulierten Preisen.

Gasthaus zum Hirschen

Am Neuweg 2,
79400 Kandern-Egerten
0 76 26 / 3 88
hirschen-egerten.de

Größe: 40 Plätze im Gasthaus, 45 im Garten
Preise: Hauptgerichte 12–34 Euro
Kreditkarten: Keine
Öffnungszeiten: Do–Sa 18–22 Uhr; Ruhetage: So–Mi

Behaglicher Familienbetrieb mit langer Tradition

Das Gasthaus »Zum Hirschen« liegt im Kanderner Ortsteil Egerten am Ausgang des idyllischen Wollbachtals, zwanzig Autominuten von Lörrach oder Basel entfernt. Es ist ein lupenreiner Familienbetrieb, Gastwirt Max Geitlinger junior hat Hof und Wirtschaft in zehnter Generation übernommen; er bringt ausschließlich regional-lokale Grundprodukte zum Einsatz. Das Ambiente ist der dörflichen Umgebung und dem alten Gebäude angemessen: schlicht, ohne Kitsch, dafür mit hohem Behaglichkeitsfaktor. Die holzgetäfelte Stube mit schönem Kachelofen ist ursprünglich. Dieser Eindruck setzt sich auch im Garten fort: Unter Kastanien, an angewitterten Blechtischen, schweift der Blick gedankenverloren ins Grüne. Zum Gasthaus gehört eine Landwirtschaft mit einem kleinen Weinbaubetrieb in ökologischer Bewirtschaftung.

Viel kürzer kann eine Speisekarte, die kaum Änderungen erfährt, nicht sein. Vorspeisen und Suppen sucht man vergeblich. Schäufele* mit Kartoffelsalat und Kalbsschnitzel mit Rösti sind die unumstößlichen Pfeiler der Hirschen-Küche. Das Fleisch kommt vom nahen Metzger. Schweineschnitzel und Rinderfilet sind die weiteren Gerichte, immer von Kartoffelsalat oder Rösti begleitet. Wer mag, bestellt ein Bauernhofeis oder den selbst gebackenen Kuchen. Zur Vesperzeit werden Wurstsalat, Speck und Bauernwürste angeboten.

Die Weinauswahl ist überschaubar, aber gut und prägnant. Es kommen ausschließlich eigene Weine oder Abfüllungen vom Bioweingut Lämmlin-Schindler in den Ausschank. Klassiker ist der eigene Gutedel. Ein Gläschen Selbstgebranntes von eigenen Mirabellen- oder Kirschbäumen kann die Mahlzeit beschließen.

Gasthaus Hirschen

Brunnenstraße 2,
79400 Kandern-Holzen
0 76 26 / 70 59
hirschen-holzen.de

Größe: 60 Plätze in der Gaststube, 50 unter den Bäumen
Preise: Hauptgerichte 10–18 Euro
Kreditkarten: Keine
Öffnungszeiten: Mo, Di, Fr, Sa 17–21.30 Uhr; So 11.30–15 Uhr; Ruhetage: Mi, Do

Gemütlicher Landgasthof mit »Markgrefler Spezialidede«

Der »Hirschen« ist ein wundervoll einfaches und gemütliches alemannisches Dorfgasthaus im Storchendorf Holzen. Es hat eine lange Tradition: Schon 1783 soll der Holzener Schullehrer Bammerlin ein Tavernenrecht auf den Hirschen erhalten haben. Alfred Oehler übernahm 1979 das historische Gebäude. Nach Renovierungsarbeiten eröffnete das Gasthaus 1981 in seiner jetzigen Gestalt. Seit 2022 leitet seine Tochter Britta Aegerter-Oehler mit ihrer Familie das Restaurant Hirschen. Alles ist wunderbar einfach und sympathisch, die Gäste sitzen an langen Tischen und auf Holzbänken. Die Speisenauswahl ist betont schlicht und überzeugend. Die im alemannischen Dialekt gehaltene Speisekarte, die »Markgrefler Spezialidede«, beinhaltet das, was im Markgräflerland zu Hause ist. Lieferanten und eingesetzte Produkte stammen durchweg aus dem unmittelbaren Umfeld. Im Sommer ist die Gartenwirtschaft ein beliebter Treffpunkt.

Kleine Vorspeisen und Beilagen wie etwa die frischen Salate oder die Brägel* (Rösti) lassen sich hervorragend zu einem kompletten Tellergericht kombinieren. Es stehen zwei Suppen auf der Karte, darunter die Nudelsubbe oder eine kräftige Rindfleischsubbe mit Nudle. Rustikal und geschmackvoll kommen dann unter der Rubrik »Warmi Sache« die Buurewürscht mit Grumbiiresalat oder Brägel oder das Schüffeli mit Grumbiiresalat oder Brägel auf den Tisch, alles zu moderaten Preisen. Zu den Hauptspeisen zählt das Subbefleisch mit Meerreddichbabbe, Breuselbeeri un Brägel oder mit Brot. Die wechselnden Tagesgerichte wie die Suuri Läberli (saure Leber) und saisonale Speisen wie Spargel, Pilze oder Wild aus der Region runden die Stammkarte fantasievoll ab.

Die Weine kommen von den umliegenden Weinbaubetrieben und Winzergenossenschaften, dazu fließt heimischer Gerstensaft. Ein echter Höhepunkt ist die Gartenwirtschaft, die selbst im Hochsommer den Einkehrenden ein schattiges Plätzchen unter Bäumen bietet. Vor allen Dingen finden die kleinen Vespergerichte wie die allseits beliebte Zibelewaie (Zwiebelkuchen) ihre zufriedenen Esser. Sie soll im Herbst am besten schmecken – mit neuem Wein.

Restaurant erasmus

Nürnberger Straße 1,
76199 Karlsruhe
07 21 / 40 24 23 91
erasmus-karlsruhe.de

Größe: 30 Plätze im Restaurant, im Garten und auf der Dachterrasse
Preise: V 32–42, H 24–49, N 22 Euro; Menü ab 117 Euro
Kreditkarten: VISA, Master, EC
Öffnungszeiten: Do, Fr 12–15 Uhr, Di–Sa 18.30–23 Uhr;
Ruhetage: So, Mo

Italienische Gerichte aus exzellenten Bioprodukten

Im Sommer 2014 wurde das Restaurant »erasmus« in einem denkmalgeschützten Bauhaus-Gebäude eröffnet. Das modern eingerichtete Restaurant ist hell und einladend. Die Gastronomen Andrea und Marcello Gallotti sind Absolventen der Slow-Food-Universität im italienischen Pollenzo. Sie räumen der Herkunft, der Qualität und der Nachhaltigkeit ihrer Produkte einen bemerkenswert hohen Stellenwert ein und haben ein beispielhaftes regionales Netzwerk erstklassiger, bio-zertifizierter Erzeugerbetriebe geknüpft. Tiere aus kleinbäuerlicher Landwirtschaft werden komplett verwertet. Es wird streng darauf geachtet, dass die Produkte von Partner*innen stammen, die nach Slow-Food-Standard »gut, sauber und fair« produzieren. Die Küche ist authentisch italienisch, das bedingt den Einkauf charakteristischer Zutaten aus persönlich bekannten italienischen Quellen. Alle Gerichte stammen aus eigener Herstellung einschließlich der Brotspezialitäten und Pralinen zum Abschluss. Selbstverständlich gibt es vegetarische Speisen mit Zutaten aus dem Umland. Mittags werden alle Gerichte rabattiert angeboten. Besonders angenehm speist man bei gutem Wetter im Garten oder auf der Dachterrasse.

Die Konzeption des »erasmus« wird schon bei den Vorspeisen wie dem hausgemachten Lardo vom biodynamisch gehaltenen Schwäbisch-Hällischen Landschwein, Pane sifonato, Ricottamousse und Caviar Naccari deutlich. Unter den Primi findet sich eine Lasagne mit ragú vom biodynamischen Glanrind. Bei den Secondi erfreut eine vegetarische und laktosefreie Komposition von mit Safran geschmortem Fenchel, Hülsenfrüchten und frittiertem Grünkohl. Selbstverständlich vegetarisch ist der Nachtisch: Kastanienmousse, pochierte Williams-Christ-Birne und Crumble.

Die Weinkarte bietet mit rund 400 Positionen eine schöne Auswahl interessanter Weine aus der Region (Baden, Pfalz) sowie aus Deutschland, Italien und Frankreich.

→ Das »erasmus« ist Teil der Mustersiedlung für die internationale Bauhaus-Ausstellung. In der Nähe steht der Originalpavillon von 1929 mit einem Modell der Originalsiedlung, den man wie die ganze Siedlung besichtigen kann.

Andrea und Marcello Gallotti sind aufgrund ihrer herausragenden Bemühungen für eine nachhaltige Gastronomie und Landwirtschaft 2018 in die Vereinigung der BIO-Spitzenköche des Bundesprogramms Ökologischer Landbau/Nachhaltige Landwirtschaft (BÖLN) aufgenommen worden.

Im an das Restaurant angrenzenden Delikatessengeschäft können selbst hergestellte oder verwendete Bioprodukte erworben werden.

Fünf

Kanalweg 52,
76149 Karlsruhe
07 21 / 97 66 47 12
fuenf.de

Größe: 80 Plätze im Gastraum, 90 im Biergarten
Preise: V 6–18, H 14–25, N 7–8 Euro
Kreditkarten: EC
Öffnungszeiten: Di–Sa 18–23 Uhr; So Menüabende nach Ankündigung; Ruhetag: Mo

Fernab vom städtischen Trubel genussvoll speisen

In der Nordstadt von Karlsruhe liegt im ehemaligen Gebäude der amerikanischen Bibliothek das Restaurant »Fünf«. Es verfügt über einen offenen und großzügig gestalteten Gastraum sowie einen Barbereich mit einer Wein-Probier-Bar. Dort stellen regelmäßig regionale Weingüter ihre Weine vor. Bei gutem Wetter lädt ein gemütlicher Biergarten ein. Immer wieder gibt es kleine Kunstausstellungen.

Die feste Karte mit Tapas, Salaten, Hauptgerichten und Nachspeisen wird ergänzt durch wöchentlich wechselnde Angebote. Die Küche bietet regionale und saisonale Produkte und Speisen, die stets frisch zubereitet werden und durch kreative Geschmackskombinationen überraschen. Auch Vegetarier*innen sind willkommene Gäste, für sie gibt es zum Beispiel Nuss-Curry-Bratlinge oder Kürbis-Gemüse und Hagebuttenketchup. Für Sonderwünsche hat die Küche ein offenes Ohr. Im Winterhalbjahr werden Themenabende mit festgelegten Menüs veranstaltet. Ein Hauptgerichtbeispiel ist das herbstliche Steak und Ragout von der Hirschkalbkeule mit Steinpilzgnocchi und Wirsing. Die Wochenkarte bietet außergewöhnliche Kombinationen, ebenso die Nachtische: Schokoflan mit Salzkaramell-Sauce und Erdnuss-Krokant oder Birnensorbet mit Gewürz-Schokoschaum und Mandelcrunch.

Die Weinkarte listet Weine aus Baden, der Pfalz, Frankreich, Portugal, Spanien und Italien im offenen Ausschank und als Flaschenweine; auch hier gibt es Tagesangebote. Zu moderaten Preisen werden aromatische, auch alkoholfreie Cocktails angeboten. Der aufmerksame Service und die herzliche Atmosphäre tragen zur guten Stimmung im »Fünf« bei.

→ Am Wochenende ist eine Tischreservierung zu empfehlen.

Scheidels Restaurant zum Kranz

Offenburger Straße 18,
79341 Kenzingen
0 76 44 / 68 55
scheidels-kranz.de

Größe: 50 Plätze im Gastraum, 50 im Garten
Preise: Hauptgerichte 15–29 Euro
Kreditkarten: EC, Amex, Master, Visa
Öffnungszeiten: Mi–So 11.30–14 und 17.30–22 Uhr;
Ruhetage: Mo, Di

Schöner Biergarten, traditionelles Ambiente

Das zwei Jahrhunderte alte Landgasthaus ist in siebter Generation in Familienbesitz. Das Haus liegt am Rande der Kleinstadt Kenzingen im Landkreis Emmendingen. Die alte Gaststube mit ihrer alten Theke macht einen gemütlichen Eindruck. Der schöne Biergarten mit altem Baumbestand im Innenhof ist im Sommer ein guter Platz für Radreisende, die in der Rheinebene unterwegs sind. Kranzwirt Franz Scheidel und sein Küchenteam kochen eine Frischeküche mit Einflüssen aus Frankreich und Italien - sie verarbeiten Produkte auf leichte Art und bringen sie schnörkellos auf den Teller.

Als Vorspeise mundet das Carpaccio vom Kalbsbäckchen mit Oliven-Vinaigrette. Die Menüs werden, auch wenn sie mediterran angehaucht sind, mit Fleisch und Gemüse aus der Region hergestellt. Sehr zu empfehlen sind die ideenreichen und schmackhaften vegetarischen Menüs. Bei den Fleischgerichten ist das zarte Lammfilet mit saisonalem Gemüse ein Gaumenschmaus. In der Jagdsaison kocht Scheidel gekonnt verschiedene Wildgerichte. Das Fleisch bringen heimische Jäger*innen. Besonders beliebt sind die Rehspezialitäten wie der Rehrücken mit hausgemachten Spätzle, Brokkoliröschen, Pilzen und Preiselbeeren oder das Rehragout mit frischem Marktgemüse und Nudeln. Bekannt ist Scheidel auch für seine Fischküche. Die Fischfilets werden in Butter zart angebraten und auf den Punkt gegart serviert, wie im Frühsommer das in Butter gebratene Schollenfilet mit Blattspinat und neuen Kartoffeln. Die Portionen im »Kranz« sind reichhaltig. Wer noch Platz für Süßes hat, freut sich über die Nachtischkarte.

Der Weinkeller bietet eine große Auswahl vorwiegend badischer Gewächse, darunter die Spitzenweingüter der Gegend, dazu eine schöne Auswahl offener Weine.

Restaurant Sennhütte

Schwand 14,
79692 Kleines Wiesental-Schwand
0 76 29 / 9 10 20
sennhuette.com

Größe: 120 Plätze im Restaurant, 60 auf der Terrasse
Preise: V 7–20, H 21–40 Euro, Drei-Gänge-Menü ab 44 Euro
Kreditkarten: EC, Master, Visa
Öffnungszeiten: Mi–So 12–13.45 und 17–20.30 Uhr; Ruhetage: Mo, Di

Authentisch, heimisch, ambitioniert

Schon seit 1918 ist die Sennhütte in Familienbesitz. Mit Küchenchef Maximilian Grether kocht mittlerweile die vierte Generation mit viel Respekt für die Region und ihre Produkte. Er verarbeitet Hinterwälder Rinder, die kleine Schwarzwälder Rinderrasse, welche als prominentester Arche-Passagier der Region besondere Aufmerksamkeit in der heimischen Gastronomie erhält. Ansonsten arbeitet er mit der Metzgerei Schneider in Rheinfelden-Karsau zusammen, einer Metzgerei mit eigenem Schlachthof und einheimischen Lieferant*innen. Speck, Schinken und Rinderschinken werden in der eigenen Räucherkammer veredelt. Die Forellen kommen von der Forellenzucht Günther in Badenweiler-Schweighof, das Geflügel aus dem Nachbartal vom Lohhof in Schopfheim-Langenau. Im Herbst gehört die Speisekarte den heimischen Wildspezialitäten bis hin zu einer Kraftbrühe vom heimischen Reh – eine bodenständige, kreative Nose-to-Tail-Küche. Nicht nur badische Klassiker sind auf der Karte zu finden. Eine Neugier und Offenheit für die Weltküche ist spürbar.

Ob Lammrücken mit Salzzitrone, ob süß-sauer eingelegte Radieschen, Maximilian Grether ist offen für Neues und integriert es in seine französisch-badische Küche. Probierenswert ist der Käse, mit dem Senior Jürgen Grether an die Tradition der ursprünglichen Sennhütte erinnert. Der selbst geschöpfte Frischkäse ist fest und doch von einer wunderbaren Cremigkeit. Der selbst geräucherte Schinken, bis in den Frühling hinein auch vom Wildschwein, überzeugt mit seinem Aroma und seiner nicht zu weichen noch zu trockenen Konsistenz – eine gelungene Vorspeise zum Menü oder als Vespermahlzeit bei der Einkehr nach einer Wanderung. Überhaupt zeichnet sich die Sennhütte dadurch aus, dass Kuchen und Vesper in der alten Gaststube für die Wanderin und den Wanderer oder den Zufallsgast an alte Traditionen anknüpft. Die ganze Vielfalt der Kochkunst von Maximilian Grether hingegen kommt an der feinen Tafel im hellen Wintergarten am besten zur Geltung. Wer übernachtet, kann beides miteinander verbinden.

Restaurant Café Rapp

Dörfle 22,
78126 Königsfeld im Schwarzwald,
OT Buchenberg
0 77 25 / 9 15 10
cafe-rapp.de

Größe: 50 Plätze im Restaurant
Preise: V 7–24, H 21–46 Euro
Kreditkarten: EC
Öffnungszeiten: Mi–Sa 11.30–21.30 Uhr; So 11–21 Uhr; Ruhetage: Mo, Di

Sehr viel mehr als nur ein Café!

Das beschauliche Buchenberg in unmittelbarer Nähe des Naturschutzgebiets Glasbachtal, ein Ortsteil der Gemeinde Königsfeld, liegt in schönster Schwarzwaldlandschaft. Daniela und Alexander Rapp haben das von den Eltern übernommene Café in einem gelungenen Stilmix aus Moderne und traditionellem Schwarzwälder Stil renoviert, antike Schwarzwälder Möbel und Uhren schmücken die Räumlichkeiten. Die Küche von Alexander Rapp, der sein Handwerk bei Harald Wohlfahrt gelernt hat, ist badentypisch von der französischen Küche beeinflusst. Das Angebot wird bestimmt von der regionalen Verfügbarkeit qualitätsvoller Produkte. Rapp legt darauf besonderen Wert, um gut kochen zu können. Industriell vorbereitete Halbfertig- oder Fertigprodukte schließt er ebenso aus wie Geschmacksverstärker und andere Küchenchemie. Fleisch bezieht er bevorzugt vom Bauernhof Weisser in Tennenbronn, Käse vom Mooshof ebendort und die Kartoffeln vom Bauer Haas direkt aus der Nachbarschaft. Von hier kommt auch das Wild. Brot kommt ebenso aus der eigenen Backstube wie die köstlichen Kuchen und Torten.

Auf der wohltuend übersichtlichen, von der Saison bestimmten Karte findet sich ein warmer, hausgeräucherter schottischer Lachs, der mit einem Albleisa*-Salat serviert wird. Bei den Hauptgerichten gefällt der Tafelspitz mit Marktgemüse, Petersilienkartoffel und Meerrettichsauce oder der rosa gebratene Hirschrücken mit Rotkohl, Steinchampignons, Haselnussspätzle und Wacholderjus.

Das Mineralwasser liefern die Peterstaler Mineralquellen, Bier die Schwarzwälder Privatbrauerei Waldhaus. Die Weinkarte lässt ebenso wenig Wünsche offen wie die kompetente Weinberatung durch Servicechef Alexander Pfaff.

→ Das Café ist Mi–So, 11.30–21.30 Uhr geöffnet.

Unweit des Restaurants befindet sich das St.-Nikolaus-Kirchlein. Kirchenschiff und Sakristei stammen vermutlich schon aus dem letzten Viertel des 11. Jahrhunderts. Vor Ort nach dem Schlüssel fragen.

Nicht weit vom Restaurant Café Rapp entfernt bietet der Untermühlbachhof (Mühlbach 1, 78112 St. Georgen-Peterzell, www.waelder-gbr.de) die Möglichkeit zum Einkauf regionaler Produkte. Sein Schwerpunkt ist die Rinderhaltung (Erhaltungszuchtbetrieb Hinterwälder Rind) zur Erzeugung herrlich würziger Käse. Zudem gibt es vorzügliche Wurst- und Fleischprodukte von offensichtlich glücklichen Schweinen.

Schildwirtschaft zum Rothen Ochsen

Kapellenstraße 23,
88471 Laupheim
0 73 92 / 90 07 30
rothen-ochsen.de

Größe: 25 Plätze im Gastraum, 20 auf der Terrasse
Preise: V 8–21, H 28–37, N 10–12 Euro, Mittagstisch 15–19 Euro
Kreditkarten: EC, Master, Visa
Öffnungszeiten: Di, Mi 12–14 Uhr; Do–Sa 12–14 und 18–22 Uhr; Ruhetage: Mo, So, Feiertag

Urig, traditionell und kreativ

Die »Schildwirtschaft zum Rothen Ochsen« liegt im Zentrum der Kleinstadt Laupheim in der Nähe von Ulm. Das Restaurant besticht durch den besonderen Charme von altem, stilecht saniertem Fachwerkgemäuer. Die Betreiber des Restaurants und des Hotels Magnus und Sandra Wilfert gelingt es, den Gast mit traditionellen Gerichten und kreativen Ideen zu überraschen.

Vorneweg kann ein kleiner Gartensalat mit Biogemüse vom Weidegarten in Rißtissen gewählt werden, eine Rinderkraftbrühe mit Flädle und Wurzelgemüse oder eine friesische Bouillabaisse. Der Ziegenkäse wird gelegentlich mit Alblinsen und Fenchel-Orangensalat kombiniert oder die Jakobsmuscheln auf Süßkartoffelrösti mit einem Birnen-Chutney serviert. Traditionell schwäbisch ist der Zwiebelrostbraten mit Röstzwiebeln und wahlweise Kässpätzle mit Allgäuer Bergkäse oder knusprigen Bratkartoffeln. Auch Wildgerichte wie heimisches Reh mit würziger Kräuter-Speck-Soße oder Hirschrücken mit einem Kartoffelgratin und einer Rosmarin-Heidelbeerjus sind auf der Karte zu finden. Das abwechslungsreiche Speisenangebot wechselt saisonal mit vielen vegetarischen Gerichten. So gibt es im Frühling beispielsweise Süßkartoffelgnocchi mit grünem Spargel und Parmesan oder ein Bärlauchrisotto mit Walnüssen und im Winterhalbjahr auch mal ein Schwarzwurzel-Risotto mit einer Salbei-Zitronenbutter und Brotbröseln. Zum Nachtisch bietet sich eine Crème brûlée mit einem Johannisbeersorbet, Apfelküchle mit Vanille-Rahmeis von »Häfeles Hofeis« aus Ringingen oder eine Mousse au chocolat an. Das Traditionslokal punktet durch einen vielfältigen Mittagstisch mit einer Auswahl an Bowls, Wraps und warmen Curries.

In der Getränkekarte finden sich Weine aus dem Rheingau oder vom Bodensee. Ebenso ist ein alkoholfreier Riesling mit Apfel und Kräutern sowie ein Fruchtschaumwein aus der Champagner-Bratbirne aus Schlat zu finden sowie Spirituosen von »Stilvoll« in Laupheim.

Der Service ist aufmerksam und dennoch zurückhaltend, dem Gast zugewandt.

Gasthaus zum Adler

Kreuzbühl 1,
88637 Leibertingen
0 74 66 / 3 18
adler-leibertingen.de

Größe: 30 Plätze in der Gaststube
Preise: V 7–18, H 21–34, N 5–15 Euro
Kreditkarten: Alle gängigen Karten
Öffnungszeiten: Mo, Do–Sa 11.30–14 und 17–24 Uhr; So, Feiertag 11.30–24 Uhr; Ruhetage: Di, Mi

Bodenständige Gerichte mit Tradition und neuen Ideen

Leibertingen liegt in einer reizvollen, waldreichen Landschaft mit herrlichen Wandermöglichkeiten im Naturpark »Obere Donau«. Der »Adler« blickt auf eine über 500-jährige Geschichte zurück; er wird seit acht Generationen als Familienbetrieb geführt. Neben der gemütlichen und geschmackvoll eingerichteten Gaststube mit Kachelofen gibt es eine schöne Terrasse und den stilvoll renovierten Gewölbekeller. Koch Peter Veeser legt Wert auf Regionalität, jahreszeitliche Orientierung und Frische der Zutaten. Er lebt Ethik in der Küche, für ihn sind die vollständige Tierverwertung, von der Schnauze bis zum Schwänzchen, und die Achtung vor dem Tier wichtig. Fleisch, Gemüse, Backwaren und Milchprodukte werden, soweit möglich, aus der Region und direkt von Erzeuger*innen bezogen, die im Naturpark umweltfreundlich wirtschaften müssen. Bioprodukte werden gern verwendet, sofern sie geschmacklich überzeugen. Regionale Traditionsgerichte inspirieren Veeser. Seine Kinderstube – der Vater war Metzger, die Mutter hat zu Hause gekocht – hat viel zu seiner Sorgfalt im Umgang mit Lebensmitteln beigetragen. Auch bringen ihn alte Rezepte auf neue Ideen.

Empfehlungen gelten ganz besonders den Naturpark-Klassikern des »Adlers«, wie dem butterzarten Heuduftbraten vom heimischen Rind, der im Oktober mit hausgemachten Nudeln, einer wunderbar gewürzten Sauce und knackigem Rahmwirsing gereicht wird. Auch das Hirtengulasch ist immer eine gute Empfehlung sowie die zur Saison angebotenen Wildgerichte aus heimischer Jagd. Sehr beliebt ist der Schwäbische Zwiebelrostbraten vom heimischen Rind mit hausgemachten Spätzle. Nicht nur die Fleischgerichte überzeugen: Auch der bunte gemischte Salat begeistert mit seinen liebevoll zusammengestellten Komponenten. Ausgezeichnetes Nachtischangebot.

Imponierend die zu den Nachtischen passenden hochwertigen Weine. Die Weinkarte bietet eine hervorragende Auswahl, wobei die Weine aus der benachbarten Anbauregion Bodensee dominieren. Das Bier liefert die sehr gute Hirsch-Brauerei in Wurmlingen. Dazu liefert die eigene Brennerei Brände von heimischem Obst, das auf Streuobstwiesen angebaut wird oder wie Schlehe und Zibarte (Wildpflaume) in freier Natur wächst.

→ Vom »Gasthaus Adler« empfiehlt sich ein Ausflug zur nahe gelegenen wildromantischen Burg Wildenstein mit Parkplatz und Wandermöglichkeiten (Ausschilderung im Ort). Ebenso empfehlenswert ist ein Besuch des sechs Kilometer entfernten Klosters Beuron (Benediktiner-Erzabtei St. Martin) im Donautal.

Besenwirtschaft Fritz Funk

Friedhofstraße 25,
74369 Löchgau
0 71 43 / 76 66
weinbau-fritz-funk.de

Größe: 40 Plätze in der Wirtschaft
Preise: Hauptgerichte 5–9 Euro
Kreditkarten: EC, Master, Visa
Öffnungszeiten: Im Frühjahr und Spätsommer/Herbst: Mo–Sa 16–22 Uhr; So 11–22 Uhr

Kompromissloser Wein – freudiges Erlebnis

Je nach Weinanbaugebiet wird die ungewöhnliche Gasthausvariante »Straußenwirtschaft«, »Buschenschank« und in »Württemberg Besen« oder die »Besenwirtschaft« genannt. Der Fiskus begünstigt die jährlich zwei Monate lange Besenzeit, in der nur eigene Weine ausgeschenkt und selbst gemachte Gerichte angeboten werden dürfen. Erkennungszeichen ist ein bändergeschmückter Besen über dem Eingang des Weinguts. Dass ein Besen Slow-Food-Genussführer-tauglich ist, zeigt das Weingut Fritz Funk in Löchgau unweit von Bietigheim auf erfreuliche Weise. Das Weingut, das seine Rebsorten kompromisslos trocken ausbaut, serviert sie unfiltriert in Probiergläsern. Das ist in einer Besenwirtschaft nicht üblich und ermöglicht den Gästen das Kennenlernen des Sortiments. Angeboten werden auch einfache Besenweine im Henkelglas sowie Schnäpse und Mineralwasser.

»Fritz« serviert gut gelaunt und gesprächig mit einem flinken und kompetenten Team, was aus der Küche seiner Frau kommt: Schlachtplatte, Würste, Vesperteller und Käse einschließlich Selbstgebackenem oder einer anständigen Portion Luggeleskäs*, ein angemachter Quark. Auf der Karte stehen zahlreiche traditionell-regionale Gerichte wie Maultaschen mit Kartoffelsalat und Ripple mit Sauerkraut. Würste und Ripple sind aus der örtlichen Metzgerei um die Ecke, die Charentais-Melonen kommen ebenso aus dem eigenen Garten wie die Freilandtomaten. Sie werden mit selbst gemachtem Walnusspesto oder mit Schafskäse serviert. Das gut bewertete Weinangebot – das Weingut hat aktuell dreieinhalb Sterne im Eichelmann-Weinführer – deckt ein breites Rebsortenspektrum ab. Im Funk'schen Besen gibt es keine Reservierungen, also Obacht, die Besenzeit nicht verpassen!

→ Für die Öffnungszeiten bitte die Webseite des Weinguts konsultieren.

NEU

Wirtshaus Mättle

Freiburger Straße 314,
79539 Lörrach-Turmringen
0 76 21 / 5 88 43 00
wio-group.de/maettle

Größe: 80 Plätze im Gastraum und der Biergarten
Preise: V 9–24, H 28–37, N 6–15 Euro; Vier-Gänge-Menü 65 Euro
Kreditkarten: Alle gängigen Karten
Öffnungszeiten: Sa–Mi 12–14 und 18–20.30 Uhr; Fr 18–23 Uhr; Ruhetag: Do

Das alte Mättle wiedererweckt

Das »Mättle« genießt in Stadt und Region Kultstatus. Das historische Gasthaus, in dem schon der erste Bundespräsident Theodor Heuss sein Viertele »schlotzte«, wurde sanft renoviert und stilvoll der Zeit angepasst. Die alte Theke und ein paar Wirtshaustische, kombiniert mit modernem Mobiliar, erinnern an die Ursprünge im Dorf Tumringen. Im Sommer lockt der Biergarten unter alten Kastanien. Auch größere Gesellschaften können in der ehemaligen Kellerkneipe feiern und schlemmen. Gemüse und anderes Beiwerk kommt von regionalen Lieferanten wie dem Markgräfler Bauernhof Sütterlin aus Schallbach, Fleisch überwiegend vom Metzgereibetrieb Stich im nahen Wiesental, der Schweine, Rinder und Ziegen aus den umliegenden Orten bezieht.

Entscheidend ist die Küche: Badische Klassiker wie Kalbsleberscheibe mit karamellisiertem Apfel und Schnitzel mit Kartoffel-Gurken-Salat sind als regionale Standardgerichte fester Bestandteil der Karte ebenso wie die Forelle, im Ganzen gebraten. Sie kommt aus dem Fischzuchtbetrieb Zordel im Nordschwarzwald und findet sich mit Zitronengrasbutter und Gemüse in ungewöhnlicher Begleitung. Saisonal werden Klassiker ergänzt, so im Winter Rehragout mit Rotkraut und Spätzle und der badische Klassiker Feldsalat mit Croutons und Speck. Küchenchef Alexander Mazymov ist für interessante Kombinationen mit fremden Aromen bekannt wie seine Meerettichsuppe oder die Bunten Karotten mit Zitrone und Dinkel. Die vegetarische Schwarzwurzelsuppe mit Sellerie greift die wichtigen Themen der regionalen und saisonspezifischen Gemüse auf. Im Mittagsmenü erfreut das Suppenfleisch mit Meerrettich und Wurzelgemüse – badischer geht es nicht.

Der Desserttraum dekliniert Valrhona-Kuvertüren, im Sommer mit Rhabarber. Leichtere Abschlüsse sind die hausgemachten Sorbets und Eiscremes.

→ Im Sommer lockt der Biergarten unter alten Kastanien mit der lokalen Eiswerkstatt »Schlotzeria«.

Badischer Hof Seckenheim

Seckenheimer Hauptstraße 114,
68239 Mannheim-Seckenheim
06 21 / 97 86 14 30
badischerhof.net

Größe: 60 Plätze im Restaurant, 20 in der Vinothek, 60 im Gewölbekeller, bis zu 100 im Jugendstilsaal, 20 auf der Terrasse
Preise: V 8–18, H 16–43, N 6–12 Euro; Mittagstisch 12–24 Euro
Kreditkarten: EC, Master, Visa
Öffnungszeiten: Di–Do 11.30–13.45 und 17.15–22 Uhr; Fr, Sa 11.30–14 und 17.15–22 Uhr; So 11.30–14.30 Uhr; Ruhetag: Mo

Frischer Wind im Traditionshaus

Der »Badische Hof« im Mannheimer Vorort Seckenheim blickt auf eine lange Tradition als Brauerei, Gaststätte und Kulturhaus zurück. 2009 wurde er behutsam restauriert und modernisiert. Koch Klaus-Peter Wamich, Nachwuchsprüfer bei der IHK, sorgt mit drei angestellten Köchen für die Speisen. Die Gäste werden mit frischen Qualitätsprodukten und gutem Service in einem schönen Ambiente verwöhnt. Fleisch vom Schwäbisch-Hällischen Landschwein* und Hohenloher Rind* wird von der Erzeugergemeinschaft bezogen. Das Wild kommt aus dem Odenwald und dem nahen Hessen. Spargel wird vom Spargelhof im Ort, Käse von der Odenwälder Molkerei Hüttenthal bezogen. Auf der Speisekarte stehen neben Fischgerichten bemerkenswert zahlreiche vegetarische Gerichte. Eine täglich wechselnde Mittagskarte beinhaltet immer ein Fleisch- oder Fischgericht und ein vegetarisches Essen. Auf etwaige Unverträglichkeiten nimmt die Küche Rücksicht, das routinierte Servicepersonal zeigt sich sehr fachkundig.

Neben der Standardkarte mit Rouladen, Steak und Kochkäseschnitzel bietet Wamich im monatlichen Wechsel »Besonderes aus der Küche« an, Schmankerl nach Marktangebot. Als Vorspeise gefällt das dreierlei Gratin vom Ziegenkäse, als Alternative eine klassische Maultaschensuppe. Hauptdarsteller sind die Entenbrust auf Calvados-Sauce mit Krapfen und Mandelbrokkoli sowie das Duett vom Seeteufel auf Hummerschaum mit Wildreis und Ringelbete-Chips. Mit dem Kaiserschmarrn steht ein begeisternder Klassiker auf der Nachtischkarte. Herrlich leicht daher kommt die hausgemachte Mousse au Chocolat.

Das Bier stammt aus der Heidelberger Biobrauerei Kloster Stift Neuburg, die sehr umfangreiche Weinkarte greift gern auf die lokalen Produzenten an der Bergstraße und der nahe gelegenen Pfalz zu.

→ Neben Catering bietet der »Badische Hof« zahlreiche saisonale Feiertagsmenüs und kulinarische Veranstaltungen an. Die Homepage gibt Hinweise zu den Wein- und Bierseminaren, der Festbierwoche, dem Kriminaldinner und den Kerwespecials.

Das Gasthaus selbst bietet mit dem »Spezialitätenmarkt« die Klassiker der Speisekarte vorgekocht und im Garbeutel auch zum Mitnehmen an, z.B. Rinderrouladen und -braten, Maultaschen, eine halbe Grillente und Bäckchen vom Schwäbisch-Hällischen Landschwein*, jeweils zusammen mit einer Rezeptempfehlung.

NEU

Restaurant Esszimmer

Ziegeleistraße 37,
88441 Mittelbiberach
0 73 51 / 5 74 98 90
restaurantesszimmer.de

Bio

Größe: 50 Plätze im Restaurant, 40 auf der Terrasse, 70 im Freisitz/Biergarten
Preise: V 6–14, H 15–32, N 4–8 Euro
Kreditkarten: EC, Visa, Master
Öffnungszeiten: Mo–Fr 18–22 Uhr; Sa 17.30–22 Uhr; Ruhetag: So

Biologisch und beeindruckend

Das Restaurant »Esszimmer« liegt in einem Sportcenter außerhalb von Mittelbiberach bei Ulm. Der Gastraum ist sehr großzügig, das Ambiente loftähnlich und dennoch gemütlich. Der Slow-Food-Chef-Alliance-Koch Simon Kaiser betreibt mit seiner Frau Sarah das »Esszimmer« seit mehr als einem Jahrzehnt. Simon Kaiser bringt in seinen Gerichten die oberschwäbische Heimat zur Geltung, auch wenn er gern asiatische, skandinavische oder orientalische Akzente setzt. Die Küche ist immer regional und saisonal ausgerichtet.

Die Speisekarte bietet kleine Gerichte »Tapas-Style« wie Ceviche vom Weißfisch mit roten Zwiebeln und Limette, Blutwurst »Himmel un Ääd*« mit Kartoffel, Apfel, Röstzwiebel oder Tacos vom heimischen Reh auf Cole Slaw mit Granatapfel-Salsa. Ebenso zahlreich vertreten sind vegetarische Tapas wie der karamellisierte Ziegenkäse auf einem Kohlrabi-Carpaccio mit Miso-Mayo oder die dreierlei Süppchen von Bärlauch/Spinat, Parmesan und Pilzen. Bemerkenswert sind die Black-Tiger-Garnelen aus bayerischer Aquakultur mit Knoblauch-Croûtons und einer Paprika-Aioli sowie Tapas von der Bayerischen Garnele. Die »next-up«-Gerichte bieten u.a. Dry Aged Beef aus dem Allgäu. Besonders hervorzuheben ist, dass Simon Kaiser auch Fleisch von Bruderkälbern in seiner Küche verarbeitet. Zudem werden der Rücken vom Schwäbisch-Hällischen Landschwein, Zander oder Vegetarisches angeboten. Als »add-ons« werden Beilagen angeboten: Das Angebot ist breitgefächert und reicht von Pürees aus Kartoffel, Erbse oder Sellerie über Spätzle, Pak Choi bis zu Grillgemüse. Dips und Toppings wie Chimichuri passend zum Fleisch, Trüffelschaum, Knoblauchbutter oder eingekochte Preiselbeeren werden separat angeboten. Die Nachtischvariationen »Süssis« – Apfelküchle oder Himbeer-Cheesecake – runden die kulinarische Erlebnisreise ab. Die Heumilchprodukte hierfür stammen vom Demeterbetrieb »Holzapfel« aus Voggenreute.

Die Getränkeauswahl umfasst regionale Biere von der Härle-Brauerei in Leutkirch und alkoholfreie Lammsbräu-Biere. Außerdem werden offene Weine aus der Bodenseeregion, der Pfalz und Italien angeboten. Der Service ist gut geschult, sehr aufmerksam und dem Gast freundlich zugewandt.

Gasthaus Zähringer Hof

Stohren 10,
79244 Münstertal
0 76 02 / 2 56
zaehringerhof.de

Größe: 52 Plätze im Gastraum, 35 auf der Terrasse
Preise: Hauptgerichte 15–32 Euro
Kreditkarten: EC
Öffnungszeiten: Mi–So 12–14, (Vesper 14–17) und 18–21 Uhr; Ruhetage: Mo, Di

Beste Küche im Wanderparadies

Die ruhige Traumlage des »Gasthauses Zähringer Hof« im Münstertal auf 1.100 Metern NHN inmitten grüner Wiesen und mit Panoramablick auf das Rheintal und die Vogesen ist jederzeit einen Ausflug wert. Das Wanderparadies ist kaum 20 Kilometer von Freiburg entfernt. Die temperamentvollen Hinterwälder-Rinder grasen direkt am Haus. Familie Riesterer verwöhnt ihre Gäste in der dritten Generation mit bester badischer Küche – vom feinen Menü bis zum einfachen Wurstsalat. Trotz Renovierung strahlt das Lokal Gastlichkeit aus, auch ein Kachelofen fehlt nicht. Glanzlichter der Küche sind Wild- und Fischspezialitäten sowie hausgemachte Kuchen und Torten. Das Wildfleisch kommt aus Jagden im Münstertal, Kalbfleisch vom Hansemichelhof in Storen, Forellen von Drafehn in Seelbach-Wittelbach, den Ziegenkäse liefert der Ringli-Hof in Horben, Gemüse bringt der Händler Hiss aus Mengen. Der »Zähringer Hof« ist engagiert bei den »Naturparkwirten Südschwarzwald« und außerdem Mitgliedsbetrieb der gastronomischen Initiative »Schmeck den Süden«.

Beim Blick in die Speisekarte machen die Forellengerichte Appetit, aber auch der geschmorte Ochsenschwanz mit Rotkohl und Kartoffel-Sellerie-Püree. Der feine Tafelspitz wird auf einem Meerrettichrisotto serviert, die gebratenen Kalbsnierle werden aromatisch von Knoblauch und Tomaten begleitet. Neben dem Lammrücken leuchten appetitlich die Bärlauchtomaten. Fast alle Hauptgerichte werden auf Wunsch in kleinen Portionen serviert. Ein Mittagstisch wird angeboten und natürlich eine Vesperkarte für die zahlreichen Wander*innen, die hier einkehren.

Die Auswahl offener Weine ist badisch-regional orientiert.

→ Gäste können auch per E-Bike die schöne Gegend des Münstertals erkunden.

Restaurant Spielweg im Münstertal

Spielweg 61,
79244 Münstertal
0 76 36 / 70 90
spielweg.com

Größe: 90 Plätze im Restaurant, 60 auf der Terrasse
Preise: Hauptgerichte 20–30 Euro
Kreditkarten: Alle gängigen Karten
Öffnungszeiten: Täglich 12–13.30 und 18.30–21 Uhr; Mo, Di kleineres Angebot

Feine badische Küche mit eigenem Rohmilchkäse

Die Lage des Restaurants im Münstertal, zu dem auch das Romantikhotel Spielweg gehört, ist einmalig. Regionale und saisonale Produkte in den historischen Wirtsstuben mit Kachelofen und Holzvertäfelungen zu genießen, ist jeden Umweg wert. Familie Fuchs sind Gastronomen bereits in sechster Generation und repräsentieren badische Kochkunst in Exzellenz. Das ist ein sympathischer Familienbetrieb im besten Sinn. Der Übergang in die nächste Generation ist glücklich vollzogen. Patron Karl-Josef Fuchs widmet sich mit Passion den Kochkursen und der eigenen Käserei, seit Kurzem von Johannes tatkräftig unterstützt: Handwerklich werden Spielweger Bergkäse, Obermünstertäler Weichkäse und Molkenziger Frischkäse hergestellt. Tochter Vicky hat die Regie im Restaurant übernommen. Viele Gerichte gibt es auch als kleine Portion, Nachtische sogar als Miniportion. Regionale Lieferant*innen sind der Sonnenhof Hartheim mit Eiern, Tress aus der Wutach mit Forellen, die Erzeugergemeinschaft »Echt-Schwarzwald« mit Rindfleisch, und Lamm, Gemüse und Obst kommen von Blust in Königsschaffhausen.

Badischen Flädlesuppe* und eine hausgemachte Wildpaté mit Apfel-Sellerie-Salat sind überzeugende Entrées. Erfreulich auch die von Vicky in Erinnerung an ihre asiatischen Erfahrungen eingeführten Wildschwein-Dim-Sum. Als Hauptspeisen kommen die Kalbsleber mit Rösti und Gemüse auf den Teller oder ein Schwarzwälder Lammrücken mit Gemüse und das Wiener Schnitzel vom Wildschweinrücken mit Haselnusspanade, Wirsing-Karotten-Gemüse, Spätzle und Preiselbeer-Pfeffer-Jus. Alle Gerichte sind handwerklich meisterlich zubereitet und munden vorzüglich. Vegetarier*innen werden umsorgt mit gratiniertem Molkenfrischkäse mit Frühlingssalat und Bärlauchpesto oder hausgemachten Frischkäseravioli im Kräuterfond, glaciertem Marktgemüse und geröstetem Knoblauchbauernbrot. Statt eines süßen Nachtischs können die preisgekrönten Produkte der eigenen Käserei bevorzugt werden. Überdies locken die Angebote der Spielweg-Bäckerei.

Vorwiegend badische Weine. Im Sommer sind die Terrasse und der Pool am Bach eine unschlagbare Erfrischung.

→ Die Kochkurse sind sehr beliebt, gerade die Wild- und Hinterwälder-Kurse sind schnell ausgebucht.

Landgasthof zum Rössl

Heidelberger Straße 15,
69151 Neckargemünd-Waldhilsbach
0 62 23 / 26 65
roessl-waldhilsbach.de

Größe: 75 Plätze in Gasträumen, 90 auf der Terrasse, 60 im Großen Saal, 40 im Kleinen Saal, 30 in der Rösslschänke (Bar)
Preise: V 6–17, H 12–28, N 8–14 Euro; Menü ab 41 Euro
Kreditkarten: EC
Öffnungszeiten: Do–So 12–14 und 17.30–21 Uhr; Ruhetage: Mo–Mi

Gepflegte Gastlichkeit in ehemaliger Poststation

Der »Landgasthof zum Rössl« in Waldhilsbach, einem Stadtteil von Neckargemünd, liegt im Kleinen Odenwald vor den Toren Heidelbergs. Das Haus wurde erstmals 1642 als Poststation erwähnt. Schon in fünfter Generation führt die Familie Hauck das bekannte Landgasthaus. Jochen Hauck sammelte Erfahrungen in der Sternegastronomie, bevor er sich entschied, die Familientradition gepflegter Gastlichkeit fortzuführen. Seinen Gästen serviert er Klassiker, dazu den Jahreszeiten folgende »Monatsempfehlungen« und eine Tageskarte, die das aktuelle Marktangebot widerspiegelt. Das Wild steuern jagende Nachbarn bei, Forellen schwimmen, bis sie in seiner Küche anlanden, in der nahen Steinach. Die Metzgerei Künzer in Meckesheim-Mönchzell liefert die beliebten Wurstwaren, Geflügel der Zieglerhof aus dem Nachbarort Bammental. Gemüse und Obst bezieht Hauck vom Händler seines Vertrauens in Frankenthal/Pfalz. Die Speisen überzeugen und bieten ein faires Preis-Leistungs-Verhältnis. Das spricht sich gerne herum, so dass das Restaurant auch bei größeren Feierlichkeiten ein begehrtes Ziel ist.

Als Vorspeise locken eine intensive Kraftbrühe mit Leberknödeln und eine überragende Bouillabaisse mit Röstbrot und Sauce Rouille. Zum Hauptgang erfreuen die Steinach-Forellenfilets in Riesling gedünstet mit Dillrahm, Shrimps und Kartoffeln. Vegetarische Gerichte sind je nach Marktangebot erhältlich, hier darf gerne nachgefragt werden. Fleischliebhaberinnen und Fleischliebhaber werden das Ragout von Reh und Hirsch mit Wirsinggemüse und Spätzle oder die gekochte Ochsenbrust mit selbst eingelegten süß-sauren Früchten, Meerrettichsauce und Kartoffeln schätzen. Wem ein klassischer Nachtisch zu viel wird, der muss auf die hausgemachten Pralinés keinesfalls verzichten.

Der Service ist aufmerksam und freundlich. Die Weinkarte enthält eine gute Auswahl aus Baden und der Pfalz, zudem einige Tropfen aus Frankreich, Italien und Spanien.

→ Auf Vorbestellung legt die Küche des »Rössl« aufwendige Klassiker auf. Im Angebot sind Entrecôte double, Chateaubriand oder geschmorte Kalbshaxe, saisonal auch Gans, Fasan und Wildente.

In Sinsheim-Dühren liegt die Metzgerei René Ohr. Sie verarbeitet Frischfleisch aus artgerechter Aufzucht von ausgewählten Rassen. Die Fleisch- und Wurstwaren kommen ohne Zusatzstoffe aus, Gewürze in Bio-Qualität (Metzgerei Ohr, Karlsruher Straße 36, 74889 Sinsheim-Dühren, www.metzgerei-ohr.de).

Gasthof zum Hirsch

Argenstraße 29,
88099 Neukirch-Goppertsweiler
0 75 28 / 17 65
gasthof-zum-hirsch.com

Größe: 60 Plätze in drei Gasträumen
Preise: V 10–18, H 15–42, N 7–14 Euro, Menü ab 38 Euro
Kreditkarten: EC, Master, Visa
Öffnungszeiten: Mi–Sa 18–23 Uhr; So 11.30–14 und 18–21 Uhr; Ruhetage: Mo, Di

Gehobene Küche mit Sammelleidenschaft und lässigem Flair

Der »Gasthof zum Hirsch« ist im Dreiländereck Deutschland, Österreich und Schweiz am Rand des Argentals beheimatet. Inhaber Artur Frick-Renz streift mit seinem Hund fast täglich die Argen entlang, immer auf der Suche nach Gaben der Natur wie den Samen des Springkrauts oder den Holunderblüten, die er körbeweise sammelt. Im Hirsch lässt sich leger und lässig auf gehobenem Niveau speisen, in einer dörflichen Gaststube, in einem eleganten Speiseraum oder im gemütlichen, windgeschützten Garten. Das Fleisch bezieht die Küche aus dem Allgäuer Umland, Wild aus der Region, Forellen vom Nachbarn Sauter - oder aus dem Bodensee. Auch der eigene Kräutergarten spielt eine tragende Rolle.

Bei den Vorspeisen gefällt das Tiramisu von der Gänseleber besonders. Überzeugend ist der Salat mit warmem Ziegenkäse. In der Spargelsaison schmeckt der Frischkäseauflauf mit Spargel und Radieschenvinaigrette. In der Apfelsaison lohnt es sich, die hausgemachten Apfel-Sellerie-Teigtaschen auf einem Rehragout zu probieren. Bei den Hauptgerichten überzeugt die Perlhuhnbrust mit Zucchinigemüse und Knoblauchpüree. Die Rehnüsschen werden im Herbst mit Kartoffelgratin und Gemüse und im Frühsommer gebraten an Tannenspitzen-Morchelsoße mit Mairüben und Kartoffelgratin serviert. Wenn der Tafelspitz in zwei Gängen auf der Karte steht, sollte er erste Wahl sein. Er wird zuerst in der Tafelspitzbrühe als Maultasche und dann klassisch mit Rahmspinat, Apfelmeerrettich und Kartoffeln geschickt. Bei den Nachtischen lockt neben Sorbet und Zabaione ein Feigenflan mit Cranberries. Vom Holunderblüten-Steckenpferd des Kochs kündet sowohl der Holundernougatkuchen mit Pfirsichwürfeln und Rhabarbersorbet, abgerundet mit knusprig frittierten Holunderblüten, als auch der Campari-Blutorangen-Schaum mit Holundereis.

Die Sammelleidenschaft von Frick-Renz gipfelt in einem Holundermost als Aperitif. Schöne Bodenseewein-Auswahl, ergänzt um weitere deutsche und europäische Anbaugebiete.

FOXX Deli & Café

Freiburger Straße 41,
77652 Offenburg
kein Telefon
foxxdeli.de

Größe: 35 Plätze im Gastraum, 80 im Außenbereich
Preise: Gerichte von 7–15 Euro
Kreditkarten: EC
Öffnungszeiten: Mo–Sa 9–14 Uhr; Ruhetag: So

Schickes Tagescafé im urbanen Stil

Das »FOXX Deli & Café« befindet sich im neuen Stadtteil Kronenwiese am Rande der Offenburger Innenstadt in einem architektonisch markanten Gebäude – in unmittelbarer Nachbarschaft zum Burda-Verlag und zu Obi. Dominiert wird der moderne Raum durch eine große Theke aus heimischem Fichtenholz. Die liebevolle Dekoration wechselt mit den Jahreszeiten. Im Mittelpunkt stehen die zahlreichen, größtenteils bekannten lokalen Lieferantinnen und Lieferanten, die ihre Spezialitäten mit viel Handwerk und Liebe herstellen. Mit dem gleichen Respekt werden die lokalen Produkte verarbeitet – mit Rezepten und Ideen aus aller Welt. Dem Selbstbedienungslokal, geführt von Daniel Hormann, ist ein »Lokalmarkt« angeschlossen. Schinken und Würste kommen von der Metzgerei Markus Dirr aus Endingen und Fleisch von Jochen Bohnert aus Oberkirch. Forellen und Saiblinge liefert Anselm in Neuried. Das Brot kommt aus dem nahen Elsass.

Zum Start in den Tag gibt es von der ausgeweiteten Frühstückskarte Pancakes mit Spiegelei, Speck und Ahornsirup. Kleine Snacks – Panini, Quiches, Suppen, Salate und Kuchen – gibt es den ganzen Tag über mit Kaffee aus der Manufaktur Arnold's in Offenburg. Die täglich wechselnden, saisonal orientierten Mittagsgerichte wie die wärmende Gulaschsuppe oder ein Taco mit Pulled Pork vom Schwäbisch-Hällischen Landschwein werden um hausgemachte Pasta und ein Deli-Curry mit saisonalem Gemüse ergänzt.

Die Weine kommen von ausgezeichneten Weingütern aus Durbach und aus dem Bühlertal.

→ Das FOXX liegt nahe an der A5 (drei Minuten).

Das Mittagessen kann vorbestellt und mitgenommen werden. Als Take-away-Verpackung kommen ausschließlich Weckgläser zum Einsatz. Was nicht ins Glas passt, kommt in Papiertüten.

Kloster Allerheiligen

Allerheiligen 6,
77728 Oppenau
0 78 04 / 12 00
kloster-allerheiligen.de

Größe: 50 Plätze im Gastraum
Preise: H 12–29, N 8–10 Euro
Kreditkarten: Alle gängigen Karten
Öffnungszeiten: Mi–So 11.30 –17.30 Uhr; Ruhetage: Mo, Di

Weideschwein und Auerox am Wasserfall

Das Kloster Allerheiligen mit seiner Klosterruine und den nahen Wasserfällen ist ein beliebtes Ausflugsziel im mittleren Schwarzwald. Seit einigen Jahren wird die Gaststätte »Kloster Allerheiligen« von Katja Aschenbrenner geführt. Sie arbeitete lange Jahre im gehobenen Gastro-Service und machte sich dann mit ihrem Mann Sascha Hummel selbstständig. Seit über einem Jahrzehnt kümmert sich Sascha um eigene Mangalitza-Schweine, die die Schweineweide in Kehl-Kork wiederbelebt haben. Aber auch Sundheimer Hühner aus der Region leben in einer kleinen Schar in der Nähe des Gasthauses. Sie sorgen für Eier und schmackhaftes Geflügel. Hinzu kommt eine kleine Herde von Heckrindern, eine Haustierrasse, die den ausgestorbenen Auerochsen nachempfunden wurde, die vor vielen Jahrhunderten unsere Landschaft beweideten. Sie leisten Pflegedienste und halten die Hügel des Hochschwarzwalds im Naturschutzgebiet frei.

Aus den selbst produzierten Produkten sowie aus Produkten von befreundeten Landwirten der Gegend wird die Speisekarte bestückt. Events sorgen für außergewöhnliche Genussmomente, wenn etwa ein Auer-Ox geschlachtet wird. Aber auch Kochkurse, wie zum Beispiel ein Elsässischer Baeckeoffe, werden gelegentlich angeboten. Für die Besucher der Wasserfälle gibt es deftige Vesperplatten oder belegte Brote mit Speck, Leberwurst oder Mangalitza-Schmalz. Die Maultäschle sind selbst gemacht, vom Ox gibt es des Öfteren Braten oder Entrecôte, der Schweinenacken kommt aus dem Dry-Ager und verwöhnt auch anspruchsvolle Genießer. Selbst die Pommes frites, die es zum Pulled-Pork-Burger gibt, sind handgeschnitzt und wunderbar kross. Vegetarier kommen mit einem Topinambur-Schnitzel oder anderen regionalen Köstlichkeiten auf ihre Kosten.

Die Weinkarte ist übersichtlich und sehr kulant kalkuliert, zudem sind zahlreiche Bierspezialitäten im Angebot. Die Kaffeekarte ist bemerkenswert. Ein schönes Beispiel ist der für Sascha Hummel geröstete Kaffee aus einer kleinen Plantage in Südamerika.

→ Die Wasserfälle in der Schlucht sind gut zu Fuß erreichbar.

Im Klosterladen, der freitags bis dienstags geöffnet ist, werden die Wurstwaren von Sascha Hummels Schweinen auch in Dosen angeboten. Der rohe Schinken oder Speck wird ohne Nitritpökelsalz und nur mit Meersalz, viel Zeit und Rauch verarbeitet; auch an die Schwarz- und Leberwurst kommen nur Meersalz und Gewürze.

Rosenkranz-Genuss

Zeppelinstraße 1,
72793 Pfullingen
0 71 21 / 9 88 57 98
rosenkranz-genuss.de

Größe: 65 Plätze im Gastraum, großzügige Terrasse
Preise: Hauptgerichte 17–27 Euro
Kreditkarten: EC
Öffnungszeiten: Di–So 8–18 Uhr; Ruhetag: Mo

Stilvolles Kaffeehaus und Lokal mit schwäbischen Klassikern

Das Kaffeehaus »Rosenkranz-Genuss« ist modern und stilvoll eingerichtet. Den Eingangsbereich dominiert eine Eistheke, die großzügige Auslage lockt mit selbst gemachten Kuchen, weiteren Backwaren, den süßen »Stückle« und Pralinen. Die Sitzplätze verteilen sich auf unterschiedliche Bereiche. Neben Frühstück und Mittagstisch wird auch Pfullinger Eis angeboten. Regelmäßig gibt es Kochkurse oder Veranstaltungen. Gekocht und gebacken wird mit hochwertigen Zutaten, wenn irgend möglich, direkt aus der Region. Bis an den Bodensee reicht die Liste der Lieferant*innen, wie ein Weingut, das auf der Karte gut vertreten ist. Die Küche arbeitet flink, versteht ihr Handwerk und geht gern auf individuelle Wünsche ein. Bei allen Gerichten steht das Produkt im Vordergrund.

Die saisonale Speisekarte ist knapp gehalten und bietet einschließlich eines veganen Gerichts für alle etwas: schwäbische Klassiker wie Maultaschen mit Kartoffelsalat – schlotzig, wie der Schwabe es gern mag – Saure Kutteln mit Bratkartoffeln oder auch Gaisburger Marsch. Ein »Rosenkranz«-Klassiker ist das Schnitzel Wiener Art mit Kartoffelsalat. Täglich wird ein Mittagstisch angeboten. Immer wieder gibt es Wildgerichte; es wird Wert darauf gelegt, die ganzen Tiere zu verarbeiten.

Die Getränkekarte zeigt hausgemachten Sirup, frisch gezapftes Bergbier, Weine vom Bodensee und aus Österreich, Bergkräutertee aus dem Allgäu. Der Service ist aufmerksam und zugewandt.

Verkauf von Pralinen, Gebäck und speziellen Broten vor Ort.

Safran Bio-Restaurant

Löwengasse 22, am Gerberplatz,
78315 Radolfzell
0 77 32 / 1 30 50
biocatering-safran.de

Größe: 60 Plätze im Gastraum und die Terrasse
Preise: Hauptgerichte 7–15 Euro
Kreditkarten: Keine
Öffnungszeiten: Mo–Fr 11–15.30 Uhr; Sa 11–15 Uhr; Ruhetag: So, Mo, Feiertag

Ziegenkäse vom höchsten Berg des Linzgaus

Beim Betreten des biozertifizierten »Safran Bio-Restaurants« mitten im Bodenseestädtchen Radolfzell liegt ein feiner Duft in der Luft: Es sind fruchtig-würzige Aromen, denn gerade wird ein Pflaumen-Ingwer-Chutney eingekocht. In dem modern, im Bistrostil eingerichteten Lokal bestellen die Gäste ihr Essen an der Theke. Sie nehmen Getränke und Besteck mit, das Essen wird am Tisch serviert. Wenn um die Mittagspausenzeit das »Safran« bis auf den letzten Platz besetzt ist, kann nur auf diese Weise gewährleistet werden, dass jeder Gast routiniert und zügig ein mit Liebe und Sorgfalt frisch gekochtes Gericht erhält. Unter diesen Abläufen kann Bio für alle gekocht werden. Das Angebot ist überwiegend vegetarisch, gelegentlich gibt es Fisch oder Fleisch. Das Engagement der seit zwei Jahrzehnten mit Bioprodukten kochenden Küchenchefin Tina Laakmann zeigt sich nicht zuletzt in ihrem Einsatz für die in einem Sozialprojekt hergestellten Bioteigwaren.

Ein Erbsentöpfchen und das frische Gemüse von der Insel Reichenau bringen authentischen Geschmack frisch auf den Teller. Zum Nachtisch schmecken die selbst gebackenen Möhren- sowie Maronen-Nuss-Kuchen wunderbar. Die vor der Haustür auf der vorderen Höri gewachsenen Salate sind berühmt für ihre reichhaltige Sprossengarnitur, auch wenn die Sprossen nicht mehr ausschließlich selbst gezogen werden. Auch einfache Gerichte wie der feine Bioland-Ziegenkäse vom Höchsten, dem höchsten Berg des Linzgaus, werden von den bunten Keimlingen vitaminreich begleitet. Bei den Linsengerichten wird der Slow-Food-Arche-Passagier Albleisa* eingesetzt. Auch die selten gewordene Zwiebel Höri-Bülle*, ebenfalls ein Slow-Food-Arche-Passagier, wird hier in Bioqualität verarbeitet. Für Vollwertfans am Deutsch-Schweizer Bodenseeufer gibt es Birchermüsli. Saftig kommen die frisch belegten Eingeklemmten auf den Teller.

Säfte kommen von regionalen Streuobstverarbeitern.

Gutsgaststätte Alteburg

Hofgut Alteburg 1,
72770 Reutlingen
0 71 21 / 8 20 12 93
alteburg.de

Größe: 130 Plätze im Gastraum und eine große Terrasse
Preise: V 8–10, H 18–35, N 8–11 Euro
Kreditkarten: Keine
Öffnungszeiten: Mi 17–22.30; Do–Sa 11.30–14.30 und 17–22.30 Uhr; So 11.30–21 Uhr;
Ruhetage: Mo, Di

Gemütliches Traditionshaus zwischen Wald und Wiesen

Die Gutsgaststätte Alteburg ist ein gemütliches Traditionshaus. Wenige Autominuten von Reutlingen entfernt liegt es zwischen Wiesen und Wald mit großer Gartenterrasse, Kinderspielplatz und guten Parkmöglichkeiten. Das benachbarte Hofgut Alteburg wird biologisch-organisch bewirtschaftet. Hierher bezieht Küchenchef Daniel Seywald einen Teil seiner Produkte. Regionaltypische Gerichte und hochwertige Zutaten aus dem Biosphärengebiet Schwäbische Alb sind in seiner Küche selbstverständlich.

Die abwechslungsreiche Speisekarte bietet neben schwäbischen Traditionsgerichten zahlreiche Wildgerichte aus eigener Jagd. Neben den nur noch selten angebotenen Klassikern wie Hirnsuppe nach Omas Rezept und Sauren Kutteln im Lembergersößle gibt es Saure Nierle in Balsamico-Trollinger-Jus, letztere selbstverständlich mit Bratkartoffeln. Von der Saisonkarte gefällt das vegetarische Sellerie-Birnen-Süppchen mit Kaffee-Sahnetupfen. Auch die gebratene Rinderleber an kräftiger Trollingersoße mit grünem Pfeffer und geschmelzten Zwiebeln mundet sehr. Bei den Wildgerichten überzeugen ein feines Geschnetzeltes aus der Rehlende mit Ehestetter Steinchampignons a la crème und Rommelsbacher Muschelnudeln sowie das sous-vide-gegarte Wildschweinrückensteak mit Shiitake-Chilli-Gemüse und Steakhousepommes. Kässpätzle mit Lautertalkäse, Rahm und geschmelzten Zwiebeln, Alb-Champignon-Lauchrahmnudeln und der vegane Alblinsen-Braten an Gemüsejus mit Rahmwirsing und Kartoffelknödel zeigen die Vielfalt vegetarischer Gerichte. Weitere hausgemachte Produkte wie Bratwürste, Leberspätzle oder Maultaschen sind unbedingt probierenswert.

→ In einigen hundert Meter Entfernung findet sich der hölzerne Aussichtsturm Käpfle. Er bietet einen grandiosen Rundblick ins Albvorland in Richtung Tübingen, Reutlingen und zum Schönbuch, auf die Gönninger Streuobstwiesen und den Roßberg mit seinem gleichnamigen Turm.

Der Hofladen des Guts mit seinem vielfältigen Angebot hat Mo-Sa, 17-18.30 Uhr geöffnet. Milch, Eier, Honig, Apfelsaft und Nudeln sind rund um die Uhr aus einem Automaten im Milchhäusle erhältlich. Auch die Gutsgaststätte bietet selbst gemachte Produkte ganztägig aus einem Automaten neben dem Eingang an.

Gasthof zum Hirsch

Albstraße 9,
72587 Römerstein-Böhringen
0 73 82 / 9 39 70
hirsch-boehringen.de

Größe: 40 Plätze in der Gaststube
Preise: V 7–9, H 15–31, N 4–8 Euro
Kreditkarten: EC, Master, Visa
Öffnungszeiten: Mi–Sa 11.30–21.30 Uhr; So 11.30–18 Uhr; Ruhetage: Mo, Di

Schwäbische Küche mit Leib und Seele

Im denkmalgeschützten Gasthof mit altem Fachwerk, zwischen Reutlingen und Ulm gelegen, begeistert Inhaber Hans Heinrich Weeger mit seiner schwäbischen Küche und saisonal wechselnden Speisen. Er ist Koch mit Leib und Seele, fest in seiner Heimat verwurzelt und arbeitet überwiegend mit Zutaten von der Schwäbischen Alb. Kräuter und Salate kommen aus dem eigenen Garten, die Fische aus dem nahe gelegenen Seeburger Tal. Auch die Kuchen werden selbst gebacken. Der »Hirsch«, das ist echte schwäbische Küche mit Gerichten, die fast in Vergessenheit geraten sind.

Zu den selten gewordenen Speisen zählt das feine Hirnsüpple. Der »Hirsch« hält die Kultur des Schmorbratens ebenfalls hoch: Von Woche zu Woche wechseln Kalbsrahmbraten, Schweinebraten, Rinderbraten, Braten vom heimischen Wild oder auch vom Württemberger Lamm. Der einst im Ländle allseits beliebte gemischte Braten wird ebenso angeboten wie der Wildschweinrücken in Nusspanade mit Brokkoli, Pastinake und Schupfnudeln. Die traditionelle schwäbische Speisenauswahl wird mit Sauren Kutteln in Rieslingsoße, Nierle mit Bratkartoffeln sowie Zwiebelrostbraten vom Staufer Färsenrind mit Spätzle und buntem Salat vervollständigt. Erwähnenswert ist auch die zarte Rinderzunge in Madeirasoße. Vegetarier*innen finden auf der Speisekarte mindestens drei Gerichte, etwa die Kässpätzle oder auch einen Blumenkohlbratling mit Schupfnudeln und Kürbischutney. Wer eine gute schwäbische Vesper mit Holzofenbrot schätzt, wird ebenfalls begeistert sein. Ein schönes Beispiel aus der Nachtischauswahl: Crème brûlée mit Zitroneneis und Zwetschgenkompott.

Die Weine kommen vorwiegend aus Württemberg. Das Böhringer Bier wird von der Verwandtschaft am Ort gebraut.

→ Böhringen liegt im Biosphärengebiet Schwäbische Alb, Ausflüge nach Bad Urach mit Therme, Wasserfall, Burg und Schloss oder nach Laichingen mit der berühmten Tiefenhöhle bieten sich an.

Reck's Restaurant

Bahnhofstraße 111,
88682 Salem
0 75 53 / 2 01
recks-hotel.de

Größe: 110 Plätze in drei Stuben
Preise: V 9–23, H 25–35, N 6–12 Euro
Kreditkarten: EC, Master, Visa
Öffnungszeiten: Fr–Di 12–14 und 18–22 Uhr; Ruhetage: Mi, Do

Unverfälschter Geschmack bei den drei Schwestern

Salem liegt im Hinterland des Bodensees, eingebettet in eine idyllische Landschaft mit sanften Hügeln und weiten Tälern. Viele Wander- und Radwege erschließen ein Erholungsgebiet von besonderem Reiz. Kloster Salem zählt zu den schönsten Kulturdenkmälern am Bodensee. Die einst mächtige Zisterzienserabtei vereint gotische Würde mit barocker Pracht. Im 19. Jahrhundert machten die Markgrafen von Baden die Klosteranlage zu ihrem Schloss. Wer das Schloss mit seinen Museen und zahlreichen Kunstschätzen besichtigen möchte, kann sich in »Reck's Restaurant« stärken. Den Schwestern Annette, Christine und Alexandra Reck scheint die herzliche Gastlichkeit schon in die Wiege gelegt worden zu sein. Alexandra Reck kocht frisch, regional, saisonal - eine Kombination aus traditionellen Gerichten und neuer Küche. Dabei legt sie Wert auf unverfälschte Grundprodukte. Sie verarbeitet frisches heimisches Wild, Fische vom Bodensee und Obst und Gemüse der Region. Die regionale Küche ergänzt sie mit täglich wechselnden Feinschmeckermenüs.

Die Karte ist überschaubar, auch an vegetarisch lebende Menschen ist gedacht. Als Vorspeise passt ein Carpaccio von Roter Bete mit Ziegenkäse oder die nur im Frühling erhältliche Bärlauchcremesuppe, dazu selbst gebackenes Kartoffelbrot, eine Spezialität in »Recks Restaurant«. Als Hauptspeise gibt es im Frühjahr Spargel mit Kartoffeln, Kratzete* - das sind Eierpfannkuchen -, Sauce hollandaise und Schinken aus dem Schwarzwald oder ein auf den Punkt gebratenes, butterzartes Kalbssteak. Eine weitere Hauptspeise sind zweierlei Fischfilets vom Bodensee auf Blattspinat mit Kartoffeln. Als Nachspeise gibt es eine Passionsfruchtcreme mit frischen Erdbeeren. Die Portionen sind groß bemessen, bei allen Gerichten ist das gute Handwerk der Küche erkennbar.

Die große Weinkarte bietet Weine aus Deutschland und der Region, aber auch internationale Gewächse bekannter Anbaugebiete. Der Service ist freundlich und zuvorkommend.

→ Der nahe Affenberg mit Berberaffen und Damwild, mit dem Karpfenweiher und der Aufzuchtstation für Störche ist einen Besuch wert.

Riehles Rebstock

Lindenstraße 11,
79238 Scherzingen
0 76 64 / 6 05 98
riehles-rebstock.de

Größe: 30 Plätze und im Hinterhof
Preise: Hauptgerichte 10–28 Euro
Kreditkarten: Alle gängigen Karten
Öffnungszeiten: Di–Fr 17–22 Uhr, Sa 12–22 Uhr; Ruhetage So, Mo

Gut gemachte Küche hinter der Bahn

In Scherzingen am Bahnhöfle gab es schon immer herzhafte badische Küche. Nachdem Herr Riehle seinen Gasthof in Ebringen aufgegeben hatte, übernahm er das Restaurant und hat es in »Rebstock« umbenannt. Er ist kein Unbekannter in der Freiburger Gastro-Szene, betrieb er doch über 25 Jahre den »Grünen Baum« in Merzhausen. Nicht nur seine Freiburger Gäste finden nun nach Scherzingen. Sein Küchenmotto gilt nach wie vor: »Es ist gleich viel Arbeit, etwas gut oder schlecht zuzubereiten. Da kannst du es gleich gut machen!« In der Küche arbeitet neben Hans und Ulla Riehle auch Sohn Benedikt. Der Service ist flott, etwas Geduld für die immer frisch gekochten Gerichte sollte mitgebracht werden.

Die kleine Speisekarte wird regelmäßig durch jahreszeitliche Gerichte ergänzt. Die klassischen Gerichte sind behutsam modernisiert und »entfettet«, behalten aber ihren Ursprung und Charme. Auch die unbekannteren Teile des fünften Viertels eines Tierkörpers werden hier verarbeitet, insbesondere gehört die Badische Leber als Spezialität zu den »Rebstock«-Gerichten. Weitere Lieblingskinder der Küche sind die Rinder- oder Schweinebäckle, verschiedene Bratengerichte und jahreszeitlich passend Wild aus einer nahen Jagd, die immer wieder auf der Karte stehen. Auch der Kräuterquark mit Brägele* hat einen festen Platz. Das Geflügel, meistens Maispoularden, kommt aus dem nahen Elsass und wird gekonnt und appetitlich zubereitet.

Die Weinkarte ist regional ausgerichtet und berücksichtigt auch Weingüter vor Ort, das Bier stammt von der Brauerei Waldhaus aus dem Schwarzwald. Im Sommer sitzt man im Hinterhof und lässt sich auch von der nahen Bahnlinie nach Basel nicht aus der Ruhe bringen.

Wenige Meter entfernt kann man vorzügliche Markgräfler Weine verkosten.

Gasthof Adler

Hauptstraße 60,
78144 Schramberg-Tennenbronn
0 77 29 / 9 22 80
adler-tennenbronn.de

Bio

Größe: 80 Plätze im Gastraum
Preise: Hauptgerichte 16–32 Euro
Kreditkarten: EC, Master, Visa
Öffnungszeiten: Mi–Sa 18–21 Uhr; Do–Sa 12–13.30 Uhr; So 11.30–14 und 17–19.30 Uhr; Ruhetage: Mo, Di

Gute Schwarzwaldküche im Tennenbronner Familienbetrieb

Das Traditionshaus »Gasthof Adler« liegt im malerischen Luftkurort Tennenbronn im Schwarzwald, unweit von Schramberg an der Uhrenstraße. 1790 gegründet, wird es in sechster Generation von der Familie Reutlinger geführt. Das gepflegte, großzügig und stilvoll eingerichtete Restaurant hat den Charme eines Schwarzwälder Gasthauses bewahrt. Die Atmosphäre ist gastfreundlich und gemütlich. Thomas Reutlingers Küche ist inspiriert von einer traditionellen, ehrlichen Schwarzwaldküche. Er ist überzeugter Bioland-Partner und verbindet im Restaurant eine regionale und saisonale Küche mit zeitgemäß kreativen Elementen. Die Speisekarte orientiert sich an der Saison und den Verfügbarkeiten aus Feld, Wald und Wiese. Durchgehend werden Gerichte von Rind und Kalb von Tieren aus der Region angeboten; Kalbfleisch wird vom Hof Bogenschütz in Sumpfohren bezogen, Rindfleisch von Arthur Merz in Mundelfingen. Das Wild stammt aus heimischer Jagd, Thomas Reutlinger verarbeitet die Rehe »Nose-to-Tail«. In der Speisekarte wird vorbildlich auf die Herkunft der Ausgangsprodukte hingewiesen.

Steht die rosa gegarte Rehkeule mit Rotkohl und Spätzle auf der Karte, sei sie dem Wildfreund unbedingt empfohlen! Hervorzuheben sind auch das Cordon bleu vom Schwäbisch-Hällischen Landschwein, gefüllt mit Bauernschinken und Käse vom Mooshof oder das Kalbsrahmgulasch mit Spätzle und Salat. Auch ein vegetarisches Menü wird im Adler angeboten.

Die Weinkarte versammelt ausgesuchte Bioweine, vorwiegend aus Baden, aber auch aus Frankreich, Spanien und Italien. Der Service unter Leitung von Christine Reutlinger berät fachkundig und freundlich.

→ Eine Reservierung ist empfehlenswert.

Dem an Architektur und Uhrentechnik Interessierten sei ein Abstecher in das Junghans Terrassenbau Museum in Schramberg empfohlen. Fans alter Autos sollten sich die Autosammlung Steim und das Museum »Auto- und Uhrenwelt Schramberg« ebendort nicht entgehen lassen.

Nahe am »Gasthaus Adler« gelegen, bietet der Biobetrieb Mooshof (Schwarzenbach 271, 78144 Schramberg-Tennenbronn, www.bio-mooshof.de) die Möglichkeit, ausgezeichneten Schwarzwälder Käse aus eigener Herstellung einzukaufen. Ergänzt wird das Angebot von typischen Schwarzwälder Wurstwaren und Speck.

»Wirtschaft« im Landhaus Rössle Veinau

Zeilwiesen 5,
74523 Schwäbisch Hall-Veinau
07 91 / 25 93
roessle-veinau.de

Größe: 40 Plätze in der Gaststube und weitere Räume
Preise: V 9–12, H 13–34, N 8–15 Euro
Kreditkarten: EC
Öffnungszeiten: Mo, Di, Do 17–22 Uhr; Fr, Sa 17–23 Uhr; So 11.30–14 Uhr, Ruhetag: Mi, letzter Sonntag im Monat

Feine Küche im Hohenloher Landgut

Das imposante Anwesen liegt sechs Kilometer nordöstlich von Schwäbisch Hall. Einst war es ein Bauernhof, der der Familie Kunz seit mehr als fünf Jahrhunderten gehört. Das Landhaus ist stattlich, die »Wirtschaft« ein gediegenes Restaurant im eleganten, bäuerlich-bürgerlichen Stil. Ernst Kunz ist Geschäftsführer und auch in der Küche verantwortlich. In der Sternegastronomie ausgebildet, bietet er eine saisonale, bürgerliche Kost der feinen Art. Seit 2021 ist die Küche teil-biozertifiziert, Ernst Kunz unterstützt mit wechselnden Gerichten die Bruderkalbinitiative, eine Initiative Hohenloher Biobauern zur Vermarktung auch männlicher Kälber aus der Milchviehzucht.

Auf der bewusst begrenzten Karte stehen typisch schwäbische oder auch fränkische Gerichte. Ein überzeugender Start ist eine kräftige Rinderbrühe mit Flädle. Erstklassig sind die Wildgerichte wie der Rehrücken mit handgeschabten Spätzle oder die hausgemachten Wildschweinküchle mit Kartoffelsalat und Rahmpilzen. Vom Bruderkalb kommt das zarte echte Wiener Schnitzel mit Petersilienkartoffeln. Sehr gut schmecken auch die vegetarischen Gerichte, wie die Gemüsepfanne mit Schwarzkohl, Karotten und Haller Timberle oder die der Jahreszeit entsprechenden Spargel-Flädle mit cremiger Gemüsesoße. Das Nachtischangebot erschwert eine Wahl, denn der Schokobrownie mit Sommerbeeren und hausgemachtem Sauerrahmeis oder die Variationen vom Hohenloher Apfel zeigen, dass die Küche auch im süßen Fach glänzt.

Die Weine stammen hauptsächlich aus Baden und Württemberg, das Bier aus Schwäbisch-Hall.

→ Sehr sehenswert ist das historische Zentrum von Schwäbisch Hall, besonders lohnenswert ist der Besuch der Würth-Museen.

Unbedingt besuchen sollte man den Samstagsmarkt in Schwäbisch Hall. Ein umfangreiches Sortiment feiner Lebensmittel aus der Region bietet die Bäuerliche Erzeugergemeinschaft in den Markthallen Kornhausscheunen und im Regionalmarkt Wolpertshausen.

Dorfstube im Romantik-Hotel Hirsch

Im Dorf 12,
72820 Sonnenbühl-Erpfingen
0 71 28 / 9 29 10
restaurant-hotel-hirsch.de

Größe: 25 Plätze in der Dorfstube
Preise: Vorspeisen 10–21, H 21–39, N 13–15
Kreditkarten: EC, Amex, Master, Visa
Öffnungszeiten: Mo, Di 18–20.30 Uhr; Mi–So 12–13.30 und 18–20.30 Uhr

Ausgezeichnete Regionalküche auf der Schwäbischen Alb

Das schwäbische Sonnenbühl liegt auf der Hochfläche der Schwäbischen Alb südlich von Reutlingen. Das Romantik-Hotel Hirsch mit dem Sternerestaurant Hirsch und der »Dorfstube« im Ortsteil Erpfingen ist seit 1902 in Familienbesitz. In der rustikalen Dorfstube mit einer Holztäfelung aus dem 19. Jahrhundert wird mit Kerzen und weißen Decken stilvoll eingedeckt. Kulinarisch dominiert die schwäbische Küche. Ob Alblamm, Albschwein, Albwagyu oder Biogemüse vom örtlichen Erzeuger, es wird ausschließlich beste Qualität verarbeitet. Die Küche von Sternekoch Gerd Windhösel ist unbedingt regional verwurzelt. Nicht ohne Grund erhielt er die Auszeichnung »Beste Regionalküche in Baden-Württemberg«. Das Speisenangebot ist saisonal ausgerichtet und wechselt. Der Service unter Leitung von Silke Windhösel ist freundlich und angenehm.

Zuerst wird wunderbares selbst gebackenes Brot gereicht. Als Vorspeisen und Suppe gefallen die Suppen-Terrine Lamm-Nierle süß-sauer vom Münsinger Alblamm mit Apfelwürfeln oder der gebeitzte Lauchertsaibling mit Reibeküchle, gelbe Bete, Birne und Blattsalat sowie die Terrine saure Kutteln vom Rind im Rotweinsud. Sie kann - wie die Sülze – mit Röstkartoffeln auch als Hauptgericht gewählt werden. Als Hauptgang lockt der Dorfstuben-Teller mit paniertem Schnitzel vom Alb-Schwein, Kartoffel-Gurken-Salat mit Radieschen und Blattsalaten. 24 Stunden niedertemperaturgegart sind die Würfel vom Albwagyu in Rotweinsoße mit Älbler Ofengemüse und Kartoffelpüree. Die hausgemachten Hirschwirts schwäbische Maultaschen werden gebraten, mit Zwiebeln geschmelzt und von Blatt- und Kartoffelsalat begleitet, das Ragout vom Älbler Rehbock von geschmelzten Semmelknödeln, Wacholderrahmsoße und Preiselbeeren. Saisonal sind Brust und Keule von der heimischen Ente erhältlich, serviert mit Rotweinsoße, Rotkraut und Kartoffelnudeln. Verlockend sind Vespern wie hauchdünn aufgeschnittener, hausgemachter Pastrami vom Albwagyu mit frischem Meerrettich, Kapern, Landbrot und Butter. Zum Nachtisch überraschen die Mousse von der gelben Bete und weißer Schokolade, eine süße Verführung mit Karamellsoße und Birnenragout oder der warme Grießbrei vom Albemmer mit Karamelleis und süßer Karotte.

Im Weinkeller liegt eine umfangreiche Auswahl interessanter Gewächse wie gereifte Weißweine aus der Region.

Landgasthof Failenschmid

Parkstraße 2,
72813 St. Johann-Gächingen
0 71 22 / 82 87 10
failenschmid.de/landgasthof

Größe: 150 Plätze in den Gasträumen
Preise: Hauptgerichte 15–23 Euro
Kreditkarten: EC
Öffnungszeiten: Do–So 11–21.30 Uhr; Ruhetage: Mo–Mi

Schwäbischer Landgasthof mit Hausschlachtung und Albbüffel

Vor Jahrzehnten pilgerten die Reutlinger und Stuttgarter am Sonntag zum Essen mit anschließendem Spaziergang auf die Schwäbische Alb; manch einer kann von dieser Tradition nicht lassen. Der Weg lohnt sich, auch wenn das Wetter auf der Alb ziemlich rau ist. Das ehemals als Gasthof Hirsch geführte Restaurant mitten im beschaulichen Ortsteil Gächingen, Kreis Reutlingen, gibt es schon seit mehr als 260 Jahren. Jetzt heißt es »Landgasthof Failenschmid«. Das Ambiente ist keineswegs verstaubt: Helle Holzvertäfelungen und rustikale Tische mit frischen Blumen signalisieren schwäbische Gemütlichkeit. Seit 2014 ist der Landgasthof von der Initiative »Schmeck den Süden« zertifiziert, 90 Prozent der Speisen stammen aus der Region. Das Fleisch kommt aus der Hausschlachtung, Maultaschen gibt es erst ab Donnerstag nach dem Schlachten – und den Zwiebelrostbraten gibt es auch nicht immer.

Die Speisekarte bietet schwäbische Klassiker wie Hirnsuppe oder Saure Kutteln vom Albrind. Bei den Hauptgerichten finden sich Tagesangebote wie Saure Nieren mit Bratkartoffeln. Zur Wahl steht außerdem Schmorbraten mit Jägersoße vom Albschwein mit Speck, Zwiebeln und selbst gemachten Spätzle oder der ausgezeichnete Sauerbraten. Bei den Salaten ist der Kartoffelsalat zu loben – schlonzig, wie Schwaben ihn mögen. Vorzüglich auch das Ochsenkotelett vom Grill, das auf dem Holzbrett mit selbst gemachter Kräuterbutter serviert wird. Hier kann man gelegentlich den Albbüffel – dafür ist Failenschmid bekannt – oder das Albleisaschwein probieren. Vegetarisch lebende Menschen kommen nicht zu kurz mit gebratenen Schupfnudeln* mit gemischten Albkräutern und Ehestetter Champignons, dazu ein Salat. Die Teller sind großzügig, von vielen Gerichten werden kleine Portionen angeboten. Kalte und warme Vesper runden das Angebot ab. Wer einen Nachtisch möchte, muss wegen des frühen Küchenschlusses zeitig bestellen.

Regionale Biere wie Albquell und Zwiefalter, alkoholfreie Aperos aus Schlat und eine Weinkarte mit regionalen Tropfen stillen den Durst. Zum Abschluss ausgesuchte Brände und Whiskeys von der Alb.

Im Haus befindet sich die weithin bekannte Metzgerei.

NEU

Zum Löwen

Stuttgarterstraße 1,
71144 Steinenbronn
0 71 57 / 7 05 45 78
loewen-steinenbronn.de

Größe: 70 Plätze in der Löwen-Stube und der Wirtsstube Alte Metzgerei
Preise: V 7–8, H 15–33, N 5–13 Euro
Kreditkarten: Alle gängigen Karten
Öffnungszeiten: Mo, Do 17.30–22 Uhr, Fr, Sa 17.30–22.30 Uhr, So 11.30–14.30 Uhr; Ruhetage: Di, Mi

Schwäbisch. Ehrlich. Echt.

Steinenbronn liegt im Schönbuch, einem fast vollständig bewaldeten Naturpark und damit wichtigen Naherholungsgebiet südwestlich von Stuttgart. Mitten im Ort, an der zum Kreisverkehr umgestalteten Kreuzung, liegt das alte Wirtshaus »Zum Löwen«. Vier junge Leute aus dem Ort, darunter der Koch Marcel Hild, haben dem Löwen seit 2021 ein neues, kräftiges Leben eingehaucht. Die Holztäfelung im Gastraum ist geblieben, doch die einst angeschlossene Metzgerei musste leider weichen. Dadurch ist ein zweiter Gastraum mit Holz und Jagdelementen, durchaus passend zum Schönbuch, entstanden. Der Festsaal im Obergeschoss ist nun als »JeTis Hüttenalm« eine gefragte Eventlocation. Einige Gästezimmer runden das Angebot ab.

In der Nähe von Stuttgart gedeihen Qualitätserzeugerinnen und Qualitätserzeuger und deren Netzwerke. Das ergibt eine schöne Liste der Liefernden mit Entfernungsangaben – beim letzten Besuch begann sie mit 50 Metern zum Lieferanten der Eier. Die Wirtshauskarte bietet schwäbische Klassiker – modern, frisch und jung interpretiert, wie den Wirtshausteller (hausgemachte Maultasche, Fleischküchle, Kalbsbratwurst), Allgäuer Kässpätzle mit Bergkäse und Weißlacker oder natürlich den Schwäbischen Zwiebelrostbraten. Die Spätzle sind selbstverständlich selbst hergestellt, der Kartoffelsalat wird so zubereitet, wie es Marcel Hild von seiner Oma gelernt hat. Die der Saison folgende Karte bietet frisches Gemüse als kreativ zubereitetes Hauptgericht wie die überbackene Zucchini (vegan) oder die Trilogie vom Blumenkohl (vegetarisch), auf Wunsch zusätzlich mit Ziegenkäse von den Käsmachern (13 km) oder mit hausgeräuchertem Speck. Marcel Hild hat zusammen mit seinem Fleischlieferanten, der Metzgerei Schneider aus Freiberg am Neckar (40 km), und einem der Gemüselieferanten, dem Keltenhof von den Fildern (10 km), eine Bratwurst »fifty-fifty« – halb Fleisch, halb Gemüse – entwickelt, mehr als nur ein geschmackvoller Kompromiss.

Erfreulich ist der professionelle und herzliche Service, bemerkenswert die gehobene Weinqualität von befreundeten Winzern im offenen Ausschank.

Landgasthof Rössle

Neuenbürger Straße 1,
75334 Straubenhardt-Conweiler
0 70 82 / 22 27
roessle-conweiler.de

Größe: 110 Plätze im Gastraum
Preise: V 7–12, H 15–28 Euro
Kreditkarten: EC
Öffnungszeiten: Fr–Mi 11.30–15 und 17–22 Uhr; Ruhetag: Do

Traditionsreicher Landgasthof mit eigener Metzgerei

Der »Landgasthof Rössle« von Pia und Max Lamparth liegt an der Pforte zum Nordschwarzwald im Enzkreis. Unübersehbar an der Hauptstraße von Conweiler gelegen, ist er eine lokale Berühmtheit: Der Heimatdichter Wilhelm Ganzhorn soll die Landschaft hinter der Gaststätte erinnert haben, als er sein später zum Volkslied erhobenes Poem »Im schönsten Wiesengrunde« schrieb. Das frühere Panorama ist inzwischen verbaut, die Gäste kommen heute wegen des Essens hierher, das sich sehen und schmecken lassen kann. Seit Generationen in Familienbesitz, pflegt man im Rössle die gediegene schwäbische Kochtradition. Der Weg zu den schlichten Gasträumen führt an der kleinen Familienmetzgerei vorbei, die beim Einkauf auf artgerechte Tierhaltung Wert legt. Die Erwartung an eine solide, deftige Metzgereiküche wird nicht enttäuscht. Das Rössle bekennt sich zur Region. Der Inhaber hat sich dem Verband der Naturparkwirte Nordschwarzwald angeschlossen. Damit geht die Verpflichtung einher, über das ganze Jahr ein Menü und mindestens sechs Gerichte anzubieten, die nur aus im Schwarzwald produzierten Erzeugnissen bestehen.

Als Vorspeise ist die hausgemachte Schweinskopfsülze mit Vinaigrette, als Hauptgang eine geschmorte Schweinshaxe oder Saure Kutteln mit Bratkartoffeln eine gute Wahl. Wer es weniger deftig liebt, liegt mit einem Gurkenrahmsüpple richtig, gefolgt von einem Zwiebelrostbraten. Die Speisekarte lässt keinen Zweifel, dass zu einem ordentlichen schwäbischen Lokal nicht nur selbst gemachte Maultaschen und Leberknödel, sondern unbedingt auch ein Gaisburger Marsch* gehört. Die typische Schwabensuppe wird im Rössle ganz ohne Tütenzutaten oder Geschmacksverstärker gekocht, schließlich hat man ja alles im eigenen (Metzgerei-)Haus, woraus anständige Suppen und Soßen gezogen werden können.

Alpirsbacher Klosterbräu sowie Weine aus den Anbaugebieten Baden und Württemberg stehen auf der Getränkekarte.

→ Reservierungen nur telefonisch

Weinstube Klink

Epplestraße 1C,
70597 Stuttgart
07 11 / 69 34 86 02
weinstubeklink.de

Größe: 30 im Innenraum, 30 im Garten
Preise: V 11–19, H 18–36, N 6–9 Euro
Kreditkarten: EC, Debit
Öffnungszeiten: Mo–Fr 18–23 Uhr; Ruhetage: Sa, So

Hinterhofidyll am Kesselrand

Direkt an der U-Bahn-Station Degerloch, wo die viel befahrene Löffelstraße zur Oberen Weinsteige wird, befindet sich die Weinstube Klink. Gut versteckt, fast nur von Eingeweihten zu finden, liegt der unscheinbare Eingang im Hinterhof eines Versicherungsbüros. Man erreicht ihn durch eine Häuserlücke. Die traditionelle Weinstube wurde im Inneren dezent mit Leuchten und kleineren Deko- und Einrichtungsgegenständen aufgefrischt. Der kleine Garten abseits des Straßentrubels läd wunderbar zum Verweilen ein - eine schnelle Entschleunigung in einer anderen Welt. Als Geschäftsführer und Küchenchef ist Thomas Brenner verantwortlich, zumeist nur als Zwei-Mann-Betrieb, zusammen mit der guten Seele Kosta im Service. Auch Frau und Schwager unterstützen bei erhöhtem Gastaufkommen.

Das vielseitige und dennoch übersichtliche Speisenangebot wird auf Schiefertafeln präsentiert. Ein wichtiger Grundsatz der Weinstube Klink ist, dass hier weitgehend alles hand- und selbstgemacht ist. Auch der Nudelteig für die Maultaschen entsteht in der eigenen Küche. Die Maultaschen nach weiterentwickeltem Hausfrauenrezept kommen geschmelzt mit klassischem schwäbischen Kartoffelsalat. Die Kartoffeln werden vom Bio-Hof Binder aus dem Schönbuch bezogen, wie auch der Ziegenfrischkäse, der gratiniert und mit lauwarmem Gemüsesalat bei den Vorspeisen einen herrlichen Auftakt bildet. Alle Fleisch- und Wurstwaren kommen von der Bäuerlichen Erzeugergemeinschaft Schwäbisch Hall und werden von Thomas Brenner an deren Markthallenstand ausgesucht, das Gemüse und weitere Produkte werden auf dem Stuttgarter Wochenmarkt eingekauft. Die verlässlichen Klassiker wie das panierte Schnitzel vom Schwäbisch-Hällischen Landschwein mit Kartoffel-Blattsalat, der Zwiebelrostbraten mit Röstkartoffeln und Spitzkraut aus dem Ofen oder die schon erwähnten Maultaschen werden durch saisonale Gerichte ergänzt. Das Regionale wird gekonnt mit leicht mediterranen Einflüssen kombiniert, so gefällt auch der rosa gebratene Kalbstafelspitz mit Schalotten und Artischocke auf Trüffeljus. Dazu gibt es Spätzle vom Brett - also handgeschabt.

Auf der Weinkarte dominieren die regionalen Tropfen, von der Winzerelite bis hin zu aufstrebenden Jungwinzer*innen.

Lamm Feuerbach

Mühlstraße 24,
70469 Stuttgart
07 11 / 8 82 26 22
lamm-feuerbach.de

Größe: 36 Plätze im Restaurant
Preise: V 6–9, H 16–25 Euro
Kreditkarten: EC
Öffnungszeiten: Mi–Sa 18–21 Uhr;
Ruhetage: So, Mo, Di, Feiertag

Aus Liebe zur Kochkunst

Der Stuttgarter Vorort Feuerbach ist durch große Arbeitgeber überregional bekannt. Doch sind hier nicht nur technische, sondern auch kulinarische Errungenschaften zu vermelden. Ein hervorragendes Beispiel ist das »Lamm Feuerbach«. Im heimeligen Gastraum bezeugen zahlreiche Koch- und Weinbücher eine ausgeprägte Liebe zur Kochkunst. Die junge Dame im Service ist von einnehmender Freundlichkeit. Brigitte Idler, ihre Mutter, stemmt die Arbeit in der Küche alleine. Im »Lamm« werden die täglich wechselnden Gerichte auf einer Schiefertafel präsentiert. Die Wertschätzung der Köchin für Schmorgerichte ist unübersehbar. Fleisch bezieht sie von einem regionalen Händler, Gemüse kommt aus dem Ort.

Auf der Tafel stehen eine Suppe, ein Salat, vier Hauptgerichte und ein Nachtisch. Zunächst wird eine leichte Flädlesuppe mit butterzarten Flädle serviert. Das Kalbsschnitzel wird mit perfekten Spätzle und einer milden Morchelsoße serviert. Der zarte Kalbstafelspitz wird meist von Meerrettich begleitet. Er wird zudem mit einer raffinierten Schnittlauchsoße aufgetragen, die gut zu den krossen Bratkartoffeln passt. Die saftigen Kalbfleischküchle sind dezent gewürzt und harmonieren mit der delikaten Bratensoße. Dazu gibt es Petersilienkartoffeln und knackig-frisches Bohnengemüse. Der traditionelle Nachtischteller vereint Himbeersorbet mit Orangenlikör, Erdbeerspalten, Sauerrahmeis, Crème brûlée und Rhabarberkuchen. Donnerstags gibt es ausschließlich Maultaschen, Brühe und Kartoffelsalat. Stammgäste lassen sich die Idler-Maultaschen nicht entgehen. Das gilt für den traditionellen Gaisburger Marsch* ebenso.

Die Weinkarte offeriert zahlreiche offene Weine aus Württemberg und Baden. Auch Spitzenwinzer aus der Pfalz sind vertreten.

Speisekammer West

Rosenbergstraße 89,
70193 Stuttgart
07 11 / 93 59 06 22
speisekammer-west.de

Bio

Größe: 45 Plätze im Gastraum, 32 im Außenbereich
Preise: V 9–17, H 23–39, N 12–15 Euro
Kreditkarten: Alle gängigen Karten
Öffnungszeiten: Mo–Fr, 11.30–14.30 Uhr und 17–23 Uhr; Sa 17–23 Uhr; Ruhetage: So, Feiertag

Saisonales und Regionales frisch aus der Speisekammer

Die »Speisekammer West« wurde als typische Stuttgarter Eckwirtschaft zeitgemäß weiterentwickelt: Die dicht besiedelte Nachbarschaft möchte gut speisen und, wie der Schwabe sagt, »was Rechts« zu sich nehmen. Es gibt viele Zweiertische, an denen allein oder zu zweit die Dinge des Tages durchdacht werden. Die großen Fenster erzeugen eine gewisse Öffentlichkeit, eine Integration in das Flair des Stuttgarter Westens. Der Raum ist hell, hat zwei Ebenen und ist ein wenig hellhörig. Die »Speisekammer West« versteht sich als Küche, die ihren Gästen saisonale und regionale Produkte ohne industrielle Geschmacksverstärker und ohne künstliche Zusatzstoffe anbietet. Alle Lieferant*innen sind aufgeführt, ohne Ausnahme aus der Region.

Als Gruß aus der Küche kommt ein Kürbisaufstrich mit Curry. Es folgt eine Grießklößchensuppe, in der dunklen, kräftigen, nicht überwürzten Brühe schwimmen längliche Klößchen. Sehr fein sind die Kürbisravioli mit Salbeibutter und Pinienkernen. Der süßliche Ackersalat mit karamellisierten Nüssen und Roter Bete ist einladend angerichtet. Die Maultaschen sind nicht zu fleischig, mit köstlich geschmelzten Zwiebeln und einem Salat mit knackigen Linsen. Das Skuddenlammragout aus der ältesten deutschen Schafrasse ist dunkel, aromatisch und hat Biss, dazu werden angebratene Serviettenknödel und blanchiertes Gemüse der Saison gereicht: Einschließlich der Soße ist das Gericht gut und würzig. Der Rostbraten vom Albrand mit Spätzle wird überzeugend gut und klassisch ohne Schnickschnack serviert. Den Schlussakkord geben Quittenstreusel, lauwarmer Schokoladenkuchen, Quarkkrapfen oder die Käseauswahl.

Bei den Weinen überwiegen süddeutsche Etiketten. Neben bewährten Klassikern fallen Neuzüchtungen wie Acolon und Cabernet Dorsa auf. Die Bedienung ist umsichtig und kompetent.

Gasthaus Schwanen

Talstraße 9,
79780 Stühlingen-Schwaningen
0 77 44 / 51 77
gasthaus-schwanen.de

Größe: 80 Plätze im Gastraum und Biergarten
Preise: Hauptgerichte 13–26 Euro
Kreditkarten: Alle gängigen Karten
Öffnungszeiten: Mo, Di, Fr, Sa 17–23 Uhr; So 12–14.30 und 17–20 Uhr; Ruhetage: April–Okt, Mi, Do; Nov–März, Di–Do

Perfekte Einkehr nach der Fahrt mit der Sauschwänzlebahn

Die Stadt Stühlingen, deren Ortsteil Schwaningen ist, liegt in der Ferienregion Südschwarzwald unweit der Schweizer Grenze. Das »Gasthaus Schwanen« wird schon in der dritten Generation von Familie Wekerle betrieben. Der Restaurantfachfrau Alexandra Wekerle gelingt es, mit Liebe zum Detail und Antiquitäten, Kuriositäten und Schwänen in jeglicher Form ein gepflegtes nostalgisches Flair in die Gaststube zu bringen. Beständige Qualität mit frischen Produkten ist im »Schwanen« wichtiger als flüchtige Moden, das belegen etliche Auszeichnungen. In der Küche ist Markus Wekerle in seinem Element, er ist Koch aus Leidenschaft. Die Speisekarte wird von sorgfältig ausgewählten Zutaten der Region, der eigenen Jagd und den Jahreszeiten bestimmt. Typische badische Gerichte wechseln mit Ausflügen in die internationale Küche.

Als Hauptgericht werden Kalbskutteln mit Borlottibohnen, Knoblauch, gerösteten Kartoffelscheiben und Pecorino überbacken serviert. Aus der eigenen Jagd wird ein Rehschnitzel aus der Keule an Holunder-Pfeffer-Soße, dazu Landbrotknödelscheiben und Marktgemüse aufgetischt. Vegetarier*innen kommen mit Wellendinger Dinkelküchle mit Gemüse vom Markt auf ihre Kosten.

Wer nach dem Essen gern ein Schnäpsle trinkt, sollte aus der eigenen Schnapswerkstatt einen Muskateller- oder einen Quittenbrand versuchen. Schöner Biergarten.

→ Im Sommer ist eine Fahrt mit der Sauschwänzlebahn für Jung und Alt ein Erlebnis.

Landgasthof Rebstock

Hauptstraße 77,
79295 Sulzburg
0 76 34 / 50 31 40
kellers-rebstock.de

Größe: 95 Plätze im Gastraum, 30 auf der Terrasse
Preise: Hauptgerichte 9–29 Euro
Kreditkarten: EC
Öffnungszeiten: Mo, Di, Do–Sa 12–14.30 und 18–23 Uhr; Ruhetage: Mi, So

Fein Geschmortes und Aloha-Spirit im malerischen Sulzburg

Das historische Gebäude des »Landgasthofs Rebstock« im Herzen Sulzburgs im Markgräflerland ist vermutlich ein altes Handelshaus, 1373 erstmals als »Schänke zum oberen Tor« erwähnt. In seiner heutigen Form ist der Landgasthof im späten 18. Jahrhundert entstanden. Seit einem Jahrzehnt ist neues Leben in den Gasthof eingekehrt. Nach Lehr- und Wanderjahren in der »Traube Tonbach«, auf Hawaii und bei weiteren guten Adressen ist Christoph Keller zurückgekehrt; seine Familie hat den »Rebstock« übernommen und aufwendig renoviert. Keller bietet in der gemütlichen, stilvoll und hell eingerichteten Gaststube schmackhaftes, naturnahes Essen. Die Karte ändert sich vierteljährlich mit der Saison und spiegelt die Vielfalt der Region. Die Produkte werden regional eingekauft, das Gemüse kommt aus dem Markgräfler Land.

Markgräfler Spargel nimmt im Frühjahr einen wichtigen Platz auf der Karte ein, Wildgerichte aus heimischer Jagd im Spätjahr, wie der Rehrücken in Ingwer-Bitterschokoladen-Soße mit Spätzle. Das panierte Schnitzel, das mit hausgemachten Spätzle und Salat serviert wird, stammt vom heimischen Freilandschwein. Bekannt ist Keller für seine Schmorgerichte. Dazu gehören der Schweinebraten, die Milchkalbschulter, aber auch die Kalbsbrustschnitten. Die Salate sind auch visuell immer ein Genuss, da sie häufig um Blüten und Kräuter ergänzt werden. Vegetarisch orientierte Gäste genießen den gebackenen Bioziegenfrischkäse vom Ringlihof im Sesam-Knuspermantel auf Ratatouillegemüse mit Gnocchi oder ein Safranrisotto.

Als Digestif beruhigt ein feiner Zibärtlebrand. Die umfangreiche, auffallend fair kalkulierte Weinkarte gibt den Markgräfler Weingütern breiten Raum, die Kollegen des Kaiserstuhls sind ebenfalls gut vertreten. Auch das Angebot offener Weine ist angemessen. Frau Keller, die den Service führt, berät gern.

Bioweine gibt es im nahe gelegenen Heitersheim.

Distelhäuser Brauhaus

Grünsfelder Straße 3,
97941 Tauberbischofsheim-Distelhausen
0 93 41 / 80 58 20
distelhaeuser-brauhaus.de

Größe: 54 Plätze im Restaurant, dazu die Gartenterrasse
Preise: mittags (nur Anm.) 10, 14–17 Uhr 9–17, abends V 6–13, H 15 –21, N 8 Euro
Kreditkarten: EC, Visa
Öffnungszeiten: Di–So 12–22 Uhr; Mittagstisch Di–Do 12–14 Uhr nach vorheriger Reservierung; Ruhetag: Mo

Brauereigaststätte mit guter Regionalküche

Das zeitgenössisch-elegante Ambiente des »Brauhauses« ist eingebaut in die alte Füllerei der Distelhäuser Brauerei. Auf der kleinen Terrasse lässt sich die Sonne genießen und die Betriebsamkeit der Brauerei betrachten. Brauerei und Brauereigasthaus werden nach gleichen Grundsätzen geführt: Qualität aus der Region. Küchenchef Markus Ruppert verwöhnt mit präzise gekochten regionalen Rezepten. Die Zutaten und Rohstoffe kommen von lokalen Erzeugerinnen und Erzeugern. Zur Mittagszeit werden deftige regionale Spezialitäten angeboten.

Den Anfang macht eine Tafelspitzbouillon mit Flädle oder eine Kartoffelsuppe mit gebratener Blutwurst. Als Hauptgerichte gefallen der geschmorte Färsenschaufelbug mit Rotweinschalotten-Sauce, Spitzkohl und hausgemachten Spätzle oder die Fleischpflanzerl vom Kalb mit Biersenf-Rahmsauce und Kräuter-Kartoffel-Püree. Für den kleinen Hunger bietet die Bier-Bratwurst mit Sauerkraut die richtige Alternative. Samstags gibt es Schweinshaxe mit Weißbier-Kümmelsauce, Krautsalat und Bauernbrot. Auch der Sauerbraten mit Winterbock-Essig-Schalottensoße auf einem cremigen Petersilien-Kartoffelpüree ist einen Versuch wert. Wer es vegetarisch mag, hat Spaß an den Grünkernplätzchen* mit Balsamicosoße, Paprikapesto und Blattsalaten. Als Nachtisch empfehlen sich Ofenschlupfer* und das Halbgefrorene von weißer und dunkler Schokolade mit eingemachten Sauerkirschen gleichermaßen.

Auf der Getränkekarte stehen die preisgekrönten Biere der Distelhäuser Brauerei. Außergewöhnlich sind die Empfehlungen des Biersommeliers zu den Speisen. Kleine Weinauswahl von der Becksteiner Genossenschaft, aus dem Fränkischen Taubertal und dem Markgräflerland.

➜ Radtouren entlang des Taubertalradwegs im unteren Taubertal zwischen Werbach und Wertheim sind sehr empfehlenswert.

Das Weingut Schlör in Wertheim-Reicholsheim erzeugt herausragende Weiß- und Rotweine aus den Taubertäler Lagen.

Brauerei und Gasthof zur Krone

Bärenplatz 7,
88069 Tettnang
0 75 42 / 74 52
krone-tettnang.de

Größe: 54 Plätze in der Bierstube
Preise: V 6–13, H 16–29, V 5–8 Euro
Kreditkarten: EC, Master, Visa
Öffnungszeiten: Mi–Sa 11.30–14 und 17–22 Uhr; So 11.30–14 und 17–21.30 Uhr; Ruhetag: Mo, Di

Schwäbisches mit Liebe und Sorgfalt

Am Bärenplatz im Herzen der Hopfenstadt Tettnang liegt der traditionelle »Brauerei-Gasthof zur Krone«. Das Herz des Gasthofs ist die seit 1934 unveränderte altschwäbische Bierstube. Bemerkenswert sind die Schnitzereien der Lampen und die Darstellung der Handwerkszünfte. Die handwerkliche Kronen-Brauerei ist seit sieben Generationen im Besitz der Familie Tauscher; das Bierbrauen wird vom Vater auf den Sohn vererbt. 1993 wurde erstmals Biobier gebraut. Die Gäste schätzen die feine schwäbische Küche, die mit Liebe und Sorgfalt zubereitet wird. Viele regionale Produkte und das jahreszeitliche Angebot bestimmen die Karte und das preiswerte Tagesessen. Bemerkenswert ist das reiche Vesperangebot.

Die Speisekarte versammelt schwäbische Spezialitäten nach alten Rezepten in handwerklicher Tradition. Berühmt ist der Tettnanger Salat. Als Vorspeise bietet sich eine Flädlesuppe* oder die geschmelzte Maultaschensuppe an. Bei den Hauptgerichten erfreuen hausgemachte Maultaschen, mit Zwiebeln geschmelzt und einem Salat oder die Sauren Linsen mit Saitenwürstle* und hausgemachten Spätzle. Urschwäbische Gerichte sind die Sauren Kutteln mit Bratkartoffeln ebenso wie das Tellerfleisch aus dem Sud mit Gemüsestreifen, frisch geriebenem Meerrettich und Bratkartoffeln. Zu den Klassikern zählen der Schwäbische Rostbraten mit gedämpften Zwiebeln, handg'schabten Spätzle und Salat und, nicht zu vergessen, die geschmorten Schweinebäckchen. Als Nachtisch lockt der Ofenschlupfer* mit Biovanilleeis vom nahen Illmensee. Wie in alten Zeiten gibt es dienstags und mittwochs schlachtfrische Leber und Nierle. Mit etwas Glück steht auf der Tageskarte ein Katzagschroi – das sind Kartoffeln, Rindfleisch, Zwiebeln und Ei gebraten, dazu grüner Salat.

Kronenbier, frisch aus dem Brauereikeller und in Tonkrügen ausgeschenkt, ist der beliebteste Durstlöscher.

Dorfgasthaus »dasrößle«

Im Dürracker 3,
79674 Todtnau-Geschwend
0 76 71 / 9 92 54 46
dasroessle.de

Größe: 53 Plätze in zwei Gasträumen, 45 im Garten
Preise: V 6–10, H 17–29 Euro
Kreditkarten: EC
Öffnungszeiten: Mi–Fr 11.30–14 und 17.30–20.45 Uhr; dazwischen Vesperkarte; Ruhetage: Mo, Di

Badische Köstlichkeiten im historischen Baudenkmal

Das Schwarzwalddorf Geschwend mit seinen 15 noch bewirtschafteten Schwarzwaldhöfen ermöglicht historische Eindrücke im Herzen der Belchen-Feldberg-Region des Südschwarzwalds. Das genossenschaftliche Dorfgasthaus »dasrößle« ist ein historisches Baudenkmal aus dem Jahr 1773, das vollständig renoviert 2013 wiedereröffnet wurde; die Genossenschaftler stammen hauptsächlich aus dem Dorf. Die Wand- und Deckenverkleidungen sind original erhalten, Kenner schätzen das traditionelle Mobiliar. Der Kulturverein »dasrößle e. V.« bespielt die urige Gaststube mit einem vielfältigen Veranstaltungsprogramm: Jetzt springt es wieder, das Rössle. Aus der Küche schickt Chefkoch Michael Spitz frisch zubereitete, schmackhafte badische Gerichte. Die Lieferanten und Lieferantinnen kommen alle aus der Umgebung, das Rindfleisch vom Naturpark Südschwarzwald, wo ein Slow-Food-Arche-Passagier, das Hinterwälder Rind, Fleisch in Bioqualität liefert. Aufmerksamkeit verdienen die kulinarischen Wochenaktionen.

Als Vorspeise belebt die knackig-bunte Salatvariation mit geräuchertem Hirschschinken. Das »Rößle-Spezial« vom Rindvieh sind Oxefetze (Rindfleischstücke) an dunkler Zwiebel-Bier-Soße mit selbstgemachten Spätzle. Auch Suuri Leberli (saure Leber) mit Brägel* ist ein vertrautes badisches Gericht. Angeboten werden vegetarische, laktosefreie, glutenfreie sowie vegane Gerichte. In vielen Fällen sind kleine Portionen bestellbar.

Auf der Weinkarte stehen Güter des Markgräflerlands, das frisch gezapfte Bier kommt aus dem Hotzenwald von der Brauerei Waldhaus. Der freundliche Service ist aufmerksam und unaufdringlich.

→ Durch seine Lage zwischen den höchsten Schwarzwaldbergen bietet Geschwend vielseitige Wander-, Rad- und Mountainbikerouten.

der Waldfrieden

Dorfstraße 8,
79674 Todtnau-Herrenschwand
0 76 74 / 92 09 30
derwaldfrieden.de

Größe: 90 Plätze im Gastraum, 25 auf der Terrasse.
Preise: Hauptgerichte 16–30 Euro; Drei-Gänge-Menü ab 36 Euro
Kreditkarten: EC, Maestro, Visa
Öffnungszeiten: Mi–So 12–14, zwischendurch Vesperkarte und Kuchen, 18–21 Uhr; Ruhetage: Mo, Di
für Hotelgäste durchgehend geöffnet

Natürlich-ehrliche Küche mit Ambitionen

Auf einem Hochplateau mitten im Hochschwarzwald liegt das Naturparkhotel »der Waldfrieden« der Familie Hupfer mit dazugehörigem Restaurant. Das Haus hat eine lange Tradition, das Wort Familie wird großgeschrieben, dennoch wird immer wieder Neues gewagt. Die Architektur ist raffiniert-modern, Lichtführung und Naturelemente »erden« und werden als angenehm empfunden. Es gibt keinen Handyempfang. Den regionalen Anker erkennt man an vielen Lieferanten und Lieferantinnen, die auch in der Speisekarte genannt werden. Dazu zählen die einheimischen Jägerinnen und Jäger, die Chäs-Kuchi aus Schopfheim-Gersbach, aber auch Biohöfe für den Kaiserstühler Spargel. Als zertifiziertes Naturparkhotel wird das Thema Nachhaltigkeit betont. Volker Hupfer und sein Küchen-Team vereinen Rezepte aus Tradition mit der Raffinesse und dem Händchen für den besonderen Geschmack. Gewürze und Aromen gekonnt vereint, werden aus feinen, regionalen Produkten Erlebnisse für den Gaumen. Die Küche von Volker Hupfer kann als natürlich und ehrlich beschrieben werden, hat aber durchaus Ambitionen. Die Teller sind durchweg attraktiv angerichtet.

Die Saisonalität und Regionalität stehen im Vordergrund, wie in der Spargelsaison verschiedene Variationen des Stangengemüses, ob klassisch als Spargel mit Kratzede* oder auch mit einem Entrecôte vom Weiderind, abgerundet mit Kräutern aus dem heimischen Garten. Für Fischliebhaber ist das legierte Süppchen von der Bachforelle ein Leckerbissen. Eine typische Vorspeise ist das Carpaccio vom regionalen Weiderind mit Bockshornklee. Ein herausragender Hauptgang: Feines vom Todtmooser Lamm mit Rosmarinjus, Blattspinat und Kartoffelgratin.

Viele passende Getränke und Weine vom Kaiserstuhl und Tuniberg, der Ortenau und natürlich vom nahen Markgräflerland begleiten die Speisen. Der freundliche Service ist aufmerksam und unaufdringlich.

→ Herrenschwand, ein nach Süden offenes Hochplateau auf 1020 m Höhe, fernab jeglicher Durchgangsstraßen, ist ein Idealer Ausgangspunkt für kleine Spaziergänge oder große Wanderungen: tolle Aussicht, Sonne, großartige Natur und absolute Ruhe. Die Lage im Dreiländereck Schwarzwald, Schweiz und Elsass macht Herrenschwand auch zum interessanten Ausgangspunkt für Ausflüge in die nähere und weitere Umgebung.

Gasthaus Tanne

Alter Weg 4,
79677 Tunau
0 76 73 / 3 10
tanne-tunau.de

Größe: 40 Plätze im Restaurant, 25 im Obstgarten
Preise: Hauptgerichte 18–32 Euro
Kreditkarten: EC, Master, Visa
Öffnungszeiten: Fr–Sa 17–22 Uhr; So 12–14 und 17–22 Uhr; Ruhetage: Mo–Do; für Hotelgäste durchgehend geöffnet

Überzeugende Küche im Biosphärengebiet

Das »Gasthaus Tanne« liegt in der kleinen Gemeinde Tunau auf 734 Meter Höhe mitten im Biosphärengebiet des Schwarzwalds oberhalb des Städtchens Schönau. Schon sein Anblick beeindruckt: Im über 400 Jahre alten, imposanten, schindelgedeckten Schwarzwaldhaus mit Glockentürmchen sind das Restaurant und einige Gästezimmer untergebracht. Im Sommer laden urige Holzbänke und Tische im Obstgarten zur Einkehr. Das gemütliche Haus ist mit dem ursprünglichen Mobiliar ausgestattet, geschnitzte Stühle, rustikale Tische und ein großer Kachelofen empfangen die Gäste. Wände und Simse sind mit originalen Schwarzwälder Utensilien dekoriert: Ein Bollenhut und die Skier des Skispringers Sven Hannawald grüßen von der Wand. Gespannte Aufmerksamkeit weckt der Spirituosenschrank mit ausgesuchten Edelbränden. Inhaber Claus Ruch hat nach langen Jahren als Koch, hauptsächlich in der Schweiz, den Weg nach Tunau zurückgefunden und den Familienbetrieb übernommen.

Die Speisekarte ist erfreulich überschaubar. Besonders zu empfehlen sind die Wildgerichte. Das Fleisch für das Rehschnitzel mit Holunderrahmsoße, Apfelrotkohl und hausgemachten Knöpfle bringen heimische Jägerinnen und Jäger in die Küche. Im Frühling gibt es Gitzi-Keule mit Kräutern, Kartoffelbrei und Gemüse. Gitzi sind Zicklein; sie stammen aus dem Dorf. Sehr schmackhaft ist der Lammrücken mit Oliven und Thymian, begleitet von Kartoffelgratin, Gemüse und Salat. Das Lammfleisch wird aus dem nahen Elsass bezogen, Rind und Schwein von umliegenden Bauern oder vom Metzger in Schönau. Forellen kommen frisch aus einem zehn Kilometer entfernten Weiher. Eine Frühlingsspezialität sind die Bärlauchgerichte. Als süßen Schlusspunkt sind marinierte Erdbeeren mit weißer Mousse au Chocolat zu empfehlen.

Die Weinkarte ist gut sortiert, die Weißweine kommen ausschließlich aus Baden.

Restaurant Rindenmühle

Am Kneippbad 9,
78052 Villingen-Schwenningen
0 77 21 / 8 86 80
rindenmuehle.de

Größe: 45 Plätze im Restaurant
Preise: V 6–24, H 29–52, N 8–17 Euro
Kreditkarten: EC, Amex, Master, Visa
Öffnungszeiten: Di–Sa, Feiertag 12–14.30 und 18–22.30 Uhr; Ruhetage: So, Mo

Raffinierte Genüsse – die Natur schreibt die Karte

Mit dem Einstieg von Dominik und Michael Weißer ist die Zukunft des Villinger Traditionsrestaurants »Rindenmühle« gesichert. Das Hotel befindet sich in reizvoller Randlage mit tollen Wandermöglichkeiten in nächster Umgebung. Im Restaurant wie auf der einladenden Sommerterrasse ist die Atmosphäre gepflegt und stimmig – zum Wohlfühlen. Auf der Karte findet man Produkte der Umgebung und einen Mix aus regionalen und internationalen Gerichten. Die Speisen variieren nach den Jahreszeiten. Wild kommt von der Hammereisenbacher Jagd, Käse vom Mooshof in Tennenbronn und der Ziegenkäse Monte Ziego aus dem Schuttertal. Brot wird von der Bäckerei Beha in Villingen, der Biospargel von Landmann am Tuniberg bezogen, das Gemüse stammt von der Insel Reichenau und wird über die Firma Blessing in Villingen eingekauft. Eier liefert der Dieterlehof in Gremmelsbach, Fleisch die Metzgerei Gür in Pfaffenweiler und der Villinger Schlachthof; außerdem bedienen sich die Rindenmüllers aus dem eigenen Garten.

Die Speisekarte präsentiert sich übersichtlich und präzise mit regionaltypischen Gerichten. Im Oktober überzeugen die Consommé von Krustentier und Tomate und der Cappuccino von Steinpilzen aus heimischen Wäldern. Als Hauptgerichte sei auf den Rücken vom Vorderwälder Kalb mit Kartoffel-Steinpilz-Kruste, Burgunderjus, Steinpilz-Rahmwirsing und Serviettenknödel oder das rosa gebratene Roastbeef vom Weiderind mit Trüffeljus, zweierlei Sellerie und Kartoffelrösti hingewiesen. Die offene Lasagne von Spinat Blinis, Höri-Bülle, Kartoffel, Möhre und Roquefort ist vegetarisch.

Die Getränkekarte bietet Biomineralwasser aus Bad Dürrheim, selbstgemachten Apfelsaft, regionale Biersorten und eine präzise Weinauswahl mit Schwerpunkt Baden. Hochwertige Weine auch im offenen Ausschank.

→ Ein Besuch der Villinger Innenstadt mit ihrer fast vollständig erhaltenen Stadtmauer und dem Villinger Münster ist zu empfehlen. Besonders schön ist der Villinger Wochenmarkt auf dem Münsterplatz (Samstag vormittags, im Sommer auch Mittwoch vormittags) mit köstlichen Produkten von der Baar, dem Schwarzwald, dem Bodensee und vielem anderen mehr.

Die Fischveredlung Hug aus Unterkirnach präsentiert am Mittwoch- und Samstagvormittag auf dem Villinger Wochenmarkt und am Freitag vormittag auf dem Donaueschinger Wochenmarkt ihre Produkte. Verarbeitet werden die ausgezeichneten Forellen der Fischzucht Lohmühle aus Alpirsbach. Neben feinen Fischpasteten sind auch frische und frisch geräucherte Schwarzwaldforellen erhältlich.

Gasthaus zum Kaiserstuhl

Niederrotweil 4,
79235 Vogtsburg im Kaiserstuhl
0 76 62 / 2 37
gasthaus-zum-kaiserstuhl.de

Größe: 20 Plätze im Gastraum und Außenbereich
Preise: Hauptgerichte 12–29 Euro
Kreditkarten: EC, Visa
Öffnungszeiten: Di–Sa 12–14 und 18–20 Uhr; So 12–14 Uhr; Ruhetag: Mo

Feine, gehobene Küche beim Kräuterkoch vom Kaiserstuhl

Das familiär geführte »Gasthaus zum Kaiserstuhl«, 30 Kilometer von Freiburg entfernt, ist ein für den Kaiserstuhl klassisches Wirtshaus. Küchenchef und Inhaber Lothar Koch hat es von seinen Eltern übernommen. Er begrüßt seine Gäste mit dem Spruch »Willkommen im kleinsten Gasthaus am Kaiserstuhl mit Speisen aus Wald, Wiese und Garten«. In der Gaststube stehen sechs Tische, ebenso viele im Sommergarten unterm Birnbaum. Je nach Wetterlage wird drinnen oder draußen serviert. Das beschränkte Platzangebot wird durch einen perfekten Abholservice ergänzt. Die feine, gehobene Küche von Lothar Koch steht im Zeichen einer kreativen Kräuterküche und ist kompromisslos saisonal und regional geprägt. Der von der ganzen Familie liebevoll gepflegte Kräutergarten direkt am Haus liefert täglich frische Zutaten. Die Speisekarte wird von der Jahreszeit bestimmt, die Angebote von Jäger*innen, regionalen Produzent*innnen und aus der Natur sorgen für beständigen Wechsel. Käse kommt aus dem nahen Elsass; Angusrind, Ziegen- und Lammfleisch liefern umliegende Bauernhöfe. Wird ein Reh erlegt, steht Rehbraten auf der Karte.

Blüten und Kräuter bieten je nach Saison ungewöhnliche optische und geschmackliche Erlebnisse auf hohem Niveau. Im Frühling gibt es Wiesenlöwenzahnsalat nach altem Hausrezept oder St. Peterler Milchgeislebraten. Auch Gänseblümchen und Schafgarbe, Waldmeister, Taubnessel und Veilchen finden Verwendung. Gelegentlich gibt es frische Rinderleber mit Brägele*. Dazu backt Walburga Koch täglich Brot und sammelt Pilze und Wildkräuter.

Die Getränkekarte bietet mehr als 120 exzellente badische Weine von Erzeugern des Kaiserstuhls und des Tunibergs. Der freundliche, unaufdringliche Service trägt zur persönlichen Atmosphäre dieses nur äußerlich einfachen Gasthauses bei.

→ Mehrmals im Jahr bietet der Wirt ein Weinmenü an, das im historischen Gewölbekeller beginnt. Zum Sieben-Gänge-Menü stellen Kaiserstühler Winzer ihre Weine vor.

Ein Besuch der Kirche St. Michael mit dem Hochaltar des Meisters HL lohnt sich immer.

Winzerhaus Rebstock

Badbergstraße 22,
79235 Vogtsburg im
Kaiserstuhl-Oberbergen
0 76 62 / 93 30 11
franz-keller.de/
winzerhaus-rebstock

Größe: 50 Plätze im Gastraum, Innenhof
Preise: Hauptgerichte 9–20 Euro
Kreditkarten: Alle gängigen Karten
Öffnungszeiten: Mi–So, Feiertag
12–22 Uhr; Mi–Sa 14–17 Uhr kleine Karte;
Ruhetage: Mo, Di

Badisch-elsässische Küche mit Kaiserstühler Charme

Das fast 200 Jahre alte Wirtshaus mit seinem verwinkelten Innenhof verfügt über einen holzgetäfelten Gastraum und blanke Holztische. Im Nebenzimmer hängt das Originaltrikot des 1954er-Fußballweltmeisters Helmut »Boss« Rahn. Nach sensibler Renovierung hat das Restaurant den Charme einer Dorfgaststätte behalten. Die Gerichte sind bodenständig, ohne rustikal zu wirken; es wird badisch-elsässisch gekocht. Die Produkte werden zusammen mit dem Sternerestaurant »Schwarzer Adler« in der Region und damit auch aus dem Elsass beschafft. Spezialität ist in der Spargelzeit der kondomfreie Spargel aus dem Elsass, der ohne Plastikabdeckung wachsen darf. Patron Fritz Keller legt Wert auf Kaiserstühler Charme. Und: Im Nebenzimmer werden alle wichtigen Fußballspiele übertragen, schließlich war er Präsident des Freiburger SC und des DFB. Der »Rebstock« liegt gegenüber vom »Schwarzen Adler«.

Auf der Speisekarte locken Mistkratzerle* mit Pommes frites oder dreigeteilte Badische Antipasti mit Wurstsalat, Bibiliskäs* und Kalbsmaulsalat, ein schönes Kalbschnitzel oder ein Steak vom Vorderwälder Rind. Zuweilen werden Gerichte aus Großmutters Zeiten wie Kalbskopf oder Kalbsnieren angeboten. Das dreigängige Menü ist preiswert, die aktuellen Tagesgerichte stehen auf der Schiefertafel.

Die recht umfangreiche Weinkarte ist gastfreundlich kalkuliert. Neben den eigenen Weinen finden sich die Weine fast aller Topwinzer der Region. Die Gewächse der örtlichen Genossenschaft werden im offenen Ausschank angeboten – und es gibt auch einige internationale Tropfen.

→ Wandern Sie auf den Magerwiesen des Badbergs und genießen Sie die Ausblicke in den Kaiserstuhl.

Viele Kaiserstühler Weingüter und Brennereien liegen in Reichweite.

Gasthaus Werschemer Lamm

Mühlackerstraße 15,
75446 Wiernsheim
0 70 44 / 9 09 16 87
werschemer-lamm.eatbu.com

Größe: 40 Plätze im Gastraum, 40 im Außenbereich
Preise: V 7–17, H 15–30, N 7–9 Euro
Kreditkarten: Keine
Öffnungszeiten: Mi–Sa 17.30–21.30 Uhr, So 11.30–14 und 17.30–21 Uhr; Ruhetage: Mo, Di

Bodenständiger Gasthof mit ehrlicher Hausmannskost

Im östlichen Enzkreis, inmitten der reizvollen Naturlandschaft des Heckengäus, liegt die Gemeinde Wiernsheim. Im Ortskern des in Mundart Wersche genannten Dorfs betreibt Familie Hess seit 2015 das »Werschemer Lamm«. Thomas Hess, gelernter Metzger, ist der Herr der Töpfe, seine Frau Dagmar übernimmt den Service in der hell und freundlich eingerichteten Gaststube. Thomas Hess legt Wert auf eine ehrliche, bodenständige Küche und auf hohe Qualität der Produkte. Das Fleisch – zum Teil in Bioland-Qualität – stammt aus eigener Schlachtung und von örtlichen oder Bauernhöfen in der Nähe. Gemüse, Salat und frische Früchte sind kompromisslos regional und saisonal.

Die Speisekarte ist überschaubar, für regionale Gerichte sich Begeisternde kommen auf ihre Kosten. Einen schmackhaften Einstand bieten die Flädlesuppe oder hausgemachte Maultaschen in Rinderbrühe. Die Herrgottsbscheißerle* werden auch in anderen Zubereitungsarten angeboten, etwa als Hauptgang mit Kartoffelsalat, mit dreierlei Soßen oder auch in einer vegetarischen Variante. Hervorragend schmeckt das in Butter gebratene Schnitzel vom Württemberger Landschwein. Das Schlemmersteak vom Schwein wird in Gerstensaft der örtlichen Brauerei eingelegt, bevor es gebraten und mit Spiegelei und Bratkartoffeln auf den Tisch kommt. Saure Kutteln in Rieslingsoße mit Bratkartoffeln fehlen ebenso wenig auf der Karte wie ein anständiger Schwäbischer Zwiebelrostbraten. Nicht nur für Schwaben gibt es ihn auch als Schwabenteller auf Perouser Sauerkraut mit Maultasche und Bratkartoffeln. Das Gasthaus bietet ein ständig wechselndes, preiswertes Tagesgericht an. Die Speisekarte wird regelmäßig durch Saisonangebote ergänzt, Spargel, Pilze, Gans oder Wild stehen beispielhaft für die saisonale Ausrichtung.

Die kleine Weinauswahl beschränkt sich auf Gewächse aus den nahe gelegenen Weinbergterrassen der Rosswager Halde im Enztal. Im Lamm gibt es Feines von einer familiengeführten schwäbischen Biermanufaktur sowie vom kleinen örtlichen Betrieb Adlerbräu.

Landgasthaus Hirsch Manolzweiler

Kaiserstraße 8,
73650 Winterbach-Manolzweiler
0 71 81 / 4 15 15
hirsch-manolzweiler.de

Größe: 100 Plätze in der Gaststube
Preise: V 5–20, H 14–32, N 8–12 Euro
Kreditkarten: EC
Öffnungszeiten: Do, Fr 17.30–23 Uhr; Sa 12–14 und 17.30–23 Uhr; So 12–21 Uhr; Ruhetage: Mo–Mi

Der Wirt geht auf die Pirsch – kreative Tradition

Manolzweiler liegt etwas abseits im Schurwald, zwischen Rems- und Neckartal im Rems-Murr-Kreis. Im Aufgang zur Gaststube des traditionsreichen »Landgasthauses Hirsch« hängen viele Auszeichnungen, die einiges über die Region und ihre Traditionen erzählen. Die Gaststube ist geschmackvoll eingerichtet, ländlich und urgemütlich. Küchenchef Sven Waldenmaier legt Wert auf regionale Qualität und pflegt langjährige Beziehungen zu seinen Lieferant*innen. Spargel wird erst aufgetischt, wenn er vor Ort frisch gestochen wird. Das Wild wird vom Wirt selbst geschossen und steht nur bei Jagdglück auf der Karte. Auf der Karte verschmelzen Tradition und kreative Neuerungen.

Selbst gebackenes Holzofenbrot kommt als Gruß aus der Küche. Der lauwarme Kalbskopf mit hausgemachter Remoulade, heute ein seltenes Gericht, sieht herrlich aus und schmeckt ausgezeichnet. Das Cremesüpple vom Stangenspargel mit Einlage ist sämig und frühlingshaft. Die Vorspeise des Menüs aus Kräuterblütensalat, mit Birnenbalsam mariniert, Saiblingstatar und Kerbelchips an Schnittlauchcreme, ist außergewöhnlich gut. Auch die Landgockelbrust auf Risotto mit Bärlauch und wildem Spargel ist geschmacklich überaus gelungen. Ergänzt wird das Menü von einem geschmacksintensiven Joghurt-Waldmeister-Süppchen und einem Rhabarbersorbet und kandierten Veilchenblüten. Klassiker wie der Zwiebelrostbraten von der freesischen Färse, das Rahmschnitzel vom Schwein und die hausgemachten Maultaschen – in der Saison mit Bärlauch – sind sehr zu loben. Bei den vegetarischen Gerichten wird nicht einfach das Fleisch weggelassen: Die Panzerotti mit Bärlauch und Mascarpone oder das cremige Risotto mit zweierlei Spargel und Frühlingsmorcheln sind eigenständige Gerichte. Die Nachtischkarte bietet Eisvariationen, ergänzt um Apfelküchle in Zimtzucker und Schokoladenkuchen mit flüssigem Kern.

Menschen, die gern biozertifizierte Destillate genießen, werden im »Hirsch« ihre Freude haben. Die Weinkarte ist umfangreich, regional orientiert mit Weinen von vielen schwäbischen Spitzenwinzern.

→ In der warmen Jahreszeit ist bei gutem Wetter anstelle des Restaurants der Hirschgarten geöffnet. Öffnungszeiten und Speiseangebot können abweichen.

Berggasthof Schlüssel

Pfaffenberg 2,
79669 Zell i. W.-Pfaffenberg
0 76 25 / 3 75
berggasthof-schluessel.de

Größe: 70 Plätze im Gastraum, 40 auf der Terrasse
Preise: V 7–20, H 19–35, N 3–18 Euro; Fünf-Gänge-Abendmenü 86 Euro
Kreditkarten: Alle gängigen Karten
Öffnungszeiten: Do–Mo 11.30–14 und 17–21 Uhr, Sa, So 11.30–21 Uhr; Ruhetage: Di, Mi

Traditionshaus mit Charme und tollem Ausblick

Der Berggasthof »Schlüssel« im Oberen Wiesental zwischen Zell und Schönau ist in etwa 40 Autominuten von Lörrach aus zu erreichen. Der idyllische Schwarzwaldgasthof mit langer Tradition liegt in herrlicher Aussichtslage des Zeller Berglands. Die schöne Terrasse mit Blick ins Tal und auf die umliegenden Berge ergänzt die gemütlich-rustikale Gaststube mit Wohlfühlatmosphäre. Küchenchef Jakob Brasch sammelte in Sterneküchen in Genf, Paris und Baiersbronn Berufserfahrung. Er kocht mit Leidenschaft und legt großen Wert auf frische und hochwertige Produkte. Alle Soßen und Fonds werden selbst zubereitet. Frische Kräuter erfreuen Gaumen und Auge, Kuchen und Brot werden täglich gebacken. Das Wild kommt aus örtlicher Jagd, der Fisch kommt aus Zell-Atzenbach. Die regionalen Anbieter sind zum Teil in der Speisekarte genannt.

Die bodenständigen Gerichte sind fein und gelegentlich raffiniert umgesetzt. Auf der Speisekarte stehen klassische Gerichte wie das panierte Schnitzel mit Pommes frites oder der Zwiebelrostbraten in Burgunderjus mit Röstzwiebeln, hausgemachten Spätzle und Gemüsegarnitur. Doch finden sich Anleihen aus der gehobenen Küche auf der saisonal wechselnden Karte oder im großen Menü, wie eine Terrine von Brunnenkresse und Champignons in Madeiragelee mit gebackenem Kalbskopf oder Filets von der heimischen Schwarzwaldforelle aus Ebi's Forellenweiher in Atzenbach mit Blattspinat und Pilzravioli. Vegetarisch lebende Menschen sehen ihre Einstellung nicht nur im Frühjahr hervorragend berücksichtig mit den Bärlauchgnocchi mit Spargelragout und Taggiasca-Oliven an Parmesan-Salbei-Velouté.

Im Keller warten Weine vom Kaiserstuhl und Tuniberg, der Ortenau und natürlich vom nahen Markgräflerland. Der aufmerksame und freundliche Service wird von Sunny Städter geleitet.

Landgasthof »Zum Adler«

Hauptstraße 44,
88662 Überlingen-Lippertsreute
0 75 53 / 8 25 50
adler-lippertsreute.de

Größe: 85 Plätze im Restaurant, 50 im Garten
Preise: V 8–22, H 17–36 Euro
Kreditkarten: EC, Master, Visa
Öffnungszeiten: Fr–Di 11.30–14 und 17.30–21 Uhr; Ruhetage: Mi, Do

Atmosphäre und gutes Essen im prächtigen Adlerhorst

Auch im Vorbeifahren ist er kaum zu übersehen: Der prächtige Landgasthof »Zum Adler« in Lippertsreute mit seiner imponierenden Fachwerkfassade ist über drei Jahrhunderte alt, liebevoll restauriert und gepflegt. Im Gasthof empfangen den Gast traditionsreiche, rustikale Räume mit Holzvertäfelung, Holzdielen und blank gescheuerten Ahorntischen. Urig und heimelig ist besonders das »Ahnenstüble«. Heimatliche Küche beginnt für Peter Vögele mit den einfachsten Gerichten: »Heimat kann man riechen, sie duftet frisch!«

Für seinen Vollkornpfannkuchen verwendet der Küchenchef frisch gemahlenes Mehl. Vögele kocht regional, seit er vor mehr als zwei Jahrzehnten die Regie in der Küche von seiner Mutter übernahm. Das gelingt ihm mit badischen Klassikern wie Kalbszüngle oder Lammleber, aber auch mit raffinierter Zubereitung. So serviert er die Lammleber mit Linzgauer Graupen, die er wie ein Risotto kocht. Die Kunst der regionalen Küche besteht seiner Meinung nach darin, regionale Lebensmittel nach internationalen Maßstäben zu verfeinern. Er kam aber auch auf die Idee, Kalbsnieren zu kochen, wie man sie vor Jahrzehnten im Linzgau aß: am Stück, in der Fettschale. Mancher Gast freut sich, denn so schmeckte es früher: Wer den Linzgau schmecken will, ist hier richtig. Die Tageskarte ist gespickt mit traditionellen Gerichten nach Saison und mit Produkten der Region: Saiblingsfilet, Rehragout, Bodenseefelchenfilet* in Riesling oder geschmorte Schweinsbäckle, die Buggenseggler Lammschulter, geschmort mit Kartöffele und Bohnengemüse. Unbedingt probierenswert ist der lauwarm marinierte Kalbskopf mit Kräutersalätle. Das Kalbsschnitzel wird in Calvadosrahm serviert. Berühmt ist das Gasthaus für das Zwölf-Gänge-Menü an Silvester. Vielfältig sind die hausgemachten Nachtische, meist mit Linzgauer Obst.

Ausgesuchte Weine lagern im Naturfelsenkeller. Freundlicher Service.

➔ Es empfiehlt sich, Wochen im Voraus zu buchen.

Landgasthof Keller

Riedweg 2,
88662 Überlingen-Lippertsreute
0 75 53 / 82 72 90
landgasthofbrauereikeller.de

Größe: 50 Plätze in der Gaststube
Preise: V 6–16, H 10–32, N 4–9 Euro
Kreditkarten: Keine
Öffnungszeiten: Mi–So 12–13.30 und 17–20.30 Uhr; Ruhetage: Mo, Di

Regionale Küche der ersten Stunde in schöner Umgebung

Begünstigt vom milden Klima in der Bodenseeregion, hat sich frühzeitig eine große Zahl regionaler Erzeuger etabliert. Für die Gastwirte ist es ein Leichtes, Zutaten für eine regionale Küche zu finden. Eines der ersten Restaurants, die sich ihr verschrieben hat, ist der Landgasthof Keller, der im Überlinger Ortsteil Lippertsreute liegt. In der heimeligen Gaststube fühlen sich alle wohl, die einen Platz ergattert haben. Im schönen Garten unter alten Kastanien neben dem eigenen Küchengarten mit Kräutern, Gemüse und Obst kann die herrliche Aussicht auf das Salemer Tal und Schloss Heiligenberg genossen werden. In der Küche verfeinert das Keller-Team die Lebensmittel der Heimat auf individuelle Weise. Sie kennen sich bestens im Kräutergarten des Linzgaus aus und wissen sie einzusetzen, um »alten« Gerichten einen aromatischen Pfiff zu geben. Alles, was auf der Speisekarte steht, kommt aus dem eigenen Garten oder wird in der Region gekauft – und kommt frisch auf den Tisch.

Vor allem die Tage nach den Schlachtterminen sollten nicht verpasst werden: Mittwochs und donnerstags stehen frische Innereien auf der Karte, Kalbsleberscheiben und Nieren, Kalbskopf und Kalbszüngle. Zur Fastenzeit ist der Gasthof berühmt für seine Gerichte mit Linzgauer Schnecken. Besonders gut schmecken die marinierten Felchenmatjes* mit hausgemachtem Kräuterdip und Bratkartoffeln und das panierte Kotelett vom Hausschwein. Auch bei der Zubereitung von Salat von der Albleisa mit Ziegenfrischkäsepralinen im Körnermantel werden regionale Zutaten verwendet, die teilweise die besondere Aufmerksamkeit von Slow Food genießen. Zum Abschluss verführt ein feines Schokimousse mit Kompott von Alexander-Lukas-Birnen aus dem eigenen Hausgarten. Die Käseauswahl von der Hofkäserei Heggelbach wird von selbst gemachter Tomatenkonfitüre begleitet.

Die Weinkarte bietet einige besondere Tropfen der Region.

In einem schönen Fachwerkhaus befindet sich gegenüber von Schloss Salem die Salemer Käseschmiede von Regina Moser (Schlossstraße 11, 78464 Salem).

Bayern

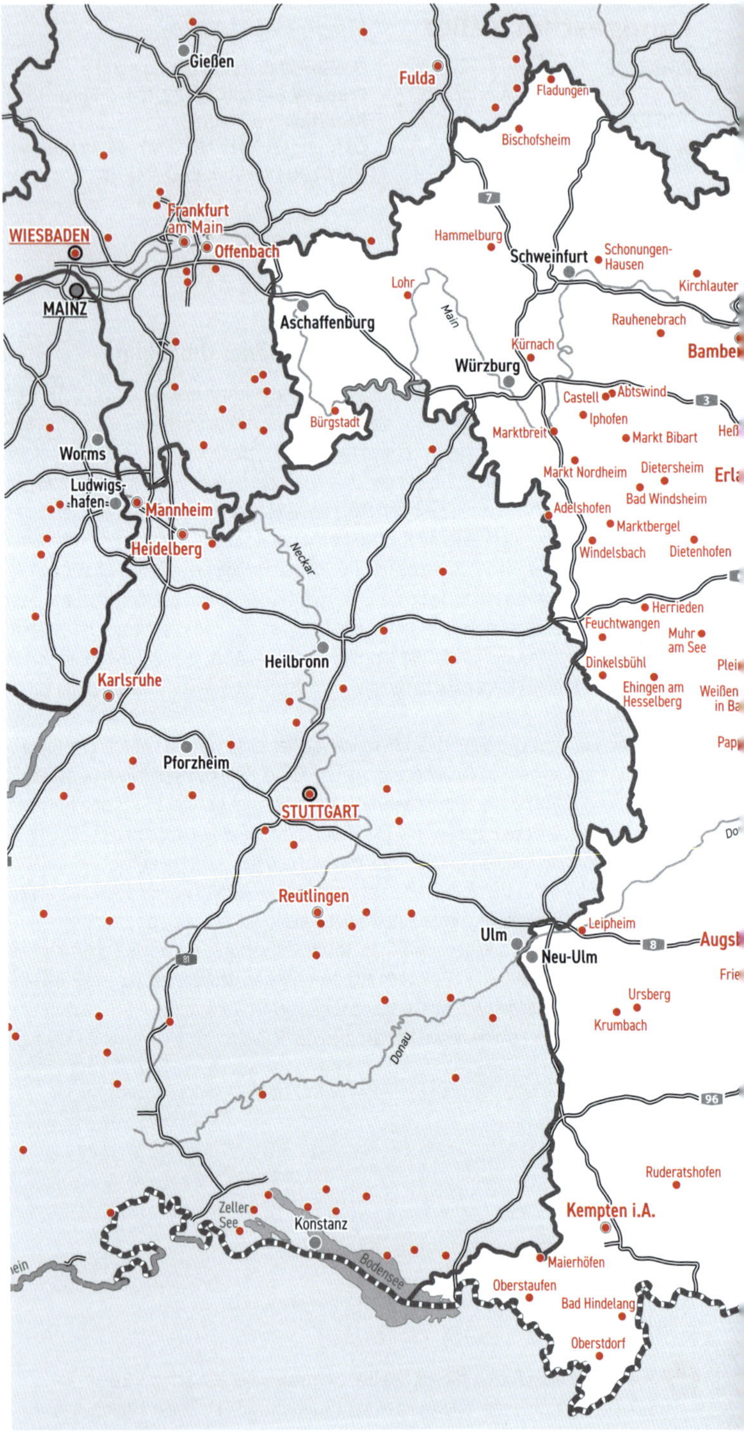
Gießen
Fulda
Fladungen
Bischofsheim
Frankfurt am Main
WIESBADEN
Offenbach
MAINZ
Hammelburg
Schweinfurt
Schonungen-Hausen
Kirchlauter
Lohr
Main
Aschaffenburg
Rauhenebrach
Kürnach
Würzburg
Castell
Abtswind
Iphofen
Bürgstadt
Marktbreit
Markt Bibart
Worms
Markt Nordheim
Dietersheim
Bad Windsheim
Ludwigs-hafen
Mannheim
Adelshofen
Marktbergel
Heidelberg
Neckar
Windelsbach
Dietenhofen
Herrieden
Feuchtwangen
Muhr am See
Heilbronn
Dinkelsbühl
Ehingen am Hesselberg
Karlsruhe
Pforzheim
STUTTGART
Reutlingen
Leipheim
Ulm
Neu-Ulm
Ursberg
Krumbach
Donau
Ruderatshofen
Kempten i.A.
Zeller See
Konstanz
Bodensee
Maierhöfen
Oberstaufen
Bad Hindelang
Oberstdorf
7
3
8
81
96

Plauen
Lichtenberg
Berg
Bad Steben
Stockheim
Kirchenlamitz
9
Bayreuth
Waldershof
93
Neustadt an der Waldnaab
Moosbach
Lauf
Alfeld
Birgland
Amberg
Altdorf
Pilsach
Hohenburg
Velburg
Freystadt
Nittenau
Chammünster
Berching
Duggendorf
Hohenschambach
Regensburg
Beilngries
Eichhofen
Kinding
Riedenburg
3
Böhmfeld
Ingolstadt
Strasskirchen
Zenting
Freyung
Perlesreut
Neuburg
Manching
Passau
Roßbach
Osterwaal
Ortenburg
Landshut
Freising
Kranzberg
Hebertshausen
Pleiskirchen
Bergkirchen
MÜNCHEN
Forstinning
Inn
Grünwald
Fridolfing
Waging
Laufen
Frasdorf
Bernau a. Chiemsee
Chiemsee
Holzkirchen
Rosenheim
8
Dietramszell
Samerberg-Grainbach
Inzell
Neubeuern
Piding
Bad Tölz
Schleching
Lenggries

NEU

Gasthof zur Ölmühle

Hauptstraße 26,
97355 Abtswind
0 93 83 / 90 22 332
oelkernprodukte.de/?content=5

Größe: 40 im Gasthaus, 30 im Außenbereich
Preise: V 6–10, H 14–28, N 6–8 Euro
Kreditkarten: EC
Öffnungszeiten: Fr–Di 17–22 Uhr; Sa, So 11–14 und 17–22 Uhr; Ruhetage: Mi, Do

Fränkische Küche im historischen Weinort

Die Familie Schwanfelder betreibt im malerischen Abtswind am Fuße des Steigerwaldes eine Ölmühle. Hier werden feinste Walnuss-, Sonnenblumen-, Raps- und Traubenkernöle gepresst. Seit 2016 empfangen Claudia und Thomas Schwanfelder ihre Gäste im neugebauten Gasthaus, das sich geschmackvoll in das bestehende Ensemble einfügt. Thomas Schwanfelder hat sich einer bodenständigen, fränkischen Küche verschrieben, die auf den guten Zutaten der Region beruht. So bezieht er die Leber von der Hochlandrinderzucht Dörflein in Michelau, das Fleisch von der Metzgerei Höhn in Kleinlangheim, Wild kommt von heimischen Jägern. Käse liefert die Käserei Brunner, das Gemüse stammt aus dem nahen Albertshofen. Ein Teil der Speisekarte wechselt je nach Saison, auf der Standardkarte finden sich unter anderem Bratwürste vom Wild. Claudia Schwanfelder leitet den freundlichen Service.

Bei den Vorspeisen empfiehlt sich die fränkische Version des Vitello Tonnato, dünne Scheiben vom Schweinebraten mit einer Forellenmayonnaise, oder die leichte Meerrettichschaumsuppe mit Streifen vom Tafelspitz. Bei den Hauptgerichten ist die Wahl zwischen dem Schweinebraten mit knuspriger Kruste, serviert mit Knödeln und Rahmwirsing, oder dem Zweierlei vom Reh, einem Stück rosa gebratener Keule und zwei Fleischküchle, mit Serviettenknödel nicht leicht. Eine besondere Empfehlung ist die Gans zur Herbstzeit, wohl behütet aufgewachsen auf einem nahen Bauernhof, mit einer Füllung nach Wunsch. Für die Vegetarier findet sich immer ein Gericht auf der Karte, in der Saison Pfifferlinge mit Semmelknödel. Auf der Nachtischkarte empfiehlt sich das Nougatparfait mit lauwarmen Zwetschgenkompott oder je nach Jahreszeit das hausgemachte Sorbet, das mit fränkischem Secco aufgegossen wird.

Auf der Weinkarte finden sich neben den Weinen aus eigenem Anbau eine gute Auswahl von Winzern aus der näheren fränkischen Umgebung, sowohl als echte Schoppen oder als Flaschenwein. Das Bier kommt aus dem nahen Marktsteft. Zu empfehlen ist die hausgemachte Saftschorle, die mit der Jahreszeit variiert.

→ Die Region um den Friedrichsberg eignet sich für ausgedehnte Wanderungen. Besonders empfehlenswert ist die Traumrunde Abtswind, die in etwa zwei Stunden bewältigt werden kann.

Im Hofladen der Familie Schwanfelder werden die feinen Öle und Weine aus eigenem Anbau angeboten, das nahe Wiesenbronn beheimatet einen Biopionier des fränkischen Weinbaus.

Landhaus zum Falken

Haus Nr. 41,
91587 Adelshofen-Tauberzell
0 98 65 / 94 19 40
landhaus-zum-falken.de

Größe: 60 Plätze in der Gaststube, 40 auf der Terrasse
Preise: V 9–14, H 12–30, N 5–9 Euro
Kreditkarten: EC, Master, Visa
Öffnungszeiten: Mi–So 11.30–14 und 17.30–22 Uhr; Ruhetage: Mo, Di

Charme und Tradition im ursprünglichen Taubertal

Der mehr als vier Jahrhunderte alte Gasthof liegt etwas zurückgesetzt von der Taubertalstraße, zwölf Kilometer unterhalb von Rothenburg ob der Tauber. Hier wie dort lohnt ein Besuch. Von der Terrasse des »Landhauses zum Falken« hat man einen schönen Blick auf die ruhig gen Main ziehende Tauber, deren Ufer baumbestanden sind. Die ländlich anmutende Gaststube lädt zum Hocken ein, während die Fachwerkscheune großen Gesellschaften bäuerliches Flair verleiht. Der Gewölbekeller dient als Weindepot für die heimischen Tropfen der Lage »Hasennestle« und bietet einen guten Rahmen für Verkostungen und Weinveranstaltungen. Lars Zwick, Patron und Küchenchef, präsentiert eine saisonale Küche der Region: gut, solide, voller Geschmack und ohne Schnörkel.

In der Saison ist die Suppe vom Bärlauch mit Grießnocken probierenswert, ebenso die Pfannkuchensuppe mit kraftvoller Consommé und fein geschnittenen Kräuterflädle oder das Beste aus Franken und Hohenlohe – Bratwurstgehäck, Leberwurst und Ziegenkäse mit Leindotteröl. Bei den Hauptspeisen gefällt die geschmorte Rehkeule mit Haselnussspätzle und Blaukraut oder die in Fenchelbutter geschmorte Lachsforelle mit Rosmarinkartoffeln. Wer Innereien schätzt, freut sich über das Beste von Herz, Lunge und Zunge (Beuschel*, wie man in Österreich sagt) in würziger Soße mit Semmelkloß. Ein besonderer Höhepunkt sind Zwicks Bratwursttage, die jeden Donnerstag und Freitag stattfinden. Frankens Kultspeise kommt dann schlachtfrisch auf den Tisch – ohne Senf, der laut Zwick nicht an eine fränkische Bratwurst gehört, aber mit Beilagen wie Sauerkraut, Bratkartoffeln, Kartoffelsalat oder Brot. Auch Nichtvegetarier sollten die hausgemachten Leindotter-Spätzle versuchen, die mit knusprigen Zwiebeln garniert sind. In der Saison sind die Erdbeernachspeisen ein Muss, die gebrannte Creme mit Zimteis eine feine Wahl für die kalte Jahreszeit. Für den kleinen Hunger bietet die Vesperkarte eine schöne Auswahl klassisch fränkischer Spezialitäten mit hausgemachten Bratwürsten, gelegentlich auch vom Wildschwein.

Weine gibt es vom eigenen Weinberg und aus dem Taubertal, die umfangreiche Karte der Destillate lässt keine Wünsche offen.

→ Wanderung durch die Weinlage Tauberzeller Hasennestle mit schönen Blicken auf die durch das Tal mäandernde Tauber, der Taubertalradweg führt direkt am »Landhaus zum Falken« vorbei.

Im nahen Auernhofen bietet das Ökologische Land- & Weingut Krämer außergewöhnliche Weine aus Taubertäler Lagen.

NEU

Gasthaus Schloss Blumenthal

Blumenthal 1,
86551 Aichach-Klingen
0 82 51 / 8 90 41 40
schloss-blumenthal.de

Größe: 100 Plätze in mehreren Gasträumen
Preise: Hauptgerichte 12–28 Euro
Kreditkarten: EC
Öffnungszeiten: Mo–Fr 17–22 Uhr; Sa, So 11–22 Uhr

Bio

Direkt vom Biohof zu leckeren Gerichten

Das Schloss Blumenthal, ursprünglich ein Anwesen der Fugger, wurde vor fast zwei Jahrzehnten von einer Gruppe engagierter Menschen erworben, instand gesetzt und zum Hotel umgebaut. 2017 gründeten sie eine solidarische Landwirtschaft für die angrenzenden Flächen. Vis-à-vis vom Schloss befindet sich das originelle Gasthaus mit Schank- und Braurechten, die bis ins 16. Jahrhundert zurückreichen. Im Sommer kann man den Biergarten im Innenhof unter schattigen Kastanien genießen und dem bunten Treiben zuschauen, während sich Kinder auf dem Spielplatz tummeln. Das Küchenteam mit seiner Chefin arbeitet handwerklich und mit engagierter Hingabe für gutes Essen in Bioqualität. Ein großer Teil des Gemüses kommt direkt von den Feldern oder dem Gewächshaus der Solawi, die Ziegen und deren Käse aus der angeschlossenden Käserei. Den Fisch liefern Fischer*innen in Sielenbach. Fleisch, Wurst, Eier und Molkereiprodukte sind biozertifiziert und stammen meist aus der näheren Umgebung.

Die Speisekarte bietet je nach Jahreszeit Fleisch-, Fisch- und Gemüsegerichte. Hervorzuheben sind der ofenfrische Krustenbraten vom eigenen Bioschwein mit Dunkelbiersoße, Kartoffelknödeln und Krautsalat und kreative vegane Gerichte wie das Süßkartoffeln-Kichererbsen-Curry mit Blattspinat. Die Fleischpflanzerl mit Gurken-Kartoffelsalat, das Rindergulasch sowie der Zwiebelrostbraten mit Röstzwiebeln und hausgemachten Käsespätzle bieten Tradition auf hohem Niveau. Für die kleinen Gäste werden neben klassischen Kindergerichten auch enkeltaugliche Fleischportionen angeboten. Die in Butter gebratene Sielenbacher Forelle mit Koriander-Gewürzmarinade wird von Süßkartoffelpüree und Wintergemüse begleitet. In der veganen Lasagne finden sich die Gemüse der Jahreszeit. Die Pfannkuchenröllchen sind gefüllt mit Ziegenfrischkäse, getrockneten Tomaten und Kräutern. Sie werden auf Wurzelgemüse mit Basmatireis serviert. Die Nachspeisen folgen, wie auch die Hauptgerichte, den Jahreszeiten: vom Himbeermousse mit Limette und frischer Minze über winterliches Pflaumen-Tiramisu bis zum Kaiserschmarrn mit Apfelmus.

Der Service ist charmant und zuvorkommend. Gezapft wird das würzige Blumenthaler Bio-Bier vom Boandl Bräu, auf der Karte stehen erlesene Bio-Weine.

Im Hofladen können die Produkte aus der Gemeinschaft erworben werden:
Mo–Do, 14–19 Uhr; Fr, Sa 9–19 Uhr

NEU

Tavernwirt

Tränkstraße 6,
86551 Aichach-Sulzbach
0 82 51 / 71 54
tavernwirt.de

Größe: 30 Sitzplätze in der guten Stube, 50 im Nebenzimmer – und ein schöner Biergarten
Preise: V 7–20, H 18–29, N 7–9 Euro
Kreditkarten: EC
Öffnungszeiten: Mi–Sa 17.30–22 Uhr; So 11.30–14 und 17.30–23 Uhr; Ruhetage: Mo, Di

Bauch- und herzerwärmende Kreativität

Das schöne alte Gasthaus »Tavernwirt« liegt direkt an der Kirche von Sulzbach-Aichach. Michael Hodes kocht hochwertig und innovativ, doch ohne Schnickschnack. Seine Heimatverbundenheit zeigt sich in seinen frisch mit regionalen Zutaten gekochten Gerichten nach der Saison. Durch seine langjährige Tätigkeit auf einem Kreuzfahrtschiff ergänzt er die heimatliche Küche mit Köstlichkeiten aus aller Welt. Der »Tavernwirt« zeigt eine bayerische Küche mit experimentellen Akzenten. Die gediegene Gaststube hat wie das Nebenzimmer ein stimmiges, traditionelles Ambiente. Im Sommer lockt der schöne Biergarten.

Gemeinsam mit den Köchen aus dem Wittelsbacher Land bezieht Michael Hodes das Rindfleisch für den Klassiker Ox'n Tafelspitz mit Meerrettich auf Wurzelgemüse mit Petersilienkartoffeln oder den Pichelsteiner vom Metzger Ottlinger aus Pöttmes. Ein geschmackvoller Start in ein Menü sind die Gemüsesuppen – Cremesuppe vom Rosenkohl oder Sellerie und Apfel – und das Rote-Bete-Tatar mit Meerrettich-Mousse. Kartoffeln und Zwiebeln kommen vom Gutmannhof direkt aus dem heimischen Sulzbach. Für die Teigwaren bezieht Michael Hodes das Mehl und die Eier vom Lärchenhof in Rinntal bei Friedberg. Im Winter sind Wildgerichte wie das Rehragout mit Kräuter-Semmelknödel und Apfel-Blaukraut oder das Duett vom heimischen Wildhasen mit Steinpilzrahm, Spätzle und Wirsing aus der Sulzbacher Jagd ein Leckerbissen. Regelmäßig stehen Gerichte mit Süßwasserfischen von der Forellenzucht Endhart aus Dickelsmoor auf der Karte, wie die klassische Forelle »Müllerin Art« mit Petersilienkartoffeln und Salat oder der gebackene Karpfen mit Sauce Remoulade und Kartoffel-Gurken-Salat. Zudem bietet der »Tavernwirt« neben den Allgäuer Käsespatzen eine Auswahl von Gemüse- oder Hülsenfrüchtegerichten; Grünkohl-Quarkbällchen auf Linsen-Apfelgemüse sind ein anregendes Beispiel. Die Eisbecher vom Lindl-Eis aus Baierberg, die Crêpes, die Crème brûlée oder der selbstgemachte Mohnstrudel bewerben sich darum, den Abschluss zu versüßen. Die Erdbeeren kommen aus dem nahegelegenen Obergriesbach.

Das Serviceteam geht auf Wünsche der Gäste ein; individuellen Vorlieben bei den Beilagen wird gerne entsprochen. Bier liefert die Schlossbrauerei Unterbaar, eine regionale familiengeführte Brauerei. Der Kaffee kommt von der Kaffeerösterei Baum aus Augsburg und das Wasser sowie die Säfte von der Manufaktur Kunzmann aus Dasing.

➜ Im Genusskalender des »Tavernwirts« finden sich Themenabende mit Fisch-, Wild- und Weinmenüs.

Landgasthof Sörgel

Lieritzhofen 25,
91236 Alfeld
0 91 57 / 2 56
landgasthof-soergel.de

Größe: 80 Plätze im Restaurant, 100 im Festsaal, 80 auf der Terrasse
Preise: Hauptgerichte 12–30 Euro
Kreditkarten: EC
Öffnungszeiten: Fr–Di 11–14 und 17–20.30 Uhr; Ruhetage: Mi, Do

Regionalität, Saisonalität und Frische

Alfeld ist eine Gemeinde im mittelfränkischen Landkreis Nürnberger Land im Grenzgebiet zur Oberpfalz. Im Ortsteil Lieritzhofen ist seit vielen Generationen der »Landgasthof Sörgel« beheimatet. Nach Lehr- und Wanderjahren leiten Sven und Bernd Sörgel, der zudem Metzger gelernt hat, die Küche. Mit viel Engagement, Zielstrebigkeit und Kreativität haben sie eine gastronomische Institution geschaffen, die ihre Wurzeln in regionalen Gerichten hat und sie nicht vernachlässigt. So pflegen sie mit Hingabe die Kirchweih- und Schlachtschüsselkultur. Ein besonderes Kirchweihgericht ist die Vogelsuppe*, die am Donnerstag vor der Kirchweih serviert wird. Das kulinarische Spektrum des Landgasthofs ist vielfältig – vom knusprigen Spanferkel oder Schäufele bis zur verfeinerten Kreation aus der gehobenen Küche. Neu ist die Steakkarte aus der Metzgerei. Das ausführliche Lieferantinnen- und Lieferantenverzeichnis mit den Produkten der Region ist mustergültig.

Feine Waldpilzcremesuppe mit gebackener Praline oder eine Tomatensuppe mit Kräutercroutons aus aromatischen Grundzutaten sind ein vielversprechender Start ebenso wie der ofenfrische Leberkäse mit Kartoffelsalat und Salatteller. Zart sind die geschmorten Ochsenbäckchen auf Selleriepüree mit buntem Gemüse, Balsamico-Schalotten und Kartoffelplätzchen. Von Metzgerhand pariert, ist das voluminöse Bäckchen perfekt geschmort. Geschmack und Konsistenz sind fein, zart und passend zu den aromatischen Beilagen. Der Zwiebelrostbraten vom Rumpsteak mit Röstzwiebeln, Speckbohnen, Kartoffel-Trüffelkrapfen und gemischtem Salat aus einem marmorierten und perfekt gereiften Fleisch wird mit knusprigen Zwiebelringen serviert. Das Rehschnitzel, im Knuspermantel gebacken mit Preiselbeer-Senf, Pfifferlings-Kartoffelsalat und gemischem Salat, ist innen zart und außen knusprig. Bei Himbeer- und Erdbeersorbet, Crème brûlée und Schokoladensoufflé zeigt sich die hervorragende Arbeit der Patissérie.

→ Wie die Vogelsuppe entstand, kann Uli Vogel vom »Gasthof Vogel« in Pommelsbrunn erzählen.

Hauseigene Metzgerei mit Schlachthaus. Durch die Warmfleischverarbeitung wird das einmalige, ursprüngliche Frischfleischaroma bewahrt. Bei der Brühwurstherstellung kann zudem auf den Zusatz von Phosphat verzichtet werden.
Öffnungszeiten: Mo, Di 10–14 Uhr; Fr 9–19 Uhr; Sa, So 10–19 Uhr

Restaurant »Alte Nagelschmiede«

Oberer Markt 13,
90518 Altdorf
0 91 87 / 9 52 70
alte-nagelschmiede.de

Größe: 95 Plätze in drei Stuben, 40 auf der Terrasse
Preise: V 7–20, H 11–34, N 3–13 Euro
Kreditkarten: EC
Öffnungszeiten: Mo–Sa 11.30–20 Uhr; Ruhetag: So

Fränkische Spezialitäten – traditionell und modern

Die Wallenstein-Festspielstadt Altdorf, 25 Kilometer südöstlich von Nürnberg, bietet eine reiche Geschichte und zahlreiche Sehenswürdigkeiten. Das Restaurant und Hotel »Alte Nagelschmiede« befindet sich in einem historischen Gebäude direkt am Marktplatz. Der Gastraum ist rustikal eingerichtet. Hans-Werner Recknagel ist seit mehr als 30 Jahren der kulinarische Platzhirsch. Ein Blick in die Speisekarte verrät ihn als Küchen- und auch Metzgermeister. Die breite Auswahl ist saisonal und regional orientiert. Es gibt Gerichte und das Menü der Woche, ein Mittagsgericht, Klassiker, Wild, Frisches vom Fisch, Vegetarisches, Innereien, Omas Küche – und aus der Wurstmanufaktur mittwochs die Schlachtschlüssel. Die regionalen Lieferant*innen und solche aus fairem Handel sind ausgewiesen.

Zum Anwärmen empfehlen sich die Wildrahmsuppe mit Pfifferlingen, die fein säuerliche Tomatensuppe oder die Maultaschensuppe; selbst hergestellte Fonds bilden ihre aromatische Grundlage. Sehr erfreulich sind die in Butter gebratenen Steinpilze und das Tatarbeefsteak aus feinem Muskelfleisch mit Senf, Gürkchen, Zwiebeln, Sardellen und Kapern. Wallerfilet im Wurzelsud mit zerlassener Butter, Petersilienkartoffeln und Salatteller in schonender, feiner Zubereitung und in Rotwein geschmorte Ochsenbäckle, von Wirsing und Kartoffelplätzchen begleitet, sind zwei ausgezeichnete Hauptgerichte. Weitere Angebote: Lammbratwürste, dazu Kartoffel-Gurken-Salat, Saure Nieren mit Kartoffelbrei und Salat oder das Rehragout mit Pfifferlingen, Semmelknödel und Salat. Der Küchenchef zeigt sein hohes handwerkliches Können auch beim Kürbisrisotto mit Salatteller und anderen Veggieangeboten. Verführend der Topfenknödel mit Rhabarber und Waldmeistereis zum Abschluss. Die Nagelschmiede offeriert einige selten gewordene Gerichte wie Zwetschgenbames*, Kalbsbries, Kutteln oder das Altdorfer Gwerch* (hier mit Stadtwurst, Pfannensülze und Schäufelesülze*).

Umfangreiche Getränkekarte mit regionalen Lieferant*innen und mit deutschen und europäischen Weinen.

→ Alle drei Jahre werden Wallenstein-Festspiele in der ehemaligen Universitätsstadt veranstaltet, die reich an geschichtlichen Plätzen ist.

Verkauf von Wurst und Geräuchertem.

Zur schönen Aussicht

Hegnenberg 9,
90518 Altdorf
0 91 87 / 52 32
hegnenberg-kreuzeder.de

Größe: 70 Plätze im Restaurant, 130 auf der Sonnenterrasse
Preise: Hauptgerichte 14–29 Euro
Kreditkarten: Alle Kreditkarten außer Amex
Öffnungszeiten: Do–So, 11.30–22 Uhr; Ruhetage: Mo–Mi, außer Feiertag

Esskultur auf dem Berg

Im Altdorfer Oberland liegt auf beachtlicher Höhe, umgeben von Wäldern und Wiesen, Hegnenberg. Der Ort hat Historie – und ein altes Dorfwirtshaus. Es ist ein Glücksfall, dass es vom Altdorfer Koch Philipp Kreuzeder gepachtet und Anfang 2022 neu eröffnet wurde. Mit freigelegter Holzbalkendecke, dezenter Renovierung und einem neuen Stammtisch hat er ein behagliches Ambiente geschaffen. Hervorzuheben ist die Sonnenterrasse unter Bäumen am Berghang. Kreuzeder kocht eine fränkisch-regionale und durchaus kreative Küche. Die Slow-Food-Philosophie »gut, sauber und fair« setzt er in besonderem Maße um. Er praktiziert die »Nose-to-Tail«-Verarbeitung von Tieren und zeigt regionale Kompetenz durch regionale Kochkultur und regionale Grundprodukte, deren Erzeuger auf der Karte herausgestellt werden. Die motivierte Küchenbrigade teilt seine Leidenschaft und arbeitet achtsam und nachhaltig. Gleichermaßen eine Freude ist der junge, charmante Service.

Zu den Vorspeisen auf der saisonal orientierten Karte zählen gegarter fränkischer Rettich mit Dunkelbier, das Pühlheimer Bio-Beeftatar mit Bio-Ei und mariniertem Kohlrabi und das fränkische Seefischcarpaccio aus Erlangen mit roter Zwiebel und Limette. Dazu wird ein mit der Bäckerei Gukkenberger entwickeltes Brot serviert. Beispielhafte Hauptspeisen sind die Hegnenberger Bratwürste mit Rahm-Sauerkraut und das knusprige, auf der Haut gebratene fränkische Lachsforellenfilet mit Beeren. Selbstverständlich wird Vegetarisches und Veganes angeboten. Der fränkische Spargel-Quinoa-Risotto aus Oberrieden mit warmem Radieschen-Salat ist ein schönes Beispiel, ebenso wie die hausgemachten Krautwickerl, die von Linsen und Paprika-Creme begleitet werden. Die Sonntagskarte ist eine Reminiszenz an die fränkische Tradition der Sonntagsbratenküche, vor allem der gemischte Braten vom fränkischen Strohschwein, Pühlheimer Bio-Weiderind und Geschmortem vom Altdorfer Reh mit Natursoße, handgedrehten Kartoffelknödeln und Salat. Auf Bestellung wird zum Nachtisch ein Hegnenberger Pfännchen mit saisonalem Fruchtkompott im Stil der Salzburger Nockerln gebacken. Chapeau für die Patissière, auch für ihr Eis und Sorbet.

Neben dem üblichen Getränkeangebot sind die Aperitifs eine gute Wahl. Die Biere der Leinburger Privatbrauerei sind gute Begleiter zum Sonntagsbraten. Die Weinkarte listet überwiegend deutsche und österreichische Gewächse.

→ Vespermontag von Mai bis August ab 15 Uhr

Bäckerei Gukkenberger, Untere Brauhausstraße 13, 90518 Altdorf bei Nürnberg.

Casino

Schrannenplatz 8,
92224 Amberg
0 96 21 / 2 26 64
casino-wirtshaus.de

Größe: 90 Plätze in der Altdeutschen Stube, 50 im Nebenzimmer, 80–90 im Biergarten
Preise: Vorspeisen 5–9, Hauptgerichte 9–23 Euro
Kreditkarten: EC, Kreditkarten
Öffnungszeiten: Di–Sa 10.30–14 und 17–22 Uhr; So 10.30–15 Uhr; Ruhetag: Mo

Ein Wirtshaus, wie es im Buche steht

Das »Casino« entspricht dem Idealbild eines traditionsreichen Wirtshauses in der Oberpfalz. Beim Eintritt in die »Altdeutsche Stube« mit ihrer Holzvertäfelung und den blanken Holztischen wird die Oberpfälzer Stadtkultur greifbar. Das »Casino« ist eine Wohlfühloase zum Trinken, Verweilen und Genießen über alle Generationen hinweg. Im Sommer laden die Geschwister Evi und Hans Graf ihre Gäste in den schattigen Biergarten, wo die leckeren Biere der Amberger Brauerei Kummert noch besser munden. Die Lieferanten für die saisonalen Gerichte werden vorbildlich in der Speisekarte aufgeführt. Die Fleisch- und Wurstwaren kommen vom Metzger Lindner, Geflügel und Eier vom Geflügelhof Schmidl, Käse von der Hofkäserei Wohlfahrt, fangfrische Fische vom Zuchtbetrieb Schneidemesser, Brotwaren von den Bäckern Schuller und Sehr, das Lammfleisch von der Schäferei Inzelsperger.

Neben der Standardkarte, mit Brotzeiten und Getränken, gibt es eine überschaubare, gleichwohl interessante Tageskarte mit einem schönen Wochenrhythmus: Innereien am Dienstag, Ripperl am Donnerstag, frischer Oberpfälzer Fisch (Saibling und Forelle) am Freitag und die traditionelle Bratenküche mit selbst gemachten Erdäpfelknödeln am Sonntag. Der gratinierte Bioziegenfrischkäse, die Fischsulz mit Bratkartoffeln und das Lachsforellenfilet in Kerbelsoße zeigen die Verbundenheit zu Qualitätserzeugern der Region. Von der Standardkarte gefallen Gerichte wie Grießnockerlsuppe, sehr gute Pfälzer mit Kraut, oder überbackene Bauchstecherla*, aus den Handflächen herausgedrehte Kartoffelnudeln. Das Kalbsbeuscherl mit Semmelknödel ist ein Fest für Liebhaber von Innereien und das Böfflamott, ein altbayerisches Schmorgericht, das an die französische Besatzung Bayerns erinnert, wurde langsam und geduldig gegart. Weitere wechselnde Leckereien sind die geschmolzene Blutwurst oder die Nierchen mit Senf-Sahne-Soße. Zum Nachtisch empfehlen sich der fluffige Kaiserschmarrn und oder die Pannacotta mit Orangen.

Aktionsbiere kleiner Brauereien runden das Angebot ab. Weine kommen v.a. vom Winzer Angerer aus Lengenfeld.

→ In der Nähe befindet sich das kleinste Hotel der Welt – das Eh'Häusl. Mehr Privatsphäre geht nicht! www.ehehaeusl.de.

Oder noch etwas Kultur? Das über die Stadtgrenzen Ambergs hinaus bekannte »Luftmuseum« lohnt immer einen Besuch: www.luftmuseum.de

Biokäserei Wohlfahrt, Harald, Heidi und Magdalena Wohlfahrt (Weißenberg 1, 92265 Edelsfeld, www.biokaeserei-wohlfahrt.jimdo.com).

Kappeneck – Restaurant und Bar

Kappeneck 30,
86152 Augsburg
08 21 / 51 26 60
das-kappeneck.de

Größe: 80 Plätze im Gastraum
Preise: V 5–12, H 12–22, N 6–8 Euro
Kreditkarten: EC
Öffnungszeiten: Mi, Do 17.30–24 Uhr; Fr, Sa 17.30–1 Uhr; Ruhetage: So–Di

Gemüse neu entdecken, Fleisch als ergänzender Genuss

Das Ecklokal in der Augsburger Altstadt ist nach dem Umbau einladend. Auch eine größere Gruppe kann sich in dem klaren und einfach eingerichteten Raum wohlfühlen. Der Wirt Sandro De Nobili kommt aus der Gastronomie und reiht sich ein in die Riege der guten Wirte der Traditionsgaststätte. Er schafft einen Ort, an dem gute Lebensmittel selbstverständlich sind und die Atmosphäre locker und entspannt ist. Die bewährten Geister im Service sind in den Dienst zurückgekehrt, Garanten, sich wohl und gut aufgehoben zu fühlen. Die Speisekarte, jeweils für drei Monate konzipiert und mit Tagesgerichten auf der Tafel ergänzt, orientiert sich stark an Saison und Region.

In dem Lokal wird das Gemüse neu entdeckt, das in der eigenen Gärtnerei in Kooperation mit einem anderen Augsburger Wirt angebaut wird. Fleisch steht nicht mehr als Selbstverständlichkeit im Mittelpunkt, sondern es muss einen besonderen Genuss für den Gast bieten.

Die Vorspeisen sind ausgesprochen spannend und reichen von einem Rote-Bete-Carpaccio über fermentiertes Gemüse bis zu Pfannkuchen aus Kichererbsenmehl. Die Salate - selbstverständlich nach der Jahreszeit - kommen aus der eigenen Gärtnerei. Tofu wird in Bioqualität aus Kissing von dem Familienbetrieb Tran Tofurei bezogen. Die attraktiven Spaghetti mit Mandel-Zitronenpesto und Petersilie sind ein ausgezeichnetes Beispiel für ein vegetarisches Gericht. Das Fleisch für den Rollbraten, die Fleischpflanzerl mit Kartoffelpüree oder die geschmorte Rinderrippe mit Ofengemüse kommt von der Hofmetzgerei Ottlinger aus Pöttmes. Im Sommer kommt das Bio-Lechtal-Lamm vom Asam Ludwig aus Kissing, der auch Erdbeeren liefert. Die Archepassagiere »Augsburger Hühner« für die marokkanische Hühnersuppe wachsen in der Alten Schäferei in Bergheim heran.

Die Biere kommen aus der Augsburger Brauerei Riegele und das Biobier vom Roten Pony. Die Weine sind alle aus biologischem Anbau. Der Kaffee und auch der schwarze Pfeffer kommen von MAK Kaffee Augsburg, eine Rösterei, die den Kaffee direkt von Kaffeebauern-Familien in Tansania bezieht.

Gasthaus Obere Mühle

Ostrachstraße 40,
87541 Bad Hindelang-Oberdorf
0 83 24 / 28 57
obere-muehle.de

Größe: 60 Plätze im Gastraum, 20 im Garten
Preise: Hauptgerichte 18–42 Euro
Kreditkarten: EC, Master, Visa
Öffnungszeiten: Di–Sa 17–23.30 Uhr; Ruhetage: So, Mo, außer Feiertag

Essen statt sägen – Bodenständiges in der alten Mühle

Familie Egger-Rohrmoser erwarb 1987 die Sägemühle im Oberallgäuer Bad Oberdorf im schönen Ostrachtal und baute sie zum Gasthaus um. Im ehemaligen Rossstall befindet sich seit 1994 eine Biokäserei, in der guter Rohmilchkäse hergestellt und im Hofladen verkauft wird. 2007 wurde nebenan ein familiäres Superior-Hotel eröffnet. Im Sommer sitzen die Gäste im Garten und erfreuen sich an der traditionellen Schindelfassade, im Biergarten werden Brotzeiten angeboten. Einladend die herrlichen alten Stuben aus dem 17. Jahrhundert mit ihrer geschmackvollen Ausstattung. Das Speisenangebot ist regional und international, die Karte wechselt monatlich und bietet fürs Allgäu seltene kulinarische Erfahrungen.

Es gibt sämtliche Innereien vom Kalb und in der Osterzeit auch vom Lamm. Auch Kopf, Hirn und Bries sind zeitweise im Angebot, alles aus örtlicher Aufzucht. Die hausgemachten Nudel- und Knödelgerichte sind bodenständig: Maultaschen, Kässpätzle und Käsknödel – oder gleich eine Trilogie. Beim Fisch finden sich neben dem einheimischen Saibling auch Lachs, Dorade, Hummerkrabbe und Oktopus. Die Hauptgerichte zeigen zwei Schwerpunkte: Gerichte vom Bad Oberdorfer Kalb in allen Variationen vom Lüngerl über geschnetzelte Innereien von Herz, Leber und Nieren bis hin zu kostbaren Kalbsteaks, Kalbsrücken und Kalbsfilets. Das Geschnetzelte kommt mit einem Hauch Salbei und einer unwiderstehlichen kastanienbraunen Soße. Der zweite Schwerpunkt ist edles Rindfleisch vom Rost: Zwiebelrostbraten, Rumpsteak und Rinderfilet sowie die Klassiker Entrecôte double und Chateaubriand – wiederum aus heimischer Aufzucht. Auch das gekochte Ochsenfleisch ist ein Genuss. Zuerst wird von der freundlichen, professionellen Bedienung die konzentrierte Brühe mit Flädle und Maultäschchen serviert, dann das Fleisch mit frischem Meerrettich und Schnittlauchrahm. Knusprig comme il faut waren die Bratkartoffeln zur zarten und intensiven Ochsenbrust. Die Nachspeisen sind Kunstwerke.

Auf der Weinkarte versammeln sich die europäischen Anbaugebiete, darunter ein halbes Dutzend offener Weiß- und Rotweine.

Adelskammer

Dorfplatz 10,
95138 Bad Steben-Carlsgrün
0 92 88 / 84 40
gasthof-adelskammer.de

Größe: 30 Plätze, 17 im Nebenraum, 20 auf der Terrasse
Preise: Hauptgerichte 10–16 Euro
Kreditkarten: Keine
Öffnungszeiten: Do–Mo 10–21 Uhr; Ruhetage: Di, Mi

Fränkischer Methusalem mit Kultstatus

Bad Steben mit seinen Thermen und der staatlichen Spielbank liegt in der Grünen Krone Bayerns, dem Frankenwald. Die »Adelskammer« hat als ältestes Wirtshaus in der Region definitiv Kultstatus. Nur noch wenige Gasthäuser sind in dieser Weise traditionell geprägt. In der Küche der Familie Gebelein hat das Handwerk einen herausgehobenen Stellenwert. Besonders hervorzuheben ist das Engagement der Wirtsleute für den Fortbestand der Kartoffelsorte »Schwarzblaue aus dem Frankenwald«. Sie ist Slow-Food-Arche-Passagier. Um in den Genuss der hausgemachten thüringischen Klöße aus der Schwarzblauen zu kommen, ist es ratsam, für den Sonntag einen Tisch zu bestellen. Dann wird die Schwarzblaue geschält, gerieben, gepresst, zu Klößen geformt und gekocht. Das Fleisch für die Schmorgerichte kommt von den Tieren der eigenen Landwirtschaft. Salat, Gemüse und Eier bezieht man ebenfalls vom eigenen Hof.

Die Speisekarte, ein einziges Blatt, zählt eine Handvoll klassischer fränkischer Gerichte auf: Gansbrust, Rouladen, Sauerbraten und Stockfisch, alles in Begleitung von Klößen, von denen großzügig nachgenommen werden kann – »erscht's dreizehnte Klees koscht was extra!«. Wer außerhalb der Kloßzeit einkehrt, hat eine schöne Auswahl hausgemachter Brotzeiten. Schinken, Presssack und Bratwürste werden von einer Metzgerei aus der Verwandtschaft geliefert. Mehrmals im Jahr schlachten die Wirtsleute ein Schwein und verwerten es komplett. Neben der Brotzeit werden Stammessen wie Kasseler mit Kraut oder Hackfleischbaggerla* mit Stampf angeboten.

Bier vom Fass bezieht man von den regionalen Brauereien Scherdel, Meinel und Budenschuster. Die Brauerei Budenschuster, von zwei jungen Braumeistern 2016 gegründet, liefert ein hervorragendes Lagerbier.

→ Auf der Webseite werden kulinarische Höhepunkte des Jahreslaufs wie Schlachtfeste, Stockfischessen, Gänseschwarz oder Kärba angekündigt.

Gasthaus Jägerwirt

Nikolaus-Rank-Straße 1,
83646 Bad Tölz-Kirchbichl
0 80 41 / 95 48
jaegerwirt.de

Größe: 100 Plätze im Restaurant, 65 im Biergarten
Preise: Hauptgerichte 18–32 Euro
Kreditkarten: EC, Master, Visa
Öffnungszeiten: Mo, Fr 11–15 und 17–22 Uhr; Do 17–22 Uhr; Sa, So 11–22; Ruhetage: Di, Mi

Oberbayerisch-urig mit Liebe zur alpenländischen Küche

Südöstlich des schönen Kirchsees, nahe Bad Tölz, ist das urige »Gasthaus Jägerwirt« zu finden. Im ehemaligen Bauernhaus trafen sich Jäger regelmäßig mit dem damaligen Besitzer – schon 1928 wurde die Bauernstube zur Gaststube. Seit 1996 erhalten Sabine und Peter Rank die bayerische Wirtshaustradition. Verstärkung in der Küche erhält Peter Rank von seinem Sohn Martin, der nach seiner Ausbildung im Egerner Hof in Rottach-Egern in angesehenen Häusern arbeitete. Mit frischen Produkten der Region und Kräutern aus dem eigenen Garten wird für die Gäste gesorgt. Es gibt eine täglich wechselnde Speisekarte, die eine Erzeuger*innenliste enthält, sowie eine »Jeden Tag gibt's«-Karte. Kartoffeln kommen vom Stadler-Bauer in Aying und Fleisch direkt vom Nachbarn Schlör. Das Wild liefern, wie in alten Zeiten, die Jäger*innen der Umgebung; Wildgerichte gehören zu den Spezialitäten des Hauses.

Als Vorspeise locken Fleischbrühe mit Brätstrudel. Der Lammschlegelbraten mit Rosmarinsoße kommt vom Bernlocher Hans, Fischbachau. Dazu gibt es – Speckbohnen und Rahmkartoffeln. Immer wieder steht ein Wildschweinbraten, ein Tellerfleisch mit Kren und Wurzelgemüse oder Lammfleischpflanzerl auf der Tageskarte. Auf Vorbestellung werden Kalbs- und Schweinshaxn vom Grill serviert, ebenfalls mit hausgemachten Knödeln. Ein Genuss sind der lauwarme Kartoffelsalat und der Salat aus roh verarbeiteten roten Rüben. Beim Geflügel wird auf Bestellung eine Ente oder Gans vom Geflügelhof Lugeder ins Rohr geschoben, dazu Kartoffelknödel und harmonisch gewürztes Blaukraut. Seit geraumer Zeit ist der Wildburger – das Wild kommt ausschließlich aus der Umgebung – mit Bergkäse der Naturkäserei Tegernsee beliebt. Auch die Roggenweckerl werden selbst gemacht, wie auch die anderen Brotsorten auf der Karte. Als Nachspeise locken die Sanddorn-Joghurtmus mit Karamellsoße oder hausgemachte Sorbets und Cremeeissorten.

Der Hauptlieferant für die Biere ist die nahe gelegene Klosterbrauerei Reutberg. Die Schnäpse kommen von der Edelbrennerei Schauer aus Oberfischbach und von der Destillerie Lantenhammer aus Hausham/Schliersee, die Weine aus Deutschland, Österreich, Frankreich und Italien. Die Obstsäfte der Mosterei Wenig sind ein Genuss.

Gasthaus zum Goldenen Hirschen

Markgrafenstraße 13,
91438 Bad Windsheim-Lenkersheim
0 98 41 / 48 23
gasthausschwemmer.de

Größe: 40 Plätze in der Gaststube
Preise: V 8–17, H 25–30, N 5–12 Euro
Kreditkarten: EC
Öffnungszeiten: Fr–Sa 17.30–22 Uhr; So 11.30–14 und 17.30–22 Uhr; Ruhetage: Mo–Do

Klein und fein – regionale Küche auf hohem Niveau

Lenkersheim ist ein Ortsteil des Kurorts Bad Windsheim. Das unscheinbare, efeubewachsene Gasthaus mit seinen kleinen Fenstern ist denkmalgeschützt – nur der Ausleger mit dem goldenen Hirschen verrät den gastronomischen Ort. Urgemütlich ist die Gaststube, warmes Holz aus guter Schreinerarbeit an den Decken und Wänden, wie es sich für ein fränkisches Wirtshaus gehört. Im Sommer sitzt man im kleinen Garten. Joachim Schwemmer, ehemals Landwirt, lernte sein Kochhandwerk in renommierten Häusern wie dem »Eisenhut« und der »Villa Mittermeier«. Rückbesinnung auf seine Herkunft und die Suche nach Qualität bewogen ihn, in das elterliche Gasthaus zurückzukehren. Auf der Speisekarte sind zuerst die Lieferant*innen der verwendeten Produkte genannt. Sie kommen überwiegend aus der Umgebung, Schweinefleisch, Obst, Gemüse und Kartoffeln sogar vom eigenen Hof. Schwemmer versteht es, Tiere fachgerecht zu zerlegen und ganz zu nutzen. Demonstriert wird das nicht zuletzt am fränkischen Tiger. Gemeint ist der Slow-Food-Arche-Passagier Ansbach-Triesdorfer Rind. Geboten werden neben einem Drei-Gänge-Menü weitere Vorspeisen und Zwischengerichte, dazu fünf Hauptgerichte und ein Nachtisch. Die Karte ändert sich von Woche zu Woche und von Saison zu Saison.

Zu empfehlen ist die Essenz vom fränkischen Tiger, der Gemüse-Buchweizen-Strudel mit Kräuterschaum sowie der Kaninchenrücken im Brotmantel mit Pfifferlingen. Auch die Lasagne vom Lenkersheimer Reh und vor allem der rosa gebratene Rehrücken mit buntem Gemüse und gebratenem Serviettenknödel schmecken ausgezeichnet. Das vegetarische Gericht ist bei Joachim Schwemmer kein Alibi, sondern fester Bestandteil der Speisekarte. In den (selbstverständlich hausgemachten) Spaghetti mit Pfifferlingen oder den Bärlauchnudeln mit grünem Spargel können auch nichtvegetarisch lebende Menschen schwelgen. Als Nachtisch gefällt das Hollerküchlich*: gebackene Holunderblüte mit Tahiti-Vanille und hausgemachtem Erdbeereis (ein Gericht mit kurzer Saison) und das Dunkelbier-Tiramisu. Das hausgebackene Tomatenbrot ist knusprig-frisch, der Service freundlich.

Die Weine kommen aus dem südlichen fränkischen Weinland, das Bier aus Bad Windsheim.

→ Weil der »Goldene Hirsch« nur an drei Tagen geöffnet hat, ist eine Reservierung angeraten.

In Ickelheim bietet die Metzgerei Brand hervorragende Bändelbratwürste an, am Wochenende lohnt ein Besuch der »Schmidd'n«, einer renovierten Schmiede mit Cafe und Brotzeitstube im nahen Ottenhofen.

Schlenkerla

Dominikanerstraße 6,
96049 Bamberg
09 51 / 5 60 50
schlenkerla.de

Größe: 63 Plätze im alten Lokal, 120 in der Dominikanerklause und dem Bamberger Zimmer, 65 im Biergarten
Preise: V 5–10, H 13–19 Euro
Kreditkarten: EC, Visa, Master
Öffnungszeiten: Täglich 9.30–23 Uhr

Bodenständige Küche zum Bamberger Rauchbier

Das Schlenkerla ist eine Bamberger Institution. Unweit des Doms, inmitten der quirlig-barocken Altstadt, befindet sich eine der beiden historischen Schankstellen für das berühmte Bamberger Rauchbier (Slow-Food-Arche-Passagier). Denn nur in der Bierstadt Bamberg hat sich die Tradition erhalten, das Grünmalz über einer mit Holz befeuerten Darre zu trocknen. So war es einst überall der Fall, bevor die rauchfrei betriebenen Malzdarren den Biergeschmack neu prägten. Die Inhaberfamilie ist der Idee von Slow Food eng verbunden und stützt die örtlichen Aktivitäten. Zu einem Glas Rauchbier lässt sich trefflich lokaltypisch speisen. Alle Lieferant*innen sind persönlich bekannt. Das Fleisch kommt neben der Metzgerei Eichhorn von der Bäuerlichen Erzeugergemeinschaft Schwäbisch Hall, das Gemüse aus dem Knoblauchsland, das Wild aus der Fränkischen Schweiz, die Nudeln von der Manufaktur Burk.

Besonders empfehlenswert sind die Klassiker, wie die nach Hausrezept mit Rauchmalz hergestellten Schlenkerla-Bratwürste, die mit Rauchbierbrot serviert werden oder die mit Schweinehack gefüllte und mit Rauchbiersoße und Kartoffelbrei servierte Zwiebel. Nicht fehlen darf das fränkische Schäuferla mit krachender Kruste und die Rinderbrust mit fränkischem Meerrettich. Eine Besonderheit der Brotzeitkarte ist der lokaltypische Zwetschgenbames*, ein dünn aufgeschnittener, magerer Rinderschinken. Vegetarier*innen finden im mit Rauchmalz verfeinerten Blätterteigstrudel mit Gemüsefüllung ein ansprechendes Gericht.

Neben dem traditionellen, unfiltrierten Märzen-Bier, das zum Tag der Rauchbier-Bewahrung am 23. Juli erhältlich ist, kommen weitere traditionelle Saisonspezialitäten wie das frische Kräusen im Sommer, Rotbier, Urbock, zudem über Eichenholz gedarrtes Malz für den Eiche-Doppelbock (Advent), ein Fastenbier und das nach historischem Rezept gebraute alkoholarm eingebraute Gärtner- und Arbeiterbier »Hansla« zum Ausschank.

→ Zwischen 14 und 16.30 Uhr kann die eigene Brotzeit mitgebracht werden. Zum Bamberger Weltkulturerbe zählt neben der Altstadt mit dem Dom auch die Gärtnerstadt am Rande der Altstadt. Das Gärtner- und Häckermuseum und der Bamberger Sortengarten in der Mittelstraße sind einen Besuch wert.

Der Brotladen in der Fleischstraße bietet eine gute Auswahl fränkischer Brote und Wurstwaren, u.a. Zwetschgenbammes, die Bäckerei Seel das Gebäck »Bamberger Hörnla«.

Fuchsbräu

Hauptstraße 23,
92339 Beilngries
0 84 61 / 65 20
fuchsbraeu.de

Größe: 130 Plätze in drei Gasträumen, 150 im Biergarten
Preise: V 6–19, H 16–32, N 3–12 Euro
Kreditkarten: EC, Amex, Master, Visa
Öffnungszeiten: Täglich 7–23 Uhr

Feine Regionalküche in der Altmühl-Jura-Region

Der »Fuchsbräu«, ursprünglich eine Brauerei mit Bräustüberl, ist seit fünf Generationen ein Familienbetrieb. Er wird von Denise und Christian Amrhein geführt. Das stattliche Anwesen aus sechs Gebäuden, darunter Restaurant, Hotel und die Kaiserbeck-Bar, liegt in der historischen Altstadt von Beilngries. Die Räumlichkeiten atmen unaufgeregte Stilsicherheit. Das Geschwisterhaus »Post Berching« in Berching steht ebenfalls im Genussführer. Küchenchef Silvester Meyer legt Wert auf regionale wie saisonale Zutaten mit einem stetig wachsenden Bioanteil. Die Forellen und Saiblinge kommen aus Biberbach. Das Freiland-Jura-Geflügel aus Rapperszell, Demeter-Gemüse und Bioeier stammen aus dem Altmühltal. Hervorzuheben ist das Engagement für das »Altmühltaler Weiderind«, das auf der Weide geschlachtet wird.

Auf der Speisekarte fallen zunächst die Rinderkraftbrühe mit Bärlauchgrießnockerl und Gemüse oder die Beilngrieser Zwiebelsuppe mit Weißbrotcroutons und Käse überbacken auf. Auch die Forelle »Müllerin Art« mit Petersilienkartoffeln oder das Saiblingsfilet mit Zitronenkräuterschaum auf saisonalem Gemüse wecken Interesse. Unter den Hauptspeisen finden sich ein bayerisches Rahmschnitzel vom Oberpfälzer Schwein mit Champignons und hausgemachten Spätzle oder der Zwiebelrostbraten vom Oberpfälzer Rind mit Röstzwiebeln und Bratkartoffeln. Ebenfalls empfehlenswert ist die geschnetzelte Kalbsleber mit Lauch, Pastinaken und Karotten in Salbeisauce mit Kartoffelgnocchi oder der Oberbürger Wildschweinrücken mit Basilikum und Parmaschinken gebraten, auf mediterranem Gemüse, dazu Apfel-Preiselbeerragout und römische Nocken. Zu den vegetarischen Angeboten zählen ein lauwarmer Ziegenkäse Feta Art von der Käserei Lückes aus Pilsach mit bunten Salaten der Saison an Bärlauchdressing oder der vegane geräucherte Rote-Bete-Erbsenbrätling auf Mandelrahmgemüse mit Kartoffeln. Zum guten Schluss gibt es Dörndorfer Bauernhofei, ein Dreierlei im Glas (Holunderblüten-Pannacotta mit frischen Früchten, Joghurtmousse mit Himbeeren und Nuss-Schokoladenparfait mit Waldbeeren) oder die duftigen Nonnenfürzle*, ein Schmalzgebäck.

Es stehen regionale Biere von Schattenhofer, Riedenburger, Winkler oder Gutmann zur Auswahl. Die Weinkarte listet Gewächse vornehmlich aus Franken und der Pfalz.

→ Beilngries im nordöstlichen Naturpark Altmühltal lädt zum Wandern und Radeln ein. Nur fünf Kilometer entfernt liegt das Benediktinerkloster Plankstetten mit biozertifizierter Landwirtschaft und dem Biohofladen.

Post Berching

Johannesbrücke 5,
92334 Berching
0 84 62 / 20 04 20
post-berching.de

Größe: 140 Plätze in drei Gasträumen, 140 im Biergarten
Preise: V 6–19, H 17–30, N 3–11 Euro
Kreditkarten: EC, Amex, Master, Visa
Öffnungszeiten: Täglich 7–23 Uhr

Feine regionale Küche am Tor zum Altmühltal

Seit beinahe 300 Jahren steht das Gebäude des früheren Hotels Post in der Berchinger Vorstadt. Aufwendig und gelungen renoviert, wird es seit 2019 von Denise und Christian Amrhein als »Post Berching« geführt. Das Geschwisterhaus »Fuchsbräu« in Beilngries ist ebenfalls im Genussführer gelistet. Es sitzt sich angenehm in den feinen Räumen und im Biergarten, direkt an der vorbeiplätschernden Sulz. In ihrer Speisekarte legen die Küchenchefs Michael Weidinger und Matthias Bersch großen Wert auf regionale und saisonale Zutaten. Hervorzuheben sind das Juradistl-Lamm sowie die Biberbacher Forellen und Saiblinge. Das Freiland-Jura-Geflügel kommt aus Rapperszell, Demeter-Gemüse und die Bioeier stammen aus dem Altmühltal.

Als Voressen gefallen das Brezenknödel-Carpaccio mit weißem Balsamico, in Knoblauchbutter gebratenen Champignons, Rucola und Parmesanspänen sowie Pho vom Berchinger Weiderind mit Koriander, Shiitake Pilzen, Reisnudeln, Tranchen vom Entrecote und Lauchzwiebeln. Unter den Hauptspeisen finden sich der Kräuterbraten vom Kalb in Heurahmsauce mit Wurzelgemüse und hausgemachten grünen Spätzle oder das Bergschnitzel vom Oberpfälzer Schwein mit süßem Senf und Kren, in Bergkäse-Brezenpanade gebacken, mit Kartoffel-Gurkensalat und Weißbier-Preiselbeeren. Ebenfalls empfehlenswert sind vom Juradistl-Lamm der Braten, gefüllt mit hausgemachter Salsiccia an Jus, Wirsing und Kartoffel-Kräuterkrusterl, sowie die Lasagne auf Grillgemüse und Rosmarinjus. Ebenso schmackhaft ist der Bavarian Cheese & Bacon Burger (Patty vom Berchinger Weiderind im Laugen-Bun mit Biermayonnaise, Bergkäse, Bacon, Salat, Tomaten und rosten Zwiebeln). Zu den schönen vegetarischen Gerichten zählen das Knödel-Tris aus Spinat-, Rote-Bete- und Kaasknödeln in Walnuss-Salbeibutter geschwenkt mit Blattsalaten der Saison oder die Dinkel-Käsespätzle mit Comté sowie Bergkäse, dazu resche Zwiebeln. Zum guten Schluss gibt es Dörndorfer Bauernhofeis, Rosmarin-Pannacotta mit Erdbeermark oder einen geeisten Espresso mit Sahnehaube.

Es stehen regionale Biere von Schattenhofer, Riedenburger, Winkler oder Gutmann zur Auswahl. Die Weinkarte listet Gewächse vornehmlich aus Franken und der Pfalz.

→ Berching liegt im nordöstlichen Naturpark Altmühltal, ideal zum Wandern und Radeln. Gleich um die Ecke (fünf Kilometer entfernt) liegt das Benediktinerkloster Plankstetten mit seiner biozertifizierten Landwirtschaft und dem Biohofladen.

Gasthaus »Zur Hulda«

Tiefengrüner Straße 1,
95180 Berg
0 92 93 / 6 37
gasthaus-zur-hulda.de

Größe: 100 Plätze in der Gaststube
Preise: Hauptgerichte 10–19 Euro
Kreditkarten: EC
Öffnungszeiten: Fr 17–20 Uhr; Sa 11–14 und 17–20 Uhr; So, Feiertag 10–14 Uhr; Ruhetage: Mo–Do

Ein hochfränkischer Klassiker

Das Gasthaus »Zur Hulda« liegt idyllisch im Bayerischen Vogtland am Rand zum Frankenwald. Es wurde im Jahr 1838 von der Familie Frank übernommen und über Generationen weitergegeben. Im Jahr 1989 erlebte die »Hulda« einen Aufschwung, weil die Gäste aus dem benachbarten Hirschberg/Thüringen es wieder besuchen konnten. Der Blick in die Speisekarten verspricht sehr bodenständige und regional verbundene Gerichte. Auf der Speisekarte und auf der Webseite wird überzeugend vermittelt, dass die Zutaten für die Küche aus der Region bezogen werden. Die Bezugsquellen für Fisch, Kartoffeln, Schweine, Eier, Kräuter, Ziegenkäse und Wild werden namentlich genannt.

Auf der Sonntagsspeisekarte beeindruckt vor allem das traditionelle Krenfleisch nach Frankenwälder Art, das mit einer groben, mit Brot gebundenen Soße serviert wird, die der Gast mit frisch geriebenem Kren nach Geschmack würzt. Ebenso gefällt die sehr zarte Rinderzunge in Kapern-Weinsoße. Ebenso von überzeugender Qualität sind die Entenbrust, die gefüllte Rinderroulade und der Wildschweinbraten. Alle Gerichte werden mit traditionellen Grünen Klößen serviert. Auf der Abendkarte stehen Karpfen »blau« mit brauner Butter, Salzkartoffeln und frischem Meerrettich, paniert gebacken mit Kartoffelsalat oder als Sülze mit Remoulade und Bratkartoffeln; diese Varianten gelten auch für die Forellen. Seit über 35 Jahren werden in der »Hulda« dienstags und mittwochs die Klassiker Leckeres mit Leber und Gebackenes Blut serviert. Im Kühlschrank an der Theke präsentiert eine große Auswahl hausgemachter Spezialitäten: Schinken- und Brettlaspeck, Presssack, Schmalzfleisch, Eisbein, Schweinskopfsülze, Kutteln und Geschlinge.

Bier liefert die nahe gelegene Brauerei Meinel aus Hof. Vom Fass gibt es Pils, Lager, Weizen und Zwickel. Aus der Flasche werden Dunkellager, Märzen, Weizenbock oder Doppelbock angeboten. Die Weine kommen vornehmlich aus unterfränkischen (Groß-)Lagen wie dem »Kitzinger Hofrat«, »Volkacher Kirchberg« und »Dettelbacher Honigberg«. Zur Verdauung bietet die »Hulda« Schnaps aus hiesigen Brauereien an.

→ Eine Reservierung für das nur am Karfreitag angebotene Stockfischessen ist anzuraten. Traditionell oberfränkisch wird der getrocknete Kabeljau vor der Zubereitung gewässert und mit Zwiebeln, Speck und getoastetem Brot geschichtet gebacken. Dazu serviert werden eine klassische Eierbrühe und selbstverständlich die nordfränkischen Grünen Klöße.

Gasthaus Weißenbeck

Ludwig-Thoma-Straße 56,
85232 Bergkirchen-Unterbachern
0 81 31 / 7 25 46
weissenbeck.de

Größe: 120 Plätze in der Gaststube und im Garten
Preise: Hauptgerichte 19–35 Euro
Kreditkarten: EC, Amex, Master, Visa
Öffnungszeiten: Mi–Fr 17.30–23 Uhr; Sa, So, Feiertag 11.30–14.30 und 17.30–23 Uhr; Ruhetage: Mo, Di,

Feine saisonale Landküche in idyllischer Lage

Als Adressangabe für dieses Gasthaus in Unterbachern bei Dachau genügt »zwischen Maibaum und Kirche«. Seit 400 Jahren ist der Hof in Familienbesitz und seit über 60 Jahren ein Gasthaus. Er wurde von Anni Weißenbeck 1956 auf basisdemokratischen Druck hin gegründet, denn wegen ihrer Kochkunst hatte sie sonntags oft Gäste auf ihrem Bauernhof. Sie wurde schließlich überredet, ein eigenes Gasthaus aufzumachen. Heute leitet es Enkelin Elisabeth. Das Essen schmeckt hier ausgesprochen gut, weil Elisabeth Weißenbeck und ihre Mutter Barbara die nötige Kenntnis und Beharrlichkeit beim Einkauf der besten Zutaten bei regionalen Erzeugern haben. Der Fisch kommt aus heimischen Gewässern, das Rind aus bäuerlichen Betrieben der Umgebung. Schweinefleisch wird aus artgerechter Haltung der Bäuerlichen Erzeugergemeinschaft Schwäbisch Hall bezogen, das Wild selbst geschossen. Zudem bereiten sie die Speisen mit größter Sorgfalt zu.

Die Karte mit Gerichten aus saisonalen und regionalen Produkten wechselt nach wenigen Tagen; der Blick auf die Webseite empfiehlt sich. Die Qualität der Küche zeigt sich schon bei den Vorspeisen, wie der feinen Wildterrine oder der Rehpastete, ebenso an den hervorragenden Kartoffelknödeln – hier sind sie noch hausgemacht. Auch die Wildschweinswürstel oder Medaillons vom Reh, die es nur während der Jagdsaison gibt, kommen aus eigener Herstellung. Bei den Hauptspeisen gefallen besonders das geschmorte Backerl vom Schwäbisch-Hällischen Jungschwein, der Zwiebelrostbraten und die Ente, zu der die Sauce traditionell in einer Sauciere gereicht wird. Ein wichtiger Ratschlag: den »Weißenbeck« nicht zu verlassen, ohne die hausgemachten Kuchen zu probieren.

Ein schöner Obstler rundet das Mahl ab. Die ausgeschenkten Biere kommen von einer Kelheimer Spezialitätenbrauerei, dazu gibt es Weine aus Deutschland und Österreich.

Fischerei Minholz

Birkenallee 48,
83233 Bernau am Chiemsee
0 80 51 / 6 01 90 59
fischerei-minholz.de

Größe: 50 Plätze im Restaurant, 100 im Garten
Preise: Hauptgerichte 18–25 Euro
Kreditkarten: EC ab 20 Euro
Öffnungszeiten: Mi–So 11.30–22 Uhr; Ruhetage: Mo, Di

Genuss am See

Der fünfhundertjährigen Familientradition folgend, fahren Thomas und Dominik Minholz in aller Frühe hinaus, um Renke, Hecht, Barsch und gelegentlich einen Zander zu fangen. Die Lage am wunderschönen Chiemsee, das neu gestaltete Restaurant und die Genussküche von Gastgeber Dominik Minholz mit Partnerin Julia führen dazu, dass der Fang nicht immer reicht. Dann hilft Kollege Martin Kreuz aus Übersee aus. Saiblinge, die es nicht im Chiemsee gibt, liefert die Fischzucht Waldheim aus Dachau lebend an. Selbstverständlich wird geräuchert, nach Matjes-Art eingelegt und es werden Fischsalate produziert - Frische ist Trumpf. Auch sonst stehen heimische Lieferant*innen an erster Stelle, vom Wild des örtlichen Jägers über Brot und Semmeln der Bäckerei Obermaier in Bernau bis zu Milch und Milchprodukten aus der Pidinger Molkerei und Gemüse von Lermer in Siegsdorf.

Ein guter Start gelingt mit den selbst kreierten Aperitifs BALIS Sprizz oder Rosato-Royal. Appetitmacher sind der hausgemachte Matjes-Tatar von der Renke auf geröstetem Schwarzbrot und das klassische Renkenmatjesfilet mit Apfel, Essiggurke und Zwiebeln. Alternativ mundet ein gebeizter Bachsaibling mit Rote-Bete-Ragout, Kartoffelcroutons und Zitronen-Crème-fraîche. Aus der Fülle des Angebots sollen Chiemsee-Renkenfilets in Butter gebraten mit hausgemachter Zitronen-Velouté, Grillgemüse und Petersilienkartoffeln, Chiemsee-Zanderfilets auf der Haut gebraten mit hausgemachter Knoblauchsauce, Selleriepüree und Buttermandeln und das Duett von Saibling und Garnele in schäumender Orangen-Zimt-Butter gebraten mit Petersilienkartoffeln genannt werden. Der Nachwuchs darf es mit Chiemsee-Fish-and-Chips versuchen, gebackenen Renkenfilets mit Pommes.

Drei Winzer aus der Pfalz, von der Nahe sowie aus der Südsteiermark liefern ihre Tropfen, damit die Fische ein zweites Mal schwimmen können. Die weiteren Getränke kommen fast komplett aus der Region, Tee von der Traunsteiner Bioteaque und Kaffee aus der Dinzler'schen Rösterei am Irschenberg.

Im angeschlossenen Fischladen gibt es die Schätze des »Bayerischen Meeres« auch für zu Hause.

Gasthaus Laurer

Sunzendorf 2 1/2,
92262 Birgland
0 96 66 / 2 76
gasthaus-laurer.com

Größe: 90 Plätze in zwei Gasträumen, 50 auf der Terrasse
Preise: Hauptgerichte 9–32 Euro
Kreditkarten: Alle gängigen Karten
Öffnungszeiten: Mi–So 10–14 und 17–22 Uhr; Ruhetage: Mo, Di, außer Feiertag

Genusstempel der Oberpfalz

Im östlichen Dunstkreis der Metropolregion Nürnberg, in der oberpfälzischen Gemeinde Birgland, liegt der Weiler Sunzendorf mit 34 Einwohnern. Er ist umgeben von Wäldern, seine Pflanzenwelt ist einzigartig. Das »Gasthaus Laurer« ist der gastronomische Hotspot der Region. Das seit 1899 familiengeführte Gasthaus hat den Gipfel der gehobenen Küche erklommen. Die beiden hellen, modernen und gemütlichen Gasträume werden ergänzt durch zwei Terrassen. Die Küche ist das Revier von Küchenchef Andreas Laurer. Neben den traditionellen Speisen der Oberpfalz kocht er außergewöhnliche Kreationen mit raffinierter Rezeptur. Entsprechend seiner Philosophie kommen die geschmackreichen Zutaten aus der Region, Lieferanten und Produzenten sind auf der Lieferantenliste einzusehen.

Als Aperitif gefällt der ungewöhliche Laurer(G)in. Aromengesättigt sind Vorspeisen wie das Carpaccio vom Bergländer Bio-Rind mit frisch geriebenem Höflinger Bio-Heumilch-Käse und der vegetarische Salat von Ochsenherz-Tomaten und Pfirsich. Am fränkischen und oberpfälzischen Bratwurst- und Bratenäquator wird der Geschmacks- und Genusstest bei den Hauptgerichten Schnitzel Wiener Art vom Birglandschwein mit Kartoffelsalat und Preiselbeeren und der Sauerbraten vom Birgländer Bio-Rind mit Schwarzbrotknödel mit Bravour bestanden. Für die Laurer-Brotzeit werden drei hausgemachte dicke Bratwürste nach Opas Rezept aus purem Birglandschwein ohne jegliche Zusatzstoffe wahlweise mit Kraut und Brot, Kartoffelsalat oder sauer mit Brot angeboten, lecker wie im Bratwursthimmel. Sonntags (nur mittags und an Feiertagen) werden Klassiker wie knuspriges Schäuferl vom Birglandschwein und Braten vom Birglandschwein mit Kloß zu bemerkenswert moderaten Preisen angeboten. Als süßen Abschluss erfreuen das mit Prosecco aufgefüllte hausgemachte Erdbeersorbet und mit »As süße Kasterl«, hausgemachtem Mascarpone-Tonkabohneneis, Espresso und Buttermilch-Pannacotta, zeigt die Küche eine weitere Glanzleistung.

Aus der Getränkeliste sind die Biere der Veldensteiner Brauerei sehr zu empfehlen, vor allem das Mandarina Bavaria Weißbier. Die Weinempfehlungen kommen aus Deutschland und Europa mit italienischem Schwerpunkt.

→ Kulinarische Höhepunkte sind das abendliche »Menù degustazione« und die länderspezifischen Schlemmerwochen, bei denen der Chef de Cuisine sein bemerkenswertes Kochniveau entfaltet.

Gasthaus »Zum Ritter«

Eckeltshof 8,
92262 Birgland-Eckeltshof
0 91 57 / 3 94
ritter-eckeltshof.de

Größe: 100 Plätze im Gastraum
Preise: V 7–17, H 10–32, N 7–14 Euro,
Kreditkarten: Keine
Öffnungszeiten: Mi–Fr 9–14.30 und 17–23 Uhr; Sa, So 9–23 Uhr; Ruhetage: Mo, Di

Ritterschlag für die frische Oberpfälzer Küche

Der Ort Eckeltshof liegt entlegen auf den Jurahöhen der Oberpfalz im Grenzgebiet zu Mittelfranken. Das Dorfwirtshaus von Rita und Richard Kölbel unter altem Baumbestand wurde modernisiert. Die einladenden Räume sind in hellem Holz gehalten, auch im Garten stehen Tische. Küchenchef im »Ritter« ist Richard Kölbel, er wird tatkräftig von der Familie unterstützt. Seine abwechslungsreiche Speisekarte hat einen guten Ruf. Die Gerichte sind saisonal orientiert und überwiegend regional. Die Lieferant*innen sind auf der Karte detailliert vermerkt.

Erfreulich ist das wechselnde Angebot mit Saisongerichten und auch Innereien. Die Tradition des Sonntagsbratens mit klassischen Fleischgerichten der Oberpfalz wird ebenfalls gepflegt. Wildkräuter, frisch aus Wald und Flur, verfeinern viele Gerichte der Ritter-Küche. Ein schöner Beginn sind die gute Wildkräutersuppe mit Waldpilzen oder die pikant gewürzte Kornäpfelsuppe. Die Auswahl der Vorspeisen ist groß und macht Appetit, etwa auf ausgelöste Wachtel, das Kaninchen mit Salbei und Zucchinisalat, auf das Lammfilet auf Paprika-Oliven-Gemüse oder die feine Entenleber – alles ist geschmackvoll und von guter Produktqualität. Als Hauptgang gefällt das Hirschgeschnetzelte mit Schupfnudeln* und Salat (wie von Muttern) und ein zartes Wildgulasch mit wunderbarer ungebundener Soße. Der Lammrücken wird mit Bärlauchkruste und Balsamicosoße, Rahmwirsing und Nockerln serviert. Zu anderen Wildgerichten werden Mohnplätzchen gereicht. Schön zart sind die Kalbsleberscheiben mit Salbei oder das rosa gebratene Rumpsteak mit Bärlauchkruste. Von der nahen Regelsmühle kommen die Fische, sie werden veredelt wie der Bachsaibling, mit Lorbeer gespickt und im Ofen gebacken. Auf der Nachtischkarte stehen eine Zwetschgenterrine mit Nüssen und Omas Bratapfeleis.

Die Weine aus Franken, der Pfalz und dem Rheingau entsprechen dem Niveau der Küche. Das Bier liefert die Brauerei Wolfshöher, die fränkischen Edelbrände kommen von der Brennerei Hack. Das Angebot an Aperitifs mit regionalem Bezug ist erstaunlich: Rieslingsekt mit Holunderblüten oder mit hausgemachtem Schlehensaft sind die Favoriten.

→ Der Wacholderwanderweg (31 km) gehört mit zu den schönsten Wanderwegen im Jura. Er führt von Schmidmühlen bis Kastl.

Gasthaus Dickas

Josefstraße 9,
97653 Bischofsheim in der Rhön
0 97 72 / 4 56
rhoener-schaubrennerei.de

Größe: 35 Plätze im Restaurant, 30 im Biergarten
Preise: V 4–6, H 12–22, N 8–10 Euro
Kreditkarten: Keine
Öffnungszeiten: Fr–Di 10.30–14.30 und 17–22 Uhr; Ruhetage: Mi, Do

Unverfälschte Rhöner Küche am Fuße des Kreuzbergs

Bischofsheim liegt am Fuß des Kreuzbergs, dem heiligen Berg der Franken. In der kleinen Josefstraße liegt das unscheinbare Gasthaus mit seiner Schaubrennerei. Seit mehr als 130 Jahren hat die Familie Vorndran das Schankrecht, seit bald 120 Jahren das Brennrecht. Die beiden Gaststuben sind mit freundlich-hellen Holzmöbeln ausgestattet. Claus Vorndran, Patron und Chefkoch, zählt in der Rhön zu den Besten seines Fachs. Seine Küche basiert auf regionalen Produkten, mit denen er traditionelle Gerichte gekonnt modernisiert. Im Restaurant ist Brigitte Vorndran eine charmante Gastgeberin. Die Familie Vorndran kann auf hervorragende Lieferanten zurückgreifen, den Rhönschaf-Biohof Kolb, Schweinefleisch und Freilandenten von der Rhönland eG, Forellen von der Fischer Hütte Edwin oder von der Rhönforellenzucht Obert in Riedenberg. Rindfleisch vom Archepassagier Fränkisches Gelbvieh liefert Bio-Rhönerbauer Schmitt aus Oberweisenbrunn, das Gemüse kommt zur Saison aus dem eigenem Garten.

Empfehlenswert sind die Kartoffelsuppe mit Waldpilzen, die Forellencremesuppe mit geräucherter Bachforelle oder eine Brühe vom Rhönschaflamm mit Quarkklößchen und Gemüsestreifen. Zweierlei Fischmousse von Forelle und Saibling wird mit Blattsalaten angeboten, das Züngle vom Rhönschaflamm wird von einer Weißwein-Meerrettich-Sauce fein begleitet. Die Ziegenmedaillons mit Wirsing und Apfel-Kartoffelrösti sowie das Thüringer Rostbrätel vom Rhöner Landschwein sind ausgezeichnete Hauptgänge ebenso wie die Variation vom Hirsch mit Medaillon und Braten, begleitet von Spatzen, Serviettenkloß und Rotkraut. Als Nachtisch mundet das zweierlei Parfait von Rhöner Früchten mit Bayrisch Creme*.

→ Claus Vorndran ist Mitbegründer der Wirtevereinigung »Aus der Rhön, für die Rhön« und seit Langem deren Vorsitzender. Die Vereinigung hat wesentlichen Anteil daran, dass die Rhönschafrasse vor dem Aussterben bewahrt werden konnte. In der Schaubrennerei produziert Claus Vorndran aus Rhöner Obst und Rhöner Kräutern Brände und Liköre. Zur Unterstützung einer gute Verdauung empfiehlt sich der Brennnesselschnaps.

In Oberelsbach-Ginolfs empfiehlt sich ein Einkauf im Bio-Rhönschafladen von Josef Kolb, in Oberelsbach bietet die Familie Manger in ihrem Bauernladen Fleisch vom Fränkischen Gelbvieh (beide Passagiere der Slow Food Arche des Geschmacks). Die Bäckerei Lenhardt lädt mit hervorragenden Backwaren in ihrem Mühlencafe ein.

Beckerwirt

Hauptstraße 15,
85113 Böhmfeld
0 84 06 / 9 12 42
beckerwirt.de

Bio

Größe: 150 Plätze in den Gaststuben
Preise: V 5–15, H 15–27, N 5–11 Euro
Kreditkarten: EC, Master, Visa
Öffnungszeiten: Fr 17–24 Uhr;
Sa, So, Feiertag 11.30–14 und 17–24 Uhr,
Ruhetage: Mo–Do

Dorfwirtshaus mit Bio- und Kräuterküche

Der »Beckerwirt« in Böhmfeld, zwischen Ingolstadt und Eichstätt, ist ein Dorfwirtshaus mit Tradition und Schankrecht seit 1591. Der alte Kuhstall wurde zum gemütlichen Wirtshaus umgebaut. Kräuterpädagogin Andrea Beck leitet die Küche, ihre Schwester Maria Beck den Service. In der Küche des Bioland-Goldpartner zertifizierten Wirtshauses werden ausschließlich Biolebensmittel, meist aus der unmittelbaren Nachbarschaft, verwendet. Die eigene Landwirtschaft liefert einen Teil der Lebensmittel. Schweine von Biobauern der Umgebung werden in der Küche zerteilt und verarbeitet, in der passenden Jahreszeit liefert ein Schäfer der Region ganze Lämmer. Wild stammt aus dem Böhmfelder Flur. Roter Faden in der Küche ist die Verwendung frischer Wildkräuter vom Bärlauch bis zur wilden Malvenblüte. Aroma und Geschmack der Kräuter von den Magerwiesen des Altmühltals ermöglichen kulinarische Erlebnisse.

Als Vorspeise mundet die Rindersuppe mit Dinkelpfannkuchen. Regelmäßig wird das vielfältige Angebot saisonal angepasst. So ist im Frühling der überaus schmackhafte und attraktiv angerichtete Salat mit Linsen, Sesam, Kichererbsen, Rote-Bete-Bulgur, grünem Spargel und Kräutern, im Sommer der Wiesensalat mit Blüten ein Genuss. Vegetarische Klassiker sind - je nach Blütezeit - die Unkrautsuppe oder das Bayerische Risotto aus eigenem Emmer mit Steinpilzen, grünem Spargel und Bärlauch. Als Hauptspeise überzeugt das Tellerfleisch vom Hinterwälder Bioweiderind mit Krenscheiben im Grünkohlbett mit Kartoffelgratin. Das Rehragout mit Serviettenknödeln ist fein und mürbe, der Schweinsbraten zart, mit einem schmackhaften Fettrand unter der knusprigen Kruste. Sonntags sind die selbst gemachten Knödel aus eigenen Biokartoffeln besonders empfehlenswert. Je nach Jahreszeit stehen hausgemachte Leber- und Blutwürste mit Sauerkraut, Bratkartoffeln und Hausmachersenf auf der Speisekarte, dazu selbst gebackenes Brot. Als Nachspeise sind das selbst gemachte Fichtennadelhonigeis oder der Hausklassiker Dinkelwindbeutel mit Eis und Himbeeren ein Muss.

Auch Bier und Wein kommen aus Biobetrieben. Es gibt Kräuterlimonaden und selbst angesetzte Liköre mit Mohnblüte oder Kräuter.

→ Zwischen April und September werden Wildkräuterwanderungen mit anschließender Verkostung angeboten, zudem abwechslungsreiche Kochkurse zu den Jahreszeiten.

Aus der eigenen Landwirtschaft werden im Hofhäusl Biokartoffen, Würste und weitere Erzeugnisse angeboten.

Restaurant im Adler Landhotel

Hauptstraße 30,
63927 Bürgstadt
0 93 71 / 9 78 80
adler-buergstadt.de

Größe: 40 Plätze im Restaurant, 60 in der Galerie, 80 in der Wein- und Gartenlaube
Preise: V 9–16, H 20–33, N 7–14 Euro
Kreditkarten: EC, Master, Visa
Öffnungszeiten: Fr, Sa, Mo–Mi 17–21 Uhr; Ruhetage: Do, So

Genuss- und liebevoll umsorgt

Der schöne alte Gasthof wurde 2010 renoviert, erhalten blieb die ländlich-elegante Atmosphäre. Warme Holztöne, geschmackvolle Deko, schöne Textilien und feines, weingerechtes Glas ergeben einen stimmungsvollen Rahmen. Für Empfänge, kleine Imbisse und ein Glas Wein bietet die Hofterrasse Gelegenheit, während in der warmen Jahreszeit der Gastgarten lockt, eine attraktive Insel im Herzen Bürgstadts. Zu Beginn des Jahres 2024 hat Theresa Eck, Tochter von Evelyn Bachmann, die Serviceleitung übernommen. Ihr Mann, Max-Josef Eck, hat die Leitung der Kiüche übernommen. Seine Küche basiert auf Produkten der Umgebung, wie etwa das Rind- und Kalbfleisch aus Mutterkuhhaltung.

Die Karte beginnt mit dem empfehlenswerten und günstigen Adler-Menü, das zu den Hauptgerichten überleitet, und schließt mit der Nachtischkarte. Als Einstieg sind die Weinsuppe und die gute Rindsbouillon mit Pfannkuchenstreifen und Wurzelgemüse zu empfehlen. Gerichte vom Bürgstädter Kalb sind eine Spezialität des Hauses. Das panierte Kalbsschnitzel – das Tier stand auf einer lokalen Weide – ist butterzart und wird begleitet von Bratkartoffeln und einem Blattsalat. Der Kalbstafelspitz mit Meerrettichstreifen auf Bouillongemüse und Kartoffeln ist ein Beleg für die Produktqualität ebenso wie die Wildmaultaschen auf Sauerkraut und Kartoffelpüree. Aber auch Forelle und Bachsaibling kommen auf den Teller, geliefert aus dem nahen Spessart und dem Odenwald. Zur Saison wird Spargel mit Sauce hollandaise, Kartoffeln oder Kräuterpfannkuchen serviert, ergänzt durch Schinken, Lachsforelle oder Rumpsteak vom Angusrind. Typisch fränkische Vesper sind die hausgemachte Wildbratwurst mit Bratkartoffeln oder die hausgemachte Sülze. Von der Nachtischkarte gefallen die üppige Rote-Beeren-Grütze mit Vanilleeis und das Tiramisu mit Erdbeereis und frischen Früchten.

Die Weinkarte ist umfangreich und zeigt neben lokalen Weinen – unter anderem aus der Toplage Centgrafenberg – auch Gewächse anderer Regionen und Länder. Der Service ist zuvorkommend und freundlich.

Hausgemachte Wildschweinbratwürste und Destillate sowie Konfitüren aus dem eigenen Garten werden zum Mitnehmen angeboten. Weine der herausragenden Weingüter des Orts.

NEU

Restaurant Weinstall

Schloßplatz 3,
97355 Castell
0 93 25 / 6 01 10
castell.de/Restaurant

Größe: 40 Plätze im Restaurant, 20 auf der Terrasse
Preise: V 8–15, H 15–32, N–14 Euro
Kreditkarten: EC, Master, Visa, Amex
Öffnungszeiten: Do 17.30–22 Uhr; Fr–So 11.30–14.30 und 17.30–22 Uhr; Ruhetage: Mo–Mi

Gehobene fränkische Küche im ehemaligen Pferdestall

Der Weinort Castell liegt an den westlichen Hängen des Steigerwalds. Das Schloss des Fürsten zu Castell-Castell und die Kirche prägen das Ortsbild. Das »Restaurant Weinstall« befindet sich in den erweiterten Schlossanlagen im umgebauten Pferdestall. Seit kurzem betreibt die Fürstlich Castell'sche Domäne das Restaurant in Eigenregie. Dave Metz verantwortet als Küchenchef die kulinarische Ausrichtung. Marie Hanes leitet den Service und umsorgt charmant die Gäste. Als gastronomischer Leiter stärkt Matthias Schäfer dem jungen Team den Rücken. Es wird eine gehobene fränkische Küche gepflegt, wobei das Team aus dem Reichtum der Region schöpfen kann. Das Wild stammt aus Casteller Jagd, die Metzgerei Lamm liefert Fleisch und Wurstwaren, u.a. vom Strohschwein, das Geflügel kommt von der Familie Schäfer aus Kleinlangheim. Fisch liefert u.a. Inge Dittmar aus Schweinfurt, eine der wenigen verbliebenen Flussfischereien am Main. Das Gemüse bezieht man von der Raritätengärtnerei in Schwarzach, das Brot liefert die Biobäckerei Franzensbäck in Iphofen.

Die Speisekarte wechselt nach der Saison und dem verfügbaren Angebot. Als Starter ist die Entenleberterrine mit Sellerie, Preiselbeeren und Meerrettich oder die klassisch zubereiteten Meefischli* mit Kartoffelsalat und hausgemachter Remoulade besonders zu empfehlen. Als Hauptgang überzeugte das Wildschweinragout mit Serviettenknödel und einem kurz ansautierten Wirsinggemüse oder das in der Pfanne kross gebratene Kotelett vom Strohwein mit Kartoffelgeröstl. Der Mainhecht kommt grätenfrei mit Rotweinreduktion, gebratenem Lauch und Süßkartoffeln. Als vegetarische Alternative empfehlen sich die Grünkernbratlinge mit Graupenrisotto und Zweierlei von der Roten Bete, geschmort und als Püree. Ein süßer Abschluss sind die Variation von Kaffee, Caramel und Apfel oder die hausgemachten Apfelküchle mit Vanilleeis.

Die fair kalkulierte Weinkarte bietet eine große Auswahl von Weinen der Fürstlich Castell'schen Domäne, aber auch von befreundeten Winzern. Eine Spezialität ist der Quittensaft der Main Streuobst Bienen eG.

→ Der Silvaner wurde 1659 erstmals in einem Dokument der Fürsten zu Castell-Castell erwähnt. Die Lage des Ortes am Fuße des Steigerwalds bietet sich für ausgedehnte Wanderungen an.

In Castell bietet die Brennerei Horak feine Destillate aus Streuobst an, im nahen Kleinlangheim bietet sich ein Einkauf im Geflügelhof Schäfer an und in Geiselwind befindet sich die Familienmetzgerei Lamm mit fränkischen Wurstprodukten.

Gasthaus zum Ödenturm

Zum Ödenturm 11,
93413 Chammünster
0 99 71 / 8 92 70
oedenturm.de

Größe: 160 Plätze im Gastraum, 60 auf der Außenterrasse
Preise: V 67–21, H 16–39, N 4–15 Euro
Kreditkarten: EC, Master, Visa
Öffnungszeiten: Mi, Fr, Sa, Feiertag 11–14 und 17–23.30 Uhr; Di, Do 17–23.30 Uhr; Ruhetage: So, Mo

Bayerische Tradition trifft mediterrane und asiatische Küche

Das »Gasthaus zum Ödenturm« in Chammünster ist ein beliebtes Restaurant im Vorderen Bayerischen Wald. Die vormals rustikale Gaststube mit ihren Nebenräumen erhielten durch die klare Farb- und Formensprache von Brigitte und Ernst Hunger ein zeitgenössisches und trotzdem gemütliches Ambiente. Aus dem kühlen Schatten eines altem Walnussbaumbestands reicht der Blick bis zur Skyline von Cham. Brigitte und Ernst Hunger haben die Küche nachhaltig weiterentwickelt. Tradition trifft mediterrane und asiatische Küche. Die frisch zubereiteten Gerichte zeichnen sich durch gelungene Präsentation und Innovation aus. Regionalität wird – neben der Frische – großgeschrieben. Zu vielen Gerichten sind die Zutaten nebst Gemüse, Fleisch- und Fischlieferant*innen aufgeführt; sie stammen größtenteils aus der Region. Eine Wochenkarte bietet neben der Standardkarte zusätzliche saisonal-regionale Schmankerln.

Vegetarische Gerichte wie Linsen-Getreide-Pflanzerl mit Rahmkohlrabi, mediterrane Artischocken à la Barigoule mit Gemüse, Gnocchi, Safran und Knoblauch oder ein Spargel-Parmesan-Risotto munden immer. Passend zur Jahreszeit wird im März mit einer Bärlauchcremesupp und im Mai mit einem Spargelsalat mit Haselnussmarinade und Bauernei gestartet. Weiter geht es mit dem wunderbar zarten, rosa gebratenen Rehrücken, den geschmorten Ochsenbackerln, dem Zweierlei vom Lamm mit hausgemachten Nudeln oder einem heimischen Saiblingsfilet mit Austernpilzen. Immer einen Versuch wert ist das Freilandhendel »Teriyaki-Style«. Es bleibt die Qual der Wahl zwischen hausgemachten Pralinen, einer Pannacotta mit Orangenspiegel und Blutorangensorbet oder Nougatknödel mit Bröselbutter und marinierten Erdbeeren und weiteren Nachtischen.

Auf der Getränkekarte stehen neben alkoholfreien Getränken selbst gemachte Limonaden und Biere der regionalen Brauereien. Senior Hunger berät bei der Wahl des passenden Weins aus dem sehr gut sortierten Keller. Zum Abschluss gibt es einen Edelbtrand aus der Brennerei Wilhelm Marx aus Neukirchen oder einen Espresso vom regionalen Röster.

→ Die Burgruine »Ödenturm« beherrscht das Regen- und Chamtal. Sie war Teil der Befestigungsanlage zu Böhmen hin. Nur zehn Gehminuten entfernt findet sich das historisch bedeutende Marienmünster, die Urkirche des Bayerischen Walds. Eine Übernachtung in den gemütlichen Doppelzimmern lohnt sich auch wegen des Frühstücks mit regionalen Produkten und dem herzlichen Service.

Alle Gerichte können auch zum Mitnehmen/Abholen bestellt werden.

Gasthaus Fetz

Götteldorf 25,
90599 Dietenhofen
0 98 24 / 9 30 91
gasthaus-fetz.de

Größe: 45 Plätze in Gasträumen und die Terrasse
Preise: V 6–10, H 17–24, N ab 4 Euro; Vier-Gänge-Menü 48, vegetarisch 44 Euro
Kreditkarten: Keine
Öffnungszeiten: Fr 17–21 Uhr, Sa, So 11–21 Uhr; Ruhetage: Mo–Do

Kreative Landhausküche mit Biolandhof

Götteldorf ist ein Ortsteil des Markts Dietenhofen im mittelfränkischen Landkreis Ansbach. Das Kirchdorf, 1265 erstmals urkundlich erwähnt, liegt idyllisch mitten im Erholungsgebiet Rangau mit vielen Wander- und Radwegen. Das urig-rustikale Dorfwirtshaus wurde dezent modernisiert und ist ein Kleinod der Region. Der junge Küchenchef Johannes Fetz hat seine Ausbildung im »Schindlerhof« in Nürnberg absolviert und als Souschef verlassen. Nach Wanderjahren ist der Küchenmeister ins elterliche Gasthaus zurückgekehrt und hat mit Unternehmergeist und Leidenschaft die biodynamische Bewirtschaftung für die eigene Landwirtschaft eingeführt. Die Speisekarte bietet kreative und auch ungewöhnliche Gerichte, Produktqualität und Zubereitung entsprechen dem Niveau einer gehobenen regionalen Landhausküche. Fleisch, Karpfen und viele andere Produkte kommen vom eigenen Biohof, die übrigen Lebensmittel werden regional eingekauft, wie die Lieferant*innenliste bestätigt.

Die Speisekarte wird wöchentlich erneuert. Sie ist geprägt von fränkischen Klassikern, ergänzt durch nicht alltägliche Gerichte mit kreativem Touch. Ein vielfältiger Brotgenuss ist das dreierlei Biobrot aus der Zandmühle mit Bärlauchpesto und Apfelzwiebelschmalz. Visuell und geschmacklich ist das Rindercarpaccio mit Spargel, Wildkräutern und geröstetem Sonnenblumenbrot ein Erlebnis. Die Frühlingsrolle von der Heidschnucke mit Bärlauchpesto, Spargel und Salat ist warm und knusprig mit ihrer aromatischen Füllung aus Heidschnuckenragout. Oster- und Frühlingsmenü bieten Gemüsecouscous und gebackener Ziegenkäse, danach Wildkräuter- und Spargelsalat mit Croutons und gebackenem Ziegenkäse (vom Ziegen-Schober) und den Heidschnuckenrücken mit Rosmarinkruste und Roulade mit Karotten-Tomaten-Gemüse und Polenta. Zum Abschluss erfreuen Vanilletörtchen mit Erdbeersorbet und der halbflüssige Schokoladenkuchen.

Die Getränkekarte bietet eine kleine Weinauswahl, regionale Biere (Brauerei Reuter aus Unterbibert) und Schnäpse aus eigenem Obst. Einmal im Monat Schlachtschüssel mit Rüssele, Schläpple, Zunge und anderem.

Michael Hülf, Hauptstraße 6 in Unteraltenbernheim, Hofmetzgerei mit eigenem Schlachthaus, verarbeitet Tiere aus artgerechter Haltung und regionaler Herkunft in Warmfleischverarbeitung und verzichtet auf Zusatzstoffe.

Landgasthof Fiedler

Oberroßbach 3,
91463 Dietersheim-Oberroßbach
0 91 61 / 24 25
landgasthof-fiedler.de

Größe: 120 Plätze im Gastraum und der Biergarten
Preise: Hauptgerichte 7–29 Euro
Kreditkarten: EC, Master, Visa
Öffnungszeiten: Mo–Mi, Fr 17.30–22 Uhr; Sa 17.30–22.30, So 11–14.30 Uhr; Ruhetag: Do

Regionale Klassiker und eine eigene Weinedition

Das beschauliche Oberroßbach gehört zur Gemeinde Dietersheim im Kreis Neustadt an der Aisch. Inhaber und Küchenchef Markus Fiedler führt in achter Generation die Tradition des »Landgasthofs Fiedler« fort. Sein Konzept der saisonalen und regionalen Küche realisiert er auf überzeugende Weise, die Liste der Lieferant*innen ist ein erster Qualitätsnachweis. Ehefrau Carmen Fiedler sorgt charmant für den Service. Im Sommer sitzt man auf der Terrasse oder im lichten Wintergarten, im Winter gemütlich im Wirtsstübla oder in der großen Gaststube an eingedeckten Tischen. Auf der Webseite kann man sich über saisonale Speisen informieren: Hopfensprossen, Lamm, Zicklein, Karpfen, Pfifferlinge und Steinpilze.

Neben der regionalen Speisekarte gibt es eine Kinderkarte, eine Karte für den Fondueabend, das Candle-Light-Dinner sowie eine Steakkarte - jeweils mit Getränkeempfehlungen. Das »Weindegustationsmenü« und ein »Bierkulinarium« machen neugierig, etwa auf ein Bieramisu mit Erdbeeren und Doppelbock »gestachelt«. Passende Biere und Weine wählt Carmen Fiedler aus. Den Anfang macht eine Flädlesuppe* mit Leberknödel in leichter Brühe. Die Cremesuppe mit Pfifferlingen und Croutons ist gehaltvoll. Das vegetarische Hauptgericht sind aromatische Pfifferlinge mit Ei und Salzkartoffeln, dazu gibt es einen Salat. Zum Ende der Matjessaison sind die frischen Primtjes* mit Bohnen und Bratkartoffeln eine Delikatesse. Die Kalbsbacken sind im Braumalzsud geschmort und werden von Kohlrabi und Brezenknödel begleitet. Die Lammhüfte mit Knoblauchbutter und Speckböhnchen ist aus der Keule geschnitten, mager und zart, dazu wird ein gereifter Regent empfohlen. Der Oberroßbacher Zwiebelrostbraten ist perfekt englisch gebraten und wird serviert mit Bratensoße, glaciertem Gemüse und Bratkartoffeln, dazu passt ein frischer Weißburgunder. Zum Nachtisch sind in der Saison glasierte Erdbeeren mit Vanilleeis unwiderstehlich.

Die Weinkarte listet mehr als 100 überwiegend fränkische Gewächse, die Bierkarte über 30 Sorten.

→ Als »Edition Fiedler« werden ausgesuchte Weine, Biere und Brände angeboten. Seit Kurzem gibt es auch einen Frankensecco.

Moarwirt

Sonnenlängstraße 26,
83623 Dietramszell-Hechenberg
0 80 27 / 10 08
moarwirt.de

Bio

Größe: 140 Plätze im Haus, 400 im Wirtsgarten
Preise: V 8–19, H 19–29, N 6–14 Euro
Kreditkarten: EC
Öffnungszeiten: Do–So 12–15 und 18–22 Uhr; Ruhetage: Mo–Mi

Regionale Biokost mit Blick auf die Voralpen

Im Voralpenland vor Bad Tölz, im beschaulichen Hechenberg, ist der »Moarwirt« beheimatet. In den bayerisch-gemütlichen Stuben oder bei gutem Wetter im großen Wirtsgarten mit schönem Blick auf die voralpenländische Bergkette wird ein Besuch zum Ereignis. Seit knapp einem Jahrzehnt ist der »Moarwirt« biozertifiziert. Er bezieht seine Produkte aus der Region ausschließlich von Biopartnern. Er verbindet die altbayerische Küche mit pfiffigen Ideen, das Team um Sebastian Miller achtet auf Herkunft und Qualität der Produkte, kennt ihre Lieferant*innen und vertraut ihnen. Hühner und Enten liefert das Chiemgau, das Wild kommt aus der örtlichen Jagd und das Rind- und Schweinefleisch wird vom Biobauern ums Eck aufgezogen. Das Brot wird im eigenen Brotbackofen traditionell mit Sauerteig gebacken. Tatsächlich spiegelt sich die Regionalität in den Gerichten: Kräuter aus dem eigenen Garten und Müsli mit eigenem Honig, im Frühjahr ersetzt durch Fichtennadelhonig aus eingekochten Triebspitzen.

Gemüse kommt nach Saison und Fisch nach Tagesfang auf den Teller und so heißt er dann auch: regionaler Fisch nach Tagesfang mit schwarzem Reis und Urkarotte. Auch die wenig bekanntere Goldforelle wird zuweilen angeboten. Fleischbrühen für Suppen sind hausgemacht, das ist bei der Meerrettichsuppe zu schmecken. Das Dreierlei von der Tomate ist eine schöne Vorspeise. Eine Herausforderung ist das Böfflamott* – lange geschmort. Es bedarf des Appetits nach einer Bergwanderung, um die Portion zu bezwingen. Wer sich schwer entscheiden kann, dem ist vielleicht das Drei- oder Fünf-Gänge-Menü mit einem Querschnitt aus der Karte eine Hilfe. Als Abschluss gibt es einen lockeren Kaiserschmarrn oder eine gebrannte Creme mit Tannensprösslingen, die im Frühjahr in umliegenden Wäldern gesammelt werden.

Selbst gemachte Limonade und Biere vom Kloster Reutberg sind im Wirtsgarten bei herrlichem Wetter und mit Blick auf die Tölzer Voralpen der schöne Abschluss einer Bergwanderung.

→ An schönen Tagen, wenn die Familienausflügler unterwegs sind, ist eine Reservierung dringend erforderlich.

Altdeutsches Restaurant

Weinmarkt 3,
91550 Dinkelsbühl
0 98 51 / 60 58
deutsches-haus-dkb.de

Größe: 50 Plätze im Restaurant
Preise: Ausschließlich Menüs ab 65, vegetarische Menüs ab 59 Euro
Kreditkarten: EC, Amex, Master, Visa
Öffnungszeiten: Täglich 11.30–14 und 17.30–22 Uhr

Fränkische Spitzenküche an der »Romantischen Straße«

Das 1440 errichtete »Deutsche Haus« bietet im spätmittelalterlichen Stadtbild von Dinkelsbühl eine der schönsten süddeutschen Fachwerkfassaden. Bezeichnet als eine der größten Leistungen deutscher Spätrenaissance, begann hier 1575 die Tradition anspruchsvoller Gastlichkeit. Seit mehr als einem halben Jahrhundert wird das Hotel von Familie Kellerbauer betrieben. Sohn Florian wurde von der Slow-Food-Philosophie über den regionalen Sternekoch Hubert Retzbach beeinflusst. Nach seinem Studium und prägenden Stationen in der Sternegastronomie führt er die Familientradition mit neuem Akzent fort. Die Karte wurde auf Menüs umgestellt. Neben den klassichen Gerichten beeindruckt das vegetarische Menü. Auf der Karte sind regionale Speisen zu finden, moderne fränkische Küche auf höchstem Niveau. Bezugsquellen und Lieferant*innen sind aufgeführt. Die Küche zeigt ungewöhnliche Kreationen, inspiriert von Erfahrungen in der Sterneküche.

Im Menü begeistern als Vorspeise die Lamm-Ravioli mit Bärlauchschaum. Der Zander mit Radieschen, Buttermilch und Petersilie, die Wachtel mit Fenchel, Kartoffeln, schwarzem Knoblauch und Lardo di Collonnata oder das Schäbische-Hällische Landschwein mit Perlgraupen, Spargel und Zwiebel sind überzeugende Geschmackserlebnisse. Mit dem vegetarischen Menü zeigt der Küchenchef ebenfalls sein hohes Kochkunstniveau, nicht zuletzt mit Blumenkohl, dazu Perlgraupen, grüner Spargel und Zwiebeln. Der Nachtisch erfreut mit Rhabarber, weißer Schokolade, Sauerampfer und Baiser.

Die umfangreiche Weinkarte listet Spitzengewächse deutscher und internationaler Weingüter.

→ Dinkelsbühl bietet viele Kulturveranstaltungen vom Osterkonzert der Knabenkapelle bis zum mittelalterlichen Stadtfest (www.dinkelsbuehl.de).

Schlosswirtschaft Heitzenhofen

Naabstraße 6,
93183 Heitzenhofen
0 94 73 / 9 51 95 56
schlosswirtschaft-heitzenhofen.de

Größe: 120 Plätze im Restaurant, 150 im Biergarten
Preise: V 16–18, H 23–34, N 11–15 Euro
Kreditkarten: Alle Karten außer Amex und Diners
Öffnungszeiten: Mo, Di, Fr 17.30–22 Uhr; Sa, So, Feiertag 11.30–14 und 17.30–22 Uhr; Ruhetage: Mi, Do

Genuss und Idyll auf höchstem Niveau

Im schönen Naabtal, abseits der großen Straßen, liegt die wunderschöne Schlosswirtschaft in Heitzenhofen, einem Ortsteil der Gemeinde Duggendorf. In Kallmünz war Philipp Eichinger Pächter des »Goldenen Löwen«, bevor er mit seiner Lebensgefährtin Alisa Stahl die »Schlosswirtschaft« pachtete. Im Sommer ist der Biergarten direkt an der Naab unter schattigen Bäumen gut besucht, da der Naabtal-Radweg vorbeiführt. Eine Reservierung ist immer angeraten, für das empfehlenswerte Überraschungsmenü zwingend. Die Gaststube ist gemütlich und geschmackvoll eingerichtet, an den Wänden finden sich Abbildungen der verschiedenen Lieferanten aus dem näheren Umkreis. Lamm, Ziege, Kaninchen und Geflügel kommen von Bauern aus der Umgebung, das Rindfleisch stammt vom Simmernhof aus Moosendorf. Das Gemüse kommt von Gemüse Lehner aus Winzer bei Regensburg; das Brot liefert die Bäckerei Feihl aus Neumarkt, und Fisch kommt saisonal vom Fischerhof Mulzer bei Schwandorf. Die Philosophie der Pächter entspricht der von Slow Food. Regionale und vor allem auch saisonale Produkte werden zu ehrlichen, modern-bayerischen Gerichten verarbeitet. Ihr Credo lautet »der Kreativität freien Lauf lassen und aus ehrlichen Lebensmitteln etwas besonderes zu machen«.

Vom mehrgängigen Überraschungsmenü über verschiedene Vorspeisen, Zwischengerichte und Fisch oder Fleisch bietet die Speisekarte Regionales und Saisonales. Bei den Vorspeisen ist die gebeizte Bachforelle mit Burrata, Senfgurke und Lachsforellenkaviar genauso wie ein handgeschabtes Tatar vom Rind mit gepickeltem Spargel und Bärlauchmayo mit Senfkörnern ein Genuss. Als Zwischengericht munden die Fenchel-Ravioli mit Fenchelsalat, Bröselbutter und Sardinenschaum. Bei den Hauptgerichten sind die rosa Lammhüfte unter der Salzzitronenkruste mit Aubergine und Rhabarber mit Fingernudeln ebenso wie die geschmorte Wildhasenkeule mit Bärlauch, Kohlrabi, Serviettenknödel und Vogelbeere zu empfehlen. Auf jeden Fall sollte Platz für eine Nachspeise bleiben. Hier bieten ein Rhabarbarmousse mit Himbeere und weißer Schokolade oder, etwas deftiger, die Biokäseauswahl mit hausgemachtem Nussbrot wunderbare Schlussakkorde. Sonntag ist klassischer Bratentag, an dem Krustenbraten oder Ente zu überzeugen wissen.

→ Die Schlosswirtschaft bietet immer wieder Veranstaltungen wie Weindegustationen an.

In unmittelbarer Nachbarschaft liegt die »Schlossresidenz Heitzenhofen«, die zum Übernachten in historischer Umgebung einlädt.

Gasthaus zum Löwen

Hauptstraße 44–46,
91725 Ehingen am Hesselberg
0 98 35 / 5 08
gasthauszumloewen-hesselberg.de

Größe: 40 Plätze in zwei Gaststuben, 50 im Außenbereich
Preise: V 6–8, H 10–20, N 6–8 Euro
Kreditkarten: Keine
Öffnungszeiten: Mo, Mi, Do 16.30–21 Uhr; Fr, Sa, So 9.30–14.30 und 16.30–21 Uhr; Ruhetag: Di

Gut gekocht mit Erzeugnissen aus eigener Landwirtschaft

Das bäuerliche Anwesen nördlich des Hesselbergs existiert seit dem Dreißigjährigen Krieg. Die Wirtstochter Barbara Wagner ehelichte im Jahr 1658 Tobias Keil, sie eröffneten zusätzlich zur Land- und Gastwirtschaft den »Keilsbäck« und eine Krämerei. Obwohl Frieda Keil und August Blank den Betrieb 1951 in »Blank« umtauften, geht man im Ort bis heute zum »Keilsbäck«, wenn man das »Gasthaus zum Löwen« besucht. Weniger verwirrend ist die Herkunft der Lebensmittel: Christian Blank und Familie betreiben bis heute Landwirtschaft, viele Produkte kommen aus dem eigenen Betrieb. In dem werden Schweine, Ziegen, Schafe und Enten gehalten und handwerklich verarbeitet. Ein fairer Umgang mit Umwelt und Tieren ist Blanks Anliegen. In der Küche wird ohne Geschmacksverstärker oder künstliche Aromen gearbeitet, das gilt auch für zugekaufte Ware. Die Speisekarte ist geprägt von der Vielfalt der Kulturlandschaft rund um den Hesselberg, der höchsten Erhebung von Mittelfranken. Das grundlegende Motto lautet: »Aus der Region, in der Saison.« Im Gasthaus »Zum Löwen« sitzt man auch in dem kleinen Biergarten unter einem ausladenden 50-jährigen Walnussbaum schön.

Als Vorspeise stehen ein Bunter Frühlingssalat mit gebratenen Kräuterseitlingen, dazu gebratene Leber vom eigenen Weidelamm und Balsamicojus auf der Karte. Ebenso gut schmecken die Fränkischen Bratwürste mit Merkendorfer Fasssauerkraut, zu denen es frisches Brot gibt. In der fränkisch-kreativen Küche sind auch die selbst gemachten Maultaschen gut aufgehoben, gefüllt sind sie mit Bärlauch vom Hesselberg, frisch geriebenem Parmesan und Frühlingssalat. Sehr gelungen sind der Rehrücken und Filet von der Ehinger Jagd mit Pfefferkirschen und gebratener Semmelterrine. Gelegentlich steht ein Hesselberger Forellenfilet auf Pastinaken-Karotten-Gemüse, selbst gemachte Bandnudeln und Silvanersoße auf der Karte. Auch Süßigkeiten werden angeboten wie die selbst gemachte Sorbetvariation aus dem eigenen Obstgarten: Apfel, Kirsche und Birne und das Schokosoufflé mit selbst gemachtem Walnusseis und Kirschragout vom Obstgarten.

Im Bierausschank überrascht das Münchner Paulaner. Ansonsten finden sich die Hesselberger Säfte der Region und fränkische Weine.

→ Mittwochs und donnerstags kleine Karte.

Brauereigasthof Eichhofen

Von-Rosenbusch-Straße 3,
93152 Eichhofen
0 94 04 / 16 62
eichhofener.de

Größe: 100 Plätze im Restaurant, weitere Räume und Biergarten
Preise: V 6–15, H 13–28, N 6–12 Euro; Drei-Gänge-Menü 37–42 Euro
Kreditkarten: Alle außer Amex
Öffnungszeiten: Mai–Aug: Do–So 11.30–23 Uhr; Sept–Apr: Do, Fr 17–23 Uhr; Sa 11.30–23 Uhr; So 11.30–21 Uhr; Ruhetage: Mo–Mi

Kulturell gerahmte Kulinarik

In Eichhofen im idyllischen Tal der Schwarzen Laber, hält die Schlossbrauerei ihre vierhundertjährige Brautradition lebendig. Seit zweihundert Jahren werden die Biere im »Brauereigasthof« ausgeschenkt und begleiten gutes Essen. Die Begeisterung für leckeres Bier und gelebte Gastfreundschaft mit raffiniert zubereiteten, regionalen Gerichten, die stetig weiterentwickelt werden, sind Anspruch und Ansporn zugleich. Auf diese Weise ist über die Jahre ein Genussrefugium enstanden. Auf der saisonalen Karte bietet Küchenchef Felix Wagner eine moderne Oberpfälzer Küche mit betont regionaler Ausrichtung an. Großen Wert legt er auf die Wahl der Lieferantinnen und Lieferanten mit Brot von der Bäckerei Altmann, Mehl aus der Poschenrieder Mühle oder dem kontrolliert angebauten Gemüse aus Winzer. Das Lamm kommt vom Schäfer Josef Rebitzer, das Wild liefert Jäger Wolfgang Bezold. Bioschwein und Bioweiderind stammen von den Naturland-Höfen Beer und Heigl, Geflügel liefert der Veitshof. Eier kommen von den Hühnern der Familie Hüttner und die leckeren Zander, Forellen, Waller und den Oberpfälzer Stör steuert der Fischhof Mulzer bei. Kaffee liefert Rehorik und Kuchen die Biobäckerei Neuhoff. Der Käse für den Abschluss kommt von der Biokäserei Wohlfahrt. Die herrlichen Kräuter aus dem riesigen Kräutergarten sind das i-Tüpfelchen.

Als Vorspeisen erfreuen, je nach Saison, die Zunge und das Herz vom Bio-Weiderind oder eine Schwarzwurzelsuppe mit klarer Aromatik, bei der sautierte Shitakepilze spürbar Umami beisteuern. Ebenfalls begeistern der karamellisierte Ziegenfrischkäse mit Thymian, oder das eingelegte Regenbogenforellenfilet. Die hausgemachten, mit Ricotta gefüllten Nudeln haben Biss und machen Lust auf mehr. Klassiker wie der Eichhofener Burger vom Bioweiderind, die geschmorten Schweinebäckchen im Biersud, Gulasch vom Wildschwein mit Reiberknödel und Urkarotte werden ergänzt durch den in Bier gebeizten Stör mit Kohlrabi oder den Waller im Dashi-Safran-Sud. Vegetarier laben sich am Kichererbsen-Kartoffel-Curry, den hausgemachten Tagliatelle und dem Emmer-Risotto.

Zum Abschluss erfreut ein Griessflammerie mit Ingwer, ein Sauerkirsch-Sorbet, ein Heidelbeermousse mit Nuss-Granola, Kokos und Granatapfel oder Pistazieneis mit Schokoladencrumble.

→ Vielfältiges Angebot mit Entdeckungsreisen durch den Schloss- und Heilkräutergarten, Kunstausstellungen, musikalische Veranstaltungen, moderierte Degustationsmenüs und Brauereiführungen

Biere der hauseigenen Brauerei

Das Muskat – Biorestaurant und Café

Hauptstraße 60,
91054 Erlangen
0 91 31 / 97 43 43
das-muskat.de

Größe: 60 Plätze im Restaurant und Terrasse
Preise: V 14–16, H 23–36, N 14 Euro; Vier-Gänge-Menü ab 80, vegetarisch ab 47 Euro
Kreditkarten: EC, Amex, Master, Visa
Öffnungszeiten: Mi–Sa 12–23 Uhr; So 12–15 Uhr; Ruhetage Mo, Di

Frische Biokulinarik im Zentrum von Erlangen

Erlangen, Bayerns achtgrößte Stadt mit der zweitgrößten Universität des Landes, liegt inmitten der Europäischen Metropolregion Nürnberg. Seit 2012 liegt in zentraler Lage »Das Muskat«, gegründet von Daniela und Zacharias Dengler. Die Küche des zertifizierten Biorestaurants ist geprägt durch Frische und saisonale Bioprodukte. Neben Klassikern findet man auf der Tages- und Abendkarte ein abwechslungsreiches Angebot. Die vielfältigen vegetarischen Speisen werden kreativ und raffiniert zubereitet, das vegetarische Mittagsmenü ist für kleines Geld erhältlich. Lieferant*innen der Bioprodukte werden auf der Webseite oder auch direkt bei den Gerichten auf der Speisekarte genannt. Der Geschmack der Bioprodukte ist überzeugend aromatisch, alles wird schonend zubereitet.

Als Apero lockt ein Waldmeister-Sprizz, gemixt aus selbst gemachtem Waldmeistersirup und Sekt mit einem Ingwer-Zitronen-Spritzer. Die Kartoffel-Lauch-Champagner-Cremesuppe ist ein Geschmackserlebnis. Als Zwischengerichte erfreuen das Rote-Bete-Gemüse mit Kartoffelstampf und der im Steinkeller gereifte Schinken aus Altmühl-Franken mit Melone und Rucolasalat. Delikat auch der Gartenspaziergang: frische Feinkostsalate, bunte Gemüseauswahl, Getreidebackling und Ofenkartoffel. Als Hauptgerichte folgen das Bauerngröstel vom Kalb und Schwein mit Kartoffeln und Gemüse. In der Saison gibt es frischen Stangenspargel von Hofmann in Schnepfenreut mit zerlassener Butter, Kartoffeln und Schnittlauch. Die Lammkoteletts mit Rosmarinkartoffeln und Salat und auch die Altmühltaler Lammkeule aus dem Ofen sind zart und mit frischen Kräutern gewürzt. Zu empfehlen ist das Kalbsschnitzelchen mit Hirschbrät oder das frische fränkische Saiblingsfilet mit Kartoffeln und Gemüse. Als Nachtisch folgt ein Rhabarbermousse mit frischen Erdbeeren.

Als Essensbegleiter steht eine wohlsortierte Auswahl biologischer Biere und Weine bereit und ein ungewöhnliches Angebot frisch zubereiteter Säfte und innovativer Getränke.

➜ Erlangen gilt als eine der besterhaltenen barocken Planstädte Deutschlands.

Die Fischerei

Am Deckersweiher 24,
91056 Erlangen
0 91 31 / 4 55 56
fischerei-oberle.de

Größe: 75 Plätze im Gastraum, Feiern im Hof und im Pavillon
Preise: V 5–9, H 9–30, N 6–10 Euro
Kreditkarten: EC, Master, Amex
Öffnungszeiten: Do 17–22.30; Fr–So 11.30–14 und 17–22.30 Uhr; Ruhetage: Mo–Mi

Tempel fränkischer Fischküche mit eigenen Teichen

Kosbach ist ein idyllischer Ortsteil von Erlangen am Rand des Aischgrunds. Seit 360 Jahren ist das Ensemble des Nützelhofs mitsamt der Fischerei in Familienbesitz. Zur Jahrtausendwende wurde die Fischzucht durch ein Fischrestaurant im denkmalgeschützten Hofgebäude ergänzt. Familie Oberle agiert mit Leidenschaft nach der Devise: Regionale Speisefische aus eigener Zucht – frisch vom Weiher auf den Teller. Die Fische leben in 40 Teichen mit über 100 Hektar Wasserfläche. Vielfalt ist garantiert: Neben den Spiegelkarpfen werden zahlreiche heimische Arten wie Zander, Barsche, Hechte, Waller, Gras- und Silberkarpfen saisonal angeboten. Küchenchef Michael Manina und seine Brigade verstehen ihr Handwerk und verwandeln die Fische in kulinarische Köstlichkeiten. Dazu zählen immer wieder neue Karpfengerichte. Die Karte wechselt nahezu täglich. Die Räume bieten schöne Ausblicke auf Teiche und Becken.

Zuerst das Karpfenpastenbrot – ein delikater Klassiker nach der Geheimrezeptur der Seniorchefin. Die Karpfenrogencreme »Taramas« wird von Oliven, Gurken und Kirschtomaten begleitet, ein modern interpretiertes griechisches Gericht mit feinem Fischgeschmack. Ein außergewöhnliches Geschmackserlebnis bietet die Forellenleber in Mandelbutter mit Feldsalat. Für das Meerrettichrahmsüppchen mit gebackener Petersilienwurzel verdient die Küche Lob. Jetzt hat der Karpfen das Wort: Karpfen und Graskarpfen gebacken mit Kartoffel- und Endiviensalat oder auch Karpfen blau mit Dampfkartoffeln, zerlassener Butter und Sahnemeerrettich – den perfekten Klassikern ist nichts hinzuzufügen. Empfehlungen des Küchenchefs sind das gedämpfte Hechtsteak in Dillrahm, mit Kartoffelpüree und Salat und der Waller im Speckmantel mit Mandeltraubenbutter, Weißweinschaum und Selleriepüree. Die nicht alltäglichen Kombinationen überzeugen. Auf der Karte finden sich auch Räucherforelle und andere Räucherfischvariationen. Eine kleine Auswahl wechselnder Fleisch- und vegetarischer Gerichte bietet Alternativen. Zum Schluss gibt es geeisten Espresso, Apfelsorbet, Apfelstrudel oder zweierlei Schokoladenmousse.

Die Getränkekarte empfiehlt eigenes Hofbier und die Erzeugnisse regionaler Brauereien. Die Weinauswahl konzentriert sich auf Franken, dazu Brände der Region.

Der Fischladen ist Fr 10–18 und Sa 10–17 Uhr geöffnet.

Polsterstube im Gasthaus Polster

Am Deckersweiher 26,
91056 Erlangen
0 91 31 / 7 55 40
gasthaus-polster.de

Größe: 52 Plätze in der Stube
Preise: V 8–18, H 12–36, N 4–12 Euro; Drei-Gänge-Menü 59 Euro
Kreditkarten: EC, Amex, Master, Visa
Öffnungszeiten: Mi–Sa 11.30–14 und 17–22 Uhr; So 11.30–15 und 17.30–22 Uhr; Ruhetage: Mo, Di

Fränkische Spitzenklasse

Das »Gasthaus Polster« ist seit mehr als 160 Jahren in Familienbesitz. Heute ruht der Betrieb auf drei Säulen: der traditionellen Polsterstube, dem Gourmetrestaurant und dem Landhotel. Zum Gasthaus gehört ein idyllischer Garten, den Frau Polster liebevoll pflegt. Seit dreieinhalb Jahrzehnten führt Johann Polster, der bei Heinz Winkler und Eckart Witzigmann gelernt hat, den Familienbetrieb. Er ist in die fränkische Spitzenklasse aufgestiegen, inzwischen haben Schwiegersohn Christian Schauer und Sohn Dominic die Küche übernommen. Fleisch und Wild kommen von den Höfen und Jagden der Umgebung, die Fische aus heimischen Gewässern. Die »Polsterstube« bietet eine gute Auswahl fränkischer Gerichte, dazu Spezialitäten aus Christian Schauers österreichischer Heimat.

Vorzüglich schon die Fränkische Hochzeitssuppe als kräftige Brühe mit Einlagen oder die Kartoffel-Steinpilz-Suppe. Als Vorspeise gefallen die Spanferkelblutwurst mit Kartoffel-Apfel-Gröstl, ein aromatisches Geschmackserlebnis, und die Schafskäsemousse mit Quitten und Salat. Ein Gericht, das man selten findet: Gebackener Ochsenschwanz mit Kartoffelsalat und Meerrettichcrostini, innen weich und saftig, außen knusprig, der Kartoffelsalat mit einer leicht speckigen Konsistenz. Nicht fehlen darf das Schweineschäufele* in Kümmelsoße mit Kloß und Sauerkraut. Der Waller im Speckmantel wird auf Spinat mit Salzkartoffeln und sanfter Meerrettichsoße serviert, auch visuell perfekt. Drei saftige Scheiben Wildschweinbraten mit Pilzen und gut gewürzter Soße gab es zu Spätzle und knackigem Rotkraut. Als vegetarisches Gericht sind die Feigenravioli mit Lauchgemüse und Steinpilzsoße sehr gelungen. Ein Topfen-Nougat-Knödel oder die Apfelküchle auf Vanillesoße mit Rahmeis sind als Nachtisch nicht zu verachten.

Die Erlanger Brauerei Kitzmann liefert das bekannte Kellerbier sowie Edelpils, Helles, Dunkles, Urbock und Weißbier. Gute Weinauswahl.

Die »Käse-Ecke« zählt zu den besten Käseläden Deutschlands. Volker Waltmann, Maitre Affineur, verfeinert über 200 Käsesorten, überwiegend Rohmilchkäse von Schaf, Ziege und Kuh. Neben dem Verkauf an Privatkunden beliefert er 500 Spitzengastronomen (Friedrichstraße 10, 91054 Erlangen, www.waltmann.de).

Restaurant »Greifen-Post«

Marktplatz 8,
91555 Feuchtwangen
0 98 52 / 68 00
hotel-greifen.de

Größe: 60 Plätze im Restaurant, 50 auf der Terrasse
Preise: Hauptgerichte 18–27 Euro
Kreditkarten: EC, Amex, Master, Visa
Öffnungszeiten: Di–Sa 18–21.30 Uhr; So 12–14 Uhr; Ruhetag: Mo

Nichts als Romantik und ein saftiges Steak

Feuchtwangen liegt an der »Romantischen Straße« mit ihren vielen touristischen Glanzlichtern. Die »Greifen-Post« von 1369 konnte über die Jahrhunderte eine stattliche Reihe gekrönter und ungekrönter Berühmtheiten unter ihrem Dach begrüßen. Küchenchef Dirk Becker hat nach Wanderjahren durch die gehobene Küche Deutschlands mit seiner Frau Birgit Becker-Plaha das Romantikhotel und Restaurant übernommen. Der »Chef de Cuisine« verwendet überwiegend regionale Produkte und gibt den kreativ-aromatischen Gerichten einen besonderen Pfiff. Ein interessanter Zulieferer ist der Bioland-Hof Geiselsöder, der Zwergzebus hält.

Attraktive Vorspeisen sind die Bäckchensülze mit Musik und Bauernbrot und eine schöne Terrine vom Feuchtwanger Reh an Erdbeeren und altem Balsamico. Als Hauptgerichte überzeugen mindestens vier Wochen gereifte Kotelette vom Biowollschwein, dazu gebratener grüner Spargel und Pfifferlinge, Sauce béarnaise und hausgemachte Pommes frites. Eine gute Alternative ist das Rinderrückensteak mit Balsamicozwiebeln auf Berglinsengemüse und handgeschabten Spätzle. Eine wirklich süße Verführung ist Mieze Schindler – die alte Erdbeerensorte wird mariniert mit Vanillesauce und hausgemachtem Eis gereicht. Das – vegetarische – Spiegelei sind zwei Bio-Landeier, mit Olivenöl und schwarzem Pfeffer in der Gusspfanne zubereitet, dazu geröstetes Bauernbrot und Kresse. Besondere Aufmerksamkeit wird dem Dry-aged-Fleisch zuteil, das unter anderem von der bayerischen Färse kommt.

Die Getränkekarte enthält viele fränkische Gewächse, aber auch andere Regionen Europas sind mit attraktiven Tropfen gut vertreten.

➜ in der Festspielzeit auch mittags geöffnet.

Gegenüber vom Hotel finden die jährlichen Kreuzgangspiele statt. Seit 1949 wird in den Sommermonaten von Mitte Mai bis Mitte August großes Theater geboten.

Gasthaus Sindel-Buckel

Spitalstraße 28,
91555 Feuchtwangen
0 98 52 / 25 94
sindel-buckel.de

Größe: 40 Plätze in der Wirtsstube
Preise: Hauptgerichte 12–29 Euro
Kreditkarten: EC, Master, Visa
Öffnungszeiten: Do–Di 11.30–13.45 und 17.30–20.45 Uhr; Ruhetag: Mi

Behagliches Wirtshaus mit eigener Teichwirtschaft

Feuchtwangen liegt an der Romantischen Straße zwischen Rothenburg ob der Tauber und Dinkelsbühl. Es ist mit der schon im frühen Mittelalter gegründeten Benediktinerabtei verbunden und erlebte eine wechselvolle Geschichte. Im Zuge der Reformation wurde das Chorherrenstift aufgelöst, dessen spätromanischer Kreuzgang die eindrucksvolle Kulisse für die jährlichen Kreuzgangspiele bildet. Mitten im Ort mit seinen altfränkischen Fachwerkhäusern liegt der »Gasthof Sindel-Buckel«. Der Gastwirt, Jäger und Teichwirt Heiner Sindel ist Vorsitzender des Vereins »Artenreiches Land – Lebenswerte Stadt« und Vorsitzender des Bundesverbands der Regionalbewegung. Tochter Christine wirkt als Küchenchefin mit Bravour. Die Gaststube mit ihren Holztischen und Bänken ohne überladenen Schnickschnack strahlt Gemütlichkeit aus, der Wintergarten ist luftig und hell; an warmen Tagen sitzt man im Biergarten. Aus der Region kommen Enten, Schweine, Rinder und Kälber, Tauben und Schafe. Karpfen, Hechte, Schleien und Zander schwimmen in den eigenen Teichen oder nahen Gewässern. Rehe und Hasen liefert die eigene Jagd.

Auf der Karte stehen, selbst als Vorspeise, hausgemachte Bratwürste mit Kraut – ohne sie geht nichts in Franken. Fischliebhaber freuen sich über ein gebratenes Filet vom Hecht mit Knoblauch und Kräutern – ein seltener Genuss. Als vegetarische Abwechslung schmecken Pfannenkartoffeln mit Salbei, gerösteten Zucchini, Paprika und Kirschtomaten, dazu ein Kräuterquark. Unter den Fleischgerichten findet sich ein Rinderschmorbraten vom lokalen Weiderind nach Art des Zwiebelrostbratens. Das panierte Schnitzel vom Metzger Krannich wird mit Kartoffel-Gurken-Salat angerichtet, der Milchkalbsbraten vom Bauernhof Soldner mit Knödeln und Salat. Die Wildgerichte – sofern sie nach einem Jagderfolg vorrätig sind – sollten unbedingt probiert werden: Beim Rehbraten klassisch mit Spätzle, Preiselbeeren und Salat, ist das Fleisch zart und saftig. Für Kenner ein Muss ist der Rehaufbruch aus Herz, Leber und Nieren in dunkler, süßsaurer Soße. Apfelröster mit Vanilleeis beschließen ein gutes Essen.

Dazu als Besonderheit ein Schnaps aus dem Urgetreide Emmer. Die Weinkarte versammelt Gewächse aus Franken, Rheinhessen, Württemberg und Südtirol. Gute Hohenloher Fruchtsäfte.

Berggasthof Sennhütte

Sennhütte 1,
97650 Fladungen
0 97 78 / 9 10 10
sennhuette-rhoen.de

Größe: 120 Plätze in der Gaststube
Preise: V 6–10, H 13–23, N 7–10 Euro
Kreditkarten: EC, Master, Visa
Öffnungszeiten: Di–Do 11.30–14.30 und 17.45–21.30 Uhr; Fr 16–21.30 Uhr; Sa, So 12–21.30 Uhr; Ruhetag: Mo

Wunderschöne Aussicht in der Langen Rhön

Der Berggasthof 20 Kilometer nordwestlich von Bad Neustadt liegt 750 Meter über NHN unweit des einzigartigen Naturschutzgebiets »Schwarzes Moor«. Im Dreiländereck Bayern, Hessen und Thüringen kündet ein ehemaliger DDR-Wachturm mit Museum von der früheren deutsch-deutschen Grenze. Vom Restaurant mit seiner beheizbaren Veranda eröffnet sich eine wundervolle Aussicht auf die thüringische Rhön. Das gediegene Ambiente ist von dunklem Holz bestimmt. Patronin Birgit Klingenberg ist, unterstützt von Jonas Ankenbrand, die Herrin der Töpfe. Zusammen pflegen sie eine handwerklich gut gemachte, saisonale fränkische Küche nach Rhöner Spielart in ordentlichen Portionen. Die Grundprodukte werden weitgehend in der Rhön und im Grabfeldgau erzeugt, vieles in nächster Umgebung. Hervorzuheben ist die appetitliche Speisenpräsentation mit Sinn für Farben und Formen.

Empfehlenswert sind die Heusuppe von der Sennhüttenwiese, das Landbrot mit Rhöner Coppa oder die Lammbratwürstchen auf Rahmwirsing und Salzkartoffeln. Hausgemacht sind die Linguine mit Steinpilzen im Kräuterrahm. Deftiger kommt der Wurstmarktteller mit Lammbratwurst, Rhönfilou (Rindsbratwurst) und Wildbratwurst daher, leicht dagegen das gebackene Biohuhn mit Ofenkartoffeln und Ratatouille. Fisch ist eine Spezialität des Hauses. Nur wenige Kilometer westlich wird die Bachforelle als Wildling gezüchtet, die nach Müllerin Art serviert wird. Auch das Saiblingsfilet auf Thüringer Rahmsauerkraut mit Kartoffelpüree ist eine gute Wahl. Eine unbedingte Empfehlung ist der Apfel-Zimt-Blootz* oder auch die Hollerküchlich* (gebackene Holunderblüten) mit Holunderblütensorbet vom eigenen Holunderbaum. Für Cafégäste wird täglich Kuchen gebacken.

Die Biere und Destillate kommen aus der Rhön, die Weine aus dem Maintal. Kristallklar ist das Wasser aus der eigenen Basaltgesteinquelle. Der Service ist flott und aufmerksam.

→ Besuchenswert ist das Fränkische Freilandmuseum in Fladungen, erlebenswert die Lange Rhön, ein Paradies für Wanderer. Alle zwei Jahre lockt am zweiten Oktoberwochenende der Rhöner Wurstmarkt zahlreiche Besucher nach Ostheim.

In Oberelsbach-Ginolfs bietet der Rhönschafladen von Josef Kolb allerlei vom *Slow-Food-Arche-Passagier* Rhönschaf. Ostheimer Leberkäs' – ebenfalls *Slow-Food-Arche-Passagier* – gibt es bei der Metzgerei Ortlepp in Ostheim v. d. Rhön.

Restaurant »Zum Alten Zollhaus«

Hauptstraße 4,
91301 Forchheim
0 91 91 / 97 09 90
zollhaus-forchheim.de

Größe: 70 Plätze im Restaurant, 50 im Biergarten
Preise: Hauptgerichte 18–27 Euro; Menü ab 52 Euro
Kreditkarten: EC, Amex, Visa
Öffnungszeiten: Mi–Sa 17.30–22.30 Uhr, So 11.30–14.30 und 17.30–21 Uhr; Ruhetage: Mo, Di

Wilde Zeiten zwischen Fachwerkhäusern

Forchheim, das Tor zur Fränkischen Schweiz, liegt in reizvoller Tallandschaft. Die historische Altstadt ist geprägt von malerischen Fachwerkhäusern. Christopfer Kraus arbeitete nach seiner Ausbildung in gehobenen Häusern. Zurück in Forchheim, eröffnete er das Restaurant »Zum Alten Zollhaus« im drei Jahrhunderte alten Zollhaus mit Renaissancefassade. Als Küchenchef und Jäger hat er einen hohen Anspruch an seine regionalen Lieferant*innen. Im Frühling und Sommer ist er persönlich auf der Suche nach Wildkräutern. Das Wild aus eigener Jagd verarbeitet er von der Nase bis zum Schwanz. Er kombiniert traditionell fränkische Küche mit Einflüssen aus der ganzen Welt. In den stilvollen Räumen oder im Wirtsgarten, direkt an der Wiesent, hat Cinja Kraus, die Seele des Hauses, die Hoheit über Service und Weinkeller.

An einem schönen Sommertag ist die Schaumsuppe vom Spargel mit Gartenkräutern und Croutons mit ihrem feinen Spargelaroma genau passend. Raffiniert sind die bunten Wildkräutersalate im gebackenen Frühlingsrollenkorb mit Hausdressing. Das Carpaccio von Lachs und Loup de Mer, mit Gin-Tonic-Gurken, Sanddorncurry, Schmand und Rote-Bete-Sauerrahmeis demonstriert eindrucksvoll das Können des Kochs. Beim Hauptgang, Filet vom Milchlamm mit Spargel, Meersalzkartoffel, dazu Sauce hollandaise, ist das Lammfleisch appetitlich hellrot gegart, zart, würzig und feinfaserig. Aus dem Zeegendorfer Jagdrevier kommt feinster Rücken vom Deggendorfer Wildschwein mit glaciertem Gemüse, Süßkartoffel-Curry-Gnocchi und Portweinjus. Die Wilde Variation ist eine kulinarische Überraschung aus dem, was Kraus vor die Flinte kam. Durch die Verarbeitung ganzer Tiere gibt es ungewöhnliche und seltene Genüsse, auch Innereien. Bester Geschmack steckt in der Rinderschulter, die in drei Tagen im Vakuum gegart wird. Lachs, kross gebackene Kartoffelrösti mit gebratenem Spargel, confierten Tomaten und Rhabarber-Rucola-Salat stehen ebenfalls auf der Karte, eine vegetarische Wohlfühlküche. Als Abschluss ein Nachtisch mit herben Akzenten: Mozarteiscreme, fränkischer Obstbrand und ein Espresso.

Die Getränkekarte zeigt fränkische Gewächse, deutsche und internationale Weine, Biere regionaler Brauereien.

→ Zu den festlichen Höhepunkten Forchheims gehört das bekannte Annafest in der letzten Juliwoche.

Zum Vaas

Münchner Straße 88c,
85661 Forstinning
0 81 21 / 4 30 91
zum-vaas.de

Größe: 120 Plätze im Wirtshaus, 100 im Biergarten
Preise: Hauptgerichte 16–37 Euro
Kreditkarten: EC, Master, Visa
Öffnungszeiten: Mi–So 11.30–14 und 17.30–21 Uhr; So 11.30–20 Uhr; Ruhetage: Mo, Di

Ausgezeichnete Landküche in unkomplizierter Atmosphäre

Das Restaurant »Zum Vaas« von Veronika und Johannes Bauer am Ebersberger Forst unweit des Flughafens ist im besten Sinne gutbürgerlich. Die beiden Gasträume sind hell, einfach eingerichtet und doch gemütlich. Bei passendem Wetter ist der Biergarten geöffnet. Die Slow-Food-Prinzipien werden im Vaas gelebt. Der Fisch kommt von einer Zucht im Nachbarort Marktschwaben, das Fleisch von lokalen Metzgern, die von Bauern der Umgebung beliefert werden. Nur die Hühner werden aus Frankreich bezogen, weil dort freilaufende Tiere in ausreichender Stückzahl zu bekommen sind. Geschmacksverstärker sind auch in der Wurst tabu. Gewürze, Obst und Gemüse kommen zum Teil aus dem eigenen Garten, in dem gerade Obstbäume gepflanzt wurden, aber auch von lokalen Gärtnereien und sogar von einigen Gästen. Die Speisekarte ist knapp gehalten und wechselt häufig, die Gerichte richten sich nach der saisonalen Verfügbarkeit. Die Beilagen sind frisch und selbst gemacht, nur Pommes frites werden zugekauft.

Auf der Klassiker-Karte stehen die traditionellen Gerichte Schweinebraten, Tafelspitz, Wiener Schnitzel von der Kalbslende und Steaks, wobei die Steakzuschnitte ebenso wechseln wie die Beilagen; ausgezeichnet ist die hausgemachte Kräuterbutter zum Fleisch. Besonders gut schmeckt das in Butter gebackene Wiener Schnitzel. Auf der Tageskarte steht eine Pfannkuchensuppe mit einer kräftigen Rinderbrühe, die ebenso zu empfehlen ist wie die Kartoffelsuppe. Die saftige und gut gewürzte Forelle Müllerin, das Filet vom Kabeljau und das panierte Kalbskotelett mit Kartoffelsalat finden große Zustimmung. Das gegrillte Kalbsherz mit Bratkartoffeln und Salat ruft Begeisterung hervor. Zum Abschluss geht am hausgemachten Eis kein Weg vorbei.

Zu trinken gibt es Weißbier von Unertl und Biere der Schlossbrauerei Maxlrain. Eine Überraschung ist die dreißig Seiten umfassende ehrgeizige Weinkarte, die hauptsächlich Weine aus Deutschland, aber auch aus Österreich und Frankreich versammelt. Die Bedienung ist freundlich und aufmerksam.

Schlosswirtschaft Wildenwart

Ludwigstraße 8,
83112 Frasdorf-Wildenwart
0 80 51 / 27 56
schlosswirtschaft-wildenwart.de

Größe: 230 Plätze im Restaurant, dazu der Biergarten
Preise: Hauptgerichte 12–24 Euro
Kreditkarten: EC
Öffnungszeiten: Mi–So 10–14 und 17–24 Uhr; Ruhetage: Mo, Di

Traditionelle bayerische Wirtschaft mit Rind von nebenan

Burg Wildenwart wurde im 13. Jahrhundert errichtet, im 16. Jahrhundert wird die Schlosswirtschaft urkundlich erwähnt. König Ludwig III. liebte das Schloss, in dem heute ein Urenkel mit Familie lebt. Die Schlosswirtschaft im oberbayerischen Kreis Rosenheim wird vom Herzoglich Bayerischen Brauhaus Tegernsee verwaltet. Seit mehr als einem Jahrzehnt ist Christoph Gelder Pächter und Gastgeber. Er stammt aus der Region und die regionale Küche ist ihm eine Herzensangelegenheit. Sein Rindfleisch »wächst« auf dem Hof hinterm Schloss und selbstverständlich verarbeitet er das ganze Tier. Die Lieferant*innenliste in der Speisekarte umfasst allein vier Fischzuchten und Fischer*innen.

Die saisonal ausgerichtete Küche bietet zum Auftakt eine Maronensuppe, eine Kürbiscremesuppe oder die typisch bayerische Leberknödelsuppe. Wer eine größere Vorspeise in Angriff zu nehmen in der Lage ist, dem sei die Bratensülze mit Röstkartoffeln und Kernöl empfohlen. Die Hauptgerichte bieten vieles aus der Jagd wie verschiedene Teile vom Reh oder ein herrlicher Wildhasenpfeffer mit Preiselbeeren, Topfenspätzle und Wirsing. Vom heimischen Schmidochsen gibt es das Lendensteak mit Kartoffelrösti und Blattspinat, von Hirzingers Biokalb das gemischte Gekochte – Herz, Schulter, Zunge – mit Salzkartoffeln. Vegetarisch Orientierte haben es in diesem Himmel der Bayern etwas schwerer, doch Spinatknödel mit Salbeibutter, Parmesan und Salat und die hochgelobten Steinpilzravioli sind mehr als nur ein Ersatz. Ein spezieller Genuss sind die Nachspeisen, etwa der Wildenwarter Apfelschmarrn mit Vanilleeis oder die Topfen-Nougat-Knödel, die mit einer herausragenden Bioschokolade als Mousse und mit Himbeersorbet gereicht werden.

Auf der Getränkekarte spielen das berühmte Tegernseer Bier und das dort abgefüllte Quellwasser von Wildbad Kreuth eine zentrale Rolle. Nur die Bioweine kommen nicht aus dem Chiemgau, sondern aus Baden und Österreich.

→ Nur vier Kilometer sind es zu einem Kleinod der Kunstgeschichte, St. Jakobus in Urschalling, nur sechs Kilometer zum Priener Chiemseestrand.

Gasthaus Landbrecht

Freisinger Straße 1,
85354 Freising-Haindlfing
0 81 67 / 89 26
gasthaus-landbrecht.de

Größe: 80 Plätze in der Gaststube, 45 auf der Terrasse
Preise: Hauptgerichte 23–29 Euro
Kreditkarten: EC, Master, Visa
Öffnungszeiten: Mi–Fr 17.30–23 Uhr; Sa 11.30–14 und 17.30–23 Uhr; So 11.30–14 und 17.30–21.30 Uhr; Ruhetage: Mo, Di

Schmucke bayerische Gemütlichkeit – ausgezeichnete Küche

Etwa 30 Kilometer nördlich von München findet man die schöne Domstadt Freising, fünf Kilometer weiter im Ampertal liegt der Weiler Haindlfing. Mittendrin sitzt das schmucke »Gasthaus Landbrecht«, das von der gleichnamigen Familie seit 1914 bewirtschaftet wird. Die Metzgerei von Opa Arthur gibt es leider nicht mehr, aber Maximilian Landbrecht pflegt nachdrücklich die Tradition eines richtig guten bayerischen Gasthauses. Die Produkte werden regional bezogen, Lamm und Schafkäse vom Bartlhof Sünzhausen oder Biohof Meier, Rind und Schwein von der Metzgerei Häuslmeir in Kirchdorf an der Amper, Kartoffeln vom Kartoffelhof Ziegltrum in Attaching. In berechtigter froher Erwartung lässt sich der Gast in einer der beiden gemütlichen Stuben nieder, im Sommer auf der Terrasse. Selbstverständlich wird alles frisch gekocht. Familienfeiern und Hochzeiten zeigen, dass der Qualitätsstandard auch bei größeren Gruppen nicht verloren geht. Hier draußen muss der Wirt seinen Gästen an manchen Tagen mehr als bayerische Küche bieten. Küchenpartys muten manchmal französisch an und überwinden die kulinarische Landesgrenze, aber sie sind immer an saisonalen Produkten orientiert. Wer einmal dort war und den Hummer über der Eingangstür bewundert hat, sollte sich dessen Legende auf der Webseite ansehen.

Zum Auftakt gibt es eine ausgezeichnete Ochsenschwanzbouillon mit Gemüse, gefolgt vom zarten gebratenen Lammlendchen in Portweinjus, dazu Kartoffelgratin und buntes Gemüse. Der knusprig gebratene Saibling kommt selbstverständlich aus der Gegend Freisings. Von Mittwoch bis Samstag wird ein Drei- oder Vier-Gänge-Feinschmeckermenü angeboten mit Rinderfilet Mignon oder Wolfsbarschfilet. Am Sonntag kommen traditionelle Gericht wie der Schweinsbraten vom Jungschwein auf die Karte. Zum Nachtisch wird eine Crème brûlée mit feiner Zuckerkruste serviert, begleitet von einem ausgezeichneten Espresso aus der uralten Faema-Maschine – und die Welt ist im Lot.

Das Essen wird begleitet vom guten Bierangebot des Hofbräuhauses Freising und wechselnden offenen Weinen.

→ Eine Reservierung wird empfohlen.

Franziskus

Allersberger Straße 35,
92342 Freystadt
0 91 79 / 9 63 38 53
restaurant-franziskus.de

Größe: 120 Plätze in den Restaurants, 100 im Festsaal, 80 im Biergarten
Preise: Hauptgerichte 10–23 Euro
Kreditkarten: EC, Master, Visa
Öffnungszeiten: Mi–Fr 17–23 Uhr; Sa, So 11–23 Uhr; Ruhetage: Mo, Di

An Gottes Segen ist alles gelegen

Freystadt mit seinem mittelalterlichen Stadtkern liegt im Landkreis Neumarkt i.d. Oberpfalz. Charakteristisch ist seine zum Platz erweiterte Marktstraße mit einer Durchfahrt im zentral errichteten Rathaus. In einem Seitenflügel des Franziskanerklosters hat die Neumarkter Wirtstochter Beate Schiller 2014 das Restaurant »Franziskus« eröffnet. Das ehemalige Kirchengebäude mit seinen repräsentativen Innenräumen wurde aufwendig und behutsam renoviert. Ein schöner Wirtsgarten und die Innenhöfe ergänzen das Ensemble. Die Köchin verwendet saisonale und regionale Produkte. Jäger*innen liefern Reh und Wildschwein aus heimischen Wäldern, das Juradistl-Lamm stammt von Weideflächen der kräuterreichen Trockenrasen des Oberpfälzer Jura, Teichwirt*innen aus der Nachbarschaft züchten Karpfen und Saiblinge. Zur Verfeinerung der Gerichte werden Waldpilze, Kastanien, Nüsse und vieles mehr gesammelt. Die Küche pflegt eine gehobene Oberpfälzer Landhausküche, modern und kreativ interpretiert.

Es gefällt die klare Wildbrühe mit Waldpilzknödel und Gemüsestreifen, bei den Vorspeisen die kräftig gewürzten hausgemachten Wildbratwürste mit Rahmwirsing, Kürbisrösti und Hagebuttenketchup. Aromatisch ist das Carpaccio vom Reh mit Waldbeeren-Balsamico, Pecorino und gerösteten Zedernnüsschen, fein die Wildschweinleber gebraten mit Steinpilzcreme, Biofeldsalat und geräucherten Walnüssen. Als vegetarische Gerichte werden gebackene Waldpilzknödel mit buntem Herbstgemüse, Walnusssauce und Fichtenstaub angeboten. Probierenswert auch der vegane Kohlrabi-Burger mit Pilzragout, Kürbiscreme und Hagebuttensauce. Bei den Hauptgerichten erfreut das zart geschmorte Ossobuco vom Juradistl-Lamm mit Waldaromen, confiertem Kürbis, gebratenen Kräuterseitlingen und Brennnessel-Gremolata. Das confierte Karpfenfilet aus der Braumühle wird von Rahmwirsing, Kartoffel-Carpaccio und Tannenspitzenöl begleitet, die Saibling-Roulade im Strudelteig – ebenfalls aus der Braumühle – von Preiselbeersaft, Pastinake und Pilzen. Ein Nachtisch trägt den lustigen Namen »Ein Männlein steht im Walde« und vereint Hagebuttensorbet, Hagebuttengelee, Schokoladenmousse und Schokoladencrumble.

Zahlreiche Biogetränke und Biere von der Biobrauerei Neumarkter Lammsbräu. Aperitifs mit hausgemachten Limonaden, verschiedene Sprizz und Cocktails. Übersichtliches Weinangebot und feine Edelbrände.

Tafernwirtschaft und Café Danibauer

Falkenbach 2,
94078 Freyung
0 85 51 / 42 83
danibauer.de

Größe: 40 Plätze im Gastraum, 70 im Garten
Preise: Hauptgerichte 13–19 Euro
Kreditkarten: Keine
Öffnungszeiten: Fr 17–23 Uhr; Sa, So, Feiertag 12–23 Uhr; Ruhetage: Mo–Do

Zeitreise mit typischen Gerichten des Bayerwaldes

Im Mittelalter wurde auf dem Goldenen Steig, der Handelsstraße zwischen Bayern und Böhmen, Salz von Passau nach Prachatitz transportiert - die heutige Bundesstraße 12. Die Handelstreibenden machten damals in Tafernwirtschaften Rast. Kurz vor Freyung steht mit der »Tafernwirtschaft Danibauer« ein solches Wirtshaus mit Café und Pension und wird seit dem 17. Jahrhundert von der Familie Gruber bewirtschaftet. Gegenwärtig ist Eva Gruber die Herrin des uralten Vierseithofs mit seiner gemütlichen Gaststube und einem als »Gewölbe« bezeichneten Nebenraum, in das ein »Schratzlloch« mündet, ein alter Erdstall. Fleisch liefert Metzger Piser in Hohenau, Wild der Hausjäger. Die Forelle kommt von einer Nachbarin, deren Teiche vom Wildwasser der Buchberger Leite gespeist werden.

Auf der Schiefertafel am Eingang sind die von der Autodidaktin Gruber täglich gebackenen Kuchen verzeichnet: eine Erdbeerbiskuitrolle oder eine Rhabarberschnitte mit Topfen-Zimt-Eis. Auch der Sauerrahm-Pannacotta mit Früchten klingt verlockend. Doch würde zu viel Süßes den Hunger vertreiben auf die traditionellen niederbayerischen Speisen und die Bayerwaldküche allgemein, der das Haus verpflichtet ist, wie die Erdäpfelsuppe mit Majoran und Bauernspeck oder die (klare!) Knoblauchsuppe mit Wurzelgemüse als Einstimmung. Dazu gibt es wunderbares Sauerteigbrot vom Bruder der Wirtin. Die Hauptspeisen sind auf wenige Gerichte beschränkt, oft folgen sie lang bewährten Rezepturen. Schon als Mädchen schaute Eva Gruber der Oma bei der Zubereitung der sauren Schweinsleber zu - heute ein Danibauer-Klassiker. Die geschmorten Schweinsbackerln mit Serviettenknödel und Blaukraut sind zart und ebenso köstlich wie das Surbratl von der Haussau. Sehr überzeugend sind die - vegetarischen - gratinierten Spinatknödel oder Salate mit gegrilltem Ziegenkäse.

Die Biere braut die Privatbrauerei Lang in Freyung. Weintrinker freuen sich über pfeffrigen Veltliner und würzigen Blaufränkisch aus der Steiermark. Apfel-Birnen-Most kommt aus dem Nachbardorf, Obstbrände und Liköre (z. B. von der Goldpomeranze) von der Brennerei Braun in Ortenburg. Gastfreundliche Atmosphäre, stimmungsvoller Garten im Vierseithof.

Gasthaus Unterwirt

Hadrianstraße 26,
83413 Fridolfing
0 86 84 / 9 69 76 09
gasthaus-unterwirt.de

Größe: 55 Plätze in zwei Gaststuben
Preise: Hauptgerichte 13–35 Euro
Kreditkarten: EC, Master, Visa
Öffnungszeiten: Mi–Sa 17.30–24 Uhr; So 11.30–14 und 17.30–22 Uhr; Ruhetage: Mo, Di

Chiemgaus Frischeküche: Genuss gradaus und alles verwertet

2017 haben Margit und Bernd Weinhart das »Gasthaus Unterwirt« im schönen Voralpenland erworben. Ihre Philosophie, frische regionale Produkte möglichst vollständig zu verwerten, passt ausgezeichnet in den bäuerlichen Chiemgau mit seiner Ökomodellregion Waginger See – Rupertiwinkel. Die Weinharts brachten aus dem Schrobenhausener Spargelland, ihrer alten Heimat, gute kulinarische Beziehungen mit. Bernd Weinhart versteht sein Gasthaus, die abschließende Station seiner langen Kochkarriere, als Wohnzimmer für Freunde. »Genuss gradaus« – das gilt hier für Speis' und Trank.

Als Vorspeise überzeugen der Salat vom Stangenspargel der Familie Wagner in würziger Vinaigrette mit hausgebeizter Seeforelle ebenso wie der Wiener Backhendlsalat mit Kartoffel-, Blatt- und Tomatensalat, Kernöl und gebackener Biohühnerbrust. Appetitanregend auch die mit Apfel und Zitrone gewürzte Spargelcremesuppe, stärkend die Kraftbrühe vom Biogockel und Truthahn mit Gemüsestreifen und Wacholderschinkenschöberl. Als Hauptgerichte sind der Schmorbraten aus der Schulter vom Biokalb vom Biohof Koch in Teisendorf mit gebackenem Semmelknödel und Spargel oder das Fischgulasch vom fangfrischen Waginger Seewaller mit geräuchertem Knoblauchbrot erste Wahl. Ausschließlich sonntags steht der ofenfrische Krustenbraten vom Voralpen-Strohschwein mit Kartoffelknödel und Bayrisch Kraut zur Auswahl. Pflanzerl vom Getreideschrot, getrockneten Tomaten und frischen Gartenkräutern mit Rote-Bete-Creme oder Gnocchi von der Süßkartoffel in Spargelsahne mit frischem Oregano werden vegetarisch und vegan lebende Menschen erfreuen. Als Nachspeise verführen karamellisierte Apfelpfannkuchen mit Fridolfinger Heumilch-Vanilleeis, Schokoladen- und Heidelbeereis oder das Ragout von Rhabarber, Apfel und Erdbeere mit Mascarponemousse.

Auf der Getränkekarte stehen Biobiere der Schlossbrauerei Stein, Bio- und konventionelle Weine mit den Schwerpunkten Deutschland, Österreich und Italien sowie Kaffee aus der Aßlinger Martermühle.

→ Nur sieben Kilometer sind es bis ins Mekka der bayerischen Wanderschuhe und Lederhosen, zum Meindl in Kirchanschöring.

Gasthaus Goldener Stern

Dorfstraße 1,
86316 Friedberg-Rohrbach
0 82 08 / 4 07
gasthaus-goldenerstern.de

Größe: 80 Plätze in den Gaststuben, 100 im Biergarten
Preise: V 9–19, H 17–31, N 8–15 Euro
Kreditkarten: Keine
Öffnungszeiten: Mi–Sa 11.30–14.30 und 18–23 Uhr; Ruhetage: So–Di

Oxenfleisch am alten Oxenweg

Das Traditionsgasthaus »Goldener Stern« der Familie Fuß ist einladend. In der renovierten Gaststube ist die alte Holzvertäfelung geblieben, angenehm kombiniert mit hellen Farben und modernen Akzenten. Die Räumlichkeiten wurden ergänzt und erfüllen alle Ansprüche der Gäste. Rohrbach liegt zehn Kilometer südöstlich von Friedberg im Landkreis Aichach-Friedberg. Die wechselnden Speisekarten tragen die Handschrift von Stefan Fuß. Die Produkte werden überwiegend von Familienbetrieben aus der Region bezogen. Eine Spezialität des Hauses sind Gerichte vom »Oxen«. Das Lokal zählt zum Verein der »Spezialitätenwirte im Wittelsbacher Land« und liegt am historischen »altbayerischen Oxenweg«.

Vorneweg ist die lauwarme Forelle mit Sauerrahm-Eis, Gurke mit Miso und süßem Senf oder die Schaumsuppe von Topinambur mit Hausgeräuchertem sehr zu empfehlen. Das schön präsentierte Oxenfleisch in Honigmarinade mit Äpfeln und Blattsalaten ist herrlich zart. Die im Gemüsesud gesottene Oxenzunge harmoniert gut mit dem Spargelgemüse und würzigem Bärlauchpüree. Der typisch-aromatische Rindfleischgeschmack kommt ebenfalls gut zum Tragen beim marmorierten Wittelsbacher Oxenbraten, serviert mit hausgemachtem Blaukraut und einem überdimensionalen Kloß. Die Ochsen kommen von den Vertragslandwirt*innen der Metzgerei Ottlinger aus Pöttmes. Üppig auch der legendäre ofenfrische Schweinebraten mit Kloß und Spitzkraut-Speck-Salat. Die Stroh-Freiland-Schweine leben bei der Familie Gelb in Steinach. Die zartrosa gebratene Lammhüfte kommt mit Paprika-Zucchini und einem Perlgraupenrisotto auf den Tisch. Die Familie Höger aus Stätzling liefert die besonderen Gemüsearten und Blüten. Die hausgemachten Saucen zu den Gerichten werden à part gereicht. Frisch und aromatisch ist die hausgemachte Terrine von Forelle und gebeizter Lachsforelle mit Feldsalat. Die Fische kommen von der Forellenzucht Endhart aus Derching. Die Wittelsbacher Schokoladen-Birnen-Variation oder das Süße Trio aus Cheescake, Schokoladen-Murmel und Marillen-Topfen-Knödel zum Nachtisch sind unbedingt zu empfehlen.

Auf der Getränkekarte stehen neben dem üblichen Bier- und Getränkesortiment vor allem fränkische und österreichische Weine. Der Service ist freundlich und aufmerksam. Im Sommer ist der Biergarten geöffnet.

→ Am ersten Mittwoch in ungeraden Monaten wird ein Sechs-Gänge-Menü angeboten.

Ein Naschmarkt-Automat versorgt mit Speisen rund um die Uhr.

Fürstenfelder

Fürstenfeld 15,
82256 Fürstenfeldbruck
0 81 41 / 88 87 54 10
fuerstenfelder.com/restaurant

Größe: 120 Plätze im Gastraum, 120 auf der Terrasse
Preise: Hauptgerichte 19–29 Euro
Kreditkarten: EC, Visa, Master, Amex
Öffnungszeiten: Mo–Sa 11.30–14 Uhr; Di–Sa 17.30–23 Uhr; So 11–14 Uhr Brunch

Bio

Biorestaurant auf barockem Klostergelände

Die Umgebung ist eindrucksvoll. Eingebettet in das Gelände des 1263 gestifteten Zisterzienserklosters mit seiner weltberühmten spätbarocken Klosterkirche, findet man das Restaurant »Fürstenfelder« in Fürstenfeldbruck. Der Gastraum ist der ehemalige Klosterstall mit seinem böhmischen Kappengewölbe. Seit dem Umbau 2018 steht das Wichtigste noch mehr im Mittelpunkt: Biozutaten und ihre Zubereitung in der offenen Küche. Neben saisonalem und regionalem Gemüse kommen ausgewählte Fleisch- und Fischprodukte aus artgerechter Haltung auf den Teller. Bereits seit über zwei Jahrzehnten ist die Fürstenfelder Küche biozertifiziert. Der »Fürstenfelder« setzt auf ein Küchenteam, das Spaß am Zusammenarbeiten hat und Raum, Neues auszuprobieren. Abends werden die Speisen auf der Kochinsel im Gastraum zubereitet. Dort kommt ein spanischer Hochtemperatur-Holzkohlegrill zum Einsatz, der Fleisch – vor allem Dry-Aged-Roastbeef – und Gemüse eine besondere Geschmacksnote verleiht. Auf Küchenpartys werden des Öfteren Produzenten eingeladen, um über ihre Produkte zu sprechen.

Als Vorspeise gibt es eine geräucherte Lachsforelle von Birnbaums Fischzucht. Sie wird auch als gegrilltes Hauptgericht angeboten. Vegane Gerichte sind der geröstete Blumenkohl oder der Hokkaidokürbis. Ein Vorspeisensharing bietet sich an, wenn Entscheidungen schwerfallen. Putenbruststeaks kommen von Wallners Bioputenhof und die Beilagen aus den umliegenden Betrieben wie Engelsbergerhof, Heckers Gärtnerei oder am Samstag direkt vom Bauernmarkt auf dem Gelände. Mittags gibt es ein Biolunchbüfett für den großen oder kleinen Hunger. Nachspeisen wie Topfenknödel oder Schokoladen-Kürbiskernmousse vervollständigen die Karte.

Auf Weine aus Übersee wird verzichtet, das Wasser kommt von Adelholzener oder direkt aus Fürstenfeldbruck, Bier und Limonaden aus dem Sortiment von Lammsbräu und das Bioweißbier von Unertl.

→ Navi-Adresse Parkplatz: Zisterzienserweg.

Großen Zuspruch finden Sonderveranstaltungen wie die Küchenpartys mit zahlreichen, kreativen Gängen und oft in Anwesenheit örtlicher Erzeuger*innen, die gern Rede und Antwort bei Fragen zu ihren Produkten stehen.

Zum Fürstenfelder gehören auch ein Biobiergarten mit Selbstbedienung und die bediente Restaurantterrasse mit herrlichem Blick auf die Fassade der barocken Klosterkirche.

Auf dem Klostergelände findet samstags ein Bauernmarkt statt.

Klosterstüberl

Fürstenfeld 7c,
82256 Fürstenfeldbruck
0 81 41 / 52 68 19
klosterstueberl.de

Größe: 65 Plätze im Wirtshaus, 150 im Wirtsgarten
Preise: Hauptgerichte 19–26 Euro
Kreditkarten: EC, Master, Visa
Öffnungszeiten: Mi–Sa 11.30–22 Uhr; So 11.30–21 Uhr; Ruhetage: Mo, Di

Bayern im Herzen – und auf dem Teller

Das »Klosterstüberl« befindet sich auf dem Anwesen des ehemaligen Zisterzienserklosters Fürstenfeldbruck, direkt gegenüber dem prächtigen Portal der Klosterkirche. Der überwältigende Ausblick kann im Sommer aus dem Biergarten im Klosterinnenhof ebenso genossen werden wie aus dem alten Wirtsgarten auf der anderen Klosterseite unter schattigen alten Kastanien – bei einem Kellerbier der Brauerei König Ludwig oder einer Apfelschorle. Die Gemeinde Fürstenfeldbruck hat in die Renovierung des historischen Gebäudes investiert. Wirt Martin Peter konnte seine Vorstellungen bei Küchenausstattung und Interieur realisieren. In zwei Stuben sitzt man in gemütlicher Landhausatmosphäre. Im Klosterstüberl wird die traditionelle bayerische Küche gepflegt. Die Zutaten kommen von regionalen Anbietern – und aus der eigenen Metzgerei.

Bei den Vorspeisen und Suppen sollten neben Leberknödeln und Festtagssuppe auch das Carpaccio vom Breznknödel oder die Filets von der Regenbogenforelle probiert werden. Unter den Hauptgerichten sind Klassiker der bayerischen Wirtshausküche vom Schweinsbraten bis zum Schnitzel Wiener Art gelistet, dazu eine reiche Auswahl an Kalbs- und Rindfleischgerichten. Dreierlei vom Kalb vereint Kalbsschnitzel, Tafelspitz und Zwiebelrostbraten und zeigt den gelernten Metzger im Koch. Besonders hervorzuheben sind die gebratenen Enten, frisch aus dem Rohr mit Preiselbeeren und Kartoffelknödel. Wer einen großen Appetit mitbringt, wagt sich an ein Kloster-Schmankerl mit dem Viertel einer reschen Bauernente und einer Tranche Schweinsbraten, dazu Kartoffelknödel und Apfelkraut. Neben den Klassikern gibt es saisonale Gerichte, die für Abwechslung sorgen. Spargel und Matjes werden von der Tomate abgelöst, danach der Kürbis vom Grünkohl. Nicht alles ist immer verfügbar – ein gutes Zeichen. Die Variation von Windbeuteln ist als Nachspeise sehens- und empfehlenswert. Der Gast wird von freundlicher und aufmerksamer Bedienung in Tracht umsorgt.

➜ Stammgäste notieren sich Termine wie den Schmarrntag oder Tatartag und das Ochsenschlachtfest, die im Oktober starten. Sehenswert auch das Video auf der Webseite »Stadt Land Lecker« mit Sternekoch Nelson Müller.

Innerhalb des Klostergeländes befindet sich der Bauernmarkt. Am Samstagvormittag verkaufen landwirtschaftliche Betriebe ihre Produkte.

Alter Wirt Grünwald

Marktplatz 1,
82031 Grünwald
0 89 / 6 41 93 40
alterwirt.de

Bio

Größe: 90 Plätze im Gastraum, 90 auf der Terrasse und im Biergarten
Preise: Hauptgerichte 14–34 Euro
Kreditkarten: Alle gängigen Karten
Öffnungszeiten: Di–So 12–21 Uhr; Frühstücksbüfett Mo–Fr, 6.30–10 Uhr, Sa, So 7.30–11 Uhr; Ruhetag: Mo

Zeitgemäßes bayerisches Kochhandwerk

Den »Alten Wirt« in Grünwald gibt es seit 1919. Jakob Portenlänger führt das Biogasthaus in vierter Generation. Seit 1983 ist ein Hotel mit 50 Zimmern angegliedert, das seit 2016 biozertifiziert ist. Die Waren werden größtenteils von regionalen Bioerzeugern bezogen. Fisch kommt vom Ökofischbetrieb Wagner, Lechtalfleisch von der Biometzgerei Juffinger. Die Biorinder grasen im Erdinger Moos. Es werden meist ganze Tiere gekauft und komplett verarbeitet. Eier und Geflügel liefert der Grosserhof in Pfarrkofen. Nur das Augustiner-Bier hat kein Biosiegel. Jeden Abend um 18 Uhr wird ein neues Holzfass angezapft. Wer es sich zutraut, der kann es selbst einmal versuchen. Beim Personal setzt man auf eigene Ausbildung und stellt gezielt junge Leute aus unterschiedlichen Kulturkreisen ein. Schön, mit welcher Begeisterung die jungen Mitarbeiterinnen und Mitarbeiter in bayerischer Tracht ans Werk gehen.

Im Restaurant gibt es – neben einer saisonal orientierten Tageskarte mit zumindest zwei vegetarischen Gerichten – eine Monatskarte. Die Klassiker wie das Wiener Schnitzel, die Kasspatzen* und der Schweinebraten, der 24 Stunden bei 60 Grad im Rohr sanft vor sich hingart, stehen regelmäßig auf der Karte. Neben Lammnüsschen mit Bärlauchgnocchi, veganer Lasagne oder auch Forelle mit Kohlrabi, Romanesco und Süßkartoffelpüree kommen Hirschgulasch, gefüllte Paprikaschoten und Weißbierobatzda auf den Tisch. Bei den Nachspeisen sind die eingemachten Kriecherl*, der klassische Kaiserschmarrn und ein nicht übersüßtes Schokomousse sehr zu empfehlen.

Die internationale Weinkarte bietet Außergewöhnliches wie einen Gemischten Satz oder einen Blanc de Noir vom Spätburgunder.

Auf dem Anwesen wird von zwei jungen Grünwaldbiobäckern eine offene Backstube betrieben. Da kann man beim Brotbacken zusehen und es gleich erwerben.

Forsthaus Schweigelberg

Behringersmühle,
91327 Gößweinstein
01 72 / 8 12 08 71
forsthaus-schweigelberg.de

Größe: 35 Plätze in der Gaststube, 50 im Biergarten
Preise: Hauptgerichte 12–20 Euro
Kreditkarten: Keine
Öffnungszeiten: März–Nov: Sa, So 12–17 Uhr; Ruhetage: Mo–Fr

G'scheitgut essen im urigen Gasthaus

Das Forsthaus Schweigelberg liegt im Herzen der Fränkischen Schweiz im Kreis Forchheim. Pächterin Marga Linhard übt seit 1970 die Jagd aus und entschloss sich nach zwei Jahrzehnten in einem privaten Kochklub, unter dem Motto »das Einfache gut machen« ihren Traum als professionelle Gastgeberin zu verwirklichen. Das Forsthausteam ist der Slow-Food-Idee verpflichtet und bringt unter Beachtung des jahreszeitlichen Rhythmus einfache, klare Gerichte ohne Schnörkel auf den Tisch. Eine Speisekarte mit E-Nummern sucht man vergebens. »Wir versichern, dass wir seit 20 Jahren keinerlei Konservierungsstoffe und Glutamate in unserer Küche verwenden. Unsere Philosophie ist die frische, saisonale Küche mit hochwertigen, vorwiegend regionalen Grundprodukten.« Auf Nachfrage werden Metzgereien, Bäckereien, Brennereien, Brauereien und Obstbaubetriebe der Region genannt, und es wird begeistert von ihnen erzählt. Das Forsthaus ist nicht mit dem Auto erreichbar! 15 Minuten dauert der Fußweg vom Parkplatz am Tennisplatz bei der Behringer Mühle.

Das Tagesangebot wird auf Schiefertafeln präsentiert. Die Gerichte wechseln nahezu täglich. Eine Vorspeise ist die Kartoffelsuppe mit frischem Bärlauch vom Weiher hinterm Haus, das Sauerteigbrot mit hausgemachtem Griebenschmalz und Äpfeln immer einen Versuch wert. Die Putenschnitzelchen mit Kartoffelsalat kommen in Bioqualität vom Geflügelbauern vor Ort, das Rehschnitzel stammt von Tieren aus eigener Jagd. Beide Fleischgerichte sind butterzart, der warme Kartoffelsalat bestens. Auch Salate der Saison werden regelmäßig angeboten. Bei Interesse gibt die Inhaberin Auskunft über die Herkunft des Fleischs und erläutert seine Zubereitung vom Zerlegen bis zum Flambieren. Als Nachtisch wird eine duftige Bayrisch Creme* mit frischen Beeren gereicht. Unbedingt probierenswert sind der selbst gebackene Kuchen und das zarte Buttergebäck.

Im Weinregal warten fränkische, österreichische und italienische Gewächse.

➜ Bitte beachten: Reservierungen sollten drei Tage im Voraus vorgenommen werden. Wenn keine Reservierungen vorliegen, behält sich Frau Linhard vor, das Forsthaus geschlossen zu lassen.

Regelmäßige Veranstaltungen zum Thema »Speisen und Erleben«. Ein Blick in den Veranstaltungskalender ist lohnend.

Gasthof Nöth

Morlesauer Straße 3–6,
97762 Hammelburg-Morlesau
0 93 57 / 4 79
hotel-noeth.de

Größe: 80 Plätze im Restaurant
Preise: V 9–12, H 15–30, N 9–12 Euro
Kreditkarten: EC, Master, Visa
Öffnungszeiten: Fr–Di 17.30–20.30 Uhr; So, Feiertag zusätzlich 11.30–13.30 Uhr; Ruhetage: Mi, Do

Frisch-fränkisch mit einem Schuss Portugal im Saaletal

Abseits der üblichen Reiserouten, im stillen Tal der unteren fränkischen Saale, schmiegt sich sechs Kilometer westlich von Hammelburg das alte Fachwerkdörfchen Morlesau zwischen Fluss und Berghang. Nahe am Dorfeingang, mit Garten zur Saale, liegt das Hotel Nöth, auf der gegenüberliegenden Seite das zugehörige Restaurant. 250Jahre Gastlichkeit – und doch ist nichts altmodisch. Harald Spath hat seiner in internationalen Spitzenhäusern geschulten Tochter Karolin die Küchenleitung übergeben und arbeitet gelegentlich noch mit ihr in der Küche. Der portugiesische Schwiegersohn unterstützt Mutter Elisabeth im Service und sorgt für kulinarische Einflüsse, die gut mit dem Küchenstil des Hauses harmonieren. Das Restaurant ist fränkisch-gemütlich eingerichtet und strahlt Behaglichkeit aus. Im Sommer sitzt man auf der Terrasse und blickt hinüber zur Saale. Die Spaths pflegen eine herzhafte, saisonale fränkische Küche, mit Kreativität verfeinert. Die Fische stammen vom Teichwirt im nahen Schondratal.

Hausgeräucherter Schinken vom Rhöner Hirsch garniert geschmackvoll einen Salat, die Steinpilze in der Wildrahmsuppe sind oft selbst gesammelt. Empfehlenswert ist der lauwarme Bratwurstsalat auf Semmelkloßcarpaccio. Die gefüllte Rindsroulade mit Kartoffelpüree und Kürbis wird begleitet von dekorativen Steinpilzscheiben. Hervorragend sind die Wildgerichte – zarter Rehbraten, echtes Jägerschnitzel aus der Rehkeule oder der Wildburger. Auf der Standardkarte findet sich neben vegetarischen Gerichten wie dem Grünen Burger auch das portugiesische Nationalgericht Bacalhau com Broa – Kabeljau mit Kartoffeln und Gemüsen im Ofen überbacken. Beim Nachtisch überzeugt das Parfait mit Gugelhupf und Beeren.

Die Weinkarte versammelt gute fränkische Tropfen und die besten Saalewinzer, das Bier kommt von der Rhöner Biobrauerei. Der Service ist aufmerksam.

→ Besucher können in der warmen Jahreszeit Kanus für eine Bootsfahrt auf der Saale mieten. Die Gegend um Morlesau bietet sich für ausgedehnte Wanderungen oder Radtouren in die Rhön an.

Die Bäckerei Sorrentino in Gräfendorf bietet sehr gute Backwaren und selbst gemachte Heinerle. Im nahen Hammelburg lohnt ein Besuch des Bioweinguts Schloss Saaleck.

Landgasthof Wallner

Dorfstraße 20,
85241 Hebertshausen-Prittlbach
0 81 31 / 37 67 20
gasthof-wallner.de

Größe: 70 Plätze im Gastraum, 30 im Wirtsgarten
Preise: Hauptgerichte 16–24 Euro
Kreditkarten: EC
Öffnungszeiten: Mo, Di, Do, Fr 11.30–14 und 17–20 Uhr; So 11.30–14 Uhr; feiertagabends geschlossen; Ruhetage: Mi, Sa

Urbayerisches Dorfidyll vor den Toren Münchens

Versteckt im Hügelland nördlich von Dachau liegt das kleine Prittlbach. Direkt neben dem Maibaum befindet sich der gestandene »Landgasthof Wallner«. Er wurde grundlegend renoviert, dennoch ist in der gemütlichen Gaststube mit ihrem Kachelofen zu spüren, dass hier die bayerische Wirtshaustradition fortbesteht. Gekocht wird traditionell bayerisch, ohne Zugeständnisse an den Zeitgeist. Die täglich wechselnde Karte beschränkt sich auf wenige einfache, mit großer Sorgfalt zubereitete Gerichte. Alle Speisen (bis auf die Kartoffelknödel) sind hausgemacht. Grundprodukte werden von den umliegenden Landwirtschaften bezogen, Fleisch liefert der Dachauer Metzger Boneberger.

Die Speisekarte spiegelt den Gang einer traditionellen bayerischen Mahlzeit auf dem Lande. Vorspeisen, wie die internationale Küche sie kennt, sucht man vergeblich, aber ein kleiner gemischter Salat wird gern serviert. Und auch eine Brühe lässt der Bayer gelten: hausgemacht, mit Einlagen aus der Suppenschüssel geschöpft. Besonders gelungene Einlagen sind Bärlauchnockerl und Pfannkuchenstreifen. Bei den Hauptgerichten überwiegen kräftige Fleischgerichte und insbesondere die Braten, die allesamt frisch aus dem Rohr kommen. Dazu wird gut angemachter gemischter Salat gereicht. Feste Größen sind der saftige Schweinsbraten und feine Semmel- oder Kartoffelknödel, der zarte Tafelspitz mit Petersiliensoße und Bratkartoffeln sowie das in Butter gebratene Wiener Schnitzel mit Bratkartoffeln. Auch der Kalbsbraten in Rahmsauce mit Spätzle, der Lammbraten mit Bärlauchspatzen zur Saison und der Ochsenbraten überzeugen mit ihrer Qualität. Nachspeisen sind das Terrain von Herrn Wallner – und immer einen Versuch wert.

Bei schönem Wetter genießt man unter Kastanien im Wirtsgarten das Dorfidyll mit süffigem Ludwig-Thoma-Bier aus dem Steinkrug.

Restaurant »freihardt«

Hauptstraße 81,
90562 Heroldsberg
09 11 / 5 18 08 05
freihardt.com

Größe: 60 Plätze im Gastraum und der Wintergarten
Preise: Hauptgerichte 19–47 Euro; Menü ab 55 Euro
Kreditkarten: EC, Master, Visa
Öffnungszeiten: Mi–Fr 18–23 Uhr; Sa–So 11.30–14 und 18–23 Uhr; Ruhetage: Mo, Di

Gaumenfreude und Augenweide auf höchstem Niveau

Heroldsberg ist ein Markt im Landkreis Erlangen-Höchstadt. Der gelernte Metzger und Küchenmeister Hans-Jürgen Freihardt wurde im Sternerestaurant »Bammes« ausgebildet und war der Chef de Partie in der Münchener »Käfer-Schänke«. 2002 erhielt er den Meisterpreis der bayerischen Staatsregierung und hat alldieweil zahlreiche Köche ausgebildet. Nach einer Renovierung zeigt sich das Restaurant mit großzügigem Wintergarten. Schön gedeckte Tische, ein freundlicher, kompetenter Service und die profunde Weinberatung versprechen einen angenehmen Aufenthalt. Für Freihardt ist die Region das Fundament seines Konzepts, dazu kommt sein handwerkliches Können auf höchstem Niveau.

Das Speisenangebot: ein Jahreszeitenmenü, die Mittagskarte mit Businesslunch, die Klassikerkarte, die Kidskarte und schließlich das Angebot von Freihardts Wet-Aged- und Dry-Aged-Beef. Das Fleisch kommt größtenteils aus der eigenen Metzgerei, dort werden Simmentaler Rinder von bayerischen Höfen verarbeitet. Viele Gerichte wecken den Appetit, etwa das handgeschnittene Beeftatar vom bayerischen Färsenfilet mit Wachtelspiegelei oder die doppelte Kraftbrühe vom Jungrind mit dreierlei Einlage und Wurzelstreifen. Das Bärlauchsüppchen wird mit Wildsaibling und Avocado veredelt. Probierenswert auch der Ochsenmaulsalat mit Saubohnen. Zu den prachtvollen Hauptgerichten gehören Rinderfiletspitzen mit Cognac-Pfeffer-Rahm, Rösti und Blattsalat. Die Kalbsleber wird in schäumender Butter mit Ingwer, Vanille und Peterle gebacken. Das Rindfleisch reift bis zu acht Wochen professionell im Schaukühlschrank. Alle Klassiker der Steakpalette werden angeboten: Filetsteak, Ribeye, T-Bone, Rumpsteak oder Porterhouse mit klassischen Beilagen, Soßen, Dips, Salat und Gemüse. Vegetarisch orientierte Menschen müssen nicht zu Hause bleiben: Ein Heidelbeerrisotto mit Steinpilzöl, Pfifferlingen, Totentrompeten und glacierten Wacholderpastinaken lohnt den Weg. Zum Nachtisch lockt ein Schokoladentörtchen mit Erdbeeren.

Ansehnliche Weinauswahl von überwiegend deutschen und europäischen Gewächsen, Biere der Neumarkter Lammsbräu.

Landhotel Zur Sonne

Vordere Gasse 5,
91567 Herrieden
0 98 25 / 9 24 60
sonne-herrieden.de

Größe: 70 Plätze im Restaurant, 80 im Saal, 45 im Außenbereich
Preise: Hauptgerichte 9–22 Euro
Kreditkarten: EC, Master, Visa
Öffnungszeiten: Mo–Do, Sa 7–14 und 17–22 Uhr; So 8–14 und 17–22 Uhr; Ruhetag: Fr

Kulinarische Inspiration an der oberen Altmühl

Im Zentrum der historischen Altstadt von Herrieden am Oberlauf der Altmühl im mittelfränkischen Kreis Ansbach ist das »Landhotel zur Sonne« zu finden. Die modern eingerichteten Gasträume zeigen ihre fränkischen Wurzeln, die dezente Dekoration zeugt von Individualität. Bücher in allen Räumen zeugen von einer ansteckenden Literaturbegeisterung und werden zum Lesen und Mitnehmen angeboten. Die Auswahl der Gerichte lässt erahnen, dass hier nicht nur mit ländlich-fränkischer Inspiration gekocht wird, sondern dass auch die Produkte aus der Region stammen. Claus Christ steht am Herd, künstliche Aromen und Geschmacksverstärker haben Hausverbot, auch in zugekaufter Ware. Die Herkunft der Rohwaren ist in der Karte dokumentiert. Das Fleisch kommt aus dem Familienbetrieb und von zwei örtlichen Metzgereien, die wiederum aus der Region beliefert werden. Fränkische Fische, Backwaren, Käse und Konfitüren kommen von Lieferant*innen rund um Herrieden, das Gemüse wächst im benachbarten Knoblauchsland.

Besondere regionale Gerichte sind der karamellisierte Ziegenfrischkäse an Rotweinschalotten oder das Sauerkrautsüppchen als Vorspeisen. Die Sülze vom Tafelspitz kommt mit einem Salatbukett auf den Teller, dazu Bratkartoffeln. Als Hauptgericht erfreut die fränkische Bauernente aus dem Rohr mit Rahmwirsing und Kloß. Originell ist der Herrieder Bratwurstsalat mit Gurke, Tomate, Zwiebeln und fränkischem Landbrot. Die Kalbsnierle werden in einer leichten Senfsoße mit Reis serviert. Der Fisch ist ein Bachsaibling mit Kräutern gefüllt in Pergament, dazu gibt es Salzkartoffeln.

Tucher (Nürnberg) und Zirndorfer liefern die Biere, der Wein kommt aus Würzburg, und die Streuobstsäfte liefern die ortsansässigen »Hesselberger«.

Wirtschaft von Johann Gerner

Dannberg 3,
91093 Heßdorf
0 91 35 / 81 82
wirtschaft-von-johann-gerner.de

Größe: 100 Plätze in drei Stuben
Preise: Hauptgerichte 18–27 Euro; Menü ab 33 Euro
Kreditkarten: EC, Master, Visa
Öffnungszeiten: Mi–So 17–22 Uhr; Ruhetage: Mo, Di

Attraktive Speisen mit i-Tüpfelchen

In diesem typisch fränkischen Sandsteingebäude in Heßdorf westlich von Erlangen garantieren das kleine »Ofenstübla«, die gemütliche »Alte Stube«, die elegante »Neue Gaststube« sowie eine bildschöne Terrasse einen angenehmen Aufenthalt. Detlef Gerner, Weltmeister der Jungköche von 1993, setzt die fränkische Gastwirtstradition fort und kocht in fabelhafter Manier mit überwiegend regionalen und saisonalen Produkten. Sein Ziel ist eine unkomplizierte Küche, die einfach nur schmeckt. Wild aus heimischer Jagd, Enten und Spargel aus Kairlindach, Kräuter aus Buttenheim, Lämmer und Schweine aus der Region, auch Limousinrinder direkt vom Ort finden ihren Weg auf die regelmäßig wechselnde Karte. Die Pflege des Weinkellers besorgt Detlefs Gattin Tanja. Seniorchefin Gunda Gerner leitet mit Fritz Keck den aufmerksamen Service mit fränkischem Charme.

Die Menüs bieten eine überzeugende Vorstellung von Gerners kreativer Küchenleistung, die durch neue Mitarbeiter aus renommierten Küchen gesteigert wurde. Die Sülze vom Tafelspitz mit Radieschensalat und Meerrettichschaum ist optisch und geschmacklich ein Genuss. Lebernockerlsuppe mit Pfannkuchen oder – je nach Saison – die Pfifferlingssuppe mit Frühlingsröllchen oder die Kürbissuppe mit Kalbstascherl sind delikate Warmmacher. Als Hauptgang kann die Wahl auf das Zweierlei von der Ente auf Thymianspitzkraut mit Kartoffelteigtaschen oder die Schäuferle* mit Kloß fallen. Die Forelle mit supergrünem Brokkoli und Salzkartoffeln ist kross gebraten und fein gewürzt. Die hausgemachten Gnocchi werden mit frischem Ziegenkäse und Pesto kombiniert, das Wallerfilet mit Blattspinat, Herbsttrompeten und Rosmaringratin angerichtet. Als Nachtisch sei die karamellisierte Vanillecreme mit Sorbet und Obst der Saison nur erwähnt.

Die ambitionierte Weinkarte bietet heimische und internationale Tropfen in hochwertigen Gläsern. Auf der Speisekarte wird neben jedem Gericht ein Wein empfohlen, der glasweise ausgeschenkt wird. Zudem werden verschiedene Aperitifessenzen angeboten.

→ Die Vogelfreistätte Weihergebiet bei Mohrhof ist ein ausgedehnter Teichkomplex und Schutzgebiet von europäischem Rang.

Restaurant, Biohof & Café Hammermühle

Hammermühlstraße 32,
92277 Hohenburg
0 96 26 / 92 98 53
cafe-hammermuehle-bio.de

Bio

Größe: 50 Plätze im Restaurant und der Biergarten
Preise: V 4–12, H 7–24, N 5–9 Euro
Kreditkarten: Keine
Öffnungszeiten: Apr–Okt: Do–So 11–19 Uhr; Ruhetage: Mo–Mi; Nov–März: Fr–So 11–19 Uhr; Ruhetage: Mo–Do

Landidyll im Lauterachtal

Im landschaftlich reizvollen Lauterachtal, versteckt hinter dem Truppenübungsplatz Hohenfels, hat sich die »Hammermühle« seit 2005 zu einem Genusstreffpunkt entwickelt. Alle Produkte, allen voran das Roten Höhenvieh, aber auch Gemüse, Kartoffeln, Salate und Kräuter stammen überwiegend aus eigener zertifizierter Demeter-Landwirtschaft und werden in der Küche von »Nose-to-Tail« verarbeitet. Das selbst angebaute Getreide dient zudem als Basis für die leckeren Kiachl, Kuchen/Torten, die Burgerbuns sowie das Paniermehl. Produkte, die nicht aus dem eigenen Betrieb stammen, werden von regionalen, weitgehend biologisch produzierenden Betrieben bezogen. Das Schweinefleisch liefert ein kleiner Biometzger aus dem Neumarkter Landkreis, die Fische kommen vom Züchter aus dem Nachbardorf, den Käse steuert die Käserei Wohlfahrt bei. Milchprodukte bezieht Familie Schaller vom Ökoring, das resche Brot steuert Donatus Lorenz aus Allersburg bei, und der Brunnerhof liefert saisonale Gemüse und Früchte wie Spargel und Erdbeeren.

Es werden vegetarische und vegane Gerichte angeboten, doch vor allem die Rindfleischgerichte von Tieren aus der eigenen Zucht sind eine Reise wert. Einerlei ob als gekochtes Rindfleisch, als wunderbar mürber Sauerbraten, als fein abgestimmtes Filetgulasch oder saftiger Burger. Die selbst gemachten Kiachl, Kuchen und Torten munden im wunderschönen Biergarten, was insbesondere die zahlreichen Wanderer und Radler sehr zu schätzen wissen.

In der romantisch umgebauten Scheune und dem angeschlossenen Biergarten werden die Speisen und Getränke vom sehr freundlichen und aufmerksamen Team serviert. Die Getränkekarte bietet eine Reihe biologischer Säfte, eine reichhaltige Auswahl an Bio-Bieren vom Lammsbräu, sowie biologisch angebauten Weinen aus Franken und Württemberg

→ In der Nähe der Hammermühle bietet sich unterhalb der Burg Hohenburg ein weiter Blick in die strukturreiche Landschaft. Etwa 20 km südlich liegt die wunderschöne Kreisstadt Amberg mit ihrer tausendjährigen Geschichte und der komplett erhaltenen Stadtmauer.

Auf Vorbestellung besteht zwischen 8.30 und 11 Uhr die Möglichkeit zum Frühstück. Abgerundet wird das Angebot durch den Hofladen, mit den Produkten aus der eigenen Demeter-Landwirtschaft – Rindfleisch, Getreide und Kartoffeln –, aber auch anderen regionalen Produkten je nach Saison.

NEU

Gasthof zur Post

Hochstrasse, 15,
93155 Hohenschambach
0 94 91 / 6 54
posthalter-schama.de

Größe: 40 Plätze im Gastraum, 40 im Biergarten
Preise: V 4–7, H 14–23, N 5–8 Euro
Kreditkarten: Alle gängigen Karten
Öffnungszeiten: Mi 17–23 Uhr; Do, Fr 12–23 Uhr, Sa, So 11–23 Uhr, Ruhetage: Mo, Di

Tradition neu interpretiert

In Hohenschambach gibt es noch das untrennbare Ensemble aus Wirtshaus und Kirche. Der Gasthof »Zur Post« mit seinen unverkennbaren Wurzeln in der Oberpfälzer Wirtshauskultur ist Mittelpunkt und fester Bestandteil eines regen Dorflebens. In vierter Generation führen Resi und Robert Tischler die ehemalige Posthalterei. Ihr Ziel ist es, alte Rezepte zeitgemäß zu interpretieren. Heraus kommt eine ausgezeichnete Küche mit natürlichem, unverfälschtem Genuss. Das schmeckt hervorragend, allein beim Thema »Nose-to-Tail« könnten sie ein wenig mutiger sein. Frische, regionale Zutaten aus der Umgebung sind ihre Grundlage. Das Wild kommt aus eigener Jagd, Fleisch schottischer Hochlandrinder vom Robert Pollinger aus Kochenthal, Schweine von der Metzgerei Dirigl, Lamm vom Pfistererhof und Juradistl, Gemüse liefert Gemüsebau Westermeier. Der großzügige Gastraum des »Posthalters« zeigt ein gediegenes Ambiente, der Saal ist geeignet für Feiern im kleinen wie im großen Kreis. An schönen Sommertagen lädt der Biergarten zum gemütlichen Beieinandersitzen ein.

Die kleine Karte ist völlig ausreichend; bei den vegetarischen Gerichten ist die Auswahl allerdings knapp. Als Einstieg wird neben verschiedenen Suppen ein geschmackiger cremig-würzig gerösterter Ziegenkäse mit Blattsalat angeboten. Bei den Hauptgerichten überzeugt der Wildsaubraten mit Kräuterknödel ebenso wie das knusprig herausgebackene Backhendl mit Kartoffel-Gurken-Salat. Sehr zu empfehlen ist das auf der Haut knusprig gebratene Saiblingsfilet mit Bauernnudeln. Das Filet ist perfekt gegart, serviert wird es im tiefen Teller mit geflämmter Minikarotte und glacierter Urkarotte. Auch bei den Nachspeisen ergibt sich ein stimmiges Ganzes wie das dezent süße, mit Essigkirschen gefüllte Schokoladenparfait, verfeinert mit einem Tupfen Sahne, Schokoladensegel, kleinen Haselnusspralinés und karamelisierten Walnüssen. Auch das selbstgemachte Vanilleeis mit warmen Essigkirschen und Sahne überzeugt.

Die Getränkekarte im »Posthalter« entspricht der eines typischen Wirtshauses. Biere kommen aus der Familienbrauerei Riemhofer in Riedenburg. Ehefrau Resi Tischler sorgt mit ihrem freundlichen Team für die perfekte Gastlichkeit; auf Sonderwünsche wird gern eingegangen.

➜ Obwohl der Hausherr selbst Jäger und Hundebesitzer ist, sind Hunde infolge negativer Erfahrungen im Gasthaus nicht erlaubt.

machtSINN

Raiffeisenstraße 8,
83607 Holzkirchen
0 80 24 / 6 08 89 24
machtsinn.bayern

Größe: 26 Plätze im Restaurant, 35 im Genussgarten
Preise: Hauptgerichte 15–18 Euro
Kreditkarten: EC, Visa, Master
Öffnungszeiten: Di–Do 10–19 Uhr; Fr 10–23 Uhr; warme Küche täglich 12–15 Uhr; Ruhetage: Sa–Mo

Treffpunkt und Marktplatz im Gewerbegebiet

Radikal regional: Mit dieser Einstellung haben Andrea Brenner und Bernhard Wolf das Restaurant neu eröffnet. Es liegt im Gewerbegebiet Holzkirchen - in erstaunlich grüner Umgebung, weil ein Genussgarten zum Wohlfühlen mit Obstbäumen, Beerensträuchern und Blumenwiese angelegt wurde. Ein ernsthaftes Mittagsangebot auch für die Beschäftigten des Gewerbegebiets, über die üblichen Imbisswagen hinaus. Es werden regionale und saisonale Zutaten verwendet. Als Mitglied der Slow Food Chef Alliance hat Wolf die Kompetenz, aus den Produkten vielfältige schmackhafte Gerichte zuzubereiten; es gibt eine wöchentlich wechselnde Karte.

Jeden Tag zaubert er von 12 bis 15 Uhr Gerichte aus regionalen Zutaten. Ein Blick in seinen Kochtopf, oder auch auf der Umgebungskarte im Restaurant, zeigt sich das »radikal regional« schon beim Risotto vom Chiemgaukorn mit Grünkohl. Erfinderisch der vegetarische Miaschburger aus regionalem Buchweizen mit Kürbis und Joghurt-Hanfdip; weitere vegetarische Gerichte vom Kürbis und Blumenkohlgratin ergänzen die Mittagsgerichte. Auch Fleisch und Fischgerichte stehen dort: geschmorte Rindsroulade, Lachsforellen vom Schliersee und Putengeschnetzeltes. Lieferant*innen wie Koglhof, Taubenbergerhof, Gärtner Anton Naderer sind vorbildlich und transparent in der Karte genannt.

Der Apfel- und Apfel-Birnensaft kommt vom Biohof in Bad Feilnbach, das Bier wird von lokalen Brauereien wie Hoppebräu und Haderner bezogen. Probierenswert sind die vielen eigenen Sirupe wie Salbei oder Miesbacher Ingwer, aus denen hausgemachte Limo hergestellt wird.

→ Bernhard Wolf bietet Kochkurse an, Slow-Food-gerecht »Nose-to-Tail« oder bayerisch »Knödeldreher«.

Neben dem Restaurant lassen sich im Laden zahlreiche der Zutaten erwerben. Kompetente Kochberatung.

Der Postwagen

Milchstraße 15,
85049 Ingolstadt
08 41 / 88 51 64 44
derpostwagen.de

Größe: 45 Plätze in der Gaststube, 50 im Außenbereich
Preise: V 6–9, H 9–15, N 5–7 Euro
Kreditkarten: EC, Visa, Master
Öffnungszeiten: Di–Do 17–24 Uhr; Fr–Sa 17–1 Uhr; Ruhetage: So, Mo

Burgerkunst im Herzen Bayerns

Mitten in der Ingolstädter Altstadt findet sich das im Jahr 1390 erbaute und denkmalgeschützte ehemalige Seelhaus und darin ein kleines, feines Burgerlokal, das Kosta und Alex Mantopoulos seit 2019 führen. »Der Postwagen« ist kein traditionelles oberbayerisches Wirtshaus. Er bereitet Burger zu, die in ihren wesentlichen Bestandteilen nach den Slow-Food-Prinzipien »gut, sauber und fair« zubereitet werden und hervorragend schmecken. Nicht nur junge Gäste werden von der Interpretation des Fast Food als Slow Food angesprochen. Grundlage der Slow-Food-Qualität sind die täglich selbst gewolften Hackfleisch-Patties aus Biorind vom Ingolstädter Traditionsmetzger Joseph Huber. Das Hähnchenfleisch liefert der Heindlhof aus dem Ortsteil Gerolfing. Die Brötchen werden von der Ingolstädter Meisterei gebacken. Belegt sind die Burger mit Biokäse des Schwabacher Käsehändlers Jürgen Würth. Ein Großteil der Saucen ist hausgemacht.

Die Speisekarte listet eine Auswahl klassischer Hamburger, die in drei Fleischgrößen erhältlich sind. Der Cheeseburger übertrifft in Geschmack und Zubereitung die Erwartungen. Das gilt in besonderer Weise für die Spezialburger: Der Butterfinger, der mit Cheddar, krossem Bauchspeck, Röstzwiebeln, Essiggurke und Gewürzmayo zubereitet wird, bietet einen großen Genuss, ebenso wie der Postwagen Chicken mit saftigem Hähnchenfleisch in einer kross ausgebackenen Panade. Die Vielfalt geht weiter mit LT, Blue Shroom oder Piri-Piri-Chicken. Klassische Pommes und frisch zubereitete kleine Salate ergänzen das Angebot. Wer fleischloses Essen bevorzugt, kommt im »Postwagen« ebenfalls auf seine Kosten. Grundsätzlich sind alle Burger in einer fleischlosen Variante erhältlich. Darüber hinaus empfehlenswert sind die hausgemachten, dezent mit Kreuzkümmel gewürzten Falafeln aus selbst angekeimten und gemahlenen Kichererbsen, die bevorzugt als Wrap mit Gemüse, Hummus und Minzsauce serviert werden. Auch der Heavy Veggie Burger mit seinem Patty aus Kichererbsen und belegt mit Röstzwiebeln, Ei und Cheddar, lässt Vegetarier zufrieden genießen.

Optimal passend zu den Speisen sind regionale Biere wie die Hellen der Bio-Brauereien Sandersdorfer und Riedenburger sowie Weine, bevorzugt aus Deutschland.

→ Schmankerl für vorneweg oder spät abends ist die Bar mit ihren hausgemachten American-Style-Cocktails, bei denen selbstgemachte Sirups und unbehandelte Zitrusfrüchte verwendet werden.

Forsthaus Adlgaß

Adlgaß 1,
83334 Inzell
0 86 65 / 4 83
forsthaus-adlgass.de

Größe: 120 Plätze in der Gaststube und der Biergarten
Preise: Hauptgerichte 10–18 Euro
Kreditkarten: Keine
Öffnungszeiten: Mi–So 11.30–23 Uhr; Ruhetage: Mo, Di

Fesch und echt bayerisch im Schatten der Berge

Das Gasthaus liegt in traumhafter Alleinlage an einem Wanderparkplatz fünf Kilometer außerhalb von Inzell, dem Chiemgauer Eisschnelllaufparadies. Der Blick schweift über Wiesen, Wälder und das Staufenmassiv. Die hier Landwirtschaft Treibenden haben sich verpflichtet, auf gentechnisch veränderte Futtermittel zu verzichten. In vier gemütlichen Gaststuben stehen Kachelöfen, die wohlige Wärme verbreiten. Das Ambiente des von Gertrud Maier, Ursula Pastötter und Christine Waldherr geführten Gasthauses ist fern jeden modischen Landhausstils über die Jahre gewachsen und echt bayerisch. Die Küchentür ist weit geöffnet, eine transparentere Speisekarte wird man kaum finden. Zuerst werden die zuliefernden Betriebe genannt - alle aus der Region. Selbst das Öl für die Küche kommt aus der Nachbarschaft, von Tittmoning an der Salzach. Das Rindfleisch stammt von benachbarten Biobetrieben, das Schweinefleisch teilweise aus eigener Freilandhaltung, zerlegt und verarbeitet von Inzeller Metzgereien. Kräuter werden im Garten gepflückt, Gemüse von der Salzburger Biogärtnerei Feldinger bezogen.

Als Vorspeise wird neben einigen Suppen ein Hirschcarpaccio mit Kernöl, Feldsalat und Vollkornbrot angeboten oder ein Adlgasser Vorspeisenteller mit Schafsalami, Wollschweinspeck und hausgemachtem Schmalz oder gebratenes Gemüse auf Salat. Die Hauptgerichte sind typisch bayerisch mit einem Schweinsbraten mit Semmelknödel und gemischtem Salat oder einem Schweineschnitzel Wiener Art mit Bratkartoffeln und Salat. In der Saison wird Rehrücken mit Preiselbeeren, Spätzle und Blaukraut serviert. Der vollwertorientierte oder vegetarisch orientierte Gast erfreut sich an Getreide-Zucchini-Pflanzerl auf Tomatenragout oder einem Risotto vom Purpurweizen mit Kräutern, Biokäse und Salat. Deftige Brotzeiten mit hausgemachter Bratensülze lassen wie die appetitliche Kuchentheke keine Wünsche offen.

Der große Biergarten ist traumhaft, die Bedienung fesch im Dirndl. Die Brauerei Wieninger in Teisendorf liefert Bier, die Kelterei Stadler Säfte.

→ Im Winter öffnet die nahe gelegene Naturrodelbahn, im Sommer gibt es bei schönem Wetter Volksmusik.

Zur Iphöfer Kammer

Marktplatz 24,
97346 Iphofen
0 93 23 / 8 77 26 77
kammer-iphofen.com

Größe: 20 Plätze im Restaurant, 14 auf der Terrasse
Preise: V 9–16, H 28–34, N 9–15 Euro
Kreditkarten: EC
Öffnungszeiten: Mi–Sa 18–22 Uhr; So 11.30–15 Uhr; Ruhetage: Mo, Di

Anspruchsvolle Regionalküche und mediterranes Flair

Markus Lösch eröffnete 2017 mit Lebensgefährtin Heidrun Kaufmann in Iphofen das Restaurant »Zur Iphöfer Kammer«. Das kleine Eckhaus mit seinen grünen Fensterläden liegt am historischen Marktplatz, dem Rathaus gegenüber. Der Gastraum ist freundlich: weiß getünchte Wände, niedrige Decke, solides Holzmobiliar in warmer Farbe. Gebäude und Restaurant sind Eigentum des großen örtlichen VDP-Weinguts Wirsching, es werden ausschließlich die ausgezeichneten Weine des Guts ausgeschenkt. In der Küche waltet Markus Lösch, das Restaurant betreut Heidrun Kaufmann, erfahrene Weinexpertin und frühere Weinkönigin. Als Gästeführerin kennt sie Ort und Landschaft. Löschs Küche beruht auf guten heimischen Produkten, hat aber auch keine Scheu vor mediterranen Genüssen und Einflüssen, frischen Meeresfrüchten und exotischen Früchten. Die Speisen sind leicht und elegant, sie verraten seine Schule in großen Küchen.

Die Karte ist bewusst einfach gehalten, zur Auswahl stehen vier Vorspeisen, die auch als Zwischengerichte bestellt werden können, drei Hauptspeisen, zwei Nachspeisen und eine Käseauswahl. Köstlich sind die warm geräucherte Lachsforelle und die Brunnenkressesuppe, nicht minder genussvoll die Ravioli mit Kirschtomaten und Spargel. Zu den Rehmedaillons reicht Lösch ein luftiges Kartoffel-Sellerie-Püree, zum Saibling ein Salzzitronenrisotto und Spargel. Eine Versuchung ist das Ossobuco vom Lamm mit Gemüse und Kartoffelgratin oder die Kalbsleber mit Tomatenpolenta und Gemüse. Wenn verfügbar, sollte man unbedingt die Gerichte vom Steigerwälder Schwarzerle, deutsche Cornwallschweine aus Freilandhaltung, probieren, z. B. den Rücken mit Bohnen und Rosmarinkartoffeln.

Die hausgemachten Nachspeisen wie Pannacotta oder Mandelparfait, alternativ die Auswahl von heimischem und importiertem Käse, sind gelungene Schlusspunkte.

→ Eine Wanderung zum Museumsweinberg am oberen Ende der Iphöfer Weinlagen ist ein Muss, beim Sonnenuntergang ist der Blick über das fränkische Weinland atemberaubend.

Iphofen lädt aufgrund der großen Zahl seiner Weingüter zum Weineinkauf geradezu ein. Ein Überblick über das Angebot bietet die Vinothek in der Touristikinfo. Dort gibt es auch Schinken und Wurst vom Eichelschwein. Gutes Brot und sonstige Teigwaren in Bioqualität bietet der Franzensbäck.

NEU

99er Kulinarium

Pfarrgasse 18,
97346 Iphofen
0 93 23 / 80 44 88
99er-kulinarium.de

Größe: 35 Plätze in drei Gasträumen, 40 auf der Terrasse
Preise: V 8 –12, H 20–30, N 8–12 Euro
Kreditkarten: Alle gängigen Karten
Öffnungszeiten: Di, Mi, Fr–So 11.30–14 und 17.30–22 Uhr, Ruhetage: Mo, Do

Authentische fränkische Küche mit modernem Touch

Iphofen am Fußes des Steigerwalds zählt zu den 100 Genussorten Bayerns. Im historischen Ortskern liegt in der Pfarrgasse, die zum Rödelseer Tor führt, das »99er Kulinarium«. Von Marion Rönninger 1999 als Café und Weinstube eröffnet, wird es seit 2013 von ihrem Sohn Lukas als Restaurant geführt, den es nach Ausbildung und Stagen nach Iphofen zurückgezogen hat. Den Service leiten seine Frau Eszter Rönninger und seine Mutter. Alle vier Wochen wechselt die saisonal akzentuierte Speisekarte. Bei den Produkten nutzt der Koch das Angebot der Region: Das Wild stammt aus heimischer Jagd, Fleisch vom Metzger Deiniger in Markt Einersheim, Fisch von der Hagenmühle in Willanzheim. Gemüse und Kräuter kommen aus dem eigenen Garten und von lokalen Lieferanten aus Albertshofen. Hirsche liefert die Hutung im Iphöfer Ortsteil Hellmitzheim, die Lämmer, u. a. vom Slow-Food-Arche-Passagier »Coburger Fuchsschaf«, kommen vom Biohof Lehner, seines Zeichens Slow-Food-Unterstützer. Dass immer die ganzen Tiere in der Küche verarbeitet werden, ist für den Koch eine Selbstverständlichkeit.

Lukas Rönnigers Küche lässt sich als modern fränkisch charakterisieren, die ihre Wurzeln kennt und zeigt. Der in der Rolle gebackene Schweinekopf mit Meerrettichschaum oder der Kohlsprossensalat mit Feta stimmen als Vorspeisen ein. Im Frühjahr folgen Rücken und Nüsschen vom Lamm mit grünem Spargel, im Herbst Rücken und Schulter vom Reh mit Topinambur und wildem Brokkoli, begleitet von einem feinen Morchel-Gersten-Risotto. Auch für Vegetarier bietet die Speisekarte Feines: Schafskäse-Ravioli als Rolle mit Safran-Pastinaken-Soße und Blattspinat oder ein Morchel-Gersten-Risotto mit Herbsttrüffel aus dem nahen Großlangheim. Als Nachtisch empfiehlt sich die saftige Sanddorn-Schnitte mit vier Apfelvariationen und Mandelmus oder der kräftige Sticky-Toffi-Choko-Cake mit Mokkaeis.

Die Getränkekarte bietet eine umfangreiche auch offene Weinauswahl von befreundeten Iphöfer Winzern und der fränkischen Umgebung. Die Biere kommen von der Brauerei Hertl aus dem Steigerwald, der selbst gepresste Apfelsaft von Iphöfer Streuobstwiesen, die Destillate vom Spessarthof aus dem Sinntal.

Weinstube Hensler

Vogtstraße 8,
87435 Kempten/Allgäu
0 83 1 / 59 09 45 65
hensler-kempten.de

Größe: 30 Plätze in der Gaststube, 30 auf der Terrasse
Preise: V 5–10, H 15–23, N 7 Euro
Kreditkarten: Keine
Öffnungszeiten: Mo–Fr 17–22 Uhr; Ruhetage: Sa, So, Feiertag

Kraftplatz kulinarischen Handwerks in historischen Räumen

Die »Weinstube Hensler« befindet sich in einem Haus aus dem 15. Jahrhundert, ihr Keller teilt ein Stück der alten Stadtmauer. Historisches Flair ist in der alten Gaststube mit ihrer zentralen Säule und der Gewölbedecke zweifellos zu spüren. Im Frühjahr 2018 hat Peter Geissler die Weinstube übernommen. In der Küche wird er von Ivan Bayev unterstützt, vom Brot bis zum Strudelteig bereiten beide alles handwerklich und ohne Fertigprodukte zu. Das Gemüse kommt zum Großteil vom Demeter-Hof Grasser in Aitrang, Rind- und Kalbfleisch aus dem Oberallgäu, Fisch von der Bergfischzucht Gunzesried und aus dem Bodensee von Bernd Kaulitzki.

Klassiker auf der täglich wechselnden Speisekarte sind die hausgemachten Maultaschen, der Allgäuer Saibling, das Wiener Kalbsschnitzel, das Cordon bleu und natürlich Geisslers Leibspeise, der schwäbische Kartoffelsalat. Wer ein Faible für Schmorgerichte, Innereien, Fisch und Traditionelles mit Fusion-Kick hat, findet hier die richtige Anlaufstation. Einen festen Platz auf der Karte nehmen die großartigen Alpkäse von »jamei laibspeis« ein, die eine Klasse für sich darstellen.

Der Titel »Weinstube« ist Programm. Der Schwerpunkt der Weinkarte liegt auf erstklassigen deutschen, österreichischen und französischen Tropfen, die in großer Auswahl auch offen ausgeschenkt werden. Biere gibt es von der Meckatzer Brauerei, von Maria Hilf und von Michl Klein.

Lenz im Hirsch

Lenzfrieder Straße 55,
87437 Kempten
08 31 / 5 74 00 40
hirsch-kempten.de

Größe: 90 Plätze im Gastraum, 90 im Außenbereich
Preise: Hauptgerichte 14–27 Euro
Kreditkarten: Master, Visa
Öffnungszeiten: Mi–So 17–21 Uhr; Ruhetage: Mo, Di

Zeitgenössische, hochwertige Allgäuer Küche

Das Restaurant »Lenz im Hirsch« im historischen Landhotel Hirsch in Kemptens Ortsteil Lenzfried im Allgäu konzentriert sich nach Selbstauskunft auf das Wesentliche und Ehrliche. Familie Mauderer betreibt es mit ihrem Team seit 2014 und offeriert ihren Gästen eine frische, saisonale, hochwertige Küche mit regionalen Zutaten. Die sorgfältige Auswahl der Erzeuger*innen ist das A und O, Produzent*innen und Lieferant*innen werden auf Karte wie Webseite genannt. Das Fleisch stammt von den Allgäuer Metzgern Florian Gerg in Bad Hindelang, von Göppel in Aitrang, Metzgerei Baur in Ronsberg und der Bäuerlichen Erzeugergemeinschaft Schwäbisch Hall. Das Gemüse liefert der Biohof Grasser in Aitrang, Mehl wird von der Dinkelmühle Graf in Tannheim bezogen. Alle Gerichte werden handwerklich zubereitet – ohne Einsatz von Fertigprodukten oder Zusatzstoffen.

Das vorab gereichte zweierlei Brot ist selbstgebacken und wird ofenfrisch und duftend mit Kräuterquark gereicht. Die beliebten Lenz-Klassiker Wiener Schnitzel vom Allgäuer Kalb mit eingemachten Preiselbeeren, Allgäuer Kässpatzen mit gereiftem Alpkäse, der Lenz-Burger und der Jamei-Burger – verfeinert mit Jamei-Laibspeis-Alpkäse der bekannten Kemptener Käseaffineure Thomas Breckle und Martin Rößle – haben ihre eigene Fangemeinde in Kempten und bei den Stammgästen des Landhotels. Bis zum Ketchup wird in der Küche alles selbst gemacht. Am »Wirtshaus-Montag« gibt es eine kleine Brotzeitkarte mit Allgäuer Leberkäse von Metzger Florian Gerg aus Bad Hindelang, dazu hausgemachten Kartoffelsalat und Mariahilfer Biersenf. Vegetarische Alternativen sind immer zu haben.

Das Bier stammt ausnahmslos aus dem Allgäu, besonders gut ist das Mariahilfer Bier. Die Weißweine kommen größtenteils aus deutschen Anbaugebieten, die Rotweine sind Europäer. Empfehlenswert sind die Brände von Martin Meier in Wangen.

Bayern

Landgasthof Wagner

Unteremmendorf 5,
85125 Kinding
0 84 67 / 2 79
landgasthof-wagner.de

Größe: 160 Plätze im Gastraum, 84 auf der Terrasse und im Biergarten
Preise: V 6–23, H 17–42, N 3–8 Euro
Kreditkarten: EC, Master, Visa
Öffnungszeiten: Mi–Do 17–21.30 Uhr; Fr–So 11.30–14 und 17–22 Uhr; Ruhetage: Mo, Di; vom 11.11–31.3. Mi, Do auch 11.30–13.30 Uhr

Fangfrischer Fisch im schönen Gasthof an der Altmühl

Ob wandernd, im Boot, auf dem Fahrrad oder im Auto – entlang der Altmühl zwischen Kinding und Beilngries ist das kleine Unteremmendorf nicht zu verfehlen. In seiner beschaulichen Mitte liegt der »Landgasthof Wagner«. Er wird von Koch Michael Wagner zusammen mit seiner Frau Barbara Münzhuber in vierter Generation bewirtschaftet. Die Räumlichkeiten wurden vollständig renoviert. Im Gastraum, auf der Terrasse neben dem plätschernden Brunnen und im Biergarten lässt es sich gut rasten. Die regionalen Produzenten sind in der Karte aufgeführt. Die unbestrittene Kompetenz und Spezialität des Hauses sind die Fische, die von Teichwirten der unmittelbaren Umgebung mehrmals pro Woche lebend angeliefert und in einem Bachabschnitt vor dem Gasthof gehältert werden. Erst nach der Bestellung werden sie in die Küche gebracht – frischer geht es nicht. Wild und Schwein werden ganz verwertet.

Bei den Vorspeisen ist unbedingt auf die Ceviche von der Goldforelle mit ihrer zitronigen Frische und schönen Schärfe hinzuweisen. Schön auch handgeschnittene Tatar-Varianten von Rind und Reh. Als Hauptspeisen bieten sich – abhängig von der Saison – ein Karpfen in Bierteig an oder ein in der Folie gegarter, mit Kräutern gefüllter Saibling, dazu jahreszeitliches Gemüse und Schnittlauchkartoffeln. Die Forellen gibt es blau oder gebraten. Vegetarisch sind hausgemachte Gnocchi mit Petersilienpesto, Gerstlrisotto oder Bärlauchknödel mit brauner Butter. Neben dem Fisch wird das Fleisch nicht vernachlässigt. Es munden saures Lüngerl vom Kalb mit Serviettenknödel, Backhendl mit Kartoffel-Gurken-Salat und Schweinernes – als Braten, paniert oder selbst gewurstet. Nicht vergessen werden darf Wildbret, je nach Verfügbarkeit von Reh, Hirsch oder Wildschwein. Für Kinder gibt es hausgemachte Fischstäbchen. Zum Abschluss schmeckt selbst gemachtes Sorbet, Eis oder Crème brûlée.

Biere der regionalen Brauereien Schattenhofer, Winkler und Riedenburger stehen auf der Karte, die Weine, kommen vornehmlich aus Franken.

→ Die schöne Landschaft im Naturpark Altmühltal ist des Verweilens wert.

Alte Wirtschaft an der Lamitz

Königstraße 12,
95158 Kirchenlamitz
0 92 85 / 9 68 47 00
alte-wirtschaft.de

Größe: 50 Plätze im Gastraum, 30 im Außenbereich
Preise: Hauptgerichte 10–25 Euro
Kreditkarten: Keine
Öffnungszeiten: Mi–Fr 14–21 Uhr; Sa, So 11–21 Uhr; Ruhetage: Mo, Di

Altfränkische Gemütlichkeit

Kirchenlamitz liegt im nördlichen Fichtelgebirge, eingebettet zwischen Kornberg und Epprechtstein. Nach einer Renovierung lädt das »Alte Fischerhaus« mit seiner geschmackvollen Einrichtung zum Erleben der fränkischen Wirtshauskultur ein. Forellen, Saiblinge und Karpfen stammen aus eigener Teichwirtschaft, Eier und Lammfleisch kommen vom Bauernhof der Familie. Das Rind- und Schweinefleisch wird von einer regionalen Metzgerei geliefert, die eng mit regional Landwirtschaft Treibenden zusammenarbeitet und die Herkunft der Tiere gewissenhaft kontrolliert.

Als Vorspeise sind die cremige Süßkartoffelsuppe mit Chili, Apfel und Knusperstroh sowie der lauwarme fränkische Bioziegenkäse aus Würnsreuth mit Zwiebelmarmelade zu empfehlen. Auf der Hauptkarte sind die Klassiker hausgemachtes Pulled Pork vom Schwein aus Strohhaltung, Nudeltaschen mit Steinpilzfüllung oder Dry-Aged-Porterhousesteak aus der Salzkammer gelistet. Auf der zweiwöchig wechselnden saisonalen Karte finden sich Entrecôte vom Frankenwald-Weidelandrind oder das Special-Cut-Steak aus dem Nacken vom Strohschwein mit seinem leicht nussigen Aroma. Auf der Wochenendkarte werden typische Braten nach fränkischer Art wie gesottener Tafelspitz vom Frankenwald-Weidelandrind in Krensoße mit Klößen und verschiedene klassische Pfannengerichte angeboten.

Gute Auswahl regionaler Biere von Lang Bräu, Hönicka und Meinel; auf der Wochenkarte werden regelmäßig weitere Biere vorgestellt. Regionale Weinauswahl. Die Edelschnäpse und Brände mit Spezialitäten wie Vogelbeerbitter oder Wacholdergeist aus Sacks Destille stammen aus der unmittelbaren Nachbarschaft.

→ Auf der Website werden Höhepunkte wie das traditionelle Stockfischessen angekündigt.

In unmittelbarer Umgebung kann man den Lehrpfad zum Granitabbau und ein Granitlabyrinth besuchen.

Gutshof Andres

Ortsteil Pettstadt Nr. 1,
96166 Kirchlauter-Pettstadt
0 95 36 / 2 21
gutshof-andres.de

Größe: 70 Plätze in drei Gaststuben, Biergarten am See
Preise: V 9–19, H 20–36, N 7–15 Euro
Kreditkarten: EC, Master, Visa
Öffnungszeiten: Di–Do 17.30–22 Uhr; Fr, Sa 12–14 und 17.30–22 Uhr; Ruhetage: So, Mo

Historischer Gutshof am See im Naturpark Hassberge

Der zauberhaft gelegene Gutshof, 30 Kilometer nordwestlich von Bamberg am Ende des Lautertals, ist umgeben von einer großen Teichanlage. Er wurde 1757 erbaut und ist seit fast 160 Jahren im Besitz der Familie Andres. Die Gaststuben sind markant eingerichtet, z.B. mit barocker Stuckdecke oder einer Originaleinrichtung von 1920. Im wintergartenähnlichen Anbau kommt das Gefühl auf, inmitten des angrenzenden Teichs zu sitzen – aus dem die meisten Fische stammen, die auf den Teller kommen. Auch der schöne Biergarten liegt direkt am Wasser. Die Landwirtschaft ist verpachtet, aber die Bezeichnung »Gutshof« hat nach wie vor ihre Berechtigung, denn einige Produkte stammen aus eigener Herstellung. Karpfen, Hechte und Schleien stammen aus der eigenen Fischerei, das Brot und der Kuchen aus dem Holzbackofen, Destillate und Säfte von eigenen Streuobstwiesen. Bernd Andres pflegt als Küchenchef eine modernisierte fränkische Küche mit Produkten der Region. Schon das Studium der regelmäßig wechselnden Speisekarte ist ein Vergnügen.

Gleich die Vorspeisen machen Appetit: die Rinderbrühe mit Pfannenkuchenstreifen, die Lammleber auf Sommersalat, das Kalbsbries und Küchla mit Morchelrahm, die Bachsaibling-Klößchen mit Gurken in Sauerrahm und das rosa gebratene Rehfilet auf Birnenbackers* mit gerösteten Nüssen. Bei den Hauptgerichten sollte das Duett von Zander und Lachsforelle mit Flusskrebssoße, Butterreis und Spinat ebenso wenig übersehen werden wie der Bachsaibling mit Estragonbutter, Petersilienkartoffeln und Salat. Ein nicht alltäglicher Genuss ist die gefüllte Wachtel auf Zwetschgensoße mit Speck, Backers* und Salat. Ebenfalls ausgezeichnet schmeckt das krosse Schweineschäuferla mit Rauchbiersoße, Kloß und Kraut oder das Ragout vom Wildschwein mit hausgemachten Nudeln. Als Nachtische gefallen das Joghurt-Pannacotta mit Erdbeeren und Minze oder die Weincreme mit Traubengelee.

Dazu oberfränkische Biere kleiner Brauereien und mainfränkische Weine zu fairen Preisen. Die Destillate stammen aus der vielfach prämierten Hausbrennerei, die Obstsäfte und Moste kommen von eigenen Streuobstwiesen. Der Service ist zuvorkommend und freundlich.

➜ Die Gästezimmer in der ehemaligen Remise laden dazu ein, den Naturpark Hassberge für ein paar Tage zu erkunden. Besuchenswert: das nahe Königsberg in Bayern mit seiner intakten Altstadt, vielen Fachwerkhäusern und der staufischen Burgruine.

Hofeigene Destillate, Konfitüren, Säfte und Wurstwaren stehen zum Verkauf.

Kühners Landhaus

Gewerbering 3,
86438 Kissing
0 82 33 / 2 00 05
kuehners-landhaus.de

Größe: 120 Plätze in der Gaststube
Preise: V 5–15, H 21–29, N 7–12 Euro
Kreditkarten: EC
Öffnungszeiten: Mi, Do 17.30–24 Uhr; Fr, Sa 11.30–15.30 und 18–24 Uhr; So 11.30–15.30 Uhr; Ruhetage: Mo, Di

Landhausküche mit herrlichem Oxenfleisch

In Kissing, zehn Kilometer südlich von Augsburg, liegt»Kühners Landhaus«. Das Restaurant wurde umgebaut und erneuert. Den Gast empfängt ein zeitgemäßes bayrisches Ambiente. 400 Jahre alte Holzbalken treffen auf moderne Glaselemente. Im Winter erzeugt der offene Kamin eine wohlig warme Atmosphäre, im Sommer ist es auf der überdachten Terrasse sehr angenehm. Der Küchenchef und seine Mannschaft präsentieren eine bayerische Küche in moderner Fassung. Es werden die Produkte von Herstellern und von den landwirtschaftlichen Produzenten der Region verarbeitet. Die Jahreszeiten geben das Angebot in der Speisekarte vor. Wie ein roter Faden zieht die kulinarische Vielfalt des Wittelsbacher Landes durch die Küche. Bestes Fleisch, frischer Fisch, heimisches Obst und Gemüse werden mehrmals pro Woche von ausgewählten Lieferanten im Landhaus angeliefert und in der Küche zu außerordentlich schmackhaften Gerichten veredelt.

Auf der Speisekarte sind im Frühjahr die Gerichte mit Spargel vom WIttelsbacher Land der Familie Wolf aus Ebersried zu empfehlen. Die hausgemachte Sauce Hollandaise, Nussbutter und Baierberger Kartoffeln der Familie Krebold verfeinern den Spargel. Die Kalbsleber in Rotwein-Jus, karamellisierter Apfel und gebratene Zwiebeln mit Kartoffelpüree ist ein Gedicht, der Zwiebelrostbraten mit buntem Gemüse und Dinkelspätzle ist rosarot gegart. Für Fleischfreunde ist das umfangreiche Angebot von Dry-Aged-Steaks zu empfehlen. Serviert werden die Steaks mit Beilagen wie mediterranem Grillgemüse, hausgemachter Kräuterbutter und drei Salzen. Das Fleisch kommt vom Metzger Reich aus Mering, der Dry-Aged-Steak-Spezialist. Eine Besonderheit ist die ganze Bayrische Gans mit Kartoffelknödel und Blaukraft. Auf dem Hof von Monika Wagner aus Oberzell werden die Gänse über das ganze Jahr auf der Weide gehalten. Nachspeisen wie karamellisierter Kaiserschmarrn oder die Kühners-Dessert-Variation lassen ein Menü erfreulich ausklingen. Sehr schön ist die recht umfangreiche Kinderkarte; es gibt sehr viel mehr als Pommes und Ketchup.

Es werden regionale Biere von Riegele aus Augsburg und von der Kühbacher Brauerei ausgeschenkt. Fränkische Weine aus Ipfhofen und Volkach ergänzen das Getränkeangebot. Das Serviceteam ist auf die Wünsche der Gäste bedacht. Ein Tausch von Beilagen ist immer möglich, die Weinempfehlungen zu den Gerichten wohlüberlegt.

Hörger

Hohenbercha 38,
85402 Kranzberg
0 81 66 / 99 09 80
hoerger-biohotel.de

Größe: 300 Plätze in den Gaststuben
Preise: Hauptgerichte 15–37 Euro
Kreditkarten: EC, Amex, Master, Visa
Öffnungszeiten: Täglich 11.30–21.30 Uhr; Ruhetage: 24. Dez, Jahreswechsel

Bio

Bayerische Wirtshauskultur weckt kulinarische Sinnesfreuden

Ein Kachelofen, Holzbänke und am Abend auch mal eine Runde Schafkopfspieler: Dreißig Kilometer nördlich von München hält das Gasthaus »Hörger« die bayerische Wirtshauskultur hoch. Leben mit der Natur und ihren Früchten im Wechsel der Jahreszeiten und frische Erzeugnisse von Produzent*innen der Umgebung: Diese Prinzipien legt Gastwirt Andreas Hörger der Küche seines seit 1878 in Familienbesitz befindlichen Gasthofs »Hörger« zugrunde. Mit eigener Biometzgerei und eigenem Gemüsegarten verarbeitet er seine Rohstoffe nach handwerklichen Traditionen. Hörger ist bereit, sich in die Karten seiner herausragenden Küche schauen zu lassen, er nennt Namen und Ort seiner regionalen Lieferant*innen. Seit 2007 verwendet er ausschließlich Biolebensmittel, weil Bioprodukte aus der Region ihm besser schmecken. Ein solches Verständnis von Produkt- und Kochkultur ist eine ökonomische Gratwanderung, daraus macht Hörger keinen Hehl. Auch deshalb ergänzt ein Biohotel das Angebot. Im Sommer sitzt man draußen auf der Terrasse. Unter Schatten spendenden Apfelbäumen hat man einen schönen Blick über die Hügel bei Hohenbercha.

Auf der Tageskarte gibt es von Montag bis Freitag ein wechselndes dreigängiges Vitalmenü, das auf eine gesunde und ausgewogene Ernährung setzt. Während der Saison gibt es Biospargel vom Hof Keil in Kapfelberg. Wer die bayerische Küche wertschätzt, kommt bei einer kräftigen Münchner Bratstrudelsuppe oder der feinen Kürbiscremesuppe auf seine Kosten. Die klassischen selbst gemachten Leberspätzle- oder Speckknödelsuppen oder der Salat mit gebratener Bioputenleber sind weitere Vorspeisen im »Hörger«. Bei den Hauptgerichten gefallen vor allem die zarte und aromatisch gefüllte Brust vom Milchkalb mit Kartoffel-Gurken-Salat, das Breznknödel-Carpaccio, die Brust vom Weideochsen und der Rehrücken mit Wacholderrahm. Nicht vergessen werden darf der Schweinsbraten von den Schweinen Hubert Lehmairs aus Lueg. Unter den Nachtischangeboten stechen die Bayrisch Creme*, der Kaiserschmarrn mit Kompott von eigenen Äpfeln und das hausgemachte Vanille-Ingwer- oder Schokolade-Orangen-Eis hervor.

Gasthof Diem

Kirchenstraße 5,
86381 Krumbach
0 82 82 / 8 88 20
gasthof-diem.de

Größe: 105 Plätze in den Stuben, 165 im Biergarten und auf der Terrasse
Preise: V 6–11, H 16–28, N 8 Euro
Kreditkarten: Alle gängigen Karten
Öffnungszeiten: Di–Sa 6.30–21 Uhr; Nachmittags reduzierte Speisekarte; Ruhetage: So, Mo

Beste Fleischküche mit eigener Metzgerei

Zum in achter Generation geführten »Gasthof Diem«, im mittelschwäbischen Krumbach zwischen Kirche und altem Rathaus gelegen, gehören eine Metzgerei und ein Hotel. In der Küche bereitet das Team um Chefkoch Johannes Diem, der auch Mitglied der Slow Food Chef Alliance ist, typisch schwäbische und saisonale Gerichte mit modernen Akzenten in handwerklicher Vollendung zu. Das Fleisch kommt aus dem Umland und wird in der eigenen Metzgerei verarbeitet. Es wird Wert darauf gelegt, alle Teile des Tieres zu verwerten. Auch die übrigen Lebensmittel kommen zumeist aus dem heimischen Umfeld. Auf der Speisekarte sind die Herkunftsangaben bei nahezu allen Gerichten exakt vermerkt. In den traditionell und stilvoll eingerichteten Stuben wird der Gast vom aufmerksamen und freundlichen Service umsorgt.

Vorweg sind die Tiroler Kaspressknödel in einer Rinderkraftbrühe mit frischen Kräutern oder die feine Pastinakencremesuppe mit gebackenem Kalbsbries eine gute Wahl. Überzeugend sind das Krumbacher Schnitzel vom Ellenrieder Bioschwein mit Meerrettich-Senf-Panade und Speckkartoffeln und vom selben Tier das 28 Tage gereifte Dry-Aged-Tomahawk-Steak – eines von mehreren Dry-Aged-Steaks. Auch die Schweinebäckchen vom Billenhauser Landschwein mit Pfefferrahmsauce und die Sauren Nieren vom Niederraunauer Milchkalb mit Sellerie und hausgemachten Bärlauchschupfnudeln schmecken ausgezeichnet. Die Leber Berliner Art kommt nicht vom Kalb oder Schwein, sondern vom Ebershauser Milchlamm. Ein ausgezeichnetes Geflügelgericht ist das Zweierlei vom Maishähnchen – gebratene Brust und gefüllte Ravioli – mit gegrilltem grünen Spargel, Perlgraupen und Bärlauchpesto, als Fisch kommen ein gedämpftes Lachsforellenfilet oder gebackene Felchen auf den Teller. Ein schöner Abschluss ist das Apfelküchle im Zwickelteig gebacken mit Vanilleeis und Apfelkompott.

Weinangebot mit deutschen und österreichischen Tropfen, die italienisch und französisch ergänzt werden. Obstbrände und Liköre von Katharina Zott aus dem nahen Ustersbach und vom Danner aus Kirchheim.

Im Onlineshop werden – auch vegetarische – Feinkostkonserven verkauft.

Gasthof zum Schwan

Semmelstraße 2,
97273 Kürnach bei Würzburg
0 93 67 / 9 07 20
schwan-kuernach.de

Größe: 100 Plätze in den Stuben
Preise: V 7–12, H 17–32, N 5–10 Euro
Kreditkarten: EC, Master, Visa
Öffnungszeiten: Mi 17–21 Uhr, Do–So 11–14 und 17–21 Uhr; Ruhetage: Mo, Di

Eleganter Dorfgasthof mit verfeinerter fränkischer Küche

Der »Gasthof zum Schwan« in der Kürnacher Ortsmitte vor den Toren Würzburgs ist mit seiner rot gestrichenen Fassade kaum zu verfehlen. Gisela und Walter Heeg führen das gastliche Haus in der dritten Generation, seit 2015 hat Tochter Eva-Maria die Verantwortung in der Küche übernommen. Die Familie Heeg lebt die Tradition mit Leidenschaft, »der Schwan« ist fest im Dorfleben verankert. Die Küche beruht auf den Produkten der Region, vorbildlich werden die Lieferant*innen auf der ersten Seite der Speisekarte genannt: Kartoffeln vom Biobauern aus dem Ort, Brot aus der örtlichen Bäckerei, Wild aus den umliegenden Jagdrevieren und das Fleisch von der Bäuerlichen Erzeugergemeinschaft Schwäbisch Hall und von der Familie Dörflein aus Michelau am Steigerwaldrand.

Es gibt eine Tageskarte und eine Karte mit fränkischen Klassikern wie dem perfekt gebratenen Rumpsteak vom Weiderind mit knusprigen Bratkartoffeln. Traditionell ist die kräftige Fränkische Festtagssuppe mit Schwimmerli, leicht und luftig die feine Cremesuppe vom fränkischen Spargel. Bei den Hauptspeisen gefallen die Schweinebäckle in einer kräftigen Sauce mit luftigem Kartoffelstampf und Marktgemüsen und das Fränkische Schäufele* mit krosser Schwarte in Dunkelbiersoße und Kartoffelkloß. Modern angehaucht sind die Rehbolognese mit Tagliatelle und Pfifferlingen oder der rosa gebratene Tafelspitz mit Kartoffel-Schmand-Kuchen*. Einen schönen Abschluss bildeten die hausgemachten Nachspeisen – Pannacotta mit Erdbeeren und das Rhabarberragout mit Schokoladeneis. Bei kleinem Hunger hilft die Brotzeitkarte mit Spezialitäten vom Metzger Limbach aus dem Nachbarort.

Die Getränkekarte enthält eine gute Auswahl fränkischer Weiß- und Rotweine, sowohl als echte Schoppen als auch in Flaschen, Biere von der Brauerei Düll in Krautheim und einige exquisite fränkische Destillate. Der Service ist freundlich und kompetent.

→ Ein Besuch der Mainschleife und der Vogelsburg mit herrlichen Blick über die Weinberge bis zum Steigerwald ist ein lohnenswerter Abstecher.

In Unterpleichfeld bietet die Hofmetzgerei Lukas eine gute Auswahl fränkischer Wurstwaren und Bratwürste. Eine besondere Spezialität sind die Salamis.

Waldgasthof Am Letten

Letten 13,
91207 Lauf an der Pegnitz
0 91 23 / 95 30
waldgasthof-am-letten.de

Größe: 170 Plätze in den Stuben, 110 im Außenbereich
Preise: Hauptgerichte 18–29 Euro; Menü ab 47 Euro
Kreditkarten: EC
Öffnungszeiten: Mo–Sa 11.30–14 und 17.30–22 Uhr, Ruhetag: So

Gehobene Küche im Waldgasthof

Letten ist ein Ortsteil der Stadt Lauf an der Pegnitz im Landkreis Nürnberger Land. Der imposante Waldgasthof ist von Wald, Wiesen und Feldern umgeben. Hotel und Waldgasthof wurden von Seniorchef Hermann Wittmann aufgebaut. Der Gasthof ist mit stilvollen und individuellen Gasträumen ausgestattet. Sohn Michael Wittmann hat während der Ausbildung in Aschau, England und Österreich gastronomische Luft geschnuppert. Inzwischen hat er zusammen mit Ehefrau Katja Kratzer-Wittmann und Schwester Stefanie die Regie übernommen. Das Haus pflegt eine gehobene fränkische und internationale Küche. Die Lebensmittel kommen überwiegend aus der Region, Rind- und Kalbfleisch sowie Milchprodukte aus der Biolandwirtschaft.

Die Lieblingssuppe der Franken ist die Fränkische Festsuppe, eine kräftige, klare Rinderkraftbrühe mit Leber- und Grießklößchen sowie Pfannkuchenstreifen. Der frische Spargel wird kombiniert mit warmem Schinken und fränkischer Bratwurst, dazu Petersilienkartoffeln und wahlweise braune Butter oder Sauce hollandaise. Das Wildragout gehört zu den traditionellen Speisen, hier wird es mit edlen Fleischpartien zum würzig-delikaten Schmaus mit Rahmpilzen, Preiselbeeren, Semmelknödel und Brokkoli. Das geschmorte Ochsenbackerl mit Rotweinsauce wird mit glaciertem Gemüse und Kartoffel-Semmel-Plätzchen gereicht. Wegen der Fleischqualität gelingt ein butterzartes Schmorgericht der Extraklasse. Beim ofenfrischen Krustenbraten in Dunkelbiersauce mit Kloß und Wirsing ist das Wichtigste die knusprige Hülle – und die nicht zu herbe Dunkelbiersauce. Die ganze Seezunge Müllerin Art mit Petersilienkartoffeln und buntem Salat ist fest im Fleisch und von leicht nussigem Aroma. Eine typisch fränkische Nachspeise sind die Apfelkräpfle in Zimt-Zucker mit Vanilleeis. Freundlich-charmanter Service.

→ Der Waldgasthof ist ein guter Ausgangspunkt für Wanderungen in die Hersbrucker Schweiz.

Kapuzinerhof

Schlossplatz 4,
83410 Laufen
0 86 82 / 95 40
kapuzinerhof.de

Größe: 185 Plätze in fünf Gaststuben
Preise: Hauptgerichte 10–18 Euro
Kreditkarten: EC, Master, Visa
Öffnungszeiten: Täglich 11–14 und 17.30–21.30 Uhr, So bis 21 Uhr

Konsequent regional im ehemaligen Kapuzinerkloster

Laufen liegt etwa 20 Kilometer nördlich von Salzburg. Das ehemalige Kapuzinerkloster ist heute das Bildungszentrum der bayerischen Akademie für Naturschutz und Landschaftspflege. Es ist zugleich öffentliches Hotel und Gaststätte. Pächterin ist Sina Fingerhut. Ihr Mann Peter, gelernter Metzger, Küchenmeister und Euro-Toques-Mitglied, steht für eine gute Küche, in der praktisch alles selbst gemacht wird. Das Haus ist Mitglied der »Solidargemeinschaft Berchtesgadener Land« und erwirbt alle Lebensmittel aus dem Landkreis und der direkten österreichischen Nachbarschaft. Die Konsequenz der regionalen Ausrichtung: Es gibt Graupen statt Reis und Reichenhaller Forelle statt Thunfisch. Hinzu kommt ein außergewöhnliches, selbstverständlich saisonales Gemüse- und Kräuterangebot. Die Speisekarte wechselt entsprechend dem Jahreslauf und bietet einige vegetarische und vegane Gerichte.

Rinderbouillon mit Frühlingsgemüse, Kerbeleierstich und Spargelfritatten, eine feine Kürbissuppe mit Speckpflaumen, ein Spargelcocktail mit Brunnenkresse und Eiermousse oder eine gute Leberspätzlesuppe sind schmackhafte Appetitanreger. Unter den Hauptgerichten finden sich hausgemachte Nudelgerichte wie Bärlauchpasta mit Spargel-Tomaten-Gemüse. Ein beliebter Favorit sind die Gemüseteller mit allem, was Küche und Saison gerade bieten, auch in der kalten Jahreszeit. Auf der Karte stehen nicht nur Filets, Steaks oder ein Spanferkelkotelett in der Kräuterkruste mit Blumenkohlgratin und Drillingen, sondern auch Innereien und Schmorgerichte, gelegentlich auch vom Wild. Im süßen Fach sind hausgemachtes Rhabarbersahneeis, Tannenspitzenhonigeis oder Wildkräuter-Joghurteis ebenso wie der Strudel von einzigartiger Qualität.

Die g'schmackigen Biere kommen aus Bad Reichenhall, die Weine vor allem aus Österreich.

➜ Über die historische Salzachbrücke geht es ins schöne Salzburger Land.

NEU

Waldvogel

Grüner Weg 1,
89340 Leipheim
0 82 21 / 2 79 70
wald-vogel.de

Größe: 80 Plätze im Wirtshaus, 100 im Nebenraum, 250 im Biergarten
Preise: V 6–15, H 18–35, N 6–10 Euro
Kreditkarten: EC
Öffnungszeiten: Do, Fr 6.30–24 Uhr; Sa 7.30–24 Uhr; So 7.30–16 Uhr; Feiertag 7.30–22 Uhr; Ruhetage: Mo–Mi

Biogenuss – Altes bewahren – Neues entdecken

Das Wirtshaus »Waldvogel« entstand 1928 als Teil eines Aussiedlerhofs vor den Toren Leipheims. Das Gasthaus strahlt trotz seiner zeitgenössischen Einrichtung die Gemütlichkeit eines alten Landgasthauses aus. In den schönen Nebenräumen und in weiteren Gebäuden ist Platz für kleine und große Feiern. Das Geschwisterpaar Steffi Pröbstle und Mathias Ihle haben in der vierten Generation fast ihr Ziel als Selbstversorger erreicht. Vom eigenen Bauernhof kommt das Lammfleisch, die eigene Biogärtnerei sorgt dafür, dass das regionale Gemüse und die Salate das ganze Jahr nicht ausgehen. Getränke wie die Quittenschorle oder der Apfelmost kommen von der eigenen Kelter.

Die Vorspeisen sind geprägt von Gemüse und Salat aus der eigenen Gärtnerei. Die Antipasti vom Waldvogel mit Hummus vom Landgemüse auf Dinkelfladen oder das grüne Gekicher, eine Krem von Kichererbsen mit Malabar-Spinat, Ratatouille-Salat und Senföl sind appetitanregende Vorspeisen. Die klare Tomaten-Essenz kommt mit einer vegetarischen Gartenglück-Maultasche. Auch Deftiges erfreut, wie das Carpaccio vom Allmannshausener Weidebüffel oder eine traditionelle Backspätzlesuppe aus klarer Rinderbrühe. Die Karte bietet genussvolle vegetarische und vegane Köstlichkeiten wie das in der Pfanne geschmorte schöne Stück vom Kürbis auf Gurkenpüree mit Kohlröschen, Kraut, Grünkohl und Honigäpfeln. Das Oxenbronner Weidelamm ist ein Klassiker und Grundlage für das Dreierlei vom Lamm. Im Herbst und Winter ist Wild wie Geschmortes von der Rehkeule mit Rahmwirsing und Spätzle und Geflügel auf der Speisekarte zu finden, wie das Hähnchen auf unschwäbischen Wegen mit Biolandgartenpfannengemüse, weißer Limetten-Kokossoße und Buabaspitzle. Die Fische von der Fischerei Vollmann Schipper sind als gegrillter Saibling oder Lachsforelle mit Pfannengemüse immer ein Genuss. Bei den Nachspeisen ist die Qual der Wahl groß. Sie reicht von Dinkelgries mit geweckten Marillchen über hausgemachte Dampfnudeln mit Vanillesoße bis zu einer vielfältigen Eisauswahl.

Neben den eigenen Schorlen und Säften gibt es Biobiere von der Berg Brauerei aus Ehingen oder das Günzburger Radbier. Die Auswahl nicht nur von Bioweinen ist gut. Eine Cuvée Blanc wird exklusiv für den Waldvogel in der Tonflasche abgefüllt. Der Service ist eng mit dem Haus verbunden und verwöhnt die Gäste.

→ Von 14–17 Uhr werden Brotzeiten und eine kleine Karte angeboten. Freitag ist Backtag und zu Ostern gibt es Kinderbackkurse.

Die Schweizer Wirtin

Schlegldorf 83,
83661 Lenggries
0 80 42 / 89 02
schweizer-wirt.de

Größe: 80 Plätze in der Gaststube
Preise: Hauptgerichte 18–26 Euro
Kreditkarten: EC, Amex, Master, Visa
Öffnungszeiten: Mi–So 11.30–14 und 17.30–21.30 Uhr, von 14–17.30 Uhr kleine Karte; Ruhetage: Mo, Di

Bayerisch-österreichische Schmankerln mit Bergblick

Fährt man von Bad Tölz über die kurvige Staatsstraße 2072 Richtung Lenggries, erreicht man den Weiler Schlegldorf. Hungrige Reisende sollten die steile Auffahrt zur »Schweizer Wirtin« nicht verpassen. Direkt am Höhenweg liegt das alte Gasthaus, das von Barbara Hipp vom »Schweizer Wirt« zur »Schweizer Wirtin« und zu neuer Blüte gebracht wurde. Der Gast findet neben einem Wirtsgarten auch eine Terrasse mit Blick auf die Berglandschaft des Isarwinkels sowie zwei gemütliche Stuben mit gediegenem Ambiente. In der Karte werden die lokalen und regionalen Erzeuger benannt.

Als »Schmankerln der Region« werden beständig drei Gerichte angeboten, darunter geschmorte Ochsenschulter mit Gemüse und Kartoffelpüree oder der Kalbsbraten auf Gemüse mit Topfen-Serviettenknödel; hin und wieder gibt es Innereien wie Kalbszüngerl in Schnittlauchrahm. Die Rinderkraftbrühe mit Frittaten* und Nockerl wird ebenso selbst zubereitet wie die Kürbissuppe. Unter den Vorspeisen findet sich Kalbsbries auf Blattsalat oder ein lauwarmer Salat vom Kalbszüngerl mit Kernöl, ebenso ein kleines Fischgericht wie das geräucherte Saiblingsfilet auf Kartoffel-Lauch-Salat. Die Hauptspeisen sind vorwiegend der südbayerischen Tradition verhaftet wie der Kalbstafelspitz in Meerrettichsauce mit Cremespinat und Röstkartoffeln oder der Zwiebelrostbraten, der knusprige Schweinsbraten und andere Fleischgerichte. Wenn auf der Karte Gams, Reh oder Hirsch stehen, kann man darauf vertrauen, dass das Tier unweit des Gasthauses erlegt wurde. Geflügel indes wird aus Frankreich zugekauft. Fisch kommt bevorzugt von der nahe gelegenen Fischerei und wird veredelt zu einem mit Kräutern gebratenen Saibling mit jungem Spinat und Kartoffeln oder zur gebratenen Lachsforelle auf Linsengemüse und Kartoffeln. Den Abschluss bildet der Marillen-Palatschinken* oder die Crème brûlée mit Mangoragout.

Frisch gezapftes Bier kommt aus der Brauerei Kaltenberg, die Weinkarte ist gut sortiert, und die Bedienung ist freundlich und kompetent.

→ Wer etwas für die Fitness tun will, fährt mit der Bayerischen Oberlandbahn nach Lenggries, Haltestelle Obergries, und läuft den kurzen Weg zu Fuß.

Restaurant Harmonie

Schlossberg 2,
95192 Lichtenberg
0 92 88 / 2 46
harmonie-lichtenberg.de

Größe: 60 Plätze im Saal und Kachelofenzimmer
Preise: H 17–28 Euro; Menü 33–47 Euro
Kreditkarten: EC, Master, Visa
Öffnungszeiten: Mi–Sa 17–22 Uhr; So 11.30–15 Uhr; Ruhetage: Mo, Di

Blaue Zipfel und Schiefertrüffel im Frankenwald

Das 1824 zu einem Gasthaus umgebaute und an die »geschlossene Gesellschaft Harmonie« vermietete Gebäude liegt inmitten des verträumten Örtchens Lichtenberg im Frankenwald. Im »Restaurant Harmonie« präsentiert die junge Küchen- und Servicemannschaft unter Leitung von Iris Steiner und Susanne Däumer-Lentz eine saisonale Küche der Region, die raffiniert und liebevoll zubereitet ist.

Als absoluter Klassiker ist die Fränkische Schiefertrüffelsuppe des Probierens wert. Die Trüffel für die Suppe werden eigenhändig vom Seniorchef gesammelt. Ebenso sind die Fränkischen Rostbratwürste, original aus Nürnberg, oder die Blauen Zipfel* im Weingemüsesud - von der Landmetzgerei Diezel in Langenbach und der Metzgerei Unglaub aus Bad Steben - zu empfehlen. Als Hauptgericht sind die geschmorten Ochsenbäckchen in einer pfiffigen Soßenvariante mit Spätburgunder und Egerlingen im Rahm Favoriten. Eine gute Wahl ist das Zweierlei vom Saibling. Mit etwas Glück gibt es die Gelegenheit, die seltene Kartoffelsorte Schwarzblaue aus dem Frankenwald, einen Slow-Food-Arche-Passagier, als Beilage zu erhalten. Die Saiblinge kommen von Joachim Schwab aus Kautendorf, aber auch von Rungis-Express. Die Qualität der Medaillons vom Schwäbisch-Hällischen Landschwein war erwartungsgemäß gut, das Fleisch auf den Punkt gebraten.

Die Getränkekarte spiegelt Regionalität. Mineralwasser kommt direkt aus der nahe gelegenen Quelle aus Hölle. Die Brauerei Meinel aus Hof ist der Bierlieferant, der mit dem »Hupfenzupfer« oder »Mephisto« interessante neue Abfüllungen anbietet. Die Weine kommen von einem fränkischen Weingut.

→ In unmittelbarer Umgebung befindet sich das durch den Fluss Selbitz tief in den Frankenwald eingeschnittene Höllental mit dem sagenumwobenen Hirschsprung. Am Ende des Höllentals kann das Schaubergwerk Friedrich-Wilhelm-Stollen besichtigt werden.

Am Dorfbrunnen

Am Dorfbrunnen 1,
97816 Lohr am Main-Halsbach
0 93 59 / 2 36
main-spessart.msp.info/
Gasthaus_am_Dorfbrunnen/629
/-/Lohr_a_Main_-Halsbach.html

Größe: 30 Plätze in der Gaststube, in Nebenräume und auf der Terrasse
Preise: V 6–10, H 20–25, N 5–10 Euro
Kreditkarten: EC
Öffnungszeiten: Mitte Juni–Sept: Do–So 11.30–14 und 17–22 Uhr; Okt.–Mitte Juni: Do, Fr 17–22 Uhr; Sa, So 11.30–14 Uhr und 17–22 Uhr; Ruhetage: Mo–Mi

Idyll zwischen Maindreieck und -viereck

Halsbach kauert sich in eine Talmulde des Hochplateaus der Fränkischen Platte. Das umgrünte Haus in der Dorfmitte wirkt mit den typisch fränkischen, holzgetäfelten Wänden, soliden Tischen und Stühlen dezent urig; im Sommer locken schöne Plätze auf der Terrasse. In der Küche waltet Patron Paul Feser, der sich den regionalen Produkten der Saison verschrieben hat. Das Wild kommt aus dem nahen Spessart, Schweinefleisch wird in der Umgebung erzeugt, Gänse stammen aus Eußenheim bei Karlstadt am Main. Obst, Gemüse und Spargel sind lokale Produkte aus Halsbach und Umgebung. Paul Fesers fränkischer Kochstil stellt traditionelle Zubereitungen neben sensibel modernisierte.

Auf der Karte stehen zwei Suppen und die Tagesempfehlungen. Neben tatsächlich handgemachten Klößen zum Fränkischen Sauerbraten gibt es ein feines Dreierlei vom Spessarter Weiderind (Zunge und Herz aus dem Wurzelsud, Braten in Spätburgundersoße). Auf Vorbestellung gibt es auch Fisch. Empfehlenswert zur Einstimmung ist der Saisonsalat mit Räucherforelle oder auch die Rote-Bete-Suppe mit Meerrettichklößchen, als Hauptgang – klassisch fränkisch – ein Rehbraten mit Kartoffelklößen und Blaukraut oder der Kalbsnierenbraten. Auf Vorbestellung gibt es im Winter Gänsebraten, bei den beliebten Beilagen ist vor allem das Blaukraut besonders zu loben. Im Frühling schmeckt die Spargelsuppe mit Garnelenspieß vorzüglich, ebenso die Schweinelende mit Spargelrahmgemüse, hausgemachten Eierspätzle und Salat. Nachspeisen gibt es als Tagesempfehlung, dazu eine kleine Eiskarte: ungewöhnlich und gut das Vanilleeis mit Kürbiskernöl in Begleitung eines Espressos.

Die Weinkarte listet eine kleine Auswahl offener Weine aus Franken. Die Destillate kommen vom benachbarten Obsthof Stenger und von der renommierten Alten Hausbrennerei Alfred Wecklein aus Arnstein-Binsbach, Mitglied der Vereinigung »Rosenhut«. Vom Hahn gibt es Kellerbier der örtlichen Kleinbrauerei Goikel.

→ Die Altstadt von Lohr mit Schloss und Fachwerkhäusern ist eine Besichtigung wert.

Die Goikelbräu im Ort bietet am Freitag und Samstag unfiltriertes Bier an.
Der Dorfladen im nahen Wiesenfeld führt ein umfangreiches regionales Angebot.

Naturlandhaus Krone

Kirchweg 2,
88167 Maierhöfen
0 83 83 / 2 54
naturlandhaus-krone.de

Größe: 125 Plätze im Restaurant, 55 im Biergarten und 15 auf der Terrasse
Preise: Menü 31–40 Euro
Kreditkarten: EC, Master, Visa
Öffnungszeiten: Nur nach Voranmeldung, Mo–Sa ab 17.30 Uhr; Ruhetag: So

Hausgemachtes in behaglicher alpiner Atmosphäre

In der Ortsmitte von Maierhöfen, direkt neben der Kirche, findet man das »Naturlandhaus Krone«. Das typische Allgäuer Schindelhaus wurde bereits vor 250 Jahren urkundlich erwähnt. Familie Übelhör renovierte das Gebäude mit Naturstein, Holz und Glas, passte es den modernen Ansprüchen an – und bewahrte dennoch seinen heimeligen Charakter. Drei Gasträume, eine schöne Terrasse und der Biergarten laden zum Einkehren ein. Das Ambiente passt zur Küche von Frank Übelhör, der traditionelle Gerichte aus frischen, regionalen Zutaten vorsichtig modernisiert. Das Fleisch stammt aus regionaler Bioaufzucht, teilweise sogar von der eigenen Bergalpe. Wildfleisch wird aus dem Naturpark Nagelfluhkette geliefert und die vielfältig eingesetzten Kräuter kommen aus dem eigenen Garten. Das engagierte Haus ist Mitglied verschiedener Vereinigungen.

Als Antwort auf die aktuellen Herausforderungen der Gastronomie hat Frank Übelhör den À-la-carte-Betrieb 2022 aufgegeben und bietet stattdessen – auf Voranmeldung – ein »Soulfood-Naturmenü« an. Jeweils am Vortag wird es auf der Webseite veröffentlicht: Der Küchenchef setzt auf täglich wechselnde Produkte und seine Kochinspirationen. Zur Auswahl stehen eine Vorspeise oder Suppe, zum Hauptgang jeweils ein Fisch-, ein Fleisch- sowie ein vegetarisches oder veganes Gericht. Den Abschluss bilden eine Nachspeise sowie – wir sind im Allgäu – eine Auswahl regionaler Heumilch-Käse. Schöne Beispiele für die abwechslungsreiche Speisenfolge sind die hausgemachten Maultaschen und Schlutzkrapfen, der Landschwein-Pfefferspießbraten mit Maroniknödel, das Gemüserösti mit Mandelkäse überbacken und Spargel oder eine Süßkartoffel-Crème brûlée mit Holunderbeerkompot.

Kleine Weinkarte, überwiegend mit Weinen vom Bodensee.

Die »Hoimat Genusskäserei« produziert Bio-Rohmilch-Weichkäse, Joghurt und Frischkäse. Die Produkte können im Hoflanden mit Café (Eschach 105, 87474 Buchenberg) und unter hoimat.bio erworben werden.

NEU

Landgasthof Euringer

Manchinger Straße 29,
85077 Manching-Oberstimm
0 84 59 / 3 32 50
hotel-euringer.de

Größe: 140 Plätze in den Gaststuben, 60 im Biergarten
Preise: V 5–17, H 17–27, N 3–12 Euro
Kreditkarten: Alle gängigen Karten
Öffnungszeiten: Mo, Di, Fr, Sa 17–23 Uhr; So, Feiertag 9–15 Uhr; Ruhetage: Mi, Do

Feine neue bayrische Küche in Oberstimm

Die Traditionsgaststätte »Landgasthof Euringer« ist tief im dörflichen Leben von Oberstimm am südlichen Ortsrand von Ingolstadt verwurzelt. Andrea und Benjamin Reichler führen den Betrieb in vierter Generation. Benjamin, Küchenmeister und Ausbilder, zeichnet für die hervorragende Küche verantwortlich. Er achtet beim Einkauf auf regionale und nachhaltig erzeugte Produkte, die direkt von Produzent*innen aus der Umgebung bezogen werden. Die hochwertigen Fleisch- und Wurstwaren kommen von der Ingolstädter Metzgerei Joseph Huber, Fische stammen aus der Fischzucht Tyroller in Pförring. Alle Gerichte beim »Euringer« sind haus- und handgemacht, was sich in Geschmack und Präsentation widerspiegelt. Benjamin kreiert eine facettenreiche bayerische Küche, die mit klassischen Gerichten ergänzt wird. Auch einzelne österreichische Schmankerl sind auf der saisonal wechselnden Karte zu finden, eine Hommage an die Mühlviertler Herkunft der Wirtin.

Zum Start sehr zu empfehlen ist eine hausg'machte klare Rindsuppn mit Brätstrudel, Leberknödel oder Pfannkuchenstreifen. Auch mit einem Carpaccio oder dem Bavarian Caesar's Salad liegt der Gast richtig. Bei den Hauptspeisen ist die Boarische Bujabääs, eine regionale Interpretation des südfranzösischen Klassikers hervorzuheben. Bei den Fleischgerichten erfreuen der Zwiebelrostbraten vom Färsenroastbeef, das Schwabenpfanderl oder die verschiedenen Schnitzel. Am Sonntag werden Klassiker wie Krustenbraten mit Dunkelbiersauce und zweierlei Knödel oder ein knuspriges Schäuferl mit Bayrisch Kraut gereicht. Wem der Sinn nach vegetarischen Gerichten steht, der findet mit dem Da Greane einen schmackhaften Veggieburger oder mit dem Knödel-Tris eine feine Kombination. Zum Abschluss verlocken das hausgemachte Feinschmecker-Eis mit Sorten wie Peanutbutter-Salty Caramel oder Tiramisu-Mascarponeeis mit Espressocreme oder die Apfelkücherl mit Zimtzucker, Vanilleeis und Sahne.

Der Bierliebhaber findet Biere von der Brauerei Graf Törring mit der hervorragenden »Huber Weisse« sowie besondere Craftbiere der Ingolstädter Brauerei Yankee & Kraut. Daneben gibt es eine kleine, schöne Weinkarte mit österreichischen und deutschen Weinen, die durch Reichlers Bruder, einen Sommelier, inspiriert ist. Der freundliche und aufmerksame Service rundet das sehr positive Gesamtbild ab.

Gasthaus zur Traube

Ziegenbach 8,
91477 Markt Bibart
0 91 67 / 7 83
gasthaus-zur-traube-ziegenbach.de

Größe: 70 Plätze in der Gaststube, 50 im Biergarten
Preise: V 4–10, H 10–31, N 2–10 Euro
Kreditkarten: EC
Öffnungszeiten: Do–So 11–22; Mo 12.30–20 Uhr; Ruhetage: Di, Mi

Fränkisch Gut in Ziegenbach

Das Dorfwirtshaus im kleinen Ziegenbach im Bierland Mittelfranken liegt in der Nachbarschaft der Weinbaugemeinden Castell und Iphofen. Patron Hans Pfeufer ist mit der eigenen Landwirtschaft verbunden, die Seele der Wirtschaft ist die Wirtin Renate. Sohn Matthias, Koch und Metzger, steht in der Küche. Viele Produkte kommen aus dem eigenen Stall (Schweine, Geflügel, Enten), dem Garten und den Wäldern und Weihern in der Nachbarschaft (Wild und Karpfen). Eine Liste der Lieferanten, überwiegend aus der Region, liegt vor. Auf der Speisekarte geben sich die fränkischen Klassiker (Schäufele, Bratwürste aus eigener Herstellung) ein Stelldichein, zudem Gerichte mit kreativen Rezepturen. Typisch fränkische Brotzeiten und selbst gemachtes Eis und Sorbet runden das Angebot ab.

Ein gelungener Auftakt sind Vorspeisen wie eine kleine Portion Aufbruch (kleines Jägerrecht) vom heimischen Wild mit dem »Geräusch« (Zunge, Herz, Leber, Lunge, Milz und Nieren), verfeinert mit Zwiebeln, Speck und Majoran, dazu ein Mehlkloß oder in Butter geschwenkte Ricotta-Brennnessel-Ravioli, darüber Späne vom Aischtaler Hartkäse. Forellen aus dem Steigerwald, frisch aus dem Bassin, in Butter gebraten oder im Wurzelsud, dazu Salzkartoffeln und bunter Salatteller, rosa gebratener Wildschweinrücken mit frischen Pfifferlingen in Rahm, serviert mit Kartoffelkrapfen, folgen als Hauptgerichte. Die Frische und der charaktervolle Geschmack der Produkte sind bemerkenswert. Das Kotelett vom Schwein wird von einem Kartoffelsalat begleitet, der mit Essig und Öl angemacht ist. Gefüllte Täubchen werden auf Bestellung serviert. Bei den hausgemachten Bandnudeln mit frischen Pfifferlingen und Cocktailtomaten, in fränkischem Rapsöl geschwenkt, darüber Aischtaler Hartkäsespäne, zeigt der Koch Können im vegetarischen Bereich. Selbst gemachtes Eis, erfrischende Sorbets, Quark-Reisauflauf an Vanillesauce und Zwetschgenröster oder Blaubeerkäsekuchen sind köstliche süße Abschlüsse.

Bier aus der Region (Kauzen Bräu Ochsenfurt), eine umfangreiche Auswahl fränkischer Gewächse sowie edle Schnäpse und Liköre von den Brennern aus Mittel- und Unterfranken stehen auf der Getränkekarte.

→ Während der Aischgründer »Karpfenschmeckerwochen« werden kreative Gerichte ebenso angeboten wie traditionelle fränkische Gerichte der Saison.

Regionale Wurstwaren aus eigener Produktion erhältlich und Schneeballen, ein Gebäck aus Mürbeteig aus der Region Hohenlohe/Franken.

Landgasthof zum Schwarzen Adler

Ulsenheim 97,
91479 Markt Nordheim
0 98 42 / 82 06
frankenurlaub.de

Größe: 30 Plätze in der Gaststube, 70 in Nebenzimmern
Preise: V 6–16, H 11–29, N 6–10 Euro
Kreditkarten: EC
Öffnungszeiten: Do–Sa 11.30–14 und 17.30–21.30 Uhr; So 11–14 und 17–20 Uhr; Ruhetage: Mo–Mi

Gute fränkische Küche in gemütlich-stilvoller Atmosphäre

Der imposante »Gasthof zum Schwarzen Adler« im kleinen Ort Ulsenheim im Steigerwald befindet sich seit dem 17. Jahrhundert im Besitz der Familie Meyer. Die Gaststätte wurde konsequent modernisiert und erweitert, ohne dass sie ihren Charakter verloren hätte. Die von Küchenchef Bernd Meyer und seinem Team verarbeiteten Produkte stammen aus der Region, die Schweine kommen von Landwirtschaftsbetrieben aus dem Ort. Die Weine werden zum großen Teil selbst gekeltert, auch die Wurst stammt aus eigener Herstellung. Bernd Meyer pflegt eine traditionelle fränkische Küche, die sich gelegentlich Ausflüge in fernere Gefilde erlaubt.

Die Speisekarte enthält bewährte Klassiker wie Zwiebelrostbraten vom fränkischen Rind oder Schäuferle* mit Kloß und setzt im Laufe des Jahres saisonale Akzente mit Eintopf-, Lamm-, Bärlauch-, Spargel- und Karpfenwochen. Donnerstag ist traditioneller Schlachttag, Kopf- und Bauchfleisch, Herz und Nieren sowie die Bratwurst kommen mit frischem Sauerkraut auf den Tisch. Als Einstieg sollte unbedingt die Fränkische Klößchensuppe probiert werden. Die intensive Brühe vom Rind mit Leber- und Butterklößchen und Flädle schafft eine gute Grundlage für den Hauptgang. Im Frühjahr sind die Lammgerichte zu empfehlen, im Herbst der gebackene Karpfen aus dem Aischgrund, der traditionell mit den Ingreisch (Innereien) auf den Tisch kommt. Besonderes Lob verdienen die hausgemachten Ravioli, deren Füllung mit der Jahreszeit wechselt: Bärlauch, Spargel oder Steinpilze. Vegetarisch sind die hausgemachten Spinatklößchen mit zerlassener Butter und gehobelten Parmesanspänen. Als Nachspeisen sind das hausgemachte Rahmeis, die Sorbets oder gleich die süßen Variationen zu empfehlen. In der kalten Jahreszeit werden duftige Waffelspezialitäten angeboten.

Die fair kalkulierten Weine stammen aus eigenen Weinbergen, die Karte bietet zudem Weine anderer fränkischer Weingüter. Aus dem Zapfhahn fließen die Biere der Kesselring-Brauerei aus Marktsteft.

→ Ein Besuch im Fränkischen Freilandmuseum Bad Windsheim lohnt sich, fünf Kilometer weiter steht bei Ickelheim der größte historische Pfahlweinberg Deutschlands, der von Slow-Food-Mitgliedern gerettet wurde.

In Auernhofen westlich der B8 im Ochsenfurter Gau befindet sich das Bioweingut des Slow-Food-Mitglieds Stephan Krämer.

»Rotes Ross« Marktbergel

Würzburger Straße 1,
91613 Marktbergel
0 98 43 / 93 66 00
rotes-ross-marktbergel.de

Größe: 156 Plätze in verschiedenen Räumen
Preise: Hauptgerichte 18–32 Euro; Drei-Gänge-Menü ab 43, vegetarisch 28 Euro
Kreditkarten: EC, Master, Visa
Öffnungszeiten: Di–Sa 17.30–23 Uhr; So, Feiertag 11.30–14.30 Uhr; Ruhetag: Mo

Fränkischer Genuss mit Charakter und Geschichte

Marktbergel liegt im mittelfränkischen Landkreis Neustadt an der Aisch/Bad Windsheim an den Nordrändern des Naturparks Frankenhöhe. Das markante und schmucke Anwesen des »Roten Rosses« wurde vermutlich im 16. Jahrhundert erbaut und ist ein markantes Schmuckstück. Nach Umbauten im 18. und frühen 19. Jahrhundert wurde das Gebäude vor knapp zwei Jahrzehnten von der Gemeinde umfangreich saniert und beherbergt nun ein Hotel und Restaurant. Küchenchef Thomas Bogner kocht geschmackvolle regionale Gerichte, die Grundprodukte kommen überwiegend von Erzeugern des »Regionalbufetts«, in dem sich bäuerliche Direktvermarkter, Gastronomie und Handwerksbetriebe aus Mittelfranken zusammengetan haben.

Die kleine, feine Speisekarte wechselt fast wöchentlich und präsentiert ein vegetarisches Menü, ein Drei-Gänge-Menü sowie regionale Klassiker und Steaks. Des Probierens wert sind die Cremesuppe vom Blumenkohl und der Wildkräutersalat mit Spargel, Ziegenkäse und Honig, in dem der Käse seinen eigenen Geschmack zeigen kann. Ein veritables Hauptgericht ist das Zweierlei vom Lamm mit geschmorter Schulter und Lammrücken, begleitet von Ratatouille, Kartoffelstampf und Salat – die Schulter ist perfekt geschmort, der Rücken vorsichtig rosa gebraten. Eine eigene Seite auf der Karte beanspruchen die Steaks vom Herford- und Angusrind, die mit Kräutern und Knoblauchbutter serviert werden. Das Ausgangsprodukt ist feinfaserig und schön marmoriert, nach dem Braten zart und saftig mit vollem Rindfleischaroma. Als fruchtig-süßer Abschluss sind Erdbeeren mit Blätterkrokant und Eis oder die eingelegten Pflaumen Alternativen.

Im Mittelpunkt des Weinangebots stehen fränkische Erzeuger, die klassische regionale Rebsorten auf unterschiedliche Art spannend interpretieren. Auch das weitere Angebot an Getränken überzeugt. Der freundliche und kompetente Service wird von Britta Bogner geleitet.

→ Ein Stadtrundgang durch Rothenburg ob der Tauber sowie der Besuch der Therme und des fränkischen Freilandmuseums Bad Windsheim sind zu empfehlen.

Alter Esel

Marktstraße 10,
97340 Marktbreit
0 93 32 / 5 94 94 77
alteresel-marktbreit.de

Größe: 20 Plätze im Gastraum, 30 im Nebenraum
Preise: V 8–15, H 24–29, N 10–15 Euro
Kreditkarten: EC, Master, Visa
Öffnungszeiten: Mi–Sa 18–22 Uhr; So, Feiertag 18–22 und 11.30–14 Uhr; Ruhetage: Mo, Di

Fusionsküche im historischen Ortskern

In einem geschichtsträchtigen Gebäude aus dem 18. Jahrhundert im denkmalgeschützten Ensemble Altstadt Marktbreit sind Ramona Söder als Restaurantleiterin und Markus Söder als Küchenchef Inhaber des »Alter Esel«. Angeboten wird ein wöchentlich wechselndes Menü aus Zutaten, die der regionale Markt saisonal anbietet. Markus Söder versteht sich als kreativer Koch, der sich nicht auf einen bestimmten Stil festlegen lässt. Einer Fusionsküche nicht unähnlich, verbindet er heimische Produkte unkonventionell miteinander. Die bezieht er aus der unmittelbaren Umgebung – wie Geflügel und Lämmer vom Biohof Lehner aus dem nahen Gülchsheim, Rind vom Auenland Beef und das Gemüse aus Segnitz auf der gegenüberliegenden Mainseite. Auf der Webseite werden die Hauptlieferanten für Backwaren, Fisch, Gemüse, Salate, Geflügel, Wild, Fleischwaren, Kaffee, Biere und die Weingüter genannt.

Typische Vorspeisen sind neben einer Suppe von Champignon und Mandel, die mit Trüffel aromatisiert wird, ein Frühlingssalat mit Frischkäse und Apfelchutney oder ein Rinderfilet in Thai-Marinade mit Reiskrokant, als Hauptgericht Saiblingsfilet oder rosa gebratenes Roastbeef und Boeuf Bourguignon mit Champignons, Perlzwiebeln und Rosmarinkartoffeln. Ein abendliches Frühlingsmenü bietet als Vorspeise Spargelsalat mit Bärlauch und gehacktem Landei, als Suppe Consommé vom Freilandhühnchen, aromatisiert mit Ingwer und frischen Champignons, als Hauptspeise Maibock* mit Kohlrabi und Grünkern* und als Nachtisch die Crème brûlée mit Erdbeerschaum und Rhabarbereis sowie Käse vom Wagen.

Auf der Weinkarte mit seinem fränkischen Schwerpunkt findet sich auch der Slow-Food-Arche-Passagier Alter Fränkischer Satz*. Bei den Bieren stehen neben der Kleinbrauerei Sternbräu in Albertshofen und Neumarkter Lammsbräu die Monatsbiere der Pax-Brauerei aus der Rhön zur Auswahl. Ramona Söder berät den Gast bei der Getränkeauswahl kompetent.

→ Wanderung durch die Altstadt von Marktbreit mit dem Malerwinkelhaus und Besuch des dortigen Museums.

Die Hofmetzgerei Gernet in Segnitz am gegenüberliegenden Mainufer bietet ausgezeichnete Fleisch- und Wurstwaren aus eigener Herstellung, die Hagenmühle in Willanzheim bietet neben Forellen und Lachsforellen (frisch, geräuchert) aus eigener Zucht verschiedene Mehle und andere Köstlichkeiten an.

Brauereigasthof Düll

Pfarrer-Geier-Straße 1,
97340 Marktbreit-Gnodstadt
0 93 32 / 86 63
duell-gnodstadt.de

Größe: 40 Plätze in der Gaststube, 30 im Nebenraum, kleiner Biergarten
Preise: Hauptgerichte 13–22 Euro
Kreditkarten: Keine
Öffnungszeiten: Di, Do–So 17–22 Uhr, So auch 11.30–14.30 Uhr; Ruhetage: Mo, Mi

Klassische fränkische Küche und eigenes Bier

Etwa 20 Kilometer südöstlich von Würzburg befindet sich in Marktbreit-Gnodstadt der altehrwürdige »Brauereigasthof Düll«. Dort wird seit mehr als 150 Jahren ein süffiges Bier gebraut; man beliefert einige wenige weitere Gasthäuser. Das Ambiente der Gaststube ist klassisch-altfränkisch mit soliden Bänken und Tischen. Für Feste bietet der historische Saal im Obergeschoss mit den Stukkaturen und Fresken einen außergewöhnlichen Rahmen. Seit 300 Jahren führt Familie Düll den Betrieb. Die Mutter des Küchenchefs und Braumeisters Martin Rank ist eine geborene Düll. Bis vor wenigen Jahren kochte sie selbst und prägte den guten Ruf des Hauses, dem sich Martin Rank weiterhin verpflichtet fühlt. Die Speisen, die im besten Sinn eine altfränkische, bäuerliche Küche repräsentieren, machen Spaß. Der beruht nicht nur auf dem Können von Martin Rank, sondern auch darauf, dass Schweine, Kartoffeln und Gemüse aus der nahen Umgebung kommen. So setzt man auf die Zusammenarbeit mit dem Metzger im nahen Oberickelsheim, dem Fischräucherer aus dem nahen Obernbreit, den heimischen Jägern beim Wild und beim Geflügel mit dem Züchter aus Kleinlangheim.

Ein Genuss ist die Hochzeitssuppe mit verschiedenen Einlagen oder die Petersilienwurzelsuppe mit geräucherten Forellenstückchen, der Kartoffelsalat mit würzigen, selbst hergestellten Bratwürsten, die es auch mit Kraut und gutem Natursauerteigbrot gibt, der Fränkische Sauerbraten nach Art des Hauses oder die Ochsenbäckchen. Weitere Angebote sind die krossen Schweineschäufele mit handgemachtem Kloß und Salat oder die knusprige Bauernente mit Blaukraut und Kloß. Den Göger* (Hähnchen) gibt es sonntags auf Vorbestellung. Als Nachtisch lockt ein Kartäuserkloß* mit fruchtiger Weinsoße. Alle paar Wochen wird dienstags die üppige Schlachtschüssel mit Würsten, Fleisch und Kraut angeboten.

Bei den Bieren sollte man unbedingt das Pils probieren und im Winter den Bock; einige fränkische Weine ergänzen die Getränkekarte.

Im Ort bietet die Biobäckerei Gebert eine feine Auswahl fränkischer Brotsorten und Blechkuchen, u. a. von alten Getreidesorten wie dem wiederentdeckten »Grells unterfränkischen Landweizen«.

Gasthof Michels Stern

Bahnhofstraße 9,
97340 Marktbreit
0 93 32 / 13 16
michelsstern.de

Größe: 30 Plätze im Restaurant, 40 im Nebenzimmer
Preise: V 7–15, H 21–32, N 5-10 Euro
Kreditkarten: EC, Master, Visa
Öffnungszeiten: Mo, Di 18–22 Uhr; Fr–So 12–14 und 18–22 Uhr; Ruhetage: Mi, Do

In »Michels Stern« isst man gern

Im späten 18. Jahrhundert errichtet als Bauernhaus in Marktbreit, 25 Kilometer südöstlich von Würzburg, wurde das Gebäude in den 1920er-Jahren durch den Urgroßvater der heutigen Besitzer zur Gastwirtschaft, in den 1980er-Jahren schließlich zum Hotel mit Restaurant. Mit Stefan und Wolfgang Michel ist bereits die vierte Generation verantwortlich. Das Restaurant begrüßt seine Gäste in einem gediegenen Ambiente mit handwerklich solider, unaufdringlicher Möblierung und dezenten Textilien.

Wolfgang Michel schafft den Spagat zwischen traditioneller fränkischer Wirtshausküche und nicht alltäglichen Gerichten wie der Terrine von Lachsforelle und Zander. Die eingesetzten Produkte sind sorgfältig ausgewählt und stammen aus der näheren Umgebung. Das Gemüse kommt von den Gärtnereien aus Segnitz auf der anderen Mainseite, die Lachsforelle von der Hagenmühle im nahen Breitbachtal. Die Rinder – unter anderem Fränkisches Gelbvieh – liefert die Metzgerei Rögele in Gnodstadt, Rinder und Schweine die Hofmetzgerei Gernet aus Segnitz, Steigerwälder Schwarzerle (Deutsches Cornwallschwein) kommen aus Oberlaimbach. Sie werden vom gebackenen Kalbskopf bis zur Ochsenschwanzsuppe in ihrer Gänze verarbeitet. Zur Spargelzeit findet man neben dem traditionellen Pfund Spargel aus Michelfeld mit Beilagen auch raffiniertere Gerichte wie Schweinelendchen mit Speckpfannkuchen und Spargelgemüse. Wildgerichte, hauptsächlich vom heimischen Reh, stehen zur Saison im Mai und im Herbst auf der Karte. Selbst die traditionellen Gerichte wie Leberklößchensuppe, Sauerbraten oder das Kalbsschnitzel werden hier zur Besonderheit.

Stefan Michel leitet den Service und ist ein kompetenter, nahezu enthusiastischer Weinkenner. Die Weinkarte umfasst 150 Positionen von mehr als 30 Weingütern ausschließlich aus dem fränkischen Weinland und ist ein kleines weinkulturelles Wunderwerk – hier ergibt die Frage nach gereiften Weinen Sinn. Bier kommt aus dem Nachbarort Ochsenfurt von der Privatbrauerei Oechsner. Reiche Auswahl fränkischer Obst- und Tresterdestillate.

→ Eine Wanderung entlang des Bullenheimer Bergs bietet herrliche Blicke auf das fränkische Weinland.

Lachsforellen und Forellen (frisch, geräuchert und gebeizt), Mehl und Kartoffeln verkauft die Familie Pfannes in der Hagenmühle. In Gnötzheim befindet sich der Thomashof der Familie Gebhardt, Quelle für Bio-Sonnenblumenöl und ausgezeichnete Essige. In Frickenhausen bietet sich der Besuch des Weinguts Laudens Bach, Slow-Food-Unterstützer, an.

NEU

Landhotel »Goldenes Kreuz«

Saubersrieth 12,
92709 Moosbach
0 96 56 / 3 04
landhotel-goldenes-kreuz.de

Größe: 120 Plätze in drei Gaststuben, 40 auf der Terrasse
Preise: V 6–15, H 16–33, N 3–10 Euro
Kreditkarten: Alle gängigen Karten
Öffnungszeiten: Di–Sa 18–22 Uhr; So 11–14 und 17–21 Uhr; Ruhetag: Mo

Moderne Tradition – Genuss im Idyll

Nach Wanderjahren in der gehobenen Gastronomie zog es Sonja und Michael Schieder zurück in den Oberpfälzer Wald. Das Goldene Kreuz wurde in einem gelungenen Mix aus Tradition und Moderne renoviert und erweitert. Die Küche präsentiert traditionelle Gerichte innovativ. Bodenständigkeit und Regionalität stehen im Fokus. Zu vielen Gerichten sind die Zutaten nebst Gemüse, Fleisch- und Fischlieferant*innen aufgeführt. Der Slow-Food-Arche-Passagier Rotes Höhenvieh wird aufgezogen von Erika Sauer in Burgtreswitz, Backwaren liefert die Traditionsbäckerei Meier in Etzgersrieth, Kartoffeln die Familie Stahl in Burgtreswitz, Eier kommen vom Grießlhof in Burkhartsried, Gemüse aus dem Knoblauchsland und Kräuter, verschiedene Obst- und Gemüsesorten aus dem eigenen Garten.

Die regelmäßig angepasste Speisekarte bietet neben Klassikern saisonal-regionale Schmankerln. Sonderwünsche werden gern erfüllt. Vegetarische Gerichte wie Ravioli, gefüllt mit Pecorino und Feige auf Kürbisschaum oder Gemüsecurry mit Duftreis sind immer dabei. Passend zur Jahreszeit gibt es im Winterhalbjahr Oberpfälzer Leberknödelsuppe oder Carpaccio von Roter Bete mit karamelisiertem Ziegenkäse und eingelegten schwarzen Walnüssen. Hervorragend mundet die sous-vide-gegarte Geschmorte Rinderrippe mit gebratenen Kräuterseitlingen und hausgemachten Schupfnudeln. Der Sauerbraten vom Roten Höhenvieh mit Ingwerblaukraut und Brezenknödel überzeugt ebenfalls. Zu loben ist das perfekt gegrillte Zanderfilet mit Weißweinschaum, mediterranem Kartoffelstampf und Gemüse der Saison. Zum Nachtisch verführen hausgemachtes Eis, Sorbets, lauwarmer Schokoladenkuchen mit Kokos-Limetteneis, Crème Brûlée und andere Leckereien. Besonders empfehlenswert ist das Kaffee- und Schokoeis von der Valrhona-Schokolade. Für Unentschlossene löst die Variation von vier hausgemachten Köstlichkeiten möglicherweise das Problem.

Auf der Getränkekarte stehen neben alkoholfreien Getränken Biere wie der Moosbacher Zoigl oder die Weiße »Rhaner Schwarzer Pandur« von den regionalen Brauereien. Sonja Schieder berät bei der Wahl des passenden Weins aus dem gut sortierten Keller mit den Schwerpunkten Deutschland und Österreich.

→ 2022 wurde das architektonisch ansprechend gestaltete Hotelgebäude eingeweiht.

Gasthaus zum Hirschen

Ansbacher Straße 4,
91735 Muhr am See
0 98 31 / 39 40
restaurant-altmuehlsee.de

Größe: 60 Plätze in den Gaststuben, 100 im Biergarten
Preise: V 8–14, H 9–26 Euro
Kreditkarten: EC, Master, Visa
Öffnungszeiten: Di, Do, Fr 17–22 Uhr; Sa, So 11–14.30 und 17–22 Uhr; Ruhetage: Mo, Mi

Urfränkische Tradition am Altmühlsee

Das »Gasthaus zum Hirschen« in Muhr am See wird seit 1965 von Familie Heinz geführt. Es liegt unweit des Bahnhofs, der Altmühlsee mit Badestrand ist ebenfalls nahe. Die Gasträume sind hübsch eingerichtet und im schattigen Biergarten werden gelegentlich Spanferkel gebraten. In der Küche kommen nur frische Produkte aus nachhaltiger Produktion in die Töpfe und Pfannen. Die mit »Regionalbuffet«-Rohware zubereiteten Speisen werden in der Speisekarte entsprechend gekennzeichnet, andere Waren stammen ebenfalls von regionalen Hersteller*innen, auch wenn bisher nur ein eingeschränktes Bioangebot zur Verfügung steht. Regionale Bioprodukte werden ebenfalls in der Karte vermerkt. Geschmacksverstärker und Convenience-Produkte haben im »Hirschen« Hausverbot.

Auf der Speisekarte geht es fränkisch zu: Es gibt Cordon bleu mit Meerrettich und Bauernschinken gefüllt, gebratenes Schäufele* mit Klößen sowie zwei Fränkische Bratwürste mit Sauerkraut und Bauernbrot. In puncto Fränkischness trägt das Fränkische Dreierlei mit Dunkelbiersoße unangefochten den Sieg davon: die Vereinigung der drei Hauptnahrungsmittel Bratwurst, Klöße und Bier. Auch vegetarisch lebende Menschen fühlen sich mit den Käsespätzle mit Röstzwiebeln als echte Franken – die nichtregionale Falafel ist vegan. Von September bis April wird gebackener Karpfen mit Kartoffelsalat angeboten, im Juni sind Lammwochen mit Tieren aus dem Altmühltal. Es gibt eine Kinderkarte und manchmal Burger.

Bei den Getränken stehen altmühlfränkische Biere, mittelfränkische Weine, Säfte von den Hesselbergern und die Destillate aus dem Fränkischen Seenland im Mittelpunkt.

→ Naturbeobachtung am Altmühlsee auf der Vogelinsel und im Wiesmetgebiet, zahlreiche Wasser- und Angelsportmöglichkeiten sowie die Altmühlsee-Festspiele in Muhr bieten ein abwechslungsreiches Programm. Vorm und im »Hirschen« wird im Juli die Kirchweih gefeiert.

Das Kulinariat

Schwanthalerstraße 143,
80339 München
01 51 / 23 52 55 33
daskulinariat.de

Größe: 25 Plätze im Restaurant, 30 im Hinterhof
Preise: Hauptgerichte 15–30 Euro; Drei- bis Fünf-Gänge-Menü 39–59 Euro
Kreditkarten: EC
Öffnungszeiten: Mi, Fr 12–16 Uhr; Do 18–22 Uhr; Sa 10–17 Uhr (auch Frühstück); 1. So im Monat 10–17 Uhr; Ruhetage: Mo, Di

Kochen für die, die gutes Essen schätzen

Im August 2020 eröffneten Stefanie »Steffi« Fritz und Johannes »Josch« Höcherl im Münchner Westend »Das Kulinariat«. Der Gast fühlt sich im Restaurant und im grünen Hinterhof von Beginn an wohl. Kräuter und Gemüse werden teilweise im Hinterhof selbst angebaut, fermentiert und eingemacht. Gekocht und angerichtet wird vor den Augen des Gastes an der Theke im Gastraum. Die Speisekarte wechselt saisonal und bietet ein Menü, das in drei bis fünf Gängen oder auch einzeln bestellbar ist. Den Inhabern liegt die Zusammenarbeit mit ausgewählten regionalen Anbietern am Herzen. Das Bio-Gemüse liefert der Billesberger Hof und der Spargelbauer Rehm. Das Fleisch kommt von der Biometzgerei Tagwerk und dem Gutshof Polting, Wild direkt vom Jäger, Fisch von einem Fischer in Ammerland am Starnberger See, die Garnelen von Honest Catch aus Langenpreising. Kuchen, Torten und Patisserie werden von der Konditorei Anton und Ella aus München bezogen. Selbst beim Geschirr haben Steffi und Josch auf Regionalität geachtet und sich dieses bei der Töpferin Amika Schüler, ebenfalls im Münchner Westend, herstellen lassen.

Ausgezeichnete Gerichte sind die Münchner Garnele mit Blumenkohlcreme und Romanasalat, die im Salzteig gebackene Bete mit Selleriecreme und Pinienkern-Gremolata, die Seeforelle mit Wurzelgemüse oder die Maispoulardenbrust mit Kürbiscreme und Rahmwirsing. Ebenfalls fantastisch sind die Nachspeisen wie eine Cheesecakecreme mit zweimal Sauerkirsche und Pistaziencrumble. Neben dem Menü werden Klassiker wie Pasta AnCa mit purem, lange gekochtem Tomatensugo angeboten. Beim Frühstück hat der Gast die Wahl zwischen Klassikern wie zwei Münchner Weißwürsten von der Biometzgerei Tagwerk, Omas Katerfrühstück mit Matjes und Bismarckhering oder dem Westend Lox Bagel mit gebeiztem Saibling, frischem Meerrettich, Zitronen-Frischkäse und roter Essigzwiebel.

Der Service mit seiner Kompetenz zur Auswahl der Weinbegleitung zu den Gerichten gefällt ausgezeichnet. Bier aus der Biobrauerei Karg in Murnau ist eine schöne Abwechslung bezüglich der Münchner Biere.

Waldwirtschaft Bienenheim

Bienenheimstraße 11,
81249 München
0 89 / 89 55 59 27
waldwirtschaft-bienenheim.de

Größe: 80 Plätze im Gastraum, 40 im Biergarten
Preise: Hauptgerichte 16–36 Euro
Kreditkarten: EC
Öffnungszeiten: April–Sept: Di, Mi 17–22 Uhr; Do–So 12–20 Uhr; Okt–März: Sa, So 12–20 Uhr; Ruhetag: Mo

Junge bayerische Landhausküche

Vor 125 Jahren baute der Imkerverein von Aubing ein Vereinshaus in der ruhigen Aubinger Lohe. Im Lauf der Zeit ist daraus ein schönes Restaurant mit Bier- und Wirtsgarten geworden. Vor einem knappen Jahrzehnt haben Wolfgang Niederdorfer und Daniela Michaylow das Restaurant übernommen. Zumeist steht Wolfgang Niederdorfer allein in der Küche, Wartezeiten lassen sich verschmerzen, denn frisch zubereitetes Essen braucht seine Zeit; das Ergebnis kann sich schmecken lassen. Für alle Gerichte gilt: Wenn's aus ist, ist's aus. Das Brot kommt von der Bäckerei Schmid, »Wildbakers« genannt. Geflügel liefert Kirschnik, die Enten kommen von Lugeder, Fleisch von Schirnhofer – besonders das Almochsenfleisch gehört zu den Favoriten in der Küche. Es werden Kräuterwanderungen angeboten.

Wildkräuter werden vor allem in den vegetarischen Gerichten wie den Kräuter-Kässpätzle und in vielen Salaten eingesetzt. Angeboten werden Teigtaschen, gefüllt mit Frischkäse und Minze, Radieserlblatt-Pesto, Nussbutter und Parmesan oder ein mediterranes Gemüse mit gebratenen Gnocchi. Die Verbindung zum Honig spiegelt sich im Imkerbraten frisch aus dem Ofen: ein Schulterbraten vom österreichischen Premiumschwein mit Dunkelbier-Honig-Soße, Kartoffelknödel und Bayrisch Kraut*. Die Knödel werden nicht selbst gemacht, aber zumindest frisch gebrüht. Für den traditionellen Gaumen ist das Böfflamott* zu empfehlen, ein Rinderschmorbraten von der Schulter mit Rotwein, Bourbon-Whisky, Wurzelgemüse und Speckknödel. Die Stundenente ist eine Spezialität, die man vorbestellen muss – und nach genau einer Stunde Garzeit steht sie pünktlich auf dem Tisch. Samstags und sonntags kann eine Viertelente knusprig gebraten frisch aus dem Ofen genossen werden, mit Kartoffelknödeln, Zwetschgen-Blaukraut und g'schmackiger Soß'.

Auf der Getränkekarte stehen neben Biersorten wie der Maisacher Perle und dem Gutmann Weißbier auch Honigbierspezialitäten.

→ Bei Regen, Kälte und im Winter ist nur am Wochenende geöffnet. Es ist in jedem Fall angeraten, sich über die Öffnungszeiten zu informieren und zu reservieren.

Herrmannsdorfer Landwerkstätten

Frauenstraße 6
(am Viktualienmarkt),
80469 München
0 89 / 23 22 57 18
herrmannsdorfer.de/verkauf/
bistros

Größe: 30 Plätze im Gastraum,
20 auf der Terrasse
Preise: Hauptgerichte 11–19 Euro
Kreditkarten: EC
Öffnungszeiten: Mo–Fr 11.30–15 Uhr;
Ruhetage: Sa, So

Bio

Kleines Tagesbistro am Viktualienmarkt

Die »Herrmannsdorfer Landwerkstätten« sind ein ökologischer Betrieb, der alle Stufen der Lebensmittelverarbeitung auf seinem Hofgut in Glonn vereint und in der Münchner Innenstadt ein Tagesbistro gegenüber vom berühmten Viktualienmarkt betreibt. Im hinteren Bereich des kleinen Ladens, in dem Fleisch, Käse und Brot aus dem eigenen Betrieb sowie andere ökologische Lebensmittel verkauft werden, befindet sich das kleine Bistro mit der offenen Küche. Christian Lindner, der seit über zwei Jahrzehnten das Lokal leitet, bereitet hervorragende bodenständige Gerichte vor den Augen der Gäste zu. Das Fleisch kommt ausschließlich aus Herrmannsdorf, der Fisch aus nachhaltiger Fischerei oder aus zertifiziertem Wildfang und das Gemüse von Biogärtnern der Umgebung.

Die täglich wechselnde Speisekarte stellt zwei Suppen zur Auswahl, wie etwa eine feine Pastinakenrahmsuppe, eine Rinderbrühe mit Gerste und Gemüse oder auch eine Hühnerbrühe mit Gemüse. Bei den vegetarischen Gerichten finden sich gemäß der Saison knackige Salate mit Kürbis und Pilzen oder schöne Knödelvariationen. Bei den Hauptgerichten ist die fein zubereitete Ochsenbrust mit Kraut-Rettich-Salat und Bratkartoffeln empfehlenswert, die durch ihre Fleischqualität besticht. Häufig werden der Kalbsschulterbraten mit Gemüse und Kartoffeln oder das Kalbskotelett mit grünen Bohnen angeboten. Manche Gerichte gibt es nur an einzelnen Wochentagen: Besonders zu empfehlen sind am Dienstag die Ochsenpflanzerl mit feinem Kartoffelsalat und am Mittwoch der Schweinsbraten mit Knödeln. Wer gern Innereien wie Leber, Herz oder Niere isst, kommt immer wieder auf seine Kosten. Fisch, etwa das Wildsaiblingsfilet mit Kohlrabi, der gebackene Fisch mit Kartoffelsalat und der Bodensee-Egli* mit Salat, gibt es in bester Qualität. Als Nachspeise isst man eine gebrannte Creme, einen frisch gebackenen Kuchen oder einen hausgemachten Apfelstrudel. Der Koch und sein Team berücksichtigen individuelle Wünsche. Das wissen viele Stammgäste zu schätzen.

→ Warme Gerichte auch zum Mitnehmen.

Goldmarie

Schmellerstraße 23,
80337 München
0 89 / 51 66 92 72
goldmarie-muenchen.de

Größe: 30 Plätze im Wirtshaus, 20 im Garten
Preise: Hauptgerichte 16–32 Euro
Kreditkarten: EC, Master, Visa
Öffnungszeiten: Di–Fr 12–14.30 und 18–23 Uhr; Sa 18–23 Uhr; Ruhetage: So, Mo

Bayerische Küche mit südlichem Einschlag

Das Gasthaus »Goldmarie« im Münchner Stadtteil Sendling ist von der U-Bahn-Haltestelle Poccistraße aus in wenigen Minuten zu erreichen. Die Wirtsstube ist freundlich, hell und mit schönen Holztischen rustikal eingerichtet. Der Garten liegt vor dem Haus an der wenig befahrenen Schmellerstraße, das Publikum kommt größtenteils aus Sendling. Die »Goldmarie« wird von Petra Mirwald, Karin Stüwe und der Köchin Julia Schneider geleitet. Sie bringen frische Ware aus der näheren Umgebung auf den Tisch. Das Gemüse stammt vom Biogärtner Sailer bei Freising und aus der Gärtnerhalle des Großmarkts. Schweinefleisch vom Strohschwein, das Rindfleisch und die Eier liefert der Biofrischdienst Espenberger, inklusive einer Kooperation mit dem Bergwinklhof in Monigottsöd. Da mit den gerade verfügbaren Zutaten gekocht wird, wechselt die Mittagskarte täglich und die Abendkarte wöchentlich.

Der Schwerpunkt liegt auf vegetarischen Gerichten, wobei ein südlicher Einschlag nicht zu übersehen ist. Die Mittagskarte bietet fünf typische Vorspeisen, drei Hauptgerichte und zwei Nachspeisen, die Abendkarte hat ein etwa doppelt so großes Angebot. Empfehlenswert sind die herrlich lockeren Südtiroler Kasnocken mit Butter und Parmesan, die täglich auf der Mittags- und der Abendkarte stehen. Der Schweinebraten vom Metzger Kammermeier mit Blaukraut und Kartoffelknödel wird meist nur auf der Abendkarte angeboten. Ab und an stehen Ziegen vom Michlbauer aus der Oberpfalz und Wild aus dem Mangfalltal vom Jäger Josef Walter auf der Karte. Hervorragend auch das Matjesfilet vom Chiemsee-Saibling, es gibt ihn aber nur vor der Laichzeit. Ebenfalls auf der Abendkarte steht ein marinierter Fenchel vom Waldgärtner mit Kapern und Ziegenfrischkäse. Wer weiß, wann der Holunder blüht, findet hier sein Hollerkücherl.

Zu trinken gibt es unterschiedliche Biere, doch Wein dürfte zu vielen Gerichten die bessere Wahl sein. Die Karte bietet eine ausreichende Auswahl von offenen und Flaschenweinen aus Deutschland, Frankreich, Italien und Österreich. Die Bedienung ist freundlich und aufmerksam.

→ Es ist ratsam, für einen Abendbesuch zu reservieren; mittags ist leichter ein Platz zu finden.

Neu gibt es »Goldmarie im Glas«: Eingekochte Speisen können abgeholt, per Post verschickt oder innerhalb Münchens geliefert werden.

Klinglwirt

Balanstraße 16,
81669 München
0 89 / 85 67 61 99
klinglwirt.de

Größe: 90 Plätze in der Gaststube, 55 im Außenbereich
Preise: Hauptgerichte 15–27 Euro
Kreditkarten: EC, Master, Visa, Amex
Öffnungszeiten: Mo–Sa 17–24 Uhr; So, Feiertag 12–24 Uhr; Ruhetag: So

Uriges bayerisches Wirtshaus mit unkonventionellem Charme

Seit 2011 betreibt die Wirtin Sonja Obermeier mit ihrem engagierten Team ein bayerisches Wirtshaus mitten im Münchner Stadtviertel Haidhausen, das seit Jahren durch Luxussanierung und Gentrifizierung im Gespräch ist. Ein bayerisches Gasthaus ist hier eine kleine Sensation. Beim »Klinglwirt« wird auf bayerische Tradition gesetzt, die die Wirtin mit modernen Elementen verbindet. Das Lokal ist eine heimelige Wirtschaft mit Loftcharakter, einer rotfarbenen Vertäfelung und augenzwinkernden Utensilien in den Wandnischen. Im Publikum mischen sich eingeborene Haidhauser, eher mondäne Zugezogene und Karten spielende Studierende. Die Klinglwirtin setzt konsequent auf bayerische Gerichte und regionale Produkte. Fleisch und Wurst kommen von den Herrmannsdorfer Landwerkstätten, die Fische vom Starnberger See, die Biofreilandeier vom Zehatmoarhof und die Kartoffeln liefert der Biohof Lenz in Zorneding. Auch die anderen Produkte sind überwiegend »bio«, immer aus der Region.

Neben der Speisekarte mit dem hervorragenden Schweinsbraten finden sich auf einer wechselnden Wochenkarte drei bis vier Gerichte. Je nach Verfügbarkeit gibt es die vorzüglichen Herrmannsdorfer Schweinswürste. Außerdem werden Bayrisches Gröstl*, Fleischpflanzerl (nicht immer) oder die hausgemachten Spinatkäsespatzen und mindestens zwei vegane Gerichte angeboten. Weitere Klassiker sind das Biergulasch vom Bio-Rind, der legendäre Klinglwirtsalat und – je nach Saison und Verfügbarkeit – Fisch und Leber. Immer im Angebot sind das gute Brotzeitbrettl mit Wurst, Schinken, Speck und Schmalz aus Herrmannsdorf sowie vorzügliches Brot von Martin's Holzofenbäckerei. Fest auf der Speisekarte ist das Schnitzel Wiener Art, das Fleisch wird aus der Schweinelende geschnitten. Ein lauwarmer Kuchen mit Vanilleeis von der Del Fiore Eismanufaktur in München rundet das Mahl ab.

Dazu passt ein kühles Helles oder Dunkles, auch die Weinkarte kann sich sehen lassen – mehr als die Hälfte der Weine kommt aus Biobetrieben, etwa der Grauburgunder aus dem rheinhessischen Wonnegau. Neben feinen Säften, pur oder als Schorle, finden sich alkoholfreie Aperitife wie Hugo ohne Sepp oder Rhabarber Sprizz auf der ständig wachsenden kreativen Getränkekarte. Zum Schluss ein Eierlikör vom Zehatmoarhof oder ein Biokaffee von Merchant & Friends, geröstet in Herrmannsdorf.

Restaurant Sir Tobi

Sternstraße 16,
80538 München
0 89 / 32 49 48 25
sirtobi-muenchen.de

Größe: 25 Plätze in der Gaststube, 10 im Außenbereich
Preise: V 7–13, H 16–29, N 7–9 Euro
Kreditkarten: EC
Öffnungszeiten: Di, Mi 12–15 Uhr; Do, Fr 12–15 und 17.30–24 Uhr; Sa 17.30–24 Uhr; Ruhetage: So, Mo, Feiertag

Beste Hausmannskost im »bairischen Bistro«

Wenn man in München auf der eleganten Maximilianstraße flaniert, ist man gut beraten, hinter dem Denkmal Max II. linker Hand die Sternstraße zu suchen. In dem beinahe tristen Eck hat sich ein kleines, mutiges Lokal etabliert, ein »bairisches Bistro«, wie es stolz verkündet: das »Sir Tobi«. Der Namensgeber bekocht seine Gäste selbst. Sie werden von Inhaberin Claudia Zabel freundlich umsorgt – mehr als 25 können in dem kleinen, einfachen, aber liebevoll arrangierten Lokal nicht verköstigt werden, außer im Sommer, wenn eine Handvoll Gäste draußen sitzt. Einige der lokalen und regionalen Erzeuger*innen – der vorzügliche Metzger aus dem Salzburgischen wird großzügig einbezogen – werden auf der Karte genannt. Pazifische Gambas und ähnliche Importware werden nicht angeboten, stattdessen gibt es Hausmannskost bester Tradition, nicht volkstümelnd, auch nicht immer rein bayerisch, aber absolut frisch aus erstklassigen Zutaten. Eigentlich hätte dieses wunderbare Lokal eine bessere Lage verdient – doch selbst hier empfiehlt sich eine Reservierung. Und es kann sein, dass ein Gericht aus ist – doch Sir Tobi zaubert garantiert eine vorzügliche Alternative.

Das Mittagsangebot lässt die Wahl zwischen Salat und Suppe, etwa aus Pastinaken oder Blumenkohl, danach Klassiker wie gefüllte Paprikaschoten oder gebratener Fisch. Das sind Gerichte, die der hungrige, Qualität wertschätzende Gast sucht. Auf der wechselnden Mittagskarte finden sich Mangalitzafilet, Spätzle und Pfefferrahmsauce, aber auch Kalbsnieren mit Kartoffelpüree und Salat oder eine Rinderroulade. Zu den Klassikern von Sir Tobi zählen die ausgezeichnete Petersiliensuppe, das Cordon bleu vom Kalb und das Wiener Schnitzel, jeweils mit Kartoffel-Gurken-Salat. Convenience ist ein Fremdwort, alles ist frisch und selbst gemacht wie die wunderbaren Käsespätzle, dazu passt die hausgemachte Zitronenlimonade. Zum Abschluss lockt ein köstlicher Pfannkuchen mit eigener Aprikosenmarmelade.

Selbstverständlich gibt es eine anständige Weinauswahl und Weißbier von Gutmann.

Der Pschorr

Viktualienmarkt 15,
80331 München
0 89 / 4 42 38 39 40
der-pschorr.de

Größe: 370 Plätze in der Wirtschaft, 350 im Wirtsgarten
Preise: Hauptgerichte 20–50 Euro
Kreditkarten: EC, Amex, Master, Visa
Öffnungszeiten: So–Fr 11–23.30 Uhr; Sa, Feiertag 10–23.30 Uhr

Einzigartige Rindfleischspezialitäten am Viktualienmarkt

Der Viktualienmarkt im Zentrum der Altstadt ist Einkaufsparadies für Genießer und Publikumsmagnet. Jürgen Lochbihler, der am Rand des Markts neben der Schrannenhalle auf zwei Etagen den »Pschorr« betreibt, rührt als Vorsitzender des Vereins zur Förderung des Murnau-Werdenfelser Rinds* kräftig die Werbetrommel für die seltene Rinderrasse, die Slow-Food-Arche-Passagier ist. Im Pschorr stehen Gerichte aus dem Fleisch der letzten autochthonen oberbayerischen Züchtung im Vordergrund. Geliefert wird das Fleisch unter anderem vom Archehof Schlickenrieder, einem Naturland-Betrieb in Otterfing. Auch sonst wird mit regionalen Produkten nicht gegeizt: Fisch kommt vom Ammersee und aus der Aumühle im Isartal. Der süße Senf für die Weißwürste wird von der Senfmanufaktur Münchner Kindl bezogen. Die wichtigsten Bezugsquellen werden auf der Speisekarte benannt und die Lieferant*innen kurz vorgestellt.

Deftige Brotzeiten – hier mit Wurst vom Murnau-Werdenfelser Rind oder mit Heumilchkäse von der Naturkäserei Tegernseer Land – stehen auf jeder bayerischen Speisekarte traditionell ganz oben. Für den größeren Appetit bietet die Küche einen Steak-Tatar-Burger oder eine Roulade nach Hausfrauenart vom Murnau-Werdenfelser Rind*. Die durchwachsene geschmorte Hochrippe in Rotwein steht regelmäßig auf der wechselnden Tageskarte und zeigt das Geschmackspotenzial der Rinderrasse. Natürlich werden auch bayerische Klassiker wie Schweinshaxe, Sauerbraten oder die halbe Niederbayerische Ente vom Geflügelhof Lugeder präsentiert. Als Abschluss gibt es Apfelstrudel mit Vanillesoße, lauwarmes Schokoküchlein mit Beerenragout, Vanilleeis vom Bauernhof oder einen Schlehenbrand von Johann Guggenbichler aus Frasdorf.

Bei den Bieren empfiehlt sich das frische »Edelhell«. Es wird von Lochbihler herkömmlich behandelt: Damit die traditionellen Holzfässer nicht austrocknen und die Kohlensäure entweicht, wird im Bierkeller mit Stangeneis gekühlt. Ergebnis: ein süffiges, spritziges Helles, ideal zu bayerischen Speisen. Weil die Biergläser in einer Gefrieranlage vorgefrostet werden, bleibt der Gerstensaft im Glas länger kühl. Wer alkoholfrei bevorzugt, wählt die Biosäfte von Johannes Perger vom Ammersee.

NEU

Xaver's

Rumfordstraße 35,
80469 München
0 15 77 / 1 49 03 13
xaver-s.de

Größe: 90 Plätze in der Gaststube, 140 im Außenbereich
Preise: Hauptgerichte 18–34 Euro
Kreditkarten: EC, Master, Visa, Amex
Öffnungszeiten: Mo–Mi 17–24 Uhr; Do–So 12–24 Uhr; So 12–21 Uhr

Wohlfühlen wie bei guten Freunden

Zwischen dem Angerviertel und dem Gärtnerplatz haben die Geschwister Xaver, Theresa und Jakob Portenlänger 2018 das »Xaver's« eröffnet. Die Gaststätte versteht sich als Weiterentwicklung der traditionellen bayerischen Wirtshauskultur. Jakob, der Älteste, übernahm 2022 zudem den »Alten Wirt« seines Vaters, des Bio-Gastro-Urgesteins Uli Portenlänger, in Grünwald. Die Wirtsleute verstehen es, das »Xaver's« zu einem Ort der wohligen Behaglichkeit zu machen. Für ein ruhiges »Sich-wie-zu-Hause-Fühlen« ist es jedoch meist zu quirlig. Ausgezeichnetes bayerisches Essen mit Produkten von sorgsam ausgewählten Lieferant*innen, gepaart mit traditioneller Wirtshaus- und Brauereikultur – das kommt bei den Gästen sehr gut an und füllt die Gaststube. Küchenchef Fabian Huber setzt konsequent auf bodenständige und doch überraschend innovative Gerichte nach dem Vorbild der altbayerischen Traditionsküche. Er verwendet überwiegend Bioprodukte aus der Region. Fleisch und Wurst kommen von den Biometzgereien Juffinger im Tiroler Thiersee und Pichler in Geretsried sowie vom Metzger Ott in Wiesmühl, Fische von der Fischerei Schliersee, Brot von Julius Brantner. Das Gemüse liefert Biobauer Mogli vom Billesberger Hof. Das Bier kommt vom Augustiner (Abends auch aus dem Holzfass!), Weine werden über Vinaturel und Weinfurore bezogen, den Kaffee röstet Fausto in Giesing – und Hochprozentiges wird von Lantenhammer gebrannt.

Neben den bayerischen Klassikern wie Schweinsbraten (aus Nacken und Bauch), Wiener Schnitzel vom Bio-Kalb, Brotzeitbrettl und Backhendl finden sich auf der Speisekarte eine Handvoll vegetarische oder vegane Hauptspeisen wie Spinatknödel und Käsespätzle im saisonalen Wechsel mit Eintopf, Risotto und Salat. Die saisonal konzipierte Speisekarte wird alle sechs Wochen angepasst. Ergänzend treten Fabis Tagesschmankerl hinzu. Stets im Angebot sind die Suppen sowie Vorspeisen wie Beef Tatar, 3erlei Geschmiertes und Snacks. Manche Gäste kehren wegen der Nachtische wie dem Kaiserschmarrn mit Zwetschgenröster oder der legendären Mousse au Chocolat, die aus einer Kupferschüssel geschöpft wird, immer wieder zurück.

→ Reservierung empfehlenswert

NEU

Broeding

Schulstraße 9,
80634 München
0 89 / 16 42 38
broeding.de/restaurant.html

Größe: 38 Plätze im Restaurant, 38 im Innenhof und vor dem Lokal
Preise: Mo–Do, ebenso Fr, Sa bis 20 Uhr Drei-Gänge-Menü 69 Euro; Mo–Sa, abends Fünf-Gänge-Menü 119 Euro
Kreditkarten: Alle gängigen Karten
Öffnungszeiten: Mo–Sa 18–24 Uhr; Ruhetag: So

Regionalküche auf höchstem Niveau hat ihren Preis

Gemeinsam mit Küchenchef Manuel Reheis hat Restaurantchef Gottfried Wallisch im Münchener Stadtteil Neuhausen seit 1990 einen Musterbetrieb aufgebaut, in dem Slow Food wie kaum anderswo gelebt wird. Ein Netzwerk hochkarätiger Lieferant*innen wie Land.Luft Leberfing für Schweinefleisch, der Biohof Königsfeld für Rindfleisch und Gemüse, die Fischerei Sebald vom Starnberger See oder die Biobäckerei Brotzeit aus Grünwald versorgt das Restaurant mit feinsten Grundstoffen, zum Großteil in Bioqualität. Alle Bezugsquellen sind auf der Website einsehbar. Auch bei der Bezahlung der Mitarbeiter*innen und im betrieblichen Umgang mit ihnen setzt das Broeding Maßstäbe: Gewinnbeteiligung, betriebliche Altersvorsorge, gemeinsame Produzent*innenbesuche, Fortbildung der Mitarbeiter*innen und die Berücksichtigung individueller Bedürfnisse sorgen für ein faires Miteinander. Das ist glaubhaft nachhaltig und hat seinen Preis.

Das Broeding bietet feste Menüs an, die in ihrer Zusammensetzung täglich wechseln. Wer sich nicht überraschen lassen möchte, mag die Website konsultieren oder telefonischen Kontakt aufnehmen. Einzelne Gerichte, die im Jahresverlauf regelmäßig angeboten werden, sind bei den Vorspeisen Heunudeln mit Topfen oder kalt geräucherte Starnberger Seeforelle mit Beten und Meerrettich. Unter den Hauptspeisen ist das geschmorte Alpine Steinschaf ebenso ein Klassiker wie der Donauwaller. Meeresfische werden nachvollziehbarerweise nicht angeboten. Blutwurst-Tortellino mit Sauerkraut ist stets beliebt. Wer es fleischlos mag, erhält im Broeding vollwertige vegetarische Alternativen, unter denen Kartoffel-Mille-feuille mit grüner Sauce oder Sellerie aus dem Brotteig mit Morcheln, grünem Spargel und Kerbel-Hollandaise schmackhafte Akzente setzen. Der Topfenschmarrn wird als Nachspeise immer wieder angeboten. Ein Käsegang mit den wunderbaren Erzeugnissen der Biokäserei Englhorn aus Mals wie einem Morlacco del Grappa kann zusätzlich geordert werden. Auf Vorbestellung gibt es vegane Menüs.

Bei der Weinauswahl hat sich das Broeding auf Tropfen aus dem benachbarten Österreich spezialisiert. Alkoholfreie Menübegleiter wie Uhudlersaft mit Zimtblüte und Hibiskus oder Merlot-Traubensaft mit Waldmeister werden selbst hergestellt. Eine Flatrate beim Tafelwasser sorgt für unbegrenztes Durstlöschen.

→ Das Broeding betreibt einen Weinshop, in dem die guten Tropfen von der Weinkarte und einige mehr für zu Hause erworben werden können.

Gasthaus Stark

Dorfstraße 17,
85128 Nassenfels-Wolkertshofen
0 84 24 / 4 85
gasthaus-stark.de

Größe: 130 Plätze in den Stuben, 60 im Innenhof
Preise: V 5–13, H 20–35, N 3–10 Euro
Kreditkarten: EC
Öffnungszeiten: Di–Fr 17.30–23 Uhr; Sa 11.30–14 und 17.30–23 Uhr; So 11.30–15 Uhr; Ruhetag: Mo

Hochwertige Küche in ländlich-bayerischem Ambiente

Wolkertshofen im Schuttertal liegt zwischen den Städten Neuburg, Eichstätt und Ingolstadt am Rande des Altmühltals. Seit nunmehr einem Jahrhundert ist das Gasthaus im Besitz der Familie Stark. Neben der Gaststube laden kleinere, urgemütliche Stuben ein, im Sommer ist der Innenhof ein schöner Platz. Angela und Josef Stark haben den Betrieb 2007 übernommen. Während die Chefin den Service leitet, ist Josef Stark für die Küche verantwortlich; ihn kann man durch große Fenster bei der Arbeit beobachten. Die regelmäßig angepasste Speisekarte orientiert sich an den saisonalen Zutaten der Region und setzt auf Qualität. Je nach Jahreszeit findet man Wild oder Lammfleisch auf der Karte. Das Wild wird direkt von örtlichen Jägern bezogen. Rindfleisch kommt überwiegend von der Naturland Marktgesellschaft. Die Ingolstädter Metzgerei Huber liefert hervorragendes Lammfleisch, Schweinefleisch vom Naturschwein, Kalbfleisch und Rindfleisch. Fische entstammen dem frischen Quellwasser in Kipfenberg-Regelmannsbrunn oder der Fischzucht Juraquell in Wellheim. Hervorzuheben ist die Verarbeitung von folienfrei angebautem Spargel aus Schrobenhausen. Alles wird frisch und in bester Qualität zubereitet.

Bereits der Gruß aus der Küche erfreut. Neben schmackhaften Suppen, unter denen die hausgemachte Rinderkraftbrühe mit Pfannkuchenstreifen besonders geschätzt wird, gibt es feine Vorspeisen wie den karamellisierten Ziegenkäse mit Speck oder den marinierten Blattsalat mit gebratenen Pilzen. Als Hauptgang ist ein Saiblingsfilet mit feiner Kruste auf bissfestem Gemüse eine Gaumenfreude. Auch die Fleischgerichte schmecken erstklassig: Tafelspitz mit Wirsing und geriebenem Meerrettich oder der rosa gebratene Rehrücken mit Portweinfeigen auf Selleriepüree mit Rosmarinkartoffeln sind zu empfehlen. An Sonn- und Feiertagen wird die klassische Bratenküche gepflegt. Wer gerne vegetarisch essen möchte, wählt eine Kartoffel-Spinatroulade mit Pilzen oder in der Saison mit Spargel. Zum Nachtisch locken süße Schmankerln und hausgemachtes Eis.

Biere kommen von den lokalen Brauereien Hofmühl, Gutmann, Winklerbräu und Lammsbräu, feine Brände vorwiegend aus dem Donaumoos und Unterfranken. Die gut sortierte Weinkarte bietet überwiegend Weine deutscher Herkunft.

Auers Schlosswirtschaft

Rosenheimer Straße 8,
83115 Neubeuern
0 80 35 / 26 69
auers-schlosswirtschaft.de

Größe: 65 Plätze in zwei Gaststuben
Preise: Hauptgerichte 15–30 Euro
Kreditkarten: EC
Öffnungszeiten: Di–Sa 18–23 Uhr; Ruhetage: So, Mo

Gute bayerische Küche mit vegetarischen Akzenten

Am malerischen Marktplatz von Neubeuern am Inn im oberbayerischen Kreis Rosenheim liegt die Gründungsstätte der Rosenheimer Auerbräu. Im dort ansässigen Traditionsgasthaus »Auers Schlosswirtschaft« kochte Pächterin Astrid Hilse bereits seit 1987 die ersten vegetarischen Gerichte des Landkreises. Ihre kochhandwerklich hergestellte, vegetarische und auch vegane Vollwertkost wird von Fleisch- und Fischgerichten ergänzt. Hilses Markenzeichen ist die saisonale, frische Zubereitung. Zahlreiche regionale Lieferant*innen belegen ein sorgfältig entwickeltes Netzwerk: die Fischzucht in Wasserwiesen mit Amurkarpfen, Waller und Hecht, die Schönwälder Spezialitäten aus Eggstätt mit bayerischem Geflügel und Chiemseefisch ebenso wie die Wachinger Mühle aus Neubeuern mit Biogetreide. Biosaisongemüse kommt von der kleinen Gärtnerei Kraus in Winkl. Wildkräuter, Bachkresse und Bärlauch sammelt die Köchin selbst. In der Saison wird waidgerecht erlegtes Wildbret ins Haus gebracht. Als bemerkenswertes Zeichen gegen Massentierhaltung gibt es kein Schweinefleisch.

Wir haben zum Auftakt Tafelspitz in der Senfkruste mit Radieserlsalat, gefüllte Kartoffelroulade mit Schnittlauchtopfen und gebratenen Schwammerln, eine Rehconsommé mit Bratstrudel und eine sämige Kürbiscremesuppe mit Kürbiskernöl gegessen. Hervorzuheben sind die vegetarischen Gerichte, beispielsweise die Auberginen-Linsen-Pflanzerl auf pikanten Chilikarotten und Mangold oder das Zucchinipflanzerl an Süßkartoffelpüree mit Blumenkohl und Pesto. Fleischgerichte wie eine bayerische Färsenlende mit Ingwerzwiebeln und glasiertem Kohlrabi oder ein Saltimbocca von der Landhendlbrust mit Balsamicogemüse werden mit dem gleichen Können zubereitet. Kalbsherz mit Portweinsauce, Pastinakenpüree und Schupfnudeln* oder Kalbsleber mit karamellisierten Aprikosen, Bratkartoffeln und Salat belegen darüber hinaus, dass das ganze Tier verwendet wird, nicht nur die Edelstücke. Die Süßspeisen sind ein Gedicht.

Neben Fruchtsäften der Obstverwertung Rohrdorf und den traditionell Bierspezialitäten von Auerbräu wird eine durchdachte Weinauswahl aus Deutschland und Österreich offeriert. Zum Abschluss ist ein Dinzler-Kaffee aus Rosenheim zu empfehlen.

→ Im ersten Stock bietet www.auers-livebuehne.de Konzerte und Kleinkunst vom Feinsten.

Brauerei-Gasthof Neuwirt

Färberstraße 88,
86633 Neuburg an der Donau
0 84 31 / 20 78
neuwirt-neuburg.de

Größe: 100 Plätze in der Gaststube, großer überdachter Biergarten
Preise: V 5–13, H 14–25, N 4–8 Euro
Kreditkarten: EC, Master, Visa
Öffnungszeiten: Mo, Mi–Sa 17–23 Uhr; So, Feiertag 11.30–15.30 Uhr; Ruhetag: Di

Gaumenfreuden aus dem Schatz der neuen bayerischen Küche

Der »Neuwirt« ist ein Neuburger Traditionshaus und gleichzeitig Stammhaus des Julisbräu, der ältesten und inzwischen einzigen Brauerei der Stadt. Das angenehm ursprüngliche Ambiente ist einladend, die gemütliche Gaststube prägen der Kachelofen, der Holzboden und die dunkle Wandtäfelung. Anke und Karl Deiml führen das Haus seit 2004, seit 2020 ist Anke Mitglied der Slow Food Chef Alliance. Für die gute bayerische Küche sind die Wirtin und der Küchenchef Frank Hennig verantwortlich. Alle Gerichte, Soßen und Fonds sind selbst gemacht. Die frischen Blattsalate kommen in den Wintermonaten aus einem Hydroponiksystem der Neuburger Firma Hydro Grün, eine umwelt- und ressourcenschonende Anbaumethode, die in kleinem Umfang direkt in der Gaststätte zu bewundern ist. Der Fisch kommt von der Fischzucht Reile aus Trugenhofen, die Metzgerei Joseph Huber aus Ingolstadt liefert Fleisch vom Naturschwein und vom Rind. Das Putenfleisch stammt von der Gablinger Putenfarm bei Augsburg.

Täglich frisch aus dem Rohr kommt der klassische Schweinsbraten mit Dunkelbiersoße, Kartoffelknödel und Krautsalat; er ist meist recht schnell aufgegessen. Passend zum Frühling und Region – das Schrobenhausener Anbaugebiet liegt vor der Tür – schmecken Spargelcremesuppe mit Schnittlauchsahne, gebackener Spargel und Spargelsalat. Die Rinder werden von der Küche zu einem klassischem Böfflamott oder Gulasch mit Butterspatz'n veredelt. Probierenswert ist auch der Zwiebelrostbraten mit knusprigen Bratkartoffeln, das Lachsforellenfilet oder der Burger, der in Anlehnung an die Heimatstadt des Gasthofs als NeuBurger auf der Karte steht. Saisonales Gemüse wird von der Küche frisch zubereitet. Es gibt nicht nur eine Auswahl vegetarischer Gerichte, auch Veganer werden mit einem veganen Gemüsecurry Thai Art oder einem hausgemachten veganen Burger verwöhnt. Als Nachtisch munden das Bioeis von Cramer aus München und das hausgemachte Dreierlei von der Schokolade.

Biergenießer freuen sich: Es gibt nicht nur Helles und Dunkles vom Fass, sondern auch »Julius unfiltriert«, »Julius Laetitia« (Volksfestbier), »Julius Märzen-Spezial« und »Julius-San-Cucino«. Dazu die regionalen Gutmann-Weißbiere und Ingolstädter Nordbräu. Schoppenweine ergänzen das Angebot.

→ Nur wenige Gehminuten entfernt lockt die historische Altstadt mit dem wunderschönen Karlsplatz und dem Residenzschloss.

Polsters Klosterhof

Innerer Markt 7,
91077 Neunkirchen am Brand
0 91 34 / 7 07 30 16
polsters-klosterhof.de

Größe: 100 Plätze in der Gaststube und der Biergarten
Preise: Hauptgerichte 14–29 Euro
Kreditkarten: EC
Öffnungszeiten: Do–Sa 17–21 Uhr; So 11.30–14 und 17–20 Uhr; Ruhetag: Mo–Mi

Feine saisonal-fränkische und internationale Küche

Am Rand der Fränkischen Schweiz, wenige Kilometer von Erlangen entfernt, liegt Neunkirchen am Brand. Es hat sich mit seinen Fachwerkhäusern, der bemerkenswerten Pfarrkirche des ehemaligen Augustinerstifts, einer Stadtmauer aus dem 16. Jahrhundert und dem zum Museum umgestalteten Zehntspeicher ein geschlossenes Ortsbild bewahrt. Mittendrin liegt »Polsters Klosterhof«. Das denkmalgeschützte Haus wurde vor mehr als einem Jahrzehnt von der Familie Polster erworben. Die Gasträume sind rustikal bis elegant gestaltet, es gibt eine fränkische Bauernstube und einen Biergarten im Innenhof. Küchenchef Norbert Polster, unterstützt von den Kindern Sandra und Michael, bietet eine gute Kombination aus regionaler und internationaler Küche, die stark von den Jahreszeiten geprägt ist. Die Lieferant*innen, teilweise Biobetriebe, kommen aus der Umgebung und werden sporadisch in der Speisekarte aufgeführt.

Die kleine Karte bietet eine ansprechende Auswahl mit Fisch (Karpfen), Lamm und Wild. Perfekt zubereitet wird das Fleisch des wunderbaren Simmentaler Rinds, es ist würzig und aromatisch. Viele Braten werden bei niedriger Temperatur gegart, manche über Nacht. Beim Büfett im Garten werden Steaks, Entrecôte und Rinderfilet vom Simmentaler Rind gegrillt. Am Dienstag liegt eine Schnitzelkarte auf. Das Spargelcremesüppchen als Vorspeise ist leicht und frisch. Als Hauptgericht von der Tageskarte wecken der Zickleinbraten mit Speckbohnen und Kartoffelkloß oder das Stubenküken, das entbeint und mit feiner Fülle serviert wird, die Aufmerksamkeit. Der Biorinderbraten kommt in Rotwein geschmort mit Kartoffelkloß auf den Tisch, die Lammkeule mit Ratatouille und Kartoffelgratin – alles ist wohlschmeckend, das Fleisch zart. Als Nachtisch lockt die Schokomousse mit Früchten.

Die Weine kommen vorwiegend aus Franken, dazu Biere von Kulmbacher, Mönchshof (Kloster Schwarzbier) und Kapuziner.

→ Für Festlichkeiten ist der Zehntspeicher mit Festsaal im historischen Ambiente eine romantische Kulisse. Besuchen Sie auch das Felix-Müller-Museum im Zehntspeicher.

Fischerstüberl im Restaurant Kuhlemann

Freyung 39,
92660 Neustadt/Waldnaab
0 96 02 / 94 18 72
facebook.com/fischerstueberl.kuhlemann

Größe: 64 Plätze im Gastraum und Fischerstüberl
Preise: Hauptgerichte 11–22 Euro; Drei-Gänge-Menü 38 Euro
Kreditkarten: Debit, Master, Visa
Öffnungszeiten: Mi–Sa 19–21 Uhr und nach Vereinbarung; Ruhetage: So–Di

Zweite Liebe mit viel Herz

Die Lehre im »Weiherblasch«, Schönsee, war für Adrian Kuhlemann das Fundament für nachhaltiges, saisonales und regionales Kochen. Anschließende Stationen im Nürnberger »Essigbrätlein«, der »Wielandshöhe« von Vincent Klink in Stuttgart und Stagen im »Schloss Schauenstein« und im »Steirer Eck« in Wien. Im »Restaurant Kuhlemann« bietet er ein mehrgängiges Menü, während er im als »zweite Liebe« bezeichneten »Fischerstüberl« regionale Genüsse à la carte oder als Drei-Gänge-Menü zaubert. Kuhlemann pflegt enge Beziehungen zu seinen regionalen Lieferanten. Fisch liefert Andreas Rösch aus Bärnau, der einige Fischarten nur fürs »Kuhlemann« zieht. Rinder, Milch und Gänse kommen vom Demeter-Hof Finstermühle in Pleystein, Schwein und Wurst von der Metzgerei Christoph Lindner. Das Mehl stammt aus der Schustermühle bei Kemnath, bei der Gärtnerei Sura hat er ein eigenes Gewächshaus eingerichtet. Um Lebensmittelreste zu retten, fährt er Brotabschnitte ins »Brauhaus Floss«, um eigenes Bier herstellen zu lassen.

Im Fischerstüberl überrascht das Menü »Carte Blanche«. Als Vorspeise wird geräucherter Stör, eingelegt in Gurkensaft mit Meerrettich, Rettich, Brunnenkresse sowie original Georgsenf von Senfmühle Jörg Hündorf serviert. Das selbst gebackene Sauerteigbrot passt hervorragend dazu. Im Hauptgang überzeugt das Weidehuhn vom Landgut Federkiel aus Püchersreuth mit Kartoffelpüree, verfeinert mit Butter und Chiliöl und garniert mit aufgeschäumter Ingwerbutter. Zum Nachtisch lockt eine Apfeltarte mit Cremeeis oder ein Zitrus-Trifle. Weitere Schmankerl auf der täglich wechselnden Speisekarte sind die selbst gemachte Hühnerleberpastete mit eingelegten Radieschen, der lauwarme Blumenkohl mit Kräutern oder der luftgetrocknete Guanciale, das Brot mit Quark und frischen Kräutern oder der Kuhweichkäse mit Zwiebelmarmelade als Magenkratzerl. Hervorragend mundeten im Hauptgang sowohl der Bachsaibling, das Rumpsteak Strindberg mit Bratkartoffeln oder das Risotto mit Radicchio.

Biere kommen vom Brauhaus Floß und Lammsbräu, die Weinkarte fokussiert auf Winzer abseits des Mainstreams. Im Service präsentieren Cameron und Frank Hillebrand aufmerksam und professionell die Speisen und Getränke.

→ Mittwochs ist ein Besuch der Brauerei Floß möglich.

Im Tante-Emma-Laden (Proviant), geöffnet jeden Donnerstag bis Samstag ab 15 Uhr, gibt es handverlesene Spezialitäten der Zulieferer (Sauerteigbrot, Chutney, Märzenbier, Käse etc.).

Brauereigasthof Jakob

Hauptstaße 10,
93149 Nittenau
0 94 36 / 82 24
brauereigasthof-jakob.de

Größe: 100 Plätze im Gastraum, 100 im Biergarten
Preise: Hauptgerichte 9–34 Euro
Kreditkarten: EC
Öffnungszeiten: Do–Di 9–14 und 17–21 Uhr; Ruhetag: Mi

Tradition und Moderne in perfekter Symbiose

Der »Brauereigasthof Jakob« von 1875 wurde 2021 liebevoll renoviert und ausgebaut, im perfekten Einklang mit der für die Region typischen, wunderschönen Gaststube. Der am Regen gelegene Biergarten lädt zum Genießen der modern interpretierten Oberpfälzer Küche ein. Christoph Jakob arbeitet mit seinem motivierten Küchenteam daran, den jahreszeitlich orientierten Gerichten noch mehr Geschmacksnuancen zu entlocken. Die sehr engen Beziehungen zu ihren Lieferantinnen und Lieferanten sind die Basis für eine heimatverbundene Küche mit Pfiff. Den fangfrischen Fisch liefert der Fischhof Mulzer, Detlev Kreuzer steuert Fleisch, Gemüse und Obst bei. Familienbetriebe wie Lehner, Jakob, Weigert oder Felix liefern Gemüse, Geflügel und Eier. Das Strohschwein kommt vom Brunnerhof in Schwandorf, das Brüstl kommt vom Beerhof und das Wild aus Jagden rund um Nittenau. Die Backstube ist fest in Mamas Hand, das leckere Bier braut Bruder Sebastian.

Sonntags locken Oberpfälzer Klassiker wie Krustenbraten, zarte Ente mit Blaukraut oder Hirschbolognese mit Wurzelgemüse. Immer eine Empfehlung sind Zwiebelrostbraten vom heimischen Rind oder Butterbröselzander mit Remoulade. Ein Gedicht ist die wunderbar gebratene Kalbsleber in Rotwein mit glasiertem Apfel, dem die dahinschmelzenden Ochsenbackerl mit Wirsing oder der butterzarte Hirschrücken »Wellington« in Nichts nachstehen. Vegetarier kommen ins Schwärmen bei der knusprig gebratenen Sellerieschnitte oder beim veganen Gröstl mit Artischoken und Kräuter-Tomaten-Salsa sowie Fingernudeln mit Wirsing und Bergkäse. Fischfreunde genießen Wallerfilet im Wurzelsud oder Lachsforelle mit Parmesanrisotto und Orangen-Fenchelsalat. Zum genussvollen Abschluss ein erfrischendes Basilikumsorbet, der lauwarme Schokoladenkuchen oder das Weißbiertiramisu mit Nougatmousse.

Die Biere der eigenen Brauerei sind ein Muss, gleichermaßen die Klassiker wie Hell, Dunkel, Festbier, Hefeweißbier oder die kreativen Craftbiere. Lust auf ein wirklich ausgezeichnetes Alkoholfreies? Dann unbedingt das vielfach preisgekrönte Le Chauffeur probieren und staunen. Selbstverständlich kommen auch die Säfte aus eigener Kelterei und Eigenanbau.

→ Tageskarten für das familieneigene Fischwasser am Regen erhältlich. Übernachtungsgäste können ihren Fang vom Küchenmeister nach Oberpfälzer Art zubereiten lassen.

Der »Brauereigasthof Jakob« ist Mitglied der Gilde der Privaten Brauereigasthöfe & Hotels, bei dem die vorzüglichen Biere auch für zu Hause erworben werden können.

Café Arte – Essen Wein Kultur

Kartäusergasse 1,
90402 Nürnberg
09 11 / 1 33 12 86
arte-cafe.de

Größe: 70 Plätze im Gastraum
Preise: Hauptgerichte 13–23 Euro
Kreditkarten: EC, Master, Visa
Öffnungszeiten: Di–So 10–18 Uhr; Mi 10–20.30 Uhr; Ruhetag: Mo

Esskultur mit Kunstgenuss

Das Germanische Nationalmuseum in Nürnberg ist das größte kulturhistorische Museum des deutschen Sprachraums. Das Mittagsrestaurant »Café Arte« bietet nicht nur den Besuchenden des Museums einen attraktiven Rahmen für ihre Kunstpause; ein entsprechender Hinweis wäre wünschenswert. Unter einem großen hellen Glasdach können ein ausgedehntes Frühstück oder nachmittags eine große Teeauswahl oder Kaffeekreationen genossen werden, dazu feinste, meist selbst gebackene Obstkuchen und Torten. Neu ist das französische Patisserieangebot mit Törtchen und Petits Fours. Brot kommt von »Hildes Backwut«. Das Team um Küchenchef Andreas Maierhofer bietet auf der wöchentlich wechselnden Karte eine Auswahl geschmackvoller Gerichte an. Die Zutaten kommen, wenn immer möglich, in Bioqualität, von regionalen Lieferant*innen, die auf der Webseite ausführlich benannt werden.

Zu einer Kürbiscremesuppe mit Mangonote wird eine Pipette mit Kürbiskernöl gereicht. Sehr fein sind die Kürbismaultaschen mit brauner Butter und Parmesanspänen. Eine fränkische Spezialität ist die gebratene Blutwurst mit Bratkartoffeln und Apfel. Die sous-vide gegarte Rinderschulter mit Karotten und Schnittlauchpüree wird von einer kräftigen Rotweinsoße begleitet. Zu den zarten Kalbsscheiben gibt es Bandnudeln und Tomatensauce. Zum Spargel werden klassische fränkische Bauernbratwürste und neue Kartoffeln serviert. Besonders aromatisch ist das Kalbsbeuscherl*, fein säuerlich mit kleinsten Würfeln von Gurken und Karotten, dazu gibt es gebratene Knödelscheiben. Feine Nachspeisen - etwa ein Kastanienparfait mit Feigen oder die Champagnercreme mit frischen Beeren - runden die Speisenfolge ab.

Die Getränkekarte bietet drei offene Weine; breite Flaschenweinauswahl aus der Vinothek. Bemerkenswertes Angebot an halben Flaschen.

→ Mittagstisch ab 11.30–15 Uhr. Bei schönem Wetter ist der gARTEn von 12–17 Uhr im Klosterhof geöffnet. Es gibt Jazz und Klassik live, Museumsbrunch mit Führungen und monatlich ein Mittagskonzert mit der Staatsphilharmonie Nürnberg. Alle Termine und die Tageskarte auf der Webseite.

Restaurant Zirbelstube

Friedrich-Overbeck-Straße 1,
90455 Nürnberg
09 11 / 99 88 2-0
zirbelstube.com

Größe: 25 Plätze in der Gaststube, 14 im Gewölbe, 25 auf der Terrasse
Preise: Fünf-Gänge-Menü 74 Euro
Kreditkarten: EC, Master, Visa
Öffnungszeiten: Di–Sa 17.30–22 Uhr; erster Samstag im Monat 12–14 Uhr; Ruhetage: So, Mo

Kulinarisches Kleinod am alten König-Ludwig-Kanal

Worzeldorf, ein Stadtteil im Süden Nürnbergs, erhielt seine wirtschaftliche Bedeutung Mitte des 19. Jahrhunderts mit dem Bau des Ludwig-Donau-Main-Kanals und des Hafens. Die »Zirbelstube« in einem denkmalgeschützten schmucken Sandsteinhaus liegt idyllisch am »Alten Kanal«. Das Restaurant von Erhard und Maria Kunkel wurde vor einem Jahrzehnt in zweiter Generation von Sebastian Kunkel und Susanne Wagner übernommen. Von Stationen im In- und Ausland kehrten sie mit frischen Ideen zurück und setzen die Tradition der abwechslungsreichen und kreativen Küche fort. Die Speisen und Menüs sind ein Erlebnis. Der Küchenchef bereichert die Speisekarte mit neuen und alten Gerichten; auf ihr sind die Lieferant*innen und Genusspartner*innen verzeichnet. Das stilvolle Ambiente, die Tischkultur, der unaufdringliche, zuvorkommende Service sowie die sicheren Weinempfehlungen von Susanne Wagner ergeben ein stimmiges Gesamtbild.

Die Kohlrabicremesuppe mit Zuckerschoten ist fein und leicht nussig, die Spargelsuppe dank frischem Koriandergrün wunderbar aromatisch. Aus regionalem Spargel bereitet der Küchenchef einen gebackenen Spargel mit Bärlauchrisotto und Walnussbutter zu, perfekt in Textur und Geschmack. Ein großartiges Gericht wird als Vorspeise oder Hauptgang angeboten: Zweierlei vom Kalbskopf mit Trüffelvinaigrette und Sellerie, ein hauchdünn geschnittenes Carpaccio vom Kalbskopf, in Kräuterpanade ausgebackene Stücke vom Kalbskopf, Selleriewürfel, hausgemachte Soße, dazu Kräutersalat und Blüten. Der Frischlingsbraten mit Preiselbeeren, Egerlingen, Marktgemüse und Serviettenknödel ist aromatisch, saftig und außergewöhnlich gefüllt, dazu gibt es eine delikate Soße. Nicht übersehen werden sollte das Zweierlei vom Rind mit Paprika, Bohnen und Quarknocken. Als Nachtisch wird ein hausgemachtes Rhabarber-Joghurt-Sorbet mit Marilleneis und Rhabarberragout vorgeschlagen.

Der Weinkeller ist gut gefüllt mit regionalen und internationalen Tropfen.

➜ Erkunden Sie den Alten Kanal in Wanderschuhen. Und: In der »Zirbelstube« werden auch Kochkurse angeboten.

Weinrestaurant Steichele

Knorrstraße 2–8,
90402 Nürnberg
09 11 / 20 22 80
steichele.de

Größe: 160 Plätze in den Gaststuben
Preise: Hauptgerichte 11–25 Euro
Kreditkarten: EC, Amex, Master, Visa
Öffnungszeiten: Di–Sa 11.30–23 Uhr; Ruhetage: So, Mo, Feiertag

Das Nürnberger Traditionsweinrestaurant

Seit 1897 sitzt das »Hotel und Weinhaus Steichele« in der historischen Altstadt von Nürnberg mit Germanischem Nationalmuseum, Opernhaus und Hauptbahnhof in der Nachbarschaft. In fünfter Generation leitet Bernhard Steichele das Haus, das in der Tradition einer fränkisch bodenständigen Küche steht. Die Gasträume teilen sich in das neue und alte Lokal mit Nebenzimmer und Elisabethenzimmer. Im Sommer sitzt man draußen. Die Innenräume des Restaurants sind in dunklem Holz gehalten, die Tische haben hell gescheuerte Ahornplatten. Bemerkenswert sind die Lüsterweibchenlampen und ehrwürdige Familienstücke als Dekoration. Der Speisekarte werden Tages- und Wochenkarte und saisonale Themenkarten zur Seite gestellt. Jahreszeitliche Genüsse wie Gänse, Karpfen, Wild vom Jäger aus Hersbruck und aus eigener Jagd, Pilze und Saisongemüse haben ihren festen Platz. Fleisch und Wurst liefern die Metzgereien vor Ort.

Bei den Stammgästen beliebt sind der selten gewordene Kalbskopf, die Leber oder Nierchen in bester Hausmacherart. Die Gerichte werden im Légumier mit Deckel serviert, so bleiben Geschnetzeltes, gefüllte Paprika und Hackbraten schön heiß. Bei den Vorspeisen findet man Nürnberger Bratwürstchen in verschiedenen Variationen oder Steicheles Bazi, eine Kugel Brie mit gehackten Zwiebeln und Schwarzbrot, und das Bratwurstgehäckbrot. Die Pfannen- und Schmorgerichte sind von gleichbleibend guter Qualität. Beliebt sind der Zwiebelrostbraten, die Filetspitzen Stroganoff und Schaschlik vom Schweinefilet. Fangfrisch kommen Saibling, Forelle und Karpfen auf den Teller. Vegetarische Gerichte sind, je nach Saison, Käsespätzle, Spargel mit Herkunftsgarantie oder hausgemachte Baggers mit zweierlei Käse und Spiegelei. Des Probierens wert sind die duftigen Fränkischen Apfelküchle.

Die Weine aus Franken, der Pfalz und Südtirol sind detailliert beschrieben. Biere vom Fass vom Lindenbräu, Ammerndorfer Hell und saisonal der Maibock von der Benediktinerabtei Plankstetten. Aufmerksamkeit verdient die schöne Digestifauswahl.

Feinkost Langer mit Affineurin Ulrike Langer (Ziegenstraße 20, 90482 Nürnberg) hat europäische Käseköstlichkeiten und vieles mehr im Regal. Seminare mit Besichtigung des Reifekellers.

NEU

Die Wirtschaft

Waaggasse 2–6,
90403 Nürnberg
09 11 / 47 77 85 85
die-wirtschaft-nuernberg.de

Größe: 58 Plätze im Gastraum, 60 auf der Terrasse
Preise: V 5–9, H 10–20, N 4–9 Euro
Kreditkarten: EC
Öffnungszeiten: Mo–Sa 11–22 Uhr; Ruhetag: So

Albrecht Dürers Stammkneipe

Im Herzen der Nürnberger Altstadt hat »Die Wirtschaft« im historischen Gebäude der Nürnberger Kaufmannschaft ihren Platz gefunden. Von der Terrasse fällt der Blick auf den Hauptmarkt mit dem Schönen Brunnen und der Frauenkirche. Die Einrichtung des Gastraums atmet fränkische Lebenskultur, sie kommt bescheiden daher und zeugt von hoher handwerklicher Schreinerqualität. Die Speisekarte »Hau nei« spielt mit der fränkischen Sprache. Die Tages- und Wochenkarte ist auf Facebook einsehbar. Die Köche sind der fränkischen Speisentradition ebenso verpflichtet wie den saisonal verfügbaren Produkten der Region. Die Genusshandwerkliste ist Teil der Speisekarte. Serviert wird fränkisches Brot vom heimischen Bäcker und das hauseigene Bier »Freidla«.

Nach der Philosophie der Küche können kleine kalte und warme, modern interpretierte »Gudzerla« gewählt werden: eingelegtes Knoblauchsländer Gemüse mit kandierter schwarzer Nuss, hausgemachte Stadtwurst mit Musik in süß-saurem Sud mit Zwiebeln oder Grupfter, angemachter Limburger und Camembert von der Biokäserei Wohlfahrt mit Paprika und Zwiebeln. Warm wird angebratene gerauchte Blutwurst mit Sellerie-Apfel Püree serviert, weiter eine Krokette von der geschmorten Rinderzunge mit Knochlauchland-Creme und Wurzelgemüse-Salsa und nicht zuletzt Ziegenkäse Speck mit Orangen-Vanille-Reduktion. Als Hauptgerichte überzeugen die Nürnberger Originale und die Klassiker der fränkischen Küche. Die regionalen Metzger Wolf und Kleinlein liefern die Wurstwaren für die Nürnberger Rostbratwürste mit Fasskraut, die gekocht als Saure Zipfel im Zwiebelsud mit sechs, neun oder zwölf Würstchen bestellbar sind. Hervorzuheben sind gleichermaßen das Schäufele in Dunkelbiersoße mit Kartoffelkloß und der klassische Sauerbraten vom Weiderind mit herzhafter Lebkuchensoße. Das Bärlauch-Risotto mit Walnüssen ist ein vegetarischer Genuss. Auf die Pannacotta von der Zitronenverbene mit Erdbeer-Rhabarber-Sorbet und frischen Erdbeeren kann nur schwer verzichtet werden, auch nicht auf den Bienenstich »mal anders«.

Auf der Getränkekarte finden sich hauptsächlich Produkte aus der Region. Besonders zu erwähnen sind die fränkischen Biere und die wechselnden Gastbiere. Fränkische Weine runden das Angebot ab.

→ Die touristischen Highlights Nürnbergs befinden sich in Sichtweite oder kaum mehr als fünf Minuten Gehzeit entfernt.

In unmittelbarer Nähe findet sich die Patisserie »Tafelzier« und das Café »Pique Nique«.

Hotel Traube

Kirchdorfer Straße 12,
87534 Oberstaufen
0 83 25 / 92 00
traube-thalkirchdorf.de

Größe: 100 Plätze im Gastraum
Preise: Hauptgerichte 14–30 Euro
Kreditkarten: EC, Master, Visa
Öffnungszeiten: Mi–So 12–23 Uhr; Ruhetage: Mo, Di

In der »Traube« isst das Auge mit

Die »Traube« ist ein schönes altes Haus in Thalkirchdorf mit Fachwerk und Schindeln in wunderschöner Umgebung mit Bergpanorama und Allgäuer Natur. Auf der Karte wird die Geschichte des Hauses beschrieben und ein Bekenntnis abgelegt zu regionalen Rohstoffen unter konsequenter Nennung der heimischen Lieferant*innen. Verantwortlich in der Küche war seit mehr als vier Jahrzehnten Ludwig Mittermeier, sein Nachfolger ist Stefan Zimmer, der bisherige Souschef.

Die monatlich wechselnde Karte bietet zwei Menüs an: eines mit herrlich altmodischem Bœuf à la mode*, einem aufwendigen Schmorgericht, das mit Vorsuppe und Apfelmichl* preiswert angeboten wird, und ein vegetarisches Menü. Die Hauptkarte beginnt mit Vorspeisen oder Gerichten für den kleinen Appetit, etwa den Maultäschle in der Brühe oder einem Käsesüpple. Viele Gäste loben das Saure Züngerl mit Knödel, auch der Leberknödel fällt locker vom Löffel. Erfreulicherweise gibt es weitere Innereien wie das gebackene Bries, die geschnetzelte Leber mit Schalotten und kleinen Kartoffelrösti oder die Nieren in Senfsauce. Vom einheimischen Rind gibt es neben Filetsteak und Rumpsteak den traditionellen Rostbraten, aber auch einen Sauerbraten und ein Tellerfleisch. Die Forelle kommt aus dem nahen Weißachtal. Alle Gerichte, selbst die fantasievollen Nachspeisen, sind auch in kleinen Portionen erhältlich.

Das gepflegte Bier stammt aus der Region – von der Brauerei Meckatzer. Beim Wein empfiehlt die Speisekarte einen Weißen und einen Roten, daneben gibt es offene Weine gediegener Provenienz. Die Bedienung ist freundlich, man fühlt sich herzlich aufgenommen.

Rieger's Restaurant

Rankgasse 7,
87561 Oberstdorf
0 83 22 / 38 31
riegers-restaurant.de

Größe: 47 Plätze im Gastraum, 30 auf der überdachten Terrasse
Preise: Hauptgerichte 17–25 Euro
Kreditkarten: EC
Öffnungszeiten: Di–Sa 17–22.30 Uhr; Ruhetage: So, Mo

Ambitionierte Küche mit regionalem Gütesiegel

In der Skisprunggemeinde Oberstdorf steht »Rieger's Restaurant« für eine gute traditionelle und regionale Küche. Familie Rieger bewirtet ihre Gäste in angenehmer Atmosphäre mit Produkten bester Qualität aus heimischer Herkunft. Brigitte und Oliver Rieger praktizieren eine Küche der kurzen Wege: Was auf den Tisch kommt, ist regionaler Herkunft, passt gut in die Jahreszeit und entspricht in Präsentation, Textur und Geschmack den Erwartungen: Die Gemüse sind mit Biss gegart, um den Eigengeschmack zu erhalten, die Soßen sind frei von Convenience- oder Verlängerungszugaben. Die Lieferant*innen sind auf der Webseite verzeichnet. Mit dem saisonalen Wandel ändert sich Karte.

Im Frühjahr wird dem Spargel eine besondere Aufmerksamkeit zuteil, aber auch eine klare Allgäuer Rinderbrühe mit Kräuterbrätstrudel, hausgemachte Bandnudeln mit Bärlauchpesto und ein Böfflamott* mit Wurzelgemüse und Eierspätzle stehen ebenso auf der Karte wie Medaillons aus der Hirschkalbskeule mit Kürbiskernkruste oder das Zanderfilet auf Rahmsauerkraut. Unter den appetitlichen Nachspeisen gefällt besonders ein Topfengratin mit Rhabarber und Vanilleeis. Für den kleinen Appetit sind hauchdünne Flammkuchen passend, vegetarische und vegane Gerichte kommen in »Rieger's Restaurant« nicht zu kurz.

Das Bier kommt von der Brauerei Schäffler aus Missen, die Weine aus der Bodenseeregion, aus Österreich und Südtirol.

➜ Das Restaurant trägt das Gütesiegel »Landzunge – der Geschmack der Region«.

Zum Hammel

Marktplatz 15,
94496 Ortenburg
0 85 42 / 4 32
facebook.com/Moststubm

Größe: 45 Plätze in der Stube, 100 im Außenbereich
Preise: Hauptgerichte 9–17 Euro
Kreditkarten: Keine
Öffnungszeiten: Do–Sa 17–22 Uhr; So 11.30–13.30 Uhr; Ruhetage: Mo–Mi

Überraschend raffinierte bayerische Küche

Mitten im von Streuobstwiesen geprägten Klosterwinkel von Ortenburg, dem evangelischen Kleinod im katholischen Niederbayern, steht der Gasthof »Zum Hammel«. Die dem Marktplatz zugewandte grüne Fassade verbirgt einen stattlichen Vierseitenhof. Der Weg vom landwirtschaftlichen Vollbetrieb mit kleiner Moststube zum Wirtshaus ist geglückt. Die alte Wirtsstube mit großem Kachelofen und der geschützte Innenhof sind zu jeder Jahreszeit einladend. Köchin Martina Holzeder hat ein feines Gespür für Einrichtung und individuelle Accessoires. Das Speisenangebot zeigt kulinarische Vielfalt und Verbundenheit mit der Region. Auf ihren täglichen Einkaufsfahrten lässt sich die Chefin vom Angebot ihres Landkreises inspirieren. Fleisch und Molkereiprodukte kommen von Kleinbetrieben aus der direkten Umgebung, bevorzugt in Bioqualität. Fisch kommt von der Donaufischerei Wagner, Wild aus hiesigen Jagden. Obst, Gemüse und Kräuter wachsen entweder im eigenen Garten oder bei benachbarten Kleinbauern und -bäuerinnen. Brot und Teigwaren werden vorwiegend selbst hergestellt.

Die kleine Karte bietet Hammelklassiker und Brotzeiten. Mehrmals in der Woche wechselt die Tageskarte, die vegetarische Angebote bereithält. Als Vorspeise probierenswert sind die Suppe vom Grünkernschrot* mit rosa Leberkasnockerl oder hausgemachte Schlutzer* mit Kalbskopf-Kürbis-Füllung. Zum Hauptgang darf es das Kartoffeltascherl mit Sauerkraut-Bratwurst-Füllung, Butter und Parmesan oder das Rehschnitzel auf Biobauernbrot mit gebratenen Pfifferlingen sein. Als vegetarische Alternative punktet das Kürbisschnitzel mit gebackener Kartoffel und Salat. Die geschmorte Rinderbacke mit Grießknödel und Gemüse lässt kaum Platz für eine Nachspeise.

Schwager Stephan Krämer und Ehemann Karl Heblich bieten Weinkompetenz. Die überzeugenden Bioweine aus dem fränkischen Taubertal ergänzt Weinprofi Heblich mit Entdeckungen kleiner Winzerbetriebe aus Südtirol und Piemont. Auf der Getränkekarte stehen Biere der Wolferstetter Brauerei aus dem benachbarten Vilshofen, Künzinger Obstsäfte, Apfel-Birnen-Most aus dem Ortenburger Land und Brände von Harbeck.

Gasthaus Spitzer

Lohweg 10,
84072 Osterwaal
0 87 52 / 74 55
gasthaus-spitzer.de

Größe: 160 Plätze im Gastraum, 150 im Biergarten
Preise: V 8–12, H 14–32, N 6–12 Euro
Kreditkarten: EC, Master, Visa
Öffnungszeiten: Mi–Do 17–23 Uhr; Sa, So 11–23 Uhr; Ruhetage: Mo–Mi

Perle in der Hallertau mit innovativ-regionaler Küche

Die Hallertauer Perle ist als aromatische Hopfensorte bekannt. Die Bezeichnung bietet sich auch für das »Gasthaus Spitzer« an, das im größten zusammenhängenden Hopfenanbaugebiet der Welt liegt. Stefan und Brigitte Spitzer entwickeln unter Bewahrung kulinarischer Traditionen und mit Produkten der Region ihren Küchenstil. Spitzers Lokal ist biozertifiziert und Mitglied der Slow Food Chef Alliance. Die gemütliche, klassisch bayrische Gaststube mit Kachelofen und schönem Dielenboden wird gerahmt von modernen Räumen, die zur Terrasse überleiten. Die offene Küche ist einsehbar, so dass der interessierte Gast den Handwerkern hinterm Herd zuschauen kann. Schon das Lesen der Karte bereitet großes Vergnügen. In der Herkunftsliste finden sich die besten Kleinerzeuger, Landwirte, Manufakturen und Metzgereien der Region. Die Mitglieder des Teams werden vorgestellt, die das Gesamterlebnis ermöglichen.

Die Karte wechselt beinahe monatlich mit vielfältigen Kombinationen saisonaler Produkte. Bei den Vorspeisen machen Kombinationen wie Frisches Grün oder Ceviche von der Lachsforelle Lust auf mehr. Die veganen und vegetarischen Speisen werden – saisonal abwechselnd – aus Hallertauer Zutaten bereitet, wie die Springbowl oder die Auberginen-Piccata. Darüber hinaus überzeugen Klassiker wie das Böfflamott aus einem 36 Stunden geschmorten Schulterscherzel. Weitere handwerklich ausgezeichnet zubereitete Hauptgerichte sind die Rosa Roulade von der Färse, das Cordon bleu vom Kalb oder das Zitronen-Hendl. Die Nachspeisen runden ansprechend und leicht das Essen ab: Topfen-Mohn-Tascherl, hausgemachtes Sorbet oder eine klein, feine regionale Käseauswahl.

Als Aperitif bieten sich Eigenkreationen aus bayerischen Produkten an: JoRo Sprizz, Greana Wodka oder der Spitzolino geben neben hausgemachten Limos einen schönen Einstieg. Die Bierauswahl der Brauereien Hohenthann und Weihenstephan ist prächtig. Das Hallertauer Pale Ale ist unbedingt einen Versuch wert. Zahlreiche deutsche Weine, darunter ein eigens ausgebauter Fränkischer Silvaner, stehen zur Auswahl. Die Brände kommen aus dem benachbarten Schweitenkirchen.

→ Stefan Spitzer bietet regelmäßig Kochkurse in der modernen Showküche an sowie kulinarische Themenabende. Donnerstags wird Gästen unter 30 Jahren ein preislich interessantes Überraschungsmenü angeboten.

Gasthof zur Sonne

Deisingerstraße 20,
91788 Pappenheim
0 91 43 / 83 78 37
sonne-pappenheim.de

Größe: 200 Plätze in verschiedenen Räumen und 100 auf der Terrasse
Preise: V 6–15, H 13–29, N 6–14 Euro
Kreditkarten: EC
Öffnungszeiten: Mi–Mo 11.30–13.30 Uhr und 17.30–21.30 Uhr; Ruhetag: Di

Die Sonne im Altmühltal

Der Gasthof im Zentrum der historischen Altstadt von Pappenheim liegt im ersten Stock eines traditions- und geschichtsreichen Hauses. Der Gastraum strahlt mit seinem angenehm dominierenden Kachelofen, der stilvollen Dekoration und dem stimmigen Geschirr eine leicht rustikale Atmosphäre aus. Der Wintergarten ist modern gestaltet und lichtdurchflutet. In der Küche verarbeitet die »Sonne« ganze Tiere, Gemüse kommt garten- oder marktfrisch unters Messer. Auf Geschmacksverstärker wird konsequent verzichtet. Gegenüber den Gästen wird die eingeschränkte Verfügbarkeit regionaler Qualitätsprodukte aktiv kommuniziert. Der Gasthof hat zahlreiche Auszeichnungen erhalten. Die Auswahl der Gerichte lässt den starken Bezug zur Region erkennen. Regionales aus dem Naturpark Altmühltal prägt die Speisekarte. Zu den Lieferant*innen zählen die Schäferei Neulinger mit dem Altmühltaler Lamm und der Obelshof mit Geflügel. Die Fische kommen vom benachbarten Hahnenkamm, Wachteleier und Früchte von einem Mitglied des »Regionalbuffets«, eines Zusammenschlusses zur Stärkung der Region, dem auch die »Sonne« angehört.

Als Gerichte mit regionalem Charakter gefallen die Kartoffelbaunzer, eine fränkische Variante der Gnocchi, und das Fränkische Krustenschäufele* mit Dunkelbiersoße und Kartoffelknödel. Schön deftig kommen drei altmühlfränkische Bratwürste mit Merkendorfer Fasssauerkraut und Landbrot auf den Teller. Ungewöhnlicher und origineller ist die Zunge vom Schwein mit Passionsfrucht-Senfsoße, Wirsingroulade und Petersiliennocken. Vom Altmühltaler Lamm wird ein Fränkisches Beuscherl* in feiner Senfkorn-Sherryessig-Soße serviert mit Semmelknödeln und Marktsalat sowie ein fein geschmorter Lammbraten mit Gartenkräutern, Balsamicosoße, Schnibbelbohnen in Räucherspeckrahm und Kartoffel-Rosmarin-Püree.

Die Säfte liefern »Hesselberger« und »Frankenholunder«. Die Biere wurden aus mehr als zwei Dutzend regionalen Brauereien ausgewählt (Spalt, Wurm, Hecht). Regionaltypische Weine, meist aus Ökoanbau.

→ Der Gasthof liegt am Altmühltalradweg, Wanderwege befinden sich in direkter Nähe.

Goldenes Schiff

Unterer Sand 8,
94032 Passau
0 85 1 / 3 44 07
goldenesschiff.de

Größe: 80 Plätze in den Gaststuben
Preise: V 6–10 , H 13–34, N 7–9 Euro; Mittags 12 Euro
Kreditkarten: EC
Öffnungszeiten: Mo–Sa 11–24 Uhr; So 11–15 Uhr, außer an Feiertagen

Juwel bayerischer Wirtshauskultur in der Grenzregion

Das »Goldene Schiff« befindet sich in einem Haus von 1750 zu Füßen des Passauer Doms und nahe dem Inn. Auferstanden aus den Fluten des Jahrhunderthochwassers 2013, präsentiert es sich als Juwel bayerischer Wirtshauskultur. Dank der Tatkraft und des Geschmacks des Inhaberpaars sowie des Eigentümers und dank vieler Unterstützer übt das Gasthaus mit neuem Charme und alten Werten seine gewohnte Zugkraft aus. Die Küchenchefs Peter Wolf und Sohn Josef setzen auf heimische Produkte und saisonale Rezepte. Neben bayerisch-österreichischen Klassikern rund ums Schwein (in zertifizierter Bioqualität), Rind und Wild finden sich zunehmend vegetarische Gerichte. Bekannte Handwerksbetriebe der Region zählen zu den Lieferant*innen, so der Biometzger Kammermeier in Hauzenberg und die Biobäckerei Wagner in Ruderting. Auch vom Wochenmarkt und aus Oberösterreich werden die Rohstoffe vorwiegend in Bioqualität bezogen, die zu feinen Gerichten nach bayerischen, österreichischen und italienischen Rezepten verarbeitet werden. Seit 1987 lebt das Gastronomenpaar Peter Wolf und Annette Piwowarsky die Philosophie des verantwortungsvollen Einkaufens und einer Gastlichkeit zum rundum Wohlfühlen, ihr Sohn ist Absolvent der Slow Food Youth Academy und zudem Mitinhaber des Essstudios am Passauer Residenzplatz, das ausgesuchte Bioprodukte der Region und daraus gefertigte kleine Gerichte anbietet.

Auf der Speisekarte finden sich populäre Klassiker des »Schiffs« wie der täglich frische Schweinebraten aus der Rein' mit Semmelknödl und Salat (bis er aus ist), der Tafelspitz mit Frankfurter Grüner Soße oder eine butterzarte Rinderzunge mit Meerrettichsoße. Das vielfältige Angebot einfallsreicher vegetarischer Gerichte und die Salatvariationen (das Hausdressing probieren!) werden ergänzt durch die abwechslungsreiche saisonale Tages- und Mittagskarte (z. B. Kürbis-Quarkknödel mit Waldpilzragout oder Krautwickerl mit Kartoffelbrei) und bodenständige Brotzeiten (Kartoffelkas, Bratensülze). Stets herausragend sind die hausgemachten Apfelstrudel, Palatschinken*, Kuchen und Nachspeisen.

Das süffige Bier kommt von der nahen Klosterbrauerei Aldersbach. Weine, Säfte und Winzersekt stammen aus Österreich, vorwiegend aus der Wachau, vieles von Biobetrieben. Dazu etwas Friaul und Toscana.

→ In der Fahrradpension besteht eine Übernachtungsmöglichkeit.

Passauer Wochenmarkt, dienstags und freitags am Klostergarten, samstags am Domplatz.

Hafner Wirtshaus

Marktplatz 17,
94157 Perlesreut
0 85 55 / 6 99
hafner-wirtshaus.de

Größe: 75 Plätze in der Wirtsstube, 50 auf der Aussichtsterrasse
Preise: Hauptgerichte 10–25 Euro
Kreditkarten: EC
Öffnungszeiten: Do–Mo 11–24 Uhr; Ruhetage: Di, Mi

Klassik und Moderne im Wald

Das »Hafner Wirtshaus« in Perlesreut im niederbayerischen Landkreis Freyung-Grafenau war früher das Wirtschaftsgebäude eines untergegangenen »Gasthofs zur Post«. Zunächst als Möbelschreinerei genutzt, wurde aus der Werkstatt eine solide Wirtsstube mit unverkennbarer Handschrift der Hafner-Brüder, Bildhauer der eine, Innenarchitekt der andere; Monika und Martin Hafner erfüllten sich ihren Traum vom eigenen Herd. Doch nun haben die Kinder Veronika und Samuel das Zepter übernommen. Das schlägt sich in feinen, modernen Interpretationen der bayerischen Wirtshausküche nieder, aber auch in einem wachsenden vegetarischen und veganen Angebot. Das Bekenntnis zur Regionalität ist ihnen keine modische Floskel, und auf der Speisekarte werden sie ausführlich: Bison- und Kalbfleisch von der Ilztal-Ranch bei Oberhüttensölden, Wildbret von der Perlesreuter Jägerschaft, Bio-Weideschwein aus Leberfing, Fisch aus Haidmühle, Gemüse aus Sonndorf – das ist ein gut funktionierendes regionales Netzwerk. Nicht nur die vielen – auch jungen – Stammgäste genießen die herzliche Gastlichkeit des Familienbetriebs.

Die Küche ist bodenständig mit einem Schuss Raffinesse, immer g'schmackig und auf der Grundlage hervorragender Rohstoffe. Es gibt saures Lüngerl oder Gansjung* mit Serviettenknödeln, Rindsgulasch mit Topfenspätzle, für Fischesser wird ein Saiblingsfilet mit Spargelragout und Erdäpfelkrapferl serviert. Als vegetarische bzw. vegane Gerichte stehen – zum Beispiel – Kichererbsenpflanzerl mit Marillenchutney, Urkornrisotto mit Ziegenfrischkäse und Kaspressknödel mit Kräuterdip auf der Karte. Die Nachspeisen richten sich nach dem jahreszeitlichen Obstangebot: Erdbeer-Pannacotta mit Thymiancrumble oder Schokoladenparfait mit geschnapsten Marillen. Am Nachmittag wird selbst gemachter Kuchen angeboten.

Ausgezeichnete Biere gibt es aus den Traditionsbrauereien Dampfbier Zwiesel, Stangl Klingenbrunn und Andorfer Passau. Bemerkenswert die Liste der Spirituosen. Sie reicht von einer interessanten Whiskyauswahl bis zu aromatischen Streuobstbränden von Poschinger.

→ In lockerer Abfolge gibt es Kleinkunst, Musik und Kabarett; Ankündigungen auf der Webseite.

Lohmayr Stub'n

Salzburger Straße 13,
83451 Piding
0 86 51 / 71 44 78
lohmayr.com

Größe: 40 Plätze in zwei Gaststuben, 25 im Gastgarten
Preise: Hauptgerichte 14–24 Euro
Kreditkarten: EC, Master, Visa
Öffnungszeiten: Mo, Do–Sa 17–22 Uhr; So 11–14 und 17–22 Uhr; Ruhetage: Di, Mi

Alpenländisch-salzburgische Küche mit Geschichte(n)

Bis ins 14. Jahrhundert reicht die Geschichte des Lohmayrguts in Piding zurück. Als gebürtiger Bad Reichenhaller ist Sebastian Oberholzner der Geschichte verpflichtet und kennt die Geschichten seiner Speisen. Der Maibock aus der örtlichen Jagd und der nahen Wieninger Brauerei, das Fleisch vom Bad Reichenhaller Metzger, der selbst schlachtet, oder Bärlauch und Pilze aus den Pidinger Auen sind die nächstliegenden Lieferanten. Natürlich kommt die Milch aus der berühmten Molkerei Berchtesgadener Land, weniger als einen Kilometer entfernt. Aktuell wurde zugunsten des regionalen Adelholzener Mineralwassers auf San Pellegrino verzichtet. Brot backt Sebastian Oberholzner selbst, denn er will genau wissen, was drin ist. Aus eigenen Erfahrungen sind die Wirtsleute gut auf Allergiker eingestellt und können auf Anfrage glutenfreie Speisen anbieten. Auch das nahe Salzburg beeinflusst die saisonal ausgerichtete Küche.

Zum Auftakt gibt es eine Rinderbrühe mit Frittaten*, Kaspressknödel* oder Grießnockerln. Eine besondere Empfehlung ist die originell präsentierte Lohmayrs Vorspeisenétagère. Als Hauptgerichte bieten sich die rösche Bauernente mit Blaukraut und Kartoffelknödel, Kalbskutteln in weißer Balsamicosoße mit Kartoffel-Speck-Gröstl* oder geschmorte Kalbsbackerl in Cabernetreduktion mit Püree an. Die Tiere haben auch edle Teile: Hirschmedallions auf Cassissoße mit Rosenkohl und Walnusspüree und geschmorte Ochsenschulter mit Bohnen und Serviettenknödel – Österreich und Bayern harmonieren in der Küche vorzüglich. Vegetarisch orientierte Menschen dürfen sich auf ein viergängiges Menu à la saison freuen. Bei den Nachtischen gibt es ein Wiedersehen mit der Étagère, jetzt mit Dessertvariationen. Ein Kürbiskernparfait, ein Topfenknöderl auf Zwetschgenragout mit Zimteis oder ein Sorbetteller mit frischen Früchten locken, das Kalorienzählen auf morgen zu vertagen.

Die Weinkarte hat einen österreichischen Schwerpunkt, ergänzt durch südfranzösische Tropfen von Freunden der Familie.

→ Nur wenige Kilometer sind es von Piding nach Salzburg oder Bad Reichenhall, der Radweg Bodensee – Königsee führt am Haus vorbei.

Landgasthof Meier

Hilzhofen 18,
92367 Pilsach-Hilzhofen
0 91 86 / 2 37
landgasthof-meier.de

Größe: 150 Plätze in vier Stuben und der Biergarten
Preise: Hauptgerichte 17–39 Euro; Menü ab 69 Euro
Kreditkarten: EC, Amex, Master, Visa
Öffnungszeiten: Mi–So, Feiertag 12–23 Uhr; Ruhetage: Mo, Di, außer Feiertag

Eleganter Landhausstil und Oberpfälzer Spitzenküche

Der »Landgasthof Meier« repräsentiert die traditionelle Oberpfälzer Wirtshauskultur. Er liegt in Hilzhofen, Gemeinde Pilsach, eingebettet in die Hügellandschaft des Oberpfälzer Jura. Mit dem Um- und Anbau hat sich Patron Michael Meier eine Spitzenküche der Sonderklasse zugelegt. Das Ambiente ist zwischen stylisch und rustikal angesiedelt. Wunderschön ist der Wiesenbiergarten unter alten Bäumen. Die Küchenbrigade hat einen grandiosen Ausblick in die Landschaft. Von der im eleganten Landhausstil gehaltenen »Hüzhof-Stube« haben die Gäste Einblick ins Reich der Köche. Nach dem Motto »Essen, wie es von Natur aus schmeckt« werden Produkte bester Qualität der Region verwendet, die Erzeuger*innen werden genannt. Obst, Gemüse und Kräuter kommen aus dem Eigenanbau. Wild und Fisch liefern umliegende Wälder und Gewässer. Der Trend zu Bioprodukten wie Biobrudergockel und Bioschweinen ist auffällig. Eine echte Spezialität ist das Juradistl-Lamm. Übers Jahr gibt es mal Zwicklbier-, mal Lammwochen. Auf der Karte findet man Klassiker der Oberpfälzer Küche und saisonale Gerichte. Die Gäste werden von Chefin Claudia Meier mit Charme gehegt und gepflegt.

Ein perfekter Einstieg sind die hausgemachten Fingernudeln und Spätzle mit Gartenkräuterpesto und die selbst gemachte geräucherte Bauernleberwurst. Ebenfalls zu empfehlen ist das Carpaccio vom Oberpfälzer Jungrind. Als Hauptgang sind die Klassiker an der Reihe: gefüllte Juradistl-Lammbrust mit rahmigen Schwarzwurzeln und Kartoffelpüree sowie Zweierlei vom Wild: Hirschnüsschen und Rehrücken in Mandelkruste mit Kartoffelknödel, Birnenpreiselbeer-Dip, buntem Gemüse und Shiitakepilzen. Gute Alternativen sind nicht weit: geschmorte Beinscheiben vom Galloway (vom Nachbarn Bircha), Filet von der Forelle mit Meerrettichkruste oder auch der zarte Wildschweinbraten. Da man kleine Portionen bestellen kann, ist vielleicht Platz für einen Kaiserschmarrn oder Holunderküchle.

Auf der Getränkekarte stehen feine Aperitifs mit Regionalbezug, deutsche und europäische Weine, dazu Biobier von Lammsbräu und Edelbrände von Ziegler und Bernhard (Bodensee).

→ Im » HIO Fine Dining«, einer Louge im Gasthaus, wird ein Gourmetmenü serviert.

Der Pionier der Biobiere, Neumarkter Lammsbräu, ist unweit in der Amberger Straße 1, 92318 Neumarkt (www.lammsbraeu.de) zu finden.

Landgasthaus »Zur Linde«

Spalter Straße 2,
91785 Pleinfeld-Stirn
0 91 44 / 2 54
zur-linde-stirn.de

Größe: 160 Plätze in den Gasträumen, 60 auf der Terrasse
Preise: V 5–16, H 12–29, N 8–14 Euro
Kreditkarten: EC, Master, Visa
Öffnungszeiten: Mi–Sa 11–14 und 17.30–23 Uhr; So 11–15 Uhr; Ruhetage: Mo, Di

Neufränkische Küche in schönem Ambiente

Mitten im kleinen Ferienort Stirn im Fränkischen Seenland liegt das Landgasthaus »Zur Linde«. Die rustikal eingerichteten Gasträume sind geschmackvoll und angenehm zurückhaltend dekoriert. Der aus Tirol stammenden Ehefrau des Inhabers sind die holzvertäfelte Kaminstube und ein Stodl geschuldet, die beide gehobenes Landhausambiente vermitteln. Das Haus wird in der dritten Generation als Familienbetrieb geführt und bewahrt seine fränkischen Wurzeln und Traditionen. Die Auswahl der Gerichte lässt erkennen, dass Wert auf fränkische und saisonale Qualitätsprodukte gelegt wird, der Weltoffenheit und Kreativität nicht ausschließt. Kochkunst und regionale Verantwortung zählen zu den Eckpfeilern der Küchenphilosophie. Der Bezug der Lebensmittel macht diesen Ansatz transparent. So wird das Altmühltaler Lamm von einer Ellinger Schäferei, das Fleisch vom Metzger aus Pleinfeld und das Jura-Geflügel aus Rapperszell geliefert. Gemüse kommt vom Knoblauchsland, Fisch aus Altendettelsau. Die Linde verwendet konsequent keine Aromastoffe, Geschmacksverstärker oder künstliche Zusätze und erwartet dies auch von den Zulieferern.

Als Gerichte mit regionaler Herkunft gefällt als Vorspeise die Spargelcremesuppe mit Ciabatta-Tomaten-Chip. Unter den Hauptgerichten ist die rosa Hüfte vom Altmühltaler Lamm mit Schmorgemüse und Herzoginkartoffeln reizvoll oder das Zillertaler Ochsenwangerl mit Kartoffel-Röstzwiebel-Püree und Frühlingsgemüse. Die Brust vom Freilandhuhn behält dank des Lardos ihre Saftigkeit und wird mit Paprikarahmsoße, Käsenockerl, geröstetem Speck und Gemüse serviert. Im Frühjahr macht die Kalbsschulter in Bärlauchrahmsoße Appetit. Sie wird begleitet von Spätzle und einem Salatteller. Zum Nachtisch erfrischt ein Bauernhofeis vom Werzingerhof – wenn die Wahl nicht doch auf die Dessertvariation Landgeflüster fällt.

Das Ritter-Bier kommt aus Nennslingen, Fruchtsäfte von den Hesselbergern und der Stirnerbrand ist lokal. Beim Wein dominieren Franken und Württemberg, aber auch Rheinhessen, Österreich, Südtirol und Ungarn sind vertreten.

→ Das Haus liegt am Brombachsee-Radweg B3 und am Wanderweg »Sandachse«. Auch der Fernwanderweg »Seenländer« ist leicht zu erreichen.

Huberwirt

Hofmark 3,
84568 Pleiskirchen
0 86 35 / 2 01
huber-wirt.de

Größe: 65 Plätze in drei Gaststuben
Preise: Hauptgerichte 24–39 Euro
Kreditkarten: EC, Master, Visa
Öffnungszeiten: Mi–So 12–14 und 18–21.30 Uhr (geöffnet bis 24 Uhr); Ruhetage: Mo, Di

Traditionell bayerisch trifft Avantgardeküche

Seit 1612 ist der »Huberwirt« in Pleiskirchen, Landkreis Altötting, eine Institution. In der nunmehr elften Generation präsentieren die Wirtsleute Alexander und Sandra Huber makelloses, genussreiches Handwerk. Senior Josef Huber bereichert mit seiner Milzwurst und dem geräucherten Schinken die kulinarische Palette. »Ein Produkt ist immer nur so gut wie sein Ursprung.« Mit dieser Philosophie hat Alexander Huber das Genussnetz der Produzenten der deutschen Jeunes Restaurateurs initiiert. Regionale Spitzenqualität von rund 70 Lieferant*innen ist die Grundlage für traditionelle Gerichte und ihre kreative Weiterentwicklung. Die Region bietet Hervorragendes. Ob Biopasta und Feinkost von Byodo oder Unertls Bio-Dinkel-Weiße aus dem benachbarten Mühldorf, Kaffee aus der Rösterei Rechenauer, Milch, Topfen und Butter aus der Alztaler Hofmolkerei oder Lamm, Wild und Fisch vom Gutshof Polting: Sie zählen alle zu den hervorragenden Lieferant*innen des Gasthauses.

Die Handschrift von Alexander Huber wird in seiner Bayerischen Bouillabaisse mit Zander, Saibling, Forelle und Hanfölcrostini oder in Alexanders Kalbslüngerl mit Semmelknödel und feinem Gemüse ebenso deutlich wie in der hausgemachten Kalbsbries-Milzwurst mit Erdäpfel-Gurken-Salat. Als Hauptgerichte stehen Schrobenhausener Spargel und Olivenöl-Hollandaise mit Bamberger Hörnla* und Porree, Böfflamott* mit Petersilienpasta, grünem Spargel und Kohlrabi sowie der Gebratene Bachsaibling mit Krautfleckerl, Lauch, Speck und Beurre Blanc auf der Karte. Schmelzig ist die Poltinger Lammschulter in Schmorjus mit Chiemgaulinsen, breiten und weißen Bohnen und Alztaler Ricotta. Mehr als nur eine Fleischalternative ist das hervorragende viergängige Menü für Vegetarier*innen. Wiener Sachertorte, Wachauer Marille oder Alexanders Naschereien mit Rechenauer Espresso runden das Menü süß ab.

Die meisten Weine sind aus dem Bioanbau. Außergewöhnliche Bierauswahl bayerischer und österreichischer Traditions- und Craftbierbrauereien!

NEU

Klosterwirt Polling

Weilheimer Straße 12,
82398 Polling
08 81 / 12 23 29 98
klosterwirtpolling.de

Größe: 80 Plätze im Gasthaus, 100 im Biergarten
Preise: V 6–15, H 15–26, N 8–12 Euro
Kreditkarten: EC, keine Kreditkarten
Öffnungszeiten: Mo, Mi–Fr 17–22 Uhr; Sa, So 12–14 und 17–22 Uhr; Ruhetag: Di

Alte Klosterwirtschaft an beschaulichem Ort

Polling, knapp sechs Kilometer südlich von Weilheim, ist ein beschaulicher Ort mit einem alten Kloster und vielen kulturellen Aktivitäten. Er ist bekannt als das fiktive Pfeiffering in Thomas Manns Roman Doktor Faustus. Die Brüder Andreas und Martin Süß und seine Frau Veronika haben die alte Klosterwirtschaft liebevoll restauriert. Ein Besuch des »Klosterwirts« vor einem der Konzerte im Bibliothekssaal des Klosters bietet sich ebenso an wie das Verweilen im Biergarten mit seinem alten Kastanienbestand nach einer Besichtigung der Künstlersäulenhalle »stoa169«. Bei den Bezugsquellen ist Transparenz und Regionalität gewährleistet: Die Metzgerei Haller aus Murnau liefert das Fleisch für Schweinsbraten oder Schnitzel, Fisch wird bezogen vom Forellenhof Schönwag in Peißenberg, Obst und Gemüse liefert Diedrichsen Obst, ein Großhändler aus Durach. Wild stammt aus den Jagden des Forstamts Oberammergau. Mehl kommt von der Pollinger Mühle – weitere Bestellungen laufen über den Ökoring. Kräuter werden vor Ort angebaut.

Die Speisekarte ist übersichtlich. Sie orientiert sich weitgehend an den Jahreszeiten, hinzu kommen einige Standardgerichte, wie das Wiener Schnitzel mit Kartoffel-Gurken-Salat. Die pürierte Kartoffel in der gut abgeschmeckten Vinaigrette gibt dem Salat eine besondere Schlotzigkeit. Bei den Vorspeisen ist neben der Tagessuppe das Tatar von der Matjesforelle besonders zu erwähnen. Bei den Hauptspeisen waren im Winter die Schlutzkrapfen mit Spinat-Bergkäsefüllung ein Höhepunkt, im Frühling das gebratene Saiblingsfilet mit Veltlinersauce. Eine gute Auswahl gibt es für vegetarisch und vegan lebende Menschen, wie Ziegenkäsearancini oder der Blaukrautstrudel.

Biere kommen von der Spaten/Franziskaner Brauerei, Mineralwasser aus der Petrusquelle am Chiemsee, ausgezeichnete Destillate aus der Brennerei Lantenhammer. Die umfangreiche Weinkarte legt die Schwerpunkte auf Österreich und biologisch erzeugte Weine. Im Sommer werden hausgemachte Holler- bzw. Ingwerlimonade angeboten.

→ Der Biergarten überzeugt durch seine hervorragenden Speisen von der Theke. Neben klassischen Biergartenbrotzeiten wie Obazda und Wurstsalat gibt es Ofenkartoffel-Varianten: vegetarisch mit frischem Radieserl-Kräuterquark, mit Matjes Hausfrauenart oder mit Sauerkraut und Nürnberger Bratwürstl von der Metzgerei Krönauer aus Spatzenhausen. Steckerlfische mit frischen Forellen vom Forellenhof Polling werden regelmäßig angeboten, zu alledem gibt es Livemusik – bei freiem Eintritt.

Brauereigasthof »Zum grünen Baum«

Schulterbachstraße 15,
96181 Rauhenebrach-Theinheim
0 95 54 / 2 93
bayer-theinheim.de

Größe: 80 Plätze in drei Stuben, 30 im Innenhof
Preise: V 6–10, H 15–25, N 7–10 Euro
Kreditkarten: Keine
Öffnungszeiten: Mi–Fr 16–21 Uhr; Sa, So 11–14 und 17–21 Uhr; Ruhetage: Mo, Di

Fränkische Küche und eigene Bierkreationen

Die Rauhe Ebrach schlängelt sich von der Steigerwaldkante nach Osten Richtung Regnitztal. Folgt man dem Fluss, gelangt man vom Weinfranken ins Bierfranken. Im kleinen Theinheim findet sich mit dem Brauereigasthof »Bayer – Zum Grünen Baum«, die erste Brauerei entlang des Weges mit einer Tradition von fast 300 Jahren. Küchenmeister Michael Bayer führt den Gasthof, Irmgard Bayer leitet den Service. Braumeister Helmut Bayer geht gern neue Wege. Neben dem traditionellen Land- und Weißbier werden Craftbiere als Starkbiere im Holzfass gelagert. Unbedingt probierenswert ist der Vinator, ein Weizendoppelbock, dessen Würze während des Brauvorgangs frisch gepresster Traubenmost zugesetzt wird. Michael Bayer bezieht die Zutaten für seine Küche aus der unmittelbaren Nachbarschaft, Fische aus der eigenen Teichwirtschaft, Biolamm und Rind vom Bauernhof Pfuhlmann aus Untersteinbach, das sonstige Fleisch von der Metzgerei im Nachbardorf.

Seine Liebe zur fränkischen Küche zeigt sich in den Blut- und Leberwurströdchen in knuspriger Bierteighülle ebenso wie beim Champignonsalat mit hausgemachtem Wildschweinschinken. Ebenfalls klassisch fränkisch und gut sind das Wildschweinragout mit Pilzen und hausgemachten Bandnudeln oder die geschmorten Ochsenbäckle in Landbiersoße mit frischen Gartengemüsen. Im Frühjahr erfreut der Spargel aus dem Steigerwald. Er wird nicht nur traditionell gekocht und mit Butter und Kartoffeln serviert, sondern auch als Spargeldätscher*: auf knusprigem Hefeteig mit Frühlingsgemüsen, Spargelstücken und rohem Schinken aus eigener Herstellung. Zu dieser Zeit sind die heimischen Lämmer delikat, besonders als Lammnüsschen mit Kartoffelauflauf und Speckbohnen. Für den kleinen Hunger sind die hausgemachten Wildschweinbratwürste ideal, ebenso die Hausmacher Wurstwaren. Als süßer Abschluss sind die hausgemachte Schokoladenmousse und die Hutzeln in Bierteig mit Beerenkompott und Vanilleeis empfehlenswert.

Auf der kleinen Weinkarte finden sich Schoppen aus dem benachbarten Oberschwappach. Die Destillate sind aus der eigenen Brennerei.

→ Entlang der drei Flüsse Rauhe, Mittlere und Reiche Ebrach lädt ein gut ausgebautes Radwegenetz zu einer Tour ein, der Naturpark Steigerwald bietet ein großes Netz an Wandermöglichkeiten.

Hausgebraute Biere der Brauerei Beyer, Hausmacher Wurstwaren. Die Broschüre »Ruhe und Natur – Zu Gast im nördlichen Steigerwald« listet Einkaufsmöglichkeiten im Tal der Rauhenebrach auf.

Gasthof Hofmann

Haus Nr. 1,
96181 Rauhenebrach-Schindelsee
0 95 49 / 9 87 60
schindelsee.de

Größe: 95 Plätze im Gastraum, 60 auf der Terrasse
Preise: V 8 –22, H 16–34, N 8–14 Euro
Kreditkarten: EC
Öffnungszeiten: Mi, Fr 17.30–23 Uhr; Sa, So, Feiertag 11.30–14 und 17.30–23 Uhr; Ruhetage: Mo, Di, Do; im Winter Mo–Mi

Ländlicher Gasthof mit kreativer Küchenchefin

Der Weiler Schindelsee mit seinen knapp 70 Seelen liegt 28 Kilometer westlich von Bamberg am Rand von Unterfranken im wildreichen Steigerwald. Das stattliche Haus beherbergt ein Restaurant mit zwei Räumen: Der vordere hat mit dunklem Mobiliar und weißen Tischläufern einen elegant-rustikalen Charakter. Der separierbare zweite Raum hat durch seine Vertäfelung und warmes Licht ein gediegenes Ambiente. Die Küche von Bettina Hofmann ist abwechslungsreich und raffiniert, ohne die fränkischen Wurzeln zu verdecken. Gemüse und vielerlei Obst kommen aus der Region, ebenso Wild, Fisch und Schlachtfleisch. Das Brot wird selbst gebacken, Schweine- und Wildschweinschinken stammen aus der eigenen Räucherei. Die Speisekarte ist mit Augenmaß reduziert, die Menüempfehlungen folgen stets der Saison. Im Mittelpunkt stehen die Menüs »Wald, Wasser, Wiese« und »Weder Fisch noch Fleisch«, aus denen alle Gänge einzeln gewählt oder kombiniert werden können. Darüber hinaus bietet die Karte Braten- und Fischgericht-Auswahl.

Küchenchefin Bettina Hofmann liebt eine leichte, moderne fränkische Küche, wie etwa den Lammrücken unter der Kräuterkruste mit Fenchel und Rosmaringraupen oder das Ragout vom Angusrind mit Kräuternocken und Pastinaken. Den hohen Qualitätsanspruch zeigt der Kleinlangheimer Landgockel mit Salbei, Rhöner Coppa und Selleriepüree. Sehr zu empfehlen ist die Wildschweinkeule aus heimischer Jagd mit Waldpilzen, Petersilienwurzel und Semmelschmarrn. Die Chefin glänzt auch mit Ausflügen ins Nichtfränkische, wie beim Apfel-Nuss-Risotto und gebratenem Blaukraut. Vorzüglich ist der hausgemachte Zwetschgenbames*, eine regionale Spezialität: Die Farbe des stark geräucherten oder luftgetrockneten Rinderschinkens erinnert an Zwetschgen. Hausgemacht ist auch das Eis, unter anderem von der am Baum gewachsenen Zwetschge.

Die großartige Weinkarte enthält neben einem breiten Angebot erstklassiger Frankenweine viele Gewächse aus Europa und Übersee. Dazu eine phänomenale Auswahl regionaler Obstbrände. Der freundliche Service berät kompetent bei der Auswahl. Seinen Empfehlungen folgt man gern.

Forst's Landhaus

Mühlstraße 37 b,
93339 Riedenburg
0 94 42 / 9 91 93 99
forsts-landhaus.de

Größe: 70 Plätze im Restaurant, 40 auf der Terrasse
Preise: V 7–19, H 15–33, N 8–12 Euro; Vier-Gänge-Menü 69 Euro
Kreditkarten: Alle Karten außer Amex und Diners
Öffnungszeiten: Mi–Fr 18–21 Uhr; Sa 11.30–14 und 18–21 Uhr; So, Feiertag 11.30–14 Uhr; Ruhetage: Mo, Di

Regionalküche im idyllischen Altmühltal

Geführt wird »Forst's Landhaus« vom ehemals ersten Sternekoch der Oberpfalz, Rüdiger Forst, der mit seiner Familie das Restaurant und Hotel betreibt. Forst fokussiert auf eine bodenständige regionale Spitzenküche mit Toprohwaren. Bauerngockerl, Enten und Gänse kommen vom Maierhof in Painten. Lamm, Ziege, Wollschwein, Kaninchen kommen vom Archehof »Gut Laubenhard« aus Hemau, das Rindfleisch ist biozertifiziertes Schottisches Hochlandrind aus Kochenthal. Das Gemüse liefern Gemüsebauern der Winzerer Höhen; Spargel ausschliesslich aus der Abensberger Region, Kartoffeln Josef Zinner aus Neustadt/Donau, Brot liefert der Riedenburger Bäcker Frank und Fisch kommt vom Fischhof Mulzer.

Die übersichtliche Speisekarte zeigt Regionales und Saisonales. Bei den Vorspeisen Carpaccio von der Kalbzunge, Pastinaken, Tomatenvinaigrette oder eine vegetarische Pesto-Linguine, Paprika, Zucchini, Kräuter-Saitlinge. Bei den Hauptgerichten mundet der Saibling, Pak Choi, Linsen, Enoki genauso wie der Lammrücken mit Kräutern, dazu Topinambur-Gratin und Zucchini. Alternativen sind das Naturschnitzel vom Strohschwein in Pilzrahmsauce oder die Blutwurst-Maultaschen mit Sauerkraut und Röstzwiebeln.

Als Nachtisch biten sich das Salted-Erdnuss-Eisparfait mit Kumquats oder die marinierte Mini-Ananas mit Limetten-Bananen-Creme und Blaubeeren oder der Bio-Ziegenkäse mit Weintrauben und Bitter-Orangen-Confit von der Bio-Käserei Wohlfahrt an. Sonntags liegt der Fokus auf Braten und Geflügel. Die im schönen Altmühltal zahlreich verkehrenden Radfahrer bekommen auf Wunsch auch einfache Brotzeiten als Stärkung liebevoll zubereitet.

Weine beziehen die Forsts einem Biowinzer aus Rheinhessen, Bier aus der Gutmann Brauerei aus Titting und Augustiner aus München. Brände von der Brennerei Schneider aus Kelheim und als Krönung Whisky vom Schraml aus Erbendorf bei Weiden.

→ Das Haus verfügt über elf liebevoll eingerichtete Einzel- und Doppelzimmer.

Zum Einkaufen und Mitnehmen: hausgemachte Konfitüren, Griebenschmalz vom Wollschwein, Chutneys, Gänserillettes.

NEU

Land.Luft Leberfing

Leberfing 1,
94439 Roßbach
0 87 32 / 9 79 50 60
restaurant.landluft.bio

Bio

Größe: 50 Plätze im Restaurant
Preise: V 7–9, H 14–26, N 8–9 Euro; Drei-Gänge-Menü 39, Fünf-Gänge-Menü 59 Euro
Kreditkarten: Alle gängigen Karten
Öffnungszeiten: Do, Fr 16–22 Uhr; Sa, So, Feiertag 11–22 Uhr; Ruhetage: Mo–Mi

Landwirtschaft mit angeschlossenem Restaurant

Zwischen Roßbach und Münchsdorf im Kollbachtal liegt Leberfing am Rande von Wäldern, die den Höhenrücken zum Vilstal bedecken. Hier etablieren die Bauunternehmer Lindner seit 2015 auf 45 Hektar einen Leuchtturm der biologischen Landwirtschaft. Schwäbisch-hällische Muttersauen mit ihren Ferkeln sowie Murnau-Werdenfelser-Rinder werden ganzjährig auf der Weide gehalten. In einem rollierenden Verfahren werden die Tiere zur Erholung der Weideflächen umgesetzt. Ein Schlachtmobil ermöglicht eine stressfreie Tötung der Tiere in ihrer vertrauten Umgebung – ohne belastenden Lebendtransport. In der angeschlossenen Metzgerei erfolgt die Weiterverarbeitung des schlachtwarmen Fleisches, die eine Wurstherstellung ohne Phosphatzugabe ermöglicht. Der Betrieb wurde in der Reihe Food Heroes des Slow-Food-Magazins als beispielhaft hervorgehoben. Den zweckmäßig gestalteten Produktionsanlagen ist ein gemütliches Restaurant angeschlossen. Der Weg zum gewölbten Gastraum, der Stall des ursprünglichen Bauernhofs, führt durch den Hofladen. Die Lieferkette ist rekordverdächtig kurz, die Erzeugnisse des Hofs werden in Sichtweite der Artgenossen verzehrt.

Die Speisekarte wechselt monatlich. Im Angebot sind fast vergessene Zubereitungsarten von wenig geläufigen Innereien wie paniertes Kuheuter oder saure Nieren. Das Produkt steht im Vordergrund, ob beim Schnitzel, beim Beef-Tatar oder beim Gulasch. Der Zusammenhang zwischen schonender Aufzucht und guter Fleischqualität ist offensichtlich. Zwei vegetarische Gerichte sind Standard. Gemüse und Obst kommen von regionalen Erzeugern wie Fritsche (Aholming), Laurer (Landau/Isar), Jobst (Moosthenning), Brot und Gebäck von den Bio-Bäckern Wagner (Tiefenbach) und Gottschaller (Malching). Eine nachahmenswerte Idee ist der Sonntagabend mit seinem Motto »In der Mitt vom Tisch«: Vor den Ruhetagen von Montag bis Mittwoch wird alles in die Tischmitte gestellt, was die Küche zu bieten hat, und gemeinschaftlich verzehrt.

Aus der eigenen Schlossbrauerei Mariakirchen kommen süffige (Voll)-Biere wie das Scheps, das mit einer speziellen Malzmischung gebraut wird. Bevorzugt ausgeschenkte Weine erzeugt das Bio-Weingut der Familie »Groszer Wein« im südburgenländischen Burg.

→ Regelmäßig werden Weinverkostungen angeboten.

Die Familie betreibt in Siebenbürgen einen Bauernhof mit strengem Bio-Konzept. Dort geht es um Beeren, Obst, Getreide und Gemüse, von denen der Hofladen eine Auswahl präsentiert. Er ist donnerstags bis samstags von 10–18 Uhr geöffnet.

Landgasthof Hubertus

Wenglinger Straße 2,
87674 Ruderatshofen-Apfeltrang
0 83 41 / 8 19 76
hubertus-apfeltrang.de

Größe: 180 Plätze im Gastraum und der Biergarten
Preise: Hauptgerichte 15–29 Euro
Kreditkarten: Visa, Master
Öffnungszeiten: Mo, Di 17–22 Uhr; Mi–So 8–22 Uhr, warme Küche 11.30–13.30 und 17–21 Uhr

Ein Geschmacksleuchtturm auf dem Land

Bei einer Fahrt auf der Bundesstraße 12 von Kaufbeuren Richtung Kempten ist es eine gute Empfehlung, auf der Höhe von Marktoberdorf abzubiegen und in Ruderatshofen-Apfeltrang im »Landgasthof Hubertus« bei Familie Petrich einzukehren. Das Lokal ist ein gutes Beispiel dafür, dass es auch auf dem Land bei Fuchs und Has' Leuchttürme des guten Geschmacks gibt. Das einladende Restaurant des Landgasthofs hat einen eleganten Touch. Den Kontrapunkt setzt der rustikale Stadl mit viel Balkenwerk im offenen Giebel. In der warmen Jahreszeit werden Gäste im beschatteten Biergarten hinterm Haus bewirtet. Der Chef des Hauses, Thomas Petrich, bezieht seine Produkte aus der biologischen Vielfalt seiner Umgebung, um gleichbleibende Frische und Qualität auf den Tisch zu bringen. Das Wild kommt aus eigener Jagd in Frauenau.

Die Speisekarte präsentiert ein breites saisonales und regionales Angebot, vorweg eine Allgäuer Brätknödelsuppe, denn nichts ist aufschlussreicher als ein aus wenigen Komponenten bestehendes Rezept, in dem Geschmack und Frische auf den Punkt gebracht werden. Es stehen viele Klassiker auf der Karte, immer in pfiffigen Variationen. So wird aus einem Cordon bleu ein Schweinerücken im Kräutermantel, begleitet von einer wunderbar cremig gearbeiteten Soße, die das Kräuterkrüstchen unterstützt. Die Spätzle erscheinen so plüschig und eiergelb, dass man sie anlächeln muss. In der Spargelsaison ist es ratsam, Spargel weiß und grün mit einem saftigen Lachsforellenfilet im Limonenrauch gegart aus der Fischzucht von nebenan mit einer aromatischen Safran-Butter-Soße und Sesamkartoffeln zu probieren. Auch die Nachspeisen wie das Bauernhofeis von der Familie Guggemos aus Altusried oder eine Mousse au Chocolat mit Früchtebegleitung sind ein Genuss.

Die Getränkekarte befriedigt alle Bedürfnisse, das Bier ist hausgemacht.

Alpenrose Grainbach am Samerberg

Kirchplatz 2,
83122 Samerberg-Grainbach
0 80 32 / 82 63
alpenrose-samerberg.de

Größe: 100 Plätze in Restaurant und Stüberl, 150 im Gastgarten und auf der Veranda
Preise: Hauptgerichte 12–24 Euro
Kreditkarten: EC, Master
Öffnungszeiten: Mi–So 11–14 und 17.30–21 Uhr; Ruhetage: Mo, Di

Genießen zwischen Hochries und Wendelstein

Im Zentrum des oberbayerischen Wandergebiets Samerberg liegt Grainbach. Mitten im Ort, auf dem Weg zur Pfarrkirche, liegt die »Alpenrose« – seit 1565. Der Biergarten unter den Linden, die rankenumschlungene Veranda und die Dachterrasse weiten den Blick, in den gemütlichen Stuben entspannen Körper und Geist. Seit 1868 im Familienbesitz, wird das Haus heute von Florian Lerche als Gastgeber und Koch geführt. Er hat ein bemerkenswertes Netzwerk mit regionalen Lieferanten und Selbstvermarktern geknüpft. Den Wert von Beziehungen zur Urproduktion hat er während seiner Lehre in der Steiermark schätzen gelernt. Sein Gemüse kommt vom Permakulturprojekt MellaLand vom Samerberg und der Biogärtnerei Irmgärtchen aus Frasdorf. Mehrere Metzger aus dem Landkreis liefern Chiemgauer Strohschwein, Rindfleisch und Lamm. Sepp Schweiger, ein Jäger aus Grainbach, erlegt Reh, Hirsch und Wildschwein. Vom Munzingerhof aus Atzing kommen die Biohendln und vom Maschdeihof das Samerberger Luing-Rind. Die Karte ist ein Spiegel von Jahreszeit und Angebot.

Als Aperitif erfrischen die hausgemachte Kräuterlimonade oder ein »JOLATO« (Johannisbeere-Lavendel-Tonic). Eine klare Hendlsuppe wird mit Gemüse oder auch »asiatisch« angeboten. Als Vorspeise mundet das Chiemsee-Renkenmatjesfilet mit Liebstöckelpüree, Äpfeln und Zwiebeln oder ein Brezenknödlcarpaccio mit Radieserlvinaigrette. Als Hauptgerichte überzeugen der Demeter-Kalbsnierenbraten mit Spätzle und Gemüse, die Gustostückerl vom Reh und Hirsch mit Rahmdotschn und Gemüsepüree und das Tellerfleisch mit Kartoffel-Gurkensalat und frischem Kren. Einen größeren Umweg wert ist der ofenfrische Schweinsbraten mit Semmelknödel, Kartoffel- oder Krautsalat. Vegetarisch sind die Bärlauchknödeln auf buntem Gemüse und Käsesauce ebenso wie das Gartenkräuterrisotto mit marinierten Kräutersaitlingen, schwarzem Pfeffer und Parmesan. Die Nachtischkarte offeriert hausgemachtes Eis, Minz-Pannacotta oder Apfeltiramisu.

Die Weinkarte ist erkennbar steirisch geprägt. Bier, Mineralwasser und Säfte haben im reichen Chiemgauer Angebot ihre Ursprünge.

→ Eine Besonderheit ist der Haferlschuhmacher Auer im Nachbardorf Törwang.

Gasthof Zellerwand »Beim Birner«

Raitener Straße 46,
83259 Schleching-Mettenham
0 86 49 / 2 17
gasthof-zellerwand.de

Größe: 35 in der historischen Stube, 150 in Gasträumen
Preise: Hauptgerichte 8–18 Euro
Kreditkarten: Keine
Öffnungszeiten: Sommer: Do–Mo 11–23 Uhr; Ruhetage: Di, Mi;
Winter: Fr 16–23 Uhr; Sa, So 11–23 Uhr; Ruhetage: Mo–Do

Bayerische Küche und Kärntner Nachspeisen in der Urgaststube

Das denkmalgeschützte Wirtshaus »Gasthaus Zellerwand - Beim Birner« im Achental wurde 1853 erbaut. Die holzgetäfelte und kachelofenbeheizte Gaststube ist im Originalzustand. Als älteste Urgaststube im Chiemgau strahlt sie urbayerische Gemütlichkeit aus. Die Wirtsleute Dominik und Angelika Müller bieten bayerische Spezialitäten in bodenständiger Qualität. Biorindfleisch von Demeter- und Naturland-Bauern kommt aus dem Achental, zahlreiche Zutaten wie die Chiemseefische, Kürbis, Käse oder Honig stammen aus der Umgebung. Lokale Produkte sind Kräuter aus dem eigenen Garten und naturtrüber Apfelsaft, selbst gemachter Hollerblütensirup* und eigene Limonade. Hin und wieder verschlägt es einen Stallhasen aus eigener Aufzucht in die Küche.

Auf der Demeter-Karte dominieren lokal/regionale, saisonale und immer öfter auch vegetarische Gerichte. Hauptgerichte sind der Biorahmrinderbraten, der abgebräunte Leberkäs mit Spiegelei und Kartoffelsalat oder die Rindsbratwürstl mit Sauerkraut. Die als Beilagen gereichten Spätzle oder Semmelknödel sind selbstverständlich hausgemacht. Dominik Müller ist der Auffassung, dass die Lehrlinge das Kochen lernen sollen, nicht das Packerl-Aufreißen. Die Chefin tischt süße Rezepte aus ihrer Kärntner Heimat wie Topfenknödel auf Zwetschgenröster oder das Lebkuchenparfait mit Kirschragout auf. Sie wurde dafür mehrfach ausgezeichnet. Alle Speisen sind appetitlich angerichtet.

Die Flaschenbiere liefern kleine Brauereien aus der Region, der Wein kommt aus Südtirol, Österreich und Deutschland. Der Service ist flott. Im Sommer locken Biergarten und eine schöne Sonnenterrasse.

→ Im Winter ist eine Runde in der Langlaufloipe als Appetitanreger empfehlenswert, im Sommer sind Bergradeln, Wandern oder Kanufahren angesagt. 300 Meter entfernt liegt der Zellersee und ihm gegenüber die Zellerwand, ein beliebter Kletterfelsen.

Brauereigasthof Martin

Hausener Hauptstraße 4,
97453 Schonungen-Hausen
0 97 27 / 40 30 11
brauerei-martin.de

Größe: 30 Plätze im Gastraum, 50 in zwei Nebenräumen, 100 im Saal
Preise: V 5–10, H 11–22 Euro
Kreditkarten: EC
Öffnungszeiten: Mo, Mi–Sa 12–22 Uhr; So, Feiertag 10.30–21.30 Uhr; Ruhetag: Di

Bodenständige unterfränkische Küche

2008 verwirklichte Braumeister Ulrich Martin seinen Traum von einer eigenen Braustätte mit angeschlossenem Wirtshaus. Sein Gasthof liegt im Schonunger Ortsteil Hausen im Landkreis Schweinfurt. Die bierfränkische Wirtshauskultur zeigt sich in sorgsam restaurierten Gasträumen. Anja Martin stammt aus einem Gemüseanbaubetrieb im nahen Sennfeld. Von dort kommen die Gemüse und Kräuter für die Küche, Fleisch kommt von der Metzgerei Müller aus Untertheres oder vom Auenland Beef in Hofheim. Das Wildbret stammt aus der Hausener Jagd. Die Bratwürste werden selbst gemacht. Die Martins leben den Slow-Food-Gedanken und unterstützen das Reinheitsgebot für fränkische Wurst.

Das Speisenangebot ist konsequent fränkisch ausgerichtet; an Sonn- und Feiertagen gibt es eine Tageskarte mit deftigen Bratengerichten und selbst gebackenen Kuchen. Charaktervoll sind die gebratene Leberwurst mit Bratkartoffeln und die hausgemachten Bratwürste mit Sauerkraut. Auch ein ursprünglich einfaches Restegericht wie die g'schnippelten Klöß mit Ei und Salaten der Saison gelingt ausgezeichnet. Bei den Bratengerichten überzeugten die fränkischen Klassiker Schäuferle* mit Kloß, der Sauerbraten vom Auenlandbeef und die Wildleberklöße mit Kartoffelbrei. Eine vegetarische Alternative sind Spinatspätzle mit Käsesoße.

Im Mittelpunkt der Getränkekarte stehen die mit viel Leidenschaft gebrauten Biersorten Hefe und Pils, dazu saisonale Bockbiere und als Klassiker das bernsteinfarbene, süffige »Spezial«. Der naturtrübe Apfelsaft vom eigenen Streuwiesenobst wird selbst gekeltert. Auch die Limonaden kommen aus eigener Herstellung. Die fränkischen Weine werden aus Thüngersheim bezogen.

→ Nur drei Kilometer entfernt vom Brauereigasthof Martin liegt der Mainradweg. Da lässt sich der angenehm gefüllte Bauch ein wenig freistrampeln.

Der Schwan

Am Marktplatz 7,
90596 Schwanstetten
0 91 70 / 10 52
hotel-der-schwan.de

Größe: 52 Plätze in den Stuben
Preise: Hauptgerichte 11–28 Euro
Kreditkarten: EC, Master, Visa
Öffnungszeiten: Mo, Di, Fr 17–22 Uhr; Sa, So 11.30–22 Uhr; Ruhetage: Mi, Do

Moderne fränkische Tafelfreuden im herrlichen Fachwerkhaus

Im 14. Jahrhundert als »Erbschänke zum Schwan« erwähnt, wurde das Traditionsgasthaus von Wallenstein geschliffen, bald jedoch wieder aufgebaut. Seit September 2013 wird in den behutsam renovierten Gasträumen eine ebenso traditionelle wie moderne fränkische Küche zunächst unter Daniela Selz, seit 2018 von Walter Berger serviert. Ihr Augenmerk liegt auf regionalen und saisonalen Produkten, modern und ausgefallen interpretiert. Auf der Speisekarte werden die wichtigsten Lieferant*innen und Produzent*innen namentlich genannt.

Auf der Tageskarte steht eine Bärlauchcremesuppe mit feiner Bärlauchnote und der Saison entsprechend eine Spargelcremesuppe. An heißen Tagen kann ein geeistes Gurkensüppchen mit Erdnusscroutons erfrischen. Fränkisches Carpaccio vom falschen Rinderfilet wird begleitet von gerösteten Brotstäben. Die hauchdünnen marinierten Rindfleischscheiben aus der Schulter sind zart und aromatisch. Der Fischgang ist ein Forellenfilet aus heimischen Gewässern mit Sonnenblumenkern-Rosinen-Butter und Salzkartoffeln, kross auf der Haut gebraten. Probierenswert die mild gepökelte, gebackene Rinderzunge mit frischem Meerrettich an Rahmwurzelgemüse und Kartoffelgratin. Das gebackene Kotelett mit Kartoffel-Gurkensalat ist saftig und fein gewürzt. Die typisch fränkischen Gerichte wie Schäufele* und Schweinsbraten mit Kloß und Salat sowie die Fränkischen Krautwickele mit Kartoffelpüree stehen in schöner Regelmäßigkeit auf der Tageskarte. Das vegetarische Schnitzel vom zarten Kohlrabi im Vollkornmantel gebacken mit Kartoffelgratin und einer Soße von Frühlingskräutern begeistert rundherum. Saisonal die Nachtische: Rhabarber in Portwein mit Erdbeeren und Vanilleeis oder das köstliche Parfait vom Basilikum an Erdbeersoße und Mandel-Tausendblättern.

Biere vom Fass von der Stadtbrauerei Spalt und Flaschenbiere der Brauerei Gutmann. Kleine Auswahl offener Weine, wie die Edelbrände überwiegend aus Franken. Romantischer Biergarten, gute Brotzeiten!

→ Jeden Mittwoch Grillabend ab 17 Uhr.

Von hier aus empfehlen sich schöne Ausflüge ins fränkische Seenland und nach Nürnberg.

Landgasthof Schäferhof

Freiherr-von-Harsdorfer-Straße 18,
91174 Spalt-Enderndorf am See
0 91 75 / 7 87 78
landgasthof-schaeferhof.de

Größe: 60 Plätze im Gastraum, 30 im Wintergarten
Preise: Hauptgerichte 11–19, Schmankerlmenü 30 Euro
Kreditkarten: EC
Öffnungszeiten: Mo, Di, Fr 17.30–22 Uhr; Sa, So 11.30–14 und 17.30–22 Uhr; Ruhetage: Mi, Do

Engagierte Regionalküche im Herzen des Seelands

Das kleine Enderndorf befindet sich im Herzen des fränkischen Seelands am Schnittpunkt von Igelsbachsee und Großem Brombachsee. Der »Landgasthof Schäferhof« liegt an der Straße zum See in einem Fachwerkhaus mit beschaulichem Innenhof und Gastgarten und ist einfach, aber stilvoll eingerichtet. Wolfgang Schramm hat nach Stationen auf der »Queen Elisabeth II.« und im »Deidesheimer Hof« den Landgasthof in der Hopfenregion vor mehr als zwei Jahrzehnten übernommen. Er profiliert sich mit einer ehrlichen Regionalküche. Die Küche verzichtet schon lange und bewusst auf Convenience und achtet auch bei zugekaufter Ware darauf, dass keine Geschmacksverstärker eingesetzt werden. Schramm engagiert sich bei der Kooperation »Regionalbuffet Fränkisches Seenland« und unterstützt aktiv die Regionalmarke »Altmühltaler Lamm«. Zu den Lieferant*innen zählen die Metzgerei Gruber im benachbarten Großweingarten, das Altmühltaler Lamm kommt von der Schäferei Wörrlein in Stopfenheim. Der Geflügelhof Rebelein in Dettenheim und der Obsthof Walther aus Großweingarten ergänzen die verarbeiteten Produkte.

Als besonders interessante Gerichte mit regionaler Rezeptur sind die geschmorte Rinderbacke in Rotweinsoße mit Marktgemüse und Kräuterpüree und die Variationen vom Altmühltaler Lamm - Kotelett und Ossobuco - mit Schmorgemüse und Kartoffelgratin zu empfehlen. Ebenfalls probierenswert ist das Fränkische Gewürzrindfleisch mit Rucola. Als süße Verführung ist im Frühjahr die Pannacotta mit Rhabarber und Erdbeeren kaum zu vermeiden.

Aus dem Hahn fließt das Bier des Fürstlichen Brauhauses in Ellingen, Obstsäfte liefert Frankenholunder aus Hilpoltstein. Fränkische Weine und Brände ergänzen das Angebot. Und ein Brombachseer Kirschsirup kommt aus unmittelbar lokaler Produktion.

Gastwirtschaft Forsters Einkehr

Güsseldorf 1,
91174 Spalt-Güsseldorf
0 91 75 / 2 95

Größe: 76 Plätze im Gastraum, 40 auf der Terrasse
Preise: Hauptgerichte 8–25 Euro
Kreditkarten: EC
Öffnungszeiten: Fr–Mo 11–14 und 17–20 Uhr; Ruhetage: Di–Do

400 Jahre Bauernhof – 200 Jahre Gasthof

Die »Gastwirtschaft Forster« lädt mit ihrer von Hopfen umrankten Terrasse ein. In den Stuben empfängt die Gäste die Atmosphäre eines fränkischen Wirtshauses im Hopfenland. Die ländlich geprägte Speisekarte mit ihren bodenständigen Gerichten weist auf eine enge Verbindung zur Landwirtschaft hin. Dem sind die Öffnungszeiten geschuldet: An drei Tagen hat der bäuerliche Betrieb mit seiner klein strukturierten Land- und Forstwirtschaft und den Obstkulturen Vorrang. Vom Landwirt zum Gastwirt – das ist keine leere Worthülse, dieser Anspruch wird tatsächlich und täglich gelebt. Die Auswahl der Gerichte verspricht fränkische Genusserlebnisse. Fränkisch bescheiden, wird nicht viel Aufhebens um die eigenen Produkte gemacht. Neben den vielen Eigenerzeugnissen kommen die Grundprodukte meist aus dem Dorf oder der unmittelbaren Umgebung. Darüber wird am Tisch und auch auf der Karte informiert. Die Küche bietet Spezialitäten vom Fränkischen Gelbvieh an, einem Slow-Food-Arche-Passagier.

Appetitanregend das Carpaccio vom hausgeräucherten Schinken mit Balsamico-Blattsalat. Der Bierschopfbraten auf Sauerkraut und Semmelkloß, die hausgemachten fränkischen Bratwürste mit Kartoffelsalat und das Fränkische Schäufele* mit Kloß und Salat sind bodenständige Hauptgerichte. In einer kurzen Frühlingssaison gibt es Hopfensprossensalat aus Spalter Aromahopfen, zum Ende des Jahres die ofenfrischen Gänse aus einer Tierhaltung im Nachbardorf.

Das Bier kommt selbstverständlich aus der Spalter Stadtbrauerei, die Weine stammen aus Franken und der Pfalz, aus Württemberg und Österreich. Die Fruchtsäfte sind vorwiegend selbst gekeltert aus Obst von der eigenen Streuobstwiese. Alle zwei Wochen Hausschlachtung.

→ Das Haus hat einen guten Ruf, eine Reservierung ist empfehlenswert.

Der »Forster« ist von lichtdurchfluteten, stillen Kiefernwäldern umgeben, die zum Wandern einladen und im Herbst eine reichhaltige Pilzernte versprechen.

Landgasthof Detsch

Coburger Straße 9,
96342 Stockheim-Haig
0 92 61 / 6 24 90
landgasthof-detsch-haig.de

Größe: 60 Plätzei m Restaurant
Preise: V 5–12, H 15–37, N 5–10 Euro
Kreditkarten: EC, Master, Visa
Öffnungszeiten: Di–Sa 17–22 Uhr; an Feiertagen 11.30–14 Uhr fränkischer Mittagstisch;
Ruhetage: So, Mo

Fränkischer Gasthof mit Bauernhof – oder umgekehrt

Unmittelbar an der Hauptstraße von Haig, einem kleinen Weiler zehn Kilometer nordwestlich von Kronach, steht ein stattlicher Landgasthof mit bürgerlich-fränkischem Ambiente. Gegenüber steht das Gästehaus, Stallungen und ein Garten schließen sich an. In der Küche stehen Barbara Detsch, die Tochter des Hauses, und ihr Mann Manfred Schagar, ein Österreicher aus Kärnten – es wundert nicht, dass manches Gericht auch österreichische Züge trägt. Die Qualität der Speisen gründet auf guten Rohstoffen, alles wird frisch gekocht. Das Fleisch kommt von eigenen Schwäbisch-Hällischen Schweinen und Angusrindern, die der Senior liebevoll betreut. Kartoffeln kommen aus eigenen Anbau, die Kräuter aus dem eigenen Garten. Die Lieferantinnen und Lieferanten sitzen größtenteils in der Region. Sogar exotische Früchte können aus dem Tropenhaus »Klein Eden« in Tettau am Rennsteig bezogen werden. Die Küche von Barbara Detsch und Manfred Schagar ist »frankenwäldlerisch« ausgerichtet, überzeugt aber immer mit feinen Raffinessen, die heimische Produkte sowohl zu regionalen als auch zu international inspirierten Gerichten verarbeitet. Bei den Regio-Gerichten kommen 95 Prozent der Zutaten aus der Region.

Empfehlenswert sind die Frittatensuppe, das Carpaccio vom Angusrind, der Angusbraten mit thüringischen Klößen und Salat oder der Frankenwälder Maibock*, der mit frischen Pfifferlingen und Brezenknödeln gereicht wird. Das fränkische Täubchen wird ausgelöst und gefüllt im Ofen gebacken und kommt mit Mandelbällchen und Gemüse auf den Tisch. Das Coburger Fuchsschaf* wird als Duett auf dem Teller serviert – perfekt rosa gebraten die Rückenstücke mit Kräuterkruste, wunderbar mürbe die geschmorte Schulter. Sehr empfehlenswert sind auch die vielfältigen vegetarischen Gerichte, z. B. die hausgemachten Gnocchi mit Rahmspinat und Parmesanchip. Als Nachtisch machen die Nachtischvariationen Spaß, aber auch die frischen Erdbeeren mit gratiniertem Vanilleeis oder das Rahmeis mit fränkischen Zwetschgenröster.

Die mittelgroße Weinkarte und zeigt neben fränkischen Weinen auch Etiketten aus dem europäischen Ausland. Der Service ist flott und charmant, hier wird im ganzen Haus echte Gastlichkeit gelebt.

→ Der Andrang ist groß, unbedingt reservieren.

Restaurant Jedermann

Irlbacherstraße 1,
94342 Straßkirchen
0 94 24 / 9 48 04 37
jedermann-strasskirchen.de

Größe: 45 Plätze im Gastraum, 60 auf der Terrasse
Preise: V 4–10, H 14–27 Euro; Menü ab 39 Euro
Kreditkarten: Alle gängigen Karten
Öffnungszeiten: Mi–Sa 17–22 Uhr; So 11.30–17 Uhr; Ruhetage: Mo, Di

Nose-to-Tail für jeden Gast

Direkt an der Kirche von Straßkirchen zwischen Straubing und Plattling steht ein moderner, lichtdurchfluteter Holzflachbau. Hier entwickelt Sebastian Völkl seit 2013 sein »Jedermann«-Konzept mit Nachhaltigkeit, größtmöglicher Regionalität und Respekt vor den verwendeten Produkten. Insbesondere das »Nose-to-Tail-Konzept« und die Variationen des Themas auf dem Teller sollen jedermann und jede Frau ansprechen. Die Mittagskarte bietet einen verfeinerten Imbiss, zu dem sich oft die Belegschaften naher Betriebe einfinden. Nachmittags verwandelt sich das Haus in ein Café mit Kuchen und Eis von der Eismanufaktur Plötz in der Oberpfalz. Am Abend bestimmt eine feine und teilweise experimentelle Küche aus hervorragenden regionalen Rohprodukten die Karte. Völkl kauft regelmäßig ganze Tiere, die er komplett verwertet: Enten kommen direkt aus der Nachbarschaft, Bioschweine von Gäuboden-Bauern und -Bäuerinnen, Milchkälber bezieht er aus der Oberpfalz, das Wild von örtlichen Jäger*innen. Der Bioanteil von Salat und Gemüse wird kontinuierlich ausgebaut.

Die Mittagskarte ist klein gehalten, auf handwerklich hohem Niveau: zum Beispiel mit dem Gulasch vom Schwein oder einer Currywurst vom Bioschwein mit hausgemachter, fein abgestimmter Currysoße. Am »Casual Tuesday« werden spezielle Tagesgerichte außerhalb der Mittagskarte auf einer Tafel angekündigt. Mit seinem »Dreierlei«, etwa vom Schwein, vom Milchkalb oder von der Ente, hat Völkl einen guten Weg gefunden, seine Gästen an weniger nachgefragte Teile der Tiere heranzuführen: Dann liegt beispielsweise ein rosa gebratenes Entenbruststück neben einem Tupfen Enten-Rillette und einem Entenpflanzerl. Gerne wird der regionale gebratene Bachsaibling mit Kren-Zuckerschoten geordert oder Wildschnitzel mit Estragonkartoffeln in Brezen-Panier. Als Nachtische gefallen das Kürbiskerneis und die einfachen, gut durchkomponierten und gewürzten Kompotte. Durchgängig gibt es eine Auswahl selbst gemachter Kuchen. Das hervorragende Brot kommt von der Straubinger Bäckerei Steinleitner.

Die Weinkarte dominieren österreichische Weine. Bier, Tee und Kaffee gibt es auch in Bioqualität, Obstschaumweine kommen vom nahe gelegenen »Steppelhof« aus dem Straßkirchener Ortsteil Entau.

→ Unter der Woche auf der Terrasse Selbstbedienung.

Gasthof Winkler

Alfershausen 187,
91177 Thalmässing
0 91 73 / 6 60
gasthof-winkler.de

Größe: 75 Plätze in der Gaststube, 50 im Nebenzimmer
Preise: Hauptgerichte 10–28 Euro
Kreditkarten: EC, Master, Visa
Öffnungszeiten: Mo, Di 9–14 und 17–22 Uhr; Fr–So 9–14.30 und 17–22 Uhr; Ruhetage: Mi, Do

Paradies der glücklichen Ochsen

Thalmässing liegt am Rand des Naturparks Altmühltal an der Grenze zum Fränkischen Seenland. Der stattliche Gasthof, schon 1471 als »Goldener Ochse« erwähnt, setzt die Tradition der echt fränkischen Küche mit Produkten vom eigenen Hof und aus eigener Schlachtung fort - seit 1994 mit Marianne und Thomas Winkler. Der Wirt ist Metzger und Koch und der handwerklichen Herstellung regionaler Produkte verpflichtet. Sohn Christian, in den Herrmannsdorfer Landwerkstätten ausgebildet, hält als Juniorküchenchef Kurs. Der zugehörige Hof hat freilaufende Weideochsen, Schweine und Heidschnucken sowie sieben Karpfenweiher. Artgerechte Haltung der Tiere ist die Basis für gut schmeckende Gerichte. Die Lieferant*innenliste dokumentiert den regionalen Bezug der Küche. Produkte der Vereinigung »Regionalbuffet« sind auf der Karte gekennzeichnet.

Das Angebot wird täglich aktualisiert. Jeden Freitag ist Schlachtfest mit Metzelsuppe und Schlachtplatte. Es gibt eine besondere Tageskarte am Sonntag, eine Kinderkarte und Brotzeitspezialitäten. Ochsenschinken mit Gurken, Schwarzbrot und Butter ist ein schöner Starter, ebenso die cremige Spargelsuppe. Dann ist der Gürtel zu lockern für die herrliche Schlachtplatte mit Blut-, Leber- und Bratwurst, Kesselfleisch, Sauerkraut und Brot, kesselfrisch am Schlachttag gegessen. Im Wurzelsud gekochtes Ochsenfleisch mit Kren, Kartoffelsalat und Salatteller kommt feinfaserig und saftig auf den Teller, das Fleisch ist von hellen Fettadern durchzogen. Der Spargel wird morgens gestochen und mittags serviert. Aus eigener Haltung kommt das ordentlich marmorierte Rumpsteak vom Weideochsen mit Kartoffelgratin, Bratkartoffeln und buntem Gemüse. Gelegentlich gibt es Wildhasen, Bauerngockel, Karpfen. Knusprige Schäufele*, den fränkischen Klassiker, mit Kartoffelknödel und Salat gibt es am Sonntagmittag oder auf Vorbestellung. Kleine Nachtischauswahl wie das Bauernhofeis vom Werzingerhof.

Auf der Getränkekarte stehen die Pyraser Biere aus dem Nachbardorf und viele Spezialbiere; dazu noch Spezialitäten wie Weizenbock, Josephi Starkbier oder Doppelbock. Überwiegend deutsche Weiß- und Rotweine. Obstbrände der Region.

→ Barbara Krasemann ist mit ihrem naturnahen Landschaftsgarten bekannt geworden, nicht zuletzt aus der TV-Reihe »Querbeet« (Dixenhausen 23, 91177 Thalmässing, www.baerbels-garten.de).

Klosterbräuhaus Ursberg

Dominikus-Ringeisen-Straße 2,
86513 Ursberg
0 82 81 / 9 98 90
klosterbraeuhaus.de

Größe: 170 Plätze in drei Gaststuben
Preise: V 6–9, H 12–23, N 5–7 Euro
Kreditkarten: Alle gängigen Karten
Öffnungszeiten: Täglich 7–23 Uhr, Küche von 11–21 Uhr

Gute Küche, eigene Gärtnerei und Bäckerei

Zwischen Augsburg und Krumbach liegt Ursberg, bekannt für die im 12. Jahrhundert gegründeten Klosteranlagen. In ihnen ist eine Einrichtung für betreuungsbedürftige, kranke und behinderte Menschen integriert, die vorbildlich mit Menschen ohne Behinderung zusammenleben und -arbeiten. Zum Komplex gehört eine eigene Gärtnerei. Mittendrin steht das Klosterbräuhaus mit großem Biergarten und Hotel. Die gemütlichen Gaststuben haben teilweise holzvertäfelte Wände und Kassettendecken, eine gediegen-traditionelle Einrichtung einschließlich Herrgottswinkel. Die Standardkarte, die Wochenkarte und verschiedene Tafeln zeigen das Angebot mit Zutaten aus eigener Produktion, vor allem aus der Klostergärtnerei, dazu kommen regionale Lieferanten und Lieferantinnen. Die Küche trägt die Handschrift von Armin Frei, der Gerichte kocht, die nicht mehr alltäglich sind.

Wunderbar saftig ist der gebackene Kalbskopf mit hausgemachter Remoulade, Kartoffelsalat und Salatteller, traditionell die schwäbischen Albleisa* mit Butterspätzle und gebratenem Räucherwammerl, vorzüglich der Hirschrücken mit Kroketten und Rosenkohl. Aus heimischen Gewässern stammt das gebratene Filet vom Bachsaibling mit Klostergemüse und Tomatenrisotto. Die Fische werden von der Familie Schindler aus Eppishausen geliefert. Empfehlenswert ist der Schwäbische Zwiebelrostbraten aus der Jungrindlende mit Röstzwiebeln und Butterspätzle. Typisch für die bayerisch-schwäbische Küche ist das Zwicklbiergulasch* mit Wurzelgemüse und Breznknödel. Die geschmorten Ochsenbacken mit Kartoffelpüree und Karottengemüse sind eine Spezialität des Hauses. Der Koch bezieht das Fleisch überwiegend vom Metzger Baur aus Ronsheim. Weiter werden schöne Brotzeitteller und hausgemachte Bratensulzen angeboten. Vegetarische Gerichte sind die Allgäuer Kässpätzle mit Röstzwiebeln oder das vegane Gemüsecurry in Kokosmilch mit Koriander-Couscous. Der bunte Blattsalat mit Streifen von der Hähnchenbrust, Malzknusperle und Baguette wird mit Zutaten aus der eigenen Gärtnerei hergestellt. Als feiner Abschluss lockt das Nuss-Knusperle, ein Haselnusseis im Knuspermantel, Sahne und Baileys.

Das ausgeschenkte Bier braut die Lindenbrauerei in Mindelheim nach der ursprünglichen Rezeptur der Klosterbrauerei Ursberg. Weißbiere kommen von der Radbrauerei in Günzburg. Weine vor allem aus deutschem Anbau. Alles wird stressfrei serviert vom freundlichen Service in landestypischer Tracht.

Winkler Bräustüberl

St.-Martin-Straße 6,
92355 Velburg-Lengenfeld
0 91 82 / 1 70
winkler-braeu.de/
restaurant-velburg

Größe: 270 Plätze in den Gaststuben, 90 im Wintergarten
Preise: V 5–19, H 20–40, N 4–18 Euro; Vier-Gänge-Menü 65 Euro
Kreditkarten: Alle gängigen Karten
Öffnungszeiten: täglich 11.30–14 und 17.30–20 Uhr; Nachmittagskarte 14–17.30 Uhr

Stilvoll in historischen Gutshofstuben mit eigenem Bier

Seit 1428 werden in dem altehrwürdigen Gebäude hungrige Reisende bewirtet, seit 1628 in der eigenen Brauerei Gerstensafterzeugnisse hergestellt. Der Bilderbuchgasthof hat eine holzgetäfelte, alten Gaststube mit leinengedeckten Tischen, der helle, moderne Wirtsgarten im Hofgeviert hat ein Glasdach. Die Familien Böhm und Winkler haben in den sechs Gaststuben alles gut im Griff, die Atmosphäre bleibt immer herzlich. Vorbildlich ist die Liste der erzeugenden Betriebe und Lieferant*innen für Küche und Keller. Die Küchenleistung ist angesichts der Größe des Hauses beeindruckend und bietet bodenständige, zeitgemäße Gerichte.

Es gefallen Vorspeisen wie das Carpaccio vom Oberpfälzer Rind, die Hirschsalami mit Butter und Baguette oder das geräucherte Wammerl, aber auch der Salat mit gebratenen Landhendlstücken. Angeboten werden Menüs mit ausgewählten regionalen Produkten. Die Gänge können auch einzeln bestellt werden, ein vegetarisches Gericht ist immer dabei. Bei den Hauptspeisen klopft die bayerische Bratenküche den Takt mit vielen Wildgerichten vom Fleisch aus heimischen Revieren. Klassiker des Bräustüberl ist die knusprige Schweinshaxe mit Kartoffelknödel und Gartensalat. Saisongerichte gibt es zur Spargelzeit, zum Erntedank, zur Schwammerlsaison oder zu Advent und Weihnachten.

In einem Brauereigasthof braucht man über das Bierangebot keine großen Worte zu verlieren, doch das dunkle Kupfer in seinem schönen Pokal ist ein Muss. Neu auf der Bierkarte sind die im Holzfass gereiften Bockbiere. Weintrinker findet eine passable Auswahl offener Rot- und Weißweine. Freundlicher Service mit Oberpfälzer Charme in fescher Tracht.

→ Feste und Termine rund um den Winkler-Bräu sind auf der Webseite zu finden.

Im Brauereiladen können Brauköstlichkeiten erworben werden.

Landhaus Tanner

Aglassing 1,
83329 Waging am See
0 86 81 / 6 97 50
landhaus-tanner.de

Größe: 85 Plätze in Restaurant und Stüberl
Preise: V 8–22, H 18–38, N 9–14 Euro
Kreditkarten: EC, Master, Visa
Öffnungszeiten: Mo–Mi 17–23 Uhr; Do–Sa 12.30–23 Uhr; Ruhetag: So

Alpenkulinarik im Rupertiwinkel

Das Alpenpanorama vor Augen, am Ort der wärmste Badesee Oberbayerns – und im »Landhaus Tanner« bringen die Gastgeber Steffie und Franz Tanner ergänzend typische Gerichte aus den Produkten der alpinen Kulturlandschaft auf den Tisch. Die Ökomodellregion Waginger See/Rupertiwinkel schafft die besten Voraussetzungen. Von Bio-Bauer Franz Murr aus Waging stammen die Pinzgauer Rinder, welche im Landhaus Tanner komplett verarbeitet werden. Die Tachinger Fischzucht Weiherhaus steuert Forellen und geschmackvolle Saiblinge bei. Die Genussregion bietet im Umkreis von nur zwanzig Kilometern Bioziegenkäse, Biogeflügel, Gemüse, Demeter-Kartoffeln und vieles mehr. Der Edelschimmelkäse kommt von der deutschlandweit bekannt Bergader-Käserei aus Waging, weitere Käsesorten liefert die Bio-Käserei Mattigtaler in Österreich.

Aus der lokalen Fülle schaffen Franz Tanner und sein engagiertes Küchenteam vielfältige saisonale Spezialitäten – bis auf einige Pastazutaten wird alles frisch gekocht. Als Vorspeise erfreuen Chiemsee-Renkenmatjes mit mariniertem Rohner*, Krensauerrahm und Spinatsalat, im Frühling ein Bärlauchsupperl mit Croutons. Oma Lonis Kalbfleischpflanzerl mit Kren und Kartoffel-Gurken-Salat sind ebenso empfehlenswert wie das Schnitzel vom Bioschwein mit kalt gerührten Preiselbeeren, Petersilienkartoffeln und Salat. Nicht zu vergessen die Lende vom Rupertirind mit Zwiebelkruste, Selleriepüree und Linsen – im Frühling alternativ mit dem neuen Spargel. Zum Nachtisch gibt es pikanten Bergader Edelpilzkäse mit Feigensenf oder süße Topfenknödl mit Nussbrösl, Vanilleeis und Hollerkoch*.

Vorwiegend österreichische Weinauswahl, Biere des Hofbräu Traunstein und Obstbrände aus dem direkten Umkreis. Im Sommer locken Sonnenterrasse und Biergarterl.

Wirtshaus zur Stieglmühle

Stieglmühle 1,
95679 Waldershof
0 92 85 / 9 68 47 00
stieglmuehle.de

Größe: 50 Plätze in der Wirtsstube, 35 in der Müllerstube, 120 im Außenbereich
Preise: Hauptgerichte 13–28 Euro
Kreditkarten: EC
Öffnungszeiten: Mi 17–23 Uhr; Do, Sa 11–14 und 17–23 Uhr; Fr 17–23 Uhr; So 11–23 Uhr; Ruhetage: Mo, Di

Am Tor zur oberpfälzischen Fischwelt

Im oberpfälzischen Teil des Fichtelgebirges, zwischen der Kösseine und der hohen Platte, dem höchsten Berg des Steinwalds, liegt das »Wirtshaus zur Stieglmühle«. Das bereits 1591 urkundlich erwähnte Anwesen wurde 1997 vom Baron von Gemmingen-Hornberg übernommen und zu einem Landgasthaus umgestaltet. In wunderschöner Umgebung kann man die gute Küche der Familie Gläßl zu erschwinglichen Preisen genießen. Das Gemüse kommt zum Teil aus dem eigenen Garten, ansonsten von Höfen aus der nächsten Umgebung. Heimische Jäger*innen bringen in der jeweiligen Jagdsaison waidgerecht erlegtes Wild. Uwe Gläßl, gelernter Metzger und Koch, kauft halbe Rinder oder ganze Schweine aus der Umgebung, zerlegt sie und verwertet sie komplett. Einige Teile werden zugekauft. Gelegentlich hält die Familie Schafe, um deren Fleisch im Wirtshaus anbieten zu können. Die Küche ist bodenständig, die Gerichte werden frisch für den Gast zubereitet.

Vorspeisen sind Sülze in Essig-Öl-Zwiebel-Marinade mit Holzofenbrot und Ziegenkäse im Schinkenmantel mit Quark und Olivenöl. Das im Butterschmalz herausgebratene Cordon bleu vom Schwein ist überaus saftig, die selbst gemachten Pommes überzeugen. Der heimische Rehbraten mit Knödel und selbst gekochtem Apfelblaukraut haben den typischen Geschmack. Der Saibling Müllerin mit Butterkartoffeln ist fangfrisch und aromatisch. Das ist der Region geschuldet, in der die Teichwirtschaft eine sehr lange Tradition hat. Jeden Donnerstag steht Kronfleisch (Zwerchfell vom Rind) auf der Speisekarte, ein absoluter Klassiker der Region.

Das Bier vom Fass wie Pils, Urtyp, Schwarzkittel oder Hefeweizen liefert die nahe Friedenfelser Schlossbrauerei. Der Wein, auch von Bioweingütern, kommt aus Deutschland und Österreich.

Einkaufsmöglichkeiten in der hauseigenen Mühlenmetzgerei. Uwe Gläßl verarbeitet Fleisch von Tieren aus der Umgebung. Angeboten werden Leberwurst, Presssack, Sülze, Brotzeitfleisch, Göttinger oder Fleischkäse ebenso wie Saure Lunge, Wildschweingulasch oder Rehragout in Dosen.

Bräustüberl »Zur Kanne«

Bachgasse 15,
91781 Weißenburg in Bayern
0 91 41 / 38 44
zurkanne.de

Größe: 75 Plätze in den Gasträumen, 80 vor dem Haus
Preise: Hauptgerichte 19–39 Euro
Kreditkarten: EC, Master, Visa
Öffnungszeiten: Mi–So 11.30–14 und 17.30–21 Uhr; Ruhetage: Mo, Di

Esskultur und Baukultur verbinden

Das seit 1772 bestehende Gasthaus ist eng mit der Brauerei Schneider im altmühl-fränkischen Weißenburg verbunden, einer der ehemaligen reichsfreien Städte. Der die Straße und den vorgelagerten Brunnenplatz dominierende Bau mit Eckeinfassungen und Sockelgeschoss aus örtlichem Sandstein wurde in der baukulturellen Epoche der Ansbacher Markgrafen begründet. Hochformatige Fenster gliedern die Fassade und bieten dem zentralen Gastraum mit umlaufenden Eckbänken und einer Theke unter Säulenarkaden den Inbegriff eines klassischen Wirtshauses mit Wohnzimmeratmosphäre, die man noch immer im Originalzustand genießen kann. Das Gemüse stammt entweder traditionell aus dem Knoblauchsland vor den Toren Nürnbergs oder aus Gärten von Freund*innen und der Familie in der Umgebung, die Backwaren und das Fleisch von handwerklichen Betrieben in einem Nachbarort. Alle Lieferant*innen werden in der Speisekarte vorgestellt. Seit 2019 betreibt Marius Bansemer das Bräustüberl und bietet eine naturnahe und an den Angeboten der Region ausgerichtete kreative Küche an.

Als Hauptgerichte werden Steaks in vielen Variationen, ein besonders schmackhaftes Münchener Schnitzel vom Landschwein mit Kartoffelgurkensalat, Weiderind-Zwiebelrostbraten mit Spätzle und Salat aus saisonalem Angebot, die klassische gebratene Leber vom Kalb, diverse Nudel-Spezialitäten mit unterschiedlichen Beilagen als fleischlose Varianten und als Vorspeisen Lauwarmer Ziegenkäse auf Kartoffelstroh oder fränkische Suppen als Klassiker - wie die Hochzeitssuppe - angeboten.

Der sehr zuvorkommende Service durch Restaurantleiterin Lena Baumgärtner und Kolleginnen zeichnet sich durch eine detaillierte Präsentation der Angebote und der regionalen Partner*innen des Wareneinsatzes aus. Die unmittelbar neben dem Gebäude befindliche Brauerei Schneider beliefert bis heute als kleine und nur in Weißenburg präsente Braustätte »Die Kanne« mit einer Vielzahl handwerklich hergestellter fränkischer Bierspezialitäten. Regionale Säfte kommen von den Hesselbergern.

→ Der Besuch der 1977 entdeckten römischen Therme in Weißenburg und des römischen Museums mit seinem Silberschatz ist zu empfehlen.

Landhaus Lebert

Schlossstraße 8,
91635 Windelsbach
0 98 67 / 95 70
landhaus-rothenburg.de

Größe: 35 Plätze im Restaurant, 30 im Biergarten, 80 in der Scheune
Preise: Hauptgerichte 20–39 Euro
Kreditkarten: EC
Öffnungszeiten: Di–So 17.30–21 Uhr; Sa, So, Feiertag 11.30–21 Uhr; Ruhetag: Mo

Kulinarischer Sehnsuchtsort im Naturpark Frankenhöhe

Manfred Lebert ist gebürtiger Künzelsauer und Hohenloher. Als er vor rund drei Jahrzehnten das Dorfwirtshaus im bayerisch-mittelfränkischen Windelsbach erwerben konnte, zögerte er keinen Augenblick. Zusammen mit Ehefrau Gabriele baute er sich in dem 400-Seelen-Dorf nahe Rothenburg ob der Tauber ein gastronomisches Idyll für Menschen auf, die eine feine heimische Küche schätzen. Der Gastraum, aufgeteilt in eine kleine, rustikale Bierstube und ein liebevoll gestaltetes Restaurant, atmet Ruhe und Gemütlichkeit. Die transparente Herkunft der verarbeiteten Produkte ist mustergültig. Die Speisekarte respektiert die Jahreszeiten und bleibt mit fränkischen Weideochsen, dem Kuhkäse der Geifertshofener Dorfkäserei oder Wildspezialitäten aus Mittelfranken in der Region. Überwiegend fränkisch sind auch die Rezepte. Bei den drei Menüempfehlungen kann jeder Gang einzeln gewählt werden.

Vorzüglich sind die Kraftbrühe mit Kräuterflädle und Gemüsestreifen, die Schwarzwurzelcremesuppe mit Trüffel oder der geräucherte Gewürzschinken mit gehobeltem Käse als Vorspeisen. Vegetarisch sind die hausgemachten Ravioli mit einem Saisonsalat. Sehr empfehlenswert ist das Ragout vom Dammhirsch mit Gewürzrotkraut und Dinkelspätzle. Das geschmorte Bäckle vom Schwäbisch-Hällischen Schwein wird auf Gemüse-Zimt-Albleisa*, das zarte Schnitzel vom Biokalb mit einer feinen Jus und Pfifferlingen serviert. Außergewöhnlich ist das »Filet« vom Ochsenschwanz in seiner Soße mit Karottengemüse, Kartoffel-Sellerie-Püree und Spargel oder auch die entbeinte, gefüllte Wachtel mit Sellerie und Rotkohl. Selbst einfache Gerichte wie eine Bratwurst werden bei Lebert als Bratwurst mit Morcheln, Morchelrahmsoße und Zitronen-Kartoffelrösti zum raffinierten Genuss. Als Nachspeisen empfehlen sich die Nocken vom hausgemachten Rahmeis oder Kreationen wie die Rotweinbirne mit Vanillesauce und hausgemachtem Vanilleeis und der Eisgugelhupf mit Pralinensoße.

Die Weinkarte favorisiert fränkische Weine, ergänzt von guten württembergischen und badischen Weingütern. Dazu eine schöne Auswahl an Destillaten und Bier aus Distelhausen.

→ Ein Besuch der Altstadt von Rothenburg ob der Tauber ist immer lohnend. Zudem bieten sich Wanderungen im Naturpark Frankenhöhe an.

Slow Food auf vier Rädern: Der Schäferwagen vor dem Landhaus bietet Mitbringsel aus Leberts Landhausküche.

NEU

Landgasthof Kammbräu

Bräugasse 1,
94579 Zentin
0 99 07 / 8 92 20
kamm-braeu.de

Größe: 95 Plätze in der Gaststube, 80 im Garten
Preise: V 7–17, H 15–33, N 10 Euro
Kreditkarten: Alle gängigen Karten
Öffnungszeiten: Mo–Fr 17.30–21 Uhr; Sa, So 11.30–14 und 17.30–21 Uhr

Frische Gastlichkeit im Sonnenwald

Verlässt man das Donautal flussabwärts hinter Deggendorf nach Norden zum Bayerischen Wald hin, grüßt als erster der größeren Bayerwaldberge der Brotjacklriegl, der zugleich das Gebiet des Sonnenwalds markiert. Von den Donau-Kulturlandschaften schlängeln sich die Wege durch Mischwälder, Streuobst- und Magerrasenflächen bis zu den Hochlagen des Bayerwalds. Durch artenreiche Blühwiesen wird bald Zenting erreicht, inmitten eines Wander- und Radwegenetzes. Im Zentrum des Dorfs findet sich der »Landgasthof Kammbräu«, seit 1883 im Familienbesitz. Das auf dem Haus seit Jahrhunderten liegende Braurecht wird von Wirtin Sigrid Kamm nicht mehr bedient, die Gebäudeteile wurden zu zeitgemäßen Gästezimmern umgewidmet. Seit mehr als zwei Jahrzehnten hat die gelernte Köchin und Hotelfachfrau den Gasthof nach und nach zu einem grünen Idyll im Ortszentrum weiterentwickelt: Neben dem lauschigen Gastgarten finden sich Apfel-, Kirsch- und Zwetschgenbäume, Kräuter- und Gemüsebeete, die kürzlich um eine Fläche am Ortsrand erweitert wurden. Ziel ist es, möglichst viele Ausgangsprodukte selbst herzustellen. Nicht weit entfernt gedeihen Forellen, Karpfen, Zander und Hecht in den eigenen Weihern, ein Waldstück im Familienbesitz liefert Beeren, Wildkräuter und Schwammerl – gern bietet die Wirtin Führungen an. Was zugekauft werden muss, kommt von befreundeten Jäger*innen, Biohöfen und nachhaltigen Produzent*innen. Und wenn es am Tisch gelegentlich länger dauert nach der Bestellung, bittet sie im Sinne der Qualitätsbewahrung der Zutaten auf Waidlerisch, dem Dialekt der Bayerwald-Bewohner*innen, um Verständnis: »Ois werd frisch kocht!«

Im gemütlichen Schankraum werden regionaltypische Gerichte wie der Büchelsteiner Eintopf mit Gartengemüsen, Lauchcremesuppe mit geräuchertem Saibling, hausgemachte Bandnudeln mit Bärlauchsoße und Bergkäse und Schwarzwurzeln mit Erbsencreme und Kartoffelgratin serviert. Vegetarisch ist das Wiesenmenü mit Pflücksalat, Portulak und Brunnenkresse mit Hausdressing, Dreierlei von der Kartoffel mit Bärlauchquark sowie Rotweinzwetschgen mit Walnusseis. Daneben stehen Klassiker wie Rindsrouladen mit Kartoffelpüree und eigenem Blaukraut sowie Saiblingsfilet mit Dillschaum auf Blattspinat und Kartofferl.

Im Ausschank finden sich neben Biolimonaden und -säften süffige Biere, wie etwa ein Zoigl von der Familienbrauerei Moosbacher oder Helles und Weizen von der Passauer Innstadt-Brauerei. Die Weine sind überwiegend österreichischer Provenienz.

Berlin

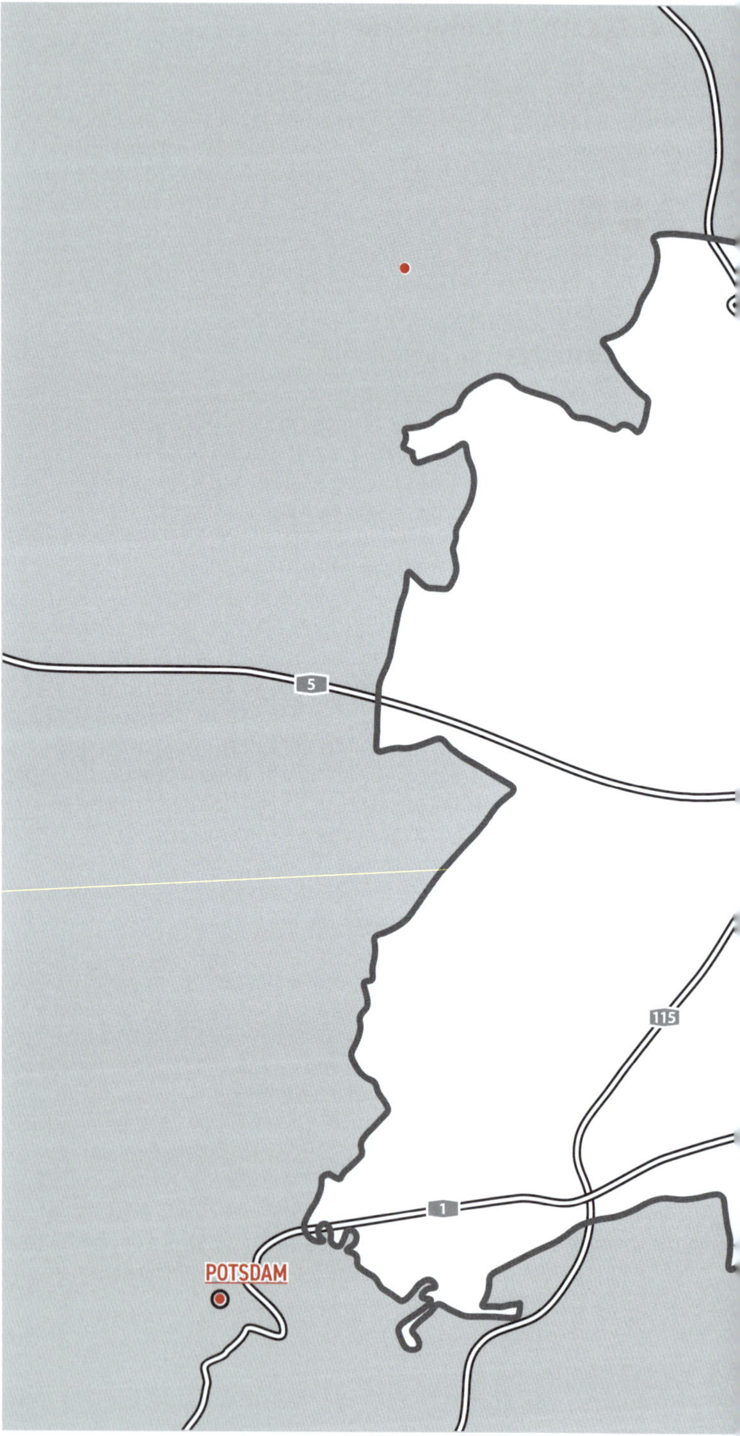

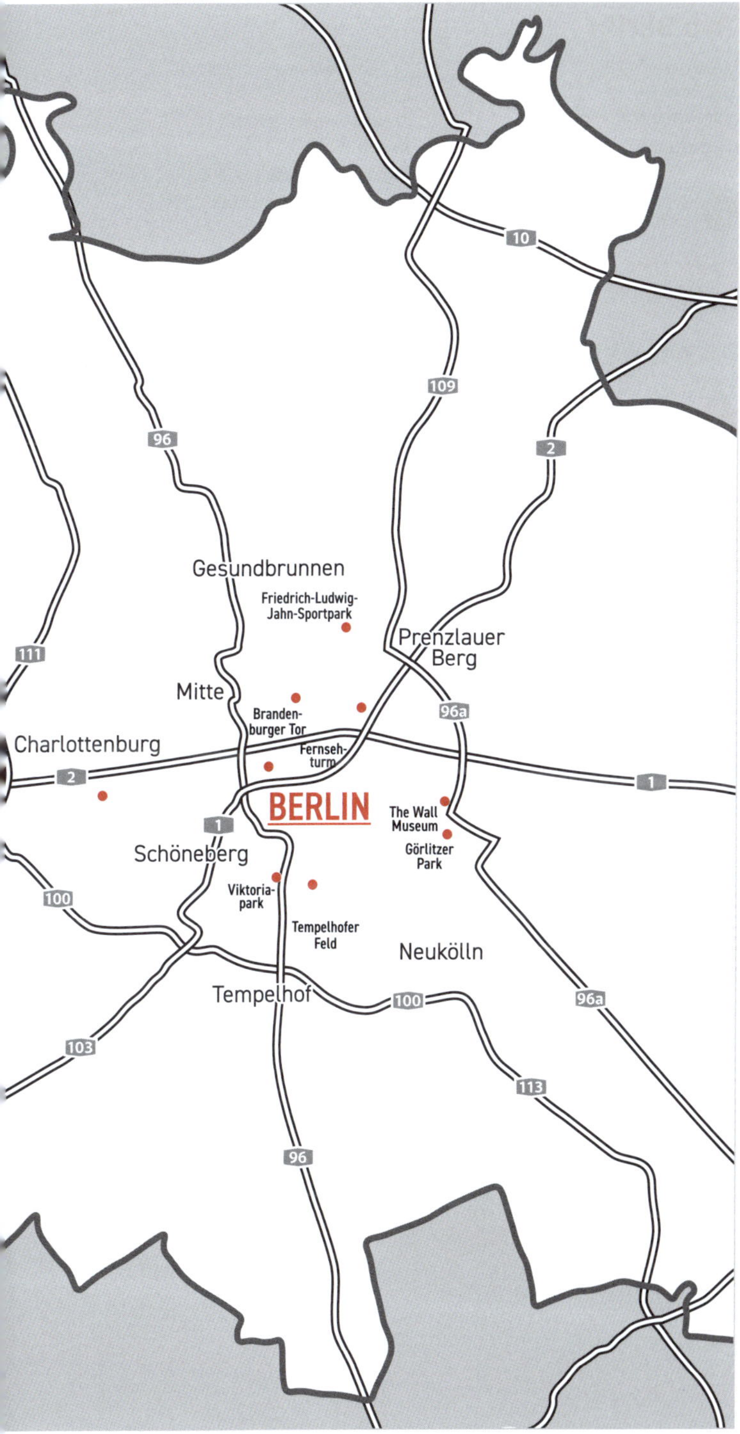

10
109
96
2
Gesundbrunnen
Friedrich-Ludwig-
Jahn-Sportpark
Prenzlauer
Berg
111
Mitte
Branden-
burger Tor
96a
Charlottenburg
Fernseh-
turm
2
1
BERLIN
The Wall
Museum
1
Schöneberg
Görlitzer
Park
100
Viktoria-
park
Tempelhofer
Feld
Neukölln
Tempelhof
100
96a
103
113
96

NEU

Trio Berlin

Linienstraße 13,
10178 Berlin
0 30 / 33 90 13 10
trioberlin.webflow.io

Größe: 70 Plätze im Restaurant, 22 draußen
Preise: Hauptspeisen 14–29 Euro
Kreditkarten: Alle gängigen Karten
Öffnungszeiten: Do–Mo 18–23 Uhr, Mi–Fr Mittagstisch; Ruhetage: Di

Das gute Wirtshaus um die Ecke

Am ehesten könnte man das »Trio Berlin« als »Young Urban Wirtshouse« bezeichnen: als Wirtshaus »um die Ecke« in Berlin-Mitte mit ehrlich bodenständiger Regionalküche und verlässlicher Bioqualität zu erschwinglichen Preisen. Hier fühlt man sich wohl an dunkelroten Tischen, am großen Tresen oder auch in kleinen Nischen. Im Sommer lädt die Terrasse ein, die Nachtfalter aus umliegenden Bars zu beobachten. Hinter dem Trio steckt das Dreigestirn Eva Alken, Clemens Roesch und Vadim Otto Ursus. Alle drei haben sich vor Jahren im Fine-Dining-Restaurant »Otto« kennengelernt, dessen Namensgeber Vadim Otto Ursus ist. Er ist Wegbereiter einer modern-reduzierten nachhaltigen Küchenkultur mit nordischem Einschlag, die er sich unter anderem im Noma (Kopenhagen) und im Maaemo (Oslo) angeeignet hat. In ihrer puristischen Form ist diese Küche im Otto (Oderberger Straße) zu entdecken, etwas lockerer und einfacher geht's im »Trio« zu. Beide Restaurants nutzen Synergien bei Einkauf und Zubereitung. Der Großteil der Produkte stammt von Biohöfen und vom Wildspezialisten Korte aus dem Biosphärenreservat Schorfheide. Fisch kommt aus nachhaltiger Zucht von der Fischfarm 25 Teiche oder den Müritzfischern. Biogemüse liefert Terra. Zudem betreibt das Küchentrio einen eigenen kleinen Garten. Gekauft und genutzt wird das ganze Tier. Beim Biokalb etwa kommen die hochwertigeren Teile eher im »Otto« auf den Tisch, die niedrigpreisigen, aber keineswegs minderwertigen wie Leber und Beuschel werden vorzugsweise im »Trio« verarbeitet.

Im »Trio« wird à la carte gegessen. Zum Einstieg gibt es Berliner Solei mit Salzgurke, Meerrettich und Dill oder Handkäs mit Musik sowie verschiedene Salate. Bei den Hauptgerichten begeistert das Szegediner Wildgulasch mit Semmelknödel und saurer Sahne. Aber auch das Backhendl mit Kartoffel-Gurken-Salat und die Königsberger Klopse überzeugen. Als vegetarische Alternativen gibt es einen Alblinsen-Eintopf, die Senfeier auf Kartoffelpüree oder ein Pilzgulasch. Einfach und gut auch die Nachtische: Apfelstrudel mit Crème anglaise oder das Sauerrahmeis mit Sauerkirsch-Kompott und Walnüssen.

Es werden deutsche, italienische, österreichische und schweizer Weine angeboten, aber auch tschechische Tropfen. Biere aus der Region wie etwa Barnimer Landbier kommen aus dem Hahn. Das ständig wechselnde Fass des Tages macht neugierig. Kompetenter, aufmerksamer Service, kein rauer Berliner Ton. Gebändigter Stress in der einsehbaren Küche.

NEU

Kitchen Library

Bleibtreustraße 55,
10623 Berlin
0 30 / 3 12 54 49
kitchen-library.de

Größe: 24 Plätze im Gastraum, 20 im Außenbereich
Preise: Fünf-Gänge-Menü 92 Euro, sieben Gänge für zwei zum Teilen 70 Euro pro Person
Kreditkarten: Alle gängigen Karten
Öffnungszeiten: Mi–Sa 17.30–24 Uhr; Ruhetage: So–Di

Sieben kleine Dinger mit Pfiff

Fünf Gehminuten vom Savignyplatz entfernt, in der Charlottenburger Bleibtreustraße, residiert das »Kitchen Library«, ein kleines Lokal mit wenigen Tischen und vielen Kochbüchern. Mehr als 800 Bände sind papierne Zeugen einer großen Leidenschaft. Die Theorie steht in den Regalen, die Praxis wird im Zweiergespann umgesetzt: Daniela und Udo Knörlein bewirtschaften das Restaurant allein: Er kocht, sie serviert, basta. So geht das seit März 2016, als das junge Paar den Traum vom eigenen Restaurant verwirklichte. Die Menükarte wechselt wöchentlich mit bis zu sieben Gängen, von denen meist fünf vegetarisch sind. Teilen ist auch möglich. Der Stil des Hauses ist Casual Fine Dining in lockerer Atmosphäre. Eine feine und raffinierte Küche ist es allemal, die kleinen Menüportionen schillern in allen Farben und Formen, liebevoll und kunstvoll angerichtet. Udo Knörlein ist gelernter Stukkateur, hat dann in der fränkischen Gastronomie gelernt mit kurzen Abstechern zu Harald Wohlfahrt und Schweizer Spitzenköchen. Seine Küche ist jung und modern mit wenn immer möglich regionaler Ausrichtung. Dafür ist vor allem der Wochenmarkt am Karl-August-Platz verantwortlich, wo die beiden regelmäßig die Marktstände scannen. Spargel kommt aus Beelitz, Wagyu-Fleisch von einem befreundeten fränkischen Regiohof. Der Koch hat seine Favoriten und bekennt: »Ich kriege das Gute besser hin, wenn's mir selber schmeckt«. Deshalb gibt es wenig Fisch (»mag ich nicht so«) und selten Lamm.

Typisch ist das Spiel der Konsistenzen. Eine Bete oder Sellerieknolle wird gebacken, eingelegt, roh, als Crème, entsaftet oder geschmort serviert – nicht selten als Dreierlei auf dem Teller. Beim Gemüse werden auch Blätter und Wurzeln verwertet, die Haferwurzel frisch vom Feld ist ein delikates Beispiel. Fermentierte Gemüse und knackig-süßsaure Pickles – auch zum Mitnehmen – werden selbst hergestellt. Die Einmachgläser im gemütlichen Gastraum erreichen aber noch nicht die Zahl der Bücher. Einige typische Gerichte: Brandenburger Hirschkalbsrücken mit Cheddar-Schmorzwiebel-Quiche, Portwein-Jus und Spinat wurde im Sommer probiert. Sellerie kommt in Begleitung von Belper Knolle, Tanne und Zwiebel auf den Tisch. Auch die Nachspeisen sind raffiniert wie die Kombination von Schokolade mit Feige, Pfeffer und Milch.

Daniela Knörlein liebt Pfälzer und Franken-Weine, bei 60 Positionen auf der Karte sind auch andere deutsche und südeuropäische Gewächse vertrete. Ihr Service ist freundlich.

Neugrüns Köche

Schönhauser Allee 135a,
10437 Berlin
0 30 / 44 01 20 92
neugruenskoeche.de

Größe: 35 Plätze im Gastraum, einige wenige Außenplätze
Preise: Sechs-Gänge-Menü 72 Euro
Kreditkarten: EC
Öffnungszeiten: Mi–Sa 19–23 Uhr; Ruhetage: So–Di

Lieber essen als staunen

Das Restaurant »Neugrüns Köche« wird im Oktober 2024 zwanzig Jahre alt. 2004 wagten Berit Brück und Eskil Neuroth den Weg in die Selbstständigkeit. Ihr Menürestaurant in Prenzlauer Berg ist eine kleine Festung für Qualität und Beständigkeit. Brück und Neuroth sind ausgebildete Köche, die in der Küche des Berliner Sternekochs Siegfried Rockendorf gearbeitet haben und sich dort tiefer in die Augen blickten. Sie sind der feinen Küche treu geblieben, doch die Gäste sollen wegen des Essens Platz nehmen und die Teller sollen nicht zu exotisch sein. Die Einrichtung des kleinen Lokals ist ruhig und unaufgeregt: kein Schnickschnack, klassische Bestuhlung. Eingekauft wird, wenn möglich, Bio. Nachhaltigkeit ist die konstante Begleitmelodie bei der Suche nach Erzeugern und Produkten. Jedes Brot, jede Pasta wird selbst gemacht, auch der Wildschweinschinken ist hausgereift. Als selbstverständlich gilt bei Neugrüns das Konzept »Nose-to-Tail«, also die Verarbeitung des ganzen Tieres. Berit Brück weist auf die Bedeutung der Ausbildung hin, bei der das Restaurant ein ganzheitliches Handwerk vermittelt. Gerne werden die Lokale aufgezählt, in denen Neugrüns-Eleven heute die Chefs sind.

Das regionale Menü in sechs Gängen entwickelt sich nach dem saisonal wechselnden Angebot. Die Teller sind kunstvoll angerichtet, ohne elaboriert zu sein. Regelmäßig wird Wild angeboten, das Fleisch kommt seit vielen Jahren vom Jäger Jörn Korte aus der Schorfheide. Spargel liefern die Beelitzer Jakobshöfe, Fisch die Müritzfischer, Ziegenkäse der Ziegenhof Ogrosen, die Kräuter wachsen im eigenen Garten. Und manchmal geht die Chefin einfach um die Ecke und holt Obst und Gemüse aus dem nächsten Bioladen. Typische Gerichte sind die Forelle mit gebratener Blutwurst und Sellerie-Ravioli oder das Beelitzer Kaninchen mit wildem Brokkoli und glacierten Karotten. Im Frühjahr standen vorzügliche Variationen vom Lamm mit grünem Spargel und Wildkräutern auf der Karte. Den süßen Schlusspunkt setzt ein Quittensorbet mit Walnussküchlein und Kürbisragout. Das schmeckt, das ist zeitgemäße, gute deutsche Küche mit mediterranem Einfluss. Vegetarier sollten sich anmelden, sie bekommen ein eigenes Menü.

Im Weinkeller ruhen 25 Positionen, der Schwerpunkt liegt in deutschen Anbaugebieten, ergänzt vor allem von französischen Rotweinen.

India Club

Behrenstraße 72,
10117 Berlin
0 30 / 20 62 86 10
india-club-berlin.com

Größe: 86 Plätze im Gastraum
Preise: Hauptgerichte 23–32 Euro
Kreditkarten: Alle gängigen Karten
Öffnungszeiten: Täglich von 17.30–23.30 Uhr

Authentische nordindische Küche mit Bioprodukten

Berlinbesucher kommen fast automatisch in Tuchfühlung mit dem »India Club«. Das Restaurant liegt unweit des Brandenburger Tors gegenüber vom Holocaust-Mahnmal in der historischen Mitte der Stadt. Es sitzt unter dem gleichen Dach wie der China Club und gehört ebenfalls zur Jagdfeld-Gruppe. Der »India Club« ist im Gegensatz zu dem nur für Mitglieder offenen China Club ein öffentliches Lokal. Das Interieur ist nobel designed mit warmen »indischen« Farben. 2017 ist das Geburtsjahr, die Besitzerfamilie Jagdfeld hatte den Ehrgeiz, »das beste indische Restaurant Deutschlands« zu etablieren. Auf jeden Fall ist es eine erstklassige Adresse für authentische nordindische Küche. Dafür sorgt Küchenchef Manish Bahukhandi mit seinen sechs Köchen. Bahukhandi hatte zuvor in renommierten Hotelküchen Delhis gekocht, wo ihn Familie Jagdfeld für das Berlinabenteuer gewinnen konnte. Er sagte zu unter der Bedingung, kein Fleisch von Schwein oder Rind zu verarbeiten.

Die Karte wechselt im Rhythmus der Jahreszeiten. Die Speisen haben nicht die extreme Schärfe der südindischen Küche, Bahukhandi sieht sie in der Tradition der nordindischen Bundesstaaten Punjab, Rajasthan und der Metropole Delhi, ihr würziger Duft erfüllt das ganze Restaurant. Obwohl der »India Club« nicht biozertifiziert ist, werden fast nur Biolebensmittel verarbeitet. Der Chefkoch outet sich als »big fan of bioproducts«, nur bei manchen Gewürzen bekomme er keine Bioware. Mehr als 90 Prozent der Lebensmittel liefert der Biohof Gut Vorder Bollhagen, der von der Jagdfeld-Gruppe in Mecklenburg betrieben wird und dort Geflügel und Lämmer, aber auch Kartoffeln und Gemüse produziert. Das Fleisch, sagt der Chefkoch, komme zu 98 Prozent aus eigener Freilandproduktion. Besonders gefeiert wird das Butter-Curry-Huhn nach dem Familienrezept des Kochs. Als Starter empfehlen sich der Kohlrabi-Salat mit Apfel, Mango, Minze, Ingwer oder die Kichererbsen mit Garam Masala. Viele Gerichte sind das Ergebnis von »very slow cooking«, manche simmern einen ganzen Tag vor sich hin. Aus dem Tandoori-Ofen kommt das 24 Stunden marinierte Tandoori-Huhn mit 15 Gewürzen für zwei Personen. Das vegetarische Fundament der indischen Küche zeigt sich in vielen würzigen Currys und feinem Gemüse. Ein Favorit: Linsen mit Bockshornklee. In größeren Gruppen mit geteilten Gerichten lässt sich die ganze Pracht dieser Küche erleben.

Weine aus Deutschland, Italien und Frankreich. Deutsches und indisches Bier. Professioneller, freundlicher Service.

Michelberger

Warschauer Straße 39/40,
10243 Berlin
0 30 / 2 97 78 59 24
michelbergerhotel.com/de/
restaurant

Größe: 80 Plätze im Restaurant, 70 im Innenhof
Preise: V 5–18, H18–29, N 5–19 Euro; Drei-Gänge-Menü 52; Brunch 28 Euro
Kreditkarten: Alle gängigen Karten
Öffnungszeiten: Mo 12–14 Uhr; Di–Fr 12–14 und 18–23 Uhr; Sa 18–23 Uhr; Brunch Mo–Fr 7–11 Uhr; Sa, So 8–14 Uhr

Vegan und vegetarisch vom Tablett

Mittendrin im vor allem abends trubeligsten Teil von Berlin, an der Grenze zwischen Friedrichshain und Kreuzberg, gegenüber vom U-Bahnhof Warschauer Straße liegt das familiengeführte Hotel und Restaurant »Michelberger«. Im Restaurant werden Brunch und Abendessen angeboten – im Gastraum mit kurzen und langen Tischen in angenehmer Atmosphäre, auch im lauschigen Innenhof, wenn es warm ist. Dass in einem modernen Berliner Lokal der Schwerpunkt auf veganer und vegetarischer Küche liegt – auf Wunsch mit kleinen, aber feinen Ergänzungen von Fisch oder Fleisch –, ist kaum mehr etwas Besonderes. Dass alle Produkte aus biodynamischem, biologischem oder nachhaltigem Anbau sind, selbstverständlich möglichst regional und immer saisonal, schon eher. Und vor allem im Sinne von Slow Food. So hat das »Michelberger« seit 2019 eine eigene Farm im Spreewald, wo Obst und Gemüse für Küchenchef Alan Micks herkommen und auch alte und seltene Sorten angebaut werden. Obwohl der Anbau ständig erweitert wird, reicht das nicht aus. Fehlendes Gemüse kommt von »Plattform 2020« aus der Markthalle Neun in Kreuzberg oder von »Wilmars Gärten« in Trebbin.

Damit zu den Besonderheiten des Restaurants, in dem nur ein einziges, saisonal wechselndes Drei-Gänge-Menü angeboten wird: Eine freundliche Servicekraft stellt die an diesem Abend verarbeiteten Gemüse am Tisch den Gästen auf einem Tablett vor. Das klang im Herbst so: »Wir haben hier Austernpilze, Butternut, rote und gelbe Rüben, Weißkohl sowie Möhren, Rettich und Schwarzkohl, Quitten, Zwiebeln und Knoblauch für Sie, daraus bereiten wir heute Ihr Menü zu!« Ergänzend dazu die Frage, ob der Hauptgang mit Fleisch, Fisch oder vegan sein soll, auch auf Unverträglichkeiten wird eingegangen. Die dann servierten Gänge bestehen aus vier bis sechs Tellern, beginnend mit hausgebackenem Brot und Snacks, einer Reihe von Gerichten zum Teilen und dem gewählten Hauptgericht. Zum Start eines Menüs gehören – beispielsweise – fein geschnittene Rettichspiralen, im Ganzen frittierte Schwarzkohlblätter mit Dip, gepickelte Kohlblätter mit Sesam und gegrillte Hokkaidotranchen mit Sanddornmarinade. Als Nichtveganer schmeckten danach Speck-Pancakes in Brühe und sous-vide gegartes Wild mit Austernpilzen und Steckrübenpüree. Ein Nachtisch gehört nicht zum Menü, kann aber dazubestellt werden.

Umfangreiche Weinkarte mit Schwerpunkt auf Natur- und Bioweinen, hausgemachte Limonaden, handwerklich erzeugte Spirituosen kleiner Hersteller, Cocktails.

Braugasthaus Doldenmädel

Mehringdamm 80,
10965 Berlin
0 30 / 77 32 62 13
doldenmaedel-berlin.de

Größe: 160 Plätze im Gastraum, großer Biergarten
Preise: Hauptgerichte 16–27 Euro
Kreditkarten: EC, Master, Visa
Öffnungszeiten: So–Do 13–23 Uhr, Fr, Sa 13–24 Uhr

Craftbeer-Maniacs mit gutem Essen

Dort, wo die Touristenrennbahn Bergmannstraße beginnt, liegt das »Braugasthaus Doldenmädel« – fast wie auf einer Insel. Innen wurde Recyclingholz verbaut und mit rohem Stahl eingefasst, eine berlinerisch wirkende Kreuzung aus Industrielook und Blockhüttendesign: rau, aber herzlich. Dazu die lange Theke, die sofort klarmacht, was im Mittelpunkt steht: Bier. Inhaber Oliver Reimann ist Biersommelier mit Brauerfahrung. 2015 hat er das Gasthaus auf die Schiene gesetzt. Sein Bekenntnis: »Wir lieben Craftbier, handwerklich gebraut von Menschen, für die das mehr ist als ein Beruf.« Wenn das Getränk so ambitioniert ist, dann, so Reimann, »kann ich nicht mit Tiefkühlschnitzeln um die Ecke kommen«. Also wurden vernünftige Produzenten für eine gute Heimatküche mit grenzüberschreitenden Akzenten gesucht. Die wichtigsten Lieferanten stehen auf der Karte: Das Stahlbroder Naturgut am Greifswalder Bodden liefert Biofleisch, ebenso die eigene Rinderherde auf Rügen in Biofreilandhaltung, Gemüse kommt von der Weihe GmbH im Fruchthof Berlin.

Was die Küche mit Koch Christoph Stelzer daraus macht, ist zeitgemäße Alltagskost, die – vernünftig portioniert und appetitlich angerichtet – richtig gut schmeckt. Bei den Vorspeisen sind das die kross gebackenen Kartoffelchips mit verschiedenen Dips oder die Rindermettstulle vom Rügenrind. Als »Hauptsache« gefällt der »Doldenmädel«-Klassiker, den auch Jungs gerne mögen: der Burger im Briochebrötchen mit unterschiedlichen Füllungen und Auflagen. Gleich fünf Hauptgänge werden von der eigenen Herde des Rügener Freilandrinds angeboten, darunter Omas Gulasch mit Buttermöhren und Serviettenknödel oder die klassischen Königsberger Klopse mit Beten und Kartoffelpüree. Das süße Finale: lauwarmer Schokoladen-Porter-Brownie oder ein Kaiserschmarrn.

Das Essen soll zum Bier passen, so der kulinarische Kompass. Bei 20 Fassbieren am Hahn – davon neun fest, elf im Wechsel – beginnt das vergnügliche Probieren. Dazu kommen 30 bis 40 Flaschenbiere. Wen das überfordert, der bestellt die Testlatte mit fünf Minigläsern. Die Doldenmädels und -jungs im Service sind auch bei voller Hütte meist tough. Im großen Biergarten unter alten Bäumen findet man fast immer einen Platz.

Unweit des »Doldenmädels« liegt die Marheineke-Markthalle mit ihrem bunten kulinarischen Angebot.

NEU

Happa

Schlesische Straße 35 A,
10997 Berlin
0 30 / 75 43 89 44
happa-berlin.com

Bio

Größe: 26 Plätze im Restaurant, 30 mittags
Preise: Mittagstisch 6–13 Euro; Fünf-Gänge-Menü 62 Euro,
Kreditkarten: Alle gängigen Karten außer Amex
Öffnungszeiten: Mo–Do 12–15 Uhr; Do, Fr Dinnerabend 19–22 Uhr; Ruhetage: Sa, So

Bio, vegan und engagiert bis in die Haarspitzen

Gäbe es einen Nachhaltigkeitspreis für Berliner Restaurants, wäre das »Happa« erster Anwärter. Das Engagement des im November 2022 eröffneten Lokals ist schwer zu toppen. Das »Happa« ist vegan, biozertifiziert und verfolgt ambitioniert ein No-Waste-Konzept. Alles Grünzeug wird komplett verarbeitet, der Gemüsehändler Querfeld liefert krumme, zu große und zu kleine Feldfrüchte, die sonst in der Tonne landen würden. Den Kaffee baut ein Frauenkollektiv in Ruanda an. Vom Biosupermarkt kommt Brot vom Vortag, das nicht verkauft wurde. Die Portionen der Gerichte sind punktgenau bemessen, was in der Küche übrigbleibt, essen die Geschäftsführerinnen Nina Petersen und Sophia Hoffmann mit ihrem fünfköpfigen Frauenteam. Regionalität ist kein Lippenbekenntnis, selbst die Kichererbsen von Kiwerta und Biolinsen wachsen in Brandenburg. Das Mehl liefert Gut & Bösel in Madlitz, weitere Lebensmittel die Plattform Markthalle 9, nur ein paar Steinwürfe entfernt. 2017 hatten sich die beiden Quereinsteigerinnen kennengelernt und beschlossen, ein Restaurant zu gründen – ihr erster Schritt in die Gastronomie. Corona verzögerte den Start, bis sich im Spätherbst 2022 die Tür im Wrangelkiez – das frühere Schlesische Viertel im Osten Kreuzbergs – endlich öffnete. Hoffmann ist Vegan-Pionierin, hatte als Vorturnerin fürs rein Pflanzliche schon erste Kochbücher veröffentlicht. Petersen kommt aus der Öko-Ecke, sie hatte unter anderem für Greenpeace Events organisiert. Das »Happa« ist ein sehr kleines Restaurant, dennoch nicht zu eng bestuhlt, es ist einfach eingerichtet mit warmen Farben und Frauenporträts an den Wänden. Das Umfeld im Kiez ist jugendlich, eher arm, aber quicklebendig.

Aktuell bietet das »Happa« einen preiswerten Mittagstisch und achtmal im Monat ein Fünf-Gänge-Menü mit Ticketkauf und langer Voranmeldung. Der Kochstil liegt in der Mitte zwischen guter Hausmannskost und Fine Dining. Es gefallen das Dreierlei vom Blumenkohl und die Kärntner Kasnudeln mit Brösel und Wintersalat – ein Nudelgang ist fester Bestandteil jedes Dinners. Der Selleriebraten wird mit Kartoffelbrei und Bratensoße inklusive Geheimzutaten angerichtet. Zum Nachtisch den Apfelstrudel nach Art von Muttern oder Schokoladencreme mit Kirschen und Rosmarinkeks.

Weine von Bio-Winzerinnen aus Deutschland und den Mittelmeerländern. Der Service ist von umwerfender Freundlichkeit – ein Highlight in der oft muffligen Berliner Gastrolandschaft.

→ In unmittelbarer Nähe liegen die Oberbaumbrücke und die East-Side-Gallery.

NEU

Frea

Kleine Hamburger Straße 2,
10115 Berlin
Kein Telefonkontakt möglich
frea.de

Größe: 48 Plätze im Restaurant, 52 im Außenbereich
Preise: Drei-Gänge-Menü 63, Vier-Gänge-Menü 73 Euro
Kreditkarten: Alle gängigen Karten
Öffnungszeiten: täglich 17.30–24 Uhr

Vegane Kreativküche mit ehrgeizigem Abfallkonzept

Gern wird die Torstraße als Shopping- und Ausgehmeile definiert, als Straße für das junge Berlin. Die lange und breite Asphaltachse reicht von der Friedrichstraße bis zum Alexanderplatz. Mittendrin, an der Ecke zur Kleinen Hamburger Straße, liegt das Restaurant »Frea«. Im März 2019 eröffnet, sorgte es schnell für Aufsehen und heimste immer neue Auszeichnungen ein. Das Lokal bezeichnet sich selbstbewusst als erstes vollständig pflanzenbasiertes Null-Abfall-Restaurant. Das »Frea« will Vorreiter sein mit einer Küche, die vegan ist, mit Bio-Produkten kocht und die so wenig Abfälle wie möglich hinterlässt. Ein fetter Bildband informiert über die Entstehungsgeschichte und Philosophie des Hauses. Schon bei der Einrichtung haben Patron David J. Suchy und Ehefrau Jasmin mit Altholz und gebrauchtem Mobiliar oder mit Lampenschirmen aus Pilzmyzel auf den ökologischen Fußabdruck geachtet. Die Lieferant*innen sind gut erzogen, ihre Produkte plastikfrei verpackt. Was im Restaurant selbst an Abfällen anfällt, frisst die hauseigene Kompostiermaschine, deren Output wieder bei den Erzeuger*innen landet. Wer jetzt rustikale Öko-Kost erwartet und Personal in Jesuslatschen, sollte seinen Kompass neu justieren. Das Essen im »Frea« ist hochfein, eine kreative Gemüseküche von Chefkoch Lorenzo Mele, der zuweilen Kunstwerke auf den Teller bringt. Was mit einem einfachen Mittagstisch begann, hat sich zu einem saisonal abgestimmten, abendlichen Mehrgänge-Menü gemausert, optisch und geschmacklich bravourös. Das Lokal brummt, es hat sich herumgesprochen: Wer auf tierische Produkte verzichtet und gleichzeitig fein essen will, sitzt hier am richtigen Ort. Vegan kann furchtbar sein mit hochprozessierten künstlichen Fertigprodukten. Oder frisch und fein wie die Gemüseküche im »Frea«. Zu den wichtigsten Lieferant*innen gehören Gemüsebauer Peter Janoth aus Reeßum in Brandenburg, die Pilzfarm Frische Kappen in Templin und der Biohändler Terra.

Es gefallen die malerischen Kürbisgerichte der Winterküche. Oder die Rote Bete, die mit Leche de tigre, Seetang, Chili und Grapefruit kombiniert wird. Sesam-Eis mit schwarzer Zitrone ist nicht alltäglich, aber lecker. Das Brot kommt aus der eigenen Bäckerei »um die Ecke«.

Das junge Serviceteam ist locker und freundlich. Auf der Weinkarte würde man sich über den einen oder anderen günstigeren Tropfen freuen. Unbedingt reservieren.

→ Ein Bummel durch die Friedrichstraße ist immer attraktiv.

NEU

Piechas Biobüffet

Markthalle am
Marheinekeplatz 15;
10961 Berlin
0 30 / 50 56 65 36
piechas.com

Bio

Größe: 15 Plätze in der Markthalle, 30 im Außenbereich
Preise: Teller 5–25 Euro
Kreditkarten: Alle gängigen Karten
Öffnungszeiten: Mo–Fr 12–19 Uhr; Sa 11–17 Uhr; Ruhetag: So

Einfach und gut mit Markthallen-Charme

Ulrike Piechas Biobüffet passt in keine Schublade. Es ist mehr als der Side-Kick einer Biofleischerei, mehr als ein Imbiss oder Stehausschank, es ist auch kein Bistro. Sei es Piechas Spezialbewirtung genannt, gelegen in der Marheineke-Markthalle im Bergmann-Kiez. Die Markthalle ist eine Kreuzberger Institution mit einmaliger Mischung: Griechen betreiben mit schwarzer Bedienung einen bretonischen Feinkoststand mit italienischem Kaffee. Händler*innen mit vielfältigen Wurzeln bieten ein Berliner Lebensmittel-Allerlei. Man kann für vier Euro eine Hähnchenkeule mit Kartoffeln essen oder zum fünffachen Kurs Käsehäppchen mit Champagner. Oder man stellt sich bei Ulrike Piecha an und schaut durch die Panoramascheibe aufs wuselige Treiben draußen. Piecha liebt die Vielfalt der Halle, die Kreuzung aus Arm und Reich, aus grobem Kohlgeruch und feinem Duft frischer Croissants. Sie hat bei Günter Scherrer in der Top-Gastronomie gelernt. Dann lockte Südamerika: Brasilien, Argentinien, Salvador. Sie hat Ethnologie studiert und die Slow-Food-Universität in Pollenzo absolviert, beim Kulinarischen Kino der Berlinale hat sie Zepter und Kochlöffel geschwungen. Jetzt betreibt Piecha seit 15 Jahren ihre Biofleischerei und das Biobüffet. Mit viel Speed, Temperament und jener rauchigen Barfrau-Stimme, die Markthallen-Besucher*innen sofort erkennen. Zu drei regionalen Fleischlieferanten pflegt sie besonders enge Beziehungen bis hin zur Schlachtung vor Ort: Gut Hirschaue mit Märkischen Sattelschweinen, Demeter-Gut Ogrosen mit Weiderindern und die Schäferei Biesenbrow mit Uckermärkischen Skuddenlämmern.

Natürlich gibt es Fleischgerichte, Burger, Brat- und Currywürste oder Koteletts, begleitet von Pommes, Gemüse, Kartoffel- und Blattsalat. Wer nicht aus dem Fenster schauen will, beobachtet vom Tresen aus die Multi-Kulti-Köche beim Brutzeln. Es gefällt das Barbecue-Pork-Belly vom Freilandschwein mit Sauerkraut und Püree sehr. Oder das Gulasch vom Ogrosener Bioweiderind mit Rotkohl und Klößen. Die Biocurrywurst passt bestens zum Markthallen-Gesamtkunstwerk, wo Schickimicki verpönt ist.

Den einfach arrangierten Teller holt der Gast sich am Tresen, zum Trinken gibt es deutsche und mediterrane Bioweine, hausgemachte Limo, Bier der Berliner Bergbrauerei. Im Sommer isst man draußen, genießt die Sonne und amüsiert sich über die Tourist*innen.

Direkt gegenüber befindet sich der Messer- und Küchenladen Holzapfel, 20 Meter den Berg hoch liegt die großartige Krimibuchhandlung Hammett.

Brandenburg

Neubrandenburg
20
Nordwest-
uckermark
Temmen
Havel
11
Oranienburg
Oder
BERLIN
Neuhardenberg
10
Frankfurt
(Oder)
POTSDAM
12
Müllrose
Zossen
Spree
Cottbus
13
15
Finsterwalde

Goldener Hahn

Bahnhofstraße 3,
03238 Finsterwalde
0 35 31 / 22 14
schreiber-cuisine.de

Größe: 50 Plätze im Restaurant
Preise: V 10–25, H 35–49, N 15 Euro, Menü ab 69 Euro
Kreditkarten: Alle gängigen Karten
Öffnungszeiten: Mi–Sa 17.30–22 Uhr; Ruhetage: So–Di

Kulinarischer Leuchtturm in der Wüste

Es ist nicht einfach, im Süden Brandenburgs außerhalb des Touristenzentrums Spreewald gut zu essen. Eine Ausnahme bietet die Sängerstadt Finsterwalde. Frank Schreiber verwöhnt im Familienrestaurant »Goldener Hahn« seine Gäste mit Neuer Lausitzer Küche. Seine Gerichte sind vom Gruß aus der Küche bis zum Nachtisch kleine Gemälde aus Produkten der Region. Viele Produzent*innen befinden sich in der Nähe wie die Höfegemeinschaft Ogrosen, die Lamm- und Ziegenfleisch, Ziegenkäse und Gemüse liefert. Schreiber bietet regionale Spezialitäten wie Quark mit Lausitzer Leinöl, Sallgaster Spargel und Fisch aus dem Spreewald, vor allem Saibling. In diesen schwierigen Zeiten ist die Speisekarte reduziert, aber auf gewohnt hohem kulinarischen Niveau.

Zur Spargelzeit im Juni gibt es als Vorspeise gebackenes Ei mit Kohlesalz und Schafsfrischkäse mit grünem Spargel, Radieschen, Haselnüssen, Salatspitzen, Misosenf-Sauerrahm und Trüffel-Honig sowie geräuchertes Saiblingsfilet mit kalter Gurkensuppe, Apfelgurkensalat, Bio-Leinöl und Klee. Bei den Hauptgängen muss eine Entscheidung getroffen werden für Kalbsfilet mit Pilzrahmsauce und Gremolata mit Pfifferlingen, Nussbutterspargel und dreierlei Kartoffel, den Lammrücken mit Weizengras und schwarzem Knoblauch mit Cassoulet vom Sallgaster Spargel mit Bohnen oder die Lammschulter, Röstzwiebelcreme und Buchweizencracker. Die Nachspeisen sind ein Genuss für Auge und Gaumen: Erdbeer-Crêpe-Törtchen mit Waldmeistercreme und Eis, flambierte Erdbeere und Honeycomb sowie Schokoladen-Millefeuille und Schokoladenküchlein mit Erdbeer-Rhabarber-Salat, Haselnuss-Creme und Salzkaramell-Eis.

Die Getränkekarte listet beste VDP-Weingüter, auch mit offenen Weinen. Ehefrau Iris Schreiber sorgt für perfekte Gastlichkeit und leitet das Personal professionell an. Überdies bietet sie kulinarische Lesungen an.

→ In Schlieben ist ein historischer Weinberg mit Hohlweg und dreißig über 400 Jahre alte Weinkeller zu bewundern. Der Weinbauverein bietet im »Langen Berg« Wein aus Bacchus- und Müller-Thurgau-Reben zur Verkostung an.

»Orangerie« im Schloss Ziethen

Alte Dorfstraße 33,
16766 Kremmen, OT Groß-Ziethen
03 30 55 / 9 50
schlossziethen.de

Größe: 60 Plätze im Restaurant und die große Terrasse
Preise: V 9–12, H 19–32, N 4–14 Euro
Kreditkarten: Alle gängigen Karten
Öffnungszeiten: Mo–Sa 17.30–21 Uhr; Ruhetag: So

Gehobene Regionalküche mit Herrenhausatmosphäre

Schloss Ziethen am Nordwestrand Berlins trumpft mit der wohl ältesten nachgewiesenen Küche Brandenburgs auf. Das märkische Herrenhaus hat seine Ursprünge im 14. Jahrhundert. Vor fast vier Jahrzehnten wurde es restauriert und ein modernes Hotel eingefügt. Im linken Flügel des Schlosses liegt die »Orangerie« in einem lichten hohen Raum mit großen Bogenfenstern. Festlich eingedeckt, vermittelt sie durchaus Herrenhausatmosphäre. Die Köche um Küchenchef Matthias Lingner setzen möglichst viele regionale Produkte ein, gelegentlich fahren sie zu den Erzeuger*innen ins Havelland und kaufen ein, »was wir so von den Bauern bekommen«. Mit den Produkten des Umlands kommt eine Verbindung aus regionaler, deutscher und internationaler Küche auf den Teller. Einige der verarbeiteten Lebensmittel stammen aus unmittelbarer Nähe wie das Obst und Gemüse vom Rixmannshof im Storchendorf Linum oder der Büffel-Mozzarella von der Paoletta-Käserei in Kremmen. Fleisch liefert die Hakenberger Fleisch GmbH in Fehrbellin, Wild der Jäger Jörn Korte aus der Schorfheide, Bio-Linda-Kartoffeln der Berliner Gemüsehof.

Die Gerichte sind ambitioniert zusammengestellt, Portionierung und Präsentation entsprechen der feinen Gastronomie. Das sieht appetitlich aus und schmeckt! Auf der zweimonatlich wechselnden Karte reizen im Herbst die angerauchten, mit leichtem Dressing und Chips servierten Rüben, Navetten, Pastinaken und roten und gelben Beten. Als Vorspeise gibt es häufig einen Wildkräutersalat mit mariniertem Gemüse oder den Kremmener Mozzarella mit Kirschtomaten und Pesto. Ein Klassiker unter den Hauptgerichten ist das Steak vom Linumer Rind, das zuletzt besonders fein von wildem Brokkoli und hausgemachten Gnocchi begleitet wurde. Ein typisches Herbstgericht ist der Kalbsklops mit Waldpilzen. Vegetarier bestellen gern die mit Feigen und Pecorino gefüllte Pasta mit confierten Tomaten und Rucola. Der freundlich zugewandte Service bringt als Nachtisch Eis aus der Region an den Tisch oder einen Kaiserschmarrn mit Vanillesauce und Apfelmus.

Die Weinkarte listet 30 Positionen, vor allem deutsche Anbaugebiete sind vertreten, dazu einige mediterrane Gewächse. Besonders entspannt speist man auf der großen Terrasse mit Blick in den prächtigen Park.

→ Ein kleiner Rundgang im direkt gegenüberliegenden, höchst eindrucksvollen Park ist empfehlenswert und fördert die Verdauung.

Kaisermühle

Forststraße 13,
15299 Müllrose, OT Kaisermühl
03 36 06 / 8 80
hotel-kaisermuehle.de

Größe: 50 Plätze im Gastraum, 50 im Außenbereich
Preise: V 8–17, H 17–27 Euro
Kreditkarten: Alle gängigen Karten
Öffnungszeiten: Mo 16–19 Uhr; Di–Sa, 12–19 Uhr; So 12–14.30 Uhr

Wasser, Wald und Wohlgenuss

Der Ort zwischen Wald und Wasser ist alt, sehr alt. Schon 1495 betrieb ein »Gore Keyser auf der Bretmühle zu Melrase« einen Kupferhammer. Das jetzige Gebäude ist, wenn auch von Grund auf erneuert, um 1680 als Mühle entstanden. Die Alte Schlaube führt am Haus vorbei, hundert Meter weiter der Oder-Spree-Kanal mit Anleger. Der Bahnhof Müllrose ist fußläufig zu erreichen. Constanze Mikeska betreibt das Hotel mit geschmackvoll eingerichteten Zimmern und das Restaurant seit 1997. Am Herd steht Mirko Schultheiß mit seinem Team sieben Tage in der Woche unter Dampf. Die Chefin ist für den Einkauf verantwortlich und hat feste Lieferant*innen aus der Umgebung – es gibt das, was gerade angeboten wird. Auf der Karte stehen Schwein und Rind aus Neuzelle, Wild von der benachbarten Wildfleischerei Sommerfeld. Der Fisch, darunter garantiert heimischer Zander, kommt von der Fischerei Weidner am Groß Oelsener See, Ziegenkäse aus dem Oderbruch. Gemüse, im Frühjahr auch den Spargel, liefert ein naher Bauernhof. Die Köchinnen und Köche gehen mit den Produkten durchaus kreativ um, es macht ihnen Spaß, die Küche anderer Regionen und Länder mit heimischen Produkten zu verbinden. Alle drei Wochen legen sie eine neue Karte vor.

Ausgezeichnet schmecken Streuobstapfel mit Neuzeller Rotwurst und Quittenchutney, Suppe mit Markendorfer Hokkaidokürbis, Preiselbeeren und gereiftem Schafskäse, Wellmitzer Rinderbäckchen und gratinierte Feldfrüchte (vegetarisch). Ein anderes Mal werden Hirschbraten mit glacierten Frühlingszwiebeln und Linsen-Kartoffel-Salat und ein saftiges Kotelett vom Neuzeller Landschwein mit Orangen-Senf-Panade und Kartoffel-Pastinaken-Gratin sowie Wildblattsalat angeboten. Auch eine Brandenburger Landente auf Lebkuchensoße gehört zum Repertoire. Allseits beliebt sind die Wildbratwürste. Auf der Nachtischkarte steht der Laugengebäcktaler mit Dörrobst aus der Butterpfanne, dazu Frischkäse-Feige-Honig-Eis.

Die Weinkarte enthält manche Entdeckung. Der Service: aufmerksame, freundliche junge Leute – und die allgegenwärtige Chefin.

→ Nach der Restaurierung der barocken Klosteranlage lohnt Neuzelle einen Besuch. Die Brauerei ist legendär, der historische Weinberg »Scheibe« wieder bepflanzt.

Das Schlaubetal gehört zu den Topwanderrouten. Stationen zum Einkehren und Einkaufen sind der Forellenhof Fünfeichen oder die Brennerei im Schlaubetal in Siehdichum-Rießen.

Landgasthaus Brennerei

Schinkelplatz,
15320 Neuhardenberg
03 34 76 / 60 00
schlossneuhardenberg.de

Größe: 80 Plätze in der Gaststube und der Biergarten
Preise: Hauptgerichte 16–26 Euro
Kreditkarten: Alle gängigen Karten
Öffnungszeiten: April–Okt täglich 12–23 Uhr; Nov–März, Mo–Do 17–23 Uhr; Fr–So 12–23 Uhr; Ruhetage: Mo, Di

Gute Landhausküche am magischen Ort

Das weiße Schlossareal Neuhardenbergs mit dem Lenné-Landschaftspark und der Kirche von Preußens Baumeister Karl-Friedrich Schinkel mit ihrem blau-goldenen Sternengewölbe sind wahrhaft magische Orte. Nichts mehr ist zu sehen vom Grau der DDR-Zeit, als der Ort in Marxwalde umbenannt und Honeckers Flugzeugflotte stationiert wurde. Nach der Wende hatte ein Investor das Areal erworben und restauriert. Seit der Wiedereröffnung vor zwei Jahrzehnten zeichnet Sebastian Gier für die Hotelküche verantwortlich. Die »Brennerei« bietet gemütliche Wirtshausatmosphäre, einen Biergarten und einige Spezialitäten. Mittlerweile hat Gier Beziehungen zu Produzent*innen der Region geknüpft, um seine Küchenphilosophie umzusetzen. Fürs Wild sorgen Jägerinnen und Jäger aus den Wäldern des Barnim, die Rinder grasen auf den Weiden vor Fort Gorgast, Fisch kommt meist aus den Teichen im benachbarten Altfriedland, die vor 600 Jahren von Mönchen angelegt wurden. Ziegen und ihren Käse liefert der Ziegenhof Zollbrücke. Eine große Rolle spielt der Biohof Pimpinelle im Ortsteil Quappendorf, der Käse und Lammfleisch herstellt.

Die Karte wechselt häufig. Gebackener Quappendorfer Schafsfeta mit Salbei, Landrauchschinken auf Blattsalat oder Oderländer Frühlingsterrine mit Lammfleisch, Wurzelgemüse, Kartoffeln und Majoran sind appetitanregende Vorspeisen. Ein gebratener Oderwels auf grüner Spargelsoße mit Lauch, Kaiserschoten und Kräuterklößchen eröffnet den Reigen der Hauptgerichte. Düfte und Aromen aus dem Morgenland prägen das Oderwiesenlamm mit Kreuzkümmel, Aromaspieß von Kartoffeln, Gemüse und Korianderjoghurt. Die Bouletten vom Wild mit Rotweinzwiebeln und Pastinakenpüree bestechen durch ihre feine Würze. Zum Nachtisch gibt es gebackene Quarkkeulchen* an Zwetschgen-Piment-Kompott. Die Preise für die Gerichte sind moderat, erst recht bei der Zusammenstellung eines Menüs.

Hervorragende, vernünftig kalkulierte Weinkarte.

→ Nicht zu vergessen: Auch Musikbegeisterte kommt nicht zu kurz. Laufend gibt es Kulturprogramme, der Geiger Daniel Hope führt hier seine Meisterkurse durch.

Im nahen Dorf Möglin erinnert ein sehenswertes Museum an Albrecht Daniel Thaer, den Begründer der deutschen Agrarwissenschaft, der vor mehr als 200 Jahren die erste Landwirtschaftsakademie aufbaute.

In Bad Freienwalde, Königstraße 7, findet man im Regionalladen »Oderbruchware« Spezialitäten aus dem Oderbruch. Der Genossenschaftsladen mit Café ist zugleich Infopunkt des Slow Food-Conviviums Barnim-Oderland.

Gutshof Kraatz

Schlossstraße 7,
17291 Nordwestuckermark,
OT Kraatz
03 98 59 / 6 39 76
gutshof-kraatz.de

Größe: 50 Plätze im Gasthaus und Terrasse
Preise: Hauptgerichte 10–18 Euro
Kreditkarten: Alle gängigen Karten
Öffnungszeiten: Do, Fr 14–21 Uhr; Sa 12–21 Uhr; So 12–18 Uhr; Ruhetage: Mo–Mi

Weinschänke in der Wildnis

Eine stoßdämpferfeindliche Betonstraße führt durch die wunderschöne Feldberger Seenlandschaft. Auf den ersten Eindruck ist mit der Gemeinde Nordwestuckermark, hart an der Grenze zu Mecklenburg-Vorpommern, das Ende der Welt erreicht. Auf den zweiten Blick entpuppt sich der 800-Einwohner-Ort Fürstenwerder als eine literarische Adresse. Hier gibt es eine gemütliche Buchhandlung und hier spielt der 2014 mit dem Leipziger Buchpreis ausgezeichnete Romanbestseller »Vor dem Fest« von Saša Stanišić. Ostwärts gelangt man zum Vorwerk Bülowssiege, einem der schönsten Bauernhöfe der Romantik. Und hier der »Gutshof Kraatz«. Edda Müller und Florian Profitlich haben eine alte Scheune gekauft und eine Apfelweinkellerei aufgebaut, die in Norddeutschland ihresgleichen sucht und bereits viele Preise eingeheimst hat. Von den Streuobstwiesen der Uckermark und den Bahndämmen entlang der stillgelegten Eisenbahnstrecken kommen die Äpfel, die besten werden sortenrein gekeltert. Zuerst konnte vor Ort nur probiert werden, dann entstand eine Weinschänke mit kleinem Imbissangebot, das Edda Müller Schritt für Schritt zu einem Gasthaus entwickelte. Mittlerweile sorgt Mateusz Pszybylski, ein Profikoch aus Polen, für beständige Qualität und Vielfalt. Die regionalen Produzent*innen geben sich ein Stelldichein, vor allem der Demeter-Hof im benachbarten Weggun.

Es gibt eine jahreszeitlich variierte Karte. Wer eine Brotzeit wünscht, erhält nicht nur einen Brotzeitteller, sondern auch Uckermärker Fisch, Forelle oder Wels, alles auf selbst gebackenem Brot. Jeden Donnerstag stehen Piroggen auf der Karte, eine Referenz an die polnische Küche. Wildbratwürste kommen von Richards Wild aus Fürstenberg an der Havel. Häufig im Angebot sind Gulasch-Varianten, mit Apfelwein geschmort, oder auch Rindsrouladen vom Angus-Rind. Vom Milchschafhof in der Nähe kommt Schafs-Feta als Salatbeigabe, wie es überhaupt ein gutes vegetarisches Angebot gibt.

Und selbstverständlich wird zu allem der jeweils passende Apfelwein empfohlen. Am Samstagabend lädt der Gutshof mit einem Gastkoch zu einem Thema ein, darunter Weltküche bis nach Japan. Oder Ex-Tatort-Kommissar Mario Kopper liest zu italienischer Folklore aus seinen Büchern. So bringt der Gutshof eine bunte Welt in die einsame Landschaft.

Im Marstall von Schloss Boitzenburg wird Schokolade hergestellt, es gibt verführerische Torten und selbst hergestelltes Eis. Neu ist eine eigene Brauerei. Vor allem: Man kann bei der Produktion zusehen.

Landhotel Potsdam

Reiherbergstraße 33,
14476 Potsdam-Golm
03 31 / 60 11 90
landhotel-potsdam.de

Größe: 90 Plätze im großen Restaurant, 32 im kleinen, 35 auf der Terrasse
Preise: V 8–18, H 17–30, N 7–12 Euro
Kreditkarten: Alle gängigen Karten
Öffnungszeiten: Mo–Sa 17.30–21 Uhr; Ruhetag: So

Regionales Essen zu fairen Preisen

Das kleine, von Grund auf frisch renovierte Landhotel Potsdam liegt in der Nähe von Park Sanssouci im Potsdamer Ortsteil Golm, einem bedeutenden Wissenschaftsstandort Brandenburgs. Mit guten Produkten der Region werden im geschmackvoll eingerichteten Hotelrestaurant regionale und saisonale Gerichte serviert. Für viele Produkte sind die Wege kurz, der Fisch kommt vom Fischer Kühn aus Werder, der Käse aus der Hofkäserei Hennig in Werder-Töplitz. Äpfel, Wildkräuter, Fichtensprossen und Weintrauben werden am Reiherberghang hinter dem Haus geerntet. Das Rote-Bete-Walnuss-Brot wird im Haus gebacken und kann auf Vorbestellung mitgenommen werden.

Aus der saisonalen Karte ist die gut abgeschmeckte Kürbiscremesuppe mit Kernöl und gerösteten Kürbiskernen zu empfehlen. Aus der regionalen Karte gefällt der rosa Hirschrücken mit Schnittlauchsauce, Trauben und eingelegtem Rettich. Als regionales Hauptgericht ist der Tagesfang von Fischer Kühn mit Weißweinsauce, Roter Bete und Kartoffel-Meerrettich-Stampf an bestimmten Tagen ein perfekt gebratener Bachsaibling. Fleischesser werden mit einer Rinderschmorroulade mit eigener Sauce, Rotkraut und hausgemachten Kartoffelklößen oder Königsberger Klopsen vom Kalb mit gerösteten Kapern, Kartoffelstampf und roter Beete aus dem Ofen verwöhnt, während das Kürbis-Risotto mit Mangold, geröstetem Buchweizen und roter Zwiebel vegetarisch ist. Die Karte offeriert auch ein veganes Rote-Linsen-Curry mit gebratenem Tempeh und Bittersalaten. Auch die Nachspeisen überzeugen mit einem Schokoladen-Soufflé mit flüssigem Kern, Quittenpüree und Vanilleeis und Dreierlei Sorbet von regionalen Obstsorten.

Für Juniorgäste unter zwölf Jahren gibt es eine kleine Speisekarte mit Gebackenem Fisch nach Angebot mit Senfcreme, glasiertem Wurzelgemüse und Kräuterkartoffeln sowie einem Spieß vom marinierten Paderborner Hähnchen mit saisonalem Gemüse und Kartoffelstampf.

Hofkäserei Hennig, Weinbergstraße 18, 14542 Werder (Havel), OT Töplitz.

NEU

Theaterklause

Zimmerstraße 10–11,
14471 Potsdam
03 31 / 64 73 01 74
theaterklause-potsdam.de

Größe: 70 Plätze im Restaurant, 40 im Außenbereich
Preise: V 7–17, H 20–30, N 5–9 Euro
Kreditkarten: Alle gängigen Karten
Öffnungszeiten: Mo 10–18 Uhr; Di–Fr 10–22 Uhr; Sa, So 12–18 Uhr

Kulinarisches Kleinod in der Potsdamer Innenstadt

Nach dem Umzug des Potsdamer Hans-Otto-Theaters in die Schiffbauergasse hat Lena Frenkel mit der Theaterklause die ehemalige Kantine des Theaters aus dem Dornröschenschlaf geweckt. Im ästhetisch schlichten Ambiente heißt das engagierte Team seine Gäste willkommen. Geboten wird eine zeitgemäße, der Region verpflichtete Küche. Die Theaterklause bietet neben Frühstück und Kuchen einen wechselnden Mittagstisch mit drei Gerichten wie dem Gemüseeintopf mit Saubohnen. Auch an Kinder wird mit einem täglich wechselnden Angebot wie den Wiener vom Bergsdorfer Wiesenrind mit Spätzle und Bratensauce gedacht. Frisches und saisonales Gemüse wird vom Florahof in Bornim bezogen, die Eier kommen aus Glindow und der Quark aus Töplitz. Die Weinbar in der Theaterklause öffnet am Abend und bietet eine kleine Auswahl aromatischer Speisen an.

Beliebt ist das selbst gebackene Sauerteigbrot mit Dip oder eine Auswahl von Urstromkäse aus Schöbendorf. Vorweg werden drei Vorspeisen angeboten. Überzeugend sind die Brandenburger Linsen mit Strakino, Grünkohl und Pfifferlingen. Der Arche-Passagier Teltower Rübchen wird mit Birne, schwarzer Walnuss und Wacholder zu einem geschmackvollen Gericht vereint. Unter den Hauptgerichten wird der Müritzer Stör mit Blutwurst, Bärlauch und Schwarzwurzeln zu einem ansprechenden Gericht kombiniert. Das Zweierlei vom Müritzlamm wird von Pastinaken, Rosenkohl und Lahmacun begleitet. Probierenswert ist das vegetarische Gericht mit Karotte, Kräuterseitling, Hirse und Rapünzelchen. Als Nachtisch sind das Lausitzer Safraneis mit Brandteig und Birne oder die Waffel mit Berliner-Weisse-Eis und Cassis empfehlenswert.

Zu allen Gerichten gibt es sorgfältig kuratierte Weinempfehlungen. Das Stöbern durch die Weinkarte lohnt sich.

→ Die Unternehmensgruppe »á la maison« von Lena Frenkel betreibt neben der Theaterklause das fabrikCafè und den Biergarten in der Schiffbauergasse, das Café Midi im Treffpunkt Freizeit am Neuen Garten sowie ein Catering.

Landgut Schönwalde

Dorfstraße 31,
14621 Schönwalde-Glien
0 30 / 65 21 79 89
daslandgut.de

Größe: 20 Plätze im Restaurant, 100 auf der Terrasse und im Biergarten
Preise: Hauptgerichte 10–19 Euro
Kreditkarten: EC, Master, Visa
Öffnungszeiten: Fr 16–20 Uhr; Sa, So, Feiertag 12–20 Uhr; Ruhetage: Mo–Do

Radikale Landküche im Havelland

Das »Landgut Schönwalde«, 1437 als Rittergut urkundlich erwähnt, wurde im 18. Jahrhundert zu einem Schlossgut umgebaut und war bis in die frühe Nachkriegszeit ein barockes Schmuckstück. Nach 2007 wurde aus dem 17 Hektar großen Landgut Schönwalde ein Reit- und Tourismuszentrum mit Poloplatz, Gastronomie und Gästehaus. Die radikale Landhausküche setzt auf regionale, oft lokale Produkte. Einiges stammt aus dem Garten des Landguts, Lamm vom Schäfer Kolecki, Wild aus Brieselang, Kaninchen und Geflügel aus Bötzow.

Der Gruß aus der Küche ist oft selbst gebackenes Sauerteigbrot mit selbst hergestelltem Schmalz. Zur Einstimmung überzeugen eine geschmackvolle Kaninchenbouillon mit Crostini oder der karamellisierte Ziegenfrischkäse mit Unkrautsalat. Zum Hauptgang bietet die herbstliche Karte neben Blanket vom Dorfkaninchen mit roter Bete und Bulgur, Kalbsfilet und -zunge mit sautiertem Gartengemüse auch Polenta mit Fenchel und Salzzitronen an. Zwei Personen können den Landgutschmaus wählen: Wie früher nach der Ernte wird alles serviert, was die Küche hergibt – Salat, Fleisch, Gartengemüse, Beilagen und Soße. Zu dieser Gelegenheit werden auch kleinere Erträge aus dem eigenen Garten oder ein Einzelstück Wild verarbeitet, ein nachhaltiger Ansatz. Zum Ausklang verführt der Kuchen, frisch aus dem Ofen oder Omas Schokopudding mit Vanillesoße. Bei schönem Wetter laden Terrasse oder Biergarten zum Verweilen ein.

→ Jeden Freitag findet auf dem historischen Landgut Schönwalde ein Markt statt mit hochwertigen Lebensmitteln aus der Region. Die Marktschwärmerei findet wöchentlich statt: März-Ende Okt 17-18.30 Uhr, Nov-Dez 16-17.30 Uhr; Winterpause Jan-Ende Feb. Weitere Informationen mit den Produzent*innen und Produkten unter marktschwaermer.de/de-DE/assemblies/11939.

Landgasthof zum grünen Baum

Dorfstraße 57,
17268 Temmen-Ringenwalde
03 98 81 / 4 40 16
landgasthofzumgruenenbaum.de

Größe: 40 Plätze im Gastraum, 60 im Außenbereich
Preise: Hauptgerichte 7–16 Euro
Kreditkarten: Keine
Öffnungszeiten: Mo, Mi, Do 12–14.30 und 17–21 Uhr; Fr–So 12–21 Uhr; Ruhetag: Di

Feine regionale Landhausküche im Biosphärenreservat

Im Herzen des Biosphärenreservats Schorfheide-Chorin, dort, wo die Uckermark beginnt, haben Katharina und Markus Räthel vor einem Jahrzehnt ein herausragendes Restaurant mit originell rustikalem Charme einschließlich Pension aufgebaut. Feine Landhausküche mit vielen Produkten der Region ist hier kein Werbespruch, sondern tiefe Überzeugung. Koch Markus Räthel kann exakte Auskunft über die Herkunft seiner Produkte geben, er kennt die Produzent*innen persönlich. Das Fleisch der Landfleischerei Buckow – Mastrinder aus der Schorfheide und das Schorfheider Molkeschwein, gefüttert mit Molke der Molkerei Hemme – ist von guter Qualität und wird durch die Zubereitung geschmacklich betont. Aus den endlosen Wäldern der Schorfheide kommt im Herbst das Wild. Vegetarier*innen müssen hier nicht darben. Im Sommer und Herbst liefert der heimische Garten frische Kräuter, Gemüse und Obst – oder es kommt aus der näheren Umgebung. Weitere Kräuter kommen von der Wildsameninsel Temmen. Käse wird von der Käserei Wolthers Uckerkaas bezogen. Die Bäckerei Hakenbeck in Friedrichswalde backt ein »Räthel-Brot«, das besonders beim Vesperteller zur Geltung kommt.

Als Vorspeisen überzeugen die Salatvariation mit gerösteten Kernen und Backpflaumen, das Rote-Bete-Carpaccio sowie die Bärlauchsuppe. Bei den Hauptgerichten waren das Hüftsteak vom Schorfheider Mastrind mit gebackenen Kartoffelecken, Rotweinzwiebeln und Salat und das Schnitzel Wiener Art vom Schorfheider Molkeschwein mit Bratkartoffeln und Rotkohlsalat von bester Qualität; begleitet wurden sie von mit Parmesan überbackenen Salbeignocchi. In der Saison gibt es Spargel aus dem Oderbruch, im Spätherbst die Uckermärker Freilandgans vom Straußenhof Berkenlatten.

Die Weinkarte wechselt, passend zu den Jahreszeiten und Gerichten. Der Service ist freundlich und kompetent.

→ Die Reaktivierung der Schorfheide-Bahn Eberswalde-Templin, die hier einen Haltepunkt hat, brachte neuen Aufschwung. Deshalb ist eine Reservierung ratsam.

Der Hauptort Temmen bietet Interessantes: eine Wildsameninsel und den Hofladen des Gutes Temmen, der u.a. Temmener Stracke anbietet, die in Patenschaft der hessischen Ahlen Wurscht entsteht und hier in den Kellergewölben reift.

»Restaurant 1A« im Hotel Reuner

Machnower Chaussee 1A,
15806 Zossen
0 33 77 / 30 13 70
hotel-reuner.de

Größe: 70 Plätze im Restaurant
Preise: Hauptgerichte 14–27 Euro
Kreditkarten: Alle gängigen Karten
Öffnungszeiten: Täglich 11.30–21.30 Uhr

Cuisine naturelle und Familiensynergie

Peter Reuner hat ein Hotel in Zossen und einen Gasthof in Baruth-Glashütte aufgebaut. 2015 hat er Hotel und Restaurant in Zossen an Sohn Daniel übergeben, den Gasthof in Glashütte an Sohn Christian. Er selbst verkauft in seinem Konsum-Laden in Glashütte überwiegend das, was die Reuner-Familie selbst produziert. Es gibt Wurst im Glas, luftgetrocknete Wurst und Schinken, frisches Fleisch von selbst aufgezogenen Lämmern oder selbst geschossenem Wild. Dazu Brot und Gemüse, selbst gebacken bzw. angebaut - eine fein ausgeklügelte Familiensynergie. Sohn Daniel hat Gastronomie einschließlich Stationen in renommierten Häusern von Grund auf gelernt. Hinter dem Hotel Reuner liegt ein großer Gemüse- und Kräutergarten. Dort weiden Kamerunschafe, die ihren Weg auf die Speisekarte finden. Was nicht aus eigener Produktion kommt, stammt aus unmittelbarer Umgebung: Fisch vom Motzener See, Schweinefleisch aus dem Nachbardorf Saalow. Daniel Reuner bezeichnet seinen Kochstil als »Cuisine naturelle«: Das Essen muss unverfälscht, saisonal und regional und mit handwerklicher Meisterschaft auf den Tisch kommen. Neben einigen Akzenten aus der internationalen Küche stehen immer regionaltypische Gerichte auf der Karte.

Beispiel sind das kultige Würzfleisch* vom Schwein oder die knusprige märkische Forelle mit Mandelbutter, regionalem Gemüse und Dillkartoffeln. Das Fleisch beim Zossener Wildlammspieß ist zart. Weitere Gerichte sind der Märkische Wildteller mit dreierlei Wildfleisch und der Branden-Burger aus Wildragout mit karamellisierten Apfelscheiben und Preiselbeerrotkohl zwischen zwei Scheiben Kartoffelklößen. Beliebt ist das Schnitzel oder Filet vom Saalower Kräuterschwein mit gebratenen Champignons. Bei den auch visuell feinen Nachspeisen überzeugen Schokoladenmousse, Waldmeistergelee, Pistazieneis, Pannacotta und Parfait. Es gibt zwei vegetarische und ein veganes Gericht.

Der Service: junge, freundliche, aufmerksame Leute. Man spürt, dass Reuner Vizechef des Brandenburgischen Dehoga ist: Sein Ruf als fairer Chef und strenger Ausbilder ist ihm wichtig.

→ Das Museumsdorf Glashütte bei Baruth lohnt einen Besuch. Man kann die alte Glasbläserei von 1714 besuchen, kleine Handwerksgeschäfte, den Gasthof und Konsum der Familie Reuner. Direkt daneben der Weinsalon mit Brandenburg-Weinen.

Bremen

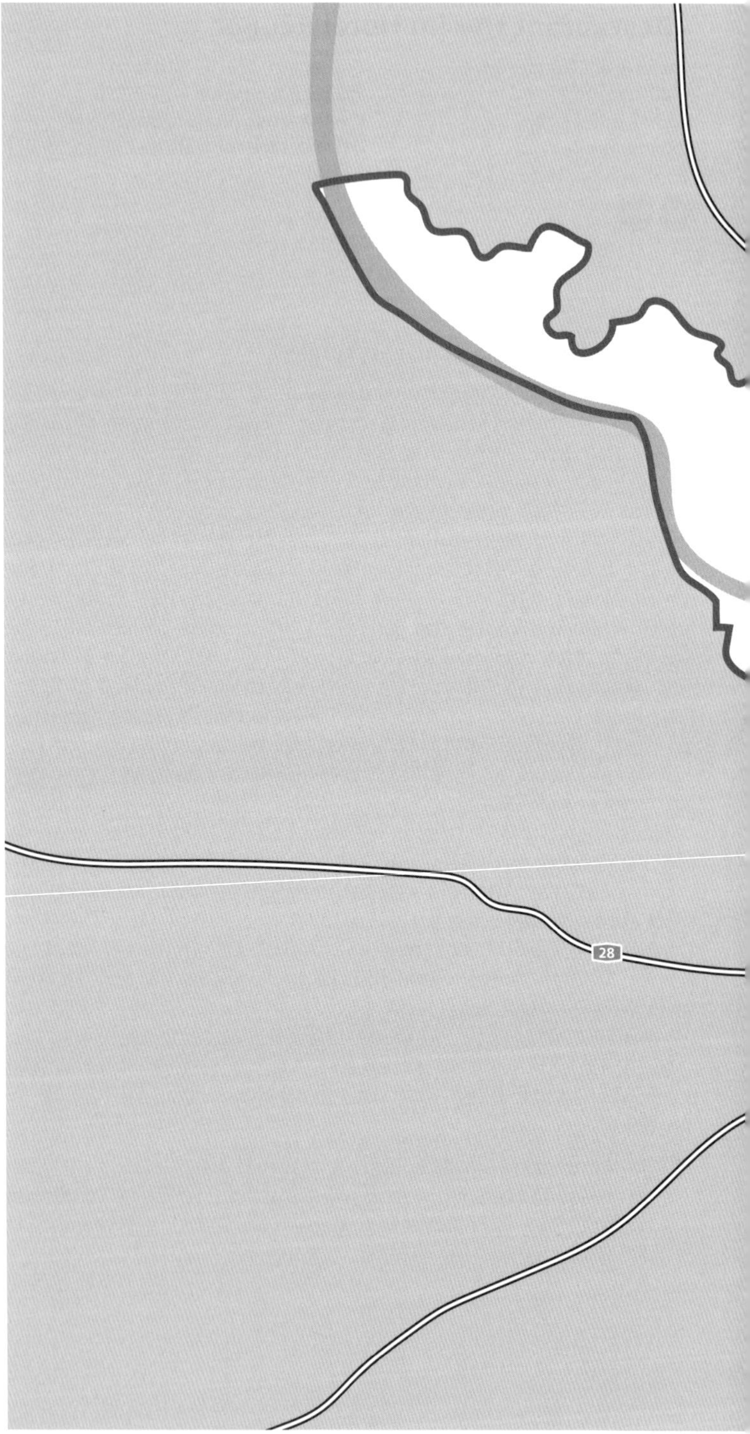

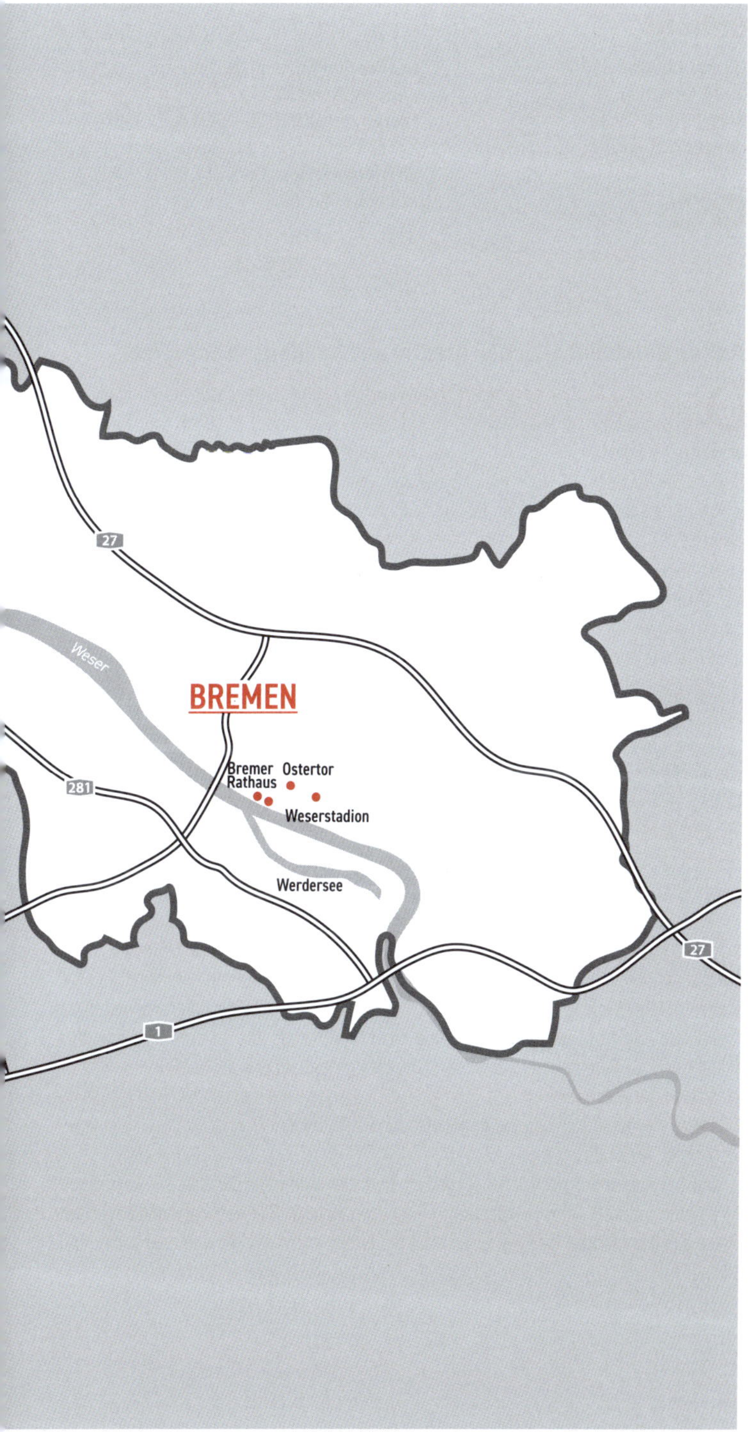
BREMEN
Weser
27
281
Bremer Rathaus
Ostertor
Weserstadion
Werdersee
27
1

NEU

unhold

Humboldtstraße 136,
28203 Bremen
0 21 / 36 76 79 38
unhold.restaurant

Größe: 50 Plätze im Restaurant, 24 im Außenbereich
Preise: V 7–13, H 18–33, N 6–12 Euro
Kreditkarten: Alle gängigen Karten
Öffnungszeiten: Di–Sa 17.30–22 Uhr; Ruhetage: So, Mo

Außen unscheinbar, innen kreativ und kulinarisch engagiert

Das »unhold« liegt an einer verkehrsberuhigten Straße in der östlichen Vorstadt Bremens. Die ehemalige Eckkneipe ist von außen unscheinbar, lediglich ein paar Tische am Bürgersteigrand weisen auf das Lokal. Das Äußere täuscht, innen ist der Gastraum mit Bildern der Elise Müller sehr humorvoll künstlerisch ausgestattet. Alle Speisen werden frisch zubereitet von den beiden Inhabern. Elise hat Kunst studiert und bringt zwei Jahrzehnte Gastronomieerfahrung ein. Niklas Komm ist gelernter Koch und studierter Schiffbauer. Aus Bayern und Schleswig-Holstein kommend, haben sie 2022 das »unhold« eröffnet. In der liebevoll gezeichneten Speisekarte stellen sie ihre Lieferant*innen vor. Je nach Saison und Verfügbarkeit der Produkte wechselt das Angebot. Fast ausnahmslos kommen die Produkte von Höfen aus dem Bremer Umland, von denen viele biozertifiziert sind. Mit dem Bunten Bentheimer Schwein und dem Bremer Scheerkohl werden Arche-Passagiere in der Küche verarbeitet.

In der Karte stehen zahlreiche vegetarische Gerichte mit den vielfältigen Pilzen, die von »neighbourshrooms« angebaut werden, einem Projekt für nachhaltige Pilzzucht in Bremen. Der Waffelburger mit Pulled Pilzen vom Austernseitling mit Chili-Cheddar-Sauce, verschiedenen Gemüsen, Kartoffelkrossis und Salzzitronen-Aioli oder Shiitake-Pilze in Bao Buns (Dampfnudel) mit Zitronengras-Chili-Soya-Sauce und frischem Koriander sind dafür beispielhaft. Vegetarisch und ohne Pilze ist der geröstete Rosenkohl aus dem Ofen mit Zwiebeln, Jalapeño und Cashew-Dip. Auf der Vorspeisenkarte steht eine geröstete Lippische Blutwurst mit Spitzkohlkraut und Apfelmus. Die Herkunft des verarbeiteten Fleischs wird angegeben, die ganzen Tiere werden nach und nach komplett verarbeitet. Deshalb stehen gelegentlich auch Innereien auf der Karte. Lamm vom Bioschäfer Hehmsoth aus Langwedel wird mit Bärlauchbutter und einer Thymianjus, blaue-Anneliese-Kartoffelstampf und gerösteten Pastinaken serviert, die confierte Ente vom Hof Fürchtenicht mit einer Orangen-Portwein-Jus und Topinambur-Dip. Klassische Nachspeisen wie Mousse au Chocolat werden durch vegane Angebote wie die Seidentofu-Pannacotta mit Zitrone und Zitronengras-Sauce ergänzt.

Der Service ist ausgesprochen freundlich und zugewandt. Auf der Getränkekarte finden sich unter anderem selbst hergestellte Limonaden, Bremer Bier vom Fass und bayerische Biere aus der Flasche; dazu eine Auswahl deutsche, internationale und drei alkoholfreie Weine.

Canova

Am Wall 207,
28195 Bremen
04 21 / 2 44 07 08
canova-bremen.de

Größe: 90 Plätze im Gastraum, 60 im Außenbereich
Preise: V 10–28, H 16–48, N 9–16 Euro
Kreditkarten: Alle gängigen Karten
Öffnungszeiten: Di 9–22 Uhr; Mi 9–17 Uhr; Do–Sa 9–22 Uhr; So 9–17 Uhr; Ruhetag: Mo

Restaurant in der Kunsthalle mit Engagement und Ideen

Um die Bremer Innenstadt ziehen sich die Wallanlagen als breiter grüner Gürtel. An seinem östlichen Ende steht eindrucksvoll die Kunsthalle. Im Untergeschoss, ebenerdig zur parkähnlichen Wallanlage, befindet sich das »Canova« mit seinem sehr schönen Außenbereich und den großzügigen Innenräumen. Es öffnet um 9 Uhr mit Frühstücksvariationen, bietet später einen wöchentlich wechselnden Mittagstisch und serviert zum Abendessen à la carte.

Die verarbeiteten Produkte stammen aus der Region, zum Teil von Biobetrieben wie der Hofmolkerei Dehlwes. Gemüse liefert ein Urban-Gardening-Projekt auf einem ehemaligen Werftgelände. Fleisch und Fisch stammen von ausgewählten norddeutschen Erzeugern. Auf der Internetseite wird den Produzenten und Lieferanten jeweils ein kurzes Porträt gewidmet, Hinweise auf die Herkunft der Zutaten finden sich zudem auf der Speisekarte.

Die Küche ist traditionell norddeutsch, immer kreativ, passioniert und mutig, mit bisweilen ausgefallenen alten Gemüsesorten, ungewöhnlichen Kombinationen und Zubereitungen. Ein Beispiel aus dem vielseitigen Fischangebot und der Verwendung besonderer Gemüse ist das Rotzungenfilet mit Krustentierschaum, geröstetem Spargel und Haferwurzel. Asiatisch inspirierte Zubereitungen wie das Tataki von der Holsteiner Färse mit Büffelmozzarella oder das bei 63 Grad Celsius gegarte Onsen-Ei mit Pilzhaschée, Spargel, Topinambur und Liebstöckel zeigen Intention und Haltung von Inhaber und Küchenchef Marius Ries. Ihm gibt das Produkt Orientierung. Er beschreibt seine Gerichte als nordisch, feinfühlig und puristisch, aber auch leise und eindrucksvoll. Auf der Karte finden sich Klassiker wie die Norddeutsche Fischsuppe mit Hummer und Exklusives wie Austern, Kaviar, Trüffel und gereiftes Entrecôte. Auch der Mittagstisch bietet vegetarische Gerichte, die Desserts Überraschungen wie Fichtensprosseneis mit geschmortem Rhabarber, Waldmeister und Sauerampfer.

Ein Schwerpunkt der Weinkarte liegt auf Weißweinen aus Deutschland mit einem umfangreichen Angebot an Rebsorten und Anbaugebieten. Darüber hinaus finden sich zahlreiche Rot- und Weißweine aus den traditionellen europäischen Weinbauregionen.

NEU

Küche13

Beim Steinernen Kreuz 13,
28203 Bremen Ostertor
04 21 / 20 82 47 21
kueche13.de

Größe: 40 Plätze im Restaurant
Preise: V 12–20, H 19–35, N 12–15 Euro
Kreditkarten: Alle gängige Karten
Öffnungszeiten: Di–Sa 18–20 oder 20.15–23 Uhr; Ruhetage: So, Mo

Restaurant und Küche in einem Raum

Das Restaurant liegt in einer Seitenstraße im Bremer Szeneviertel Ostertor, kurz »das Viertel« genannt. Früher eine angesagte Kneipe, ist es heute ein Restaurant mit besonderem Reiz, denn die Küche steht im holzgetäfelten Gastraum. Koch und Inhaber Jan-Philipp Iwersen kocht dort seit 2010 zusammen mit seiner Crew. Er legt großen Wert auf einwandfreie Herkunft der Produkte und auf frische Zubereitung mit Raffinement. Er bezieht sein Geflügel von »Odefey & Töchter«, Kalb und Rindfleisch unter anderem vom »Stoffers Hof« bei Verden. Auch das Gemüse stammt ausschließlich von regionalen Erzeuger*innen und ist teilweise biozertifiziert.

Der Wilstedter Wildkräutersalat mit Croutons und Parmesan aus Salaten und Kräutern von Jochen Krentzler aus Vorwerk ist eine beliebte Vorspeise. Auf der vierzehntägig wechselnden Karte spielen frische Gemüse eine zentrale Rolle. Beispiele sind Arancini mit kandierter Tomate, gefüllt mit Safranrahm, gerösteter Blumenkohl, Urmöhren und Petersilienwurzelcreme oder das Erbsenrisotto mit gebratenen Shiitake Pilzen, Estragonschmand, gebackenem Lauchstroh und Parmesan. Auf der Frühlingskarte steht gebackene Burrata mit Saubohnen und roh mariniertem Spargel-Bärlauchsalat. Natürlich werden Fleisch- und Fischgerichte angeboten. Die rosa gebratene Lammhüfte in Spitzmorchelrahm mit Kapernspinat, das Bürgermeisterstück mit Rosmarinjus und Pfifferlingen oder die geschmorte Ochsenbacke in Portweinjus, dazu gerösteter Porree und Knollenselleriecreme sind hier zu nennen. Die Nähe zum Meer und zum Fischereihafen zeigt sich mit dem Fang des Tages. Beim Rotbarschfilet mit Misohollandaise und buntem Spargelgemüse oder Seeteufelfilet in Senf-Estragonrahm mit Pimientos und Roter Bete wird es konkreter. Neben der sehr beliebten Käseauswahl wird eine wechselnde Süßspeise angeboten, beispielweise eine weiße Schokoladentarte mit Basilikumparfait, Mangokompott und Kakaocrumble.

Auf der Getränkekarte findet sich das »Viertel Bier«, ein leicht trübes Bier nur für die Viertel-Gastronomie, überwiegend deutsche Weißweine und einige Rotweine, manche in Bioqualität. Viele Weine kauft Jan-Philipp Iweresen direkt beim Winzer.

→ Von seinem kulinarischen Engagement und seiner Überzeugung profitieren auch die Mensa der Hochschule für Kunst und Musik, für die er unter dem Titel »mensa13« die Küche betreibt, und die »Bremer Suppenengel«, ein Hilfsprojekt für Obdachlose, für die er ehrenamtlich kocht.

Restaurant Teestübchen im Schnoor mit Café und Hofgarten

Wüstestätte 1,
28195 Bremen
04 21 / 32 38 67
teestuebchen-schnoor.de

Größe: 75 Plätze im Gastraum
Preise: V 8, H 13–21, N 6–7 Euro
Kreditkarten: EC, Master, Visa
Öffnungszeiten: Mi–Mo 10–18 Uhr, Ruhetag: Di

Sich wohlfühlen im bremischen Genussland

Der älteste Stadtteil Bremens ist das Schnoor-Viertel. Das kleine Quartier im Herzen der Stadt unweit der Weser ist ein Anziehungspunkt. Hier stehen Häuser aus dem 15. Jahrhundert und geben dem Schnoor einen unverwechselbaren Charme. Mitten im Viertel ist das »Teestübchen« in einem Fachwerkhaus aus dem 17. Jahrhundert zu finden. Eine schmale Treppe führt in den ersten Stock. In dem malerischen Stübchen werden mehr als 80 Tee- und Kaffeespezialitäten zum Frühstück und zu selbst gebackenen Kuchen angeboten. Das 2013 eröffnete Restaurant befindet sich im gemütlichen Erdgeschoss. Hier gleicht kaum ein Möbelstück dem anderen. Das Ambiente ist liebevoll gestaltet und passt zum historischen Umfeld. »Regionalität, Saisonalität sowie Nachhaltigkeit sind uns besonders wichtig, auch im Umgang mit den Zutaten unserer Speisen«, sagt Betreiberin Tanja Nadolny. Bei der Wahl der Lieferant*innen, die auf der Webseite und auf der Speisekarte aufgeführt sind, wird auf Qualität geachtet. Die Produkte kommen überwiegend aus der Region und sind teilweise biozertifiziert. Der Fisch ist grundsätzlich nach ASC für Aquakulturen und MSC für Wildfänge zertifiziert. Die Speisekarte mit Fleisch-, Fisch- und vegetarischen Gerichten sowie ein bis zwei Gerichten für vegan lebende Menschen wird den Jahreszeiten angepasst.

Ab 10 Uhr kann zwischen mehreren Frühstücksangeboten gewählt werden. Die Karte bietet neben verschiedenen Flammkuchen regionale Spezialitäten wie Bremer Knipp, Labskaus und Bremer Rote Grütze. Hausgebeizte Fischspezialitäten stehen immer auf der Karte wie auch die »Afternoon Teatime« mit hausgemachten Scones. Hinzu kommen ein wöchentlich wechselnder Mittagstisch und Tagesempfehlungen, in der Saison vielfältige Matjeszubereitungen.

Eine gut abgestimmte Weinkarte listet europäische Weine, teils in Bioqualität; es sind gute Essensbegleiter. Kompetenter, freundlicher Service.

Hamburg

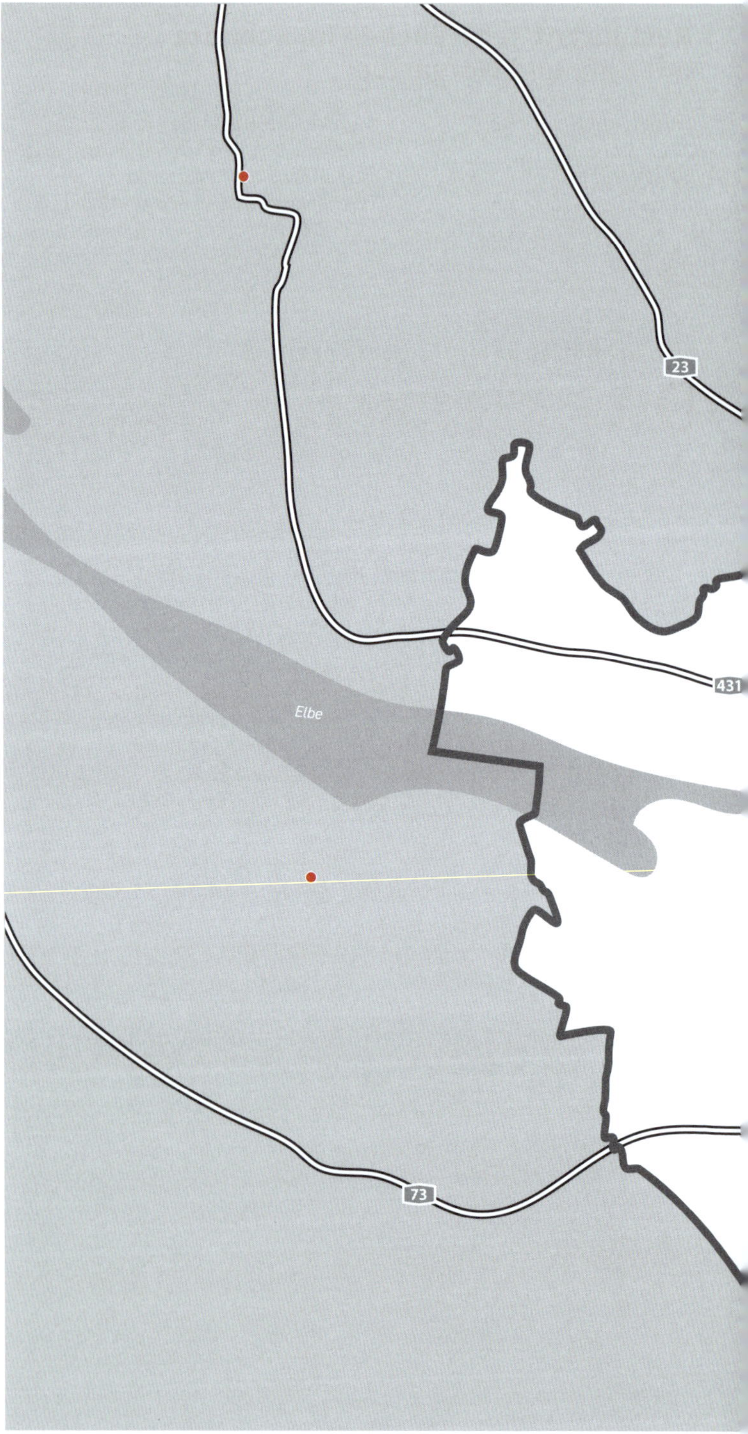

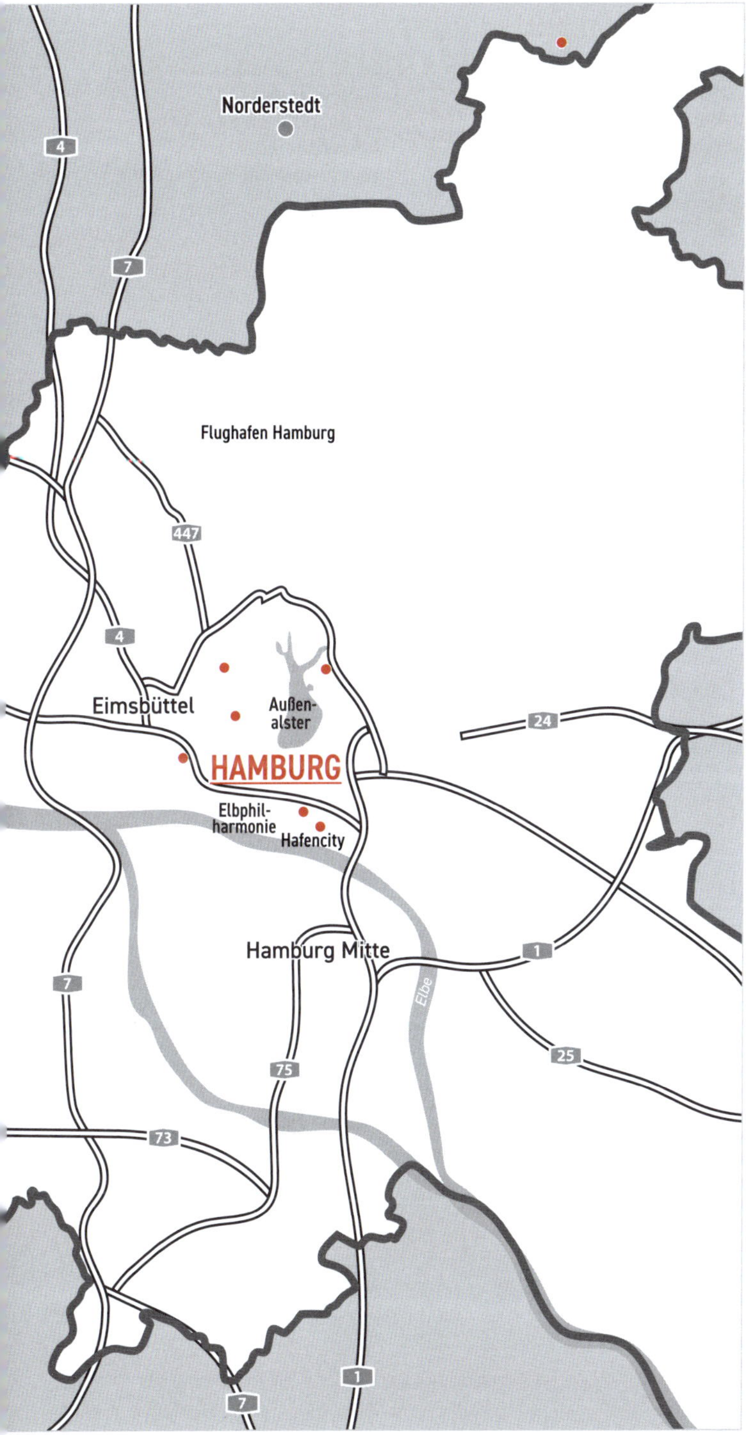

Norderstedt
4
7
Flughafen Hamburg
447
4
Eimsbüttel
Außen-
alster
24
HAMBURG
Elbphil-
harmonie
Hafencity
Hamburg Mitte
1
7
Elbe
25
75
73
1
7

Oberhafenkantine

Stockmeyerstraße 39,
20457 Hamburg
0 40 / 32 80 99 84
oberhafenkantine-hamburg.de

Größe: 50 Plätze in den Gasträumen, 60 auf der Terrasse
Preise: Hauptgerichte 11–34 Euro
Kreditkarten: Alle gängigen Karten
Öffnungszeiten: Mi–Sa 12–22 Uhr, So 12–17.30 Uhr; Ruhetage: Mo, Di

Die letzte Hamburger Kaffeeklappe mit originaler Küche

Die »Oberhafenkantine« von Sebastian Libbert ist die schrägste Lokalität Hamburgs, die letzte Kaffeeklappe des Hamburger Hafens. Sie besteht schon seit 1925, stand anscheinend niemandem im Weg, und selbst das Wasser hat den Versuch, sie umzuwerfen, inzwischen aufgegeben. Sie wurde gelegentlich ein bisschen angestupst, Sturmfluten und Unterspülungen haben das Haus in seine berühmte Schräglage gebracht. Schon immer gab es hier Frikadellen und Kaffee. Erbaut von Hermann Speer, dem ersten Wirt, wurde die originelle »Kantine« jahrzehntelang von seiner inzwischen legendären Tochter Anita betrieben. Heute steht das Haus unter Denkmalschutz und ist ein Kleinod im ständigen Wandel des Hamburger Hafens. Und ein bisschen Schräglage gehört hier ohnehin dazu.

Im Oberhafen serviert man moderne Hamburger Küche: ein ganz hervorragendes Labskaus* mit eingelegter Roter Bete oder in Anlehnung an das Hamburger Rundstück einen Burger in drei Variationen, davon einen vegetarischen. Aber auch das Original wird hier angeboten. Der Spargel wird mit geräuchertem Hering oder mit der Oberhafenkantinen-Frikadelle auch mal etwas anders serviert. Schinken geht natürlich auch. Abends gibt es Abendbrot, das Brot wird selbst gebacken. Dazu gehört die Hamburger Weißwurst, die es schon seit der Franzosenzeit gibt und die natürlich älter ist als die Münchener, dafür aber manchmal mit Fisch gemacht wird, oder es gibt Räucherfisch aus dem eigenen Räucherofen. Die Würste der Oberhafenkantine sind im Übrigen echte Sattmacher, auf Phosphate wird verzichtet – so hat die Wurst mehr Fleisch und weniger Wasser. Der Senf für Würste und Frikadellen wird in der Küche selbst gemacht. Auch der Knusperfladen schmeckt ausgezeichnet. Für Vegetarier wird mit einem Graupenrisotto mit Spargel und Bärlauch gesorgt. Hintendran gibt es gern eine Rote Grütze oder ein verschleiertes Bauernmädchen – eine geschichtete Schokonachspeise aus Pumpernickel, Apfel- und Waldbeerenkompott mit Sahne, das wohl aus dem Dänischen stammt.

Neben Bier von M&O und Kaffee werden Weine von europäischen Gütern angeboten, ein Cider von Elbler mit Äpfeln aus dem Alten Land sowie eigene Limo.

In der »Speicherstadt-Kaffeerösterei« (Kehrwieder 5, 20457 Hamburg) gibt es interessante Kaffeesorten, vom Jamaica Blue Mountain bis zum Orang-Utan-Kaffee.

Restaurant »Nil«

Neuer Pferdemarkt 5,
20359 Hamburg
0 40 / 4 39 78 23
restaurant-nil.de

Größe: 80 Plätze im Restaurant
Preise: V 10–20, H 22–27, N 7–11 Euro
Kreditkarten: EC
Öffnungszeiten: Mo, Mi–Do 18–22 Uhr; Fr–So, 17–22 Uhr; Ruhetag: Di

Gute Bistroküche im Szenestadtteil

Das »Nil« liegt mitten im Stadtteil St. Pauli, die Umgebung ist eher szenig, und das Lokal mit seiner angenehmen Atmosphäre passt hier richtig gut rein. Das »Nil« ist ein Restaurant über drei Ebenen und öffnet im Sommer seine Terrasse.

Als Einstieg gibt es Brot von Gaues mit einem veganen Dip. Der Ziegenkäse kommt in bewährter Qualität von Catherine André und wird von eingelegtem Spargel und einer Sauce Gribiche begleitet. Catherine zieht auch Bunte Bentheimer Schweine auf, von denen es eine hausgemachte Blutwurst mit Kürbis, Röstzwiebeln und Stampfkartoffeln gibt. Vom nämlichen Schweinen werden Schinken produziert, die im Frühjahr den Spargel begleiten. Das Gemüse kommt meistens von Jochen Krentzel und wird auch gern zu veganen Gerichten wie einem Gemüsecurry verarbeitet. Im November gibt es Martinsgans vom Gänsehof Gudendorf in Dithmarschen. Die Hirschpate wird mit einer Pumpernikel-Malzbier-Mayo und fermentierten Mairübchen serviert. Von »Frisch gefischt« kommt die Meeräsche mit Spinat und Basilikumpesto oder der Heilbutt mit Zitronenrisotto. Hinterher gibt es Käse aus dem Norden, Föhrer Inselkäse und andere schöne Sorten, veredelt vom Affineur Markus Kober oder eine vegane Schokoschnitte.

Personen am Steuer erfreut ein spritziger, alkoholfreier Apfelsecco. Als Durstlöscher wird Allgäuer Helles angeboten. Die Weinkarte mit vielen Bioweinen wird von Elisabeth Füngers, einer der Inhaberinnen des »Nils«, anregend vorgestellt.

Hobenköök

Stockmeyerstraße 43,
20457 Hamburg
0 40 / 22 86 55 38
hobenkoeoek.de

Größe: 80 Plätze im Restaurant
Preise: Hauptgerichte 25–35 Euro
Kreditkarten: EC, Visa, Master
Öffnungszeiten: Di–Sa 10–23 Uhr; Ruhetage: So, Mo

Hafenküche mit Markthalle

Im alten Hamburger Oberhafen haben Nele Grünberg, Thomas Sampl und Frank Chemnitz das Ideal einer Hafenküche verwirklicht. In einem ehemaligen Güterumschlagsgebäude der Bahn gibt es nun ihr Restaurant mit Markthalle. Von frischem Gemüse über Fisch, Käse, Fleisch und Biobrot bis zum Obstsecco von Jörg Geiger ist vermutlich alles erhältlich, was ein Slow-Food-Herz höher schlagen lässt. Die Köche nutzen die Markthalle als Quelle für ihre eigenen Zutaten und verarbeiten sie in ihrer offenen, »mittenmang« stehenden Küche zu kulinarischen Höhepunkten. Die Gerichte von Thomas Sampl sind produktbezogen und ohne Chichi: beste Produkte, schlicht verarbeitet. Es beginnt täglich mit einem Frühstück rund um das Markthallenangebot mit Biobrot von Bahde und Frischkäse von Kruse aus Elmshorn. Zu »Middach« gibt es, was der Markt gerade hergibt, das heißt täglich wechselnde Gerichte; ein veganes ist natürlich immer dabei. Wenn die Köchinnen und Köche pausieren, erhält der Gast eine Rohmilchkäseauswahl aus der Meierei Horst oder Räucherfisch mit Brot und Butter.

Das Abendbrot kann umfangreicher ausfallen, »vördeem« vielleicht marinierter Kalbsrücken von Linumer Wiesenkalb oder Salat mit Schafsgrillkäse aus Jeetzel. Thomas Haack liefert den Kohlrabi für die Suppe, die mit Tomaten aus den nahen Vierlanden verfeinert wird. »Middeninne« hat der Gast die Qual der Wahl zwischen einem ganzen Saibling – schlicht mit Dill-Zitronen-Butter – oder einem Stück vom Hinterviertel des Rindes, das jeden Tag etwas anderes ist, in der Regel ein geschmortes Stück. Dazu reichen die Köche das Gemüse des Tages, das sie für vegetarisch lebende Menschen grillen und mit Schafsfeta vom Hof Brünjes toppen. »Dornach« gibt es dann Schokoladen-Haselnuss-Eis mit Kirsch-Sorbet und Kompott.

Zu trinken gibt es Biowein von Helde und Craftbier aus der Region von Wildwuchs und Ratsherrn.

Wolfs Junge

Zimmerstraße 30,
22085 Hamburg
0 40 / 20 96 51 57
wolfs-junge.de

Größe: 34 Plätze im Gastraum, 34 auf der Sommerterrasse
Preise: Mittags Hauptgericht 24–26 Euro; Sieben-Gänge-Menü 109 Euro
Kreditkarten: EC, Master, Visa
Öffnungszeiten: Mi–Fr 12–14.30 und 18–23 Uhr; Sa 18–23 Uhr; Ruhetage: So–Di

Zeitgenössische Küche, nachhaltig und auf höchstem Niveau

Das »Wolfs Junge« liegt nahe der Alster in einer ruhigen Wohngegend. Ein kleines Restaurant gab es hier schon, lange Jahre bevor Sebastian Junge es als Inhaber und Koch übernahm. Seit 2018 setzt er mit seinem Team eine nachhaltige Kochkunst auf bemerkenswertem Niveau um: Es wird ein eigener Gemüsegarten in Hamburg bewirtschaftet. Rund um das Restaurant ist ein Kräutergarten angelegt worden, der mit Kompost aus eigener Produktion gedüngt wird. Demnächst wird es die erste Honigernte geben. Viele Anregungen hat Junge aus der ersten Slow Food Youth Academy mitgenommen, nicht zuletzt handwerkliches Rüstzeug über das Kochen hinaus: Es wird Sauerteigbrot gebacken, gewurstet und gelegentlich Käse gemacht.

Auf der wöchentlich wechselnden Mittagskarte finden sich Klassiker wie Gulasch mit Kartoffeln oder Himmel & Erde und eine hausgemachte Blutwurst mit Quitten aus dem alten Land und Kartoffelstampf. Vorweg serviert die Küche immer selbst gebackenes Sauerteigbrot. Als Vorspeise gibt es eine Fischsuppe mit Zucchini. Das Gemüse kommt aus dem eigenen Garten oder aus dem solidarischen Gemüseanteil des Kattendorfer Hofs oder vom Demeter-Gut Wulfsdorf. Abends kommen bis zu sieben Gänge auf den Tisch mit einem selbst gemachten Schafskäse zur Paprika und Sauce Mechouia, einem Brokkoli mit Sellerieöl, in der vegetarischen Variante des Menüs mit Tomatensuppe oder Buchweizentaler mit Kürbis und Wacholder. Wer beim Restaurantbesuch auf Fisch und Fleisch nicht verzichten möchte, bekommt den Fang des Tages vom nachhaltigen Fischhandel der Familie Baier mit Rote-Bete-Salsa und Muschelschaum oder eine Gänsekeule mit Rosinenfalaffel und Rotkohlslaw. Genauso interessant ist das zweite, vollständig vegetarische Menü, das saisonales Gemüse variiert. Im Winter gibt es Grünkohl, Karotten, Sellerie und Topinambur in sieben Gängen. Die Pflaume kommt in der Saison als Nachtisch mit Molke, im Winter der Apfel mit Sellerie und Vanilleküchlein.

Zu trinken gibt es Craftbier und Wein von kleinen, nachhaltig agierenden Gütern.

NEU

Kaalia

Rentzelstraße 13,
20146 Hamburg
01 57 / 33 12 08 17
kaalia.de

Größe: 10 Plätze im Restaurant
Preise: Drei-Gänge-Menü 59–63, Vier-Gänge-Menü 72–77 Euro
Kreditkarten: EC
Öffnungszeiten: Mi, Do 19–22 Uhr, Fr 18–20.30 und 20.30–23 Uhr; Sa 12–15 Uhr; Ruhetage: Mo, Di

Französisch-indische Kochideen mit regionalen Produkten

Das »Kaalia« wartet mit exakt zehn Sitzplätzen auf und mit Öffnungszeiten, die auf die beiden Betreiber Wiebke Basse und Ulf Lindeholz zugeschnitten sind. Fast zehn Jahre ist es her, dass sie das Restaurant eröffneten. Heute können sie eine Küche anbieten, bei der Ulf aus den besten Zutaten der Region mit bestem französischen Handwerk sowie indischen Gewürzen und Kochtechniken spannende Menüs kreiert. Die Produzent*innenliste ist handverlesen. Das Gemüse kommt vom Gut Haidehof und vom Wilkenshoff, die Forellen von Benecke, die Milchprodukte von Kruses Hofmilch und das Fleisch von Elbwild oder der Demeterfleischerei Dreymann. Ergänzt wird das Lebensmittelsortiment von einer Auswahl europäischer Bioweine.

Unter der Woche gibt es an drei Abenden zwei Drei- oder Vier-Gänge-Menüs; eines von beiden ist immer vegetarisch. Zwischen den senkrechten Strichen auf der Speisekarte stehen Zutaten, aber es lassen sich keine Rückschlüsse auf ihre Zubereitung ziehen. Möhre | Reis | Vadouvan spielt mit Röstaromen und einer intensiven Würzung – ein Gericht mit indischen Einflüssen, die die Betreiber bei ihren Aufenthalten dort aufgenommen haben. Bei der Kombination Hirsch | Tomate | Fichte wird mit der Fermentierung der grünen Tomate und dem Raucharoma des Hirschschinkens ein völlig neues Geschmacksbild erzeugt. Beim Knurrhahn, der von Sebastian Baier geliefert und auf Buchweizen serviert wird, ist französisches Küchenhandwerk zu erleben. Weiter geht es zu einem Hirschrücken, der von einem herausragenden Rote-Bete-Chutney und fermentierten Rote-Bete-Scheiben begleitet wird. Am Ende wird ein schlotziger Nachtisch mit Schmandeis, Haselnuss und Sablé serviert.

Netter, zugewandter Service von Wiebke Basse, die mit ihren Weinempfehlungen das Essen sehr gut begleitet. Wer keinen Wein mag, bekommt ein Pils vom Premium Kollektiv.

→ Am Samstag verwandelt sich das kleine Restaurant in einen Feinkostladen, in dem die Produkte der Restaurantlieferant*innen angeboten werden. Dazu gibt es ein Mittagsgericht und Daydrinking.

Bei der Effenberger Vollkornbäckerei in der Rutschbahn gibt es beste Biobrote aus selbst gemahlenem Getreide.

NEU

Restaurant Klinker

Schlankreye 73, 20144 Hamburg
0 40 / 35 70 14 35
restaurant-klinker.de

Größe: 48 Plätze im Restaurant
Preise: H 16–25, N 11 Euro; Vier-Gänge-Menü 60 Euro
Kreditkarten: Alle gängigen Karten außer Amex
Öffnungszeiten: Mo–Fr 18–24 Uhr; Ruhetage: Sa, So

Gastronomie neu gedacht

Das »Klinker« trat an, um die Gastronomie neu zu denken, und sorgte schon vor der Eröffnung für Schlagzeilen mit seinen mitarbeiter*innenfreundlichen Schließtagen am Wochenende. Das offene Küchenkonzept mit vollverglaster Front, die ästhetische Ausstattung, der gut abgestimmte Service und die entspannte Atmosphäre sorgen für ein Gefühl, bei ausgesprochen gut kochenden Freund*innen zu Hause zu sein. Die Menüoption bietet eine großartige Möglichkeit, sich durch die Speisekarte von Slow-Food-Chef-Alliance-Koch Aaron Hasenpusch und seinem Team zu arbeiten. Die Speisekarte listet die Lieferbetriebe inklusive vieler Slow-Food-Unterstützer*innen und -Freund*innen.

Zur Einstimmung gibt es Zitronenbutter mit Za'atar auf Walnussbrot vom Hof Wörme – dem elterlichen Hof des Inhabers Marianus von Hörsten. Die Speisenfolge bietet alles, was regional und saisonal verfügbar – oder meisterhaft konserviert – ist: von Bittersalaten mit Pickles, vegetarischem Ceasar's Dressing und wachsweichem Ei, einer Burrata auf Lauchgemüse unter Frisée bis zum Petersiliensalat mit gerösteten Haselnüssen und eingemachten roten Zwiebeln. Ein Favorit: Wirsing vom Demeterhof Wilkenshoff in einer Liebstöckelhollandaise. Eine Entdeckung: der gefüllte Lauch mit einem Sonnenblumen-Pralinée. Das Gemüse liegt perfekt gegart auf einem fluffigen Kartoffelpüree, von Lauchöl umgeben. Eines der wenigen Fleischgerichte ist der hauchzart aufgeschnittene rosa Rinderbraten mit einer Champignoncreme und eingelegten Pfifferlingen. Die Fregola Sarda mit Morcheln und rohem Eigelb werden am Tisch angerichtet. Sie sind schlotzig und sehr aromatisch. Spannend auch die Kombination von eingelegtem Spargel des Vorjahrs mit regionalen Schwarzwurzeln und einer schmelzenden Hollandaise. Zum Abschluss locken zwei süße Variationen: Iles Flottantes auf eingemachten Blaubeeren und ein dekonstruierter Cheesecake, der durch ein Saure-Sahne-Salzkarameleis mit Milch von den Melkburen spannend wird.

Die Weinempfehlungen der Sommelière sind sicher und ein Blick in die Raritätenliste ist spannend.

→ Gern gesehen sind Gäste auch ohne Reservierung. Eine mögliche Wartezeit kann mit vorzüglichen Cocktails überbrückt werden.

Hessen

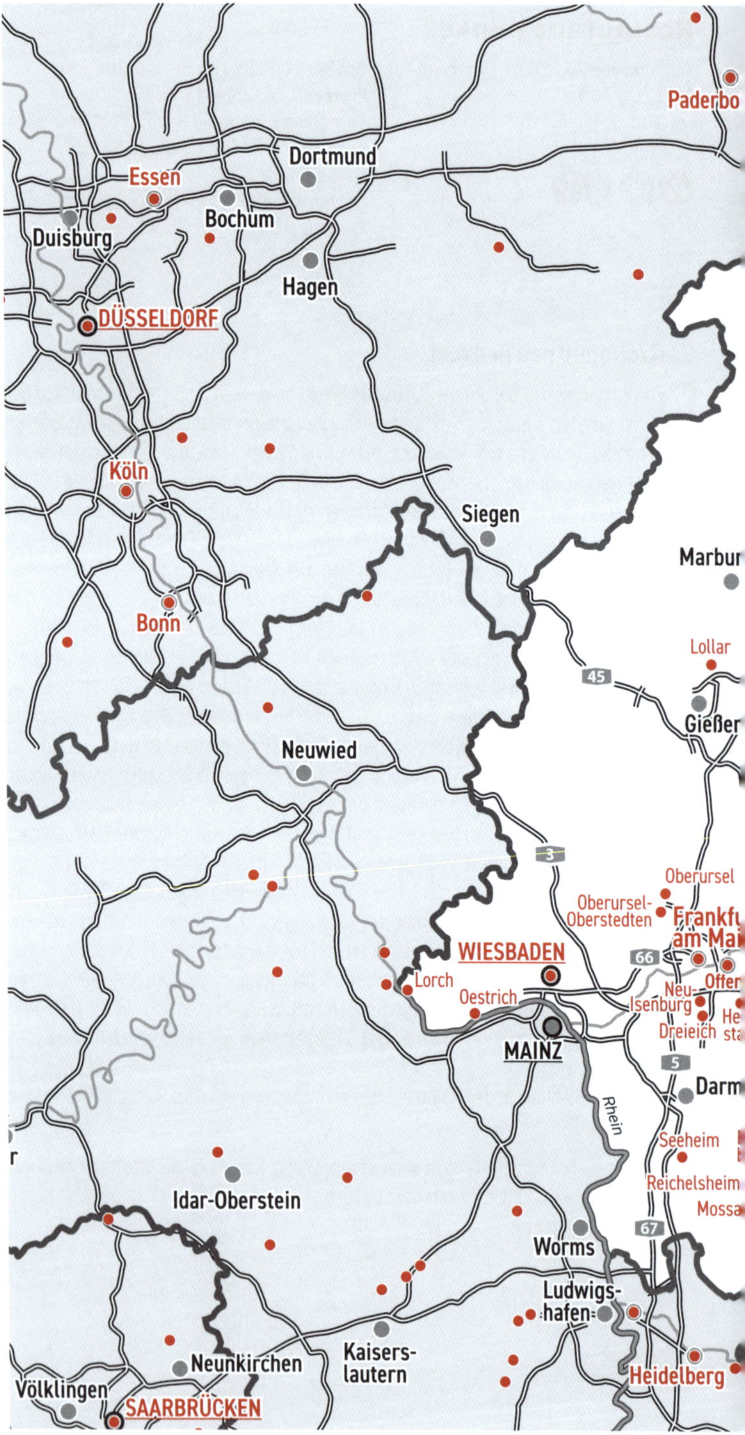
Paderbo
Dortmund
Essen
Bochum
Duisburg
Hagen
DÜSSELDORF
Köln
Siegen
Marbur
Bonn
Lollar
45
Gießen
Neuwied
3
Oberursel
Oberursel-
Oberstedten
Frankfu
am Ma
WIESBADEN
66
Lorch
Oestrich
Neu-
Isenburg
Offen
Dreieich
MAINZ
5
Darm
Rhein
Seeheim
Reichelsheim
Mossa
Idar-Oberstein
67
Worms
Ludwigs-
hafen
Kaisers-
lautern
Neunkirchen
Heidelberg
Völklingen
SAARBRÜCKEN

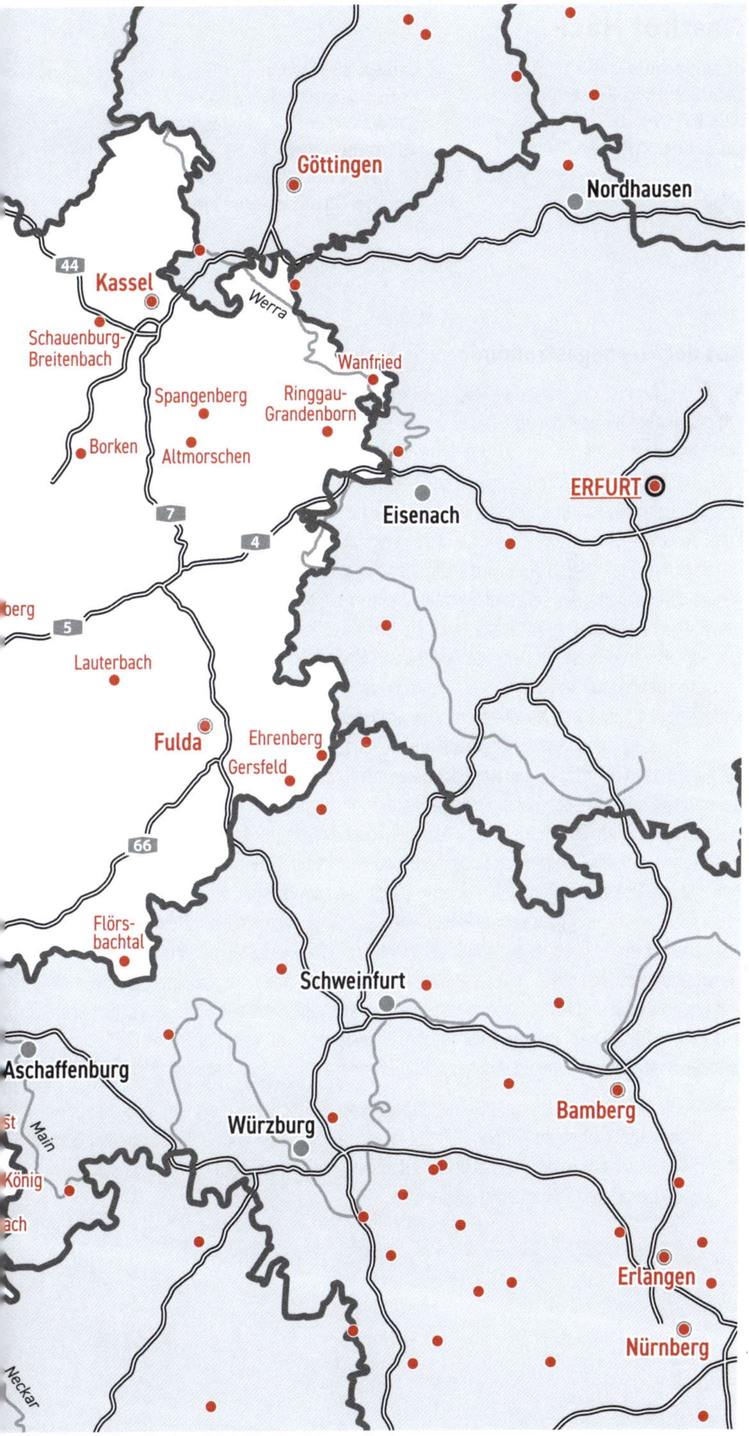

Göttingen
Nordhausen
44
Kassel
Werra
Schauenburg-
Breitenbach
Wanfried
Spangenberg
Ringgau-
Grandenborn
Borken
Altmorschen
ERFURT
Eisenach
7
4
berg
5
Lauterbach
Fulda
Ehrenberg
Gersfeld
66
Flörs-
bachtal
Schweinfurt
Aschaffenburg
Bamberg
Würzburg
Main
St
König
ach
Erlangen
Nürnberg
Neckar

Gasthof Hack

Hoheneicher Straße 2,
34582 Borken-Kerstenhausen
0 56 82 / 99 60
gasthofhack.de

Größe: 25 Plätze in der Gaststube
Preise: Hauptgerichte 15–21 Euro
Kreditkarten: EC, Master, Visa
Öffnungszeiten: Fr, Sa 17.30–23 Uhr; So 12–14 Uhr; Ruhetage: Mo–Do; weitere Termine nach Vereinbarung

Aus der Sternegastronomie zurück zum Landgasthof

Von außen ist der »Gasthof Hack« ein normales Dorfgasthaus und am Stammtisch genießen die Männer des Dorfs ihr Feierabendbier. Doch das Ambiente verändert sich bei jedem weiteren Schritt. An der Theke vorbei geht es in eine freundliche Stube. Katja Hack hat bei Manfred Schwarz im »Deidesheimer Hof«, bei Björn Freitag und als Küchenchefin bei Frank Buchholz in Mainz gearbeitet. Nach den Lehrjahren ist sie aufs Land zurückgekehrt. Soweit möglich, wird regional eingekauft. Mehl kommt aus der örtlichen Mühle. Fleisch und Wild wird weitgehend vom Metzger Kramer im Nachbarort Nassenerfurth bezogen, der selbst schlachtet. Wenn er ein Mangalitza-Wollschwein aus eigener Aufzucht anbietet, greift Katja Hack zu. Der Käse kommt vom Kellerwaldhof in Bad Zwesten. Die traditionellen Gerichte werden von Einheimischen eher selten bestellt. Wenn sie essen gehen, soll es nicht so sein wie zu Hause! Hack schafft es, den weißen Fleck der kulinarischen Landkarte Nordhessens kleiner werden zu lassen.

Die Speisekarte ist erfreulich knapp, die üblichen Schnitzel sind verbannt. Dafür wird sie häufig nach Jahreszeit und Angebot gewechselt. Zwei Suppen, vier Zwischengerichte, davon zwei vegetarische, zwei Fischgerichte, fünf Hauptgerichte und drei Nachspeisen werden angeboten. Zum Auftakt wird hausgebackenes Brot mit Schnippchen, einem nordhessischen Aufstrich, gereicht. Sonntags wird ein – sehr beliebtes – Drei-Gänge-Menü gekocht; die Preise sind ländlich moderat. Da gibt es zum Beispiel ein kaltes Gurkensüppchen mit Sauerrahm, einen knusprig panierten Fisch auf warmem Kartoffelsalat in Bechamelsoße mit Blattsalat oder ein ambitioniertes Rinderfiletmedaillon mit Trüffeljus, glasiertem Gemüse und Kartoffel-Sellerie-Püree. Als Nachtisch kommt ein Holunderblütenparfait mit Erdbeersalat und Minze. Stammgäste werden mit Angeboten wie Ahler Wurscht*, Bratwurst oder Strammem Max nicht vergessen. Schnippchen und Variationen des Duckefetts* werden beständig angeboten. Auch das Sulperknochenessen* ist regional verwurzelt.

→ Katja Hack hat die Öffnungszeiten ihres Lokals deutlich reduziert, um auch an anderen Orten kochen zu können. Einmal im Monat bietet sie zum Beispiel ein Menü im »Rotkehlchen« in der Tierfairbrik in Hombergshausen an. Außerdem bietet sie hochwertiges Catering für private Feiern an.

Alte Backstube

Carl-Schumacher-Weg 3,
63303 Dreieich-Götzenhain
0 61 02 / 30 00 23
alte-backstube.de

Größe: 100 Plätze im Gastraum, 80 unter Bäumen
Preise: Hauptgerichte 10–19 Euro
Kreditkarten: Keine
Öffnungszeiten: Fr–Mi 11–20 Uhr; Gutsschänke von 12–18 Uhr; Ruhetag: Do

Schönes Ausflugsziel – Einkaufskorb nicht vergessen!

Die »Alte Backstube« liegt in einem wunderbar ruhigen Landidyll mit kleinem See. Kein Dresscode ist zu beachten, es treffen sich Reitervolk und Golfspielende, Radfahrende und Wandernde oder Familien mit ihrem Nachwuchs, der unter Bäumen oder auf dem nahen Spielplatz glücklich ist. Die Selbstbedienung am Tresen wird mit reichlich kundigem Personal zügig abgearbeitet, Sonderbestellungen werden flexibel erledigt. In der Gaststube werden die Speisen am Tisch serviert.

Die Küche bringt bodenständige Angebote auf die Karte, nach Möglichkeit aus eigener Produktion. Wichtigster Lieferant ist die eigene Metzgerei. Zusätzlich lockt eine Angebotstafel mit saisonalen Gerichten. Immer gut sind die Teller aus der erweiterten Wurst- und Kuchenküche, wie es Patronin Catharina Schumacher formuliert. Es finden sich aber auch vegetarische Quiches und ein Fischgericht. Und es wird die deftige hessische Vesperküche geboten: Handkäs, Kochkäs, Schweinskopfsülze, Grüne Soße in unterschiedlichen Kombinationen. Von der Standardkarte sind die eigenen Bratwürste und die Frikadellen mit Kartoffelsalat besonders beliebt. Attraktiv ist die nachmittägliche Kuchenkarte mit Leckereien aus der eigenen Bäckerei und Konditorei. Spezialitäten wie den Rehrücken (das ist ein Kuchen!) oder Strudelvarianten gibt es nur sonntags, frische Blechkuchen, Frankfurter Kranz und anderes wird täglich produziert.

Zum regionalen Speisenangebot fehlt leider weiterhin ein passender Apfelwein. Die Traubenweine werden vom familieneigenen Pfälzer Weingut Schumacher in Herxheim am Berg importiert.

→ Der Garten ist im Winter geschlossen.

Die »Alte Backstube« sollte nicht mit dem Gutsrestaurant »Hofgut Neuhaus« verwechselt werden, das eine klassisch französisch ausgerichtete Küche anbietet – unter der gleichen Anschrift.

Der Außer-Haus-Verkauf wird fortgeführt. Im Verkaufsladen (10–19 Uhr) gibt es Wurst- und Schinkenspezialitäten aus eigener Metzgerei, Kuchen, Torten, Brot und weiteres Selbstgemachtes sowie Weine vom Weingut Schumacher.

krenzers rhön

Eisenacher Straße 24,
36115 Ehrenberg (Rhön)-Seiferts
0 66 83 / 9 63 40
rhoenerlebnis.de

Bio

Größe: 70 Plätze in der Wirtsstube
Preise: Hauptgerichte 15–26 Euro; Menü 40 Euro
Kreditkarten: EC, Master, Visa
Öffnungszeiten: Für Hotelgäste ganzjährig geöffnet; in der Wirtschaft jeden 1. Sonntag im Monat Mittagessen à la carte

Rhöner Regionalität zu Ende gedacht

Der Gasthof »krenzers rhön« – früher »Zur Krone« – liegt östlich von Fulda und wird seit über drei Jahrzehnten von Jürgen Krenzer geführt. Er hat eine Apfelschaukelterei, einen Laden für eigene Apfelprodukte und das »Rhöner Apfel-Sherry-Theater« rund um das historische Gasthaus aufgebaut. Gaststätte und Hotel wurden mit biologischen Baumaterialien liebevoll restauriert. Die Küche ist frisch und geschmackvoll und verarbeitet mit ihrem radikal-regionalen Konzept das, was die Rhön zu bieten hat. Schwerpunkte sind das Rhönschaf und Äpfel. Küchenchef ist André Marschall, ein weit gereister Rhöner. Er gibt den Eigenkreationen der alten und neuen Rhöner Küche noch einmal einen Kick. Die Liste der regionalen Lieferant*innen ist eindrucksvoll, Transparenz wird großgeschrieben.

Als Vorspeisen gibt es Rhöner Nudelsopp oder eine Antipasti aus Bio-Gemüsen. Höhepunkte sind die Gerichte vom Rhönschaf und die Rhöner Bachforelle vom Forellenhof Keidel aus Wüstensachsen. Besonders spektakulär ist die am Tisch tranchierte ganze Lammkeule mit Bärlauchpesto, Holzofenbrot, Kartoffelklößen und knackigem Pfannengemüse. Aber auch das deftige Weißbiergulasch vom Weiderind und das Brutzelfleisch vom Rhöner Schwein schmecken ausgezeichnet. Die Hackfleisch-Kraut-Pfanne ist seit Jahren unverändert gut. Spezialgerichte wie den Flurgönder* – ein heißer Schwartenmagen* mit Nudeln – gibt es nur an wenigen Tagen. Auch Brotzeiten und Käse, handwerklich und regional produziert, sind im Angebot. Kleinere Portionen gibt es selbstverständlich auf Wunsch. Auch auf Unverträglichkeiten wird eingegangen. Als Nachspeise gibt es das legendäre Apfelsherry-Tiramisu und Bauernhof-Eis.

Tipp: Jeden Freitagabend gibt es die komplette Welt der Rhöner Kulinarik in Form des Brotzeit-Buffets mit der traditionellen Riesenpfanne. Natürlich mit rhöntypischen Gerichten bestückt.

Die Getränkekarte dominieren die zum Teil sortenreinen Apfelweine, dazu Apfelsecco und zahlreiche Apfeldessertweine. Bier, Saft, Wasser und Spirituosen aus der Rhön kommen meist von Ökobetrieben. Eine kleine Auswahl Traubenweine steht ebenfalls auf der Karte. Alkoholfreie Getränke kommen aus regionaler Bioproduktion, zum Beispiel der Bioapfelsaft von heimischen Streuobstwiesen. Der Kaffee ist bio und fair.

→ Reservierung empfohlen; eventuell gibt es auch unter der Woche freie Plätze.

Im angeschlossenen Kernhaus-Laden werden – teils langjährig gelagerte – Apfelsherrys, Apfelsecco, Apfelwein und anderes aus eigener Produktion angeboten

Mümlingstube

Hauptstraße 16,
64711 Erbach
0 60 62 / 33 79
muemlingstube.de

Größe: 65 Plätze in der Gaststube und die Terrasse
Preise: Hauptgerichte 9–16 Euro
Kreditkarten: EC, Master, Visa
Öffnungszeiten: Fr–Mi 11.45–14 und 17.30–22 Uhr; Do 11.45–14 Uhr; So, Feiertag 12–22 Uhr

Einfach-ehrliche Regionalküche im Luftkurort

Seit 1976 gibt es die »Mümlingstube«, ein einfaches, gemütliches Gasthaus in der Stadtmitte des Luftkurorts Erbach im Odenwaldkreis. Nicht weit entfernt liegt das schöne Schloss Erbach, an dem die Mümling vorbeifließt, die diesem Haus mit dem hellen und freundlichen Gastraum seinen Namen gab. Die »Mümlingstube« gehört seit mehr als zehn Jahren zur Marketingkooperation Odenwald-Gasthaus. Die gastronomische Vereinigung verzichtet konsequent auf Geschmacksverstärker und andere Segnungen der Chemie. Der Großteil der hier verarbeiteten Produkte kommt unmittelbar aus der Region.

Küchenchef Dieter Mohr kocht Odenwälder Schlemmerschnitzel und eine gesottene Ochsenbrust mit Meerrettichsoße, Salzkartoffeln und Roter Bete. Die Odenwälder Forelle kommt traditionell Blau oder Müllerin Art auf den Tisch. Ungewöhnlich ist das Odenwälder Vierkäseschnitzel, überbacken mit Kräuter-Zikli, Nibelungenkäse, Mossautaler und Kellerkäse, dazu gibt es Bratkartoffeln und einen Salatteller. Zu der Schnitzelvielfalt des Hauses zählt das Schweineschnitzel, gefüllt mit Bärlauchpesto und Tomaten, abermals mit Bratkartoffeln und Salatteller. Als weitere Odenwälder Spezialität wird ein hausgeräuchertes Forellenfilet mit Sahnemeerrettich, Kürbisbrot und Butter gereicht. Das Wild wird in gräflichen Forsten erlegt.

Weine einer Winzergenossenschaft und Biere der Privatbrauerei Michelsbräu stehen auf der Getränkekarte.

→ Kulinarische Aktionswochen quer durch die Jahreszeiten, vom Odenwälder Lamm zu Ostern bis zur Weihnachtsgans am Jahresende.

Flörsbacher Hof

Vockeweg 1,
63639 Flörsbachtal-Flörsbach
0 60 57 / 7 90
floersbacher-hof.de

Größe: 50 Plätze im Gastraum
Preise: Hauptgerichte 12–24 Euro
Kreditkarten: EC, Master, Visa
Öffnungszeiten: Mi–Sa 12–14 und 18–22.30 Uhr; So, Feiertag 12–14 und 18–20.30 Uhr; Ruhetage: Mo, Di

Ausflugsziel tief im Spessart

Der »Flörsbacher Hof« liegt im Naturpark Spessart auf dem Weg von Gelnhausen nach Lohr. Das Restaurant, umgeben von Wiesen und Wäldern, bietet einen guten Ausgangspunkt für Wanderungen. Der rustikale Gastraum ist gemütlich und üppig saisonal dekoriert. Bei schönem Wetter sitzt man auf der Terrasse. Inhaber Stefan Dietz bietet eine Regionalküche, die mit hausgemachten Spessartspezialitäten die Tradition nicht aus dem Auge verliert und zeitgemäß orientiert ist. Die Lieferant*innen werden auf der Webseite genannt.

Auf der Speisekarte des Flörsbacher Hofs stehen Kräuter im Fokus, zum Beispiel beim Wildkräuter-Spargel-Salat mit Walnussdressing. Dietz sammelt sie auf üppigen Kräuterwiesen. Seine zweite Leidenschaft ist die Liebe zum Wild, es findet sich immer ein feiner Wildbraten auf der Karte, der gern in Wacholdersoße mit Apfelrotkohl und Kartoffelknödeln serviert wird. Die Saison- oder Wochenkarte hält weitere Spezialitäten bereit. Gut eingeführt ist der Spessartmatjes, eine nach Matjesart gereifte regionale Forelle. Beliebt ist der Spessartmatjes mit Schmand* und selbst gemachtem Preiselbeersenf. Burger gibt es vom Weideochsen oder vegetarisch als Dinkel-Käse-Spinatburger mit Pfannengemüse. Das Fleisch stammt von lokalen Produzent*innen, der Fisch kommt von der nahe gelegenen Fischzucht Röll.

Neben Apfelweinspezialitäten der Kelterei Stier und dem Bier der Familienbrauerei Martinsbräu sind eine Auswahl offener fränkischer Weine und ein ordentliches Flaschenweinangebot erhältlich.

→ Geführte Kräuter- oder Pilzwanderungen, aktuelle Vorschau auf der Webseite.

Die familiengeführte Metzgerei Pfaffenberger (Am Lohrbach 6, 97846 Partenstein) erhielt als eine der ersten Metzgereien in Deutschland das Zertifikat »Ohne Gentechnik«. Hier gibt es Fleisch und feine Wurstwaren von Rind, Kalb und Schwein, aber auch von Wild und Lamm.

chairs

Gronauer Straße 1,
60385 Frankfurt am Main
0 69 / 48 44 69 22
chairsffm.de

Größe: 40 Plätze im Gastraum, 20 im Außenbereich
Preise: V 5–18, H 27–35, N 12 Euro; Vier-Gänge-Menü 79, vegetarisch 69 Euro
Kreditkarten: Alle gängigen Karten
Öffnungszeiten: Do–So 18–24 Uhr; Ruhetage: Mo–Mi

Saisonales Restaurant mit innovativer deutscher Küche

Das »chairs« ist in einem Bornheimer Ecklokal in einem Gründerzeithaus untergebracht. Die Einrichtung ist modern-puristisch, die Tische zeigen blankes Holz. Die Akustik ist ungünstig, ein einziger, kleiner Wermutstropfen. Die Küche des Frankfurter Lokals wird von den Mitbetreibern Dennis Aukili und Milan Müller verantwortet. Sie bezeichnen ihren Stil als »produktbezogenen Minimalismus«. Jahreszeitlich orientiert überzeugt sie durch ihre Kompromisslosigkeit bezüglich der Qualität regionaler Lebensmittel. Die kleine, saisonale Karte wartet mit täglich wechselnden Gerichten auf. Das »chairs« arbeitet in engem Kontakt mit Produzenten und Züchtern und verarbeitet soweit möglich Tiere »Nose-to-Tail«. Ein großer Schwerpunkt sind vegetarische Gerichte. Die Küche macht sehr vieles selbst, von der aufgeschlagene Butter bis zum selbst geräucherten Schinken vom Vogelsberger Landschwein. Das Sauerteigbrot kommt aus der Hausbäckerei Mehlwassersalz (Bäckerei und Bistro im Museum für Moderne Kunst Frankfurt). Einige Beispiele aus der Liste der Produzenten und Lieferanten: Schweine, Eier und Getreide werden vom Biohof May bezogen, Fische von der Fischzucht Wetterfeld, Kräuter und Salate von Johannes Sehl, Gemüse von Frau Wong in Oberrad und Lamm vom Vogelsberger Kräuterlamm Meyer.

Die Gerichte sind häufig innovativ angelegt. So im Frühling Rote Bete mit Rhabarber, ein raffiniert abgeschmeckter Blumenkohl mit Sonnenblumenkernen und Steinklee oder Zander mit fermentierter Gurke. Im Herbst sind Wetterfelder Forelle mit Kürbis oder Kartoffelrösti, Apfel und geräucherte Butter angesagt. Auch die Nachspeisen sind eher ausgefallen, beispielhaft der Rhabarber mit Milchreis oder Boskoop, Pastinake und braune Butter.

Gute Weinberatung. Größere Weinauswahl aus Deutschland und Europas, darunter viele Bioweine, auch Naturweine, kleinere Auswahl offener Weine. Sehr kompetente und freundliche Bedienung.

Das gute Sauerteigbrot kann in der zum »chairs« gehörenden Bäckerei Mehlwassersalz, Domstraße 10, 60311 Frankfurt am Main (im Museum für Moderne Kunst), erworben werden.

Emma Metzler

Schaumainkai 17,
60594 Frankfurt am Main
0 69 / 83 04 00 94
emmametzler.de

Größe: 80 Plätze im Gastraum, 60 Plätze auf der Terrasse
Preise: Hauptgerichte mittags 16–18 Euro, abends 24–36 Euro
Kreditkarten: Alle gängigen Kreditkarten
Öffnungszeiten: Di–Sa 12–23 Uhr; So 12–18 Uhr; Ruhetag: Mo

Angewandte Kunst und regionale Küche

Seit 2017 ist Anton de Bruyn Koch und Inhaber im »Emma Metzler«. Das Restaurant wurde vom Frankfurter Designer Uwe Fischerist in zeitgenössischen Bistro-Stil ausgestattet und fügt sich wunderbar in den Bau des Museums für Angewandte Kunst des Architekten Richard Mayer ein. Die Außengastronomie verfügt über eine schöne Terrasse mit Blick in den Metzler-Park. Der Gastgeber hat Erfahrung in der internationalen Sterneküche gesammelt und widmet sich jetzt schon länger mit Leib, Seele und seinem zehnköpfigen Team der Küche mit regionalen Zutaten und der Verarbeitung »Nose-to-Tail« - und infolgedessen auch Blutwürste und Salami. Regionale Produzenten liefern Forellen aus dem Taunus, Hühner aus dem Odenwald, Rinder aus dem Vogelsberg. Biohof May züchtet Schweine, hält Hühner, baut Getreide an, die im »Emma Metzler« verarbeitet werden, Fische kommen aus der Fischzucht in Wetterfeld, Gemüse und Kräuter aus der Permakultur Sehl, Pilze aus einer Edelpilzzucht in der Nähe Offenbachs - zum großen Teil in Bioqualität. Die Angaben sind sowohl auf der Karte als auch auf der Webseite aufgeführt.

Aus diesen Zutaten entstehen handwerklich kreativ interpretierte, originelle Gerichte. Die Karte wechselt alle zwei Wochen; einzelne Gerichte werden nach Verfügbarkeit der Produkte ausgetauscht. Auf der Mittagskarte stehen überwiegend vegetarische Gerichte, am Abend gibt es auch »Tierisches«. Als kalte Vorspeisen wird ein Rindertatar mit Topinamburknusper, Walnüssen, Pilzcreme und Schnittlauch oder ein Zanderceviche mit eingemachten Roscoff-Zwiebeln und Kastanienblüten angeboten. Unter den warmen Vorspeisen findet sich eine Schweinskopfsülze mit warmer Gurkenvinaigrette, Dattelcreme und Backerbsen. Als Hauptspeisen empfiehlt sich ein gegrilltes Lachsforellenfilet mit Lardo, Chinakohl und Blumenkohlcreme oder die Schweinekeule mit Kartoffelkugel, Kohlrabi und goldenen Rosinen. Auf keinen Fall sollte aus der Rubrik »Happen zum Teilen« das selbst gebackene Sauerteigbrot mit Sauerampferbutter verpasst werden.

Auf der Getränkekarte finden sich ökologisch und nachhaltig produzierte Naturweine sowie eine Auswahl spezieller Cidre. Kompetenter und freundlicher Service.

→ Neun Museen reihen sich am südlichen Ufer des Mains in Sachsenhausen zwischen dem Eisernen Steg und der Friedensbrücke am Schaumainkai.

Ausgewählte, selbst hergestellte Produkte kann man vor Ort kaufen oder im Onlineshop bestellen.

Bornheimer Ratskeller

Kettelerallee 72,
60385 Frankfurt am Main
0 69 / 79 37 03 00
ratskeller-bornheim.de

Größe: 80 Plätze im Restaurant, 200 im Garten
Preise: V 6–12, H 18–29 Euro
Kreditkarten: Alle gängigen Karten
Öffnungszeiten: Di–Sa 17–23 Uhr; Ruhetage: So, Mo

Beeindruckend restauriertes Gebäude mit großem Gastgarten

Vor einigen Jahren hat Mario Furlanello, Koch, Metzger, Wirt und Kochbuchautor, mit dem »Bornheimer Ratskeller« eine wunderbare Liegenschaft wachgeküsst. Mit architektonisch geschultem Sinn für die historische Substanz im Äußeren und Geschick für eine zeitgemäße moderne Gastwirtschaft inklusive offener Küche im Inneren entstand ein Schmuckstück der Frankfurter Gastroszene. Der große Garten ist einer der schönsten in Frankfurt und bietet einen unverstellten Blick auf das beeindruckende Gebäudeensemble. Hier wird kompromisslos regional und saisonal gekocht, orientiert an Rezepten und Gerichten der Frankfurter Küche, zeitgemäß interpretiert und verfeinert auf hohem handwerklichen Niveau. Die Liste der regionalen Lieferanten ist lang, stellvertretend genannt werden hier die Schweine von »Der Vogelsberger« in Romrod, Lamm und Gemüse vom Biohof Jo Jung vom Otzberg sowie Geflügel und Eier von der Familie Antony in Rockenberg. Molkereiprodukte werden von Molkerei Hüttenthal aus dem Odenwald bezogen, das Wild stammt aus sieben Quellen, darunter das Forstamt Langen. Das Küchenteam des »Bornheimer Ratskellers« sammelt Bärlauch, Brennnesseln, Holunderblüten und -beeren sowie Brombeeren und anderes.

Als Vorspeisen gibt es neben Tagesangeboten immer Handkäse aus Hüttenthal und selbst gemachte Gänserillette mit hausgebackenem Sauerteigbrot. Als Hauptspeisen stehen - ebenfalls hausgemachte - Tagliatelle mit Rehbolognese, Eschersheimer Grüne Soße mit Kräutern der Gärtnerei Hanne, ein Bärlauch-Dinkel-Risotto oder die schon fast legendäre Ratskeller-Blutwurst mit karamellisiertem Apfel und natürlich selbstgemachtem Kartoffelpüree auf der häufig wechselnden Tageskarte. Nach Verfügbarkeit werden Wildgerichte angeboten. Schnitzel wird man hier nur selten finden, und wenn, dann von kompromissloser Fleischqualität.

Der Apfelwein kommt von Familie Nöll und von Dr.Höhl, zwei Topadressen für das Frankfurter Lokalgetränk. Eine kleine, feine Weinauswahl, vorwiegend mit Weingütern aus Rheinhessen und der Pfalz.

→ Für private Veranstaltungen ist neben einem schönen Saal ein Raum für bis zu 32 Personen mit kleinem Küchenstudio verfügbar.

Der Ratskeller stellt im Winterhalbjahr seine regionalen Lieferanten in Verbindung mit speziellen, auf die Produkte abgestimmten Themenmenüs vor, wird auf der Webseite www.ratskeller-bornheim.de/ beworben. Anfang September lädt Mario Furlanello zu einem großen Erzeugerfest in den schönen Garten ein.

Affentor-Schänke

Neuer Wall 9,
60594 Frankfurt am Main
0 69 / 66 11 96 64
affentorschaenke.de

Größe: 100 Plätze im Gastraum, 80 im Außenbereich
Preise: Häppchen 5–7, Hauptgerichte 16–28 Euro
Kreditkarten: Keine
Öffnungszeiten: Mo–Fr 16–24 Uhr; Sa, So 12–24 Uhr

Wie im Lorsbacher Thal – genauso gut, genauso »daheim«

Aufmerksam begleiten wir seit Jahren das »Lorsbacher Thal«, das Pia und Frank Winkler mit Herz, Geschmack und gutem Händchen mitten im kulinarisch nicht gerade wertvollen Sachsenhäuser »Apfelweinviertel« führen. Die Küche ist gleichermaßen traditionell wie modern und konsequent. Hier wird handwerklich gekocht, mit einigem »Bio« und in Kooperation mit regionalen Erzeugern. 2019 übernahmen die Winklers zusätzlich die gleich ums Eck gelegene »Affentor-Schänke« am Neuen Wall. Die hatte ihren historischen Charme im Laufe einiger Renovierungen längst verloren. Es bedurfte einiges Geschick und Investitionen, um das Wirtshaus gemütlich herzurichten, ohne es staubig oder altbacken wirken zu lassen. Sich daheim zu fühlen ist das Konzept, das die Winklers ihren Gästen anbieten. Das ist ihnen auch in der »Affentor-Schänke« gelungen, sei es drinnen oder draußen an langen Tischen und Bänken im Trubel des Viertels. Die Küchenarbeit teilt man sich mit dem »Lorsbacher Thal«. Die Speisekarten sind sehr ähnlich – und das, was auf den Teller kommt, ist genauso gut.

Die Standardkarte bietet Frankfurter Häppchen – kleine Portionen lokaler Spezialitäten: die kleinen Bratwürstchen vom Bauern Trapp, ein Portiönchen Grüne Soße oder ein kleiner Salat aus Forelle und Roter Bete von der Gärtnerei Rappelt. Aus vier Portionen entsteht dann eine kleine Häppchenreise, auf Wunsch mit den passenden Apfelweinen. Bei den Hauptgerichten fehlt das Frankfurter Rippchen nicht, zu den Fleischgerichten werden meist Apfel-Sauerkraut und Kartoffelstampf serviert.

Die Apfelweinkarte ist gut sortiert, Industrieprodukte sind außen vor.

→ Die »Affentor-Schänke« wird erstmals im Jahr 1760 erwähnt und war wohl schon zu jener Zeit ein Gasthaus. Der ungewöhnliche Name wird auf der Webseite erläutert: Im Spätmittelalter nutzten zahllose Reisende, Weinbauern und Schafhirten das südliche Stadttor. Räuber und Wegelagerer machten das Land außerhalb der Stadtmauern unsicher und gefährlich – vor dem Verlassen der sicheren Stadt wurde noch schnell ein Ave-Maria gebetet. Daraus entstand die Bezeichnung »Ave-Tor«, frankfurterisch das «Affe-Tor«. 1809 wurde das historische Torhaus zerstört.

Aus dem Außer-Haus-Verkauf, der vor dem Gasthaus in einem offenen Zelt stattfand, ist ein Onlineshop mit Daheim-Gerichten entstanden.

Daheim im Lorsbacher Thal

Große Rittergasse 49,
60594 Frankfurt am Main
0 69 / 61 64 59
lorsbacher-thal.de

Größe: 150 Plätze in der Gaststube, 220 im Garten
Preise: Hauptgerichte 15–28 Euro
Kreditkarten: Alle gängigen Karten
Öffnungszeiten: Mo–Fr 17–24 Uhr; Sa, So 12–24 Uhr

Apfelweinspezialist mit bester hessischer Hausmannskost

Die historische Apfelweinwirtschaft »Lorsbacher Thal« wurde von Pia und Frank Winkler dezent und liebevoll modernisiert und mit dem anheimelnden Zusatz »Daheim« versehen. Den alten Charakter zu bewahren, gehört zum Konzept des Hauses. Inmitten des leider immer noch kränkelnden Alt-Sachsenhausens ist ein der lokalen Tradition im guten Sinn folgendes Schmuckkästchen entstanden, gastlich und im besten Sinne gemütlich. Inhaber und Team gelingt es, den Gästen ein heimisches Gefühl zu vermitteln. Im Fokus steht eine Frankfurter Küche, besser Hausmannskost, »wie ich sie aus meiner Familie kenne«, verrät Frank Winkler. Darunter sind einige Gerichte, die nur noch selten angeboten werden. Convenience hat Hausverbot, die Fritteuse wurde verbannt. Über gutes Handwerk wird gern diskutiert. Die Winklers legen Wert auf die Herkunft der Zutaten, bevorzugt werden regionale Produzenten, gern in Bioqualität. Wurst und Schinken kommen von Frau Schreiber und dem Metzger Melchior, Koteletts und Rumpsteaks vom Bauer Winter. Bauer Trapp, der Kartoffeln und Zwiebeln liefert, stellt auch die Bauernbratwurst her. Aus all dem werden kulinarische Schätzchen: unverfälscht, handwerklich sauber, mit individueller Handschrift.

Die Standardkarte bietet Frankfurter Häppchen – kleine Portionen lokaler Spezialitäten: kleine Bratwürstchen vom Bauern Trapp, ein Portiönchen Grüne Soße oder ein kleiner Wurstsalat aus der Fleischwurst Die Häppchenreise besteht aus vier bis acht Gerichten – auf Wunsch mit passenden Apfelweinen. Bei den Hauptgerichten fehlt das Frankfurter Rippchen nicht. Zu den Fleischgerichten werden meist Sauerkraut und Kartoffelstampf serviert. Auf der Sonderkarte stehen Gemüse und Früchte der Saison im Mittelpunkt. Auch einfache Gerichte wie der hausgemachte Kochkäse mit gutem Bauernbrot sind ein Genuss.

Die beeindruckende Apfelweinkarte verzeichnet inzwischen 300 Positionen (!) aus der halben Welt. Bei der Apfelweinbegleitung lässt man sich beraten oder bucht eine Verkostung. Es werden eigene Apfelweine gekeltert. Daneben eine kleine, sorgfältige Weinauswahl und selbst gebrannte Schnäpse.

→ Siehe auch das Tochterlokal »Affentor Schänke«. Ein Ableger beider ist »Daheim in der Kleinmarkthalle«, Innenstadt, Hasengasse 5-7, Di–Sa 8-18 Uhr; Hausmannskost in Probierportionen sowie ein Auszug aus der Lorsbacher-Thal-Karte, Apfelwein und Wetterauer Craftbier.

Alle Apfelweine, Weine und selbst gebrannten Schnäpse können auch zum Mitnehmen erworben werden

Obsthof am Steinberg

Am Steinberg 24,
60437 Frankfurt am Main
0 61 01 / 4 15 22
obsthof-am-steinberg.de

Größe: 65 überdachte Plätze und Bänke, weitere zwischen den Obstbäumen
Preise: Kleine Gerichte 8–12 Euro
Kreditkarten: EC
Öffnungszeiten: Sa, So variierende Öffnungszeiten, Informationen telefonisch oder auf der Webseite

Schoppenwirtschaft mit großer Auswahl an Apfeligem

In Nieder-Erlenbach, unweit von Frankfurt, liegt, umgeben von Apfel- und Quittenbäumen, Schneiders »Obsthof am Steinberg«. Der Obsthof ist eine reine Schoppenwirtschaft mit Holzbänken und langen Holztischen, zum Teil überdacht. Am schönsten sitzt man allerdings im Freien, direkt unter den Obstbäumen, gern auch im Picknickstil auf mitgebrachten Decken. Andreas Schneiders Leidenschaft sind Äpfel, inzwischen gehören auch Quitten und Birnen dazu. In der Schoppenwirtschaft mit Selbstbedienung gibt es eine große Auswahl seiner größtenteils sortenrein und auch lagenrein gekelterten Jahrgangsapfelweine von Boskoop, Goldparmäne und anderen alten Sorten. Darüber hinaus sind Apfelcidre und Apfelschaumweine im Angebot. Äpfel und Birnen sind natürlich auch unvergoren als Saft und in der Keltersaison von August bis Dezember als »frischer Süßer« zu haben. Das Speisenangebot ist rustikal und kommt samt und sonders aus der Biolandwirtschaft und von regionalen Produzent*innen, die in der Speisekarte aufgeführt werden.

Besonders empfehlenswert sind die Bratwürste vom Lamm, Schwein und Rind, der Käseteller und natürlich der Handkäs. Auch Ahle Wurscht*, Ziegenknacker und Kartoffelsalat stehen auf der Karte. Vor allem am Wochenende kann es an der Theke zu längeren Warteschlangen kommen. Neu im Winterprogramm ist das Apfelraclette, das sich, mit Lagerfeuer und Stockbrot kombiniert, gut für eine Tour mit Freunden eignet.

→ Veranstaltungen, Apfelweinproben, Lagenwanderungen und sonstige Feierlichkeiten auf Anfrage. Biocatering.

Neben der Schoppenwirtschaft gibt es auch einen Hofladen. Hier kann man die wunderbaren Apfelweine, Schaumweine und selbst gemachten Brände – Apfel, Speierling, Wildpflaume – in Flaschen und Kanistern kaufen. Saisonal gibt es Erdbeeren, Süßkirschen, rote und schwarze Johannisbeeren, Aprikosen, Zwetschgen, Wildpflaumen und im Herbst eine riesige Auswahl seltener Apfelsorten sowie hausgemachte Konfitüren. Der Demeter-Betrieb Dottenfelderhof in Bad Vilbel ist im biodynamischen Landbau führend in Forschung und Züchtung. Auf dem Hof finden sich neben einem Naturkostladen eine Hofkäserei und eine Hofbäckerei mit interessanten Produkten.

Mainlust – Desche Otto

Hegarstraße 1,
60529 Frankfurt am Main
0 69 / 35 65 09
mainlust-schwanheim.de

Größe: 60 Plätze im Gastraum, weitere 80 im Kolleg, 100 im Garten
Preise: Hauptgerichte 5–12 Euro
Kreditkarten: Keine
Öffnungszeiten: Täglich 16.30–23 Uhr

Apfelweinwirtsleute aus Leidenschaft laden in ihr Wohnzimmer

Unter dem Wirt Desche Otto wurde die Apfelweinwirtschaft »Mainlust« im Stadtteil Schwanheim zur Institution. Das Lokal von 1890 wurde nach einigen Turbulenzen vor einem Jahrzehnt von Louie Hölzinger und Lebensgefährtin Claudia Olinski zu neuem Leben erweckt. Der Gastraum ist mit alten Bänken und typischer Holzvertäfelung ausgestattet. Runde Holztische, bleiverglaste Buntfenster und eine Theke, hinter der sich zahllose Destillate versammeln, betonen den urig-gemütlichen Charakter. Im Winter verbreitet der Kachelofen Behaglichkeit, im Sommer ist im lauschigen Garten mit Weinreben und uraltem Birnbaum ein kühles Plätzchen zu finden. Die »Mainlust« ist das Wohnzimmer der Wirtsleute, die hier ihre Berufung gefunden haben.

Beim »Desche Otto« kommt die gutbürgerliche »Hessisch Küsch unn enn Schoppe« auf den Tisch. Der Handkäs wird nach Geheimrezept eingelegt und optimal »dorsch«, also reif, serviert. Spezialität sind die »Deckelchen«: runde Apfelweinbrotscheiben, belegt mit Hausmacher Mettwurst, Presskopf, Leberwurst, Blutwurst, Schmalz, Solber* mit Senf und Gürkchen, Schinken oder Handkäs. Die Spessart-Bratwürste mit Schmorzwiebeln sowie Rippchen mit Schoppenkraut werden mit köstlichem, selbst gebackenem Apfelweinbrot oder mit handgestampftem Kartoffelpüree kombiniert. Auf Wunsch gibt es Kartoffelstampf auch mit gebratenem Speck und Zwiebeln und anderem mehr – unbedingt ein Hauptgericht! Louie ist bekennender Irlandfan, daher tauchen auf der Tageskarte ab und zu irische Gerichte auf. Der »Desche Otto« ist und bleibt eine traditionelle Schoppenwirtschaft: Nachtisch gibt es keinen!

Die Empfehlung zur Verdauung: ein Haselnussgeist, Quitten- oder Speierlingsbrand. Die Getränkekarte bietet handwerklich gekelterte Apfelweine der Keltereien Geier, Hoppe, Nöll, vom Apfelweinkontor Frankfurt und Obsthof am Berg – und neuerdings auch einen eigenen Schoppe! Seltenheit in einem Apfelweinlokal: Es gibt Bier vom Fass, auch Guinness. Stolz werden 160 Obstbrände, Liköre und 30 Single-Malt-Whiskys auf der Schnapskarte präsentiert. Dazu eine kleine Weinauswahl.

➜ Legendär ist die jährliche Straßenbahnfahrt – mit einem historischen Wagen quer durch Frankfurt mit Worscht, Schoppe und Gesang. Die »Mainlust« ist ideal für eine Radtour. Von Frankfurt immer am Main entlang, an Niederrad vorbei bis Schwanheim.

Restaurant »Zum Ritter«

Kanalstraße 18–20,
36037 Fulda
06 61 / 5 71 69
restaurant-ritter.com

Größe: 90 Plätze in den Gasträumen, 90 im Biergarten
Preise: V 7–18, H 14–36, N 5–15 Euro
Kreditkarten: Alle gängigen Karten
Öffnungszeiten: Mo–Do 18–24 Uhr; Fr, Sa 12–14 und 18–24 Uhr; Ruhetag: So

Manufaktur für feine Speisen in Traditionsräumen

Das geschichtsträchtige Restaurant »Zum Ritter« mit angeschlossenem Hotel ist ein Gasthaus mit traditionellem Charme. Es ist eng verbunden mit der Fuldaer Stadtgeschichte. Der Kunst- und Kirchenmaler Hugo Pfister malte 1926 den Rittersaal mit farbenfrohen Fresken aus, 2015 wurde das Restaurant um Werke des Fuldaer Künstlers Franz Erhard Walther bereichert. Im Biergarten, dem früheren Fuhrpark, kann man unter Kastanienbäumen gemütlich essen und trinken. 2015 übernahm Jonas Sporer mit seiner Lebensgefährtin das Restaurant, um mit handwerklich hervorragender, regionaler Küche mit süddeutschem Einschlag die Tradition des Gasthauses fortzusetzen. Der Grundgedanke des Küchenchefs ist das Angebot einer Speisekarte mit zahlreichen regionalen, wenn möglich biologisch angebauten Produkten. Saisonale Küche ist selbstverständlich, ebenso eine gute Auswahl an vegetarischen und veganen Gerichten. Convenience-Produkte sind keine Option, die Hotelgäste werden ausschließlich mit unverpackten Waren wie Milch, Honig, Eiern und Brot aus der Nachbarschaft und Region bewirtet. Es besteht eine enge Zusammenarbeit mit regionalen Erzeuger*innen von Fleisch, Gemüse, Milchprodukten und Eiern.

Die Speisekarte eröffnet die Möglichkeit, dass die Gäste zum gewählten Fleisch, Fisch oder zu einer vegetarischen Komponente einen frischen Salatteller wählen können. Als Vorspeisen bietet sich die klassische Hochzeitssuppe, eine Tafelspitzbrühe mit Markklößchen und Gemüse oder eine Räucherforellen-Pannacotta an. Kleine, aber vollwertige Speisen sind Schneiders Grobe, eine Bratwurst vom benachbarten Metzger, Erwins Erbe Sülze oder das Fuldaer Lieblingsgericht, Schwartenmagen, Leberknödel und Bratwurst. Empfehlenswert ist die hausgemachte Rinderroulade mit Schokoladen-Mango-Blaukraut, Wirsing und wunderbarem Schmorfond. Sowohl vegane als auch vegetarische Speisen stehen zur Wahl. Saisonal stehen Grüne Sauce, Spargel oder Gans auf der Karte. Besonders beliebt als Nachtisch sind das Minze- oder Tonkabohneneis ebenso wie der kleine Schokotupfer.

Das Bier wird in der Hochstiftlichen Brauerei von Fulda gebraut, gern wird der Pilgerstoff, ein Märzenbier, aus dem Steinkrug getrunken. Die Weine kommen, neben dem traditionell mit Fulda durch den Spätlesereiter verbundenen Rheingau, aus der Pfalz. Die Säfte liefert die Beerenobstgemeinschaft Rhön/Vogelsberg.

→ Lokal und Hotel liegen fußläufig zum Dom und laden zu einem Stadtbummel durch die barocke Altstadt ein. Gut geeignet für Tagungen und Feste.

Dorfstube Rengersfeld

Rengersfeld 25,
36129 Gersfeld
01 60 / 90 65 40 50 oder
0 66 54 / 9 17 62 98
dorfstube-rengersfeld.de

Größe: 20 Plätze in der Stube, 12 auf der Terrasse
Preise: Hauptgerichte 15–30 Euro
Kreditkarten: EC
Öffnungszeiten: Fr 17–22.30 Uhr; Sa 17–22.30 Uhr; Ruhetage: So–Do

Bio

Rhöner Biorestaurant unter der Wasserkuppe

2015 gründeten Iris und Kornelia Eibeck das Gasthaus »Dorfstube« im drei Kilometer von Gersfeld entfernten Ortsteil Rengersfeld. Der gemütliche Gastraum befindet sich im Hauptgebäude eines ehemaligen Bauernhofs. Hier wird mit Liebe und Herzblut gekocht. Freude am Geschmack guter Lebensmittel, eine Atmosphäre zum Wohlfühlen und ein freundlicher Service erwartet die Gäste. Die Dorfstube ist ein zertifiziertes Biorestaurant, die Küche ist geprägt durch regionale und saisonale Bioprodukte – Iris Eibeck ist Mitglied der Slow Food Chef Alliance. Neben Klassikern findet man auf der Speisekarte ein abwechslungsreiches Angebot, das vegetarische und vegane Speisen beinhaltet. Alle Gerichte bis hin zu den Gewürzmischungen werden hier handwerklich hergestellt. Biofleisch und Wild kommen von den Höfen und Revieren der Umgebung, die Rhönforelle kommt aus regionaler Teichwirtschaft im Biosphärenreservat Rhön, ebenso regional sind das Biogemüse und der Biosalat. Die Speisekarte gibt ausführlich Auskunft über die Herkunft der verwendeten Lebensmittel.

Als Vorspeisen gibt es mit Feigenbutter gratinierten Ziegenkäse vom Rhöner Ziegenbauern, Ceviche »Rhöner Art« von der heimischen Lachsforelle oder die Dorfstuben Kraftbrühe mit hausgemachten Markklößchen – alternativ eine Rote-Bete- oder Möhren-Ingwer-Koriander-Suppe. Als Hauptspeisen werden der Rinderschmorbraten vom Slow-Food-Arche-Passagier Gelbes Frankenvieh*, verschiedene Lammgerichte vom Slow-Food-Arche-Passagier Rhönschaf sowie Gerichte vom heimischen Wildschwein oder Reh angeboten. Da die ganzen Tiere verwendet werden, finden sich auch hausgemachte Leberterrinen oder Wildsülze auf der Karte. Vegetarische Gerichte sind frische Salate sowie die Spinat- oder Wildkräutersemmelknödel. Ergänzt wird das vegetarische und vegane Angebot mit saisonalen Gerichten wie gefüllte Paprika, Kohlrouladen, leckeren Aufläufen oder, mit Anregungen aus der südländischen oder asiatischen Küche, einem orientalischen Kichererbsen-Auflauf, veganer Moussaka oder einem Orangen-Gemüse-Couscous mit gebratener Sellerie. Die Speisekarte wechselt saisonal.

Eine gute Weinkarte, Rhöner Biobiere und Biosäfte begleiten die leckeren und vielfältigen Speisen.

➜ Es stehen zwei Ferienwohnungen zur Verfügung. Gersfeld liegt mitten im Biosphärenreservat Rhön unterhalb der Wasserkuppe nahe der bekanntesten Premiumwanderwege der Rhön. Die Stadt verfügt über einen Bahnanschluss nach Fulda.

Gartenwirtschaft im Hofgut Patershausen

Hofgut Patershausen,
Familie Ommert,
63150 Heusenstamm
0 61 04 / 6 79 63
hofgut-patershausen.de

Größe: 150 Plätze im Garten
Preise: Kleine Gerichte 3–10 Euro
Kreditkarten: Keine
Öffnungszeiten: März–Okt, nur bei schönem Wetter, So, Feiertag 11–19 Uhr; Ruhetage: Mo–Sa

Bio

Biolandwirtschaft mit Sommergarten und eigener Rinderzucht

Das »Hofgut Patershausen« ist kein Gasthaus oder Restaurant, sondern ein landwirtschaftlicher Betrieb mit Selbstvermarktung und improvisierter Gartenwirtschaft. Das im Wald zwischen Heusenstamm und Dietzenbach gelegene Hofgut von Ingrid und Klaus Ommert geht zurück auf eine Klostergründung der Benediktiner. Heute ist es ein Demeter-Bauernhof mit Hofladen. Der Schwerpunkt liegt auf der Rinderzucht. Die Tierhaltung nach Biorichtlinien und Schlachtung direkt vor Ort vermeiden Transportwege und damit unnötigen Stress für die Tiere. Von März bis Oktober hat bei schönem Wetter die Bewirtschaftung im Garten an Samstagen, Sonn- und Feiertagen geöffnet. Man sitzt gemütlich unter alten Bäumen oder in der Sonne. Im Laufe des Tages wandern die Biertischgarnituren durch den Garten, mal der Sonne und mal dem Schatten folgend. Im Garten haben alle Gäste Platz – und wenn es doch mal eng wird, stellt man selbst einen weiteren Tisch und eine Bank auf. Der Verzehr mitgebrachter Speisen wird toleriert. Kinder freuen sich über den Auslauf rund um den Garten, Radfahrer*innen über die gut ausgebauten Wege zum Hof. Achtung, sonntags ist keine Anfahrt mit dem PKW erlaubt. Also: radeln oder zwanzig Minuten durch die schöne Gegend spazieren.

Im Garten werden Fleisch und Wurst vom Grill serviert, selbstverständlich von den eigenen Tieren. Dazu gibt es selbst gemachten Kartoffelsalat, der häufig so schnell aufgegessen ist, dass es nach der Mittagszeit nur noch Brot zur Wurst gibt. Vegetarisch ist der Handkäs mit Musik aus der Käserei Birkenstock im Odenwald, wenn die eigenen Tomaten reif sind, gibt es Tomaten mit Biomozzarella. Am Nachmittag sind die Kuchen vom Blech und der Gugelhupf der Renner: Die Kuchen werden entweder vom Biobäcker Denninger in Bornheim oder vom Dottenfelder Hof in Bad Vilbel bezogen.

Die Gäste trinken Apfelwein vom Nieder-Erlenbacher Obsthof Schneider oder aus dem breiten Angebot von Biogetränken.

Fleisch vom Hofladen: donnerstags und freitags, 15–19 Uhr, samstag 9.30–13 Uhr.

Hainmühle

Mühltal 1,
35315 Homberg (Ohm)
0 66 33 / 3 15
hainmuehle.de

Größe: 110 Plätze in zwei Gasträumen
Preise: Hauptgerichte 8–15 Euro
Kreditkarten: EC, Amex, Master
Öffnungszeiten: Mo–Sa 12–21 Uhr; So, Feiertag 11.30–20 Uhr

Ausflugslokal am Premiumwanderweg mit Apfelweinkelterei

Die »Hainmühle« ist ein typisches, familiengeführtes Ausflugslokal direkt am Premiumwanderweg »Sagenhaftes Schächerbachtal«, der als zweitschönster Wanderweg Deutschlands ausgezeichnet wurde. Gastfreundschaft wird in der »Hainmühle«, die im Fachwerkstil rustikal ausgebaut wurde, großgeschrieben, man fühlt sich bei der Familie Arnold, die hessische Gastlichkeit praktiziert, gut aufgehoben. Ihr Markenzeichen sind hessische Spezialitäten. Jeden Donnerstag wird im Holzbackofen des Backhauses Roggenbrot gebacken, das zu einigen Gerichten gereicht wird. Im Sommer laden sechzig überdachte Freisitzplätze direkt am Mühlengraben und Schaumühlrad zum Verweilen ein.

Auf der Speisekarte findet sich eine große Auswahl attraktiver Gerichte. Hausgemachte Suppen wie die Handkässuppe und kleinere Gerichte wie der Nessler-Teller und eine Zusammenstellung von Appetithappen von der Scheibe Dörrfleisch bis zur Miniportion Bratkartoffeln wecken den Appetit. Im Herbst wird für kurze Zeit auch Beulches* zubereitet, im Leinensack gegarte Kartoffeln, eine Spezialität aus dem Vogelsberg. Eine Besonderheit im Winter ist die Wildschweinbratwurst aus heimischer Jagd mit gedünsteten Zwiebeln und Bratkartoffeln. Im Sommer ist die Kartoffelbratwurst im Angebot; sie wird extra für die Hainmühle in der örtlichen Metzgerei hergestellt und gilt als regionale Spezialität. Am Wochenende runden hausgemachte Nachspeisen wie das Apfeltiramisu das Angebot ab. Auch Vegetarier*innen finden attraktive Gerichte, zum Beispiel einen Kartoffelvulkan mit Salat. Die Karte wechselt saisonal, es gibt Tagesgerichte und Spezialangebote wie das Hessenbüfett.

Die Mühle ist ans Netzwerk »Hessische Wirtshaus-Kelterer« angeschlossen und stellt eigene sortenreine Apfelweine her.

Odenwald-Gasthaus Dornrös'chen

Annelsbacher Tal 43,
64739 Höchst-Annelsbach
0 61 63 / 24 84
dornroeschen-annelsbach.de

Größe: 90 Plätze im Gastraum, 40 auf der Terrasse
Preise: Hauptgerichte 16–22 Euro
Kreditkarten: EC
Öffnungszeiten: Do–So 12–14 und 18–21 Uhr; Ruhetage: Mo–Mi

Märchenhafte regionale Küche mit eigenem Apfelwein

Das »Gasthaus Dornrös'chen« ist ein typischer Familienbetrieb in dörflicher Lage im Annelsbacher Tal mit einer gemütlichen Odenwälder Stube und einer Winterstube mit Kachelofen. Man fühlt sich wohl, die Luft ist rein und die Gastgeber Carola und Peter Merkel geben ihr Bestes mit guter Regionalküche, deftigen Odenwälder Spezialitäten und hausgemachten Kuchen und Torten. Es gibt Lamm-, Kartoffel-, Honig- und Rosenwochen, und im Herbst dreht sich alles rund um Apfel, Süßmost und Wild. Peter Merkel hat in der internationalen Küche gekocht und war Mitglied des Darmstädter Kochkunstteams. Heute setzt er auf die Marketingkooperation »Odenwald-Gasthof«: Sie lehnt Geschmacksverstärker, Farbstoffe, Füll- und Konservierungsmittel ab. Bis zu neunzig Prozent der Produkte kommen aus der Region, die Erzeuger werden aufgeführt.

Wenn die Wiesen blühen, sind in Butter gebratene Löwenzahnknospen auf Toast eine passende Vorspeise, alternativ die wärmende Flädlesuppe* mit Kräuterpfannkuchenstreifen. Auch Odenwälder Weinbergschnecken mit Kräuterbutter, im Pfännchen überbacken und mit Röstbrot vom Bäckermeister Friedrich in Brensbach, wären sehr passend. Weitere Gerichte sind die Odenwälder Hand- und Kochkäsevariationen, das Ebbelwoi-Hinkelsche* (ein Apfelweinhähnchen) und die Wildbratwurst mit Geräjsde (Bratkartoffeln). Die Grüne Soße wird klassisch mit gekochten Eiern und Kartoffeln serviert, aber auch mit geräuchertem Forellenfilet oder (vegetarisch) mit Mehrkornbratlingen. Im Winterhalbjahr stehen Käse- und Fleischfondues auf der Karte, am Jahresende Odenwälder Gänse mit Klößen und Rotkraut. Die Haustorten sind eine Versuchung wert.

Das Pröbchenbrett mit Kostproben von Apfelweinsorten aus dem Merkel'schen Keller gibt einen Einblick in die lokale Apfelweinkultur. Schöne regionale Aperitifvielfalt.

Restaurant Weißenstein

Königstor 46,
34117 Kassel
05 61 / 84 09 55 19
weissenstein-kassel.de

Größe: 60 Plätze im Gastraum
Preise: Hauptgerichte 9–35 Euro
Kreditkarten: Keine
Öffnungszeiten: Di–Sa, 11.30–15 Uhr;
Sa 10–11 Uhr Frühstück;
Ruhetage: So, Mo

Drei gute Freunde und ein Biorestaurant mit Markt

Nach mehreren Jahren in der Hotellerie und Gastronomie hat René Müller ein eigenes Projekt auf die Beine gestellt: 2016 eröffnete er unweit der Kasseler Innenstadt das biozertifizierte »Restaurant Weißenstein« mit einem Markt für Biolebensmittel. Der große und hohe Gastraum erinnert an eine italienische Trattoria. Holztische, die Stühle aus Recyclingholz und einige geschmackvolle Bilder geben dem Raum eine helle stimmige Atmosphäre. Eine große Glaswand gestattet Einblicke in die Küche. Alle verwendeten Lebensmittel stammen aus zertifiziertem biologischen Anbau, vorzugsweise aus der Region Nordhessen. Die Rohstoffbeschaffung gründet auf der Partnerschaft von drei Freunden: Koch René Müller verarbeitet gern die Produkte, die Biometzger Martin Theising aus Habichtswald-Ehrenberg und Biobauer Stefan Itter aus Kirchberg liefern.

Auf der Karte stehen fantasievolle Suppen und Salate und täglich wechselnde Hauptgerichte. Für Vegetarier ist immer etwas Ungewöhnliches dabei. Ein Licht in der Nachtischkarte ist die Orangen-Pannacotta mit Heidelbeeren und Zitronenverbene. Über die Karte hinaus kann man sich aus der Markttheke Fleisch zubereiten lassen. Dort gibt es gut gewürzte Bratwürste, trocken gereifte Rindersteaks mit dem »Langes Eisen« genannten Stück aus der Schulter als besonderem Favoriten. Gelegentlich werden hervorragende Koteletts und andere Stücke vom Bunten Bentheimer Schwein angeboten. Beliebt sind Innereien und Zwerchfell. Dazu gibt es zum Beispiel Pfannengemüse und Rosmarinkartoffeln.

Die Weine kommen vor allem von deutschen Biowinzern. Die Biereigenmarke wird von Schinkels Brauhaus in Witzenhausen handwerklich gebraut. Müllers Lebensgefährtin Martina Krizek und das freundlich-kompetente Personal sind hilfreich, aber nie aufdringlich.

Im »Weißenstein« kann man werktags tagsüber an der Fleisch- und Käsetheke Wurst, Fleisch, Käse und Milchprodukte von Bioproduzenten aus der Region kaufen.

NEU

Mondi Restaurant

Wilhelmshöher Allee 34,
34117 Kassel
05 61 / 83 07 93 18
mondi-restaurant.de

Größe: 50 Plätze im Restarant
Preise: Zehn-Gänge-Menü 65 Euro
Kreditkarten: Visa, EC, Master
Öffnungszeiten: Di–Sa 18–23 Uhr; Ruhetage: So, Mo

Anspruchsvolles Menü mit regionalen Zutaten

Den unteren Bereich der Wilhelmshöher Allee prägt eine urbane Mischung aus Schulen, Universität, Behörden, Geschäftshäusern und alter Wohnbebauung. Offensichtlich ein gutes Umfeld für eine nachhaltige Gastronomie, wie sie das »Mondi Restaurant« bietet. Die Atmosphäre in den beiden modern gestalteten Gasträumen ist ruhig. Auch bei voller Besetzung ist der Geräuschpegel angenehm niedrig. Pelle Kossmann und sein fünfköpfiges Küchenteam bieten täglich ein festes Menü mit zahlreichen kleinen Gängen an. Der Gast wählt zwischen einem omnivoren und einem vegetarischen Menü und kann seine Allergien und Abneigungen benennen. Die Speisekarte orientiert sich am Angebot der regionalen Zulieferer. Bei den Gerichten werden schnörkellos die beiden (oder drei) wichtigsten Zutaten benannt: Bete und Meerettich oder Forelle, Lauch und Petersilie.

Die offene Küche gewährt Einblick ins kulinarische Handwerk des jungen Teams, während die Speisekarte mit einer Liste aller Lieferanten für Transparenz sorgt – sie finden sich fast alle in einem Umkreis von 60 Kilometern um Kassel. Das geschulte Servicepersonal präsentiert kompetent jeden einzelnen Gang. Fleisch und Fisch wird sparsam eingesetzt und prinzipiell wird das ganze Tier verarbeitet – in einem Gang das Filet, in einem anderen die frittierte Haut einer Forelle. Wichtiger Gemüselieferant ist die Gärtnerei Fuldaaue aus Kassel, die eine Solidarische Landwirtschaft betreibt und Überschüsse an das Restaurant liefert. Im Gegenzug werden die Grünabfälle des »Mondi« kompostiert. Den ökologischen Fußabdruck zu reduzieren, gehört ebenso zum Konzept des Teams, wie beim Wareneinkauf durch überlegte Planung Müll zu vermeiden. Das Zehn-Gang-Menü sorgt mit seiner ausgewogenen Komposition kleinerer und größerer Gerichte für raffinierte und hocharomatische Geschmackserlebnisse. Die ersten vier Häppchen werden in schneller Reihenfolge serviert, zu den Hauptgerichten wird Besteck eingedeckt. Frische und Regionalität der Produkte schmeckt man in jedem Bissen. Besonders hervorzuheben sind das selbst gebackene Brot und die hausgemachte Butter.

Eine durchdachte und kompetent präsentierte Weinbegleitung – alternativ eine Auswahl alkoholfreier Getränke – runden den Genuss ab. Die Weinkarte verzichtet auf große Namen, bietet aber eine sachkundige, vielfältige und überraschende Auswahl deutscher und internationaler Weine.

➜ Eine telefonische Reservierung – an den Öffnungstagen ab 14 Uhr – ist zwingend erforderlich.

Landgasthof Jägerhof

Hauptstraße 9,
36341 Lauterbach-Maar
0 66 41 / 9 65 60
jaegerhof-maar.de

Größe: 55 Plätze im Gastraum, 200 im Biergarten
Preise: Hauptgerichte 12–32 Euro
Kreditkarten: EC, Master
Öffnungszeiten: Täglich 11–14 und 17–21 Uhr

Vogelsberger Wurst-, Lamm- und Wildspezialitäten

Maar ist der größte Stadtteil von Lauterbach im hessischen Vogelsbergkreis. Seit 1838 wird der »Landgasthof Jägerhof« von der Familie Schmidt geführt. Vor knapp vier Jahrzehnten hat Hans Schmidt den Gasthof als fünfte Generation übernommen und als Hotel und Restaurant ausgebaut. Der Metzger- und Küchenmeister setzt sich seit vielen Jahren für regionale Produkte ein und hat gemeinsam mit dem Schafhalterverein die »Vogelsberger Lammwochen« ins Leben gerufen. Sein Engagement gilt der guten Fleischqualität, der er vor allem beim Schaf und Rind in Auswahl, Verarbeitung und Reifung besondere Sorgfalt widmet. Sein Wissen gibt er in Zerlege- und Wurstseminaren weiter. Das Fleisch kommt immer aus der Region, Gemüse und Obst soweit möglich, der Käse wird aus Altenschlirf geliefert. Die häufig wechselnde Speisekarte ist regional und saisonal ausgerichtet, dazu gibt es spezielle Themenwochen zu Lamm, Fisch, Kräutern oder Wild. Bemerkenswert ist der nachhaltige Anspruch von Hans Schmidt, der sich auch darin manifestiert, dass kein Knochen die Küche verlässt, ohne ausgekocht zu sein.

Besonders zu empfehlen sind die Lammgerichte und die acht Wochen trocken gereiften Rindersteaks. Auch das beachtliche Kotelett vom Schwäbisch-Hällischen Schwein ist ein Genuss. Probieren sollte man die Vogelsberger Beutelches*, ein traditionell im Leinenbeutel gegarter Kartoffelkloß, der als Beilage zu Gulasch oder anderen Schmorgerichten gereicht wird. Ein Blick auf die Vesperkarte mit den hausgemachten Vogelsberger Wurstspezialitäten lohnt sich. Hervorragend zum Nachtisch sind die selbst gemachten Frucht- oder Kräutersorbets.

Bierspezialitäten kommen aus der benachbarten Lauterbacher Brauerei, die Weine stammen überwiegend aus deutschen Anbaugebieten.

→ Hans Schmidt bietet regelmäßig Wurstseminare und Zerlegeseminare für Lamm und Wild an. Wegen der großen Nachfrage ist eine frühzeitige Anmeldung erforderlich.

Hessen

Die traditionellen Vogelsberger Würste aus eigener Herstellung kann man bei Hanns Schmidt auch kaufen.

Die Schmelz – Mühlengasthaus im Grünen

Schmelz 3,
35457 Lollar-Salzböden
0 64 06 / 34 19
schmelz-muehle.de

Größe: 120 Plätze im Gasthaus, 160 im Garten
Preise: Hauptgerichte 13–29 Euro
Kreditkarten: EC, Amex, Master, Visa
Öffnungszeiten: Do–Sa 13–19 Uhr; So 12–18 Uhr; Ruhetage: Mo–Mi

Eine idyllische Oase

Das »Mühlengasthaus Schmelz« liegt zwischen Marburg und Gießen im romantischen Salzbödetal. Das gut erhaltene Mühlrad wird vom Wasser der Salzböde angetrieben. 1740 wurde die Mühle erstmals erwähnt, bis 1986 wurde Getreide gemahlen. Die Familie Jung betreibt das Restaurant mit seinem großzügigen Gastraum in der vierten Generation und legt Wert auf Qualität und Herkunft der Produkte. Gemüse, Fisch, Geflügel und Wild kommen aus der Region, alle Lieferant*innen werden in der Speisekarte aufgeführt. Bis zum Kaffee ist hier alles »bio«; der wird in der Nähe geröstet. Das Schweinefleisch stammt ausschließlich vom Schwäbisch-Hällischen Landschwein, das Rind- und Lammfleisch von Hohenloher Weidetieren. Das Credo der Betreiber lautet: frische, ehrliche Zutaten und gutes, sauberes Handwerk. Bei gutem Wetter sitzt man im wunderschönen Gartenrestaurant, bei schlechtem in der gemütlichen Sitzecke am Kachelofen.

Auf der Speisekarte steht im Sommer als belebende Starter ein aromatischer Wildkräutersalat mit Beerendressing oder eine Grüne Soße mit Salzkartoffeln. Im Winter wird eine kräftige, selbst gemachte Rinderbrühe serviert, zum Jahresende liegt eine knusprige, ofenfrische Freilandgans auf dem Teller. Die Hauptgerichte reichen von vegetarischen Angeboten über Forellengerichte oder Schnitzel vom Schwäbisch-Hällischen Landschwein bis zum Wildrücken aus heimischer Jagd. Bekannt ist die Schmelz-Mühle für ihre Vesperkarte mit Hausmacherwurst, Kochkäse und Handkäs mit Musik.

Das Bier stammt aus kleinen Braumanufakturen, Weine aus dem Rheingau und Rheinhessen. Prämierte Spirituosen und außergewöhnliche Aperitifs, auch alkoholfreie, komplettieren das Angebot.

→ Von hier führen Wander- und Radwege durch den Krofdorfer Forst und das Salzbödetal. Für Kinder gibt es einen Spielplatz mit Minitrecker und ein Kinderspielzimmer.

Für die Höhepunkte des Jahres und besondere Termine lohnt sich der Blick auf die Webseite. Reservierung erforderlich!

Weinwirtschaft Laquai

Schwalbacher Straße 20,
65391 Lorch
0 67 26 / 83 92 13
weingut-laquai.de

Größe: 70 Plätze im Restaurant, 36 im Garten
Preise: Hauptgerichte 10–20 Euro
Kreditkarten: EC
Öffnungszeiten: Mi–Sa 17–23 Uhr; Ruhetage: So–Di

Kleinod im letzten Zipfel des Rheingaus

Das Städtchen Lorch am Rhein ist der nordwestliche Schluss des Weinanbaugebiets Rheingau. An einer Durchgangsstraße zum Wispertal liegt die »Weinwirtschaft Laquai«, die mit historischem Fachwerk und edler Gemütlichkeit beeindruckt. Im Sommer sitzt man im kleinen romantischen Garten, der auch von jungen Rheinsteigwandernden gern besucht wird. Hier kann man sich eine Weinprobe des Weinguts Laquai zusammenstellen lassen oder auf Nachfrage die neue Vinothek besuchen. Die Chefin, Susanne Laquai, betreibt ihr Gasthaus mit Leidenschaft. Sie serviert regionale Gerichte mit einigen mediterranen Akzenten. Gekocht wird ohne Fertigprodukte und Konservierungsstoffe, auch Brühen, Soßen und die Tomatenbutter werden vor Ort hergestellt. Die Grundprodukte kommen aus der Region. Fische kommen vom Forellenhof Flach im Wispertal, das für sein sauberes Wasser bekannt ist. Wurst und Fleisch liefert die Metzgerei Kempenich aus Presberg.

Auf der Tageskarte mit wechselnden Gerichten steht regelmäßig ein vegetarisches Angebot. Als Vorspeise und Einstieg ist das Körbchen Brot und dreierlei Dip – hausgemachte Tomatenbutter, Kräuterquark und Spundekäse – zu empfehlen. Erstklassig sind die gebackene Wispertal-Forelle mit Butterkartoffeln und Salat sowie die Wildschweinsülze mit Zwiebelvinaigrette und Remoulade, dekoriert mit Kräutern aus dem eigenen kleinen Kräutergarten, und schließlich die Wildschweinbratwürste.

Die Weine kommen ausschließlich vom Weingut Laquai: mineralisch-elegante Rieslinge, deren Charakter vom Schieferterroir der Lorcher Steillagen bestimmt ist. Auch Rotwein, Sekt und Brände kommen aus dem eigenen Keller. Wer keine alkoholischen Getränke mag, gönnt sich eine erfrischende Biolimonade.

→ Unbedingt eine Probe mit den Laquai-Weinen vereinbaren!

Die Wisperforelle ist ein regional einmaliges Markenprodukt. Der Forellenhof unter der Lauksburg (Im Wispertal 2, 65391 Lorch) vermarktet direkt an Endverbraucher. Im Angebot sind Forellen, Lachsforellen und Karpfen.

Apfelwein Föhl

Marktplatz 1,
63262 Neu-Isenburg
0 61 02 / 3 96 69
apfelwein-foehl.de

Größe: 90 Plätze in der Gaststube, 100 im Garten
Preise: Hauptgerichte 12–29 Euro
Kreditkarten: EC, Master, Visa
Öffnungszeiten: Di–Sa 17–23.30 Uhr; So, Feiertag, 12.30–23 Uhr; Ruhetag: Mo

Traditionelles Gasthaus mit lauschigem Innenhof

Neu-Isenburg liegt, durch einen Streifen Stadtwald getrennt, im Süden Frankfurts und ist per Stadttarif mit der Straßenbahn zu erreichen. Die traditionelle Apfelweinwirtschaft »Apfelwein Föhl« von Ulrike Wipfler und Uwe Vollmershausen liegt idyllisch am Marktplatz, mitten im alten Ortskern. Neben den hübschen Räumlichkeiten mit rustikalen Holztischen und dem wunderbaren Innenhof punktet der freundlich-flotte Service, der auch dann noch Überblick und gute Laune behält, wenn alle Plätze besetzt sind. Verarbeitet werden ausschließlich frische Produkte. Das Fleisch kommt unter anderem vom Biohof Schauferts aus Schönborn im Taunus.

Die Karte bietet die lokalen Klassiker zum Ebbelwoi, von Handkäs bis Haspel*. Interessanter sind die Tages- und Wochenempfehlungen, etwa das Frankfurter Schnitzel mit Grüner Soße* oder die Frikadellen vom Bioferkel mit Kohlrabigemüse und hausgemachtem Püree. Auch das Isenburger Bauernpfännchen enttäuscht nicht. Die Grüne Soße* ist herrlich dick und strotzt vor frischen, intensiven Kräutern. Schnitzel und Tafelspitz lassen wegen ihrer Fleischqualität nichts zu wünschen übrig und die vegetarische Lasagne verbirgt reichlich frisches Gemüse zwischen ihren Nudelblättern. Besondere Erwähnung verdienen die herrlichen Bratkartoffeln – Pommes frites müssen draußen bleiben.

Zum Essen wird das »Geiselbacher Gold« ausgeschenkt, ein Apfelwein von der Kelterei Herkert aus Geiselbach im Spessart. Auch im Angebot: Bier und eine kleine Weinkarte. Schöner Sommergarten.

➜ In der Herbstsaison wird ein schönes Gänsemenü – auch außer Haus – mit ausschließlich deutschen Freilandgänsen angeboten.

Forellengut Herzberger

Forellengut 1,
61440 Oberursel
(Taunus)-Oberstedten
0 61 72 / 3 51 19
forellengut-herzberger.de

Größe: 100 Plätze in der Gaststube, 100 im Biergarten
Preise: Hauptgerichte ab 15 Euro
Kreditkarten: Keine
Öffnungszeiten: Sa, So, Feiertag 11–18 Uhr; Ruhetage: Mo–Fr

Attraktives Ausflugsziel am Wald mit eigener Fischzucht

Das Gasthaus »Forellengut« von Rolf Herzberger liegt malerisch im Wald bei Oberursel zu Füßen des Taunus. Es ist mit dem Auto gut zu erreichen, vor allem aber als Ziel einer Wanderung zu empfehlen. Rings um das »Forellengut« verlaufen zahlreiche Wanderwege und laden zu einem ausgedehnten Waldspaziergang ein. Die Gaststube ist einfach, der schöne Biergarten unter Bäumen behaglich und sommertags gut besucht; Wartezeiten sind durchaus möglich. Das »Forellengut« in Familienbesitz wurde 1894 gegründet. Rolf Herzberger ist passionierter Fischzüchter, der in seinen 42 Teichen und Becken nicht weniger als 26 Fischarten hält, von der Äsche bis zum Zander. Das Gasthaus wird als Nebenbetrieb der Fischzucht bewirtschaftet, mögliche Engpässe sind betriebsbedingt.

Kulinarischer Schwerpunkt des Hauses sind fangfrische Fische aus der eigenen Zucht. Neben Forelle, Lachsforelle, Karpfen und Schleie ist auf Vorbestellung auch der seltene Stör erhältlich. Im Herbst bereichern Rotauge, Wels, Zander, Barsch und Hecht das Angebot. Spezialitäten sind die Fischsuppe, die kalt oder warm geräucherte Forelle und die in einer 50 Jahre alten Gusseisenpfanne auf dem Holzfeuer gerösteten, krossen Bratkartoffeln. Der Fisch ist allerdings kein Alleinunterhalter. Das Fleisch für das Wildschweingulasch, serviert mit Rotkraut und Salzkartoffeln, kommt ebenfalls aus eigener Zucht, einer Kreuzung von Haus- und Wildschwein.

Die Getränkekarte bietet neben diversen Bieren und Apfelwein schöne Rieslinge.

Frische und geräucherte Forellen und andere Fische werden auch verkauft: Der Verkauf ist wochentags von 9–16 Uhr, sonn- und feiertags von 9–11 Uhr geöffnet.

Gutsausschank im Weingut Dr. Corvers-Kauter

Rheingaustraße 129,
65375 Oestrich-Winkel
0 67 23 / 26 14
corvers-kauter.de

Bio

Größe: 60 Plätze in der Stube, 80 im Garten
Preise: Hauptgerichte 11–20 Euro
Kreditkarten: EC
Öffnungszeiten: April–Okt: Mi–Fr 17–23 Uhr; Sa, So, Feiertag 15–23 Uhr; Ruhetage: Mo, Di

Gutsausschank vom Bioweingut mit fantasievollen Happen

Der Gutsausschank im Weingut Dr. Corvers-Kauter liegt im Ortsteil Mittelheim der Rheingaugemeinde Oestrich-Winkel. Er hebt sich mit seinem ländlich-eleganten Interieur wohltuend vom tümelnden Winzerbarock ab. Im mediterran angelegten Weingarten wachsen neben Oleander, Palmen und Zitronenbäumchen auch die Küchenkräuter. Wie das Land, so die Küche. Und das Land, der Rheingau, war aufgrund seiner Lage an einer der ältesten europäischen Handelsstraßen unablässig neuen Einflüssen unterworfen. Diese Wechselwirkung zwischen Heimischem und Fremdem spiegelt sich in den Gerichten wider, die Brigitte Corvers in der Gutsschänke serviert: regionale Speisen mit mediterranem Einschlag. Die Karte ist saisonal orientiert, die Jahreszeiten diktieren den kulinarischen Rhythmus. Die Lebensmittel stammen meist aus der Region und von Betrieben, die vernünftig und nachhaltig arbeiten. Das Speisenangebot ist frei von künstlichen Aromen, Geschmacksverstärkern, Konservierungs- und Farbstoffen sowie von Fertigprodukten. Soßen und Suppen werden jeden Morgen neu angesetzt.

Die Karte kommt fantasievoll daher: Dreierlei vom Spargel – Spargelmousse mit Bergschinken, Spargelsalat und Spargel-Schinken-Quiche. Oder die gezupfte Wutz, das ist ein saftiger Schweinebraten, zwölf Stunden gegart, im Baguettebrötchen mit Krautsalat. Herzhaft das Rheingauer Allerlei: Bergschinken, Spundekäse, Wurstknacker, Leber- und Fleischwurst, Oliven, Roastbeef auf Linsen, Spargelsalat und Brot. Weiter im Angebot ist ein Rheingauer Runder – lauwarmer Käse vom heimischen Affineur – mit Quittensenf und Erdbeerpfeffer. Die lauwarme Taunus-Lachsforelle wird im Buchenrauch geräuchert und mit zweierlei Sahnemeerrettich und Salat kombiniert.

Dazu gibt es die Weine von Brigitte und Matthias Corvers. In der Hauptsache sind dies Rieslinge und Spätburgunder, nicht zu vergessen der Rote Riesling, eine autochthone weiße Sorte. Seit 2015 ist das Weingut von Bioland zertifiziert.

➜ Drei Wochen vor Saisonende lädt man zu den Slow Food-Arche-Wochen, um seltene Rassen und Nahrungspflanzen zu präsentieren, zum Beispiel Albleisa und Fleisch vom Bunten Bentheimer Schwein.

Gasthaus Zum Stern

Wilhelmsplatz 7,
63065 Offenbach am Main
0 69 / 97 76 72 16
stern-offenbach.de

Größe: 30 Plätze im Gastraum
Preise: Hauptgerichte 12–24 Euro
Kreditkarten: Keine
Öffnungszeiten: Di, Fr–So 11.30–24 Uhr; Mi, Do 17–24 Uhr; Ruhetag: Mo

Ein Stern regionaler Küchentradition in Offenbach

Am Offenbacher Wilhelmsplatz ist seit einiger Zeit ein ambitioniertes Gasthaus beheimatet, das sich gutem Küchenhandwerk mit regionalen Produkten verschrieben hat. Die Rollenaufteilung ist klassisch: Frau ist für den Service zuständig, Mann kocht. Beide führen den Betrieb mit viel Einsatz und Freude und sind interessiert an den Einschätzungen und Meinungen ihrer Gäste.

Der Patron zeigt auf der Speisekarte eine deutliche Liebe zum Wild, das er aus regionaler Jagd bezieht. Sehr gut gefällt der Wildschweinbraten in Spätburgundersoße, ebenfalls die Offenbacher Wildbratwurst mit Zwiebelsoße und Bratkartoffeln – die Würste werden nach Rezepten des Küchenchefs für den »Stern« hergestellt. Das Rindfleisch stammt aus Weidezuchtbetrieben aus Hessen und Baden-Württemberg. Das Jägerschnitzel wird als Luxusvariante vom Kalb serviert, die Pilze stammen aus der Offenbacher Pilzzucht von Mathias Kroll, der seine Zucht in Gewölben unter dem Bieberer Berg aufgebaut hat. Seine feinen Pilze gibt es auch vegetarisch als Pilzragout mit Semmelknödel. Weitere Zutaten kommen vom Wochenmarkt vor der Tür, auf dem die Oberräder Gemüsehändler ihre Waren anbieten und auch der Odenwälder Handkäse für den nicht alltäglichen Handkäs mit Mango-Tomaten-Salat erhältlich ist. Das ist eine schöne Vorspeise, das ebenfalls regional beliebte Schneegestöber* ist schon eher eine Vesperportion. Im Allgemeinen sollten die Portionsgrößen nicht unterschätzt werden.

Die Weinkarte versammelt die besten deutschen Weingüter in beachtlicher Vielfalt und moderater Kalkulation.

Treuschs Schwanen

Rathausplatz 2,
64385 Reichelsheim (Odenwald)
0 61 64 / 22 26
treuschs-schwanen.com

Größe: 45 Plätze im Restaurant, 30 im Garten
Preise: V 8–17, H 19–34, N 9–18 Euro
Kreditkarten: Alle gängigen Karten
Öffnungszeiten: Fr–Di 11.30–14 und 18–21 Uhr; Ruhetage: Mi, Do

Gehobenes regionales Genießerrestaurant

Mitten im Odenwald, zwischen Bensheim und Michelstadt, liegt Reichelsheim. Hier betreibt die Inhaberfamilie Treusch die beiden Restaurants »Schwanen« und »Johanns Stube«, aber auch eine Kochschule und eine Pomothek mit sortenreinen Apfelweinen. Der »Schwanen«, am Rathausplatz neben der Kirche gelegen, ist das gehobene Genießerrestaurant mit modern gestalteten, geschmackvollen Räumen und einer Weinlounge inklusive begehbarem Weinschrank. Im Sommer speist man im Garten unter den Bäumen. Die verwendeten Grundprodukte kommen weitgehend aus der Region: Wild wird in Odenwälder Jagdrevieren geschossen, die Lämmer kommen aus Michelbach und Rehbach, Weinbergschnecken aus Hetzbach, Geflügel aus Georgenhausen, Käse und Forellen aus Hüttenthal, Rindfleisch vom Limousinweiderind aus Schleiersbach, Gemüse und Kräuter von Biokaffenberger. Es werden interessante Menüs mit abgestimmter Weinbegleitung angeboten.

Schon bei den Vorspeisen werden die kulinarischen Ambitionen des »Schwanen« deutlich: Röllchen von der Hüttenthaler Bachforelle mit Schwarzwurzeln in Meerrettichrahm und Rote-Bete-Schaum. Ein typisches Hauptgericht ist der Rücken vom Odenwald-Wildschwein mit Schwarzbrotkruste und Honig-Balsamico-Jus oder ein Kartoffelsushi mit gebratener Lachsforelle, Meerrettich und Gartenkräutersalat. Bei den Nachspeisen überzeugen die Variationen vom Odenwälder Lebkuchen und das Kartoffeleis mit gerösteten Kürbiskernen in der schmelzenden Schokoladenkugel.

Die Weinkarte ist eindrucksvoll und bietet neben einem breiten Angebot aus der Alten und Neuen Welt interessante Abfüllungen von der Hessischen Bergstraße, der Odenwälder Winzergenossenschaft sowie Weine aus dem Neckartal und aus Bürgstadt.

Treuschs »Johanns-Stube«

Rathausplatz 2,
64385 Reichelsheim (Odenwald)
0 61 64 / 22 26
treuschs-schwanen.com

Größe: 50 Plätze in der Gaststube, 60 im Garten
Preise: V 6–17, H 10–21, N 8 Euro
Kreditkarten: EC, Master, Visa
Öffnungszeiten: Fr–Di 11.30–14 und 18–21 Uhr; Ruhetage: Mi, Do

Engagierte Regionalküche mit Pomothek

Das Odenwald-Gasthaus »Treuschs Johanns-Stube« in Reichelsheim nördlich von Fürth hat drei Gasträume. Es ist ein bodenständiges Gasthaus im rustikalen Stil mit angeschlossener Pomothek mit einer großen Vielfalt sortenreiner Apfelweine. Die Inhaberfamilie Treusch zelebriert die Regionalität mit Verve und Engagement und serviert die Produkte ihrer Heimatregion schmackhaft und ansprechend. Während in »Treuschs Schwanen«, dem gehobenen Restaurant der Familie, ein Mix aus regionalen und internationalen Gerichten gekocht wird, dominiert in »Treuschs Johanns-Stube« eindeutig der Odenwald. Das Gasthaus gehört zur Marketingkooperation »Odenwald-Gasthaus«, die sich der Regionalität verpflichtet hat und auf Geschmacksverstärker, Farbstoffe, Füll- und Konservierungsmittel konsequent verzichtet. Armin und Thomas Treusch suchen und finden ab und zu neue regionale Erzeuger mit interessanten Produkten wie eine Kaffeerösterei aus dem Umland und Flusskrebse aus dem Weschnitztal.

Nach einem Schluck prickelnder Goldparmäne beginnt der Reigen Odenwälder Vorspeisenvariationen, Vunn allem ebbes – Kleinigkeiten von Landschwein, Forelle, Hüttenthaler Käse und einiges mehr. Interessant die hausgemachten Maultäschle – mal vom Lamm, mal vom Wildschwein – mit Gemüsestreifen im Knoblauch-Kräuter-Sud. Bei den Hauptspeisen sind Treuschs Ebbelwoi-Hinkelsche* oder Himmel un Ääd* aus hausgemachtem Kartoffel- und Apfelbrei mit gebratener Blutwurst und gerösteten Zwiebeln probierenswert. Die Hüttenthaler Bachforelle wird im Apfelweinsud gegart und von Gemüsestreifen, Butterkartoffeln und Salat begleitet. Sonntags gibt es Treuschs Sonntagsklassiker, im Sommer sind das Lammkrautwickel in Apfelwein-Zwiebel-Soße.

Begleitend zur abwechslungsreichen Küche gibt es zahlreiche sortenreine Apfelweine aus eigener Kelterei, dazu Weine von der Hessischen Bergstraße und der Odenwälder Weininsel.

Hessen

Der Teichhof

Am Teich 5,
37296 Ringgau-Grandenborn
0 56 59 / 8 10
derteichhof.de

Größe: 55 Plätze im Restaurant
Preise: V 5–9, H 11–31, N 3–7 Euro
Kreditkarten: EC, Master, Visa
Öffnungszeiten: Di–So 11–21 Uhr; Ruhetag: Mo

Bodenständige und deftige Ringgau-Küche

Der »Teichhof« liegt auf einem Hochplateau zwischen dem Thüringer und dem Kaufunger Wald im nordhessischen Werra-Meißner-Kreis. Die Eltern von Regina Linhose haben neben dem Gaststättenbetrieb Wurstwaren aus ihrer Hausschlachtung vertrieben. Ehemann Edgar ist Metzgermeister und hat die Herstellung traditioneller nordhessischer Wurstwaren ausgebaut. Der Teichhof ist Gründungsmitglied im Förderverein Nordhessische Ahle Wurscht, Metzgerei und Reiferäume grenzen an die Gaststätte. Die Gaststube ist mit hellen Holzmöbeln und Wandvertäfelungen freundlich-ländlich ausgestattet. »Wir sind vom Dorf und arbeiten in erster Linie für Leute mit Sinn für die dörfliche Küche«, beschreiben Linhoses ihre Philosophie. Die Produkte kommen aus dem näheren Umfeld, das sichert Beschäftigung für mehr als 20 Menschen aus der Region. Die Schweine werden im Umkreis gemästet, ihr Fleisch in der Metzgerei verarbeitet. Der Garten liefert Kräuter und in begrenztem Umfang Erdbeeren, Rhabarber und Salat. Eine Bäuerin aus dem Dorf bringt Rote Bete und Kohl. Feldsalat kommt von Dilling aus Weißenborn, eine Gärtnerei aus Gotha liefert Produkte, die regional schwer zu bekommen sind. Sauerteigbrot wird konsequent selbst gebacken. Das Mehl kommt aus der Esmühle im östlich angrenzenden Eichsfeld.

Im Teichhof werden die traditionellen Gerichte des Ringgaus gekocht. Weckewerk*, Schlachtesuppe, Ahle Wurscht*, Kesselwurst und Bratwurst finden sich ganzjährig auf der Speisekarte. Saisonal haben Spargel und Erdbeeren einen hohen Stellenwert im Frühjahr, im Herbst und Winter rücken gefüllter Schweinemagen, Schweinebäckchen und die Schlachteplatte mit Lauch- und Kohlgemüse in den Vordergrund.

Aus dem Zapfhahn läuft Bier von der Eschweger Klosterbrauerei. Apfelsaft liefern die Bäume auf den eigenen Streuobstwiesen, er wird selbst gepresst. Die Weinkarte ist übersichtlich.

→ Das »Teichhof«-Team organisiert im Sommer maßgeblich die Aktivitäten zur Mohnblüte, zu der Planwagenfahrten und Wanderungen angeboten werden. Auf der Karte stehen Mohnkuchen und weitere Gerichte mit der Ölpflanze.

An den Öffnungstagen ist der Hofladen von 10–18 Uhr geöffnet. Dort gibt es nordhessische Wurstspezialitäten, selbst gebackenes Roggenbrot und andere Spezialitäten.

NEU

Land Gasthaus Kraft

Hauptstraße 38,
34270 Schauenburg-Breitenbach
0 56 01 / 9 31 80
hotel-gasthaus-kraft.de

Größe: 60 Plätze im Gastraum
Preise: Hauptgerichte 15–26 Euro
Kreditkarten: EC, Master, Visa
Öffnungszeiten: Mi–So 17–23 Uhr;
Ruhetage: Mo, Di

Dem Gast und der regionalen Küche verpflichtet

Der Landgasthof steht im Dorfkern von Breitenbach, einem Ortsteil der Gemeinde Schauenburg, zwanzig Kilometer südwestlich von Kassel. Seit sieben Generationen ist das stattliche Fachwerkgebäude im Eigentum der Familie Kraft. Vor gut einem Jahrzehnt hat mit Tim Kraft die siebte Generation übernommen, Bruder Meik verstärkt seit 2020 die Küchenmannschaft. Nach der Lehre hat er in mehreren renommierten Häusern gearbeitet. Doch hat die junge Generation keine kulinarische Revolution angezettelt. Weiterhin stehen Steaks und Schnitzel mit den passenden Beilagen ebenso auf der Karte wie ein der Jahreszeit entsprechender knuspriger Gänsebraten oder die Schlachteplatte. Behutsame Erneuerung mit frischen und regionalen Produkten ist das Gebot der Stunde. Gerade Gerichte mit regionalen und saisonalen Produkten sollen verstärkt angeboten werden. Die Rohstoffe kommen überwiegend aus der Region: Das Wild wird von befreundeten Jägern und Jägerinnen bzw. vom Wildladen Kassel geliefert – ein Höhepunkt sind die Wilden Wochen im Oktober. Gemüse kommt von der Gärtnerei Ullrich aus Fuldatal, aus dem Hofladen Kreuder aus dem Nachbarort Martinhagen das Rindfleisch. Familie Kreuder zieht die Hochlandrinder selbst auf und schlachtet vor Ort. Saiblinge und Forellen liefert die Fischzucht Gauggel, kaum einen Kilometer vom Gasthaus entfernt. Eier, Kartoffeln und Milchprodukte produziert der Hof Bott im Nachbarort Martinhagen. Kräuter und Blüten wachsen im eigenen Garten. Die Speisekarte ist erfreulich klein, sie wechselt nach Jahreszeit und Angebot.

Der Genuss beginnt mit einem Gruß aus der Küche, selbst gebackenem Brot und Aufstrichen. Ein Drei-Gänge-Menü beginnt mit einer Kraftbrühe vom Habichtswaldschwein mit Pfannkuchenstreifen und Gemüse, als Hauptgericht gibt es Zweierlei von der Maispoularde, Paprika mit Bohnenpüree und als Nachspeise eine Schwarzwälder Kirsch-Variation. Fleischbegeisterte freuen sich über das Dry-Aged-Entrecôte vom deutschen Rind oder das Kotelett vom Duroc-Schwein, jeweils mit selbst gemachten Pommes. Empfehlenswert sind die vegetarischen Ravioli, gefüllt mit Limone und Ricotta, und der große Blattsalat mit Ullrichs Wildkräutern.

Familie Kraft konserviert die eigenen Produkte und ist mit ihnen auf mehreren Wochenmärkten in Nordhessen vertreten. Es gibt ohne Konservierungsstoffe klassisch eingekochte Fleischgerichte, Gemüse und Suppen.

Hessen

Gasthaus Landgraf

Felsbergstraße 49,
64342 Seeheim-Jugenheim,
Balkhausen
0 62 57 / 5 05 17
gasthaus-landgraf.de

Größe: 65 Plätze in Gaststube und Nebenraum
Preise: Hauptgerichte 18–39 Euro
Kreditkarten: EC, Master, Visa
Öffnungszeiten: Do–Mo 17.30–23 Uhr; Ruhetage: Di, Mi

Biolandhausküche mit mediterranen Anflügen

Die Gaststube vom »Gasthaus Landgraf« ist von ländlicher Eleganz, Stil und Wohnlichkeit geprägt. Ein ehemals etwas düsterer Salon im Nebenraum wurde zum schönen Esszimmer umgebaut und die Gartenterrasse ist neu gestaltet. Daniel McCabe, Inhaber und Küchenchef, und Restaurantleiter Volker Salm, betreiben das »Gasthaus Landgraf« unweit von Darmstadt seit März 2008. Stilistisch nicht festgelegt, lassen sie an ihrer regional und saisonal ausgerichteten, feinen Küche mit vielen Bioprodukten keinen Zweifel aufkommen – auch wenn manche Fisch- und Fleischspezialität aus der Ferne kommt. Ein mediterraner Einfluss ist unübersehbar. Verarbeitet werden überwiegend Produkte der Umgebung, darunter auch heimisches Wild und Fleisch von der Bäuerlichen Erzeugergemeinschaft Schwäbisch Hall. Eine Liste der Lieferant*innen kann auf der Webseite eingesehen werden.

Die Speisekarte wechselt alle vier Wochen. Als Starter empfehlen sich der Wildkräutersalat mit Walnussdressing und Käsechips oder die gebratene Lammleber mit Rhabarber-Relish und Wildkräutersalat. Ziegenkäse, verarbeitet zu Ziegenfrischkäsemousse mit gegrilltem Gemüse, darf auf der Vorspeisenkarte nicht fehlen. Als Hauptgericht gibt es ein geschmortes Schweinebäckchen mit Gemüse und Rosmarinkartoffeln, eine attraktive Alternative wäre im Herbst das Zweierlei vom heimischen Reh mit geschmorter Schulter und Steak aus der Keule, dazu Wirsing, Spätzle und Preiselbeeren.

Besonderer Wert wird im »Landgraf« auf die Weinkarte gelegt mit nicht weniger als 150 Positionen aus den deutschen Anbaugebieten Hessische Bergstraße, Baden und Pfalz. Umfangreiche Digestifkarte.

→ Mehrmals im Jahr stellen Weingüter ihre aktuellen Jahrgänge in kulinarischen Weinproben vor.

Restaurant »Ratskeller Spangenberg«

Marktplatz 1 im Rathaus,
34286 Spangenberg
0 56 63 / 9 38 65 80
mueller-propf.de

Größe: 40 Plätze im Restaurant, 70 im Rathaus-Saal, 40 auf der Terrasse
Preise: V 8–11, H 19–35, N 12–16 Euro; Menü ab 41 Euro
Kreditkarten: EC, Master, Visa.
Öffnungszeiten: Do–Sa 18–20 Uhr; So 12–14 Uhr und 18–20 Uhr; Ruhetage: Mo–Mi

Gehobene Küche trifft nordhessische Tradition

Das Restaurant befindet sich im historischen Rathaus auf dem Marktplatz von Spangenberg im Schwalm-Eder-Kreis im nordöstlichen Hessen. Der Gastraum ist nach liebevoller Renovierung durch die Inhaber Thomas und Michael Mueller-Propf hell und freundlich, an den Wänden hängen zeitgenössische Gemälde. Küchenchef Thomas Raabe war schon mit der »Poststation Altes Forsthaus« in Altmorschen im Genussführer vertreten. Sein regionales Liefernetzwerk hat er wiederbelebt, auch die Stammgäste sind zurück. Auf der von Region und Jahreszeit bestimmten Karte, die regelmäßig wechselt, stehen meist zwei Menüs und weitere Gerichte à la carte. Im Frühjahr gibt es eine eigene Spargelkarte für die regionale Ernte aus Sassenberg. Heimisches Wild wird angeboten, sobald die Schonzeit beendet ist und der Jagdpächter aus Spangenberg den ersten Bock liefert. Der Anspruch von Küchenchef Raabe ist es, den Eigengeschmack der Rohstoffe zu erhalten und Tiere vollständig zu verarbeiten. Fleisch, Käse, Gemüse und Obst kommen, soweit möglich, aus den Nachbarorten. Geflügel und Rindfleisch liefert der Biohof Hirschle in Eubach. Kalbfleisch, Käse und Milchprodukte kommen vom Kirchhof in Oberellenbach, Gemüse und Salat von Familie Hufmann aus Oberellenbach. Die traditionelle nordhessische Küche wird von Raabe modern interpretiert.

Unverkennbar aus der Tradition kommen die Kartoffelklöße mit Weckewerkfüllung*, die beliebten Storzenieren (Schwarzwurzeln) in immer neuen Variationen oder das Mille feuille von Ahler Worscht mit Kartoffelmousse und Salat. Von der Dry-Aged-Karte kommen die Tranchen vom Tomahawk vom Walburger Dry-Aged-Landschwein, serviert mit saisonalem Gemüse und weiteren Beilagen nach Wahl.

Die umfangreiche Getränkekarte listet viele deutsche Weißweine, dazu einige internationale Tropfen. Bier kommt von der regionalen Hütt-Brauerei Baunatal, Mineralwasser und Säfte aus der Region.

→ Eine Reservierung wird dringend empfohlen.

Hessen

Landhotel Gemeindeschänke Altenburschla

Am Anger 1,
37281 Wanfried-Altenburschla
0 56 55 / 9 23 40
landhotel-altenburschla.de

Größe: 30 Plätze im Restaurant
Preise: Hauptgerichte 18–29 Euro
Kreditkarten: EC
Öffnungszeiten: Mo, Do 18–21 Uhr; Fr, Sa 18–21.30 Uhr; So, Feiertag 12–14 und 18–20.30 Uhr; Ruhetage: Di, Mi

Weltoffene Regionalküche am Dorfanger

Wanfried-Altenburschla an der Werra in der Nähe von Eschwege imponiert mit seinem geschlossenen Ortsbild und den gut erhaltenen Fachwerkhäusern in reizvoller Umgebung. Claudia und Hartwig Gehl führen das »Landhotel Gemeindeschänke« in einem herrlichen Fachwerkhaus, das die Dorfmitte bestimmt. Die Einrichtung ist rustikal, der Eindruck hell und freundlich. Bei gutem Wetter sitzt man gemütlich unter Linden auf dem Dorfanger. Die Küche setzt auf Frische und eigene Produktion. Alle Soßen und Fonds werden selbst gezogen. Das Haus verwertet Kräuter von Gärtnern aus Altenburschla und strebt die Ganztierverarbeitung an. Das Netzwerk zu regional erzeugenden Betrieben ist eng geknüpft, auch wenn noch nicht alle Rohstoffe aus der Region kommen. Hervorzuheben sind die Gartenbaubetriebe der Wanfrieder Umgebung. Die meisten Lieferant*innen sind benannt, von der Bioschäferei Timmerberg bis zur Eschweger Klosterbrauerei.

Das Speisenangebot wechselt mit den Jahreszeiten. Neben anspruchsvollen internationalen Gerichten finden sich regelmäßig regionale Speisen im Angebot, die saisonal variieren. So behauptet sich die Hessische Kartoffelsuppe das ganze Jahr auf der Speisekarte, während im Frühjahr Bärlauch und im Herbst Kürbis saisonale Abwechslung bringen. Die Ahle Wurscht* wird als Brotzeit angeboten, der typisch hessische Schmand* in vielen Variationen eingesetzt, vom Kuchen über den Nüsschensalat bis zum Altenburschlaer Schmandschnitzel. Empfehlenswert sind die Kartoffelsuppe mit gebratener Blutwurstscheibe und Zwiebelringen und der Wanfrieder Kringel, eine geräucherte Bratwurst vom Hausschlachter, die mit Spitzkohl serviert wird. Auch Vegetarisches wird der Jahreszeit entsprechend angeboten, ebenso Spargelgerichte vom Werratalspargel.

Die Getränkekarte ist gut sortiert. Neben lokalen Biersorten finden sich deutsche und internationale Weine, die gute Begleiter abgeben.

➜ Ein Besuch lässt sich gut mit einer Werraradtour oder einer Wanderung auf einem der örtlichen Premiumwanderwege verknüpfen.

Zum Kapellchen

Quellbornstr. 95,
65201 Wiesbaden-Frauenstein
06 11 / 41 18 99 12
zum-kapellchen-gastronomie.de

Größe: 70 Plätze im Gastraum, 40 im Außenbereich
Preise: Hauptgerichte 13–25 Euro
Kreditkarten: Keine
Öffnungszeiten: Nov–März: Mi–Fr ab 16 Uhr; Sa, So ab 11.30 Uhr; Ruhetage: Mo, Di; April–Okt: Di–Fr, ab 16 Uhr; Sa, So ab 11.30 Uhr; Ruhetag: Mo

Kleinod unter Frauensteiner Kirschbäumen

Robert Hoffmann und Marc Zenglein legen in ihrem Frauensteiner Betrieb Wert auf faire und regional produzierte Produkte. So finden sich zahlreiche Bioprodukte und sogar zwei Slow Food-Arche-Produkte auf der Karte ausgewiesen, im Übrigen auch alle weiteren Lieferanten. Im gemütlichen, unprätentiösen Ambiente sorgen ein persönlicher Service und ein gutes Preis-Leistungs-Verhältnis für das Gästewohl. Der kleine Bauerngarten lädt im Sommer ein, draußen zu speisen.

Die ausgeprägt regionale Speisekarte besticht durch eine bodenständige Kochleistung. Schnitzel-Variationen vom Schwäbisch-Hällischen Landschwein aus einem Naturland-Biobetrieb sowie Himmel un Ääd oder Bratwurst vom Bunten Bentheimer Landschwein zählen sicherlich zu den Publikumslieblingen. Geräucherte Wisperforelle, Grie Soß' mit Freiland-Eiern oder Schafskäse-Pfännchen vom Naturland-Biobetrieb ergänzen das Angebot. Drei herzhafte vegane Gerichte und einige vegetarische Varianten dürften zudem ihre Anhänger finden. Eine gute Auswahl an Kindergerichten rundet das Angebot ab.

Die Nähe zum Nachbarweingut Ott in Frauenstein spiegelt sich auf der Karte wider. Neben einem guten Angebot an alkoholfreien Getränken findet sich eine Auswahl an hausgemachten Limonaden und auch regionales Eulchen-Bier auf der Karte.

→ Besonders hervorzuheben ist das soziale Engagement der beiden Inhaber. Begründet durch eine über zwanzigjährige Freundschaft, unterstützen sie Familien auf den Philippinen, sei es mit Lebensmitteln und Unterkünften und bei der Trinkwasserversorgung.

Mecklenburg-Vorpommern

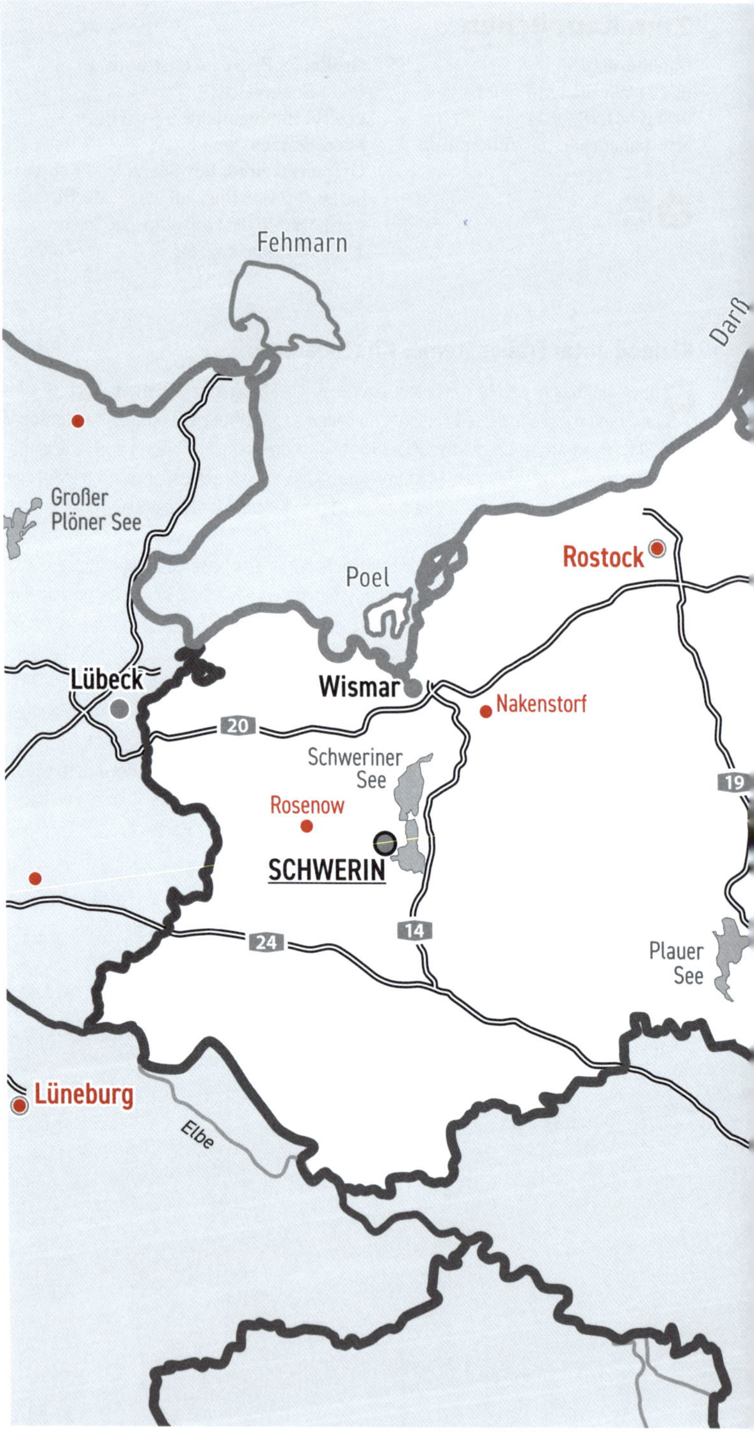

Hiddensee
Schaprode
Rügen
eck
Stralsund
Greifswald
Usedom
Kummerower See
20
Neubrandenburg
Müritz
Havel
Neuruppin
Oranienburg

Restaurant Allesisstgut

Im Seehotel am Neuklostersee,
Seestraße 1,
23992 Nakenstorf
03 84 22 / 45 70
seehotel-neuklostersee.de

Größe: 30 Plätze im Restaurant, 18 im Wintergarten; dazu die Terrasse
Preise: Zwei- bis Drei-Gänge-Menü 40–48 Euro
Kreditkarten: EC, Master, Visa
Öffnungszeiten: Mi–So 12–14.30 und 18–20 Uhr; Mo 18–20 Uhr; Ruhetag: Di

Leichte, feine Küche im idyllischen Hotel am See

Das Restaurant »Allesisstgut« im Seehotel am Neuklostersee im Kreis Nordwestmecklenburg ist idyllisch und höchst verlockend am Wasser gelegen. Bei schönem Wetter unter ausladenden weißen Schirmen auf der großzügigen Holzterrasse sind der zauberhafte Blick auf den Neuklostersee und die feinen Speisen der Küchenchefs Alexander Stoye und Konstantin Schulze-Pellengahr ein Genuss. Abends wird bei klassischer Musik und Kerzenlicht getafelt. Die Küchenchefs beziehen viele Produkte von persönlich bekannten Erzeugerinnen und Erzeugern, Lieferantinnen und Lieferanten aus der Region. Fangfrischer Fisch aus dem Neuklostersee und der nahen Ostsee stehen ebenso auf der Speisekarte wie Fleisch von umliegenden Demeter-Biobauernhöfen und Wild aus den nahen Wäldern. Einige Früchte werden im eigenen Garten gepflückt, der Käse kommt von Produzentinnen und Produzenten aus der Umgebung. Selbst gemachte Feinkost und Liköre machen die Vielfalt der regionalen Speisekultur erlebbar. Die Karte wechselt abhängig vom Warenangebot fast täglich.

Abends werden zwei- oder dreigängige Menüs angeboten. Die Fischsuppe auf unsere Art, zweierlei Ziegenfrischkäse von Jan Brauer aus Daskow oder die Variationen vom Freilandgeflügel mit Feigen und Tüften sind ein schöner Einstieg. Anschließend gibt es ein sanft pochiertes Fischfilet von der Müritz, geliefert von der Müritzfischerei aus Waren, oder einen gebratenen Boddenzander. Das geschmorte Biorind wird von Sellerie, Brokkoli und Rosmarinkartoffeln begleitet. Heimisches Wild wie die Keule und Rücken vom Reh kommen mit grünem Spargel und Trüffelnocken auf den Tisch. Als süßer Teller ist eine Mandel-Crème-brûlée mit Waldbeeren empfehlenswert. Dass die Inhaber Österreicher sind, lässt sich beim Allerlei vom Topfen erahnen. Eine Schlusspointe darf nicht fehlen: Man isst gut im »Allesisstgut«.

→ In der Kulturscheune gibt es zahlreiche interessante Veranstaltungen.

Restaurant »De oll Dörpschaul«

Rosenow 6,
19209 Lützow bei Gadebusch
03 88 74 / 2 29 29
restaurant-de-oll-doerpschaul.de

Größe: 20 Plätze im Restaurant
Preise: V 6–11, H 16–21, N ab 5 Euro
Kreditkarten: EC
Öffnungszeiten: Do–So 11–15 und 17.30–22 Uhr; Ruhetage: Mo–Mi

Alte Schule mit saisonaler Küche und schönem Garten

Den Gastraum von »De oll Dörpschaul« in Rosenow bei Gadebusch im Landkreis Nordwestmecklenburg schmücken Schulutensilien wie Zirkel, Schautafeln und Schulbücher. Inhaberin Ute Linke und ihr Mann führen das Restaurant mit Engagement und Leidenschaft. Die Karte informiert detailliert über die Lieferant*innen, das Haus und die Umgebung. Gekocht wird, was gerade im eigenen Gasten wächst oder haltbar gemacht werden konnte. Gemüse, Obst und Säfte kommen vom Biohof Medewege, Fleisch und Wurst von Biogeflügel-Mecklenburg. Müritzfischer liefern aus Wildfang oder nachhaltiger Fischwirtschaft; das Gasthaus ist Partner des Biosphärenreservats Schaalsee.

Es ist Küchenchefin Ute Linke zu verdanken, dass es hier anders schmeckt als gewohnt: Sie würzt ausschließlich mit heimischen Garten- und Wildkräutern. In ihrer täglich wechselnden Speisekarte beschreibt sie jedes Gericht ausführlich. Der Salat aus dem eigenen Garten oder vom Biobauern wird mit selbst gemachtem Sirup und Essig angemacht und mit selbst gebackenem Brot serviert. Alte Sorten wie Kaukasischer Rankspinat oder Waldstaudenroggen versprechen neue Geschmackserlebnisse. Bemerkenswert das Biokachelfleisch vom Kalb mit Haferwurz vom Demeter-Hof Medewege und der historischen Kartoffel Rosa Tannenzapfen, im Feldgold* gebraten, im Frühjahr gern ergänzt durch Spargel vom Hof Denissen. Das Sauerfleisch wird aus Mecklenburger Biohähnchen hergestellt. Eine Seltenheit ist das Hechtfilet auf Matjesart. Dazu gibt es Kartoffeln aus Mecklenburger Boden mit heimischem Rosenkohl, in Feldgold* gebraten. Bodenständig schmeckt der Altländer Pfannkuchenapfel mit Flohsamen und hausgemachtem Dip. In veganen Gerichten werden u.a. Albleisa* verarbeitet.

Ute Linke und ihr Mann suchen beständig nach alten Gemüsen und Pflanzen. Im eigenen Garten stehen 180 Kräuter und Pflanzen. Im Gasthaus liegen Stoffservietten, und wenn die Zeit reicht, kommt die Chefin gern an den Tisch und erzählt. Biobier liefert die Stralsunder Brauerei, Weine kommen von Bioweingütern und sind vegan.

Die zum Hof Medewege zählende Mühlenbäckerei (Hauptstraße 16, 19055 Schwerin) mahlt auf Natursteinmühlen Demeter-Getreide und backt es im Holzbackofen zu Brot und mehr.

Restaurant »Rittmeister«

Biestower Damm 1,
18059 Rostock
03 81 / 6 66 73 30
landhotel-rittmeister.de

Größe: 50 Plätze im Restaurant, zusätzliche in Nebenräumen
Preise: Hauptgerichte 16–26 Euro
Kreditkarten: EC, Master, Visa
Öffnungszeiten: Mo–Sa 12–22.30 Uhr; So, Feiertag 12–21 Uhr

Gute handwerkliche Küche im Grünen

Am südlichen Stadtrand Rostocks, im ehemaligen Dorfmittelpunkt von Biestow, liegt das Landhotel und Restaurant »Rittmeister« von Yvonne und Andreas Barnehl trotz der großstädtischen Nähe ruhig in grüner Natur. Das Restaurant ist stilvoll eingerichtet mit akzentuierter Beleuchtung, dunklem Holz und schön eingedeckten Tischen. Die eigene Brennerei wird mit blitzblanken, strahlenden Kupferkesseln gekonnt in Szene gesetzt. Der »Rittmeister« steht für gehobene Landhausküche – eine Kombination aus kreativen und traditionellen Mecklenburger Gerichten. Die Produkte für die Küche kommen von Bauern der Nachbarschaft und folgen der Jahreszeit. Der Schäfer im übernächsten Nachbardorf hält Ziegen und Schafe auf den Wiesen des Warnowufers. Die Kräuter werden im eigenen Garten oder auf den umliegenden Wiesen geerntet. Fertigprodukte kommen nicht in die Küche, Kochen wird als solides Handwerk begriffen.

Es werden der Betenbartsch (Rote-Bete-Suppe mit Rindfleisch, Möhren und Rahm), aber auch Backhering, Pannfisch*, Kloppschinken und die Mecklenburger Götterspeise zeitgemäß und geschmackvoll zubereitet. Probierenswert ist der traditionelle, mit Apfel, Backpflaumen und Zwieback gefüllte Mecklenburger Rippenbraten. Der Ostseedorsch wird in Zitrusöl sautiert und mit Senfschaum und krossen Kartoffelwürfeln serviert. Besonders aromatisch und geschmackvoll ist das Ziegenfilet mit Waldpilzen, rotem Zwiebelragout und Haselnuss-Polenta. Blattspinat in Erdnussmus mit Nüssen und Quinoa ist eines von drei vegetarischen Gerichten. Monatlich wechselt die Saisonkarte. Auf der Nachtischkarte interessieren unter anderem die gebackenen Marzipanpflaumen mit Zimtsoße und Vanilleeis. Es werden Kuchen gebacken, Konfitüren, Pesto und Pralinen selbst hergestellt.

Die mit mehr als einhundert Weinen bestückte Vinothek gehört zu den attraktivsten der Stadt. Dazu selbst gebrannte Destillate und Liköre.

Die Bio- und Erlebnisgärtnerei Rohde (Tannenweg 34a, 18059 Rostock) bietet eine große Auswahl historischer Tomatensorten sowie Kräuter, Salate und Weizengras.

Schillings Gasthof

Hafenweg 45,
18569 Schaprode
03 83 09 / 12 16
schillings-gasthof.de

Größe: 100 Plätze im Gastraum
Preise: Hauptgerichte 10–28 Euro
Kreditkarten: EC, Master, Visa
Öffnungszeiten: Do–So 11–17 Uhr; Ruhetage: Mo–Mi

Restaurant auf Rügen mit eigenen Rindern und Schnucken

Matthias Schilling führt ein Doppelleben als Gastwirt und Landwirt. Das Restaurant seiner Familie liegt direkt am Hafen des ruhigen Fischerdorfs Schaprode im Westen der Insel Rügen auf dem Weg nach Hiddensee. Gegenüber vom Hafen liegt das idyllische Inselchen Öhe, das seit Generationen im Besitz der Schillings ist. Dort werden auf Salzwiesen Rinder und Schnucken gezüchtet, deren Biofleisch zentraler Bestandteil der Speisekarte von »Schillings Gasthof« ist. Vor gut einem Jahrzehnt hat die Familie das Haus übernommen, behutsam renoviert und mit neuer Karte zum Leben erweckt. Neben den eigenen Produkten sind die Kutterfischer von Hiddensee wichtige Zulieferer: Sie fangen ihre Beute traditionell mit Stellnetzen. Mit ihrer »Anna Lena« legen sie im Hafen von Schaprode an und landen fangfrischen Fisch an: Dorsch, Hering, Steinbutt, Wildlachs, Hornhecht. Die Köche gehen kurz über die Straße und sichern sich das Beste aus dem Netz für ihre Fischkarte. Auf der Speisekarte finden sich viele regionale und saisonale Spezialitäten: Käse aus Bisdamitz, Rügener Rapsöl und Produkte von der Vereinigung »Inselfrische«. Auf zwei Grundzutaten ist Schillings Küche besonders stolz: ihren Fisch und ihr Fleisch von »um die Ecke«. Sie geben der Karte eine besondere Charakteristik. Sonnige Terrasse mit Hafenblick.

Probierenswert ist Schillings Salatteller mit Streifen von Öher Rinderbrust als Vorspeise. Ein bemerkenswertes Erlebnis verspricht das Öherind als Burger mit Austernpilzen vom Pilzhof Wittenhagen und Bernsteinkäse aus Jütland. Klassiker des Hauses ist das Steak vom Öher Rinderrücken mit gebratenen Pilzen und Rosmarinkartoffeln – auf der Fischseite das Duett von Ostsee-Wildlachs und Zander, mit Grillgemüse, Röstkartoffeln und Orangen-Fenchel-Schaum. Zum Nachtisch locken heiße Kirschen mit Vanilleeis, vielleicht auch ein hausgemachter Kaiserschmarrn.

Kleines Weinangebot und Störtebeker-Bier aus Stralsund.

→ Es sind nur einige wenige Verdauungsschritte zum Hafen, wo man mit etwas Glück den Kutterfischern zusehen kann, wie sie ihren Fang entladen. Matthias Schilling betreibt auf Hiddensee das rote Haus direkt gegenüber der Seebühne Hiddensee, einem kleinen, aber sehr guten Figurentheater.

Eigener Hofladen.

Hotel Haferland

Bauernreihe 5,
18375 Wieck am Darß
03 82 33 / 6 80
hotelhaferland.de

Größe: 50 Plätze im Restaurant, 50 auf der Terrasse
Preise: Hauptgerichte 24–31 Euro
Kreditkarten: EC
Öffnungszeiten: Täglich 17.30–21 Uhr

Bio

Gehobene Küche mit Bioprodukten und schöner Aussicht

Direkt am Boddengewässer des Kurorts Wieck auf dem Darß, einer Halbinsel zwischen Rostock und Stralsund, liegt das »Hotel Haferland«. Seine drei reetgedeckten Häuser liegen in einer ausgedehnten Gartenlandschaft. Das biozertifizierte Haferland-Hotelrestaurant »Gute Stube« präsentiert eine feine Regionalküche. Die Zutaten kommen aus dem eigenen Gemüse- und Kräutergarten sowie der Region. Die Kartoffeln und die Eier liefert der Hof Walden, das Fleisch kommt vom Gut Darß und vom Biopark Malchin. In der Küche von Marco Weinberg entstehen daraus handwerklich-feine Kreationen. Im Betrieb der Familie Evers werden die besten Seiten der Naturregion Fischland-Darß-Zingst voller Überzeugung auf den Teller gebracht. Der schöne Ausblick auf den Seglerhafen auf der Boddenseite steigert den Genuss.

Für die Vorspeise liefern die Müritzfischer ein Lachsforellenfilet, das mit Wildkräutersalat, Tomatenmarmelade und eingelegten Johannisbeeren aus dem eigenen Garten verfeinert wird. Der Hauptgang mit Boddenzander von der Insel Rügen wird von Kürbis-Gundermann-Gemüse begleitet, dessen Zutaten kommen ebenfalls aus dem eigenen Garten. Vegetarisches und Veganes wie der Kartoffel-Wildkräuter-Strudel mit einer Creme von Petersilienwurzel, Möhren und Pilzschaum haben hier Tradition. Eine Birnenmousse mit Schokoladenbiskuit, Kornelkirschensauce und selbst gemachtem Sanddorneis beschließt das Menü.

→ Das Nationalparkzentrum Darßer Arche ist einen Besuch wert – und die schöne vorpommersche Boddenlandschaft eine Entdeckungstour.

Niedersachsen

Wismar
Norderstedt
Schweriner See
HAMBURG
SCHWERIN
Jork
7
Lüneburg
Elbe
Schneverdingen
Verden
27
Weser
Hornbostel
Celle
Steinhuder Meer
Langenhagen
Wolfsburg
HANNOVER
2
Braunschweig
Weser
Goslar
Halberstadt
Wildemann
Clausthal-Zellerfeld
7
Braunlage
Göttingen
Hann. Münden
Nordhausen
Kassel

Eisenhütte

Stahlwerkstraße 17b,
26689 Augustfehn
0 44 89 / 9 42 81 90
eisenhuette.com

Größe: 120 Plätze im Restaurant, 120 auf der Terrasse
Preise: V 7–20, H 14–33 , N 6–8 Euro
Kreditkarten: Alle gängigen Karten
Öffnungszeiten: Mi 17–21 Uhr, Do–Sa 12–21 Uhr, So 9–21 Uhr; Ruhetage: Mo, Di

Regionaler Genuss in industriellem Ambiente

Im als »Garten Nordwestdeutschlands« bekannten Ammerland nennt sich ein Restaurant »Eisenhütte«? In der Tat wurde in Augustfehn von 1856 bis 1932 Eisen gegossen und verarbeitet. Das ehemalige Kesselhaus wurde nach 2010 durch die Familie Börjes zu einem außergewöhnlichen Restaurant umgestaltet, das zeitgenössischen Chic mit Elementen aus der Zeit der Industrialisierung verbindet. Kevin Boekhoff kombiniert mit seinem Team eine zeitgemäße mit der klassisch-traditionellen Küche. Regionalität, Nachhaltigkeit und der gewissenhafte Umgang mit Lebensmitteln spielen eine tragende Rolle. Kulturangebote, zum Teil mit Speisebegleitung, sprechen auch die jüngeren Gäste an.

Auf der täglich handschriftlich verfassten Angebotstafel mit vielfältigen Kreationen sowie einer separaten Saisonkarte findet der Gast neben einem Snirtjebraten* – einem Brutzelbraten, meist vom Schwein – unterschiedliche Grünkohlgerichte oder Wild aus einheimischer Jagd. Auch die reguläre Speisekarte folgt dem kulinarischen Saisonkalender und bietet die Klassiker Eisenhütten-Burger vom Angus Rind oder ein trockengereiftes Tomahawk-Steak vom Kalb, das von »True Wilderness« aus Friesoythe bezogen wird. Schweinefilet zartrosa mit saisonalem Grillgemüse und Rosmarinkartoffeln vom Bunten Bentheimer Schwein, Roastbeef, Rinderfilet und Entrecôte vom Angusrind sowie vielfältiges Wildfleisch kommen von der Metzgerei Dänekas in Detern. Regionale Zutaten wie Ammerländer Schinken oder Büffelkäse vom Wasserbüffelhof Warpe finden sich in den Vorspeisen oder auf der Turmpizza, die auf dem langen Brett serviert wird. Salate, Nudeln und Fischgerichte – genannt seien die in Butter gebratene Nordseescholle mit Speckstippe, Salzkartoffeln und Salat – runden das Angebot ab. Schon zum Frühstück werden Eier von freilaufenden Hühnern aus Aurich, Honig vom Barßeler Imker, Müsli aus der Biomühle Vogel in Leer, Wurst und Schinkenspezialitäten von der ortsansässigen Fleischerei zu den Backwaren von Jörg Ripken serviert, der zu Deutschlands besten Bäckern zählt. Kuchen und Torten werden täglich gebacken.

Die Getränkekarte bietet neben frisch gezapften Bierspezialitäten der Braumanufaktur Engel aus Crailsheim eine gute Weinauswahl aus deutschen Anbaugebieten. Freundlich-professioneller Service unter Leitung von Barbara Schult.

In der Holzofenbäckerei Ripken mit angeschlossenem Café, Tiegelstraße 1, 26689 Augustfehn, wird ohne Vormischungen, aber mit langen Teigreifezeiten gearbeitet (www.baeckerei-ripken.de).

Gasthof zum Freden

Zum Freden 41,
49186 Bad Iburg
0 54 03 / 40 50
hotel-freden.de

Größe: 50 Plätze im Restaurant,
50 auf der Terrasse
Preise: Hauptgerichte 20–40 Euro
Kreditkarten: EC, Master, Visa, Amex
Öffnungszeiten: Mo–Fr 17.30–21 Uhr;
Do–So 11.30–14 und 17.30 –21 Uhr;
Mo–Mi mittags nach Reservierung

Feine Jahreszeitenküche – und frische Forellen

Eine regionale, frisch-kreative Jahreszeitenküche ist der Anspruch im »Gasthof Zum Freden«, das sich in idyllischer Waldrandlage am Ostrand Bad Iburgs befindet. Gastronom und Küchenchef Heinz-Ludwig Eichholz bringt die Schätze der Region im Rhythmus der Jahreszeiten auf den Tisch: Spargel im Frühling, sonnengereifte Tomaten und Beeren im Sommer, Pilze und Kürbisse im Herbst und Wild aus heimischen Revieren zur Jagdsaison. Fast schon in Vergessenheit geratene Gemüsesorten werden in der Küche mit Raffinesse zubereitet. Die Speisenkarte wird monatlich saisonal angepasst. Auf der Webseite werden sich die regionalen Bezugsadressen aufgeführt.

Die Suppen sind eine Stärke des Küchenteams: Ganzjährig findet sich eine Rinderkraftbrühe auf der Karte, die mit Eierstich und Klößchen serviert wird. Ebenso schmackhaft sind die mild gewürzte Cremesuppe von Waldpilzen und die Rahmsuppe vom frischen Bärlauch, der zur Osterzeit in den Wäldern um Bad Iburg sprießt. Im Herbst steht eine sahnig-elegante Schwarzwurzelcreme mit gehobelten Schwarzwurzelscheiben und feinen Streifen vom Wildschinken zur Auswahl. Ein Klassiker bei den Hauptgerichten ist die kross gebratene halbe Bauernente mit Orangensauce, zu der Rotkraut und Kartoffelknödel gereicht werden. In der Jagdsaison finden sich drei bis vier Wildgerichte auf der Karte, so zum Beispiel die geschmorte Keule vom Rehbock in einer Sauerkirsch-Pfeffer-Jus mit Wirsinggemüse und Kartoffelstampf oder rosa gebratene Reh-Nüsschen mit Cranberry-Portwein-Reduktion mit einem Birnen-Möhren-Gemüse und gefüllter Pasta. Die im Wasser des in Sichtweite fließenden Fredenbachs groß gewordenen Forellen von Fischwirt Frederik Dettmeyer werden als Forelle blau oder Forelle Müllerin mit Preiselbeer-Sahnemeerrettich, Butterkartoffeln und Kopfsalat in Sahne serviert. Zwei bis drei vegetarische Speisen wie die Rote-Bete-Puffer auf einem Gemüse-Bulgur-Ragout runden das Angebot ab. Bei den Nachspeisen sind die Sorten der Speiseeismanufaktur aus dem benachbarten Hilter einen Versuch wert.

Die ausführliche Weinkarte führt auch Weine des örtliche Weinguts Brinkmann, das Spirituosenangebot ist bemerkenswert umfangreich und teilweise regional ausgerichtet.

→ Der Baumwipfelpfad in Bad Iburg ist einen Besuch wert.

Rodelhaus Braunlage

Mittelstation am Wurmberg,
38700 Braunlage
0 55 20 / 9 99 33 66
rodelhaus.info

Größe: 70 Plätze in der Gaststube
Preise: Hauptgerichte 6–15 Euro
Kreditkarten: Alle gängigen Karten
Öffnungszeiten: Öffnungszeiten tagesaktuell telefonisch oder auf der Webseite zu erfahren

Entschleunigende Waldgaststätte mit bester Hausmannskost

Das »Rodelhaus Braunlage« liegt als Starthäuschen auf dem Wurmberg, 720 Meter über NHN. Zur Anreise gibt es zwei Möglichkeiten: zu Fuß oder mit der Wurmberg-Seilbahn; im Winter sind Rodelschlitten und Ski möglich. In der Waldgaststätte erwartet den Gast gute Hausmannskost – mit einer bemerkenswerten Besonderheit: Chefin Judith Bothe hat ihr gesamtes Angebot auf eine Philosophie des Genießens mit Vernunft ausgerichtet. Sie bezieht alle Ausgangsprodukte nur noch von regionalen Anbieter*innen, die den Kriterien des »gut, sauber, fair« entsprechen. Die Speisekarte vermittelt Genuss und große Transparenz, denn Bothe stellt ihre Lieferantinnen und Lieferanten und deren Produkte vor: Rotbunte Weideschweine vom Zickenpeter, Harzer Rotes Höhenvieh* von den Rotviehbauernhöfen der Umgebung oder Milch und Käse vom Demeter-Klostergut Heiningen.

Die von der Speisekarte geweckten Erwartungen werden nicht enttäuscht. Das beliebteste und damit Vorzeigegericht im »Rodelhaus« ist ein überbackener vegetarischer Brotfladen, belegt mit angeschwenktem Gemüse der Saison und einem kräftigen Klacks Crème fraîche. Schön und deftig ist die mit Bratkartoffeln servierte hausgemachte Sülze. Ein weiteres saisonales Rodelhausgericht: Mettröllchen vom Wildschwein in hausgemachter Tomatensoße, überbacken mit Käse vom Klostergut Heiningen, dazu Reis. Ein Salat mit Rohmilchkäse wird ebenfalls angeboten. Bei den Nachspeisen lockt ganz traditionell Milchreis mit Zimt, Zucker und Kirschen.

Das Bier liefert die letzte Harzer Privatbrauerei in Altenau, als Verdauungshilfe sind die Edelbrände und Obstliköre der Familie Demmel in Rohrsheim im Angebot. Schöner Apfelsaft von der Mosterei Malus.

Harzer Speisekammer

Mittelweg 13,
38678 Clausthal-Zellerfeld OT Buntenbock
0 53 23 / 21 43
harzerspeisekammer.de

Größe: 40 Plätze im Gastraum
Preise: Hauptgerichte 12–15 Euro
Kreditkarten: EC
Öffnungszeiten: Mo–Mi, 17–20 Uhr; Fr, Sa 17–21 Uhr; So, Feiertag, 12–15 Uhr und 17–19 Uhr; Ruhetag: Do

Feine Regionalküche im Naturpark Harz

Das kleine niedersächsische Dorf Buntenbock, ein Ortsteil von Clausthal-Zellerfeld, mausert sich zu einer feinen Adresse für Menschen mit Sinn für Esskultur im Harz. Neben Fischwirt Jan Westermann im Gästehaus »Sonne am Fluss« ist die »Harzer Speisekammer« zu empfehlen, ein von Berliner Künstlern farbenfroh gestaltetes Restaurant mit elegant-einladendem Touch. Inhaber Michael Woyke kocht mit spür- und schmeckbarer Leidenschaft und guten regionalen Zutaten: Oft sind es Biolebensmittel, so viele Produkte wie möglich werden aus der Region bezogen – dokumentiert durch eine lange Liste regionaler Lieferant*innen. In der Speisekammer gibt es täglich ein regionales Menü, das sich im Wochenrhythmus wiederholt.

Es beginnt mit Blattsalaten der Saison, Baguette und Kräuterbutter. Das Hauptgericht kommt einladend in kleinen Porzellanschüsseln auf den Tisch. Der Gast genießt Spezialitäten vom Bioweideochsen vom Hofgut Oberländer in Uehrde mit Salbei-Sahne-Kartoffeln und Saisongemüse aus der Pfanne. Oder Forelle und Saibling, auf der Haut gebraten, mit neuen Kartoffeln und Mangold. Vegetarisch sind der gebratene Fenchel mit Nuss-Kapern-Pesto und der Ziegenkäse mit Salat und Bratkartoffeln. Unbedingt probiert werden sollte das hausgemachte Sauerfleisch, mal vom Landgockel, mal vom Harzer Roten Höhenvieh. Zum Nachtisch erfreut ein Grießflammeri mit Beeren.

Bei der Getränkeauswahl setzt Woyke ebenfalls auf die Region: sortenreine Biosäfte der Mosterei Malus, Biodestillate der Brennerei Demmel in Rohrsheim und regional gebrauter Altenauer Urstoff. Spirituosen wie der »Louisa Quittenlikör« kommen von der Klosterbrennerei Wöltingerode, Weine aus Radebeul. Zur Begrüßung steht eine Karaffe bestes Harzer Leitungswasser auf dem Tisch.

Niedersachsen

Familie Oberländer verkauft im Biolandhof »Gut Uehrde« Wild, Eier, Honig, Wurst (Uehrde 38, 37520 Osterode, www.gut-uehrde.de).

Polsterberger Hubhaus

Polsterberg 1,
38678 Clausthal-Zellerfeld
0 53 23 / 55 81
polsterberger-hubhaus.harz.de

Größe: 60 Plätze im Gastraum
Preise: Hauptgerichte 12–24 Euro
Kreditkarten: Keine
Öffnungszeiten: Fr–So 11–18 Uhr; Ruhetage: Mo–Do

Lobenswerte Waldgaststätte auf einer sonnigen Lichtung

Die gemütliche Waldgaststätte »Polsterberger Hubhaus«, etwa 15 Kilometer südlich von Goslar, ist im Pumpenhaus einer ehemaligen Silbergrube untergebracht. Beate Engel hat daraus ein Kleinod mit regionaler Küche gemacht. Vor oder nach einer Wanderung lockt ihre gute, bodenständige Küche. Fast alles kommt aus der Region, möglichst aus biologischer oder nachhaltiger Landwirtschaft und artgerechter Tierhaltung.

Die Speisekarte ist klein, was gekocht wird, schmeckt. Klassiker sind der Rinderbraten oder das Ragout mit Möhrengemüse und Rosmarinkartoffeln. Das Bioland-Fleisch kommt vom Slow-Food-Arche-Passagier Harzer Rotes Höhenvieh* von Familie Wehmeyer aus Osterode. Wenn geschlachtet wurde, gibt es gebratene Leber mit Thymianäpfeln und Kartoffelbrei. Sobald sie aufgegessen ist, gibt es das Hacksteak mit Bratkartoffeln oder einen gebratenen Ziegenfrischkäse im Nussmantel auf Blattsalaten mit Tomaten und Vollkornbrot, den Ziegenfrischkäse liefert der Westhäuser Käsehof. Zuweilen landet eine originelle Currywurst vom Wildschwein mit Bratkartoffeln und marktfrischem Salat auf dem Teller - sofern die Jagd erfolgreich war. Zum Abschluss gibt es einen selbst gebackenen Kuchen vom Blech.

Sortenreine Bioapfelsäfte kommen von den Streuobstwiesen. Bier und Brause aus der Altenauer Brauerei, die nach dem Urreinheitsgebot braut. Nicht vergessen: frische Milch von den Demeter-Bauernhöfen!

➜ Das Oberharzer Wasserregal ist ein UNESCO-Welterbe, das in herrlicher Natur erwandert werden kann. Es gilt als das weltweit bedeutendste vorindustrielle Wasserwirtschaftssystem des Bergbaus.

Der Biohof Düna von Daniel Wehmeyer wurde mit dem Bundespreis für ökologischen Landbau ausgezeichnet. Ein Besuch auf dem Hof (Düna 16a, 37520 Osterode) lohnt sich, nicht zuletzt, um einen Spaziergang in der bezaubernden Gipskarstlandschaft zu genießen.

Fährhaus

Dorfstraße 42,
26553 Dornum-Neßmersiel
0 49 33 / 3 03
faehrhaus-nessmersiel.de

Größe: 75 Plätze im Gastraum, 40 auf der Terrasse
Preise: V 14–20, H 20–40, N 6–12 Euro
Kreditkarten: EC
Öffnungszeiten: Do–Di 17–22 Uhr; Ruhetag: Mi

Nicht nur, aber auch – einfach guter Fisch

Das »Fährhaus« liegt unweit des Nordseedeichs und ist ein ideales Ziel für Spaziergänge rund um Neßmersiel, einen Ortsteil der Gemeinde Dornum im niedersächsischen Landkreis Aurich. Vor knapp vier Jahrzehnten ist Familie Eberleh von Hannover hierhergezogen und hat aus dem heruntergekommenen Haus eine Schlemmer- und Schlummeroase geschaffen. Seit 1996 steht das »Fährhaus« unter der Regie von Anja und Maximilian Eberleh. In den beiden gemütlichen Gasträumen werden frisch zubereitete Gerichte serviert, die man aus einer Speisekarte sowie aus den täglich wechselnden Angeboten auf der Tafel wählen kann. In der Küche arbeiten sechs Köche, zwei Küchenmeister und ein Azubi. Sie orientieren sich an der klassischen französischen Küche, jede Suppe, jede Soße, jeder Fond wird angesetzt. Es gibt keine Fertigprodukte und auch keinen Tiefkühlfisch. Dafür werden viele Produkte regionaler Anbieter*innen verarbeitet; sie sind namentlich genannt.

Eine Vorspeisenempfehlung ist eine halbe Portion Miesmuscheln in ihrem feinen Sud. Als Hauptgänge können Kalbsschnitzel vom Salzwiesenkalb, Poulardenbrust oder Fisch folgen: Das Fährhaus bietet eine große Auswahl vom Pannfisch* bis zur feinen fangfrischen Seezunge, auf den Punkt gebraten und mit frisch zubereitetem Gemüse und knusprigen Bratkartoffeln oder Honig-Balsamico-Nudeln serviert. Nougatmousse oder Dessertvariationen runden das Menü ab.

Auf der Getränkekarte steht neben einer guten Weinauswahl das heimische Jever-Bier. Der Service ist gut und kompetent.

→ Von November bis März geschlossen.

Alte Münze

Münzstraße 10–11,
38640 Goslar
0 53 21 / 2 25 46
hotel-muenze.de

Größe: 120 Plätze im Restaurant
Preise: V 10–17, H 13–42, N 10–13 Euro
Kreditkarten: EC, Amex, Maestro, Visa, Master
Öffnungszeiten: Täglich 12–15 und 18–21 Uhr

Speisen in altem Fachwerk

Unweit des Marktplatzes der Altstadt von Goslar liegt das Hotel »Alte Münze«. Sein ältester Teil ist die Goslarer Münzprägestätte aus dem Jahr 1509. Der zweite Teil ist der Ausspann des »Weißen Schwans« von 1640 mit einem Innenhof. Das Ehepaar Prien hat die Gebäude mit Liebe zum Detail behutsam saniert. Ihr Engagement wurde 2012 mit dem Preis für Denkmalpflege der Niedersächsischen Sparkassenstiftung gewürdigt. In der Küche des angeschlossenen Restaurants setzt die Familie Prien zunehmend auf regionale Lieferanten.

Der Ziegenkäse vom Klostergut Heiningen an Rote-Bete-Carpaccio und Salatspitzen mit Himbeer-Walnussmarinade ist eine erfreuliche Vorspeise. Von der geräucherten Lachsforelle aus der Teichwirtschaft Otto in Langelsheim wird ein Tatar an Kartoffelrösti gereicht. Die herbstliche Suppe aus Apfel und Sellerie mit Rosmarin-Croutons wärmt ebenso angenehm wie das Kürbis-Ingwer-Kokosnusssüppchen. Vom Galloway-Rind aus artgerechter Haltung in Rhüden am Harz wird eine köstliche Roulade geschmort. Die Harzer Lachsforelle wird als Filet mit Ofenkürbis, Rote-Bete-Püree und Petersilie-Walnuss-Pesto serviert. Vom weißen Landschwein vom Hof Greve in Bockenem im Harzvorland – ebenfalls artgerecht gehalten – gibt es ein Steak mit gebratenen Champignons, Rotwein-Schalotten, Kräutern und hausgemachten Nudeln. Harzer Wild als Braten in Johannisbeer-Sternanis-Sauce mit Macaire-Kartoffeln und Karotten mit Ingwer und Honig ist eine weitere Option. Interessant und schmackhaft sind die vegetarischen und veganen Kreationen wie Kürbisstrudel und vegane Pasta mit Tomaten und frischem Salat der Saison. Als süßer Abschluss begeistert das Zweierlei von der Zwetschge: Strudel und Ragout mit Honig-Kardamom-Parfait.

Säfte der Mosterei Malus und Obstbrände der Fallstein-Destillerie bereichern die Getränkekarte.

Hofladen der Altenauer Brauerei, Breite Straße 29, 38707 Altenau, www.altenauer-brauerei.de

Apex Bistro

Burgstraße 46,
37073 Göttingen
05 51 / 99 95 76 88
apex-bistro.de

Größe: 100 Plätze im Gastraum
Preise: V 4–16, H 10–25, N 8–9 Euro
Kreditkarten: EC
Öffnungszeiten: Di–Sa 17.30–24 Uhr;
Ruhetage: Mo, So

Atmosphäre und Qualität auf regionalem Fundament

Das »Apex Bistro« von Jacqueline Amirfallah – bekannt als Fernsehköchin im ARD-Buffet – und ihrem Partner Wolfgang Nisch befindet sich in der Göttinger Innenstadt. Hier verbindet sich hohes kulinarisches Niveau mit dem Stil, der Atmosphäre und nicht zuletzt den Preisen eines Bistros. Der weitläufige Gastronomiebereich im Erdgeschoss mit überdachtem Innenhof, Bar und Wintergarten und die Sommerterrasse inmitten von Grünflächen und Bäumen entwickeln eine überaus gemütliche Atmosphäre. Die Zutaten stammen meist aus der Region. Leinelamm und Wild aus dem Göttinger Forst sind feste Größen des Speiseangebots. Für Fleisch, Geflügel, Flussfisch, Eier und viele Gemüse werden die Produzenten namentlich benannt.

Die Karte hat zwei Schwerpunkte. Zum festen Angebot zählen Frikadellen mit (regionalem) Senf, wechselnd aus Lamm-, Rind-, Kalb- oder Wildfleisch; Kartoffelsalat »norddeutsch«; Senfeier mit Kartoffelpüree und Kresse; Rindfleischsülze mit Bratkartoffeln oder die kleine Mezzeplatte, bei der – wie bei anderen Gerichten auch – Amirfallahs orientalische Heimatküche durchscheint. Für den saisonalen Schwerpunkt stehen Tellergerichte wie Keulensteak und geschmorte Schulter vom Leinelamm mit Lammjus, gebratenem Rosenkohl, Petersilienwurzeln und Rote-Bete-Kartoffel-Püree; Scheiben von rosa gebratener Wildschweinkeule mit Hagebuttenchutney und Kürbis oder Wirsingwickel, gefüllt mit Wirsing, Kartoffeln und Haselnüssen, dazu Selleriepüree. Beachtung verdient zudem die Tafel mit Tagesgerichten wie eine im Ganzen gegarte Artischocke mit Basilikumsauce, Bratfisch (MSC), Kartoffelpüree und Gurkensalat. Die Schokoladen-Mousse mit Schokoladeneis, -sauce und -raspeln ist immer verfügbar, eine saisonal wechselnde Nachspeise ist die Joghurtmousse mit Erdbeeren und Erdbeersorbet.

Die überschaubare Weinkarte ist sorgfältig zusammengestellt. Hervorzuheben sind die offen ausgeschenkten deutschen Weine von ausgezeichneter Qualität. Beim Bier überwiegen Biobiere vom Fass, darunter zwei aus der Biobrauerei Schinkels im nahen nordhessischen Witzenhausen. Die Bedienung ist durchweg freundlich und kompetent. Hunde sind willkommen.

Von Montag bis Freitag gibt es nachmittags wechselnde, frisch gekochte Gerichte vakuumiert zum Mitnehmen.

Restaurant zum Forellental

Forellental 7,
49170 Hagen
am Teutoburger Wald
0 54 01 / 94 39
restaurant-zum-forellental.com

Größe: 36 Plätze im Restaurant, 50 auf der Terrasse
Preise: Hauptgerichte 18–35 Euro
Kreditkarten: EC, Master, Visa
Öffnungszeiten: Mi–Fr 17–22 Uhr; Sa, So, Feiertag 11.30–22 Uhr; Ruhetage: Mo, Di

Frische Forellen aus dem Goldbach

Seit 1938 steht in idyllischer Lage am Hagener Ortsrand oberhalb der vom Goldbach gespeisten Forellenteiche das »Restaurant zum Forellental« der Familie Dierker. Küchenchef Carsten Dierker knüpft mit einer Mischung aus klassischer und moderner Küche an die Erfolge des Traditionslokals mit frischen Produkten aus der Region an. Das Gemüse und die Eier stammen vom Hof der Familie Ehrenbrink-Brockmeyer, die im Hagener Ortskern einen Hofladen betreiben. Ein Fleisch-Lieferant des Hauses ist die ortsansässige Fleischerei Plogmann, die noch alle Verarbeitungsschritte von der Schlachtung bis zur Reifung und Wurstherstellung durchführt.

Die fangfrischen Forellen der benachbarten Forellenzucht der Familie Kasselmann stehen im Mittelpunkt. Bei den Vorspeisen findet sich regelmäßig ein geräuchertes Forellenfilet zu einem Wildkräutersalat, das mit einer Schnittlauchcreme oder einer Zitronen-Creme-fraîche und einem Kartoffelrösti serviert wird. Schmackhaft präsentiert sich die Bouillabaisse von der Goldbachforelle mit Rouille und Baguette. Zum Hauptgang kann zwischen einer Forelle blau, einer in Mandelbutter gebratenen Forelle oder den mit Kirsch-Chutney servierten Forellenfilets entscheiden. Salzkartoffeln und der typisch norddeutsch abgeschmeckte Kopfsalat in süßem Zitronenrahm bilden die Beilagen. Je nach Jahreszeit kommen auch eine mediterran inspirierte Forelle, mit Thymian und Rosmarin gefüllt, in Olivenöl gebraten und von Zucchini- und Tomatengemüse begleitet, oder ein Lachsforellenfilet auf Kürbisrisotto mit Safranschaum auf den Teller. Wer eine vegetarische Kost bevorzugt, kann zwischen zwei bis drei Gerichten wählen, darunter ein Veggieburger oder eine Forellentaler Bowl. Wer keine Forellen mag und auch vom vegetarischen Angebot nicht begeistert wird, kann zwischen verschiedenen Klassikern wie eine Rinderzunge in Madeira mit Champignons und Salzkartoffeln wählen. Knappe Nachspeisenkarte.

Die Weinkarte listet überwiegend deutsche Erzeugnisse auf, unter den Bieren passt das Kirschbier aus der Detmolder Brauerei zur Kirschengemeinde Hagen.

→ Der Kirschlehrpfad lädt mit elf Informationstafeln zu einer Erkundungstour in die Welt der Süßkirschsorten ein. Der Eintritt ist frei (www.hagen-atw.de).

Im Bürgerbüro des Rathauses werden sortenreine Fruchtaufstriche aus alten und seltenen Süßkirschsorten verkauft.

NEU

Flux

Buschweg 40,
34346 Hann. Münden
0 55 41 / 99 80
flux-biohotel.de

Bio

Größe: 55 Plätze im Gastraum, 60 auf der Terrasse
Preise: V 8–10, H 17–33, N 7–8 Euro; Drei-Gänge-Menü 30–50 Euro
Kreditkarten: EC und gängige Kreditkarten
Öffnungszeiten: Di–Sa 12.30–14.30 Uhr kleine Mittagskarte, 17.30–20.30 Uhr Abendkarte; Ruhetage: So, Mo

Ambitionierte Bioküche am und im Fluss

Das Biorestaurant »Flux« liegt unmittelbar an der Werra, am Laubacher Berg zwischen Göttingen und Hann. Münden. Als seine Werte formuliert es Ehrlichkeit, Wertschätzung und Respekt, mit Blick auf die nachkommenden Generationen hat es sich der Klimaneutralität verpflichtet. Der Gast erlebt die Freude an der Umsetzung des Konzepts, verbunden mit einer zugewandten Gastlichkeit in einem großzügigen, hellen und freundlichen Gastraum ebenso wie auf der Terrasse mit Werrablick.

Die kleine, feine Speisekarte wechselt mit den Jahreszeiten. Sie bietet drei Vorspeisen, zwei bis drei Suppen, fünf bis acht Hauptgerichte und zwei bis drei Nachspeisen. Ein Drei-Gänge-Menü wird wahlweise mit oder ohne Fleisch oder Fisch serviert. Die ganz überwiegend regionalen Lieferant*innen werden im Anhang der Speisekarte detailliert genannt. So kommt Wild aus den Hemelner und Hannoversch Mündener Forsten, Biorindfleisch und Bioeier liefert die Staatsdomäne Frankenhausen, Kartoffeln und Gemüse der Biolandhof Müller-Oelbke in Etzenborn, Salz die Pfannensaline Luisenhall in Göttingen und Biobiere die Witzenhäuser Schinkels-Brauerei.

Die Gerichte greifen klassische saisonale Komponenten auf und verbinden sie gekonnt mit ungewohnten und ungewöhnlichen Aromen: Berglinsen mit Brokkolistiel-Pannacotta, Wurzelgemüse und Cashew-Mandelcreme oder Wintersalate mit eingelegten Pilzen, Nüssen, Kernen und Orangen-Vanillevinaigrette oder auch Rucolasalat mit grünem Spargel, Tomaten-Erdbeerchutney und Bresaola. Hauptgänge können vegetarisch oder um Fisch bzw. Fleisch erweitert bestellt werden: Ofengemüse mit weißen Bohnen in Rhabarber-Senf Marinade, Purple-Haze-Karottensauce und confiertem Seehechtfilet, ebenso Röstkartoffeln mit Harissa, gebratene Zucchini, Soja-Tahinsauce und Erbsenguacamole mit Rindfleisch, weiter Wildcurry mit Topinambur, Limette und Granatapfelreis und nicht zuletzt Rosmarin-Gnocchi mit Deichkäse sowie grüner Spargel, in Aprikosenöl gebraten, mit Tomaten und Lavendelsauce. Gelungene Schlusspunkte sind die Nachtische wie Minzgratiné, Gurke und dunkle Schokoladenmousse, Tiramisu mit Erdbeeren und Oliveneis und Mandel-Pannacotta mit Rosmarin-Birnenkompott und Apfel-Ingwersorbet.

Aus der kleinen Bioweinkarte lässt sich zu jedem Gang ein korrespondierender Wein finden. Der Weg des Biorestaurants ist durchweg schlüssig. Der gastfreundliche Service ist gleichmaßen kompetent, freundlich und aufmerksam.

Zurück zum Glück

Hindenburgstraße 7,
30175 Hannover
05 11 / 89 97 88 80
zurueckzumglueckhannover.com

Größe: 80 Plätze im Gastraum, 40 im Außenbereich
Preise: V 8–20, H 14–23, N 4–5 Euro
Kreditkarten: EC
Öffnungszeiten: Täglich 10–18.30 Uhr

Kleines, feines Bio-Café-Restaurant

Das »Zurück zum Glück« liegt am Rande des Zooviertels in Hannover, und zwar dort, wo der jahrhundertealte Wald eine lange Nase Richtung City macht. Vom Hauptbahnhof und auch vom Stadtzentrum ist das Haus einen guten Kilometer entfernt. Die entspannte Lage dicht am Puls der Stadt ist im Lokal spürbar. Beim guten Frühstück oder bei Kaffee und Kuchen lässt sich das bunte Treiben von der Terrasse aus gut beobachten. Das biozertifizierte Café-Restaurant hat eine einfache, helle und freundliche Einrichtung. Der Service ist unkompliziert und aufmerksam. Geführt wird das »Zurück zum Glück« von Sonja und Julia Faber. Sie haben sich mit ihrem kleinen Lokal mit dem gelungenen, vielseitigen Bioangebot einen festen Platz in der Gastronomieszene erobert. Das Angebot im »Zurück zum Glück« ist von Heimatverbundenheit im modernen Stil, Saisonbezug und von viel Gemüse und Kräutern gekennzeichnet. Die Speisen mögen einfach erscheinen, doch die Zutaten überzeugen qualitativ. Fleisch und Wurst kommen vom Biofleischer Buchheister bei Hildesheim, der seine Tiere von Höfen der Region bezieht. Gemüse und weitere Lebensmittel liefert Naturkost Elkershausen, ein Biogroßhändler, der von Landwirt*innen im Umland beliefert wird.

Salate werden mit Ziegenkäse und zweierlei Pfannenspargel mit gebratenem Kürbis oder mit Waldpilzen angeboten. Das gilt auch für die Kombinationen mit Pellkartoffeln mit Kräuterschmand, gegrilltem Gemüse oder Linsencreme. Fleischessenden Menschen vorbehalten sind Burger mit Ziegenkäse und Roter Bete oder klassisch mit Bergkäse, Zwiebeln und Bacon. Originell ist die Karte »Heimatküche«, eine Bezeichnung, die man im Norden selten findet: Senfeier mit Stampfkartoffeln und Rote-Bete-Salat oder Fischfrikadellen mit Bratkartoffelsalat werden angeboten oder das Schnitzel vom Landschwein mit Kartoffel-Spargel-Gemüse und grüner Soße. Auch eine Currywurst ist im Angebot.

Von vier Junglandwirten gegründet, ist Hoftalente ein Hofladen mitten in der Stadt mit regionalen Produkten; Seelhorststraße 12, 30175 Hannover (www.hoftalente.de).

NEU

Restaurant Schwanenburg

Zur Schwanenburg 11,
30453 Hannover
05 11 / 2 13 17 01
schwanenburg.net/restaurant

Größe: 40 Plätze im Restaurant, weitere auf der Terrasse
Preise: H 9–15, N 3 Euro
Kreditkarten: Alle gängigen Karten
Öffnungszeiten: Mo–Fr 12–16 Uhr; Ruhetage: Sa, So

Kreative Mittagsgastronomie im historischen Gebäude

In Limmer, einem Stadtteil Hannovers mit bis in die Gegenwart gut sichtbarer Industriegeschichte, liegt die Schwanenburg an der Leineaue. Das Gebäude im markanten Industriedesign - leuchtende historische Backsteine und Cortenstahlplatten - beherbergte bis vor einigen Jahrzehnten eine Bettfedernfabrik. Hohe geradlinige und schlichte Räume mit viel Atmosphäre sowie eine große Terrasse mitten im Grünen an Fösse und Leine bestimmen das Bild der Schwanenburg. Seit 2013 betreibt Dietmar Hagen hier eine für sein Unternehmen »Essenszeit« typische Mittagsgastronomie. Seit zwei Jahrzehnten ist die Agentur für gesundes Leben als Catering-Dienstleister für Betriebsrestaurants von Unternehmen und Behörden tätig. Die Schwanenburg steht allen interessierten Gästen offen. Das Angebot wechselt wöchentlich, inspiriert durch die Saison und eine beständige Neu- und Weiterentwicklung von Rezepturen. Die Verwendung saisonaler und regionaler Produkte ist keine Worthülse. Die enge Kooperation mit der Bioland-Gärtnerei Rothenfeld aus Isernhagen im hannoverschen Umland wird konkret benannt, ebenso wie die Belieferung durch weitere Partner. Für Produkte der Saison sprechen für Hagen beste Reife und Aroma sowie großer Vitalstoffreichtum und ein vergleichsweise günstiger Preis. Selbstverständlich ist sein völliger Verzicht auf Fertigprodukte wie Saucenpulver, Fertigdesserts, Gewürzmischungen.

Jeden Tag bietet die Küche zwei Gerichte an, davon mindestens ein vegetarisches. An den Angeboten zeigt sich die Umsetzung einer frischen Küche auf hohem Kochkunst-Niveau. Das lautet in einer beliebig herausgegriffenen Woche: Pilz-Taler auf Rosmarin-Selleriecreme, jungem Blattsalat, Haselnüssen und roter Zwiebelmarmelade und Wasabi-Kartoffeln mit mariniertem Chinakohl, Chicorée, Erdnüssen und Kokossauce. Auch Fleisch und Fisch stehen auf dem Speiseplan, immer frisch und kreativ: Thymian-Hähnchen auf Tomatenbulgur, glasiertem Spinat, Frühlingszwiebeln und grüner Pfeffersauce. Ergänzend werden frische Nachspeisen und kleine Salate angeboten.

Am nahegelegen Lindener Hafen befindet sich in einem umgebauten Industriegebäude am Eichenbring 5, den Hannover Docks, die Biohandwerksbäckerei Backwerk - ein Zuhause für Charakterbrot. Backwerk arbeitet mit Getreide aus biologisch-dynamischer Landwirtschaft von Bauern aus der Region.

Restaurant Wildland Natural Resort

Dorfstraße 32,
29323 Hornbostel
0 51 46 / 9 89 30
wildland.de

Größe: 80 Plätze im Restaurant, dazu Gewölbekeller, »Rotes Segel« und Terrasse
Preise: V 10–16, H 18–38, N 9–13 Euro; Vier-Gänge-Menü am Abend 59 Euro
Kreditkarten: EC, Master, Visa
Öffnungszeiten: Mo–Sa 12–21 Uhr; Ruhetag: So

Feine Bioküche und eine andere Welt

Das »Wildland Natural Resort« ist eingebettet in die Natur des Allertals, das sich von seiner schönsten Seite zeigt. Im Naturschutzgebiet Hornbosteler Hutweide sind seltene Tiere und Pflanzen zu Hause, auf den von alten Bäumen gesäumten Allerwiesen weiden Heckrinder und Przewalski-Pferde. Hotel und Restaurant gehören zu einem Fachwerkhausensemble, das Ruhe und Tradition ausstrahlt. Das Restaurant ist in einem Hallenhaus von 1735 mit großer Diele und Kamin untergebracht; dazu gehören ein Gewölbekeller und eine Außenanlage mit Backofen und Feuerstellen, überspannt von einem roten Segel. Die Küchencrew um Küchenchef Dominik Stadler ist jung und kreativ. Sie nutzen die Ressourcen der Region: Zander aus den Ahrenhorster Teichen, Geflügel vom Hof Mühlenberg an der Unterweser, Black-Angus-Rinder vom Biohof Bähre in Engensen. Getreide und Backwaren kommen von der Bohlsener Mühle, Käse vom Biohof Eilte, der für Wasserbüffelmozzarella und -frischkäse bekannt ist. Die Lieferant*innen sind persönlich bekannt, zu den meisten ist der Weg nicht weiter als 50 Kilometer.

Die Karte wird zu den Jahreszeiten gewechselt. Es gibt fünf bis sechs Hauptgänge, Vegetarisches steht gleichberechtigt neben Fleisch und Fisch. Im Frühjahr sind häufig Kräuter aus dem eigenen Garten im Spiel. Zwei Vorspeisen, die schön das Spektrum regionaler Ressourcen aufnehmen, sind das Hirtenkäsemousse mit gebeiztem Wallerfilet, Thymian und Portulak sowie das Anguscarpaccio mit Balsamicoschalotten, Büffeljoghurt und Wildkräutern. Im Sommer ist das Saiblingsfilet mit Tomaten-Thymian-Soße, Piccata-Gemüse und Brennnesselgnocchi zu empfehlen. Im Herbst ist die pralle Gemüsevielfalt angesagt: Kürbisravioli mit Petersilienwurzelschaum oder Bunte-Bete-Pilz-Ragout mit Möhrenschaum und Kartoffelnocken. Im Winter gibt es neben Wildklassikern rosa gebratenes Angus auf Senfschaum mit gebackenem Wirsing und getrüffeltem Kartoffelpüree. Zum Abschluss beeindrucken kreative Nachtische wie das Büffelfrischkäseparfait mit Erdbeergel und Schokocreme.

Hervorragende Weine, viele von deutschen Traditionsbetrieben.

Restaurant »Ollanner Buurhuus«

Schützenhofstraße 16,
21635 Jork
0 41 62 / 9 14 60
hotel-altes-land.de

Größe: 80 Plätze im Restaurant
Preise: Hauptgerichte 15–37 Euro
Kreditkarten: Alle gängigen Karten
Öffnungszeiten: Mo–Fr 17.30–22 Uhr; Sa, So 11.30–15 und 17.30–22 Uhr

Wohlgeschmack und vergessenes Gemüse

Schon 1640 wird ein Gasthof an dieser Stelle erwähnt, Familie Wehrt hat das Haus seit 1837 in Besitz. Im Jahre 1984 übernahm Wilhelm Wehrt das Restaurant und errichtete ein Hotel im Stil der Region. Seither gibt es die regionale Küche im »Ollanner Buurhuus«, dem angeschlossenen Restaurant. Vor zwei Jahrzehnten entdeckte das Haus die »seltenen Genüsse« von Ochsenhörnern bis zu Lerchenzungen, fast vergessene Obst- und Gemüsesorten oder auch Tierrassen. Es wird eine intensive Zusammenarbeit mit über zehn Lieferant*innen gepflegt, um alte Sorten und Rassen zu erhalten. Das Haus propagiert einen kulinarischen Kalender unter dem Motto »Vergessene Genüsse – neu erleben!«. Für die Gäste gibt es einen Kräuter- und Gemüseschaugarten. Das »Buurhuus« bezieht seine Produkte aus der Region und verarbeitet ganze Tiere von landwirtschaftlichen Betrieben der Umgebung.

Eine Besonderheit ist der hervorragende Bremer Teebraten vom Auerochsen, der von einer Hagebuttensauce und bunten Möhren und Kartoffeln begleitet wird, sowie die original Altländer Hochzeitssuppe mit Rosinen. Beide Gerichte werden nach alten Rezepten gekocht. Großen Wert wird dem saisonalen Bezug der Speisen beigemessen. Zur Apfelernte gibt es viele Gerichte rund um die im Alten Land angebauten Früchte. An der Elbe darf Fisch nicht fehlen, der Matjes von Plötz aus Glückstadt wird mit Altländer Apfelrahmsoße und sehr guten Bratkartoffeln angerichtet. Höhepunkt im Winter ist ein Büfett mit Grünkohlsorten von Lerchenzungen bis zum Helgoländer Wildkohl, die vom Museumsbauernhof in Wennerstorf für das Restaurant angebaut werden. Koch Dennis Korczanowski macht daraus Wohlschmeckendes von Salat und Suppe bis zum Nachtisch, aber natürlich auch klassisch Grünkohl mit Pinkel. Ganzjährig wird der Slow-Food-Arche-Passagier Buntes Bentheimer Schwein angeboten, meist klassisch als Braten oder saisonal mit Türkischen Erbsen, einer alten Hamburger Bohnensorte.

Kleine Weinkarte mit Schwerpunkt in Deutschland, zwei Biere vom Fass und naturtrübes Emmerbier aus der Riedenburger Brauerei.

Danzer's feines Achter'n Diek

Wilhelmstraße 36,
26571 Juist
0 49 35 / 80 40
hotel-achterdiek.de

Größe: 140 Plätze im Gastraum, 80 auf der Terrasse
Preise: Hauptgerichte 18–26 Euro
Kreditkarten: EC, Master, Visa
Öffnungszeiten: Täglich 12.30–14 Uhr und 18.30–22.30 Uhr

Nachhaltigkeit hinterm Deich

Die ostfriesische Insel Juist mit ihrem siebzehn Kilometer langen, gelbweißen Sandstrand ist ein Kleinod im Wattenmeer. Das Restaurant »Achter'n Diek« liegt, wie der Name schon sagt, hinterm Deich zur Wattenmeerseite. Wintertags lodert in der Kaminhalle ein Feuer. Im Restaurant kocht Inhaber Stefan Danzer mit sechs Köchen eine saisonale und frische Feinschmeckerküche unter Verwendung hauptsächlich heimischer Produkte. Wild auf der Karte stammt oft aus eigener Inseljagd. Danzer intensiviert seine Zusammenarbeit mit regionalen Lieferant*innen und Produzent*innen beständig. Er ist sich sicher, dass Regionalität klimaschonend, nachhaltig und authentisch ist und eine bessere Qualität bringt.

Typische Gerichte sind Krabben, Küstenfisch und natürlich vom Deichlamm. Aber auch ein kräftiges Kalbsgulasch vom Schottischen Highland aus Marienhafe, wenige Kilometer von Juist auf dem Festland gelegen, mit geschmorter Pastinake oder der Juister Rehrücken unter der Nusskruste kommen hier auf die Karte. Vorweg schmeckt ein gebratenes Angel-Schellfischfilet oder eine Essenz von Steinchampignons mit Einlage. Bei einigen ausgewiesenen Menüs werden die regionalen Lieferant*innen angegeben. Alle Gerichte sind visuell, geschmacklich und aromatisch ein Genuss. Die Portionsgrößen sind gut aufeinander abgestimmt. So macht Günters Nougatparfait mit Sanddorn-Crème-brûlée und Apfelragout auch noch Freude.

Gut sortierte Weinkarte.

→ Juist zählt in der Kategorie »Kleine Gemeinden« deutschlandweit zu den Spitzenreitern in Sachen Nachhaltigkeit. Ein achtsamer Umgang mit der Natur ist aber nicht nur beim Essen im Restaurant wichtig. Das »Achter'n Diek« bezieht ausschließlich Ökostrom und verfügt über sieben eigene Blockheizkraftwerkmodule.

Gasthof Tegtmeyer »Zum alten Krug«

Resser Straße 1,
30855 Langenhagen-Engelbostel
05 11 / 2 70 91 30
hotel-tegtmeyer.de

Größe: 55 Plätze in Gaststuben, 40 auf der Außenterrasse
Preise: Hauptgerichte 10–23 Euro
Kreditkarten: EC, Master, Visa
Öffnungszeiten: Mo–Sa 16.30–21.30 Uhr; Ruhetag: So

Familiäres Landgasthaus mit eigener Heidschnuckenherde

Der historische Gasthof »Zum alten Krug« Tegtmeyer liegt vor den Toren Hannovers in ländlicher Umgebung. Der Hof aus dem 16. und 17. Jahrhundert wird umrahmt vom einmaligen Kornspeicher aus dem Jahr 1582, der alten Durchfahrtsscheune und der ehemaligen Kornbrennerei. Die Gaststube strahlt eine ausgesprochen gemütliche Atmosphäre aus. Neben Zweier- und Vierertischen laden große Tische zu geselligen Runden ein – nicht zuletzt die Slow-Food-Tafelrunden. Im Sommer verweilen Gäste gern auf der Terrasse im Hof.

Die Küche bietet traditionelle nordhannoversche Gerichte in perfekter Qualität: selbst gezogene Saucen, eine bunte Gemüsevielfalt, frische Salate, krosse Bratkartoffeln. Stars sind die Fleischgerichte aus eigener Land- und Forstwirtschaft. Heinrich-Christian Tegtmeyer hält eine Heidschnuckenherde unter Bioland-Bedingungen, deren Fleisch sich in zahlreichen Gerichten auf der Speisekarte findet. Neben Schinken und Rücken sind die Schnucken-Sülze mit Bratkartoffeln und Salat sowie das Pulled Meat, gezupftes Fleisch von der Heidschnuckenhaxe mit Kartoffelstampf, besonders hervorzuheben. Zudem gibt es Wildgerichte von Reh und Wildschwein aus der Jagd der Familie Tegtmeyer.

Frisch gezapftes Bier kommt von der kleinen nahe gelegenen Brauerei Rupp.

→ Für Veranstaltungen steht ein Saal zur Verfügung.

Die Heidschnucken stehen ganzjährig auf der Weide Richtung Resse. Zugefüttert wird biozertifiziertes Gras und Heu, zur Lammzeit selbst angebautes Getreide.

Brauhaus Nolte

Dahlenburger Landstraße 102,
21337 Lüneburg
0 41 31 / 5 22 32
brauhausnolte.de

Größe: 50 Plätze im Restaurant, Festsaal, Clubraum – und der Biergarten
Preise: V 7–8, H 13–33, N 8–10 Euro
Kreditkarten: EC, Master, Visa
Öffnungszeiten: Mi–Sa 16–23 Uhr; Ruhetage: So–Di, Feiertag

Biobier und regionale Gerichte in zünftigem Ambiente

Ein Lüneburger Urgestein seit 1906 ist das »Nolte«. Dort treffen sich seit eh und je die Generationen in traditionellem Ambiente, um eine gute Zeit zu verbringen. Abseits vom Stadtzentrum braut das »Nolte« mehrere Biersorten auf traditionelle Art; sie sind seit Mai 2020 biozertifiziert. In der Brennerei werden 16 Schnäpse gebrannt, unter ihnen der Malzschnaps. Seit 2011 ist das »Nolte« klar regional ausgerichtet, mit kleiner Karte und wechselnden saisonalen Angeboten. Im März und April ist zum Beispiel der kleine Lachsfisch Stint von Fischer Grube aus Hoopte die Hauptattraktion. »Nolte« bezieht alle Zutaten aus regionalen Quellen: Neuland-Schlachterei Hiestermann, Landschlachterei Sander, Landschlachterei Meyer, Spargelhof Strampe, Säfte der Mosterei Günther – um nur einige zu nennen. Auch energietechnisch ist »Nolte« mit einer Mikro-Kraft-Wärme-Kopplungs-Anlage auf dem neuesten Stand.

Aus der Küche kommen Treberbrot, Behringer Heidschnuckenbraten, Heidschnucken-Grützwurst, Malzbraten nach Brauherrenart und hausgemachtes Sauerfleisch*. Auch die mit Hopfen hausgeräucherte Forelle ist zu empfehlen. Zudem kann man Kaffeespezialitäten vom Fairtrade-Lieferanten Lünebohne oder den in Lüneburg gerösteten Fairtrade-Espresso Karacho genießen.

→ »Nolte« bietet Bierbrauseminare an und vermietet Ferienwohnungen. Im großen Festsaal, der für Veranstaltungen gemietet werden kann, finden gelegentlich Konzerte statt. Im Winter kann auf der Kegelbahn eine ruhige Kugel geschoben werden, im Sommer lädt der Biergarten im Hinterhof ein.

Das wohlschmeckende Noltebier kann in Ein- und Zwei-Liter-Flaschen erworben werden.

NEU

To Huus Gastwirtschaft

Schröderstraße 5 a/b,
21335 Lüneburg
0 41 31 / 4 08 12 83
tohuus-lueneburg.de

Größe: 30 Plätze im Gastraum, 15 im Innenhof
Preise: V 5–15, H 8–29, N 7–11 Euro
Kreditkarten: EC
Öffnungszeiten: Mo–Sa 11.30–22 Uhr; So 15–20 Uhr

Facettenreiches Schlemmen in Lüneburgs »Gaffergasse«

Lüneburgs Ausgehmeile Schröderstraße wird von Einheimischen wegen des Sehens und Gesehenwerdens scherzhaft »Gaffergasse« genannt. Die Gastronomie hatte in den vergangenen Jahren wegen zumeist bescheidener Touristenqualität keinen guten Ruf. Die »To Huus Gastwirtschaft« allerdings arbeitet nachhaltig, regional und saisonal und bietet Gerichte an, die qualitativ überzeugen. Bemerkenswert ist das fantasievolle vegetarische und vegane Angebot, wie es auf den Menükarten der Stadt nur selten zu finden ist. Karnivoren und Flexitarier*innen finden gleichermaßen ihr Angebot zum Glück. Obst und Gemüse kommt vom Großhandel Marker aus Hamburg, der mit zahlreichen Bauernhöfen wie dem Biohof Brummelkamp in Bienenbüttel, dem Michaelishof in Sammatz oder Kartoffel Wulf in Amelinghausen zusammenarbeitet. Das Ambiente des Gasthauses ist ein gelungener Mix aus alter Bausubstanz und modernen Design-Elementen.

Im Herbst werden zur Vorspeise Walnussbrot mit Birne, cremigem Kuhmilchkäse und Kranbeeren angeboten. Matjes mit Soße nach Hausfrauenart, Äpfeln, Zwiebeln und Bratkartoffeln oder Schwarzbiergulasch vom regionalen Weiderind (von Beef & Basics, Jelmstorf) überzeugen bei den Hauptgerichten ebenso wie das Nose-to-Tail-Weiderind mit Süßkartoffeln und Kräuterseitlingen. Hervorzuheben sind die schmackhaften vegetarischen Alternativen wie die To-Huus-Bowl mit Linsen, Dinkel, Rotkraut, Gemüse mit Heide-Haloumi oder die veganen Königsberger Klopse mit Heidekartoffeln. Im Sommer schmecken die außergewöhnlichen Burger – mit oder ohne Fleisch – draußen im lauschigen Innenhof. Für die, die es leichter lieben, ist der Saibling mit mariniertem Kohlrabi auf Salat eine gute Wahl. Zur Nachspeise locken wechselnde Leckereien wie Stachelbeer-Pannacotta oder der vegane »Blumentopf« mit Schokoerde, Salzkaramell, Haselnusscreme und Birnensorbet.

Das »To Huus« ist stolz auf sein Bierangebot, nicht zuletzt aus Hamburg oder aus dem nahe gelegenen Dahlenburg. Dazu gibt es Limonaden und Biosäfte, Lüneburger und Hamburger Gin sowie deutsche (Bio-)Weine.

Ratskeller Oldenburg

Markt 1,
26122 Oldenburg
04 41 / 9 25 00 01
ratskeller-oldenburg.de

Größe: 120 Plätze in Innenräumen, 60 auf der Terrasse
Preise: V 7–21, H 21–37, N 6–8 Euro
Kreditkarten: Alle gängigen Karten
Öffnungszeiten: Di–So 10–21.30 Uhr; Ruhetag: Mo

Typische Gerichte des Oldenburger Landes im Gewölbe

In der Universitäts- und ehemaligen Residenzstadt Oldenburg bilden Rathaus und Stadtkeller seit der ersten Erwähnung in der Stadtchronik 1355 eine Einheit: Der Erlös der Weinstube dient zur Unterhaltung des Gebäudes. Das Restaurant »Ratskeller« präsentiert sich heute rustikal-gemütlich. Bei gutem Wetter lockt die Terrasse mit Blick auf Rathausplatz und Lambertikirche. Seit 1999 verwöhnt Familie Fey mit ihrem Team die Gäste mit einer abwechslungsreichen gutbürgerlichen Küche mit einem Schwerpunkt auf regionalen und saisonalen Spezialitäten.

Gute Beispiele sind die hausgemachte Oldenburger Mockturtle*, eine deftige, magenwärmende Innereiensuppe und Labskaus nach Art des Chefs. Der Braten vom Deichlamm – das Fleisch kommt von der Landschlachterei Wiese in Stadland – mit Speckböhnchen und Kartoffelgratin ist zart und würzig. Besonders beliebt ist das Friesensteak Fietje, ein mit Käse überbackenes Schweinenackensteak mit Tomatenscheiben, Schinken und Nordseekrabben. Das Schweinefleisch wird ausschließlich aus der Offenstallhaltung vom Hof Barghop in Ehrenstedt bezogen. Im Winter kommen Liebhaberinnen und Liebhaber von Grünkohl auf ihre Kosten, der klassisch mit Pinkel*, Kochwurst und Kasseler serviert wird. Im Frühjahr lockt der Freilandspargel vom Hof Osterloh mit einer hausgemachten Orangenhollandaise, ab Juni stehen zarte Matjes auf der Karte. An den Ochsen- und Wildwochen beteiligt sich der Ratskeller mit Gerichten vom Ochsenfleisch des Hofs Reuter in Oldenburg. Der hausgemachte Käsekuchen mit Himbeersoße und Sahne sowie das Birnencrumble mit gerösteten Walnüssen, Streuseln, Vanilleeis und Sahne sind überzeugende Nachtische. Selbstverständlich werden auch diverse vegetarische und vegane Gerichte wie die Edelpilz-Bratwurst angeboten.

Ein »Alter Hullmann«, der feine Korn aus der gleichnamigen Oldenburger Brennerei, kann den Magen besänftigen. Personal und Küche haben für jeden Wunsch ein offenes Ohr, alle Gerichte gibt es auch als kleine Portion; eine separate Karte informiert über kennzeichnungspflichtige Allergene und Zusatzstoffe.

Freilandochsenfleisch vom Hof Reuter (Holler Landstraße 284, 26135 Oldenburg, www.hof-reuter.de), Käse von Kuh, Schaf und Ziege bietet Haverkamp's Hofkäserei (Vossbarg 3, 27798 Hude-Hurrel, oder freitags auf dem Oldenburger Bauernmarkt, www.hofkaese.de/hofkaesereien/details/137).

Restaurant »Wilde Triebe«

Am Sutthauser Bahnhof 5,
49082 Osnabrück
05 41 / 60 07 90 33
wilde-triebe.de

Größe: 45 Plätze im Gastraum,
45 auf der Terrasse
Preise: Hauptgerichte 25–40 Euro
Kreditkarten: EC, Master, Visa
Öffnungszeiten: Mi–Sa 18–23 Uhr;
Ruhetage: So–Di

Fein und wild in künstlerischem Ambiente

Im ehemaligen Bahnhofsgebäude des Osnabrücker Stadtteils Sutthausen eröffnete im Jahr 2012 das Restaurant »Wilde Triebe«. Im Haus allgegenwärtig ist die kreative Handschrift des Künstlers Volker Johannes Trieb, dessen Atelier sich gleich nebenan befindet. Der aufwendig angelegte, großzügige Garten ist für Restaurantgäste zugänglich und lohnt einen Besuch. Die Gasträume präsentieren sich lichtdurchflutet und zeitgenössisch gestaltet; Ziegel, Holz und zahlreiche Keramikelemente prägen das Bild. Die offene Küche gestattet Einblicke in die sorgfältige handwerkliche Arbeit des Teams um die Küchenchefin Hanna Börger. Die im vierzehntäglichen Rhythmus wechselnde Speisenkarte bietet neben einem Drei- bis Fünf-Gänge-Menü jeweils vier bis fünf Vorspeisen, Hauptgerichte und Nachspeisen. Die Angebote sind saisonal ausgerichtet, in vielen Gerichten werden regionale Produkte mit präzisen Herkunftsnachweisen verarbeitet.

Als Vorspeisen kommen ein Törtchen von buntem Gemüse, Knoblauchfrischkäse und Stuten oder ein selbstgemachtes Pastrami vom Kalb zu einem Graupensalat, roten Zwiebeln und Frühlingslauch auf den Teller. Als Hauptgang findet sich eine saftige Rinderschulter auf der Karte, die von Kartoffelstampf, Pastinaken und Rotweinschalotten begleitet wird. Der Prager Schinken wird von der Bramscher Schlachterei Sostmann angeliefert und im Frühjahr mit Bärlauch-Kartoffel-Knödel, Topinambur und Eiszapfen serviert. Im Mai steht häufig Spargel aus dem Osnabrücker Land zur Wahl, nicht selten begleitet von einer frisch aufgeschlagenen Sauce hollandaise. Neben fruchtigen Nachspeisen lässt sich eine Menüfolge auch mit attraktiven Käseangeboten abschließen.

Auf der Weinkarte dominieren deutsche Top-Winzer, die offen angebotenen Weine werden am Tisch eingeschenkt. Der Kaffee aus fairem Handel wird im nahen Münster geröstet, das Bier liefert eine Brauerei aus der Region. Die Servicekräfte agieren umsichtig, sachkundig und zuvorkommend und erfüllen auch Sonderwünsche bereitwillig.

Der sonnabendliche Wochenmarkt am Dom ist weit über die Grenzen Osnabrücks bekannt und beliebt mit seinen zahlreichen regionalen Anbietern. Sogar Fahrräder werden dort repariert.

NEU

Waldschänke

Dissener Straße 73,
49326 Melle-Peingdorf
0 54 29 / 26 83
steinreich-alexanderbachmann.eu

Größe: 30 Plätze im Restaurant, im Sommer einige Tische im Garten
Preise: Hauptgerichte 20–39 Euro
Kreditkarten: EC
Öffnungszeiten: Do–Sa 18–23 Uhr; So 12–14 und 18–22 Uhr; Ruhetage: Mo–Mi

Ambitionierte Regionalküche in idyllischer Lage

In einer der landschaftlich reizvollsten Gegenden des Osnabrücker Landes empfangen Alexander Bachmann und Olaf Wille seit über 25 Jahren ihre Gäste. In den verwinkelten Gasträumen finden sich zahlreiche Belege leidenschaftlicher Sammeltätigkeit. Leuchten im Stil der 1950/60er-Jahre runden das Ambiente ab. Die »Waldschänke« eignet sich wegen ihrer Lage am Rande eines von Wanderwegen durchzogenen Waldgebiets als Schlusspunkt ausgedehnter Spaziergänge ebenso wie als Zielpunkt kulinarischer Ausflugsfahrten. In der Küche bereitet Alexander Bachmann deftige und modern-leichte Gerichte gleichermaßen aus überwiegend regionalen Produkten zu. Die Speisekarte wird saisonal angepasst, wobei beim Fleisch in den Hauptgerichten das ganze Jahr über eine große Konstanz zu beobachten ist. Die in der Küche verarbeiteten Produkte werden - wie auf der Webseite nachzulesen - zum Beispiel vom Hof Wulbusch in Wellingholzhausen und vom Hof Hoffmeier in Hesselteich bezogen. Die Eier kommen vom Hof Buddendiek aus Bad Laer.

Bei den Vorspeisen stehen Suppen im Vordergrund, von denen einige vegetarisch oder vegan zubereitet werden. Der Tee von braunen Champignons präsentiert die Aromatik der Pilze mit eleganter Wucht. Auch die Petersilienwurzelcreme und die mit Miso und Tahin abgeschmeckte Gemüsesuppe und nicht zuletzt die Suppe vom Schmorgulasch gefallen ausgezeichnet. Bei den Hauptgerichten sind die vegetarischen Angebote ebenso empfehlenswert wie die Schmorgerichte, bei denen Hühnchen, Kaninchen, Spanferkel oder Gulasch als Fleischkomponente gewählt werden können. Auch Steaks von Weiderindern aus dem Osnabrücker Nordkreis sind im Angebot. Als Begleitung kommt eine perfekt gegarte Gemüsekomposition zum Einsatz, die jeweils saisonal ausgerichtet ist. Als weitere Beilage kann zwischen einem überraschend leicht interpretierten Kartoffelgratin, einem interessanten Salbeireis, einem guten Kartoffelpüree oder klassischen Salzkartoffeln gewählt werden. Leichte, finessenreiche Saucen runden diese Gerichte ab. Der Beilagensalat ist ein kleines Kunstwerk von bemerkenswerter geschmacklicher Eleganz. Als Nachspeisen finden sich Kompositionen rund um Joghurt oder Eiscreme, aber auch ein Haferschleim mit Nüssen und Saaten.

Sechs offene Weine, dazu eine überzeugende Auswahl Flaschenweine mit einem Akzent auf deutsche Regionen finden sich auf der Weinkarte. Die Biere bayrischer Brauereien munden besonders gut zu den Schmorgerichten. Aufmerksamer, freundlicher und humorvolle Service von Olaf Wille.

Restaurant Ramster

Heberer Straße 16,
29640 Schneverdingen
0 51 93 / 68 88
hotel-ramster.de

Größe: 75 Plätze im Restaurant und auf der Gartenterrasse
Preise: V 8–9, H 20–33, N 8–13 Euro; Menü ab 50 Euro
Kreditkarten: EC, Amex, Master, Visa
Öffnungszeiten: Di–Do 17.30–22 Uhr; Fr–So, 12–15 und 17.30–22 Uhr; Ruhetag: Mo

Heideküche beim Pietzmoor

Nicht nur nach einer Kutschfahrt in der weitläufigen Osterheide oder einer Wanderung durch das malerische Pietzmoor ist eine Einkehr ins »Hotelrestaurant Ramster« in Schneverdingen entspannend. Koch Marcus Ramster hat sich der regionalen Küche verschrieben und wirtschaftet nachhaltig. Ramster bezieht so viele Produkte wie möglich aus der Region, zahlt faire Löhne und bezieht Ökostrom. Seit 1989 ist das Haus mit der schönen Gartenterrasse in Familienhand, jetzt in zweiter Generation.

Aus der Küche kommen typische Gerichte wie die Schneverdinger Heidesuppe, eine leichte, klare Brühe mit Gemüse und kleinen Hackbällchen. Von Tieren direkt aus dem Naturschutzpark von der Heideschlachterei Hermann Meyer in Behringen kommt der Heidschnuckenbraten aus der Keule, mit Wacholdersoße abgerundet, mit Weißweinbirnen und selbstgemachtem Preiselbeerenkompott. Auch die Herzoginkartoffeln und das Rotkraut sind hausgemacht in Schneverdingen. Die Karte wechselt mit der Saison. Im Frühjahr werden Heidespargel und Heidekartoffeln serviert, im Herbst gibt es Kürbis vom Heideacker, Wildschweinbäckchen und Wild aus der Landschlachterei des Nachbarorts. Überzeugte Karnivoren können sich über Steaks vom Wümmerind freuen, da Markus Ramster erfreulicherweise dem argentinischen Rindfleisch abgeschworen hat. Vegetarische Schmankerl sind die mit Limonenöl verfeinerte Senfsuppe und Salate und – vegan – das Schmorgemüse im Bratschlauch.

Die beeindruckende Weinkarte hat den Schwerpunkt Deutschland und auch das Wasser kommt endlich aus Lüneburg und wird nicht mehr über die Alpen transportiert. Ramster bezieht Kaffee von der Fairtradefirma GEPA. Da muss man darüber hinwegsehen, dass – auch auf Wunsch der Hotelgäste – nicht auf Produkte eines großen Softdrinkkonzerns oder König Pilsener verzichtet werden kann.

➔ Eine Reservierung ist erforderlich.

Landgasthof Backers

Kirchstraße 25,
49767 Twist-Bült
0 59 36 / 90 47 70
gasthof-backers.de

Größe: 35 Plätze im Restaurant, 25 auf der Terrasse
Preise: Hauptgerichte 22–38 Euro
Kreditkarten: EC, Master, Visa
Öffnungszeiten: Mi–Sa 17–20 Uhr; So 11.30–14.30 und 17–22.30 Uhr; Ruhetage: Mo, Di

Gourmetküche im Emsland

Nur einen Steinwurf von der holländischen Grenze entfernt, im Twister Ortsteil Bült, empfangen Helmut, Irene und Hendrik Backers ihre Gäste in einem typisch emsländischen Hofgebäude. Im hell und freundlich gestalteten Gastraum sorgt in den kalten Monaten ein Kamin für wohlige Wärme. An warmen Sommertagen lädt der Garten mit hohen, alten Bäumen zum Verweilen ein. Küchenchef und Slow-Food-Chef-Alliance-Mitglied Helmut Backers ist im Nordwesten ein Pionier der regional-saisonal ausgerichteten Küche auf Gourmetniveau. Die verwendeten Kräuter kommen, soweit möglich, aus dem eigenen Garten, Spargel und anderes Gemüse werden von emsländischen Erzeuger*innen angeliefert. Die Lämmer kommen aus dem holländischen Weerselo oder aus dem Moormuseum im benachbarten Geeste, das auch Gänse und Bunte Bentheimer Schweine zuliefert. Die häufig auf der Speisenkarte zu findenden Süßwasserfische werden aus dem Osnabrücker Land bezogen. Die Lieferant*innen werden auf der Website des Gasthofs aufgeführt. Viele in der Gasthofküche verwendete Rezepturen finden sich in einem Kochbuch, das Helmut Backers gemeinsam mit seinem Sohn Hendrik verfasst hat.

In Vergessenheit geratenes Gemüse wie die Steckrübe verarbeitet der Küchenchef im Herbst und Winter zu einem würzigen Püree. Saisonal variierende Wildkräutersalate sind von Frühling bis Herbst auf der Speisekarte zu finden. Sie werden mit lauwarmem Ziegenkäse und Fichtennadelsirup – einer Spezialität des Hauses – oder auch mit Denekamper Büffelmozarella und Bärlauchvinaigrette kombiniert. Teile vom Lamm wie Bäckchen, Rücken, Stelzen oder Keule werden mit Kräutergnocchi und jahreszeitlich passendem Gemüse serviert. Je nach Verfügbarkeit sind Koteletts vom Bunten Bentheimer Schwein oder Rinderbäckchen im Angebot. Bei den Nachspeisen kommen im Frühjahr meist Rhabarber, im Sommer Erd- und andere Beeren, im Herbst Birnen und Äpfel und im Winter Schokolade und Karamell zum Einsatz. Klassiker der Backers-Küche sind die Sülze von Äpfeln und Nordseekrabben mit Schmand und die Rehbratwürstchen.

Irene Backers kümmert sich mit Umsicht, Sorgfalt und Kompetenz um den Service und hilft kenntnisreich bei der Auswahl passender Weine. Die Weinauswahl setzt einen Schwerpunkt bei deutschen Erzeugnissen.

→ Empfehlenswert sind Radtouren durch das nördlich anschließende Bourtanger Moor und Wanderungen auf den holländischen »Knapzak-Routen« sowie die Besichtigung des Moormuseums in Geeste (Di–So 10–18 Uhr).

Pades

Grüne Straße 15,
27823 Verden
0 42 31 / 30 60
pades.de

Größe: 60 Plätze im Restaurant, 25 im Bistro
Preise: V 9–20, H 18–36, N 8–16 Euro; Menü ab 37 Euro
Kreditkarten: EC, Amex, Master, Visa
Öffnungszeiten: Mo–Sa ab 17.45 und ab 20.15 Uhr; So 12 Uhr und 17.45–23 Uhr

Moderne, engagiert-regionale Küche

In der historischen Süderstadt von Verden an der Aller liegt das Restaurant von Wolfgang Pade. Vor dem Haus zum Domplatz mit dem kleinen Park und hinter dem Haus mit seinem großen Garten mit teils zwei Jahrhunderte alten Bäumen ist es überraschend grün; der Garten wird von der alten Verdener Stadtmauer begrenzt. Das Haus wurde vor drei Jahrzehnten eröffnet, die Küche erhielt bereits kurz nach der Eröffnung einen Michelin-Stern. Den gab Pade 2010 zurück, um sich besser der regionalen und saisonalen Küche widmen zu können. Das hat er jetzt nochmals fokussiert und listet auf seiner Speisekarte über zwanzig Lieferant*innen mit den jeweiligen Entfernungen zum Restaurant auf. Die Kräuter aus dem eigenen Garten, aber auch das Verdener Craftbier und der Kaffee von Diers können zu Fuß angeliefert werden. Alle vier Wochen wird eine neue Speisekarte zusammengestellt, auf der saisonale Klassiker ihren festen Platz haben – aber jedes Mal ein wenig anders. Bei der Entwicklung der Karte werden um die aktuellen, strikt saisonalen Angebote von regionalen, aber auch bundesweit liefernden Anbietern komplette Gerichte entwickelt. Die traditionelle bürgerliche Küche wird modern interpretiert und ist mediterran beeinflusst. An warmen Tagen sitzt man im großzügigen und gemütlichen Sommergarten.

Einige Beispiele für den Kochstil von Pade: Eine Spargel- und Erbsencremesuppe mit gewürfelter Kalbsbrust vom BBQ-Smoker, sweet-hot. Als Hauptgang kocht er eine Oterser Rehkeule mit Pfifferlingen, Selleriepüree, Walnuss und Rote-Bete-Bandnudeln mit krossem Verdener Speck. Für Kinder gibt es Biohühnernuggets auf Holtumer Biokartoffelstampf mit Vichy-Karotten und hausgemachter Remoulade.

Die Weinkarte legt bei den Rotweinen den Schwerpunkt auf Europa, während bei den Weißweinen deutsche Gewächse dominieren. Schönes Sortiment edler Brände und Geiste.

→ Übers Jahr gibt es in lockerer Folge Weinpräsentationen von Weingütern oder Themenabende. Catering, Kochkurse und Weinreisen ergänzen Pades Leistungsspektrum.

Hotel Rathaus

Bohlweg 27,
38709 Wildemann
0 53 23 / 62 61
hotel-rathaus-wildemann.de

Größe: 35 Plätze im Gastraum
Preise: V 11–19, H 24–37, N 15–16 Euro
Kreditkarten: EC, Master, Visa
Öffnungszeiten: Mi–So 11.30–14 und 17–20.30 Uhr; Ruhetage: Mo, Di

Fantasievolle Küche und auch visuell ein Genuss

Maria und Mathias Geinitz haben in vielen Auslandsaufenthalten Erfahrungen in der Gastronomie gesammelt. 2015 sind sie in Wildemann sesshaft geworden, einem kleinen Bergstädtchen im Oberharz im Kreis Goslar. Ihr Anspruch ist es, die regionale Küche mit ihren Produkten in neuem Licht glänzen zu lassen. In den alten Gemäuern des in der Ortsmitte gelegenen Restaurants präsentiert sich ein schlichter, ansprechend eingerichteter Gastraum. Mit Fantasie und Vielfalt werden Region und Saison im »Rathaus« kulinarisch interpretiert und dargeboten, visuell und geschmacklich ein Genuss.

In der Auswahl der Vorspeisen finden sich Hauchdünnes vom Harzer Roten Höhenvieh und ein Harzer Käse im Blätterteig gebacken. Karotte küsst Erbse und heraus kommt ein feines Gemüsesüppchen, das neben der klaren Waldpilzsuppe einen schönen saisonalen Auftakt bildet. Das Harzer Wildschwein wird veredelt zum Wildschweinbraten in Biersoße mit weißen Bohnen auf Maisplätzchen. Ein anderer interessanter Bewohner der Region ist die Heidschnucke aus dem Eichsfeld. Sie wird mit verschiedenen Bohnen, Ziegenkäse und Brezenknödeln gereicht. Die Forelle kommt ebenfalls aus dem Harz, sie wird in Schweineschmalz gebraten und mit Gurken im Dillfond serviert. Ein kleiner Kürbis, mit Grieß gefüllt, im Ofen gebacken, mit einer Apfelcreme serviert und mit Kürbisöl verfeinert, ist ein vegetarischer Gaumenschmaus. Höchst ungewöhnlich ist das gegrillte Ochsenherz mit einem Kräuterrisotto. Danach hausgemachtes Eis in unterschiedlichsten Sorten als süßes Finale.

Empfehlenswert sind die Weine aus dem Harz und das Altenauer Bier vom Fass sowie Säfte aus der Biomosterei.

Auf dem Weg in die nahe gelegene Kaiserstadt Goslar liegt die »Brötchen-Schmiede Astfeld« (Im Stadtfeld 1, 38685 Langelsheim). Dort wird mit regional angebautem, sortenreinem Getreide traditionell und handwerklich gebacken. Es gibt auch ein kleines Café.

Altes Amtshaus

Herrlichkeit 13,
27793 Wildeshausen
0 44 31 / 9 46 38 00
amtshaus-wildeshausen.com

Größe: 100 Plätze im Gastraum und der Garten
Preise: V 8–17, H 17–29, N 8–9 Euro
Kreditkarten: EC, Master, Visa
Öffnungszeiten: Mi–So 11–14.30 und 18–21 Uhr; Ruhetage: Mo, Di

Stilvolles Fachwerkhaus in idyllischer Lage

Am Ufer der Hunte, im Herzen von Wildeshausen, der ältesten Stadt im Oldenburger Land, steht das »Amtshaus«, ein barockes Fachwerkhaus aus dem 18. Jahrhundert. Seine Adresse könnte passender nicht sein: Herrlichkeit 13. Umgeben von einem idyllischen Park, fällt der Blick auf die imposante Alexanderkirche. Sie ist die einzige spätromantische Basilika Norddeutschlands. In diesem Umfeld lässt es sich nicht nur bei schönem Wetter wunderbar tafeln. Küchenchef ist Frank Stauga, um die Gäste kümmert sich seine Frau Nicole mit einem freundlichen Serviceteam. Der Anspruch des Kochs ist eine geradlinige, mediterran inspirierte Küche mit saisonalen Akzenten und frischen, regionalen Produkten. Zu den Spezialitäten zählen Oldenburger Freilandgänse, Wild, Spargel und das Marschrind von den fetten Weiden der Wesermarsch.

Ganzjähriger Klassiker ist das Schweinefilet vom Strohschwein aus der Fleischmanufaktur Tonn. Weitere attraktive Hauptgerichte sind die Nüsschen vom Wild mit Wacholder-Balsamico-Honigsauce, die Forelle im Ganzen mit Mandelbutter aus der Teichwirtschaft Holzenkamp oder das Calvados-Hähnchen vom Hof Pleus. Kleinere bodenständige Gerichte sind die Suppe von der Oldenburger Kartoffel oder der knuspriger Wildeshauser Knipp*. Als vegetarische Gerichte stehen geschmorter Spitzkohl mit Wacholdersauce und Möhren-Kartoffelstampf, eine Bowl mit Quinoa-Bratling, Gemüse und Kichererbsen sowie Pastagerichte auf der Karte.

Unter den zahlreichen saisonalen Angeboten seien Weser-Stint* mit Speckstippe, der Oldenburger Grünkohl mit Pinkel* oder die confierte Gans vom Hof Claßen in Bakum genannt. Aus der Nordsee kommen Miesmuscheln, ausgelöst serviert mit hausgemachter Pasta.

Die gute Weinauswahl ist auch glasweise erhältlich.

Restaurant zur Börse

In der Langen Straße 22,
27639 Wurster Nordseeküste
0 47 05 / 12 77
zur-boerse.de

Größe: 60 Plätze im Restaurant
Preise: V 8–18, H 24–33, N 8–13 Euro
Kreditkarten: EC, Master, Visa,
Öffnungszeiten: Do–Mo,11.30–14.30 und 17.30–22 Uhr; Ruhetage: Di, Mi

Wolters werkeln in Wremen am Wurster Wattenmeer

Zwischen Bremerhaven und Cuxhaven erstreckt sich die einzigartige Wurster Nordseeküste: Um vor Sturmfluten geschützt zu sein, konnte nur auf »Wurten« genannten Erhöhungen gebaut werden. Das UNESCO-Weltnaturerbe Wattenmeer ist ein attraktives Urlaubsziel. Im Wremer Kutterhafen werden fangfrische Krabben direkt vom Kutter verkauft. Unweit des Hafens, gegenüber der imposanten Wehrkirche, liegt das seit 1720 als Gasthaus geführte Restaurant »Zur Börse«. Björn Wolters verwendet traditionelle Produkte für seine kreative Küche. Zusammen mit seiner Frau Inge betreibt er seit zwei Jahrzehnten die vielfach ausgezeichnete »Börse«. Die Liebe zum Produkt zeigt sich nicht nur in der angebotenen Qualität und Frische. Björn Wolters bringt als Nationalpark-Restaurantpartner Spezialitäten wie den selbst gestochenen Röhrkohl* oder das dunkelrot-marmorierte Fleisch des auf Salzwiesen gehaltenen, schwarzbunten Niederungsrinds der Familie Ostendorff auf den Teller. Vom Hof Icken kommt das Rinderfilet für das Carpaccio, und der Rehrücken stammt aus heimischer Jagd. Lieferantinnen, Lieferanten, Produzenten und Produzentinnen werden allesamt auf der Karte gewürdigt, ebenso die selbst gesammelten oder angebauten Früchte, Gemüse, Pilze und Kräuter.

Auf der alle sechs Wochen wechselnden Karte finden sich regelmäßig neue Gerichte. Zu den Klassikern zählen Nordsee-Limandes im Eimantel gebraten, Krabbengerichte oder der Niedersachsenteller, ein wechselndes Regionalgericht. Neben dem erwähnten Röhrkohl* sind die Rouladen vom Niederungsrind, das Lammfilet unter der Honig-Senf-Kruste oder das Skreifilet auf Blattspinat mit Vanille-Chili-Soße besonders zu empfehlen. Delikat die Bouillabaisse von Nordseefischen und Muscheln und das Wolfsbarschfilet mit krosser Haut. Von Zeit zu Zeit steht die Mockturtle* auf der Karte, eine gehaltvolle niedersächsische Suppenspezialität. Die fantasievollen Nachspeisen wie das Gratin von Blaubeeren und Himbeeren, Biskuitwürfeln und Holunderblüten-Sabayon mit Vanilleeis sollten nicht versäumt werden. Aber die beste Küche wäre nichts ohne den freundlichen und kompetenten Service von Inge Wolters und ihrem Team.

Ein gut sortiertes Angebot offener Weine, nicht nur aus deutschen Anbaugebieten, sowie edle Brände stehen auf der Getränkekarte der »Börse«.

Hof Icken (Hörn 4, 27607 Geestland-Sievern, Tel. 0 47 43 / 103 8, info@hof-icken.de) bietet Fleisch und Wurst von freilaufenden Schweinen aus zehnmonatiger Weidehaltung und Heumilchkäse an.

Nordrhein-Westfalen

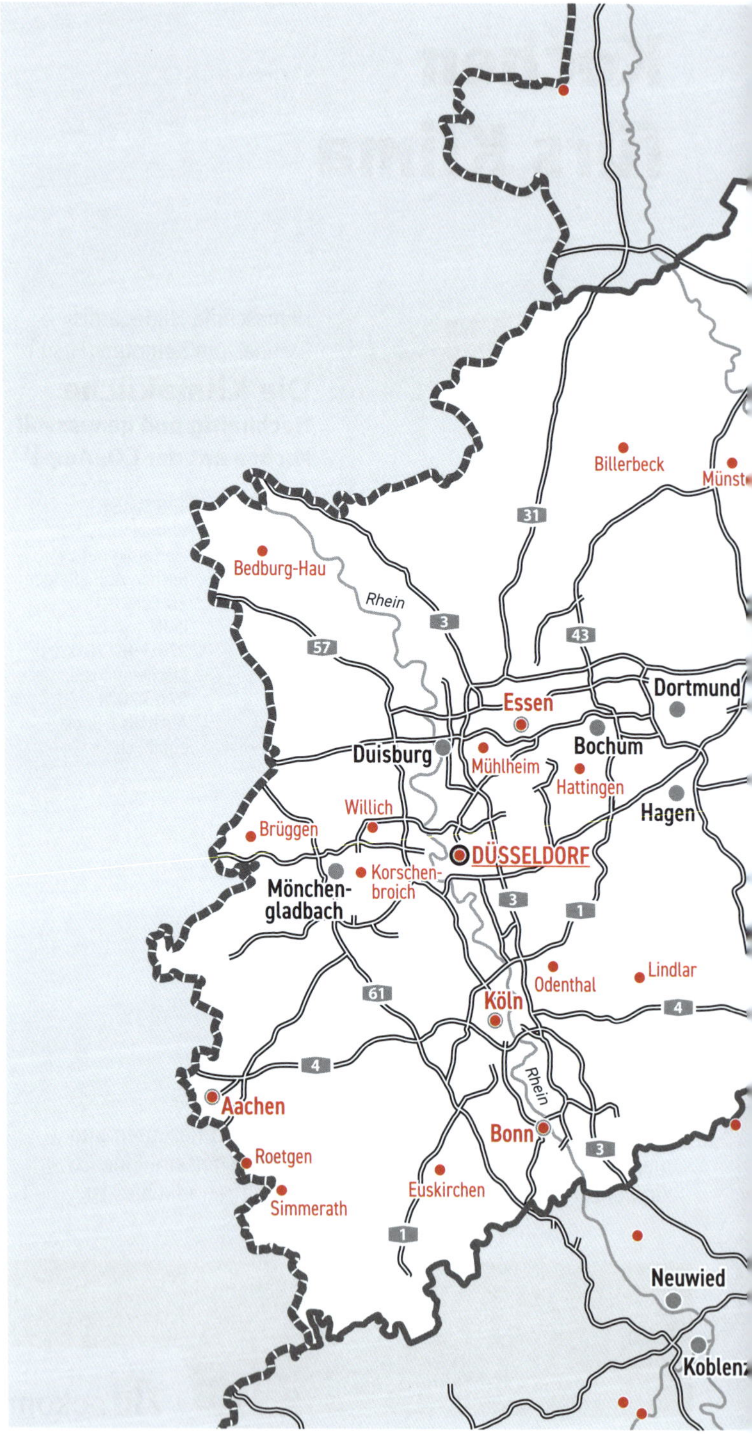

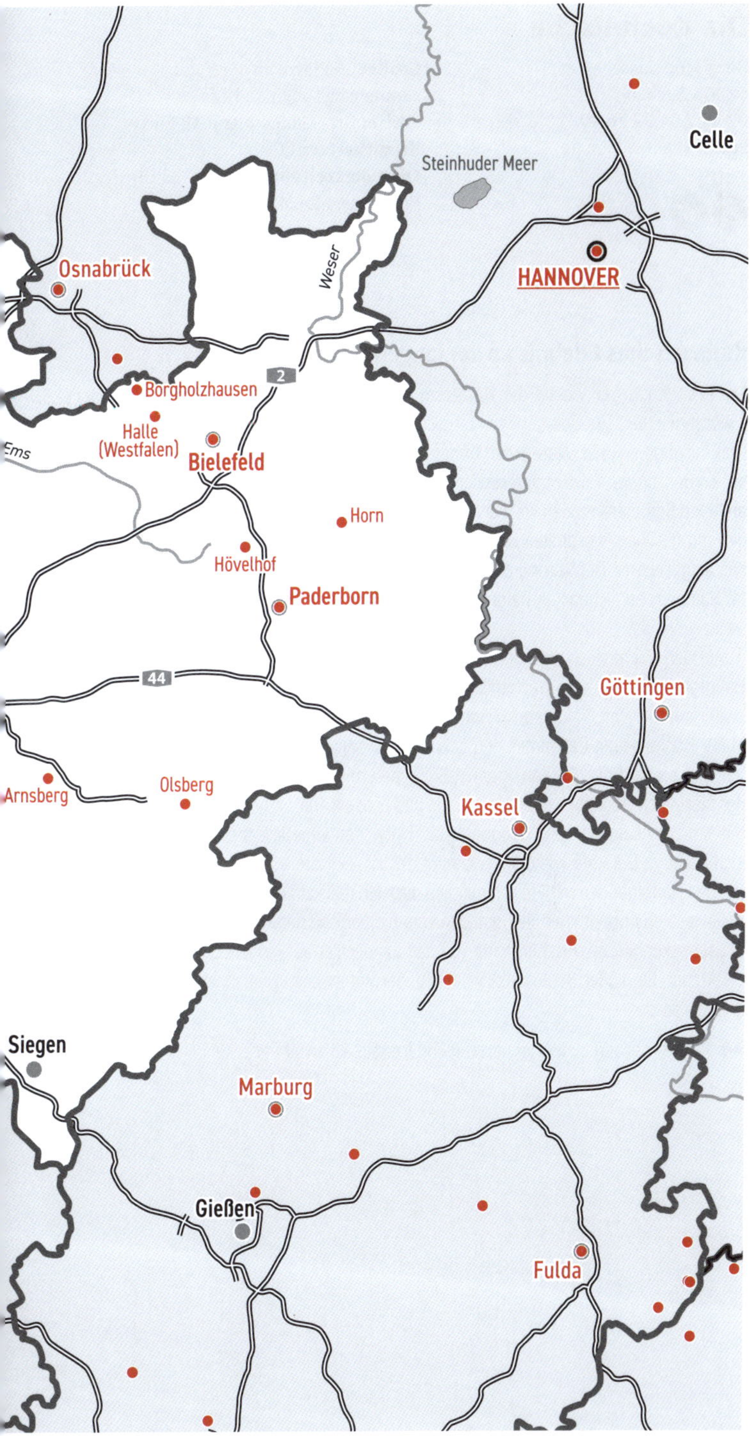

Celle
Steinhuder Meer
Weser
Osnabrück
HANNOVER
2
Borgholzhausen
Halle (Westfalen)
Ems
Bielefeld
Horn
Hövelhof
Paderborn
44
Göttingen
Arnsberg
Olsberg
Kassel
Siegen
Marburg
Gießen
Fulda

Die Kochnische

Bergische Gasse 9,
52066 Aachen
02 41 / 94 37 76 49
kochnische-aachen.de

Größe: 26 Plätze an der Tafel, sommertags auch im Hof
Preise: Drei-Gänge-Menü 48 Euro
Kreditkarten: EC
Öffnungszeiten: Do, Fr 19–23 Uhr; Ruhetage: Mo–Mi, Sa, So

Kulinarisches Erlebnis an der langen Tafel

Im Frankenberger Viertel der Kaiserstadt Aachen liegt die von Yannick Bey geführte »Kochnische«. Die Gelegenheit, Yannick und seine Kochkunst kennenzulernen, bietet sich für angemeldete Gäste jeden Donnerstag- und Freitagabend in der Bergischen Gasse. An der langen Tafel im interessanten Industrieambiente finden bis zu 26 Gäste Platz, an lauen Sommerabenden wird draußen in netter Hofatmosphäre getafelt. Die Gäste werden mit frischen, saisonalen und - nach Möglichkeit - regionalen Zutaten sowie Fleisch aus artgerechter Tierhaltung bekocht. Das Fleisch kommt aus der Eifel oder in Bioqualität aus dem benachbarten belgischen Grenzraum. Brot liefert die Aachener Traditionsbäckerei Moss.

Auf der wöchentlich wechselnden Karte stehen drei bis fünf Vorspeisen, bis zu sechs Hauptgerichte und zwei Nachspeisen. Sowohl ein bis zwei Vorspeisen als auch ein bis zwei Hauptgerichte sind vegetarisch. Die Auswahl ist immer spannend, weil Yannick Bay in der Küche selbst Bekanntes neu definiert und saisonale Angebote aufgreift. Attraktive Vorspeisen sind das Gurken-Joghurt-Süppchen mit Matjes und Johannisbeertatar oder der marinierte Tafelspitz mit grüner Soße und Erbsensalat. Ungewöhnlich die Lammzunge mit Kapernvinaigrette und Graupensalat. Unter den vegetarischen Hauptgängen finden sich kreative Gerichte wie der Fenchel in der Käsekruste auf Tomatenkompott mit Reis. Bei den Hauptgängen mit Fleisch machen die Kalbsbäckchen im Jus auf Bohnenpüree mit Selleriestroh Appetit oder die Rouladen vom Biojungrind mit Rucola-Kartoffel-Stampf und Artischockenherzen. Fischgerichte wie das Zanderfilet auf jungem Spinat erweitern das Spektrum. Ein süßer Schlussakkord: Holunderblütenbeignet mit Rhabarberkompott und Erdbeersorbet.

→ Reservierung außer donnerstag und freitags ab zwölf Personen.

NEU

Pippin – Die kleine Gastronomie

Hubertusstraße 43,
52064 Aachen
02 41 / 4 00 98 17
pippin-aachen.de/
restaurant-pippin.html

Größe: 50 Plätze im Restaurant
Preise: V 12–14, H 28–32, N 9 Euro
Kreditkarten: EC, Master, Visa
Öffnungszeiten: Di–Sa 18–22 Uhr;
Ruhetage: So, Mo

Kulinarische Abwechslung in der Kaiserstadt Aachen

Im angesagten Hubertusviertel gelegen, ist das Pippin ein Lichtblick der gastronomischen Szene in Aachen. Der Inhaber und Koch Torger Jan Schlennstedt führt das Restaurant seit 2004. Gelegen in einem hübschen Altbau mit einem charmanten Gastraum, bietet das Pippin eine monatlich wechselnde Karte, die sich jeweils an einem Motto orientiert. Dies kann eine Region wie »Südtirol und Trentino« sein, ein besonderes Produkt oder ein großes Ereignis. Die fantasievollen Bezeichnungen der Gerichte sollten nicht zu der Annahme verleiten, auf dem Teller ginge es überkandidelt zu. Schlennstedt ist ein bodenständiger Koch, der Saisongemüse verwendet, der seine Produkte mehrheitlich aus der Region bezieht und der die Einflüsse seiner weltweiten Reisen in seine Gerichte einfließen lässt. Convenience-Produkte sind tabu. Der Autodidakt ist sehr bemüht, seiner Selbstbeschreibung einer regionalen, fairen und saisonalen Küche gerecht zu werden. Das Gemüse kommt von einem Aachener Landwirt, der zusätzlich die Erzeugnisse umliegender Landwirtschaften vertreibt. Obst wird aus dem warmen Heinsberger Land bezogen. Die traditionsreiche Bäckerei Kaussen, eine Institution im Aachener Univiertel, liefert feines Brot.

Die Speisekarte ist mit drei üppigen Vorspeisen, drei Hauptspeisen und zwei Nachtischen überschaubar. An einem kühlen Herbstabend könnte ein norditalienisch inspiriertes Essen im Pippin wie folgt aussehen: Sauerteigbrot mit Meerrettich-Petersilien-Butter vorweg, Wildkräutersalat mit Kaspressknödel, Lammfilet, Joghurt-Dressing und Wachtelei als Vorspeise, danach ein Bio-Maispoularden-Backhendl mit Haselnuss-Knöpfli, Kirsch-Jus und Kürbis-Wirsing-Gemüse. Als Nachtisch noch ein Tiroler Birnen-Walnuss-Strudel mit Zwetschen und Joghurt-Eis und kulinarische Zufriedenheit stellt sich ein. Vegetarische Gerichte finden sich auf der Karte nur selten, aber ein Hinweis an den Service genügt und die Gerichte werden in einer vegetarischen Variante serviert.

Die Getränkeauswahl ist bemerkenswert, insbesondere die Bierauswahl mit sieben lokalen Bieren ist herausragend. Die Weinkarte ist mit acht offenen Weinen sehr gastfreundlich und schön ausgewählt; Flaschenweine werden selbstverständlich auch angeboten. Das Mineralwasser kommt aus der nahen Eifel und vorbildlich ist, dass im »Pippin« aus Überzeugung das gute Aachener Leitungswasser serviert wird.

→ Reservierungen werden bis 17.30 Uhr erbeten.

Restaurant Menge im Hotel Menge

Ruhrstraße 60,
59821 Arnsberg
0 29 31 / 5 25 20
hotel-menge.de

Größe: 90 Plätze im Restaurant
Preise: V 11–20, H30–42, N7–16 Euro; Drei-Gang-Menü 48 Euro
Kreditkarten: Amex, Master, Visa
Öffnungszeiten: Di–Sa 18–23 Uhr; Ruhetage: So, Mo

Von der Kutscherkneipe zum kulinarischen Kleinod

Alt-Arnsberg, das historische und kulturelle Tor zum Hochsauerland, ist eine lebhafte und seit Langem dem Thema Nachhaltigkeit verbundene Bezirksregierungsstadt. Dort ist seit Mitte des 19. Jahrhunderts das »Restaurant Menge« beheimatet. Das Ambiente ist kultiviert und dennoch gemütlich, die Plätze im Restaurant werden ergänzt durch den Wintergarten und die Außenterrasse mit Blick in den geräumigen Garten. Sein kochhandwerkliches Können zeigt Inhaber und Küchenchef Christoph Menge bei der Verarbeitung ausgesuchter saisonaler und regionaler Produkte. Bei aller dezenten Raffinesse bleiben die Wurzeln der Speisen spürbar. Seine Bioweidehähnchen kommen von Schickermoser, Zicklein von Christoph Schütte in Schmallenberg, Lammfleisch aus Paderborn, Forellen und Saiblinge aus dem Hellefelder Bachtal und Wild aus dem Arnsberger Wald. Aus dem eigenen Garten kommen mehr als fünfzig Kräuter und Pflanzen, dazu selbst gesammelte Pilze.

Beispiele aus der westfälischen Tradition sind das Saure Schnitzel nach Uromas Art, die hausgemachte Rinderwurst, eine schöne Sülze, der rosa gebratene oder gekochte Tafelspitz mit passenden Beilagen oder der hausgeräucherte Wildschinken. Vegetarische Gerichte wie der roh geschnittene Fenchel und Sellerie mit rosa Grapefruit und jungen Salaten sind einfallsreich und geschmackvoll. Die Nachspeisen können sich Gäste selbst zusammenstellen.

Die Auswahl der Weine, regionalen Biere und weiterer Getränke wird sachkundig begleitet. Der Service um Monika Menge ist aufmerksam, freundlich und gut ausgebildet.

→ Als Mitglied der Vereinigung »Westfälisch genießen« bringt Menge auch Feinschmeckermenüs auf den Teller. Familie Menge organisiert Genusswanderungen und vieles mehr.

Landgasthof Westrich

Bienenstraße 26,
47551 Bedburg-Hau
0 28 24 / 63 05
landgasthof-westrich.de

Größe: 125 Plätze im Gastraum, weitere auf der Terrasse
Preise: V 6–14, H 19–40, N 10 Euro
Kreditkarten: Alle gängigen Karten
Öffnungszeiten: Do–So 12–17 und 17.30–21 Uhr; Ruhetage: Mo–Mi

Land – Gast – Hof, Wiesen und Kühe

Versteckt auf dem offenen Land zwischen Kalkar und Kleve, umgeben von Wiesen und Kühen, steht ein alter Bauernhof, in dessen liebevoll umgebauter Scheune Anette Opgenorth und Thorben Schröder ihr Lokal betreiben. Sie haben in dem geräumigen, hellen Gebäude eine offene Küche eingebaut, beispielhaft für ihre Transparenz. Anette Opgenorth führt das Restaurant, das zum elterlichen Bauernhof gehört, mit Engagement und Ideen. Ehemann Thorben Schröder steht für eine regionale und feine bürgerliche Küche mit pfiffigen Ideen, die ambitioniert umgesetzt werden. Vom eigenen Bauernhof beziehen sie teilweise Obst, Gemüse und Kräuter, manchmal auch Rindfleisch. Sogar mit eigener Schinkenherstellung hat Schröder schon experimentiert. Draußen auf der offenen Terrasse spürt man, dass man am Niederrhein ist: Der Blick streift über endlose Kuhweiden – gefühlt bis weit in die Niederlande.

Ein anregender Beginn sind die Rinderkraftbrühe mit Markklößchen, Blumenkohl und Maultasche, die cremige Spargelsuppe oder, aus der italienischen Küche, Parmesanschaumsuppe mit Krustentierravioli. Ein Klassiker ist das Rindertatar mit Gurkenschmand und Sauerteigbrot, fein-würzig abgeschmeckt, mit schönem Säurekick und duftendem, hausgebackenen Brot. Als Hauptgang mundet ein gut gegartes Zanderfilet mit Mairübchen, Quarkspätzle und Sauce béarnaise. Es folgt das Zweierlei von der Lammkeule mit Bohnen, roter Zwiebelmarmelade und Kartoffel-Parmesan-Kroketten. Sehr gelungen auch die Rehschnitzel in Kräuterpanade mit Spargelragout. Im Frühjahr gibt es bissfesten, aromatischen Stangenspargel mit einer guten Sauce hollandaise und gebratenem Wolfsbarschfilet. Vegetarisch ist das Nudelrisotto mit Urkarottenpüree, Pak Choi, Waldpilzen und Aprikosenchutney. Bei den Nachspeisen locken Schokoladeneis und ein besonders elegantes Heidelbeersorbet, eine Steigerung boten die Schokoladenvariationen mit einer wunderbaren Mousse.

Die interessante Auswahl regionaler Säfte und eine erweiterungsfähige Weinkarte runden das Angebot ab. Der Service ist zuvorkommend und freundlich.

Historisches Gasthaus Buschkamp im Museumshof Senne

Buschkampstraße 75,
33659 Bielefeld
05 21 / 49 28 00
museumshof-senne.de

Größe: 70 Plätze im Gastraum
Preise: V 8–19, H 19–45, N 8–16 Euro; Menüs 48–105 Euro
Kreditkarten: EC, Master, Visa
Öffnungszeiten: Mi–Fr 17–22 Uhr; Sa, So 12–22 Uhr; Ruhetage: Mo, Di, außer an Feiertagen

Westfälische Gastlichkeit – delikat inszeniert

Verborgen in einem kleinen Waldstück in Bielefeld-Senne liegt das »Historische Gasthaus Buschkamp«. Erbaut im Jahr 1811, ist es heute Bestandteil des Museumshofs Senne. Zu dem Anwesen gehören Fachwerkhäuser, Bauerngärten, ein historischer, noch betriebener Backspeicher und ein im Sommer sehr einladender Biergarten. Silvio Eberlein hat im Gasthaus gelernt, war lange auf kulinarischer Wanderschaft in renommierten Restaurants und übernahm das Restaurant 2015 von Ernst-Heiner Hüser. Der frischen, kreativen Küche seines Vorgängers mit viel Gemüse und Kräutern, möglichst aus eigenem Anbau, ist er treu geblieben. Weitere Grundprodukte kommen überwiegend aus der regionalen Landwirtschaft. Eberlein ist ein engagierter, hoch motivierter Koch und Restaurantchef mit guter Anerkennung in der Bielefelder Gastronomie. Das Haus ist Mitglied im Verein »Westfälisch Genießen«. Entsprechend finden sich viele westfälische Spezialitäten auf der Karte, denen Eberlein eine persönliche Note verleiht.

Vegetarisch orientierten Gästen sei der Gemüseacker oben und unten empfohlen, ein Gericht aus alten Gemüse- und Kartoffelsorten mit Wildkräutern. Eberlein bietet Aktionsmenüs und wechselt seine saisonalen Gerichte monatlich. Besonders gefallen die Westfälischen Klassiker, etwa die Senner Festtagssuppe mit Eierstich, Gemüsestreifen und Fleischklößchen oder der allerfeinste Wurstebrei vom Schwein und Rind, dazu Rote Bete, eingelegte Gurken und Salzkartoffeln. Probierenswert ist der Kastenpickert* mit Leberwurst und Pflaumenmus oder die westfälische Götterspeise mit Vanille-Stippmilch, Beerengrütze und Pumpernickel.

Das Weinangebot ist vielfältig und konzentriert sich auf Deutschland und Frankreich. Der Service ist aufmerksam, kompetent und herzlich.

Ausgezeichnet sind das selbst gebackene Brot und Pumpernickel sowie hausgemachte Confits, Suppen und Konfitüren – alles auch zum Mitnehmen.

NEU

Numa

Obernstraße 26,
33602 Bielefeld
05 21 / 9 68 74 78
numa.de

Bio

Größe: 80 Plätze im Gastraum, 40 auf der Terrasse.
Preise: V 8–17, H 15–42, N 9–10 Euro
Kreditkarten: EC, Visa und Amex
Öffnungszeiten: Mo–Fr 10.30–22 Uhr, Sa, So 9.30–23 Uhr

Spannende Crossover-Küche aus regionalen Zutaten

In einem ehemaligen Teppichladen, direkt in der Fußgängerzone der Bielefelder Altstadt, eröffneten die Köche Lars Reddemann und Dirk Timmermann 2010 das Restaurant »Numa«. Hohe Räume, eine offene Küche, unverputzte Wände, keine Tischdecken und im hinteren Teil eher Teppichausstellung als Restaurant - das schafft eine quirlige, lockere und unkonventionelle Atmosphäre. Der Service ist freundlich und entspannt. Die Küche wechselt saisonal und bietet kreativ und mutig frisch zubereitete mediterrane und asiatische Gerichte. Vegetarische Hauptgerichte können mit passenden Fleischbeilagen ergänzt werden, Vorspeisen werden in größerer Portion als Hauptgericht angeboten. Wechselnde Tagesgerichte runden das Angebot ab. Die Zutaten sind überwiegend Bio und werden, wenn möglich, von Biolandhöfen wie Meyer zu Theenhausen (Werther), Gut Wilhelmsdorf (Eckhardtsheim) oder Meyer-Arend (Herringhausen) in der Nachbarschaft bezogen. Für viele Lebensmittel ist das »Numa« biozertifiziert.

Sehr lecker ist die Mulligatawny-Suppe, der englisch-indische Klassiker aus Huhn, Apfel, Ingwer, Mumbai-Curry, Reis, Erdnüssen und Koriander. Als Hauptgericht ist die 14 Stunden bei 78 °C geschmorte Schulter vom Black Angus Rind in Madeirajus mit mariniertem Biorotkohl, Kartoffel-Steinpilz Strudel und Wacholder-Rahm zu empfehlen. Das Fleisch zergeht auf der Zunge. Die Kombination Ravioli von Biozitrone und Kürbis mit Lorbeer-Butter, gegrilltem Biowirsing, Winterpotulak, Taleggio, Schüttelbrot und Parmigiano Reggiano ist außergewöhnlich und geschmacklich überzeugend. Das Tagesgericht, ein Nepalesisches Spinat-Linsen-Dal mit Koriander, Chili, Ghee, Nüssen, Ingwer, Joghurt, Papadam und Duftreis, ist knackig und auf den Punkt gegart. Dazu kann eine kleine Portion Ochsenbäckchen bestellt werden, die aromatisch und zart sind. Als Nachtisch ist der Numa-Cheesecake mit Blutorangenmark und Mandel-Krokant immer zu empfehlen.

Die Getränkekarte bietet neben einer guten Auswahl an deutschen und anderen europäischen Weinen - viele in Bioqualität - hausgemachte Limonaden, Lassi, Bier, Biokaffee und Tee.

→ Sa, So ab 9.30 Uhr bietet das Numa ein am Tisch serviertes Frühstück an. Die Brötchen werden von einer Biobäckerei geliefert, die Eier fürs Ricotta-Omelette kommen vom Bioland Hof, die Konfitüren und Säfte sind hausgemacht. Weitere Produkte wie Schinken, Käse, Salate und Joghurts sind von außergewöhnlicher Qualität.

Das Frühstück ist in der Regel schnell ausgebucht. Eine Reservierung wird empfohlen.

Restaurant Domschenke

Markt 6,
48727 Billerbeck
0 25 43 / 9 32 00
domschenke-groll.com

Größe: 30 Plätze im Schankraum, 40 im Restaurant, zudem Wintergarten und Terrasse
Preise: V 8–28, H 16–43, N 9–13 Euro
Kreditkarten: EC, Amex, Master, Visa
Öffnungszeiten: Täglich 12–14 und 18–22 Uhr

Ambitionierte Küche und westfälische Gastlichkeit

Vom »Restaurant Domschenke« sind es nur wenige Schritte zum imposanten Billerbecker Dom - der mangels Bischofssitzes gar keiner ist. Das Restaurant in der gut erhaltenen Ortsmitte der altehrwürdigen Stadt Billerbeck mit seinen Skulpturen und Relikten zur Stadtgeschichte steht für westfälische Gastlichkeit. Es wird in fünfter Generation von Familie Groll engagiert betrieben. Die »Domschenke« zeichnet sich durch eine ambitionierte Küche aus, die hochwertige Zutaten verwendet und ihre Gerichte appetitlich-ästhetisch präsentiert. Das gilt für ein einfaches Töttchen* oder ein mehrgängiges Menü gleichermaßen. Auf der Karte kann zwischen westfälisch, vegetarisch oder Fisch gewählt werden. Ein Netz aus Zuliefernden versorgt die Küche zu jeder Jahreszeit mit überwiegend regionalen und saisonalen Produkten. Wild kommt aus der Jagd im Umkreis, Spargel und Gemüse sind ebenfalls regionaler Herkunft, bestes Lammfleisch liefert der heimische Schäfer, Wildkräuter und Früchte ein befreundeter Gartenbesitzer oder der eigene Garten. Die Holunderblüten kommen vom Saum des Billerbecker Walds. Bei gutem Wetter sitzt man entspannt auf der schönen Terrasse.

Auf der Tageskarte wird im Frühjahr ein Spargelmenü angeboten. Dazu kommen Gerichte vom Lamm, Rind und Schwein und vielfältige feinste Vor- und Nachspeisen. Typisch für die regionale Küche ist das Pfefferpotthast* mit eingelegtem Gemüse und Salzkartoffeln. Feiner ist das Zweierlei vom Reh mit Roulade und Rehrücken mit Pfifferlingskruste, dicken Bohnen und Spitzkohl. Für von der westfälischen Küche Begeisterte wird eine hausgemachte Sülze, eigener Schinken, eine deftige Kartoffelsuppe und anderes mehr angeboten. Zum Nachtisch kann die Wahl auf eine Joghurtmousse mit Orangeneis, einen Salat von Zitrusfrüchten oder Pumpernickeleis mit Zwetschgen fallen. Außerhalb der Karte bietet das Haus zudem täglich Empfehlungen der Küche, die das Speisekartenangebot ergänzen.

Die Weinkarte umfasst 400 Positionen, davon die Hälfte aus deutschen Regionen; Italien und Frankreich sind gut vertreten. Der Service ist freundlich und aufmerksam.

Café im Kunstmuseum Bonn

Helmut-Kohl-Allee 2,
53113 Bonn
02 28 / 23 00 59
cafekumu.de

Größe: 60 Plätze im Café, 90 im Außenbereich
Preise: Hauptgerichte 14–25 Euro
Kreditkarten: EC, Master, Visa
Öffnungszeiten: Di–Sa 11–18 Uhr; So 10–18 Uhr; Ruhetag: Mo

Kulinarisches Glanzlicht auf der Museumsmeile

Seit nunmehr drei Jahrzehnten betreibt Michael Klevenhaus das »Café im Kunstmuseum Bonn« gegenüber der Bundeskunsthalle. Zum Haus der Geschichte ist es nicht weit, zur Museumsmeile zählt noch das Museum König an der Adenauerallee. Von der Terrasse aus hat man einen schönen Blick auf den gut gestalteten Platz zwischen den beiden Museen und auf die spitzen Dachtürme der Bundeskunsthalle. Es lohnt sich, sich zwischen dem einen oder anderen Museumsbesuch hier auszuruhen und kulinarisch verwöhnen zu lassen. Das Café kommt nach Ausweis der Speisekarte einem Restaurant gleich. Hier wird immer mit frischen Zutaten aus der Region gekocht, vom Gemüse und Fleisch bis zum Bio-Ei. Die frische Pasta kommt vom italienischen Hersteller Sassella aus Bonn, Torten und Kuchen von dem in Bonn besonders geschätzten Café Breuer aus Oberkassel. Auch das Mineralwasser hat keine weite Reise hinter sich, die Apfelschorle wird selbst gemischt. Auf der Weinkarte finden sich die Arche-Passagiere Frühburgunder und die Champagner-Bratbirne. Derzeit wird zur Unterstützung eines von der Flut betroffenen Ahr-Winzers »Flutwein« verkauft.

Die nicht allzu umfangreiche Karte ist immer saisonal orientiert. Als rheinischer Klassiker gibt es die nur hier zu verkostende Bonner Bottermellechbonnezupp (Buttermilchbohnensuppe) nach Großmutters Rezept. Hausgemacht sind sowohl die Frikadellen als auch die Falafeln. Für vegetarisch bzw. vegan lebende Menschen ist gesorgt, z. B. mit gebratenem Gemüse der Saison. Ein Menü kann mit einer der ansprechenden Salatvarianten beginnen, vielleicht angereichert mit einem Ziegenkäse aus der Vulkaneifel. Als Hauptgericht ist das Lammrückenfilet mit Kräuter-Senf-Kruste und Rosmarinjus empfehlenswert, dazu Vanille-Möhren und Kartoffelgratin. Als Nachtisch kommt hausgemachter Milchreis mit Kirschen und Sahne in Betracht oder rheinischer Brotkuchen mit Backpflaumen, Äpfeln und Vanilleschaum.

Im Service bleibt man dem Gastronomen offenbar und offensichtlich gern treu. Einige Personen sind schon länger als zwanzig Jahre dabei. Das macht sich nicht zuletzt bemerkbar in der Aufmerksamkeit gegenüber den Gästen und manch freundlichem Wiedererkennen.

Michael Klevenhaus macht gerne Urlaub auf Juist. Von dort importiert er einen schmackhaften Eierlikör, den Klötenköm. Der findet sich dann als Oma Ettas Klötenköm-Torte im Angebot, als Espresso mit besonderem »Schuss« oder als Zutat zum Eiskaffee.

Kris & Chris Bistronomie

Magdalenenstraße 19,
53121 Bonn
02 28 / 96 29 12 56
kris-chris.de

Größe: 30 Plätze im Gastraum, 12 auf der Terrasse
Preise: V 5–15, H 23–29, N 11 Euro; Drei-Gänge-Menü 46–50 Euro
Kreditkarten: EC, Master, Visa
Öffnungszeiten: Mi–Fr 18–23 Uhr, Sa 17.30–23 Uhr; Ruhetage: So–Di

Genuss aus aller Welt mit regionalen Zutaten

Unter dem Motto »Heimat für Weltenbummler« haben Kristina und Christian Bautz nahe der Kulturmeile in Bonn-Endenich 2021 ihre »Bistronomie« eröffnet. Sie bieten eine moderne internationale Küche mit wechselnden und spannenden Gerichten aus aller Welt. Dazu zählen auch rheinische und deutsche Klassiker wie Himmel un Ääd*, Tafelspitz oder Maultaschen, die neu interpretiert werden. Wo es eben geht, wird mit Zutaten aus der näheren Region um Bonn und Köln gekocht. So kommt etwa das Gemüse fast ausschließlich vom Gemüsehof Hartmann aus Bornheim-Sechtem nahe Bonn. Ganze oder halbe Tiere kommen von regionalen Erzeugern, unter anderem vom Hof Schmitz aus Swisttal-Morenhoven und vom Metzger Mülhausen aus Ettringen in der Eifel. Die kleine Karte ist saisonal und wechselt alle vier bis sechs Wochen. Der Gast spürt die Liebe zur kulinarischen Vielfalt der Region und die Freude von Kristina und Christian, ihre Gäste auf spannende Genussreisen rund um die Welt zu führen: eine gelungene Symbiose von Region und Globus. Fleisch und Fisch werden als etwas Besonderes verstanden und die Menüs dementsprechend gestaltet. Der Saison durch Fermentieren, Einlegen und Einkochen von Früchten und Gemüse verlängert.

Vorweg gibt es gezupftes Morenhovener Rind mit Kerbelpesto, Spitzkohl, Parmesanespuma und Tellicherrypfeffer oder Deconstructed Masala Dosa mit knuspriger Reiscrèpe, Kartoffel, Sambar aus regionalem Gemüse und Zwiebel-Chutney. Selbst gebackenes, knuspriges Brot wird mit verschiedenen Dips gereicht. Als Hauptgerichte gibt es Zweierlei vom Hähnchen mit weißem Spargel, Bärlauch, Jus und Brioche-Speck-Crumb oder gebratener Skrei al Pastor aus Wildfang mit Wirsing-Adobo, einer Wirsingroulade mit fermentierter Rhabarbersauce und Chipotle-Rahmsauce. Als vegetarische Alternative glänzt das Risotto mit roten und gelben Beten, Burrata und Rucola. Gemüse und Salate werden von Kristina und Christian in Sechtem eigenhändig geerntet. Zum Abschluss des Menüs stehen ein Schokoladen-Eclair mit dunkler Schokolade, Nougat und Praliné oder Rhabarber-Variationen mit Kompott, pochiertem Rhabarber, Granité und Vanille Mousse zur Auswahl.

Die kleine, feine Weinauswahl kommt fast ausschließlich aus Deutschland. Fast immer kennen die Gastgeber die Winzerinnen und Winzer persönlich. Die Auswahl nichtalkoholischer Getränke ist vielfältig, hausgemachte Limonaden zählen dazu. Bei der Auswahl passender Getränke berät Kristina kompetent und zuvorkommend.

DelikArt Restaurant

Colmantstraße 14–16,
53115 Bonn
02 28 / 1 84 14 38
delikart-restaurant.de

Größe: 86 Plätze im Restaurant, 90 auf der Terrasse
Preise: V 12–17, H 20–28, N 9–14 Euro
Kreditkarten: EC, Master, Visa
Öffnungszeiten: Di–Sa 9–23 Uhr, So 9–22Uhr; Ruhetag: Mo

Restaurant mit großartigem Weinangebot im Landesmuseum

Das Restaurant »DelikArt« im Rheinischen Landesmuseum befindet sich mitten in einer Wohngegend und erfreut sich großer Beliebtheit bei Nachbarn und Stammgästen. Der große, durch eine Glaswand geteilte Raum ist hell und freundlich. Der Blick auf die Terrasse und die schönen Gründerzeithäuser und den Museumsvorplatz mit aktuellen Ausstellungsstücken ist von allen Tischen aus möglich. Das besondere Engagement des Inhabers Michael Baumgarten gilt dem Wein. An einer Seite sind Weinkisten und Flaschen dekorativ gestapelt – eine Weinausstellung, die neugierig macht. Die Weinkarte ist ein informatives Buch, in dem auch biodynamische Erzeuger ausführlich vorgestellt werden. Bei den Speisen sind die Qualität der Zutaten, Frische und Regionalität unübersehbar. Brühen, Soßen, Suppen und Chutneys sind hausgemacht. Gemüse wird beim Bauern vor Ort geholt.

Die saisonalen Mittagsgerichte wechseln im Wochenrhythmus. Immer dabei ist eine Gemüselasagne. Der vegetarischen Küche wird regelmäßig eine hohe Aufmerksamkeit geschenkt wie die Gemüserösti vom frischen Wintergemüse mit Salatbouquet und Kräuterschmand* oder die Gemüsequiche zeigen. Bei den regional geprägten Gerichten überzeugen moderne Interpretationen. Das klassisch-rheinische Gericht Himmel un Ääd* up DelikArt kommt als gebratene Blutwurst auf Kartoffelstampf mit Schmorzwiebeln, glasierten Apfelspalten und Apfel-Calvados-Schaum auf den Teller – und schmeckt ausgezeichnet. Abgewandelt ist auch der Rheinische Rinderbraten mit Dunkelbiersoße, Rotkohl und Salzkartoffeln. Traditionelle Gerichte wie Kartoffel-Endivien-Stampf oder der rheinische Döppekooche*, ein Gericht aus geriebenen Kartoffeln, werden entsprechend der Jahreszeit angeboten. Der französische Einfluss ist nicht zu übersehen: Im Winter wird ein schönes Gänserillette hergestellt.

Im großartigen Weinangebot finden sich Weingüter von der Ahr mit schönen Frühburgundern, einem Slow-Food-Arche-Passagier. Es gibt Eifeler Landbier, Steinfelder Klosterbier, einheimische Fritz-Kola und Regio-Mineralwässer. Der Service ist freundlich und aufmerksam.

→ Das DelikArt befindet sich im Rheinischen Landesmuseum Bonn, in dem die Geschichte des Rheinlands von der Zeit der Neandertaler und des Oberkasseler Menschen über das Römische Reich bis in die Gegenwart eindrucksvoll dokumentiert und sehenswert dargestellt ist.

Landgasthof Potthoff

Barnhauser Straße 3,
33829 Borgholzhausen
0 54 25 / 70 12
landgasthof-potthoff.de

Größe: 80 Plätze im Gastraum, 80 im Biergarten
Preise: Hauptgerichte 12–30 Euro
Kreditkarten: EC, Master, Visa
Öffnungszeiten: Mo, Do, Fr 18–22 Uhr; Sa 12–14.30 und 17.30–22.30 Uhr; So 11.30–14.30 und 17.30–22 Uhr; Ruhetage: Di, Mi

Westfälische Küche – ganz im Grünen

Zwischen Werther und Borgholzhausen ist, unweit von Bielefeld, Gütersloh und Osnabrück, der »Landgasthof Potthoff« zu finden. Er liegt eingebettet in einem der ältesten Gastronomiegärten, rundherum nur Wiesen und Felder und in Sichtweite der Teutoburger Wald. Schon 1645 soll hier ein Gasthof gestanden haben. Stefan und Julia Breidenbach führen das Haus, das seit Jahrhunderten in Familienbesitz ist, seit 1997. Nach Lehrjahren in Basel stand der Chef noch gemeinsam mit Oma Lina Potthoff und Mutter Liselotte am Herd und erlernte und erlebte ihre Leidenschaft für die westfälische Küche, die von den Jahreszeiten inspiriert ist. Auch heute bietet die Küche eine gute Auswahl saisonaler und westfälischer Gerichte. Zusätzlich gibt es ein täglich wechselndes Angebot aus Fluss und Meer und leichte, kreative Gerichte. Bevorzugt verwendet Breidenbach regionale Produkte: Forellen aus dem eigenen Becken, Fleisch, Eier, Kartoffeln, Geflügel von Bauern der Umgebung. Zu den Liefernden gehören der Spargelhof Steinbrügge in Bad Rothenfelde, die Fischzucht Köster in Steinhagen oder die Fleischerei Lammerschmidt in Melle-Neuenkirchen. Die Gasträume sind geschmackvoll im Landhausstil eingerichtet. Man fühlt sich aufgehoben und wird vom Team freundlich und kompetent umsorgt.

Einige Gerichte gefallen besonders, wie die Barnhorster Landsuppe mit Eierstich und Gemüsestreifen oder die in Silberfolie gebackene Teutoburger Forelle mit frischen Kräutern mit buntem Salat und Salzkartoffeln. Das Geschnetzelte vom Karpfen wird mit Pfifferlingen gebraten, auf Stampfkartoffeln angerichtet und dazu ein Salat gereicht. Es gibt ein schönes Kotelett vom Landschwein, aber auch einfache Genüsse wie ein Bauernbrot mit Marktgemüse, überbacken mit Bergkäse. Ein Nachtischfavorit ist die feine Welfenspeise*, ein Urrezept, das bereits die Großmutter übernommen hatte. Im Biergarten gibt es nachmittags unter alten Bäumen selbst gebackene Kuchen und westfälische Schnittchen mit regionalen Wurst- und Schinkenspezialitäten.

Die überwiegend deutschen Weine sind mit Kennerschaft ausgesucht.

➜ Am Wochenende und an Feiertagen wird nachmittags Kaffee und Kuchen angeboten.

Der Landgasthof ist Mitglied im Verbund »Westfälisch genießen«; er hat sich verpflichtet, die regionale Küche zu bewahren und weiterzuentwickeln.

Genholter Hof

Genholter Straße 61,
41379 Brüggen
0 21 63 / 68 64
genholter-hof.de

Größe: 100 Plätze im Gastraum
Preise: V 6–11, H 12–32, N 6–9 Euro; Spargelmenü ab 34 Euro
Kreditkarten: EC
Öffnungszeiten: Di–Sa 9–18 Uhr; Ruhetage: So, Mo; in der Spargelsaison Mitte April bis 24. Juni, Do ab 18 Uhr Spargelbuffet; So 12–14 Uhr á la carte

Saisonrestaurant zur Spargel- und Grünkohlzeit

Der »Genholter Hof« in Brüggen hat im Frühling und Frühsommer während der Spargelzeit und im Spätjahr zum Grünkohlessen geöffnet. Das angeschlossene Bauerncafé ist ganzjährig geöffnet und bietet ein Frühstücksbüffet, nachmittags hausgemachte Kuchen und Torten sowie zwischen 12 und 17 Uhr kleine Gerichte an. Für Wandernde, Radfahrer*innen und Naturfreund*innen sind Brüggen und der Niederrhein eine beliebte Ferienregion. Mit knapp 100 Plätzen ist das Restaurant nicht zu groß, den Gast erwartet eine gemütliche niederrheinische Atmosphäre.

Während der Saison wird ein vielfältiges Angebot rund um den Spargel mit vielfältigen Begleitern und Beilagen serviert. Spargel und Kartoffeln kommen vom eigenen Bauernhof, Fleisch und Eier, nicht zuletzt für die die gute, selbst gemachte Sauce hollandaise, sind aus der Region. Angeboten werden neben klassischen Spargelgerichten panierter Spargel oder fein gefüllte, knusprig gebratene Spargelrollen. Donnerstags Spargel-Schlemmer-Büffet mit diversen Spargelvorspeisen (z. B. Wraps) und zum Nachtisch selbst gekochter Schokoladen- und Vanillepudding. Die angebotenen Erdbeeren wachsen ebenfalls auf dem Genholter Hof. In der kalten Jahreszeit wird ein deftiger Grünkohleintopf mit Kasseler und Mettwurst aufgetragen. Im Spätjahr gibt es dienstags und donnerstags ab 12 Uhr knusprige Reibekuchen. Alle Speisen sind sorgfältig zubereitet.

→ In Führungen wird Gruppen und Einzelpersonen Wissenswertes über den Spargelanbau vom Feld bis zur Schälmaschine vermittelt. Grünkohlwanderungen oder eine Niederrheinische Kaffeetafel können ebenfalls gebucht werden.

Der Hofladen bietet überwiegend eigene Produkte an.
Öffnungszeiten während der Spargelsaison Mo–Sa 8–19 Uhr; So, Feiertag 9–18 Uhr.

Stappen – Oberkassel

Luegallee 50,
40545 Düsseldorf
02 11 / 93 07 76 00
gasthaus-stappen.de/
duesseldorf

Größe: 70 Plätze im Restaurant, weitere Plätze im Freien
Preise: V 13–25, H 24–43, N 7–16 Euro; Vier-Gang-Menü 69 Euro
Kreditkarten: Alle gängigen Karten; keine Barzahlung,
Öffnungszeiten: Mo, Mi, Do 17–23 Uhr; Fr, Sa 17–24 Uhr; So 12–22 Uhr; Ruhetag: Di

Feine Regionalküche in einem modernen Gasthaus

Das »Restaurant Stappen« in Oberkassel ist seit 2013 eine Tochter des »Gasthaus Stappen« in Korschenbroich. Geführt wird es von dem gastronomisch erfahrenen Paar David Büchner und Elisa Ritter. Das nicht zu große Restaurant hat eine moderne, ungezwungene Atmosphäre. Die frisch gekochten, regionalen Spezialitäten werden gekonnt interpretiert, das klassische Angebot wird durch spannende Gerichte erweitert. Das Fleisch kommt überwiegend von der Fleischerei Erkes, Lamm aus der Eifel, der Spargel vom Spargelhof Allofs, Geflügel und Käse liefern kleine, handwerklich arbeitende Betriebe aus der Region. David Büchner bringt mit seinem kleinen Küchenteam eine bodenständige und doch pfiffige Speisenauswahl in den Stadtteil Oberkassel, in dem er umgeben ist von Sushibar, Brasserie und Trattorien. Wie im Stammhaus setzt Büchner auf den regionalen Anker.

Neben einem traditionellen Düsseldorfer Senfrostbraten, dem original Wiener Schnitzel und verschiedenen Spargelgerichten (während der Saison) finden kreative Zubereitungen den Weg auf die monatlich wechselnde Karte. Empfehlenswert ist das Brunnenkressesüppchen mit mild geräuchertem schottischen Lachs und der Steckrübeneintopf mit Liebstöckel und gebratenem Saibling. Die Tarte vom »Altländer Pfannkuchenapfel« mit Sauerrahmeis und Salzkaramel mundet ausgezeichnet. Klassiker des Hauses sind das Tatar vom Rinderfilet mit Trüffelschaum und – als Hauptspeise – Stappens Beefburger vom Weiderind (der auch im Stappen in Korschenbroich auf der Speisekarte steht). Im vegetarischen Angebot glänzt die gefüllte Aubergine, gratiniert mit Ziegenkäse an Polenta und scharfem Curry-Joghurt. Gelegentlich steht Wild auf der Karte, wie der Maibock rosa gebraten, dazu Zweierlei von der Karotte mit frischen Pfifferlingen.

Der Service ist stets aufmerksam und flink. Große Weinkarte mit vorwiegend deutschen Weinen.

→ Es werden Kochkurse angeboten und verschiedentlich Genussmenüs.

Einige Gerichte werden zum Mitnehmen angeboten.

NEU

PAN's Bebop

Alfredstraße 64,
45130 Essen
02 01 / 64 95 56 90
pansbebop.com

Größe: 40 im Restaurant,
30 vor dem Lokal
Preise: V 5–10, H 8–16, N 4–8 Euro
Kreditkarten: EC, Debit, Master
Öffnungszeiten: Di–Do 17–22 Uhr;
Fr 12–15 und 17–22 Uhr; Sa 10–22 Uhr;
So 10–21 Uhr; Ruhetag: Mo

Hausgemachtes Soulfood – mitten im Ruhrgebiet

PAN's Bebop ist ein besonderes Restaurant im beliebten Stadtteil Essen-Rüttenscheid, einige Minuten abseits des Szeneviertels. Speisen wie Burger, Hotdogs, Sandwiches und Salate werden hier mit außergewöhnlichen Toppings, selbst kreierten und hergestellten Saucen und kräftigem Brot zu wahrem »Soulfood«. Die verwendeten Lebensmittel sind von hoher Qualität und stammen aus der Region: So wird die Wurst für die Hotdogs nach eigener Rezeptur vom Biometzger Burchardt aus Essen bezogen. Die Brötchen kommen von der alteingesessenen Handwerksbäckerei BorBäcker Siebers in Essen-Borbeck. Alle Gerichte sind ohne Palmfett und nach handwerklichen Grundsätzen selbst zubereitet; auf Zusatz- oder Konservierungsstoffen wird konsequent verzichtet. Vegetarische und vegane Alternativen sind selbstverständlich. Das Lokal mit seiner gemütlich-entspannten Wohnzimmeratmosphäre mit Möbeln aus den 1960er-Jahren lädt zum Verweilen ein. Urs Otto hat sein Koch-Hobby zum Beruf gemacht. Der Service ist freundlich, fröhlich, auskunftsfreudig und flexibel.

Die Tageskarte listet Burger aus Rinderhack, Hühnchen, vegetarisch oder vegan: Ziegenbock mit Ziegenfrischkäse auf Salatbett mit roten Zwiebeln, Gurkenrelish, Blütenhonig & Bebop-Sauce. Currywurst mit einer BIO-Bratwurst, einer veganen Vurst in Currysauce mit Landbrot oder den Ruhrgebietsklassiker Mantateller. Schließlich Sandwiches, Salat, Happen und Snacks. Zusammen mit vielfältigen Beilagen wie Pulled Jack Fritten, hausgemachte Fritten mit Pulled Jackfruit, Fritten-Sauce, Pickled Red Onions und Röstzwiebeln und mindestens acht verschiedenen Dips ergeben sich zahllose auch vegane oder vegetarische Geschmackserlebnisse. Außerdem gibt es samstags und sonntags eine umfangreiche Frühstückskarte. Sie zeigt neben internationalen Gerichten wie Englischem Frühstück, Pancakes, Porridge und Smoothies auch eine kulinarisch sehr gelungene Weiterentwicklung der Ruhrgebiets-Knifte, einem Sauerteigbrot mit herzhaften Belägen.

→ Das renommierte Museum Folkwang befindet sich in fußläufiger Entfernung. Auf der nahen Rüttenscheider Straße finden sich vielfältige inhabergeführte Läden, Galerien und Boutiquen, die zum Bummeln einladen.

Hochwertigen und leckeren Kaffee von der Rösterei Bohnenkartell an der Witteringstraße 41 a, köstliche Biobackwaren von der Blond-Bakery-Bio-Sauerteigmanufaktur auf der Rüttenscheider Straße 119, dazu Antipasti vom Feinkostgeschäft Olivia Culinaria Italia, Rüttenscheider Straße 109 – und der perfekte Snack ist fertig.

lecker werden

Ruhrtalstraße 19 A,
45239 Essen-Werden
02 01 / 48 64 58 25
leckerwerden.de

Größe: 50 Plätze im Restaurant, 20 auf der Terrasse
Preise: Vier-Gänge-Menü ab 59 Euro
Kreditkarten: EC
Öffnungszeiten: Nach Voranmeldung an jedem 1. Wochenende im Monat, Fr ab 18, Sa ab 12 Uhr

Ein Treffpunkt für die besonderen Genussmomente im Leben

Auf einem ehemaligen Industriegelände des Essener Stadtteils Werden, in der Nähe des S-Bahnhofs, liegen Restaurant, Kochschule und Eventlocation von »lecker werden«. In guter Nachbarschaft mit Kunstgalerien und alternativ-innovativen Kleinbetrieben ist es ein kulinarischer Magnet mit treuer Stammkundschaft. Das Konzept von Patrick und Stefanie Jabs überzeugt: saisonal, regional, sogar überwiegend lokal, mit gutem Geschmack und fairen Preisen. In den Sommermonaten kommen Gemüse, Salat und Kräuter aus eigenem Bioanbau auf einem nahen Feld. Nicht selbst produziertes Gemüse wird von befreundeten landwirtschaftlichen Betrieben der Umgebung bezogen. Rind- und Lammfleisch kommen von örtlichen Züchtern oder aus Schottland, Wild von befreundeten Jägern aus der Eifel. Milchprodukte sind Naturland-zertifiziert, das Steinofenbrot backt eine Biobäckerei. In der Küche achtet Patrick Jabs auf die komplette Verarbeitung des Gemüses sowie auf in Vergessenheit geratene Fleischzuschnitte, um dem ganzen Tier gerecht zu werden.

Auch wenn »lecker werden« durch die verpflichtenden Voranmeldungen nicht länger eine Adresse für kurzfristige Erlebnisse ist, lohnt das kulinarische Angebot des Slow-Food-Chef-Alliance-Mitglieds eine Terminplanung. Im Mai und Juni mundet ein abwechslungsreiches Menü mit Spargel mit der samtigen Burrata vom Büffelhof Kragemann. Steht später im Jahr Ente auf der Karte, stammt sie vom Geflügelhof Nobis aus Südoldenburg. Den Westfälische Knochenschinken vom Bunten Bentheimer Weideschwein liefert ein Metzger der Schutzgemeinschaft Westfälischer Schinken- und Wurstspezialitäten. Regelmäßig werden Gerichte vom Limousinrind aus Westfalen, dry-aged und sous-vide gegart, deftig-bodenständige Gerichte wie Gulasch vom Ochsen mit frischen Pfifferlingen oder das Kalbsragout mit Kartoffel-Stielmus-Stampf angeboten.

→ Zahlreiche abendliche Kochkurse u. a. zum Thema Ruhrgebietsküche und Gourmetabende mit befreundeten Köch*innen und Winzer*innen, erstere häufig von der Slow Food Chef Alliance. Zeche Zollverein, Villa Hügel, Margarethenhöhe, Abteikirche in Werden und das Münster mit Schatzkammer in der Innenstadt sind einen Besuch wert.

Im März 2024 ist der Feinkostshop in die charmante Altstadt des Stadtteils Werden, Heckstraße 4, umgezogen und bietet dort Di–Fr 10–18 und Sa 10–15 Uhr eine kleine Auswahl feiner Snacks. Unter anderem der Teller mit westfälischem Schinken von Christoph Laschke aus Heek verspricht regionaltypischen Genuss für den kleinen Hunger.

NEU

Hummelbude

Frohnhauser Straße 219,
45144 Essen-Frohnhausen
02 01 / 7 64 02 60
hummelbude.com

Größe: 35 Plätze im Restaurant, 20 im Hof
Preise: V 8–14, H 18–28, N 8–14 Euro
Kreditkarten: Alle außer Amex
Öffnungszeiten: Mi–Sa 12–22 Uhr; So 14–22 Uhr; Ruhetage: Mo, Di

Veganes Fine Dining in Essen

In einer kleinen Seitenstraße, weitab vom Essener Szeneviertel, etablierte sich 2020 das erste vegane Bistro der Stadt. Es überstand die Lockdowns mit variantenreichen To-Go-Angeboten. Der Mut und das Durchhaltevermögen der engagierten Inhaber wurde belohnt. 2023 konnten sie das Bistro zu einem hellen, geschmackvoll eingerichteten Restaurant vergrößern. In der »Hummelbude« spielen die Kulinarik und die Kunst der Gastlichkeit die Hauptrolle. Von den freundlichen Service-Mitarbeiter*innen und Köch*innen werden die Speisen am Tisch erläutert. Das Lokal engagiert sich in einem Netzwerk der Nachhaltigkeit. Zugleich wird großen Wert auf faire Arbeitsbedingungen und eine angemessene Vergütung für die Mitarbeitenden gelegt. Alle Gerichte werden selbst hergestellt. Das saisonale Gemüse liefert die ortsansässige Solidarische Landwirtschaft Evergreen, an der das Restaurant Anteile hält. Der Kaffee kommt vom Kaffeeröster Arcangelo aus dem gleichen Stadtteil.

Nicole Hobach und Jonas Hußmann, beide ausgebildete Köche, verfügen über langjährige Erfahrung in der gehobenen Gastronomie. Ihr kleines, feines Angebot frisch zubereiteter veganer Speisen ist von höchster Qualität. Die wöchentlich wechselnde Mittagskarte erfreut mit moderaten Preisen, die sich sowohl die Älteren als auch die im Stadtteil wohnenden Studierenden munden lassen. Schöne Beispiele sind die ofengebackene Grünkohl-Lasagne oder die Asiabowl mit gedämpftem Tofu unter einer Sesam-Soja-Salsa, knusprigem Ingwersalat, Reisnudeln und Edamame. Abends wird veganes Fine Dining serviert. Unter jeweils drei Varianten kann eine individuelle Menüfolge zusammengestellt werden, beispielsweise eine Pilzpastete als Vorspeise, gefolgt von einem Seitan-Sauerbraten mit Spätzle und Rotkohl und zum Nachtisch Topfenknödel mit Aprikose, Semmelbrösel, Sauerteigeis und Brandysauce.

Die Getränke werden vom Bio-Großhändler Weiling und aus der Finnebrauerei in Münster bezogen. Diese kleine Brauerei in Münsters Kreuzviertel braut Klassiker, Kreativbiere und saisonale Speziaitäten aus besten Biozutaten. Alkoholfreie Getränke wie Kombucha, Wasserkefir, aber auch Gin und vielfältige Cocktails werden von der Hummelbude selbst produziert.

→ Im Stadtteil befindet sich die Frohnhauser Sudwerkstatt, in der handwerklich gebraute Biere kreiert werden.

Empfehlenswert sind die nahegelegene Kaffee-Rösterei Arcangelo (Kaffee von biologisch anbauenden Kooperativen im Verkauf und Ausschank) und der Bioladen Frohnhausen.

Eiflers Zeiten

Burg Flamersheim,
53881 Euskirchen-Flamersheim
0 22 55 / 94 57 52
burgflamersheim.de/
restaurants/eiflers-zeiten

Größe: 70 Plätze im Gasthaus, 60 auf der Terrasse
Preise: V 6–24, H 19–46, N 9–17 Euro
Kreditkarten: EC, Master, Visa, Amex
Öffnungszeiten: Mi, Do 17–23 Uhr; Fr–So 12–23 Uhr; Ruhetage: Mo, Di

Uriges Gasthaus mit guter bodenständiger Küche

Zwanzig Autominuten von Bonn entfernt steht die Burg Flamersheim mit einem Sternelokal und einem gemütlichen Landgasthaus. Im urigen Ambiente mit Holzbalken, Flaschenkronleuchtern und einem mit Holz befeuertem gemauerten Steinbackofen werden Brot und Flammkuchen nach Eifler Art gebacken. In »Eiflers Zeiten« wird frisch, regional und saisonal gekocht, wobei die Bezüge zur Eifel allenthalben deutlich werden. Der Inhaber interessiert sich für die Verarbeitung und ist eng verbunden mit den heimischen Erzeugern; manche Tiere hat er lebend gesehen. Er kennt die Spargelbauern, er weiß, woher Ziegen, Lämmer und Pferdefleisch kommen. Lamm und Kaninchen werden bei »Lapinchen« in Euskirchen gekauft, Gemüse überwiegend beim Biohofladen in Mechernich.

Der Kartoffelflammkuchen aus dem Steinofen ist eine der Spezialitäten des Hauses, auch in der rheinischen Variante Himmel un Ääd* mit Apfel und Blutwurst. Der Ansatz, nach Eifelart mit hochwertigen heimischen Produkten zu kochen, bestimmt die Karte: Lamm vom Flamersheimer Pützhof mit Schmortomaten oder Roastbeef vom Simmenthaler Rind mit Bratkartoffeln und hausgemachter Kräuterbutter. Ein weiterer deftiger Hauptgang ist das Eifelschwein mit frischem Marktgemüse und Schupfnudeln*. Besonders beliebt ist das Sonntagsmittagsgericht: Sonntagsbraten vom Eifelschwein mit mariniertem Spitzkohl und Kartoffelknödeln. Einheimische Graupen als Alternative zum Reis finden sich bei der geschmorten Rinderbacke mit Petersiliengraupen und glasierten Perlzwiebeln. Der berühmte Eifelsenf begleitet das Landlustschnitzel vom Kalb. Zum Fischangebot gehört das Felchen aus dem Laacher See. Nach den Hauptgerichten schmeckt Omas Schokoladenkuchen.

Eigenes Bier aus Gemünd in der Eifel und ein Bier von einer jungen Brauerei in Euskirchen. Bei den deutschen Weinen fällt der Slow-Food-Arche-Passagier, der Frühburgunder von der Ahr, ins Auge. Der Service ist auskunftsfreudig und aufmerksam.

→ Navigation über »Burg Flamersheim«.

Landgasthof Pappelkrug

Pappelstraße 4,
33791 Halle in Westfalen
0 52 01 / 74 79
landgasthof-pappelkrug.de

Größe: 60 Plätze im Gastraum, 75 im Biergarten
Preise: V 5–13, H 18–29, N 4–8 Euro
Kreditkarten: EC, Master, Visa
Öffnungszeiten: Di–Sa ab 17.30 Uhr; Ruhetage: So, Mo, Feiertag

Gastronomisches Kleinod, versteckt in den Feldern

Ländlich in Künsebeck gelegen, einem Ortsteil des westfälischen Halle, ist der »Landgasthof Pappelkrug«. Er wird in der vierten Generation von Familie Haksenhoff geführt. In der geschmackvoll restaurierten Deele fühlt man sich – nicht zuletzt dank der außerordentlich freundlichen und umgänglichen Mitarbeitenden – sofort wohl. Im Sommer lädt der von Wiesen und Feldern umgebene, mit Pappeln bestandene Biergarten ein. Es ist ein Erlebnis, wie spannend und abwechslungsreich die regionale Küche interpretiert werden kann: traditionell und gleichzeitig zeitgemäß. Die Gerichte sind raffiniert gewürzt und kunstvoll angerichtet. Die Grundprodukte kommen überwiegend aus der Region. Zu den regionalen Lieferant*innen gehören der Gemüsehof Lange in Versmold, die Fleischerei Haskenhoff in Steinhagen und der Eierhof Fuest in Sandforth. Wild kommt aus eigener Jagd. Die Karte wechselt im Einklang mit der Saison, gelegentlich werden »Westfälische Wochen« veranstaltet.

Bei den Vorspeisen erfreuen das Süppchen mit Brunnenkresse und die Ravensberger Festtagssuppe. Von den Fleischgerichten sind die hausgemachten Wildbratwürste mit geschmorten Äpfeln, Zwiebeln und Kartoffelpüree, die geschmorten Schweinebäckchen mit Spitzkohl und Kartoffelpüree und die geriebenen Pfannenrösti mit Schnippelschinken oder Lachs zu nennen. Im Fischangebot: Waller aus heimischer Bioaquakultur. Attraktiv vegetarisch ist der geschmolzene Ziegenkäse mit Thymian und Honig auf Blattsalat mit Tomatenkompott. Als süßes Finale schmeckt das Rhabarbersorbet mit frischen Erdbeeren.

Das Essen wird von handwerklich gebrautem Landbier der kleinen Brauerei Sandforth in Steinhagen begleitet, alternativ von deutschen und europäischen Weinen. Die Weinauswahl ist klein, aber attraktiv und fair kalkuliert.

Wegermann's Bio-Landhaus

Wodantal 62,
45529 Hattingen
0 23 24 / 39 50 10
wegermanns-bio-landhaus.de

Größe: 56 Plätze im Restaurant, 50 auf der Gartenterrasse
Preise: Hauptgerichte 19–30 Euro; Stullenkarte 14–23 Euro; Drei-Gänge-Menü ab 35 Euro
Kreditkarten: Alle gängigen Karten
Öffnungszeiten: Mo–Di, Fr–Sa 17.30–21 Uhr; So 11–20.30 Uhr; Ruhetage: Mi, Do

Ländliches Idyll am Rande des Reviers

Im Wodantal südlich von Hattingen gelegen, lohnt das Landhaus Wegermann eine Anfahrt aus dem Ruhrgebiet. Das familiär geführte Hotel mit seinem Restaurant war der erste gastronomische Betrieb in Westfalen, der von Bioland zertifiziert wurde. Beachtung des Tierwohls, Transparenz, ehrlicher Geschmack, ausgezeichnetes handwerkliches Können, Kreativität und Konzentration auf das Wesentliche erlebt der Gast im Wodantal selbstverständlich. Die Karte vermerkt, ob Gerichte vegetarisch sind und ob eine vegane Variante angeboten wird. Die meisten Speisen können als Vorspeiseportion in unterschiedlichen Zubereitungen und mit vielfältigen Beilagen bestellt werden. Die Kennzeichnung der Bezugsquellen ist vorbildlich (Biofleisch, Fisch aus Wildfang und Bioaquakultur, Wild aus heimischen Jagden). Das Fachwerkhaus hat eine bewegte Geschichte und wurde umfassend und doch behutsam renoviert. Das Ambiente zeigt eine überzeugende Kombination aus modernen und traditionellen Elementen. Axel Wegermann und Melanie Sodtke verstehen sich darauf, aus guten Produkten stimmige Gerichte zu kochen und ihre Gäste zuvorkommend zu umsorgen.

Ein Klassiker des Hauses ist das beeindruckende Kotelett vom Bio-Ochsen mit seinem feinen Geschmack und einer erstaunlich zarten Struktur. Bei vielen Gerichten wird durch Rezeptur und Zutaten der regionale Bezug deutlich, wie bei den Kartoffel-Puffer-Plätzchen mit Blutwurst auf Sauerkrautsalat mit Senfdressing oder dem Pfefferpotthast* vom westfälischen Wiesenlamm. Die Speisekarte ist saisonal ausgerichtet: Haxe und Rücken vom westfälischen Weidelamm mit Thymiansauce, sautierten Kräutersaitlingen und gratiniertem Kartoffel-Gemüse-Stampf zu Ostern, Ziegenkäse-Auswahl von der Bioland-Hofkäserei Dörmann im Frühjahr, im Herbst Wildgerichte oder Kürbis-Orangen-Samtsuppe mit Kürbisöl und Röstkernen oder Kartoffel, Kürbis, Apfel, Zwiebellauch aus der Bratpfanne mit Birnenquark. Saisontypisch sind auch Salate wie die Wildkräuter-Komposition mit geräucherter Forelle. In der (Vor-)Weihnachtszeit werden Gänse angeboten.

Die überschaubare Weinkarte bietet ansprechende Begleitungen.

➜ Frühstücksmenü täglich von 7-11 Uhr.

Das Wodantal in der Elfringhauser Schweiz ist ein Paradies für Menschen, die gern wandern oder mit dem Rad unterwegs sind.

Die Windmühle Fissenknick

Windmühlenweg 10,
32805 Horn-Bad Meinberg
0 52 34 / 91 96 02
diewindmuehle.de

Größe: 98 Plätze in den Gasträumen, 40 auf der Terrasse
Preise: Hauptgerichte 15–30 Euro
Kreditkarten: EC, Master, Visa
Öffnungszeiten: Fr–So 12–14.15 Uhr; Mi–So 18–22 Uhr; Ruhetage: Mo, Di

Mühlenromantik mit ostwestfälischer Topgastronomie

Am Teutoburger Wald, zwischen Detmold und Bad Meinberg, leicht abseits der Hauptverkehrswege, liegt »Die Windmühle Fissenknick«. Wie es sich für eine anständige Windmühle gehört, liegt sie auf einer Anhöhe. Nach wechselvoller Geschichte als Mühle haben Birgit und Holger Lemke 2010 den Mühlenkochlöffel in die Hand genommen und präsentieren ihren Gästen eine lippische und westfälische Küche, gelegentlich mit internationalem Einfluss. Die Zutaten kommen vorwiegend von regionalen Partner*innen und Lieferant*innen. Die Windmühlenstube, ein einmaliger Gastraum mit 40 Plätzen in einer Runde, verbildlicht die Redensart vom »Genießen in gemütlicher Runde«. Müllerstübchen und Kaminstube ergänzen das Raumangebot. Im Sommer beschatten alte Kastanienbäume eine geräumige Terrasse. Die reizvolle Raumanordnung des Restaurants ist leider nicht ganz barrierefrei.

Als Einstieg ins regionale Schmausen seien die Lippische Festtagssuppe oder der Lippische Pickert* empfohlen. Hervorzuheben ist die Roulade vom roten Höhenvieh mit jungem Spitzkohl und Serviettenknödeln. Saisonale Besonderheiten sind im Frühsommer alle Variationen vom heimischen Spargel, im Herbst und Winter liegt das Augenmerk auf Grünkohl – hier die »lippische Palme« genannt. Es gibt auch Gans, Wild und Fisch in der Mühlenküche – zu unterschiedlichen Zeiten. Der Westfälische Pumpernickel darf nicht fehlen, er taucht als lippische Variante mal in einer Vorspeise, mal in einer Nachspeise auf, oder er ist als besondere Zutat in einem Gericht gut versteckt. Tafelspitz, Ochsenbäckchen, Kalbsleber zeugen von einem Kochverständnis jenseits von Edelteilen und Fertigprodukten. Die vegetarische Karte reicht von Wurzeln, Gemüsen und Pilzen bis hin zu den Variationen von Pickert, Pumpernickel und Käsen. Die Küche ist flexibel und ganz Ohr.

Tochter Anna-Katharina Lemke kümmert sich als Sommelière um die überwiegend deutsche Weinkarte mit über 150 Gewächsen von 30 namhaften Weingütern. Viele lippische Gerichte finden in einer der vielen Bierspezialitäten der Brauerei Strate aus dem benachbarten Detmold einen idealen Partner. Ein gutes Sortiment an Bränden und eine große Whiskyauswahl.

➜ Der nahe Teutoburger Wald ist eine ausgedehnte Freizeitregion und bietet unweit der Windmühle Fissenknick mit dem Hermannsdenkmal, dem Freilichtmuseum und den Externsteinen herausragende Attraktionen.

Gasthaus Spieker

Detmolder Straße 86,
33161 Hövelhof-Riege
Tel: 0 52 57 / 22 22
gasthaus-spieker.de

Größe: 67 Plätze im Restaurant und Wintergarten, 50–200 im Festsaal
Preise: Hauptgerichte 15–30 Euro
Kreditkarten: EC, Master, Visa
Öffnungszeiten: Mi–Sa 17–23 Uhr; So 11.30–14.30 und 18–22 Uhr; Ruhetage: Mo, Di, außer an einigen Feiertagen

Westfälische Bodenständigkeit mit einer Prise Mittelmeer

Im Herzen Ostwestfalens, am Rand der Kulturlandschaft Senne zwischen Bielefeld und Paderborn, liegt in Hövelhof-Riege das »Gasthaus Spieker«. Die Ruhe und Gelassenheit der Umgebung übertragen sich auf die Atmosphäre des Hauses. Dem Gasthaus, geführt von den Geschwistern Beate und Franz Spieker, gelingt der Spagat zwischen westfälischer Bodenständigkeit, mediterraner Leichtigkeit und internationalen Einflüssen. Franz Spieker war auf Mallorca und in den USA tätig. Er kocht mit hochwertigen regionalen Zutaten.

Die Karte wechselt mit der Jahreszeit, es gibt immer etwas Neues zu entdecken. Im Frühjahr empfiehlt sich als Starter ein marinierter Sennespargel mit Rucola. Beim Hauptgang setzt sich die Erkundung der Region fort mit einem Filet von der Lachsforelle mit Zuckerschoten und Kartoffelragout – der Fisch schwamm in der Forellenfarm in der Emsquellaue direkt hinterm Haus. Die Lammkeule, rosa gebraten, kommt aus der Senne. Ebenfalls aus der Senne kommen als besondere Höhepunkte die Wildgerichte, zum Beispiel die Hirschkeule auf Rahmwirsing mit Portweinsoße, Pilzen, Zuckerschoten und Gnocchi. Raffinierte und geschmackvolle vegetarische Gerichte sind ebenfalls im Angebot, etwa die hausgemachten Gnocchi auf Tomaten- und Auberginenwürfeln mit Parmesan. Zum Abschluss empfiehlt sich – als weiterer Regiohappen – feiner Biokäse von Dörmanns aus Petershagen, alternativ ein Schokoladenküchlein mit flüssigem Kern.

Die umfangreiche Weinkarte lässt keine Wünsche offen. Favorisiert werden deutsche Winzer*innen, die Spieker persönlich kennt.

→ Der Europaradweg R1 führt am Haus vorbei; dem Emsradweg kann man bis zur Quelle des Flusses folgen.

Gasthaus Stappen

Steinhausen 39,
41352 Korschenbroich-Steinhausen
0 21 66 / 8 82 26
gasthaus-stappen.de

Größe: 90 Plätze im Restaurant, 50 im Hofgarten
Preise: V 13–25, H 25–43, N 7–14 Euro; Vier-Gänge-Menü 69 Euro
Kreditkarten: Ausschließlich Kartenzahlung
Öffnungszeiten: Di–Sa 17.30–22 Uhr, So 12–15 und 17–22 Uhr; Ruhetag: Mo

Gehobene Regionalküche – und mehr

In Korschenbroich-Steinhausen führt Familie Stappen in fünfter Generation ein Gasthaus gleichen Namens. Carmen Stappen leitet den Service, Franz-Josef führt in der Küche Regie. Das Restaurant bietet ein gemütlich-modernes Ambiente. Der Kartenschwerpunkt liegt auf feiner regionaler und saisonaler Küche. Darüber hinaus werden Krustentiere und Gerichte mit asiatischem Einschlag angeboten. Das Rind hatte einen kurzen Weg aus der Zucht und Mast zum Metzger Erkes aus der Nachbarschaft. Ziegenkäse kommt aus Grefrath am Niederrhein, Obst und Gemüse von Bauern und Bäuerinnen aus der Umgebung.

Einen stärkenden Auftakt bieten Stappens Vorspeisenvariation mit Ziegenkäsecreme und geröstetem Pulpo oder hausgebeizter Lachs mit knusprigen Reibekuchen. Empfehlenswert ist das Wiener Schnitzel mit Gurken-Kartoffelsalat oder der regionale Klassiker Düsseldorfer Senfrostbraten mit Spitzkohl in Rahm und Kartoffelstampf, das luftgereifte Rumpsteak oder ein Färsenfilet vom heimischen Rind. Die saisonale Karte wechselt monatlich. Süßkartoffel-Gnocchi mit Salbeibutter und in Sesam gebratene Spitzpaprika sind vegetarische Optionen. Selbst hergestelltes Eis und Sorbets sowie eine Käsevariation bereichern das abwechslungsreiche Nachspeisenangebot. Alle Speisen überzeugen durch Produktqualität und feines Aromenspiel.

Die Atmosphäre ist – wie der ausgezeichnete Service – freundlich und lebhaft. Die umfangreiche Weinkarte listet 150 Positionen und es ist möglich, eine korrespondierende Weinbegleitung zu den Gerichten zu bestellen. Es gibt Korschenbroicher Alt, Willicher Pils und gute Digestifauswahl.

➜ Ergänzend zum Restaurantbetrieb werden Events angeboten, wie »Wir decken gemeinsam die Tafel«, ein »Provence-« oder »Toskana-Abend« oder »Grillen und Wein«. In der Vinothek werden Weinproben oder Winetalks veranstaltet.

Die seit der Corona-Pandemie angebotenen Genussboxen für zu Hause erfreuen sich weiterhin großer Beliebtheit.

NEU

Essers Gasthaus

Ottostraße 72,
50823 Köln-Ehrenfeld
02 21 / 42 59 54
essers-gasthaus.de

Größe: 70 Plätze im Gastraum, 70 auf der Terrasse
Preise: V 7–14, H 18–34, N 6–7 Euro
Kreditkarten: Alle gängigen Karten
Öffnungszeiten: Do–Di 17.30–22.30 Uhr; Ruhetag: Mi

Österreichische Küche im Kölner »Veedel«

Das in Ehrenfeld (einem der Kölner Veedel) in einem ruhigen Wohngebiet gelegene »Essers Gasthaus« macht seinem Namen alle Ehre. Die angenehme Atmosphäre prägt Iris Giessauf. Gebürtig in der Steiermark, verbreitet sie eine fröhliche, herzliche Stimmung und wirkt durch ihre kompetente Beratung. Der Kölner Andreas Esser, ihr Mann, ist der Koch des sehr schmackhaften Essens. Die Herkunft der verarbeiteten Grundprodukte wird im Anhang zur Karte genannt: Geflügel vom Millianshof in Bergheim, Lamm und Kaninchen von Lapinchen in Flamersheim oder Forellen aus dem Lambachtal. Einige Erzeugnisse wie das Kürbiskernöl, die Marillenmarmelade, das Steirische Landschwein oder das Entrecôte vom Almochsen stammen aus Iris steirischer Heimat. Zu vielen der Produzentinnen und Produzenten pflegen die Betreiber einen persönlichen Kontakt.

Auf der ruhigen Gartenterrasse oder im hellen Gastraum mit blank polierten Tischen wird eine gutbürgerliche österreichische Küche mit hervorragenden Zutaten aus der Region und aus der Steiermark serviert. Erwähnung finden muss als Erstes das legendäre Backhendl mit Salat, das wegen der aufwendigen Zubereitung ausschließlich am ersten Donnerstag im Monat und nur auf Vorbestellung angeboten wird. Jeden Sonntag hingegen wird das Original Wiener Schnitzel mit Kartoffel-Gurken- und steirischem Bauernsalat serviert. Immer stehen auf der Karte vier Klassiker: ein butterzarter Kavalierspitz, in der Brühe serviert mit Gemüse, Kartoffeln und Kren, die »steirisch gebratene«, also mit Polenta panierte Forelle mit Kartoffeln und Tomatensalat, die mit Speck angereicherten Krautfleckerl »Tante Jolesch« und als vegetarisches Gericht Spinatknödel mit brauner Butter und grünem Salat. Darüber hinaus gefallen auf der täglich wechselnden Karte die gut gewürzten und gebratenen Filets vom Felchen mit Zitronenbutter, Kartoffeln und Salat oder – als Beispiel für die häufig angebotenen Innereiengerichte – das hervorragende Lammbries mit Bohnen. Als Nachtisch gibt es sensationelle Marillenpalatschinken, die auf Wunsch mit reichlich Marillenbrand flambiert werden.

Besonderes Augenmerk verdient die kleine, erlesene Weinkarte, die auf deutsche und österreichische Weine fokussiert ist. Iris Giessauf ist ausgebildete Sommelière und präsentiert regelmäßig ihre Entdeckungen. Ihre Karte wurde des öfteren ausgezeichnet.

Steirisches Kürbiskernöl, Marillenmarmelade und die steirische Käferbohne können im Lokal erworben werden.

maiBeck

Am Frankenturm 5,
50667 Köln
02 21 / 96 26 73 00
maibeck-fuerdich.de

Größe: 56 Plätze im Restaurant, 55 im Außenbereich
Preise: V 12–16, H 27–37, N 6–12 Euro
Kreditkarten: Alle gängigen Karten
Öffnungszeiten: Di–Sa 12–15 und 18–23 Uhr; Ruhetag: So, Mo

Kreative Regionalküche in Sichtweite zum Dom

Das »maiBeck« an der Rheinpromenade versteht sich als Bistro, ausgestattet mit klassischen Bistrotischen und schlichter, angenehmer Bestuhlung. Das hochgelobte Restaurant hält einen Michelin-Stern. Die Speisekarte wechselt – ebenfalls bistrotypisch – nach Jahreszeit und aktuellem Angebot der Lieferantinnen und Lieferanten. Nach dem Motto »Wir kaufen nur bei denen, die wir persönlich kennen« ist über die Jahre ein großes Produzentinnen- und Produzentennetzwerk entstanden. Bäuerliche Betriebe aus dem Kölner Umland liefern das Gemüse, z.B. der Gemüsebau Hartmann in Sechtem oder die Gartenoase in Buschbell. Pilze kommen von Moser in Langenfeld. Süßwasserfische wie Forellen werden von der Fischzucht Hahn oder von der Lambachtaler Forellenzucht und Räucherei im Bergischen Land bezogen. Lamm und Kaninchen werden bei Lapinchen in Flamersheim eingekauft. Bei den meisten Gerichten steht die wichtigste Bezugsquelle auf der Speisekarte.

Am Beispiel des Tatar vom Prümer Rind lässt sich das Konzept des »maiBeck« erkennen: Eine gute Portion handgeschnittenes Fleisch kräftigen Geschmacks wird mit Dormagener Melonenkürbis, geriebenem Eigelb und einer Koriander-Majo kombiniert, getoppt von einem Stück Hering. Ein reizvoller Kontrast entsteht. Weitere Vorspeisen sind Spargel aus Fischenich als Salat oder das Forellenfilet von Dennis Hahn, lauwarm serviert mit Endivie, Linsen und Kartoffelsalat. Zahlreiche Gerichte gibt es als Vor- oder Hauptspeisenportion. Rosa gebratener Kalbstafelspitz ist dem klassischen Rheinländer Roastbeef nahe verwandt. Regelmäßig findet sich der Bauch vom Livar-Klosterschwein aus den nahen Niederlanden ebenso auf der Karte wie der würzige Kartoffel-Bergkäse-Schlutzkrapfen, eine Art vegetarischer Raviolo. Flönz (Kölner Blutwurst) ist ein Gericht der kühleren Jahreszeit. So 'ne Art Rheinischer Sauerbraten, ein mildsaures, rosa gegartes Bratenstück ist ein zeitgemäßes Hauptgericht. Sehr zu empfehlen und nicht selten auf der Tageskarte zu finden sind Gerichte mit Innereien. Vegane Gerichte werden auf Nachfrage gerne angeboten. Zum Finale die Wahl: entweder Allgäuer Bergkäse, das Tiramisu, ein Sorbet oder Grieß, gebacken mit Heidelbeere und Heidelbeerparfait.

Die üppige Weinauswahl ist fair kalkuliert; viele offene Weine aus Deutschland und Europa.

→ Das »maiBeck« ist gut geeignet für eine Stärkung vor einem Besuch der Philharmonie »um die Ecke«. Hochkarätige Museen, das Rathaus, der Dom und die berühmten romanischen Kirchen liegen in Reichweite.

Em Krützche

Am Frankenturm 1–3,
50667 Köln
02 21 / 2 58 08 39
em-kruetzche.de

Größe: 180 Plätze im Lokal,
120 im Biergarten
Preise: V 9–18, H 20–35, N 8–10 Euro
Kreditkarten: EC, Amex, Master, Visa
Öffnungszeiten: Mi–So 12–22 Uhr;
Ruhetage: Mo, Di

Traditionslokal mit ambitionierter rheinischer Küche

Das historische Gasthaus »Em Krützche« in der Kölner Altstadt am Rheinufer wird seit vierzig Jahren von den Familien Fehn und Fehn-Madaus betrieben. Im Stil eines bürgerlichen Restaurants gehalten, lädt die holzbetonte Einrichtung zum Verweilen und Genießen ein. Das Kölner Zimmer mit seinem »Beichtstuhl« als Extraplätzchen ist ein angenehmer Wohlfühlort. Im Biergarten genießt man die frische Brise vom Rhein. Das Restaurant pflegt die Tradition rheinischer Küche mit deutlich besserer Qualität als in vielen Altstadtlokalen. Die Speisen werden frisch zubereitet und die Küche berücksichtigt, soweit möglich, regionale Anbieter*innen. Fische kommen aus der Region, Flönz – die Kölner Blutwurst – liefert Struzina Rauschen aus Dormagen. Rinder aus der Eifel werden bei Familie Fuchs in Prüm geschlachtet, den Spargel liefert der Bellerhof in Köln-Marsdorf.

Matjesfilets Kölsche Art und der kalte Tafelspitz mit Vinaigrette und Bratkartoffeln wecken schon bei den Vorspeisen den Appetit. Kölsche Maultaschen, gefüllt mit Blutwurst auf Sauerkraut, sind ebenso probierenswert wie die knusprigen Reibekuchen mit Lachs. Bei den Hauptspeisen zählen der Rheinische Sauerbraten mit Rosinensauce, Apfelkompott und Butterspätzle oder Klöße sowie der gekochte Tafelspitz in Boullion mit Wurzelgemüse und frischem Meerrettich zum unumstößlichen Repertoire. Feinschmecker*innen erfreuen sich am Kalbskopf nach Schildkrötenart (en tortue), den es allerdings nur auf Vorbestellung gibt. Spargel- oder Pfifferlingsgerichte und Wild werden saisonal angeboten. Beliebt ist das Restaurant auch wegen seiner Gänsemenüs. Zur Karnevalszeit wecken hausgemachte, sauer eingelegte Bratheringe mit Hausfrauenbratkartoffeln die Lebensgeister. Zum Nachtisch gefält der Funke-Coup rut-wieß – warme Himbeeren auf Vanilleeis mit Schokoladensoße und Sahnehäubchen. Ein attraktives Drei-Gänge-Menü lohnt die mittägliche Einkehr.

Ungewöhnlicherweise wird in diesem Altstadtgasthaus kein Kölsch ausgeschenkt. Bitburger Pils und Eifel Bräu gibt es vom Fass, außerdem Benediktiner Weissbier. Zahlreiche Weine von soliden Erzeugern aus Deutschland und Frankreich.

→ Von 14–17.30 Uhr wird eine Nachmittagskarte angeboten. »Em Krützche« bietet sich als Ausgangs- oder Endpunkt einer Besichtigung des Doms, der zahlreichen romanischen Kirchen, der vielfältigen Museen sowie der Altstadt mit ihrem Rathaus oder auch den Grundmauern des römischen Praetoriums an. Direkt um die Ecke liegt die Kölner Philharmonie.

Johann Schäfer Brauhaus

Elsassstraße 6,
50677 Köln
02 21 / 16 86 09 75
johann-schaefer.de

Größe: 120 Plätze im Gastraum, 20 im Außenbereich
Preise: Hauptspeisen 8–33, Beilagen 7 Euro
Kreditkarten: EC, Master, Visa
Öffnungszeiten: Mo–Fr 12–22, Mittagstisch 12–17 Uhr; Sa, So, Feiertag 10–22 Uhr, Brauhausfrühstück 10–14 Uhr

Brauhaus mit eigenem Bier und ambitionierter Küche

Das Brauhaus Johann Schäfer ist in der belebten Kölner Südstadt in den Räumen einer ehemaligen Spedition gleichen Namens beheimatet. Im Gastraum wird an Tischen in Barhöhe gesessen, in zwei kleineren Räumen an üblichen Tischen. Die Küche ist offen, jeder kann sehen, was die Köche gerade tun. Wichtig ist den Köchen der regionale Einkauf bei vertrauten Produzent*innen. Das Fleisch stammt von Tieren mit freiem Auslauf: Das Kalb- und Rindfleisch kommt von Wild-Reuber im Oberbergischen, das Schweinefleisch aus Heinsberg. Kartoffeln liefert Kartoffelkult in Rommerskirchen, Gemüse der Biohof Frings in Mechernich, Fisch wird aus nachhaltigem Fischfang erworben.

Tiere werden von Kopf bis Huf verwertet. Restliche Abschnitte wandern ins Hackfleisch für Maultaschen, werden als Bratwurst serviert oder zu Lammsülze mit kräftig gewürztem Gelee verarbeitet. Die erwähnten Gerichte sind eine Momentaufnahme, die Karte kann beim nächsten Besuch anders aussehen. Einiges wird in selbst entwickelten Gewürzmischungen eingelegt, vakuumiert oder fermentiert. Ein spannendes vegetarisches Angebot ist der gegrillte Spitzkohl mit Sauce bernaise, Preiselbeeren und Buchweizen. In der Saison gibt es Spargel mit Bärlauchöl. Zartes und Frittiertes vom Huhn öffnet die Augen dafür, wie gut Geflügel schmecken kann. Klassisch sind Johanns Roulade oder der Schulterkrustenbraten mit Starkbiersoße. Beilagen wie die vielfältigen Salate oder die handgeschnittenen Pommes frites müssen extra bestellt werden. Als Vorspeisen werden gehacktes Tatar, Emder Matjes oder Roggenbrot mit Butter, das täglich vor Ort gebacken wird, angeboten. Nachspeisen wie Grießbrei mit Himbeermark werden im Weckglas serviert.

Das Lokal hat Gaffelkölsch im Ausschank und selbst gebraute Biere wie das süffige Südstadt-Pils. Auf der Weinkarte stehen angemessen kalkulierte Weine aus Deutschland. Kaffee stammt von der Kölner Rösterei van Dyck.

➜ Montags bis freitagmittags gibt es neben der Standardkarte ein günstiges Angebot mit guter Hausmannskost. Am Wochenende und an Feiertagen wird ein Brauhausfrühstück aufgetischt. In etwa 800 m Entfernung betreibt das Brauhaus im Rheinauhafen einen Biergarten mit einem eingeschränkten Speisenangebot, geöffnet von 15–23, samstags, sonntags und feiertags von 12–23 Uhr.

In der Nähe des Brauhauses liegt das Comedia Theater, eine der bekanntesten Bühnen für Kinder- und Jugendtheater in NRW.

NEU

Haus Müller

Achterstraße 2 / An der Eiche,
50678 Köln
02 21 / 9 32 10 86
haus-müller-köln.de

Größe: 34 Plätze im Gastraum, 60 im Außenbereich
Preise: V 9–17, H 20–32, N 9–16 Euro
Kreditkarten: Alle gängigen Karten
Öffnungszeiten: Mi–Mo 17–22 Uhr; Ruhetag: Di

Genießerlokal in der Kölner Südstadt

Das Motto des in der Kölner Südstadt gelegenen Restaurants »Haus Müller« lautet »Lecker, frisch und regional«. Im langjährigen Familienbetrieb kocht mittlerweile der Sohn; der Schwiegersohn ist Sommelier. Ein Höhepunkt ist der kleine Platz »An der Eiche«. Unter mächtigen Platanenbäumen mit Blick auf einen großen Brunnen lässt es sich gut verweilen. Zugleich dient er als Wartebereich, wenn das Restaurant - wie häufig - gut besucht ist. Im »Haus Müller« verbreitet ein Raum mit vielen Pflanzen eine gemütliche Wohnzimmeratmosphäre, während ein größerer ein modernes, großzügiges Ambiente aufweist. Vertrauensbildend ist die lange Liste der regionalen Produzenten am Ende der Speisekarte. So bezieht das Lokal Fische aus dem Angelpark Hahn in Wipperfürth. Der Besitzer ist Jäger, daher liefert er auch das Wild. Die Gänse kommen ebenfalls aus dem Bergischen Land. Das Fleisch und Geflügel wird von ausgewählten Höfen in der Eifel bezogen. Kartoffeln, Milch und Eier aus Rommerskirchen.

Geboten wird eine gehobene Gasthausküche, in der Saisonalität und Nachhaltigkeit eine große Rolle spielen. Zwei Spezialitäten, die unbedingt genannt werden müssen, sind der Kalbsmarkknochen mit Kräuter-Knoblauchchips und Himmel un Äad*, gebratene Blutwurst mit knusprigen Zwiebeln, Kartoffelpüree und Apfelkompott. Bei den Vorspeisen gefällt das handgeschnittene Tatar vom Rind aus der Eifel mit Trüffelmayo oder auch das Tatar von der Lachsforelle mit Meerfenchel und Harissamayo. Außergewöhnlich und sehr schmackhaft ist das Filet von der Lachsforelle, in roter Bete gebeizt und flambiert, mit Risotto Nero, wildem Brokkoli und Sesamjoghurt. Sowohl das Spanferkelkarree mit pikanter Kimchi und Kartoffelpüree als auch die getrüffelte Perlhuhnbrust mit Apfel-Drillingen, Knoblauch, Maracuja Espuma und Staudensellerie sind gelungene Beispiele für die exzellente Küche des Restaurants. Einzelne Gerichte werden auf einem glimmenden Heubett serviert und sind sowohl ein Hingucker als auch von hohem geschmacklichen Reiz. Im Frühjahr werden Spargelgerichte serviert, im Winter Wildgerichte sowie Gänsemenüs. Für Veganer gibt es ein begrenztes Angebot.

Ausgeschenkt wird Sünner Kölsch. Kleine, feine Weinkarte.

→ Das Restaurant versteht sich auch als »Veedelskneipe« (Kneipe im Stadtviertel), in dem an der Theke ein Feierabendbier getrunken wird. An den »Tollen Tagen« wird in den leegeräumten Gasträumen heftig gefeiert.

NEU

Restaurant im Falderhof

Falderstraße 29,
50999 Köln
0 22 36 / 6 87 16
falderhof.info/restaurant

Größe: 40 Plätze im Restaurant, 40 auf der Terrasse
Preise: V 8–14, H 24–36, N 11-14 Euro
Kreditkarten: Alle gängigen Karten
Öffnungszeiten: Mi–Sa 17.30–24 Uhr; Ruhetage: Mo, Di, So

Landhausküche im historischen Ambiente

Der »Falderhof« am südlichen Stadtrand von Köln ist ein restaurierter Gutshof aus dem 18. Jahrhundert. Im Sommer werden auf der idyllischen Terrasse unter alten Lindenbäumen ebenso wie zu jeder Jahreszeit im gemütlichen Gastraum des Fachwerkhauses außergewöhnliche Gerichte mit regionalen Zutaten serviert. Das Motto »echtes Essen aus echten Zutaten« ist mit dem Anspruch verbunden, Verantwortung zu tragen und den Planeten für nachfolgende Generationen lebenswert zu erhalten. So hat sich die Familie Zeumer-Peer beispielsweise entschlossen, keinen Seefisch mehr anzubieten. Der angebotene Fisch wächst im Westerwald auf. Viele Kräuter und Obst kommen aus dem eigenen Garten. Vorbildlicher Weise werden die zahlreichen Lieferanten aus der Region, zu denen Frau Zeumer-Peer engen Kontakt hält, auf der Karte genannt. Die Speisekarte wird saisonal angepast.

Beispiele für die hervorragende Küche sind - als Vorspeisen - das perfekt abgeschmeckte Rote-Bete-Tatar mit Frisée, Senfkörnern und Knusperkapern oder das Sashimi von der Lohmarer Lachsforelle mit Rucola, Sesamvinaigrette, Ingwerkarotten und Sesamschaum. Die Lachsforelle gibt es in vielen Varianten auch als Hauptgericht, unter anderem mit Forellenknusper, mildem Gemüse-Kimchi, Annakartoffeln und Soja-Chilireduktion. Bestens zubereitet ist auch die geschmorte Kaninchenkeule in Soja-Ingwer-Sud mit Schmorspitzkohl, Erdnüssen, Wedjes in Olivenöl und Schmand oder der Schweinebauch vom Durocschwein mit Steckrübenpüree. Auf der Karte finden sich zahlreiche vegetarische Gerichte: der gratinierte Ziegenweichkäse mit Ahornsirup, Blutorange, Radicchio und Pumpernickelcroûtons oder das Pilzrisotto mit Miso-Dashi, Lauchzwiebeln und Kresse sind eine gute Empfehlung.

Die umfangreiche Weinkarte listet neben Flaschen zahlreiche offene Weine. Bei den Weißweinen dominieren deutsche Weine aus bekannten Lagen der Mosel, in Rheinhessen und der Pfalz. Die Rotweine stammen überwiegend aus Italien und Frankreich.

→ Zum Restaurant gehören ein Hotel und Tagungsräume sowie ein größerer Saal, in dem Hochzeiten stattfinden.

Lingenbacher Hof

Lingenbacher Weg 6,
51789 Lindlar
01 60 / 7 25 32 48
lingenbacherhof.de

Größe: 120 Plätze im Gastraum, 70 auf der Terrasse
Preise: Hauptgerichte 6–17 Euro
Kreditkarten: EC
Öffnungszeiten: Di–So 11–18 Uhr; Ruhetag: Mo

Traditionelle bergische Küche

In der Museumsgastronomie »Lingenbacher Hof« des Freilichtmuseums Lindlar - 30 Kilometer östlich von Köln - bietet Ruth Zaspel mit ihrem Team eine zur Region passende bergische und saisonale Küche an. Bergische Einrichtungsgegenstände, Geschirr und Kaffeekranenkannen aus der Region - die Dröppelminna - machen die Einkehr in dem regionaltypischen Hofgebäude mit Schieferverkleidung und grünen Schlagläden zu einem echt bergischen Genuss. Vor zwei Jahren ist das Restaurant für sein Speisenangebot vom Deutschen Vegetarierbund ausgezeichnet worden.

Beim Rundgang durch das Museum für Ökologie und bäuerlich-handwerkliche Kultur kann man sich mit rustikalen Speisen stärken oder eine Original Bergische Kaffeetafel* als Gruppenmahlzeit buchen. Dazu gehören Wurst, Käse, Schinken vom bergischen Erzeuger, Quark, hausgemachte Konfitüre, Rübenkraut, Stuten, Landbrot, Schmalz, Waffeln, warme Kirschen, Milchreis und die bergische Potthucke* (ein traditionelles Kartoffelgericht). Die Zutaten für den sonntäglichen Brunch und die bergisch inspirierten Speisen wie die Potthucke oder für die bergischen Waffeln kommen weitgehend aus der Region. Der Lingenbacher Hof bezieht Produkte der Regionalmarke »bergisch pur« ins Speisenangebot mit ein. Auch beim Naturparkprojekt »Vielfalt schmeckt«, das besondere Sorten und Rassen auf die Teller der Gastronomie bringt, ist das Haus kulinarisch aktiv. Ergänzend zur Speisekarte, auf der ein Apfelsauerkraut mit Lingenbacher Bratwurst steht, bietet das Restaurant eine jahreszeitliche Karte an. Im März gibt es zum Beispiel Rübstiel (das feine Grüne von der Rübe), im Oktober Suure Bunne, das sind sauer eingelegte Bohnen. Richtig schmackig ist die Bergische Bachforelle (von Rameil in Lindlar) mit Salat und gebratenen Drillingen.

Die Getränkekarte verzeichnet Apfelsaft der heimischen Saftkellerei Weber aus Nümbrecht, dazu Kaffee und Kakao aus fair gehandelter Produktion.

→ Neben dem Lingenbacher Hof liegt die historische Gaststätte »Römer«. Hier kann der Blick in die 1875 erbaute Restauration mit der Originaleinrichtung in die Zeit der Jahrhundertwende zurückversetzen.

Restaurant »Mausefalle«

Bogenstraße 8,
45468 Mülheim a. d. Ruhr
02 08 / 3 05 98 60
mausefallemuelheim.de

Größe: 65 Plätze im Restaurant, 25 im Schankbereich, 25 im Gewölbekeller und 30 auf der Terrasse
Preise: Hauptgerichte 25–33, Steaks 33–45 Euro
Kreditkarten: EC, Amex, Master, Visa
Öffnungszeiten: Mo, Do–Sa 17–22 Uhr; So 14–22 Uhr; Ruhetage: Di, Mi

Moderne Ruhrgebietsküche, uriges Ambiente, eigener Garten

In einem Fachwerkhaus von 1554 auf dem Kirchenhügel am Eingang zur Mülheimer Altstadt befindet sich das Restaurant »Mausefalle«. Das Haus kann über das Untergeschoss mit seinem Gewölbekeller betreten werden. Über Brückenbögen gelangt man in den Schankbereich. Das Haus wirkt kleinteilig und heimelig, über drei Geschosse sind edle Eichentische angeordnet, die mit Stoffservietten eingedeckt sind. Über zwei Etagen erstreckt sich ein großer Leuchter, mit Ähren, Hopfenblättern und -blüten verziert; das Holz schafft eine urgemütliche Atmosphäre. Nicht nur das Ambiente ist bemerkenswert, auch das Essen. Inhaber Hendrik Peek pflegt eine regionale und saisonale Küche. Auf dem 600 Quadratmeter großen Acker baut er Obst, vor allem aber Gemüse und alte Bohnen- und Kartoffelsorten an. Kräuter und Blüten kommen aus den Beeten der Terrasse und aus dem gepachteten Garten vor dem Hauptportal der Petrikirche. Brot, Laugengebäck, Suppen, Klöße, Soßen, Eis und Liköre – alles ist selbst gemacht. In der nur neun Quadratmeter großen Küche werden die Speisen frisch zubereitet und liebevoll angerichtet.

Peek orientiert sich an Gerichten aus dem Ruhrgebiet und Umgebung, wie Grafschafter Weinbergschnecken in Thymiansud mit Weißbrot, gebratenes Forellenfilet mit Birne-Bohnen-Speck, Pfeffer vom selbst zerwirkten Wildschwein aus dem Westerwald, eigenproduzierte Wurst- und Schinkenspezialitäten vom Westerwälder Wild mit hausgemachtem Brot, Rinderfilet von der Simmerthaler Färse aus der Eifel oder Wiener Schnitzel vom Münsterländer Milchkalb. Dazu zählen Klassiker aus dem rheinisch-westfälische Grenzbereich: Himmel un Ääd* mit Panhas* und Röstzwiebeln, Stielmusgerichte oder Schweinshaxe in Biersoße mit Sauerkraut und Klößen. Spargel im Frühling, Pilze im Sommer und Herbst, Gänsebraten im Winter – das Angebot ändert sich im Jahreslauf. Vertraute Klassiker der deutschen Küche tauchen im erneuerten Gewand auf wie das Wiener Schnitzel, norddeutsch garniert mit Sardelle und Kapern oder die Kalbsbratwurst aus eigener Herstellung mit fruchtig-pikanter Currysoße und hausgebackenem Dinkelbrot.

Obergäriges Mölmsch kommt aus Mülheim, Weine abseits der großen Namen. Der Service ist aufmerksam, freundlich und auskunftsfreudig.

→ Die Sehenswürdigkeiten in Essen und der Gasometer in Oberhausen sind von Mülheim aus gut erreichbar.

Der Biohof Felchner, Bollenberg 74, 45470 Mülheim, produziert Steinobst und Beeren für feine Kuchen, Suppen und vegetarische Quiche. Geöffnet Fr–So 12–18 Uhr.

Altbierküche Pinkus Müller

Kreuzstraße 4–10,
48143 Münster
02 51 / 4 51 51
pinkus.de

Größe: 150 Plätze im Gasthaus, 30 auf der Terrasse
Preise: V 3–12, H 10–25, N 4–8 Euro
Kreditkarten: EC
Öffnungszeiten: Mo–Sa 12–24 Uhr; Ruhetage: So, Feiertag

Altdeutsche Gaststätte mit Traditionsbrauerei

Seit 1816 gibt es die »Altbierküche Pinkus Müller« im beliebten historischen Münsteraner Kuhviertel nordwestlich der Altstadt. Inmitten eines Ensembles kultiger Gaststätten hat Pinkus eine Ausnahmestellung, insofern sie westfälische Gastlichkeit in ihren Wurzeln bewahrt hat: Hier können Westfälische Spezialitäten in einem seit über sieben Generationen bestehenden Gastronomie- und Brauereibetrieb erlebt werden. Pinkus ist die einzige von ehemals 150 Altbierbrauereien Münsters und exportiert ihr Biobier in die ganze Welt. Beachtenswert sind die traditionellen Ausstellungsstücke mit ihrer Geschichte bis hin zu den Holzkrügen, aus denen Stammkunden ihren halben Liter trinken. Bei »Pinkus Müller« wird eine original westfälische Küche gepflegt. Die Biozutaten kommen von bekannten Produzenten der Region. Kartoffeln und Gemüse liefert der Naturland-Hof Lütke-Jüdefeld in Münster, Fleisch kommt unter anderem von der Fleischerei Baumeister aus Ahaus-Altstätte. Die Inhaber achten nicht nur auf Frische, sondern auch auf saisonale Produkte. Alles wird selbst zubereitet und kommt ohne Geschmacksverstärker und andere problematische Zusatzstoffe aus.

Gerichte wie Pfefferpotthast*, die Münsterländer Sülze, Bratenschnittchen mit Altbiersahnesoße, Möppkes- und Liärberbraut (Wurst- und Leberbrot) gehören zu den deftigen Klassikern. Daneben gibt es Spezialitäten wie Pfeffersteak, Landbratwurst mit Bratkartoffeln und Brauhaustopf. Die fleischlos Glücklichen laben sich an Gratin, Omelette und Salat. Eine Tageskarte offeriert wechselnde Eintöpfe, Matjes sowie Kalbfleisch mit Zwiebelsoße. Einige Gerichte werden in Pfannen oder auf Holzbrettern serviert. Unter den Nachspeisen ist Müllers Bierhalbgefrorenes mit warmer Backpflaumensoße im Sommer wie Winter ein Gedicht.

Auch die in der Brauerei nebenan hergestellten fünfzehn Biere werden aus Biorohstoffen gebraut. Eine Probierreihenfolge ist in der Karte verzeichnet. Wir empfehlen Pinkus-Alt, einen bekömmlichen Labetrunk mit weinähnlichem Charakter. Freundliches, aufmerksames Personal.

Die Biere der Brauerei gibt es auch zum Mitnehmen.

Restaurant im Hotel Wißkirchen

Am Rösberg 2,
51519 Odenthal-Altenberg
0 21 74 / 6 71 80
hotel-wisskirchen.de

Größe: 100 Plätze im Gastraum, 200 im Außenbereich
Preise: V 6–12, H 16–31, N 9–13 Euro
Kreditkarten: Alle gängigen Karten
Öffnungszeiten: Täglich 7–23 Uhr; Frühstück ab 7 Uhr, Küche 12–14.30 und 17.30–21.30 Uhr

Gute bergische Landhausküche im Wandergebiet

Das »Hotel & Restaurant Wißkirchen« befindet sich in Odenthal am westlichen Rand des Bergischen Lands. Die Grundmauern stehen in der Nähe des Altenberger Doms und des Märchenwalds und gehen auf das 18. Jahrhundert zurück. Das Haus beherbergte eine Ziegelei und ein Sägewerk, später eine Post mit Pferdewechselstation. Rund um das Fachwerkhaus mit den für das Bergische Land typischen grünen Schlagläden liegen wunderschöne Wanderwege, die ins Tal der Dhünn führen. Im Sommer lockt der Biergarten unter alten Lindenbäumen, sonst speist man gemütlich im behaglichen Ambiente. Eingerichtet im Landhausstil, verbreitet das Fachwerkhaus eine Atmosphäre kultivierter Gastlichkeit.

Gäste und Wandernde genießen regionale Gerichte wie Bergischen Pillekuchen*, Bauernsülze mit Bratkartoffeln oder Altenberger Forelle blau oder in Mandelbutter gebraten. Die Grundstoffe für Küchenchef Frank Deterling und sein Team kommen aus heimischem Anbau. Mit Nudeln aus eigener Herstellung, kombiniert mit Tomaten, Zwiebellauch, Rotweinjus und Kalbsleberstreifen oder mit den französischen Käsevariationen, blickt man gelegentlich über den Tellerrand der Region hinaus. Als Vorspeisen oder kleine Gerichte wecken die Ziegenmilchterrine mit getrockneten Tomaten und Schwarzbrotchip oder die Rahmsuppe von Steckrüben mit geräuchter Entenbrust den Appetit. Süße Naschereien wie die Crème brûlée von der Tonkabohne mit Himbeersorbet und verschiedene Eisspezialitäten warten zum Nachtisch ebenso wie selbst gebackene Kuchen am Nachmittag.

Sechs Biere vom Fass und 25 offene Weine. Nach dem Essen ist der Altenberger Kräuterlikör ein gefragter Digestif. Er wird nach einem Rezept der Altenberger Cisterziensermönche im Bergischen Land hergestellt.

→ Markus Wißkirchen lädt zu kulinarischen Planwagenfahrten mit Picknick ein. Ziele sind Bauernhöfe der Region wie die Bauernhofkäserei »Thomashof« oder die Straußenfarm Emminghausen.

Restaurant Waldhotel Schinkenwirt

Eisenberg 2,
59939 Olsberg
0 29 62 / 97 90 50
schinkenwirt.com

Größe: 100 Plätze im Gastraum, 70 auf der Terrasse
Preise: Hauptgerichte 14–25 Euro
Kreditkarten: EC, Master, Visa
Öffnungszeiten: Do–Di, 12–21 Uhr, Mi 18–21 Uhr

Lust auf ein Sauerländer Idyll

Das Waldhotel mit seinem »Restaurant Schinkenwirt« liegt am Ortsrand von Olsberg in zauberhafter Hanglage, umgeben von Wiesen und Wäldern. Durch das Panoramafenster oder von der großen Terrasse schweift der Blick in eine idyllische Landschaft. Das benachbarte Industriedenkmal »Philippsstollen« mit seinem für Besuche offenen Bergwerk ist in die kulinarische Jahresplanung eingebunden. Das Interieur besticht mit gepflegt-stilvollem Ambiente, elegant und doch entspannt. Inhaber und Küchenchef Michael Pfannes sammelte Erfahrungen in der Spitzengastronomie, vor zwei Jahrzehnten übernahm er mit Ehefrau Gabi den »Schinkenwirt«. Er kocht eine regionale Küche mit internationalen Inspirationen, genussvoll, ehrlich, mit soliden Zutaten, frei von Zusatzstoffen – und richtet die Teller schnörkellos an. In Serie gewann er den westfälischen Gastronomiepreis »Gasthof des Jahres«.

Pfannes verwendet ungewöhnliche Zutaten wie Fichtenspitzen, Bachkresse, Brennnesseln und verschiedene Waldpilze. Hinzu kommen Spezialitäten vom eigenen Schwäbisch-Hällischen Landschwein, vom Zicklein des Ziegenhofs Meister und Wildgerichte. Vom Roten Sauerländer Höhenvieh serviert er Köstlichkeiten wie das Carpaccio, die gebeizte Lende oder den Schmorbraten. Der hausgemachte Schinken bereichert vom einfachen Schinkenschnittchen zum Spargelsalat mit Osterschinken und Zickleincrostini die Palette der Vorspeisen. Der Respekt vor den Produkten und die Zeit, die ihnen gewidmet wird, ist zu spüren; er mündet in Gerichte mit viel Aroma und Geschmack. Neben den Angeboten rund um Fisch, Fleisch und Gemüse gibt es Abendmenüs, themenbezogene Events und kulinarische Wanderangebote im zweimal jährlich erscheinenden »Schinkenwirtkalender«. Während der Innereienwoche wird gelegentlich eine Lunge vom Zicklein serviert.

Außergewöhnlich sind die hausgemachten Limonaden und süßen Essenzen von Garten, Wiese und Wald – von Holunderblüten bis Minze – mit eigenem Quellwasser, auf Wunsch auch mit Kohlensäure. Das Serviceteam ist freundlich und zugewandt.

→ Das Restaurant ist nicht ganz leicht zu finden, die Anfahrt auf der Webseite aber gut beschrieben.

Galerie-Hotel & La petite Galerie

Bachstraße 1,
33098 Paderborn
0 52 51 / 1 22 40
galerie-hotel.de

Größe: 120 Plätze im Gastraum, 120 im Hofgarten
Preise: V 7–14, H 16–30, N 5–13 Euro
Kreditkarten: EC, Master, Visa
Öffnungszeiten: Täglich 12–14.30 und 18–22 Uhr

Wo Deutschlands kürzester Fluss »bornt«

Das Paderquellgebiet mit seinen 200 Quellen ist die grüne Lunge der ehrwürdigen Bischofsstadt Paderborn. Am Rande der grünen Oase liegt das »Galerie-Hotel«. Das attraktive Gebäude aus dem 16. Jahrhundert diente als Brauhaus, Gaststätte und Bürgerhaus. Seit sechzig Jahren ist es Restaurant und Hotel mit eigenem Atelier und verteilten Galerieflächen. Gemütliche Teestuben, ein modernes Kaminzimmer, der mediterran anmutende Hofgarten und die Terrasse sind einladend zu jeder Jahreszeit. Ihre Lebensmittel bezieht die als erste im Kreis biozertifizierte Küche zum größten Teil vom Demeter-Hofgut Schloss Hamborn sowie von kleinbäuerlichen Direktvermarktern aus dem Umland.

Angeboten werden Frühstück, eine frische Bioküche zum Mittag und nachmittags hausgemachte Waffeln und Kuchen. Ein nach englischem Vorbild gestalteter Afternoon-Tea wird über den ganzen Tag angeboten. Bei der Abendkarte wird Wert auf saisonale Produkte und heimische Gerichte gelegt. Ausdrücklich sei auf die Wochen der »Westfälischen Genüsse« im Herbst hingewiesen. Pfefferpotthast, Paderborner Krüstchen, Tafelspitz und Westfälischer Sauerbraten werden allesamt mit Fleisch aus regionaler biologisch-dynamischer Aufzucht zubereitet. Es stehen raffinierte Biofleischgerichte ebenso wie knusprige Flammkuchen, vorzügliche Fischspeisen oder mediterrane Biopasta des italienischen Sous-Chefs auf der Karte. Die Küche ist darüber hinaus für ihre vegetarischen und veganen Gerichte bekannt. Fair-Trade-Produkte, hausgemachte Limonaden, Biobier und eine große Weinauswahl ergänzen das Angebot.

→ Im ganzen Haus finden sich farbprächtige Ölgemälde, die im Atelier von Hand der Inhaberin entstehen. Jeder, der mag, kann hier kreativ werden und in außergewöhnlicher Atmosphäre in die Welt der Kunst eintauchen.

Im Sommer gibt es in der Stadt kaum ein schöneres Fleckchen als die im Paderquellgebiet gelegene Terrasse des Restaurants. Hier lässt es sich, erfrischt durch die natürliche Kühle der Quellen und mit Blick auf das Kloster Abdinghof, herrlich verweilen.

Landgasthof »Gut Marienbildchen«

Münsterbildchen 3,
52159 Roetgen
0 24 71 / 25 23
gut-marienbildchen.de

Größe: 50 Plätze im Restaurant, 20 auf der Terrasse
Preise: Hauptgerichte 17–45 Euro; Menü ab 43 Euro
Kreditkarten: EC, Amex, Master, Visa
Öffnungszeiten: Di–Sa 12–15 und 17–22.30 Uhr; Ruhetage: So, Mo

Feine Eifelküche mit Produkten der eigenen Landwirtschaft

Roetgen liegt unweit von Aachen an der belgischen Grenze. Die Keimzelle des Landgasthofs »Gut Marienbildchen« ist ein landwirtschaftliches Gut aus dem frühen 19. Jahrhundert. Noch heute sind der landwirtschaftliche Betrieb, das Hotel und der Landgasthof in einer Hand. Küchenchef Jürgen Ziemons kocht Eifeler Gerichte mit Produkten aus seiner Landwirtschaft, dem eigenen Kräutergarten und den Lieferungen von fleisch- und gemüseerzeugenden Betrieben der Umgebung. Nicht nur die saisonalen und regionalen Aspekte spielen in seiner Küche eine wichtige Rolle, sondern auch die frische Zubereitung.

Angeboten werden neben der regulären Karte jeweils ein saisonales und regionales Menü, eine Kinderkarte und einige vegetarische Gerichte. Als Vorspeise ist die hausgemachte Kalbssülze Höitkies mit gerösteten Kürbiskernen zu empfehlen; die Kälber sind auf dem Gut aufgewachsenen. Alternativen sind der Frühlingssalat mit frischem Löwenzahn und gratiniertem Eifeler Bioziegenkäse vom Hof Steinrausch oder die Huusplaat, ein Trio von Wildsalami, hausgeräuchertem Hirsch- und Knochenschinken. Für Fischfreund*innen ist die Jeröschde Forel interessant, ein wacholdergeräuchertes Eifeler Forellenfilet aus dem Schilsbachtal. Köstlich ist das Monschauer Senfsteak, ein Schweinerückensteak vom Eifelschwein in einer Soße vom Monschauer Senf, einer lokalen Spezialität. Die Rinderfiletmedaillons vom heimischen Rind werden Tournedos »Woronow« genannt und mit frischen Gurkenscheiben in feiner Wodka-Sahne-Soße angerichtet. Unbedingt probierenswert ist das Lammrückenfilet in fein-aromatischem Estragonjus. Gedünstetes Gemüse, Chicorée, Brokkoli, Möhren und Blumenkohl werden auf Wunsch nachgereicht, ebenso hausgemachte Spätzle, Kroketten und Kartoffelpüree. Bei den Nachspeisen ist die Wahl zwischen gebrannter Vanillecreme, einem Orangen-Rosmarin-Parfait und einem Apfel-Holunder-Sorbet von eigenen Früchten nicht leicht.

Das Restaurant verfügt über einen bestens bestückten Weinkeller, überwiegend aus deutschen Anbaugebieten; es werden zahlreiche regionale und internationale Biere angeboten.

Genießer Wirtshaus

Hövel 15,
52152 Simmerath-Rurberg
0 24 73 / 32 12
geniesserwirtshaus.de

Größe: 40 Plätze im Restaurant, 20 auf der Terrasse
Preise: Hauptgerichte 15–25 Euro
Kreditkarten: Keine
Öffnungszeiten: Do–So 18–22 Uhr (oder auf Anfrage); Ruhetage: Mo–Mi

Landhausküche ohne Schnörkel im Nationalpark Eifel

Das »Genießer Wirtshaus« in Simmerath mitten im Nationalpark Eifel lädt mit stilvoller Gemütlichkeit ein. Seit zehn Jahren ist Autodidakt Joachim Daners, Patron und Küchenchef, am Herd für die Speisen zuständig. Er versteht es, die deftige, regionale Eifelküche raffiniert zu verfeinern. Die meisten Zutaten liefern regionale Erzeuger*innen wie Lapinchen in Euskirchen, Hannawald in Steckenborn oder Schumacher in Erftstadt. Aus dem eigenen Garten holt er Beeren, Kräuter und Steinobst. Die Eier legen die eigenen Hühner.

Zur Einstimmung auf die Eifelküche ist das warme Nussbrot mit hausgemachtem Griebenschmalz zu empfehlen. Neben dem Regionalmenü, in dem der typische rheinische Kartoffelauflauf Döppekooche* und der Eifeler Rand mit Schmorzwiebeln, eine marinierte Rinderhüfte, zu finden sind, wird ein Jahreszeiten- und ein vegetarisches Menü angeboten. Selbstverständlich spiegelt die Speisekarte die Saison. Im Herbst stehen Wildgerichte wie Entenleberravioli oder ein Hirschrücken unter der Nusskruste auf der Karte. Zu anderen Jahreszeiten erfreuen eine herzhaft abgeschmeckte Möhren-Ingwer-Suppe, ein abwechslungsreicher Frühlingssalat, ein zartes Carpaccio vom Rind oder ein Lammtopf mit frischen Pfifferlingen. Zu guter Letzt gibt es warmen Apple Crumble mit Vanillesoße, eine feine Pannacotta mit Kirschen oder die Kastaniencreme mit Vennbeeren. An Sonntagabenden gibt es das Kehrausmenü – drei Gänge, zusammengestellt aus übrig gebliebenen Gerichten, zu einem besonders günstigen Preis. Eine nachahmenswerte Umsetzung des Mottos »Teller statt Tonne«.

Es stehen rund zwanzig Weine im Offenausschank bereit, keine Literweine, sondern ausgesuchte Tropfen. Das Haus betont die große Bedeutung des Weins für die Tafel. Für die Biertrinker sind verschiedene Sorten im Angebot, darunter Spezialitäten aus den Nachbarländern.

Restaurant Landwirtschaft

Klosterweg 32,
47877 Willich
0 21 54 / 4 86 86 30
berderhof-landwirtschaft.de

Größe: 60 Plätze im Restaurant, 60 auf der Terrasse
Preise: V 11–20, H 25–39, N 15–17 Euro; Drei-Gänge-Menü 56 Euro
Kreditkarten: EC, Master, Visa
Öffnungszeiten: Mi–Sa 18–21.30 Uhr; So 17–20.30 Uhr; Frühstücksbüfett Sa, So 10–14 Uhr; Ruhetage: Mo, Di

Ländlich-feine Küche mit eigener Landwirtschaft und Hofladen

Auf dem über 500 Jahre alten Berderhof stehen bis heute Milchkühe und Mastbullen. Vor einem knappen Jahrzehnt haben Anja und Georg Heyes ihre Gastronomie mit dem Namen »Landwirtschaft« eröffnet. Sie nehmen »Land« und »Wirtschaft« beim Wort. Frische und Qualität der Hofprodukte sind ideale Voraussetzungen, um traditionelle Gerichte zu beleben. Die entspannte, ländliche Atmosphäre lädt dazu ein. Der Hof liegt in einem ländlichen Idyll zwischen Düsseldorf, Krefeld und Mönchengladbach. Aus der Scheune wurde ein offener heller Speisesaal mit hoher, geneigter Decke. Das Ambiente mit der Backsteinwand, den Holztischen und den Lederstühlen wirkt loftig. Der Hof liefert Spargel, Kartoffeln, Gemüse und Rindfleisch aus eigener Produktion. Die aromatisch feine Küche setzt entsprechende Schwerpunkte. Durch die Speisekarte ziehen sich wie ein roter Faden regionale Produkte.

Den Anfang machen eine klare Oxtailsuppe oder ein karamellisierter Ziegenkäse mit Rosmarin und Wildkräutersalat oder ein Mini-Cheeseburger, gute Beispiele für die aromatische Vielfalt aus der Küche. Bodenständig ist das T-Bone-Steak vom Schiefbahner Durocschwein mit Kartoffel-Zwiebel-Gratin und Kohlrabigemüse und Speckmarmelade. In der Spargelsaison ist der hofeigene Spargel zu empfehlen, in der klassischen Variante mit Sauce hollandaise oder vegetarisch als Bowl mit gerösteten Kichererbsen und Kürbiskernen. Abwechslungsreiche Wildgerichte stehen im Herbst und Winter auf der Karte, beliebt sind vor allem die Bratwurstvariationen von Reh und Wildschwein. Ein spannendes vegetarisches Gericht sind die hausgemachten Aubergine-Chili-Ravioli mit Thymian auf Tomatenragout. Zum Abschluss gibt es einen Kokos-Pannacotta-Cake mit Pistazie und Kirsche.

Gute Getränke- und Weinauswahl.

→ Sa, So wird von 10-14 Uhr ein Frühstücksbüfett angeboten. Mi, Do »Will-Ich-Menü« mit regionalen Köstlichkeiten.

In der Spargelsaison: Spargel vom Berderhof; geöffnet Mo–Sa 8–13 Uhr, Mo bis Fr 15–18 Uhr, So 9–13 Uhr (www.berderhof-spargel.de).

Rheinland-Pfalz

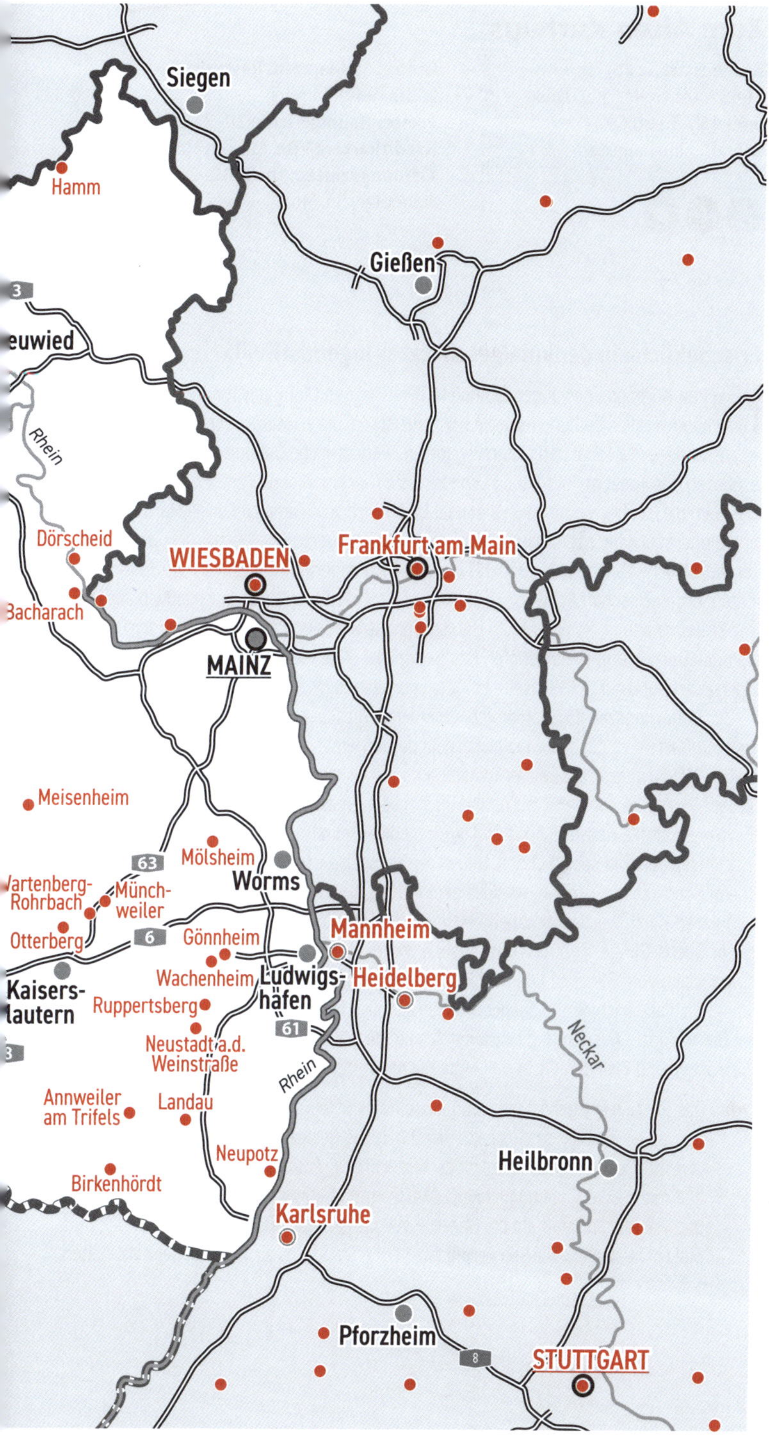
Siegen
Hamm
Gießen
3
euwied
Rhein
Dörscheid
WIESBADEN
Frankfurt am Main
Bacharach
MAINZ
Meisenheim
Mölsheim
Worms
63
artenberg-
Rohrbach
Münch-
weiler
Otterberg
6
Gönnheim
Mannheim
Wachenheim
Ludwigs-
hafen
Heidelberg
Kaisers-
lautern
Ruppertsberg
61
Neckar
Neustadt a.d.
Weinstraße
Rhein
Annweiler
am Trifels
Landau
Neupotz
Heilbronn
Birkenhördt
Karlsruhe
Pforzheim
8
STUTTGART

NEU

Zum Alten Kurhaus

Kurhausstraße 25,
76855 Annweiler am Trifels
0 63 46 / 30 88 60
zumaltenkurhaus.de

Größe: 50 Plätze im Restaurant, 25 im Außenbereich
Preise: Hauptgerichte 20–32 Euro
Kreditkarten: Visa, Master, Maestro, EC
Öffnungszeiten: Di–Sa 12–21 Uhr; Ruhetage: So, Mo

Frischeküche in denkmalgeschützter Jugendstilvilla

Im »Alten Kurhaus« des Jugendstilhotels Trifels zeigen Olaf Beermünder und sein Team eine handwerklich bemerkenswerte Küchenleistung. Die erlesenen Gerichte einer kleinen Karte variieren saisonal und bieten vegane und vegetarische Optionen; Mehrgängemenüs ergänzen das Angebot. Im »Alten Kurhaus« wird frisch und ohne Fertigprodukte gekocht. Das Gemüse ist überwiegend von Bioqualität und wird vom Familienbetrieb Martin Thomas aus Bindersbach bezogen. Das Fleisch stammt aus artgerechter Tierhaltung, das Schwäbisch-Hällische Landschwein und das Hohenloher Weiderind werden von der Bäuerlichen Erzeugergemeinschaft Schwäbisch-Hall geliefert. Die Hühnereier, ausschließlich aus Pfälzer Freilandhaltung, kommen vom Hof der Familie Schönung aus Erlenbach, der Biokäse von der Dorfkäserei Geifertshofen aus Hohenlohe. Alle Lieferant*innen werden auf der Speisekarte und auf der Webseite im Detail vorgestellt.

Zur Pfifferlingszeit im Spätsommer lockt ein aufgeschlagenes Süppchen von Pfifferlingen mit Gartenkräutern und Kürbiskernöl oder ein vegan zubereitetes Risotto mit Pfifferlingen, Wildkräutern, glasierten Tomaten und Kürbiskernöl – mit Parmesan-Upgrade auf Wunsch. Wild gesammelte, geröstete Bucheckern, verfeinern den saisonalen Blattsalat. Ein Klassiker des Hauses ist das Pfälzer Rumpsteak vom Dry-Aged-Beef mit Röstzwiebeln, Kartoffelgratin und Speckbohnen. Neben den Vorspeisen, Hauptgerichten und Nachtischen (beim Schokoladenküchlein mit flüssigem Kern schmelzen auch die Gäste dahin) auf der regulären Karte werden gehobene Menüs mit anschaulichen Bezeichnungen angeboten. Beim Sechs-Gänge-Menü »Wiese, Wald & Meer« u. a. mit Hohenloher Weiderind-Tatar, Cappuccino vom Steinpilz und perfekt gebratenem Rehrücken aus Pfälzer Jagd. Alles ist appetitlich angerichtet und ausgesprochen schmackhaft.

Die regionale Ausrichtung bestätigt sich auf der Weinkarte. Auch bei den alkoholfreien Getränken und Bränden bleibt das »Alte Kurhaus« der Südpfalz verbunden.

→ Das Restaurant gehört zum Jugendstilhotel Trifels in Annweiler-Bindersbach. Der Betrieb ist Partner des Projekts »Nachhaltiges Reiseziel Deutsche Weinstraße« und von TourCert für Nachhaltigkeit zertifiziert mit E-Auto-Ladestationen, Fahrradgaragen mit E-Bike-Lademöglichkeit, Ökostrom und klimaneutraler Mietwäsche. Hotel und Restaurant sind als barrierefrei zertifiziert. Als Mitglied von »Gastwerk Südpfalz« hat sich der Betrieb verpflichtet, hohe Standards als Arbeitgeber einzuhalten.

Stübers Restaurant

Langstraße 50,
55422 Bacharach
0 67 43 / 12 43
rhein-hotel-bacharach.de

Größe: 80 Plätze im Restaurant, 50 auf der Terrasse
Preise: V 6–17, H 19–35, N 7–14 Euro
Kreditkarten: EC, Master, Visa
Öffnungszeiten: Di–Sa 17–21.15 Uhr; So 12–14 und 17–21.15 Uhr; Ruhetag: Mo

Pfiffige Regionalküche in historischen Mauern

»Stübers Restaurant« im historischen Rheinhotel mit seiner gehobenen Landhausatmosphäre liegt direkt an der mittelalterlichen Stadtmauer Bacharachs. Im liebevoll eingerichteten Restaurant mit Rheinblick oder auf der Sonnenterrasse an der Stadtmauer erwarten die Gäste Spezialitäten aus heimischen Wäldern und Flüssen. Die Kochideen von Andreas Stüber sind weit über die Stadtgrenzen hinaus bekannt. Er bereitet seine kreative Regionalküche mit besten Produkten regionaler Lieferant*innen frisch und saisonal zu. Das Restaurant als Welterbegastgeber steht nicht nur für ein besonderes Maß an Qualität und genussvoller Regionalität, sondern ist auch offizieller Botschafter der Region Oberes Mittelrheintal.

Als Vorspeisen gefallen das Hinkelsdreck mit Rieslingtraubengelee (Hähnchenleberpastete), das Sushi von der geräucherten Wisper-Lachsforelle mit Rote-Bete-Meerrettich oder auch ein »Mediterrheines« Vitello tonnato Wisperwind mit Salami von der Mittelrhein-Ziege. Der Ziegenfrischkäse aus dem Mittelrheintal wird mit Thymian und Honig verfeinert. Als Frühlingshauptgang gibt es den Ingelheimer Spargel mit Pfeffersteak vom Bacharacher Hirschkalb mit einer Hefebrandsoße und Kartoffel-Laugenbrezel-Klößen oder einen Bacharacher Rieslingbraten à la Clemens von Brentano, eine in Riesling marinierte und fünfzehn Stunden bei achtzig Grad Celsius gegarte Schulter vom Hunsrücker Rind mit Rieslingrahmsoße. Zudem werden preiswerte Menüs angeboten, etwa das Welterbemenü, das Tafelrundemenü oder ein Vier-Gang-Menü für vegetarisch und vegan lebende Gäste. Zu allen Menüs bietet das Restaurant Weinbegleitungen an. Als Nachspeisen sind Crème brûlée auf Quittenpüree oder ein Parfait von Trester, Honig, Limetten und grünem Pfeffer zu empfehlen. Laktose- und glutenhaltige Speisen können auf Wunsch ersetzt werden.

Die außergewöhnliche Weinkarte bietet eine Auswahl der besten Rieslinge aus dem vergangenen Jahrzehnt vom Mittelrhein und weitere Weine aus deutschen und internationalen Anbaugebieten. Bier und Säfte kommen aus der Region.

Im Ladengeschäft »sgnuss« werden handgefertigte Pasta angeboten (Oberstraße 58, 55422 Bacharach, www.sgnuss.de; Webshop).

Landgasthaus Jägerhof

Hauptstraße 40,
76889 Birkenhördt
0 63 43 / 15 75
jaegerhofbirkenhoerdt.de

Größe: 85 Plätze im Gastraum und der Biergarten
Preise: V 4–15, H 14–29, N 3–9 Euro
Kreditkarten: EC, Maestro
Öffnungszeiten: Do, Fr 17.30–23 Uhr; Sa, So 12–14 und 17.30–23 Uhr; Ruhetage: Mo–Mi

Geschmackvolle Landküche im Naturpark Pfälzer Wald

In Birkenhördt (Landkreis Südliche Weinstraße), am Übergang vom Pfälzer Wald in die Vogesen, lohnt die Einkehr in den »Landgasthof Jägerhof« zu jeder Jahreszeit: Im Winter wärmt der Kachelofen die alte Gaststube und in der Genussbibliothek knistert das Feuer im Kaminofen. Die Wärme des Sommers lässt sich im romantischen Innenhof gut aushalten. In der Küche wirkt mit Leidenschaft Bernd Mössinger, im Service umsorgt seine Frau Dagmar die Gäste mit kulinarischem Wissen und einer ordentlichen Portion Humor. Anspruch des »Jägerhofs« ist eine ehrliche, traditionelle Landküche mit kreativer Note. Die Produkte stammen aus der Umgebung, wie die Forellen vom Forellenhof Arendt in Fischbach, das Lamm von der Schäferei Keller in Busenberg oder das Fleisch vom bekannten Privatschlachthof/Metzgerei Kieffer in Bad Bergzabern. Selbstverständlich werden im Jägerhof alle Soßen, Fonds und Füllungen selbst zubereitet. Im Räucherhaus werden Wildschinken, Speck und Entenbrust geräuchert.

Die besondere Liebe des Chefs gilt der Zubereitung von Innereien, Schmorgerichten und hausgemachten Pastavariationen. Auch auf der Saisonkarte wechseln die Angebote mehrmals wöchentlich und bieten Spargelcremesuppe mit Gierschöl und Rehschinken oder Heilbuttfilet mit Frühlingskräuter-Kartoffel-Stampf. Unbedingt empfehlenswert sind die Vorspeisen-»Versucherle« wie die geschnetzelte Schweineleber in Curry-Senfsoße. Knödelgerichte wie der Semmel-Mett-Knödel auf Pilzragout kommen ebenso auf den Teller wie Wild, Kaninchen oder Ziege. Seit dem TV-Kochduell mit einem Sternekoch sind Geditschde-Gedatschde* eine bekannte Beilage. Eine übersichtliche Karte mit klassischen Rumpsteaks, Schnitzeln oder dem wunderbar saftigen Kotelett vom Pfälzer Landschwein sowie einige vegetarische Gerichte ergänzen das Angebot.

Die Auswahl offener Weine ist umfangreich. Ins Glas kommen – bis auf wenige Ausnahmen – die Erzeugnisse Südpfälzer Weingüter. Neben regionalen Biersorten wird Guinness vom Fass angeboten.

→ Die Genussbibliothek versammelt etwa 500 Kochbücher. Wer sie ausgelesen hat, macht einen Ausflug zum Bärenbrunner Biohof im nahe gelegenen Dahner Felsenland.

Fetz – das Restaurant

Oberstraße 19,
56348 Dörscheid
0 67 74 / 2 67
fetz-hotel.de

Größe: 120 Plätze in den Gasträumen
Preise: V 6–13, H 17–46, N 5–9 Euro
Kreditkarten: EC
Öffnungszeiten: Mo–Fr 17.30–21 Uhr; Sa, So 12–14 und 17.30–21 Uhr

Traditionshaus mit fantastischer Fernsicht

Das Landgasthaus »Fetz« im idyllischen Dörfchen Dörscheid liegt auf einer grünen Halbinsel im Mittelrheintal. Die Fernsicht bis tief in den Hunsrück ist fantastisch. Die Lage direkt an der berühmten Wanderroute Rheinsteig, die herrliche Ruhe und die familiäre Gastlichkeit ziehen seit fünfzig Jahren Wanderer*innen und Ausflügler*innen in das Dörscheider Landgasthaus. Unter der Leitung von Nadja und Marcus Timo Fetz hat sich das Traditionshaus in den letzten Jahren zu einer renommierten Adresse in der Region entwickelt. Die Räumlichkeiten erhielten ein erfrischendes Facelifting mit moderner Farbigkeit und liebevollen Dekorationen. Das Haus strahlt eine angenehme Wohlfühlatmosphäre aus. Im Mittelpunkt der Küche von Nadja und Marcus Timo Fetz stehen kreative Zubereitungen rund um die besten Produkte der Region und Saison.

Im Herbst steht Wild aus heimischer Jagd im Fokus. Bei einer Terrine vom heimischen Hirsch mit Zwetschgenchutney oder einer gebratenen Wisperlachsforelle auf Trauben-Walnuss-Risotto als Starter wird die schöne Aussicht schnell zur Nebensache. Attraktiv und interessant kombiniert ist auch der rosa gebratene Rehrücken im Brotmantel auf Aprikosenspitzkohl mit Pfifferlingen. Auch beim Nachtisch kann der Küchenchef punkten: Bayrisch Creme* mit Erdbeeren und Rhabarber. Der Käse kommt vom Hof Zorn in Heidenrod und wird von Feigensenf, Brot und Butter begleitet.

Der Service kann dazu so manchen edlen Rheintropfen empfehlen, gern vom benachbarten Weingut Heinz Uwe Fetz, dem Bruder des Hausherrn.

Weinstube Eymann

Ludwigstraße 35,
67161 Gönnheim
0 63 22 / 28 08
weingut-eymann.de

Größe: 60 Plätze in der Weinstube, 60 auf der Terrasse
Preise: V 6–9, H 8–25, N 8–9 Euro
Kreditkarten: EC, Master, Visa
Öffnungszeiten: Do, Fr 18–22 Uhr; Sa 17–22 Uhr; Ruhetage: So–Mi

Urige Pfälzer Weinstube im Bioweingut

Gönnheim liegt eigentlich ganz nah und doch fernab vom Tourismus der Weinstraße. Die »Weinstube im Bioweingut Eymann« mit ihrem typischen Interieur ist seit Jahren eine bewährte Adresse. Die gemütliche Atmosphäre, das feine Essen und die hervorragenden, gelegentlich auch charaktervollen Weine sind immer ansprechend. Rainer Eymann, lange Zeit für Wein und Küche zuständig, konzentriert sich ganz auf die Küche, seit Sohn Vincent den Weinkeller übernommen hat. Ingeborg Eymann umsorgt die Gäste freundlich-herzlich. Die Herkunft der in der Küche verwendeten Produkte wird nicht nur beim Steak vom Schwäbisch-Hällischen Landschwein oder beim Bœuf de Hohenlohe konkret benannt.

Anregende Vorspeisen sind die Rieslingcremesuppe, selbstverständlich vom eigenen Bioriesling, im Sommer eine erfrischende Gazpacho aus Gurken, Basilikum und Staudensellerie, verschiedene Salate oder die Wildschweinterrine mit Pflaumenchutney und Salatbouquet. Neben Pfälzer Spezialitäten wie dem Saumagen mit Weinsauerkraut und Bratkartoffeln werden Fleisch- und Fischgerichte und immer ein vegetarisches Gericht angeboten. Sie wechseln mit der Saison. Klassiker sind das Eymann-Kasseler im Blätterteig mit Meerrettich-Sahne oder das Zanderfilet mit Safransoße und Rotweinrisotto. Die Bratkartoffeln – gern zum vortrefflichen Zwiebelrostbraten oder Rindfleischsalat vom Dry-Aged-Beef – verdienen besondere Anerkennung. Eine saisonal orientierte Tageskarte ist selbstverständlich, das Nachtischtangebot recht üppig.

Auf der Weinkarte stehen die eigenen Bioweine in großer, sorgfältig beschriebener Auswahl. Der des Öfteren auftauchende Begriff »Toreye« bezieht sich auf den ursprünglichen Hofnamen und wird zur Bezeichnung der Spitzenerzeugnisse genutzt. Bier wird nicht ausgeschenkt.

Der Spargelhof Walter (Ludwigstraße 50, 67161 Gönnheim) ist ein typischer Pfälzer Familienbetrieb. Im Frühjahr gibt es Pfälzer Spargel, im Herbst die berühmten »Grummbeere« (Kartoffeln).

Grenningloh – Das Restaurant & Vinothek im Hofgut

Ludwigstraße 52,
67161 Gönnheim
0 63 22 / 9 88 67 20
grenningloh.de

Größe: 35 Plätze im Restaurant, 35 im Innenhof
Preise: V 9–17, H 20–38, N 7–12 Euro
Kreditkarten: EC, Diners, Master, Visa
Öffnungszeiten: Mo, Do–Sa 18–23 Uhr; So, Feiertag 11.30–14.30 und 18–23 Uhr; Ruhetage: Di, Mi

Große Kochkunst im alten Stall

An einem lauen Sommertag im malerischen, mit Zitronenbäumchen und reichlich Kräutern dekorierten Innenhof des »Restaurants Grenningloh« wird ein Reim des Pfälzer Heimatdichters Paul Münch anschaulich: »Die Palz, das is mei Meeschterstick, Mer merkt, daß ich allmächtig bin; Do mach ich's Paradies enin.« Bei weniger gutem Wetter laden modern und hell gestaltete Gasträume in den früheren Pferde- und Schweineställen zum Verweilen ein. Küchenchef ist Marco Grenningloh, Katja Grenningloh leitet den Service und empfiehlt passende Weine sowie raffinierte alkoholfreie Getränkebegleitungen.

Zu Beginn verwöhnen ausgesuchte Brote der Bäckerei Raab aus Hessheim mit Würzölen aus Kräutern von Bernd Simon aus Wartenberg-Rohrbach. Bereits bei den Vorspeisen wird Kochkunst schmeckbar: hervorragend die Erbsensuppe mit Minzschaum, die Tomatenconsommé mit Basilikum und grüner Tomatenmarmelade oder das geräucherte Mandel-Sesam Tofu mit Koriandermayonnaise, karamellisiertem Sesam und Pilzen. Empfehlenswert auch die Crème Brûlée vom Ziegenkäse mit marinierter Roter Bete. Bei höheren Temperaturen verwöhnen herrlich frische Sommergerichte wie die Burratina mit Orange und Koriander-Lavendelhonig. Imponierend auch der über die Region bekannte Schweinebauch 36/63 sous-vide mit Koriandermayonnaise, karamellisiertem Sesam und Pilzen. Bei der Aufzucht der Schweine wurde das Tierwohl beachtet. Das für mindestens sieben Wochen gereifte, außergewöhnliche Dry-Aged-Beef liefert die Metzgerei David aus Worms. Das Fleisch ist ein fester Bestandteil der Karte und wird in zahlreichen Schnitten (Cuts) als Hauptgericht angeboten. Zusätzlich bietet Marco Grenningloh, der viele Jahre in der gehobenen Küche an der Nordseeküste gearbeitet hat, täglich wechselnden fangfrischen Fisch. Für die Liebhaber der vegetarischen und veganen Küche gibt es zu jedem Gericht eine entsprechende Alternative, z. B. der gebratene Mandeltofu auf Petersilienwurzelpüree, Kräuterkartoffeln und vegetarischer Jus. Für den süßen Abschluss empfiehlt sich das Dunkle Schokoladenmousse aus 70-prozentiger Cru Virunga Bioschokolade von Original Beans. Oder darf es doch die Gebrannte Creme mit Vanille aus Papua-Neuguinea sein?

Die umfangreiche regionale (Pfalz und Rheinhessen) und internationale Weinauswahl hält neben bekannten Namen immer wieder Entdeckungen bereit – Katja Grenningloh berät gerne. Zum Abschluss lockt Hochprozentiges aus der Pfälzer Brennerei von Thomas Sippel.

NEU

Alte Vogtei

Lindenallee 3,
57577 Hamm/Sieg
0 26 82 / 2 59
altevogtei.de

Größe: 45 Plätze im Gastraum, 20 im Biergarten
Preise: V 8–18, H 19–42, N 16–26 Euro; Vier-Gänge-Menü ab 65 Euro
Kreditkarten: EC, Master, Visa, Amex
Öffnungszeiten: Mo, Do, Fr 18–21 Uhr; Sa, So, Feiertag 12–14 und 18–21 Uhr; Ruhetage: Di, Mi

Regionaler und saisonaler Genuss im historischen Ambiente

Schon in der fünften Generation empfängt und verwöhnt Familie Wortelkamp ihre Gäste im liebevoll eingerichteten historischen Fachwerkhaus von 1753. In der »Alten Vogtei« wurde 1818 Friedrich Wilhelm Raiffeisen geboren, Begründer des landwirtschaftlichen Genossenschaftswesens. Bereits seit vielen Jahren legt die Gastgeberfamilie großen Wert auf frische, überwiegend regionale und saisonale Zutaten und Zubereitungen. So stammen die meisten Zutaten wie Fleisch und Wild, aber auch viele Gemüse, Obst, Käse und Eier aus dem heimischen Westerwald, Edelbrände und Whisky aus der nahen Birkenhof-Brennerei und Bier aus dem Westerwälder Hachenburg. Vom Frühjahr bis in den Herbst kommen frische Kräuter aus dem eigenen Garten.

Die übersichtliche, dennoch abwechslungsreiche und saisonal wechselnde Karte bietet eine feine Küche mit Klassikern wie Apfel-Sauerkraut mit gebratener Blutwurst oder geschmortem Grünkohl mit gekochter Kasslerrolle, Mettwurst und gebratenem Speck. Auch Fisch und Wild finden sich oft auf der Speisekarte, etwa ein Saiblingsfilet mit frischen Kräutern, Blattsalaten und Kartoffeln oder Medaillons vom Wildschweinrücken aus der Hatzfeldschen Jagd mit Schokoladen-Orangensauce, Apfel-Dörrzwetschgen-Gratin und Schupfnudeln. Stets wird zumindest ein vegetarisches und veganes Hauptgericht angeboten, das wie die in Olivenöl angebratene Bio-Linsen und Süßkartoffeln mit karamellisierten Walnuss-, Kürbis- und Cashewkernen und Blattsalaten ebenfalls einen großen Genuss bietet. Als delikate Vorspeisen werden eine Westerwälder Kartoffelsuppe, Schafskäse vom Bauer Deimling mit Zwetschgenpüree und (Winter-) Salaten oder ein in Honig-Kräutermarinade geräuchertes Rehfilet mit Quittenmus angeboten. Im Frühjahr wird saisonbedingt eine Bärlauchsuppe angeboten. Abgerundet wird das Menü von einer Schokoladenmousse mit Vanillesauce und Orangensalat, begleitet von einem hausgemachen Quittenlikör oder eine Käsevariationen von heimischen Ziegenkäsen, Tête de Moine und Gorgonzola.

Die Weine aus stammen vorwiegend aus deutschen Anbaugebieten, vornehmlich von der Ahr und dem Mittelrhein, ergänzt durch einige ausgewählte südeuropäische Weine. Besonders zu erwähnen sind die innovativen alkoholfreien Aperitifs, wie der Ingwer-Zitronenspritz oder der Grenadinesirup mit naturtrübem Apfelsaft, Zitrone und Minze.

»Weinzeit« im Winzerhof Gietzen

Moselstraße 70,
56332 Hatzenport
0 26 05 / 95 23 71
winzerhof-gietzen.com

Größe: 40 Plätze im Kelterhaus, 15 in der Weinzeit, 80 im Innenhof
Preise: Winzergerichte 5–12 Euro
Kreditkarten: EC
Öffnungszeiten: Hofausschank März–Nov, Fr 18–23 Uhr, Sa 17–23 Uhr, So 14–23 Uhr; Ruhetage: Mo–Do

Winzerhofküche an der Terrassenmosel

Das Moseltal bildet eine über zwei Jahrtausende alte Kulturlandschaft. Zwischen Trier und Koblenz schlängelt sich das blaue Flussband, das zu den schönsten Deutschlands zählt. Am unteren Lauf, wo die Weinbergterrassen in den Himmel zu klettern scheinen und steilste Weinberge zu finden sind, liegt direkt am Fluss der Winzerhof Gietzen. Im liebenswerten Weinort Hatzenport im Herzen der Terrassenmosel geboren, widmen sich Maria und Albrecht Gietzen mit Herzblut dem Weinbau. Wertschätzung der Natur und Bewahrung der Kulturlandschaft bestimmen ihre Arbeit. Ihre Winzerhofküche mit kleinen regionalen Gerichten wird im Hofausschank angeboten, für Gruppen auch mehrgängige Menüs. Die Karte wechselt nach Jahreszeit und informiert über regionale Lieferant*innen.

Die Speisen sind frisch zubereitet und liebevoll dekoriert. Für den ersten Hunger empfiehlt sich die Riesling-Kräuter-Suppe, die Möhren-Ananas-Koriander-Creme oder die Laugenbrezel mit saisonalen Aufstrichen. Deftig ist die Winzerbrotzeit mit Schinken und Leberwurst der Regionalmarke »Eifel« oder der Stramme Hunsrücker, eine Scheibe Raubritterbrot vom regionalen Bäcker mit Biorinderschinken vom Highland-Cattle aus dem Hunsrück und Spiegeleiern. Der Salat aus dem Hausgarten wird mit feiner Rieslingvinaigrette angemacht, vegetarisch oder mit Hähnchenbruststreifen. Köstlich schmeckt das mediterrane Ziegenkäsepfännchen mit Feta vom Holzfelder Ziegenhof. Ein Schinkencarpaccio von Wildschweinen aus Eifeler Wäldern oder ein Flammkäse vom Demeter-Hof im Hunsrück gehören ebenfalls zu den regionalen Gerichten. Aus heimischen Gewässern stammt die Räucherforelle auf Vollkornbrot. Zum Nachtisch gibt es hausgebackenen Kuchen oder eine zarte Creme vom roten Weinbergpfirsich. Pfiffig sind die Moseltapas aus dem von Maria Gietzen herausgegebenen Kochbuch, etwa der Ziegenkäsetaler mit Rote-Bete-Aufstrich oder die Espressomousse mit marinierten Weinbergsfrüchten.

Die Weine, überwiegend Rieslinge aus eigenen Steillagen, sind von guter Qualität. Der Service ist familiär und herzlich.

→ Unter der Woche auf Anfrage geöffnet. Wanderungen mit dem Winzer und Verkostungen von Steillagenweinen auf Streifzügen durch die Terrassenlandschaft.

NEU

Malberg Hütte

Dorfstraße 10,
53547 Hausen OT Hähnen
0 26 38 / 94 67 31
malberg-huette.de

Größe: 65 Plätze im Gastraum, 65 auf der oberen Terrasse, 16 auf der unteren Terrasse (mit Selbstbedienung)
Preise: V 9–14, H 15–35, N 9–15 Euro (Reservierung); Einkehrkarte 8–23 Euro
Kreditkarten: EC, Master, Visa
Öffnungszeiten: Mi, Do 12–20 Uhr; Fr 12–22 Uhr; Sa 11.30–22 Uhr; So, Feiertag 11.30–20 Uhr; Ruhetage: Mo, Di

Regionales und Saisonales am Westerwald-Steig

Hoch über dem Wiedtal, am Fernwanderweg des Westerwald-Steigs, liegt die »Malberg Hütte« mit weitem Blick über den Westerwald. Jürgen »Jogi« Hühner, Mitglied der Slow Food Chef Alliance, und seinem engagierten Hüttenteam gelingt der bemerkenswerte Spagat zwischen einer Hütten-Einkehrkarte für die spontan vorbeikommenden Wanderer, die sich mit einer Kleinigkeit stärken möchten, und der Hütten-Speisekarte mit einem Naturgenuss-Menü für diejenigen, die entspannt und ausgedehnt tafeln möchten. Bei allem wird großer Wert auf frische, größtenteils regional-saisonale Zutaten und handwerkliche Zubereitungen gelegt.

Die Hütten-Einkehrkarte bietet neben Klassikern wie der sättigenden Westerwälder Graupensuppe mit gebratenem Schweinebauch und altem Bergkäse einen Salatteller mit gebratenem Saibling, eine Malberger Hüttenbratwurst oder Fleischkäs mit Spiegelei; das Fleisch stammt vom Schwäbisch-Hällischen Landschwein, die Pommes frites sind hausgemacht. Kraftvoll sind die geschmorten Rinderbäckchen vom Hohenloher Rind mit Kartoffelstampf und Spitzkohl in Rahm. Zum Dessert verführt ein fluffiger Kaiserschmarren mit Vanillesoße, Apfelkompott und Zwetschgenröster. Ein Eintopf der Woche kräftigt für kleines Geld. Mittags- und Abendgäste, die reserviert haben, erwartet auf der umfangreicheren Hütten-Speisekarte ein köstliches Cremesüppchen vom heimischen Bärlauch mit Wacholder-Tomatenschaum oder die gute Rindfleischsuppe mit hausgemachten Markklößchen. Zum Hauptgang ist ein »Küfer Spezial« empfehlenswert, das sind zwei Schweinenackensteaks vom Schwäbisch-Hällischen Landschwein in Zwiebelsoße mit Speck, überbacken mit regionalem Hönninger Bergkäse; dazu werden Pommes frites gereicht. Herrlich sind auch die Filets vom Laacher-See-Felchen mit (selbstverständlich selbst gemachten) Gnocchi, Hühners Möhrengrünpesto und buntem Gemüse. Vegetarier kommen mit einem Duett von Spinat und Kaspressknödel mit geschmolzenen Tomaten und einem gemischten Salat auf ihre Kosten. Zum Nachtisch erfrischt eine Pannacotta aus Rohmilchsahne mit Rhabarber und (zur Saison) Erdbeeren. Weitere Themenkarten (Bio-Spargelkarte, 80% Westerwald – so schmeckt die Heimat, Gutes vom Feld, Aus Stall und Wiese) sind ebenfalls nur nach Reservierung zugänglich. Das wechselnde Naturgenuss-Menü wird vier- oder fünfgängig angeboten.

Die gut zusammengestellte, übersichtliche Weinkarte bietet – neben einigen europäischen Weinen – deutsche Weine mit einem Schwerpunkt auf dem regionalen Mittelrhein und der Ahr.

Landgasthof »Altes Stadttor«

Marktstraße 4 a,
56288 Kastellaun
0 67 62 / 9 31 30
altesstadttor.de

Größe: 60 Plätze in der Gaststube
Preise: V 6–18, H 14–30, N 5–9 Euro
Kreditkarten: EC, Master, Visa
Öffnungszeiten: Di–Do 17–23 Uhr; Fr–So, Feiertag 11.30–14.30 und 17–23 Uhr; Ruhetag: Mo

Uriger Landgasthof im Herzen der Burgstadt Kastellaun

Das »Alte Stadttor« von Guido Brachtendorf und Gregor Aldag ist ein uriger Landgasthof im Herzen der Burgstadt im Rhein-Hunsrück-Kreis. Aus einem landwirtschaftlichen Nebengebäude des 19. Jahrhunderts entstanden, umfängt den Gast ein gemütliches Ambiente. Das Interieur ist von Resten der mittelalterlichen Stadtmauer geprägt und lässt Erinnerungen an frühere Zeiten wach werden. Im »Alten Stadttor« wird eine ländlich-frische Küche serviert. Besonderen Wert wird auf die Qualität und Herkunft der Zutaten gelegt, die zum größten Teil direkt aus der Region kommen. Lieferant*innen wie die Metzgerei Schweitzer, der Bornwiesenhof und der Brückhof bürgen für erstklassige Qualität und kurze Wege. Die Speisekarte wechselt im Rhythmus der Jahreszeiten und hält Deftiges, Feines und Vegetarisches bereit.

Probierenswert sind die Hunsrücker Festtagssuppe vom heimischen Rind mit Marklößchen und das geröstete Bauernbrot mit Tomate, Knoblauchöl, schwarzem Pfeffer und Frühlingslauch. Unter der Rubrik »Deftiges« werden neben einer Wildbratwurst vom Hunsrücker Damwild mit Bratkartoffeln, wie Großmutter sie machte, auch die traditionellen Hunsrücker Gefellte Kließ serviert, gefüllt mit Hackfleisch und Leberwurst, begleitet von Specksoße, Apfelmus und Salat. Vegetarier*innen freuen sich über den warmen, handgeschöpften Hunsrücker Flammkäs, einen Kuhmilchweichkäse vom Bornwiesenhof auf einem bunten Blattsalat mit Blaubeerdressing oder die Gemüsebolognese mit roten Linsen auf weißen und grünen Bandnudeln. Im Frühjahr bereichert das Ragout vom Hunsrücker Weidelamm mit Butterspätzle und karamellisierten Honigmöhren die Speisekarte. Als süßer Abschluss lockt der hausgebackene Schokoladenkuchen mit feinen Waldbeeren und Sahnehäubchen oder ein hausgemachtes Eis.

Die Getränkekarte bietet Weine von Mosel, Rhein und Nahe, Kirner Landbier, Obstsäfte und Mineralwasser der Region. Als Digestif werden heimische Obstbrände und mit dem Hunsrücker Kräuter-Hannes ein feiner Kräuterlikör angeboten.

→ Im Verkaufsschrank der Regionalmarke »SooNahe« ist eine Auswahl interessanter Erzeugnisse heimischer Produzenten zu finden.

Restaurant »Kirschweiler Brücke«

Kirschweiler Brück 2,
55743 Kirschweiler
0 67 81 / 3 33 83
kirschweilerbruecke.de

Größe: 70 Plätze im Gastraum, 45 auf der Terrasse
Preise: V 14–27, H 24–54 Euro
Kreditkarten: EC, Visa, Master
Öffnungszeiten: Do–So 12–14 und 18–21 Uhr; Ruhetage: Di, Mi

Spießbraten – außen kross, innen saftig

Das über ein Jahrhundert alte Restaurant »Kirschweiler Brücke« liegt am Rand des Rheinland-Pfälzer Nationalparks Hunsrück-Hochwald in einem Ortsteil der Edelsteinschleifergemeinde Kirschweiler. Hausherr ist seit knapp zwei Jahrzehnten der aus einer Hunsrücker Gastwirts- und Metzgerfamilie stammende Hans-Werner Veek. Nach Lehr- und Wanderjahren kaufte er mit seiner Frau Sabine, einer Hotelfachfrau aus Wyhl am Kaiserstuhl, die »Kirschweiler Brücke« und renovierte sie. Herzstück des Restaurants ist der offene Kamin, in dem gegrillt und auf offenem Buchenholzfeuer gebraten wird. Idar-Obersteiner Spießbraten ist ein veritables Stück Hohe Rippe vom Rind, Kamm und Kotelett vom Schwein oder Lamm und Geflügel. Edelsteinschleifer aus dem Ort brachten die Garmethode aus Brasilien mit, wo sie vor zwei Jahrhunderten nach Rohsteinen schürften. Das Fleisch wird von der Metzgerei Veek in Niederbrombach bezogen, die vom Bruder des Brückenwirts geführt wird. Ein weiterer Lieferant ist der Schwalbenhof in Berschweiler; Stör und Lachsforellen stammen vom Forellenhof Trauntal im nahen Börfink. Die »Kirschweiler Brücke« unterhält einen eigenen Forellenteich und einen Kräutergarten.

Spießbraten zu bestellen ist Pflicht: Das medium gebratene Stielkotelett vom Hunsrücker Landschwein ist saftig und wird mit Bratkartoffeln und gemischtem Salatteller serviert; ebenso gelungen ist der mindestens drei Wochen gereifte Rinderspießbraten von der Hohen Rippe. Vorweg gibt es eine gute Festtagssuppe vom Kalbstafelspitz. Die Pappardelle mit Gemüsebolognese vom saisonalen Gemüse und der Flammkäse sind überzeugend wie auch die Fischauswahl und das vegetarische Angebot. Wer kann, nimmt eine Bayrisch Creme* mit Erdbeeren oder das wunderbare Rhabarberparfait mit Estragonbiskuit.

Zum Spießbraten passt das herbe Pils der heimische Kirner Brauerei gut. Auf der Weinkarte stehen Weine benachbarter Anbaugebiete wie Mosel, Nahe und Rheinhessen. Der »Aquamarin Gin« wird vom Hausherrn und einem befreundeten Schnapsbrenner mit Kräutern aus dem Garten hergestellt. Der Service ist freundlich und kompetent.

→ Samstags gibt es beim Restaurant ab 10 Uhr einen Genussmarkt.

NEU

Toms Näschtl

Thomas-Nast-Straße 22,
76829 Landau in der Pfalz
0 63 41 / 9 02 61 29
toms-naeschtl.de

Größe: 28 Plätze im Gasthaus, 50 im Außenbereich
Preise: V 8–12, H 19–34, N 7–10 Euro
Kreditkarten: Visa, Giro, Master
Öffnungszeiten: Fr–Mo 11–22 Uhr; Do 15–22 Uhr, Ruhetage: Di, Mi

Moderne Bistro-Küche

Das Gasthaus »Toms Näschtl« liegt in der Thomas-Nast-Straße am Ortsrand der Universitätsstadt Landau. Beider Namenspate ist der Mitte des 19. Jahrhunderts in Landau geborene deutsch-amerikanische Karikaturist Thomas Nast. Er wurde mit seiner Santa-Claus-Figur weltbekannt. Vom äußeren Erscheinungsbild her unscheinbar, entpuppt sich »Toms Näschtl« beim Eintreten als gemütliches Bistro mit Wohnzimmercharakter. Ein weitläufiger Garten mit schöner Sonnenterasse rundet das Bild ab. Rebecca und Simon Brosch kochen kreativ mit viel Liebe zum Detail. Sie ergänzen ihre vegetarischen oder veganen Gerichten mit optionalen Fleischkomponenten. Alle Elemente sind perfekt aufeinander abgestimmt. Ihre Zutaten beziehen sie von regionalen Produzentinnen und Produzenten: Vom Fleischverkauf Lutz in Bellheim wird das Queichtalrind aus deren eigener Aufzucht mit selbst angebautem Futter und Schlachtung vor Ort bezogen. Geflügel Schwager in Herxheim liefert Maispoularde, Hühnchen und Gänse. Obst und Gemüse stammen aus regionalem Anbau. Im Service wird das sympathische Ehepaar von Manuel Böttcher unterstützt. Das Pfälzer Urgestein überzeugt mit Kompetenz und Pfälzer Lebensart.

Das regionale und saisonale Speiseangebot wechselt im dreiwöchigen Rhythmus. Köstlich sind gleichermaßen die Röstmöhre mit Sesam und Quitte, die gegrillte Aubergine mit selbst hergestelltem Frischkäse, der vegane Gemüsepfannkuchen mit Roter Bete und Kürbiscreme und der geschmorte Bug vom Queichtalrind. Zu den veganen und vegetarischen Gerichten können Eußerthaler Lachsforellenfilets aus Aquakultur oder Maispoularden hinzubestellt werden. War der Jäger des Vertrauens erfolgreich, gibt es Wildragout mit gebratenen Serviettenknödeln sowie Gemüse oder Salat der Saison. Bei den Nachspeisen sind die Amaretto-Mohn-Pannacotta und der geniale Erdnuss-Cookie hervorzuheben.

Die kleine Weinkarte listet ausschließlich Pfälzer Weingüter.

→ An einigen Tagen wird ein Frühstück für etwa 13 Euro angeboten. Während der Öffnungszeiten lässt sich bei einem Stück hausgemachtem Kuchen und einer Tasse Kaffee gut verweilen.

Die Kaffeerösterei KFE in Landau röstet mit »Druff unn Dewedda« eine Espressomischung exclusiv für »Toms Näschtl«.

Restaurant und Hotel Meisenheimer Hof

Obergasse 33,
55590 Meisenheim
0 67 53 / 1 23 77 80
meisenheimer-hof.de

Größe: 48 Plätze im Restaurant, 30 im Innenhof
Preise: V 10–27, H 28–39, N 17 Euro
Kreditkarten: Visa, EC
Öffnungszeiten: Di–Sa 18–22 Uhr; So, 12.30–20.30 Uhr; Ruhetag: Mo

Schlemmen im Herzen von Meisenheim

Die Fachwerkstadt Meisenheim im Landkreis Bad Kreuznach liegt am Glan. Seit 1699 wird das prächtige barocke Hauptgebäude des »Meisenheimer Hofs« als Gasthof genutzt, vor einem knappen Jahrzehnt als Weinhotel mit Restaurant renoviert. Im historischen Gastraum »Zur Blume« mit seiner zweihundertjährigen Holztäfelung und in der »Brunnenstube«, die durch einen mittelalterlichen Brunnen mitten im Raum charakterisiert ist, lässt sich komfortabel speisen. Im Sommer werden die Glaswände zum Innenhof an der Stadtmauer geöffnet. Dem Gasthaus gegenüber liegen das Weingut »Disibodenberg«, das »Café Meisentörtchen« und die Kochschule. Markus Pape, Chefkoch und Gastgeber, prägt das Haus mit seiner bodenständigen und gleichzeitig weltoffenen Art. In der von der Straße einsehbaren Küche verarbeitet er beste, überwiegend regionale Produkte: Geflügel vom Hoflädchen Ochsenschläger, Kartoffeln aus Alsenz, Gemüse aus Bad Kreuznach und während der Glanrindwochen von Hans Pfeffers Glanrinder* von der Bannmühle. Die Konfitüren zum Frühstück sind selbstgemacht.

Als Vorspeise sind junge Keltenhof-Blattsalate in Vinaigrette mit gerösteten Nüssen, Kürbiskernöl und Buttercroutons oder eine Kraftbrühe vom Glantalrind mit Markklößchen ebenso empfehlenswert wie das Dreierlei von der Hunsrücker Forelle mit Gurke und Radieschen. Zum Hauptgang überzeugen geschmortes Bäckchen vom Glanrind*, Steinchampignons und allerlei Zwiebeln, Bergkäsespätzle und Burgunderjus gleichermaßen wie Bachsaibling auf schwarzen Linsen, Brokkoli vom Keltenhof mit Ringelbeete, keltischen Nocken und Beurre Blanc. Zum Nachtisch gibt es Rohmilchkäse vom Wagen oder das Meisenheimer Snickers mit Meersalz und Karameleis.

Auf der umfangreichen Weinkarte dominieren die Weine vom Weingut Disibodenberg, zudem gibt es ausgesuchte Weine aus allen deutschen Weinanbaugebieten, Italien, Frankreich und Österreich. Kompetente Weinberatung.

→ Das zum Hotel gehörende »Café Meisentörtchen« ist Mi–So 12–18 Uhr geöffnet. Hier werden Torten, Tarteletts und Backwaren angeboten – erschwingliche Kunst der klassischen französischen Patisserie.

Gegenüber des Meisenheimerhofs ist die Meisenheimer Brotmanufaktur von Tommy Weinz zu finden. Die Herstellung von ehrlichem Brot ist seine Passion. Er bietet Brotbackkurse an.

Gutsschänke Alte Brennerei

Kirchgasse,
67591 Mölsheim
0 62 43 / 53 64
alte-brennerei-moelsheim.de

Größe: 50 Plätze in der Gaststube, 50 im Hof
Preise: Hauptgerichte 8–18 Euro
Kreditkarten: keine
Öffnungszeiten: Fr, Sa 18–22 Uhr; Ruhetage: So–Do

Einfach, aber gut und mit eigenen Weinen

Das Zellertal in der Nähe von Kirchheimbolanden ist ein Geheimtipp. Durch Mölsheim verläuft die Grenze zwischen den Weinbaugebieten Rheinhessen und Pfalz. Der ehemalige Zehnthof aus der Zeit des Dreißigjährigen Krieges ist seit 1817 in Familienbesitz. Er wird als Gutsschänke geführt, Judith Seidel-Göhring ist für die Küche zuständig, Gerd Göhring kümmert sich um die Gäste und den Wein. Die Gaststube mit dem alten, großen Holzofen ist einladend und gemütlich. Im Sommer speist man, umgeben von Oleander, im Innenhof. Die Karte wird durch wöchentlich wechselnde, saisonale Angebote ergänzt. Gelegentlich werden alte Rezepte ausprobiert. Der immer verfügbare Räucherschinken kommt aus eigener Produktion, Gemüse, Salate und Kräuter liefert der Garten. Die Produkte kommen von regionalen Erzeugern wie dem Hofladen Schüttler, Wachenheim, dem Spargelhof Simmet, Ober-Flörsheim und dem Bainerhof in Waldböckelheim. Die Lieferant*innen weiterer Produkte sind in der Speisekarte aufgeführt.

Von der Karte gefallen besonders der Munkelteller – hausgemachte Aufstriche mit selbst gebackenem, kernigem Bauernbrot – und Omas Kotelett auf dem Zwiebelbett mit Bratkartoffeln. Das Glanrind* ist Slow-Food-Arche-Passagier und findet zunehmend Aufmerksamkeit. Im März locken die Glanrindwochen, doch auch über das Jahr werden Gerichte mit der regionalen Rinderrasse angeboten. Hervorzuheben ist der wunderbar zarte Schmorbraten vom Glanrind mit Wirsing und Serviettenknödel. Ebenfalls empfehlenswert sind der Hackbraten vom Bio-Glanrind mit grüner Sauce und Kräuterkartoffeln, die Omas Kotelette auf Zwiebelbrett mit Kräuterkartoffeln sowie die vegetarischen Spargelquiche mit Salat. Augen- und Gaumenschmaus verspricht die Cafécreme im Glas.

Die Weinkarte präsentiert Abfüllungen des eigenen und befreundeter Weingüter. Es werden monatlich unterschiedliche Winzer präsentiert. Lobenswert sind die zahlreichen offenen Weine und die kleine Weinprobe mit fünf regionalen Weißweinen. Bier kommt aus einer Manufaktur in Rheinhessen.

Die gelungene Kombination eines Gasthauses und einer Metzgerei mit eigener Schlachtung findet man in Harxheim-Zellertal, Bubenheimer Straße 1, bei Familie Lind (www.lind-zellertal.de). Hier gibt es Pfälzer Spezialitäten bester Qualität.

NEU

Hotel-Restaurant Klostermühle

Mühlstraße 19,
67728 Münchweiler
an der Alsenz
0 63 02 / 9 22 00
klostermuehle.com/de

Größe: 45 Sitzplätze im Restaurant, 60 auf der Terrasse
Preise: V 8–14, H 20–32, N 8–15 Euro
Kreditkarten: Alle gängigen Karten
Öffnungszeiten: Mi–Sa 18–23 Uhr; So 12–15 Uhr; Ruhetage: Mo, Di

Nachhaltige und kreative Küche

Am Fuße des Donnersbergs an der Alsenz gelegen, liegt das Landidyll »Hotel-Restaurant Klostermühle«, eingebettet in einen herrlichen Garten mit wunderschönen alten Trauerweiden. Die alte Mühle ist seit 1920 in Familienbesitz und beherbergt ein Landhotel mit Restaurant und Tagungsmöglichkeiten. Die Küche der Klostermühle arbeitet nachhaltig und saisonal. Frisches Gemüse und Kräuter kommen unter anderem aus dem familieneigenen Anbau von Fräulein Lenz, wenige Schritte von der wunderschönen Sommerterrasse des Hauses entfernt. Küchenchef Michael Brehm verarbeitet die heimischen Produkte zu köstlichen Kreationen. Die Küche verarbeitet nur saisonales Gemüse. Einmal jährlich werden kulinarische Wochen wie die Donnersberger Lammwochen veranstaltet. Brehm bezieht sein Lamm von der benachbarten Neumühle, die Eier von Hermann Pratz aus Bennhausen und die Beeren von der Familie Schwalb aus Hettenleidelheim. Im Sommer lassen sich die kulinarischen Genüsse gut auf der herrlichen Sommerterrasse mit Blick auf den Park genießen.

Alle Gerichte sind sehr fein abgestimmt, ob geschmorte Ochsenbäckchen, Lammschulter, gebackene Ochsenschwanzpraline bis zu Kalbsnieren und Kalbszunge, langsam geschmortem Kalbstafelspitz mit Rotweinjus an Selleriepüree mit Semmelknödelscheiben oder Frikadelle vom Eichelschwein auf Berglinsen und Ofenkürbis. Als Beilagen gibt es Spitzkohl mit Aprikosen oder - zum Fisch - tomatisierten Kohl. Vegetarisch bevorzugende Gäste freuen sich über die Malfatti; sie sind geschmacklich und optisch ein Gedicht. Neben modernen Interpretationen pflegt die Küche auch Traditionen wie den Lammbraten zu Ostern und das Gansessen in der Vorweihnachtszeit.

Der Service ist sehr aufmerksamen. Weinempfehlungen aus der Pfalz mit zahlreichen Bioweingütern sowie dem benachbarten Zellertal.

Von April bis Oktober freitags zwischen 16-18.30 Uhr neben der »Klostermühle« Markttag bei »Fräulein Lenz« mit regionalem Gemüse direkt vom Feld.

Löffels Landhaus

Obertorstraße 42,
56294 Münstermaifeld
0 26 05 / 95 37 73
loeffelslandhaus.de

Größe: 40 Plätze im Restaurant, 35 im Gewölbekeller
Preise: V 7–14, H 18–34 Euro
Kreditkarten: EC, Master, Visa
Öffnungszeiten: Mi–Sa 17–21.30 Uhr; So, Feiertag 11.30–21 Uhr; Ruhetage: Mo–Mi

Das Eifeler Schnitzelhaus im Maifeld

In einem Gutshof aus dem Jahr 1833, der in der Stadtmitte von Münstermaifeld liegt, betreibt der Wirt und Koch Günter Löffel sein gleichnamiges »Landhaus«. Das Haus beherbergt ein ehemaliges Marionettentheater mit einer erhaltenen Bühne und einen Bruchsteingewölbekeller mit unverwechselbarem Flair. Der liebevoll gestaltete Terrassengarten – direkt an der historischen Stadtmauer – lockt im Sommer zum Speisen in freier Natur. Die Küche ist auf Frische und Regionalität gebaut und zeigt eine besondere Liebe zur Kartoffel. Der Koch verwendet überwiegend Produkte des Umlands, kurze Wege und Kontakt zu den Erzeugern sind ihm wichtig. Die herzliche Art des Services und die persönliche Ansprache der Gäste haben das Landhaus zu einem beliebten kulinarischen Ort auf dem Maifeld werden lassen.

Als Vorspeise ist die Landhauspastete mit Senfsoße sehr anregend. Als Zwischengericht kommen der klassische Münstermaifelder »Debbekooche«* oder eine Maifelder Kartoffelsuppe mit Majoran und Speck infrage. »Das Eifler Landhausschnitzel« zum Hauptgang ist eine besondere hauseigene Kreation. Bei seiner Zubereitung werden Kalbsrücken, Zander, Ziegenkäse oder andere vegetarische Zutaten mit frisch geriebenen Maifelder Kartoffeln umhüllt und in Rapsöl knusprig gebraten. Dem Pfannengericht, zu dem saisonale Gemüse oder Salate serviert werden, gilt eine unbedingte Empfehlung (es ist beim Deutschen Patent- und Markenamt eingetragen). »Die Eifel Pizza« ist ein knuspriges Kartoffelrösti mit Zutaten wie Edelsalami, frischem Gemüse, Ziegenkäse oder Räucherlachs und wird mit Käse überbacken. Zum Nachtisch fällt die Wahl schwer zwischen dem Weinschaum vom Moselriesling mit Trauben und Vanilleeis und dem Ziegenkäse vom Vulkanhof Gillenfeld, der in Olivenöl angebraten und mit Kartoffelbrot warm serviert wird.

Auf der Getränkekarte stehen Weißweine von der nahen Mosel, Rosé- und Rotweine aus Rheinhessen, Bier von der Vulkanbrauerei Mendig und Obstsäfte von heimischen Streuobstwiesen. Den Kaffee liefert die Kaffeerösterei in Daun.

Zum Karpfen

Hauptstraße 1,
76777 Neupotz
0 72 72 / 21 98
gasthaus-zum-karpfen.de

Größe: 65 Plätze im Restaurant, 22 auf der Terrasse
Preise: V 6–10, H 16–25, N 5–8 Euro
Kreditkarten: Keine
Öffnungszeiten: Do 12–14 und 17–23 Uhr; Fr, Sa 17–23 Uhr;
Ruhetage: So–Mi, Feiertag

Ortsgasthof in Rheinnähe mit besten Fischgerichten

Im Fischerdorf Neupotz zwischen Speyer und Karlsruhe findet sich ein liebenswertes Gasthaus, das seit mehr als einem Jahrhundert in Besitz der Familie Gehrlein ist. Der rustikal-gemütliche Gastraum – ein prächtiges Exemplar des Namensgebers residiert über der Ausschanktheke – strahlt eine wohlige Atmosphäre aus. Früher ein bekanntes Tanzlokal, ist der »Karpfen« jetzt ein Treffpunkt für Menschen, die eine geradlinige Küche schätzen, in der Regionalität, Qualität und Frische Priorität haben. Das Fleisch bezieht der »Karpfen« neuerdings von der Metzgerei Scherer in Hatzenbühl, die Rinder und Schweine selbst schlachtet. Auch Eier, Gemüse und Salate werden von heimischen Erzeuger*innen wie dem Ohmerhof in Rheinzabern bezogen.

Jeden Montag kommt ab halb zwölf frisches Kesselfleisch auf den Tisch. Zusätzlich zur Speisekarte werden kleine Täfelchen gereicht, auf denen saisonale und Tagesgerichte wie Lammfilet mit Knoblauch oder Ochsenfetzen mit Paprika verzeichnet sind. Als Vorspeisen bieten sich die hausgemachte Leberknödelsuppe oder das frische Tatar mit Ei an. Als Hauptgerichte sind das Wienerschnitzel und vor allem das Cordon bleu vom Kalb zu empfehlen. Fischesser finden im »Karpfen« – nomen est omen – ein überaus attraktives Angebot. Ein Zander aus baden-württembergischer Zucht ist ebenso delikat wie Hecht oder Barsch aus Wildfang. Zu allen Fischgerichten gehört der köstliche, hausgemachte Kartoffelsalat. Zum Jahresende wird ein Gänseessen wie bei Muttern angeboten. Die mächtigen Vögel, gezogen auf dem Hof Ritzmann in Winnweiler am Donnersberg, werden mit zwei unterschiedlichen Füllungen zubereitet.

Überschaubares Pfälzer Weinangebot.

Selbst gemachte Brötchen und Brot, Kuchen und Pralinen sowie Eis – ohne Zusätze und Fertigmischungen hergestellt – gibt es im »Cafe Theobald« (76863 Herxheim, Bonifatiusstraße 9). Gutes Frühstück!
Die Metzgerei Scherer bezieht ihr Fleisch überwiegend aus der Region. Besonders empfehlenswert ist sowohl das Dry-Aged-Rind- und Schweinefleisch als auch das Lamm aus eigener Zucht (76770 Hatzenbühl, Luitpoldstraße 177).

NEU

Fuxbau

Weinstraße 240,
67434 Neustadt an der Weinstraße, OT Hambach
0 63 21 / 3 20 44
fuxbau.biz

Größe: 60 Plätze im Fuxbaugewölbe und Winzerhof
Preise: V 8–13, H 14–29, N 5–11 Euro
Kreditkarten: EC, Visa, Master
Öffnungszeiten: Mo 17–21 Uhr; Fr 17–22 Uhr; Sa, So 12–22 Uhr; Ruhetage: Di–Do

Urige Weinstube unterhalb des Hambacher Schlosses

Unterhalb des Hambacher Schlosses ist der »Fuxbau« gelegen. Das Gutshaus aus dem Jahr 1640 trägt seinen Namen, weil es einst mit seinen mehr als 70 Türen einem Fuchsbau glich. Heute öffnet sich ein zentrales Hoftor einladend in den Innenhof, der in ein gemütliches Sandsteingewölbe führt. Die Besitzer und Slow-Food-Förderer Michael und Sieglinde Czaya unterstützen regionale Erzeuger*innen. Das Gemüse kommt von den Hofläden Kästel und Nett in Geinsheim, die Forellen stammen aus nachhaltiger Teichwirtschaft von Hans im Eußerthal, die Pfälzer Wurstspezialitäten von der Metzgerei Hambel in Wachenheim und das Wild von der Jagdgemeinschaft Hambacher Vorderwald. Mit dem Glanrind* wird saisonal ein Slow-Food-Arche-Passagier als Gulasch mit Kartoffelknödeln angeboten. Die Speisekarte findet mit der Wochenkarte eine regelmäßige Ergänzung.

In der Küche sorgt »Sissi« Czaya für die Klassiker der Fuxbau-Küche: schlotzige Käsespätzle aus dem Rohr mit reichlich Bergkäse, geschmorten Zwiebeln und Salat, hausgemachter Flammkuchen, den es im Original als Elsässer und in Varianten mit Münsterkäse oder Schafskäse und Peperoni gibt. Ausgezeichnet mundet die heimische Forelle: Auf den Punkt gegart und wunderbar saftig wird sie als in Zitronenbutter gebackene ganze Forelle mit Bratkartoffeln und Salat angeboten. Natürlich fehlen die typischen Pfälzer Gerichte nicht: Saumagen, Bratwurst und Leberknödel, mal in Kombination als Pfälzer Liebe oder separat wie die kräftig gewürzten Pälzer Lewwerknepp, jeweils mit Rieslingkraut und Bratkartoffeln. Besonders empfehlenswert ist die gebackene Blutwurst mit Apfel und geschmorten Zwiebeln. Das saftig gegrillte Rindersteak mit geschmorten Zwiebeln schmeckt am besten vom Glanrind* aus dem Biosphärenreservat Pfälzerwald-Nordvogesen. In der Jagdsaison ist das sanft geschmorte Hirschragout mit Kartoffelknödel und Rotweinbirne eine erstklassige Wahl. Haben die üppigen Portionen noch etwas Platz gelassen, sollte man die süße Variante des Flammkuchens probieren: die Süße Sissi mit Apfel, Rosinen, Zimt und Zucker, nach Wunsch auch flambiert.

Die umfangreiche Weinkarte führt viele Pfälzer Gewächse, größtenteils auch glasweise.

→ Der Restaurantbesuch lässt sich gut mit einem Besuch des Hambacher Schlosses verbinden, das für das Hambacher Fest 1832 und damit die junge deutsche Demokratiebewegung bekannt ist.

NEU

Wallonenhof

Schwimmbad 1,
67697 Otterberg
0 63 01 / 60 10 333
wallonenhof.de

Größe: 60 Plätze im Esszimmer, 50 auf der Sommerterrasse
Preise: V 8–16, H 23–34, N 13–15 Euro; Drei-Gänge-Menü 59 Euro
Kreditkarten: Alle gängigen Karten
Öffnungszeiten: Mo, Do–Sa 17–21.30 Uhr; So 12–15 und 17–21.30 Uhr; Ruhetage: Di, Mi

Gaumenspiel für die Sinne

In der Wallonenstadt Otterberg nahe Kaiserslautern liegt – etwas versteckt zwischen Schwimmbad und Pfälzerwald – der »Wallonenhof«. Von außen unauffällig, überrascht er mit einem imposanten Esszimmer. Ein Freimaurer hatte seine Villa mit aufwendigen Holzarbeiten, Intarsien und Gemälden ausgestattet. Die Einrichtung ist im Übrigen schlicht und modern. Mona und Benjamin Wolter bereisten gemeinsam die Welt und haben sich in ihrer Heimat mit dem »Wallonenhof« ihren Traum von kulinarischen Kreationen erfüllt. In der Küche trifft Tradition auf Moderne. Zahlreiche traditionelle Gerichte werden neu interpretiert. Mit Produkten aus der Region, mit jahreszeitlichem Gemüse und viel Finesse werden die Speisen zubereitet. Das saisonale Gemüse liefert Adam Theis aus Hochstadt, die Biokräuter und die Biotomatenpflanzen für den eigenen Garten wachsen bei Kräuter Gerda auf dem Münchwanderhof, Spargel und Erdbeeren bei Bauer Funck. Aus einer seit ihren Wanderjahren befreundeten Vorarlberger Käserei kommt Käse für das Käsebrett. Die bodenständige Speisekarte ist übersichtlich, zusätzlich gibt es eine Tagesempfehlung am Tisch. Frische und Ehrlichkeit der Produkte stehen bei Mona und Benjamin Wolter im Vordergrund.

Als Vorspeisen munden die Kartoffel-Parmesansuppe, die Maisgrießsuppe oder eine Tomatenmousse mit Frisee, Burrata, Spargelstroh und Pumpernickel. Im Hauptgang werden Rehrücken aus heimischer Jagd mit den Klassikern Rotkohl und Kartoffelplätzchen angeboten sowie ein Cordon bleu vom Kalb mit Schwarzwurzeln und Kartoffelmousseline. Der Fang des Tages wird von einem Risotto oder gebratener Polenta begleitet. Nachtische wie Vanille-Erdbeer-Pannacotta mit Rhabarberkompott und Basilikumsorbet oder eine Dessertsymphonie mit Espresso, Crème brûlée und Fruchtsorbet runden das Menü ab.

Als Aperitif erfrischt eine Spritzige Erdbeere – Erdbeerlikör mit Prosecco auf Eis – oder ein Gin Tonic aus der gleichermaßen großen und interessanten Gin- und Tonic-Auswahl. Die zum Essen passenden Weinempfehlungen von Mona Wolter kommen vornehmlich von Pfälzer Winzern.

Nicht weit vom »Wallonenhof« entfernt können bei Kräuter Gerda auf dem Münchwanderhof aus einem großen Sortiment Kräuter für den heimischen Garten erworben werden.

NEU

Gasthaus Gebrüder Kraus

Johannisstraße 6,
67697 Otterberg
0 63 01 / 3 19 77
metzgerei-kraus.com

Größe: 60 Plätze im Restaurant
Preise: V 6–19, H 15–38, N 6–12 Euro
Kreditkarten: Alle gängigen Karten
Öffnungszeiten: Mi–So 12–14 und 17.30–21.30 Uhr; Ruhetage: Mo, Di

Ein Stück Heimat und Tradition

Das Wappen des Restaurantgründers Jakob Kraus prangt in Sandstein gehauen über dem Eingang des Hauses. In der fünften Generation führen die Brüder Michael und Armin Kraus mit ihren Familien die einhundertjährige Familientradition weiter. Michael Krauss ist gelernter Koch, hat seine Karriere in der gehobenen Gastronomie begonnen und die Welt bereist, bevor er mit seinem Bruder Armin Kraus Junior, seines Zeichens Metzgermeister, die Geschäfte in Otterberg übernahm. Beide verwenden ausschließlich Produkte aus der Region. Kurze Anfahrtswege und Saisonalität sowie der Kontakt zu den Bauern und Produzent*innen ist ihnen ein wichtiges Anliegen. Sie wollen wissen, woher die Produkte kommen, die in ihrer Küche und schließlich auf den Tellern ihrer Gäste landen: Das Geflügelfleisch wird vom Hofgut Ritzmann in Winnweiler-Hochstein bezogen, das Gemüse kommt von den Gebrüdern Ehret und das Wild aus dem Otterberger Wald.

Empfehlenswerte Gerichte sind die Markklößchensuppe, das Tatar vom Rind, das Pfälzer Rumpsteak mit Zwiebeln sowie die Pfälzer Platte mit Leberknödel, Saumagen und Bratwurst aus der eigenen Metzgerei. Aus der Tageskarte locken das Zürcher Geschnetzelte vom Kalb mit Rösti und Salat sowie das rosa gebratene Salzwiesenlamm mit Bärlauchrisotto, Kirschtomaten und Oliven. Bärlauch und Spargel sind die saisonalen Zutaten im Frühjahr. Zum Sankt-Martinsessen ist der Gänsebraten vom Hofgut Ritzmann mit Rotkohl, Kartoffelklößen und Pfälzer Maronen Pflicht. Naschkatzen kommen auf ihre Kosten beim lauwarmen Schokoladentörtchen mit flüssigem Kern, Vanilleeis oder saisonalem Obst.

Der junge und flotte Service ist sehr aufmerksam und berät bei Fragen gern. Die Weinkarte ist bodenständig und bietet allerlei aus der Pfalz.

→ Einen Besuch wert ist die Abteikirche in Otterberg. Sie ist nach dem Speyerer Dom die größte Kirche der Pfalz.

Pfälzer Spezialitäten können in der eigenen Metzgerei gegenüber erworben werden.

Hofgut Ruppertsberg

Obergasse 2,
67152 Ruppertsberg
0 63 26 / 98 20 97
dashofgut.com

Bio

Größe: 35 Plätze im Restaurant, 35 im Hof
Preise: Zwei Menüs, eines vegetarisch, ab 100 Euro
Kreditkarten: EC, Diners, Master, Visa
Öffnungszeiten: Mi–Sa 19–23 Uhr; Ruhetage: So–Di

Biorestaurant mit Spitzenküche in historischem Gebäude

Inmitten der Weinberge liegt das vormals zum Weingut Dr. Bürklin-Wolf gehörende, malerische »Hofgut Ruppertsberg«. Im Sommer wird im kopfsteingepflasterten Hof serviert, in der kalten Jahreszeit in den ehemaligen Wirtschaftsräumen und urigen Stallungen. Pächter und Koch Jean-Philippe Aiguier setzt in bemerkenswerter Art und Weise die Slow-Food-Philosophie des »gut - sauber - fair« um: Ausgesuchte regionale Bioprodukte sind die Basis seiner schmackhaften Küche. Er legt Wert auf schonende Schlachtung und vollständige Nutzung der Tiere, inklusive der Innereien. Die regionalen Lieferquellen sind freundschaftlich und kollegial auf der Karte genannt, so kommt beispielsweise das Fleisch vom südpfälzischen Bärenbrunnerhof oder der Bäuerlichen Erzeugergemeinschaft Schwäbisch Hall.

Das Angebot umfasst ein vegetarisches und ein nichtvegetarisches Menü, die alle ein bis zwei Monate wechseln. Sie können von acht auf fünf Gänge reduziert werden. Den Jahreszeiten folgend, spiegeln sie das saisonale Angebot. Klassiker wie die traditionellen Hechtklößchen mit Hummerbisque und Spinat und der gedämpfte Rheinzander mit Mango-Maracujabutter und Möhrenpüree sind ganzjährig auf der Karte. Saisonal sind beispielsweise das pochierte Bärenbrunner Ei mit Buttercroûton und einem Püree von jungen Brennnesseln oder Bressetaubenraviolo in geschäumter Consommé mit Alblinsensprossen geschmackvolle Vorspeisen. In der kälteren Jahreszeit erfreut der heimische Lammrücken mit einer krossen Brunnenkressekruste und Rosmarinjus und Haferwurzel, zwischendurch ein Sorbet »Kiefer und Tanne« von jungen Frühlingstrieben. Beim vegetarischen Menü sind Fisch- und Fleischgang zum Beispiel durch gebrühte Schwarzwurzeln mit Grapefruitbutter mit gerösteten Maronen, Wildkohlrisotto und Ingwer, Petersilienrisotto und Ingwer oder Topinambur mit Schwarzbrot und Chicorée ersetzt. Für die Menüs wird eine Weinbegleitung angeboten.

In der ausführlichen Weinkarte findet man die Bürklin-Wolf'schen Spitzengewächse, darüber hinaus deutsche, französische und spanische Bioweine.

→ Bei gutem Wetter ist Mittwochs bis Samstags nachmittags der Gutsausschank in der nahen Obstbaumwiese für einfache kalte Gerichte offen. Es herrscht Selbstbedienung der Speisen aus dem Hofgut. Auf Vorbestellung wird auch ein Picknickkorb fürs Bio-Picknick in den herrlichen Hofgärten angeboten.

Der Hofladen bietet hochwertige Biolebensmittel, eine große Käseauswahl sowie fertige Gerichte aus der Hofgutküche an.

Felschbachhof

Felschbachhof 1,
66887 Ulmet
0 63 87 / 91 10
felschbachhof.de

Bio

Größe: 80 Plätze im Gastraum, 80 auf der Terrasse
Preise: V 10–17, H 15–37 Euro
Kreditkarten: EC, Amex, Master, Visa
Öffnungszeiten: Mo–Sa 11.30–13.30 und 17.30–21.30 Uhr; So 17.30–21.30 Uhr

Biomusterbetrieb im Glantal

Der »Felschbachhof« im Landkreis Kusel im Südwesten von Rheinland-Pfalz war ursprünglich ein Ausflugslokal; er wird von Margit und Stefan Klinck geführt. Das Restaurant mit seinem hellen, gemütlichen und einladenden Ambiente ist seit 2008 biozertifiziert. Im eigenen Garten werden Gemüse und Kräuter angebaut. Stefan Klinck legt Wert auf kurze Transportwege, kennt seine Lieferant*innen persönlich und nennt sie auf der Speisekarte. In der Küche finden sich weder Convenience-Produkte noch Fleisch und Fisch aus Massentierhaltung. Der Felschbachhof ist das einzige Restaurant, in dem über das ganze Jahr Gerichte des Slow-Food-Arche-Passagiers Glanrind* angeboten werden. Auf dem weiträumigen Gelände stehen eigene Bienenstöcke.

Auf der umfangreichen Speisekarte finden sich als Vorspeisen Quiche mit Spinat und Feta, ein Blattsalat und ein im Weckglas serviertes Crèmesüppchen von frischem Bärlauch. Hauptgerichte sind ein Filet vom Simmentaler Rind mit Sauce Béarnaise und Kartoffelecken oder frischer Pfälzer Stangenspargel mit paniertem Kalbsschnitzel, Sauce Hollandaise oder zerlassener Butter und Schwenkkartoffeln. Das vegetarische Süßkartoffelgulasch mit Sojacrème wird von Reis begleitet. Tagesaktuelle Gerichte offeriert die Tageskarte.

Auf der ausführlichen Weinkarte mit offenen Weinen stehen vereinzelte Bioangebote, im begehbaren Weinschrank Bioweine der Nahe, der Pfalz, aber auch aus Italien und Frankreich.

➜ Seit 2018 ist der Felschbachhof offiziell Modellversuchsbetrieb im Projekt »Nachhaltige Lernorte im Gastgewerbe« und kooperiert mit der Rheinischen Friedrich-Wilhelm-Universität Bonn. Die erste Phase des Projekts widmet sich dem Thema »Biodiversität«. Dafür werden in Absprache mit dem wissenschaftlichen Partner im Hausgarten vergessene und regionalspezifische Gemüse- und Obstsorten mit dem Ziel der Erhaltung der Artenvielfalt neu angepflanzt.

Hambels

Bahnhofstraße 17,
67157 Wachenheim
an der Weinstraße
0 63 22 / 9 56 33 40
metzgerei-hambel.de/restaurant

Größe: 32 Plätze im Gastraum, 12 auf der Terrasse
Preise: V 7–11, H 11–24, N 5–9 Euro
Kreditkarten: EC
Öffnungszeiten: Di, Mi 11.30–14.30 Uhr; Do–Sa, 11.30–14.30 und 17.30–23 Uhr; Ruhetage: So, Mo

Saumagen vom Saumagenpapst

Saumagen ist mehr als eine deftige Mahlzeit. Spätestens seit Kanzler Helmut Kohl ihn des öfteren Staatsgästen servieren ließ, ist er als urpfälzische Spezialität über die Landesgrenzen hinaus bekannt. Bei jenen Gelegenheiten war die Metzgerei Hambel mit ihren typisch Pfälzer Wurstwaren mit von der Partie. Der Saumagen wird aus magerem Schweinefleisch, Kartoffeln, Kräutern und frisch gemahlenen Gewürzen zubereitet und traditionell im Magen der Sau gegart. 2013 wurde eine der Metzgerei angegliederte kleine Gaststätte eröffnet, die den Saumagen in den Mittelpunkt stellt. Selbstverständlich kommen alle Fleisch- und Wurstwaren vom Metzger Hambel, der sein Fleisch von zwei Mannheimer Fleischhändlern bezieht. Die wiederum werden von regionalen, kleinbäuerlichen Betrieben mit artgerechter Tierhaltung beliefert. Sowohl in traditioneller Form als auch modern interpretiert und zur Saison passend wird der Saumagen als Carpaccio mit Salat, als Füllung von Canneloni oder als schwäbisch-pfälzische Liaison in Maultaschen serviert. Das Restaurant befindet sich in einem liebevoll renovierten Fachwerkhäuschen gegenüber der Metzgerei. Der Gastraum strahlt eine helle, urbane Freundlichkeit aus.

Wer nicht mit dem Saumagen beginnen möchte, findet auf der Speisekarte eine Rinderkraftbrühe mit Einlage, zum Beispiel mit kleinen Leberknödeln. Saisonabhängig werden Spargel- oder Kürbissuppe angeboten. Ein gelungener Auftakt sind »Hambels kleine ›Pfälzer Naschereien‹« mit drei Gläschen auf einem Holzbrettchen, gefüllt mit Schwartenmagensalat, gebackener Blutwurst auf Apfelragout und Saumagenwürstchen auf Rahmkraut. Spätestens bei den Hauptspeisen empfiehlt es sich, eine Variation des Saumagens zu probieren. Es gibt ihn exotisch mit Chili und Schafskäse oder auch mit Kastanien oder Pfifferlingen. Besonders delikat sind die mit Saumagen gefüllten, in Butter goldbraun gebratenen Maultaschen auf harmonischem Rahmkraut mit Speck und Zwiebeln. Alternativ können es Fleeschknepp mit Meerrettich sein, ein weiterer Pfälzer Klassiker. Auf der Tageskarte wird beständig ein vegetarisches Gericht angeboten – das ist bei einer Metzgereigaststätte nicht selbstverständlich. Zum Nachtisch reizt der süße Saumagen mit kleinem Fruchtragout.

Auf der Weinkarte steht eine kleine, angemessene Auswahl Pfälzer Weine.

→ Freitags findet in der Metzgerei eine Saumagenpräsentation statt, bei der man die Besonderheiten bei der Herstellung sowie Details zur Rezeptur erfährt.

Mühle am Schlossberg

Schlossberg 16,
67681 Wartenberg
0 63 02 / 9 23 40
muehle-schlossberg.de

Größe: 30 Plätze im Restaurant, 60 im Außenbereich
Preise: Hauptgerichte 17–43 Euro
Kreditkarten: EC, Amex, Visa, Master
Öffnungszeiten: Täglich 11–14 und 18–21.30 Uhr

Grüne Kräuterküche in alten Gemäuern

Die »Mühle am Schlossberg« liegt im Donnersbergkreis, bis Kaiserslautern sind es nur zwölf Kilometer. Der Dreiseithof aus dem 16. Jahrhundert wurde bis in die 1970er-Jahre landwirtschaftlich genutzt und anschließend vom Architekten Horst Ermel kontinuierlich restauriert. Vor zwei Jahrzehnten wurde er zum Hotel-Restaurant mit zum Teil historischen Veranstaltungsräumen umgebaut. Anja Scharff leitet das Ensemble zusammen mit ihrem Team. Im Sommer lädt der historische Innenhof zum Verweilen ein. Für Veranstaltungen und Hochzeiten stehen weitere Räumlichkeiten zur Verfügung. Kräuterguru Bernd Simon ist für den hauseigenen Kräutergarten mit bis zu 140 Kräutern zuständig. Auch Gemüse wird zur Verwendung in der Restaurantküche angebaut. Hühner sorgen für die Eier, Gänse werden vom Hofgut Krehbiel (direkt gegenüber) geliefert. Rindfleisch von der Metzgerei Heeger aus Breunigweiler und Wild von Renate Bickmann kommen ebenfalls aus der Region. Bernd Simon destilliert Kräuter und stellt Kräutersalze her, schmackhafte Konfitüren aus Tomaten oder Erdbeerren mit Minze können vor Ort käuflich erworben werden.

Saisonale und regionale Gerichte finden sich auf der reichhaltigen Karte, wie hausgemachte Risotto-Bällchen auf Maronen-Pilzragout mit hausgemachter Tomatenmarmelade, Erbsen und rote Linsen auf Karotten-Ingwercreme und Granatapfel. Als Hauptspeise überzeugen der geschmorte und glasierte Rinderschaufelbraten auf Zitronenpolenta, Schmorzwiebel und Karottengemüse sowie das Donnersberger Schweinekotelett mit Schmoräpfeln. Als Nachtische unverzichtbar sind die hausgemachten Kräuterpralinen, die Nachtischvariation »von allem etwas« oder das Basilikum-Zitronen-Sorbet.

Auf der umfangreichen Weinkarte stehen Weine insbesondere aus der Pfalz, Rheinhessen und Nahe, aber auch aus anderen Anbaugebieten.

→ Sehr empfehlenswert ist eine Wanderung in der Mehlinger Heide, zweitgrößte Heidelandschaft Deutschlands vor allem in der Blütezeit im Juli, August und September. Infos www.mehlinger-heide.de

Das Hofgut Krehbiel, Mühlhof 1, 67681 Wartenberg-Rohrbach, Tel. 0 63 02 / 98 24 91, info@krehbiel-bio-landkost.de., www.krehbiel-bio-landkost.de, bietet Hähnchen, Gänse, Suppenhühner, Eier und Nudeln, Wurstspezialitäten und Apfelsaft an.

Saarland

Trier
Idar-Oberstein
Nonn-
weiler
62
Perl
Mettlach
8
Ottweiler
Rehlingen
Neunkirchen
8
Völklingen
SAARBRÜCKEN
Blieskastel
Mandel-
bachtal
Klein-
blitters-
dorf

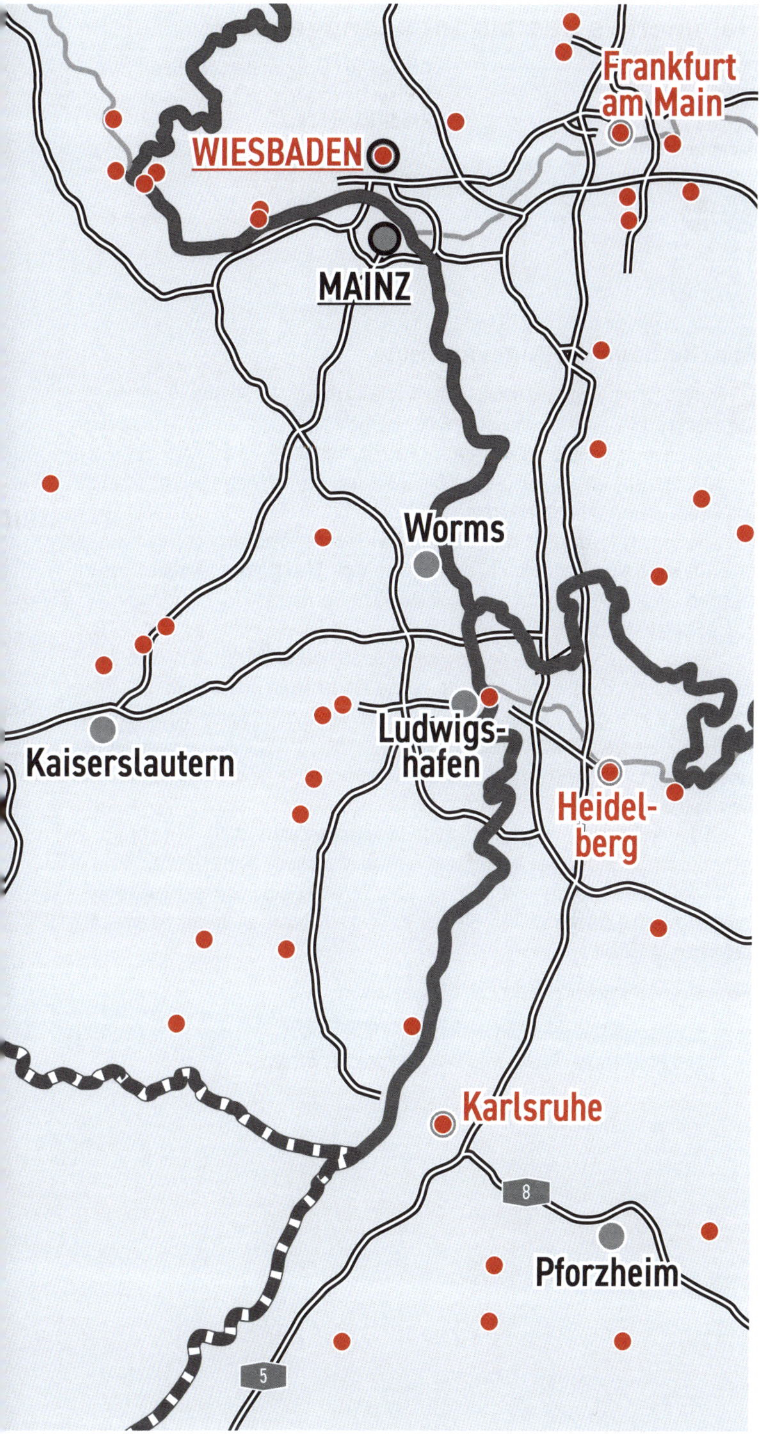
Frankfurt am Main
WIESBADEN
MAINZ
Worms
Kaiserslautern
Ludwigs-hafen
Heidel-berg
Karlsruhe
8
Pforzheim
5

Hämmerle's Restaurant »Landgenuss«

Bliestalstraße 110 a,
66440 Blieskastel
0 68 42 / 5 21 42
haemmerles.de

Größe: 40 Plätze im Restaurant
Preise: Hauptgerichte 18–32 Euro
Kreditkarten: EC
Öffnungszeiten: Di–Fr 11.30–15 und 18–23 Uhr; Sa 18–23 Uhr; Ruhetage: So, Mo

Feine Küche und elegantes Ambiente

Seit 1995 führen Stephanie und Cliff Hämmerle im Herzen der Bliesgau-Biosphäre das »Hämmerle's«. Im »Landgenuss« wird eine gehobene Landhausküche angeboten, das »Barrique« bietet eine ambitionierte Feinschmeckerküche. Auf der Karte des »Landgenuss« spiegelt sich der Einfluss des Bliesgaus und der Nachbarregionen Lothringen und Elsass wider. Mit handwerklichem Geschick rückt Cliff Hämmerle den authentischen Geschmack guter Produkte in den Mittelpunkt. Viele Lieferanten kennt er persönlich, die Produkte kommen, soweit möglich, aus nächster Nähe. Werktags wird ein günstiges Mittagsmenü angeboten, ein guter Einstieg in die Küche des Hauses.

Als Starter sind die Kartoffelravioli mit Ricotta und Babyspinatfüllung oder die Tafelspitzessenz mit Markklößchen und Croustinis probierenswert. Gelegentlich findet der seltene Blies-Zander den Weg auf die Karte. Spezialität des Hauses ist das Bliesgau-Lamm, besonders während der Lammwochen im Oktober: als Carpaccio oder mit dem Rücken von der Burenziege. Schmelzend sind die Kalbsbäckchen, fünf Stunden bei niedriger Temperatur gegart, mit Frühlingslauch-Karotten-Gemüse und Bärlauchgnocchi. Bemerkenswert sind die Karotten-Erbsen-Bällchen auf Brenschelbacher Linsen und hausgemachte Hoorische* mit Biopilzen aus Saarbrücken. Ein süßer Abschluss ist die Crème brûlée mit Ziegenfrischkäse. In der Jagdsaison gibt es Reh und Wildschwein aus heimischen Revieren.

Auf der Weinkarte versammeln sich vor allem Gewächse aus Frankreich und Deutschland mit zwanzig offenen Weinen. Stephanie Hämmerle berät charmant und umsichtig. Begehbare Vinothek.

➜ Reservierungen nur telefonisch oder persönlich.

Seit Februar 2016 leitet Cliff Hämmerle die Kochsendung »Mit Herz am Herd«, in der auch Produkte der Region meisterlich verarbeitet werden.

Landgasthaus Wintringer Hof

Am Wintringer Hof 1,
66271 Kleinblittersdorf
0 68 05 / 90 25 00
landgasthaus.saarland

Größe: 60 Plätze im Restaurant, 70 im Bankett sowie 70 im Biergarten
Preise: V 14–29, H 22–42, N 3–14 Euro
Kreditkarten: Alle gängigen Karten
Öffnungszeiten: Di–Sa 17.30–22 Uhr, So 11.30–15 Uhr; Ruhetag: Mo

Ambitionierte Landhausküche mit eigenen Produkten

Das Landgasthaus wurde im 18. Jahrhundert als Wirtschafts- und Gesindehaus des Wintringer Hofs errichtet. Es wurde unter ökologischen und nachhaltigen Gesichtspunkten einladend renoviert. Hofverkauf, Marktstände und das Restaurant werden von Semsettin Ocak geleitet. Chefkoch Christoph Unglaub und sein Team nutzen weitestgehend Produkte vom eigenen Biolandbetrieb bzw. von Erzeugern aus der Region. Der landwirtschaftliche Betrieb umfasst Obst- und Gemüseanbau sowie Viehwirtschaft. Rund 100 Schweine, 750 Hühner und 90 Rinder werden versorgt und liefern für Restaurant, Hofladen und Wochenmarkt wertvolle Produkte. Die Gäste können die Herkunft der Produkte auf ihren Tellern unmittelbar nachvollziehen. In der von Vito Rigitano geleiteten Gastronomie wird inklusiv gearbeitet, auch in Küche und Service arbeiten Menschen mit Beeinträchtigungen. Die angebotenen Gerichte gehen von der Produktqualität über die Zubereitung bis hin zur Präsentation über das von einem Landgasthaus zu Erwartende hinaus. Die Speisekarte wird vierteljährlich saisonal angepasst.

Als Vorspeisen stehen ein Rote-Bete-Carpaccio mit Ziegenkäse, ein marinierter Kohlrabi mit Lachstartar sowie eine Bouillabaisse auf der Karte. Hofsalate werden mit dreierlei Fisch, Rinderfiletstreifen oder gepickeltem Gemüse angereichert. Als Hauptgerichte überzeugen unter anderem Cordon Bleu vom Schwein mit Kartoffelpüree und glasiertem Gemüse, Rinderfilet mit Süßkartoffelpüree oder ein Coq au vin rouge mit cremiger Polenta. Das gilt gleichermaßen für den auf der Haut gebratenen Lachs mit Basmatireis und Chili-Teriyakisauce sowie den Pasta Scampi mit Knoblauch und Cherrytomaten. Wer vegetarische oder vegane Gerichte schätzt, für den sind der Burger mit Quinoapatty, die Hof-Dinkel-Nudeln mit Tomaten und Waldpilzen oder der geräucherte Tofu mit Basmatireis und Gemüse die richtige Wahl. Zum süßen Ausklang locken ein Birne-Helene-Törtchen mit frischen Beeren, ein Café Gourmand mit hausgemachten Pralinen oder Eis aus Henry's Eismanufaktur in Saarbrücken. Die Käsevariation mit Oliven, getrockneten Tomaten und Walnüssen erfreut ebenfalls.

➜ Aufgrund der landschaftlich reizvollen Lage im Biosphären-Reservat Bliesgau werden der Wintringer Hof und die gleichnamige Kapelle für festliche Anlässe gerne genutzt. Sie liegen zudem am Jakobsweg nach Santiago de Compostella (www.sternenweg.net).

Eigener Hofladen, Öffnungszeiten: Mo–Fr 9–19 Uhr, Sa 9–17 Uhr

Gräfinthaler Hof

Gräfinthal 6,
66399 Mandelbachtal
0 68 04 / 9 11 00
graefinthaler-hof.de

Größe: 90 Plätze im Gastraum, 60 im Außenbereich
Preise: V 12–19, H 23–36, N 12–16 Euro
Kreditkarten: EC, Master, Visa
Öffnungszeiten: Mi–Sa 12–15 und 18–23 Uhr; So 12–15 Uhr; Ruhetage: Mo, Di

Ambitionierte Küche mit regionalen Produkten

Der »Gräfinthaler Hof« zählt zum teilweise restaurierten Ensemble des ehemaligen Klosters Gräfinthal, in dem die Klosterruine und die Wallfahrtskapelle besichtigt werden können. Wenn der Gast im Wintergarten oder auf der Gartenterrasse Platz nimmt, hat er mehr als nur ein kulinarisches Erlebnis. In vierter Generation wird der Hof von Familie Künzer geführt. In der Küche schafft Jörg Künzer den Spagat zwischen traditionellem Ausflugslokal und ambitionierter Küche, im Service kümmert sich Miriam Künzer mit ihrem Team um den Gast, Tochter Maureen steht für die Zukunft. Verwurzelt im Bliesgau, ist Künzer darauf bedacht, Produkte der »Biosphärenregion Bliesgau« auf den Tisch zu bringen, wie das Lammfleisch von der Schäferei Ernst in Seelbach, Wild von der Jagdschule Gräfinthal, Ziegenkäse vom Birkenhof oder Geflügel, Eier, Schwein vom Hunacker Hof. Er ist Mitgestalter der Bliesgau-Lammwochen im Oktober. Jörg Künzer war Gewinner des ersten Wettbewerbs »Saarland-Genussgastwirt« im Jahr 2015 und ist aus den Eventwochen Hülsenfrüchte und Fischtime von Slow Food Saarland nicht wegzudenken.

Im Frühling locken als Vorspeise eine Bärlauchquiche mit Löwenzahnsalat oder die feine Rindfleischsuppe mit Markklößchen. Spezialität des Hauses sind Gerichte vom Bliesgau-Lamm. Schöne Beispiele sind Lammkarre in der Ziegenkäse-Pesto-Kruste mit Rosmarinjus und Rahmbohnengemüse oder Lammhaxe auf Cassolet von Bohnen und Linsen. Auch die wechselnden Fischgerichte sind ein Aushängeschild. Vegetarisch kommen hausgemachte Ravioli mit Ricotta und Bärlauch auf den Teller. Oft sind Schweine-oder Kalbsbäckchen auf der Karte, zum Beispiel in kräftiger Rotweinsoße mit Saisongemüse und Kartoffelpüree. Fest im Angebot ist ein regionales Bliestal-Menü in drei Gängen, das sich am Marktangebot orientiert. Als Nachtisch sollte das Mille feuille von Erdbeeren und Vanillecreme mit Rhabarber-Rahm-Eis eine Option sein, wenn das Käseangebot nicht verlockender erscheint.

Die Weinkarte bietet überwiegend deutsche Weißweine von Mosel und Saar sowie französische Rotweine – und als Überraschung einen Bliesgau-Wein.

→ In der Nähe liegt die Naturbühne Gräfinthal mit Theateraufführungen von Juni bis September.

Der Biolandhof Wack (Eichelberger Hof, 66399 Mandelbachtal-Ommersheim) konzentriert sich auf Milchkühe und Getreide. Im Hofladen gibt es eigene Produkte und ein großes Naturkostsortiment, unter anderem von der Bliesgau-Molkerei.

Dorfküche im Hotel zur Saarschleife

Cloefstraße 44,
66693 Mettlach-Orscholz
0 68 65 / 17 90
hotel-saarschleife.de

Größe: 100 Plätze im Restaurant
Preise: V 12–15, H 20–34, N 10–16 Euro
Kreditkarten: EC, Amex, Master, Visa
Öffnungszeiten: Mo, Di 18–20.30 Uhr; Mi–So, Feiertag 12–20.30 Uhr

Kreative Feinschmeckerküche mit regionalem Anker

Schon seit fast 80 Jahren besteht dieses Hotel mit seinem Restaurant im Dreiländereck Saarland-Luxemburg-Frankreich, unweit der »Cloef« mit der spektakulären Aussicht auf die Saarschleife. In den modernisierten Räumen der Dorfküche wird Küchenqualität mit perfektem Service geboten. Chefkoch Christian Münch-Buchna hat sein Handwerk in Gourmetrestaurants gelernt und vor einigen Jahren die Verantwortung in der Küche von Schwiegervater Michael Buchna übernommen. Die erfahrene Celine Weisse wirkt schon lange als Sous-Chefin. 2023 gewann Christian den Titel des Saarland-Genussgastwirts. Den Wettbewerb veranstaltet das Wirtschaftsministerium in Kooperation mit Slow Food Saarland und prämiert Köche für eine kreative, regional verwurzelte Küche. Sein Gewinnergericht Geschmälzte Reh-Kartoffel-Taschen auf Viezsauerkraut mit Barrique-Apfelbalsamico-Jus und Quittenespuma wird in saisonalen Varianten gelegentlich angeboten. In der »Landhausküche« gibt es freitags bis sonntags (sowie an Feiertagen) raffiniertere und umfänglichere Menüs. Kaffee und selbstgemachte Kuchen werden fast durchgängig serviert.

Als Vorspeise sind der Strudel von lila Kartoffeln und Champignons oder das Carpaccio von der Leukbachforelle zu empfehlen. Wohlschmeckende Hauptgerichte sind die gegrillten Medaillons von der Leukbachforelle vom Forellengut Rosengarten in Trassem oder das Ragout fin von der Freilandpoularde vom Hof der Familie Rock in Borg. Vegetarisch wird es mit Erbsen-Risotto mit Kräuterseitlingen, Fingermöhren und geschmorten Vanille-Schalotten. Zur Nachspeise wird eine Rhabarber-Mandeltarte mit Schokoladensauce und Hibiskusblüten-Pfefferminzsorbet gereicht.

Die Auswahl an Aperitifen ist groß. Besonders interessant ist die Vielzahl von Säften und Seccos aus der Umgebung. Die landschaftlich schöne saarländische Viezstraße mit vielen Streuobstwiesen verläuft unweit des Hauses in Richtung Mosel. Die üppige Weinauswahl wird von Saar und Mosel dominiert. Im Restaurant sorgen Pierre Näke und seine Crew für eine angenehme Atmosphäre.

→ Eine besondere Attraktion des Hauses ist es, den Köchen bei »Christians Küchentisch« direkt zuzuschauen und seine Kreationen an der Küchentheke zu genießen. Aktionswochen werden auf der Webseite angekündigt.

Die Baumschule für Obstbau Jacoby (Franz-Altmeyer-Straße 27, 66693 Mettlach-Tünsdorf) bietet aus seiner Bioproduktion Kirschen, Mirabellen, Zwetschgen und Äpfel. Außerdem den »Äppelprickler«, einen Apfelsekt nach der traditionellen Methode.

Landhaus Spanier

Hochwaldstraße 40,
66620 Nonnweiler
0 68 73 / 9 10 88
landhaus-spanier.de

Größe: 25 Plätze im Gasthaus
Preise: V 8–18, H 28–34, N 8–14 Euro
Kreditkarten: Alle Debitkarten
Öffnungszeiten: Mi 17–20 Uhr; Do 12–20 Uhr; Fr–So, Feiertag 9–20 Uhr; Ruhetage: Mo, Di

Von der Gärtnerei zum Gasthaus

Familie Spanier betreibt ihr kleines Restaurant in unmittelbarer Nähe des Nationalparks Hochwald inmitten ihres Blumenladens mit seiner blühenden Vielfalt. In ihrer Küche wird mit handwerklicher Sorgfalt gekocht. Gemüse, Kräuter und Obst kommen aus dem eigenen Anbau und aus den für das Saarland typischen Streuobstwiesen, Eier und Fleisch aus Maran-Hühner-Haltung, eine alte französische Zwei-Nutzen-Hühnerrasse, die Eier mit dunkelbrauner Schale legen. Die Rinder und Schweine des St. Wendeler Landes werden zu wohlschmeckenden Gerichten verarbeitet und freundlich serviert. Die Leidenschaft für kompromisslos regionale, qualitativ hochwertige Produkte und Rezepte ist unübersehbar.

Das Landhaus bietet ein variantenreiches Frühstück an. Zum Mittag oder zum Abend werden Bowls, Suppen und Salate mit vielfältigen Beilagen serviert. Fleischpastete von der Landpoularde oder Hunsrücker Grommbierenworschd erfreuen nicht nur Einheimische, sondern auch die im Nationalpark Wandernden, die Fahrradtouristen und die Feriengäste rund um den Bostalsee. Gefülltes Ei als Vorspeise, Schweinebäckchen vom Strohschwein oder Seitangeschnetzeltes im Hauptgang sind zu empfehlen. Ebenso Innereien vom Glanrind, solange der Vorrat reicht. Die Rinder stammen von Markus Linn im benachbarten Hinzert-Pölert, der auch Deutsche Sattelschweine hält. Zu ihm sind auch die Hühner der Familie Spanier gezogen. Zum Nachtisch gibt es eine kleine Auswahl. Sie kann ergänzt werden durch die aktuellen Cupcakes, Kuchen, Torten, Tartes und Pies aus der Theke. Die Milch zu all dem stammt von Milchbauer Andrea und Georg Ostermann aus dem Ort.

Landgasthof Paulus

Prälat-Faber-Straße 2,
66620 Nonnweiler-Sitzerath
0 68 73 / 9 10 11
landgasthof-paulus.de

Größe: 82 Plätze im Restaurant, 32 auf der Terrasse
Preise: V 14–19, H 30–40, N 14 Euro
Kreditkarten: Alle gängigen Karten
Öffnungszeiten: Mi–Sa 12–22 Uhr; So 12–20 Uhr; Feiertag 12–22 Uhr; Ruhetage: Mo, Di

Kreativküche mit Kräutervielfalt und bester Weinkultur

Thomas Nickels hat den »Landgasthof Paulus« zur ursprünglichen Schönheit zurückgeführt. Der Gast kann im eleganten Restaurant oder im mediterranen Wintergarten Platz nehmen, im Sommer auch auf der lauschigen Terrasse. Er und Ehefrau Sigrune Essenpreis nehmen sich als perfekte Gastgeber in einer Zeit ohne Zeit Zeit. Am Herd steht Biospitzenköchin Essenpreis, um das Potenzial alltäglicher, unspektakulärer Gerichte zu entfalten. Der Landgasthof bewirtschaftet einen »Paradiesgarten« inklusive Bienenstand mit verschiedenen Beetarten, mit Kartoffeltürmen und Gewächshäusern. Weitere gepachtete Gärten liefern alte Gemüsesorten wie Haferwurz, Erdbeerspinat und Glückskleerübchen. Als Wildkräuterexpertin verfeinert Essenpreis manche Speise mit Kräutern und Blüten.

Auf der Karte fällt der Blick auf die ofenwarme Focaccia mit Kichererbsencreme, Topfen, Leinöl und gerösteten Brennnesselsamen. Bei den Vorspeisen und Suppen sollten die Rinderkraftbrühe mit Herrgottsbscheißerle* (Maultaschen) und im Frühling die Bärlauchsuppe mit verlorenem Ei vom Geschwisterkükenhuhn probiert werden. Ein echter Höhepunkt ist die Mousse von Ziegenquark und Meerrettich mit Salat aus Baldrian, Gundelrebe, Mädesüß an einer Vinaigrette mit Fichtenspitzenessig und kalt gepresstem Leinöl. Das Gericht steht exemplarisch für die Arbeitsweise von Essenpreis, die die Kräuter auf Wiesen und an Waldrändern selbst sammelt. Bei den Hauptgerichten steht mindestens ein saisonales Gemüsegericht zur Wahl wie mit Giersch gedünstete Artischocken und Kichererbsenreis; es schmeckt nicht nur vegetarisch orientierten Menschen. Als Alternative wird exzellentes Fleisch der Region mit Saisongemüse angeboten: Spitzenreiter sind der über zwei Wochen eingelegte Sauerbraten und das Cordon bleu vom Kalb mit Witzenheldener Rohmilchkäse und Bauernkochschinken. Fischliebhaber erfreut die geräucherte Lachsforelle auf Rahm-Karotten-Nudeln und Blattspinat. Als Abschluss verführt die Lorbeer-Crème-Caramel mit schwarzen Johannisbeeren.

Im Haus gibt es eine »begehbare Weinkarte«, Nickels und Essenpreis sind bekannte Weinexperten.

Das Kaffeesortiment von Pauli Michels Kaffeerösterei & Kaffeehandel (Hauptstraße 1, 66709 Weiskirchen) bietet Rohkaffeeraritäten aus 30 Ländern.

Wern's Mühle – Landhaus im Ostertal

Brückenstraße 37,
66564 Ottweiler-Fürth
0 68 58 / 6 99 92
werns-muehle.de

Größe: 140 Plätze im Gasthaus, dazu die Terrasse
Preise: V 8–13, H 16–34, N 4–14 Euro; Drei-Gänge-Menü 50–68 Euro
Kreditkarten: EC
Öffnungszeiten: Di–Sa 17.30–20.30 Uhr, So, Feiertag 11.30–15 und 17.30–19.30 Uhr; Ruhetag: Mo

Zeitgemäße Regionalküche am Premiumwanderweg

Mitte des 19. Jahrhunderts kam Familie Wern aus dem Berner Oberland ins Ostertal. Sie baute in Fürth im Kreis Neunkirchen am Mittellauf der Oster eine Mühle, Stallungen und ein großes »südwestdeutsches Einheitshaus«, das ab 1902 zur beliebten Ausflugsgaststätte »Wern's Mühle« wurde. Vor einem Jahrzehnt kauften Markus und Theresia Keller das Haus mit der Gastwirtschaft und renovierten es. Der Name »Wern's Mühle – Landhaus im Ostertal« steht für den Neuanfang mit einer Küche, die vorwiegend auf Grundprodukten von Landwirtschaften der Umgebung basiert. Markus Keller entwickelt eine Speisekarte mit traditionell inspirierten, zeitgemäß interpretierten Speisen. Er hat sich ein zuverlässiges Netz von handwerklich arbeitenden Produzierenden der Region aufgebaut. Unterstützt wird er nicht zuletzt von seiner Tochter Anna, die seit Februar 2024 Mitglied bei der Slow Food Chef Alliance ist, ebenso wie ihr Vater.

Als Vorspeise gefallen saisonabhängige Suppen und Salate. Der Frühlingssalat mit Radieschen wird mit einer Leindotteröl-Vinaigrette verfeinert, in der gut abgeschmeckten Lammessenz finden sich hausgemachte Frischkäseravioli. Bei den Hauptgerichten fallen neben den Klassikern – Rumpsteak, Schweineschnitzel und Cordon bleu, allesamt sorgfältig zubereitet und das Fleisch von regionalen Erzeugern – insbesondere die ideenreich komponierten vegetarischen und veganen Gerichte ins Auge. Bei Serviettenknödeln von hausgemachtem Sauerteigbrot, Mühlenbowl mit Kichererbsen, Gerste, Avocado, Spargel und Ziegenkäse sowie hausgemachten Gnocchi und Walnussnudeln mit Pesto könnten auch Fleischesser schwach werden. Von den Fischgerichten gefällt insbesondere das Filet von der Bachforelle vom Forellengut Rosengarten, auf der Haut gebraten mit Spargelrisotto. Die Nachtischkarte ist reichhaltig und – im positiven Sinn – eislastig: Die hausgemachten Eissorten und Sorbets sind handwerklich und geschmacklich überzeugend.

Auch bei großem Andrang liefert das Küchenteam optimale Qualität. Der Service unter Leitung von Theresia Keller arbeitet schnell und freundlich.

→ Am Haus führt der Premiumwanderweg »Mühlenpfad« vorbei; bei gutem Wetter sind im Biergarten viele Wander*innen und Radfahrer*innen.

Ein Hoflädchen bietet Produkte aus »Wern's Mühle« und von weiteren Lieferant*innen. Die Öffnungszeiten des Hoflädchens und der angrenzenden Mühle entsprechen denen des Landhauses.

Restaurant Maimühle

Bahnhofstraße 100,
66706 Perl
0 68 67 / 9 11 31
maimuehle.de

Größe: 50 Plätze im Restaurant
Preise: Hauptgerichte 13–25 Euro
Kreditkarten: EC, Master, Visa
Öffnungszeiten: Mi 11.30–14 Uhr; Fr–Di 11.30–14 und 18–23 Uhr; Ruhetag: Do

Saar-Lor-Lux-Küche mit Pfiff

In der 1733 erbauten Maimühle bewirtet Familie Theis seit 1883 ihre Gäste. Sie liegt im Dreiländereck Deutschland - Frankreich - Luxemburg, 50 km von Trier und 60 km von Saarbrücken entfernt. Beide Wege sind auf attraktiven Fahrradstrecken zurückzulegen. Der Gastronom und Sommelier Frederik Theis hat das traditionsreiche Haus vor mehr als einem Jahrzehnt übernommen. Im Restaurant verbinden sich Tradition und Moderne stilvoll. Von der neu gestalteten Außenterrasse hat man einen wunderbaren Blick auf die Luxemburger Weinberge jenseits der Mosel. Dorthin führen Weinwanderungen, die das Haus anbietet. Für müde Wanderer hält das Haus zehn Zimmer bereit. In der Küche stammen die Grundprodukte, soweit möglich, von Erzeuger*innen der Umgebung. Am Herd des »Wein-Erlebnis-Hauses Maimühle« gibt Frederik Theis traditionellen Gerichten einen neuen Akzent, aus regionalen Zutaten entsteht seine zeitgemäße moselfränkische Küche. Als Mitautor eines Buchs über die Produzenten der Umgebung hat er ein gutes Netzwerk und kennt die Besonderheiten der Landwirte, Jäger und Winzer

Als Vorspeise sollte die lauwarme Räucherforelle vom Forellengut Rosengarten auf Roter Bete probiert werden. Spezialitäten sind der Moschtertbrod, ein hausgemachter Rollbraten mit Monschauer Senf, Kräutern, Zwiebeln, Bratkartoffeln und Wirsinggemüse oder das Cordon bleu vom Wildschwein aus heimischer Jagd, gefüllt mit würzigem lothringischen Bauernschinken, dazu hausgemachte Pommes und ein frischer Salat. Ein Klassiker im Dreiländereck ist Hamm, Fritten und Zalot, gekochter und roher Schinken mit Pommes und Blattsalaten. Als attraktives Fischgericht steht Forelle Müllerin oder gegrillte Lachsforelle auf der Karte. Zum Nachtisch darf es das heiße Streuobst, karamellisiert und flambiert mit altem Apfelbrand, verfeinert mit Chili, oder ein Eis von der Familie Hourt sein. Werktags wird ein preiswerter Lunch gekocht.

Das reichhaltige Weinangebot schöpft der gelernte Sommelier Theis vor allem aus den Weinen von Mosel und Saar; einige werden auch glasweise ausgeschenkt.

→ Reservierung unbedingt empfehlenswert. Von Mai-Oktober bietet Frederik Theis an Samstagen Weinwanderungen im Dreiländereck an. Termine auf der Webseite.

Adams Bauernstube

Pehlinger Hof,
66780 Rehlingen-Siersburg
0 68 33 / 10 10
pehlingerhof.de/
adam-s-bauernstube

Größe: 60 Plätze in der Bauernstube
Preise: Hauptgerichte 6–19 Euro
Kreditkarten: Keine
Öffnungszeiten: April–Dez,
Do–Sa 17–22 Uhr; So 12–15 Uhr;
Ruhetage: Mo–Mi

Viel Landluft und gutes Essen

Aus »Adams Bauernstube« auf dem Pehlinger Hof in Rehlingen zwischen Saarlouis und Merzig fällt der Blick durchs große Fenster wahlweise in den Kuhstall oder in die Brennerei. Im kleinen Refugium der Familie Adam kann echte Landluft ebenso genossen werden wie eine - zu mehr als fairen Preisen - authentische Bauernküche. Fast alle Produkte werden selbst hergestellt.

Wanderer oder Nachmittagsgäste können Rindfleischsuppe mit Markklößchen, Gemüse- und Nudeleinlage, Würzig eingelegter Kuhmilchkäse mit Lauch und Tomaten überbacken oder aber Dreierlei vom Bärlauch (Pesto, Butter) mit Baguette genießen. Abends und am Sonntagmittag wärmen hausgemachte Spezialitäten: Gesiedetes Rindfleisch mit Meerrettichcreme, Bratkartoffeln und Salatteller, Hacksteak mit Pfeffer- oder Rahmsauce oder Butterspätzle und Salatteller. Gelegentlich schmort ein Burgunderbraten im Rohr, in der Saison ein Viezbraten, in Apfelwein mariniertes Fleisch mit Äpfeln und Pflaumen; beide werden von reichhaltigen Salaten begleitet. Sehr empfehlenswert sind die hausgemachten Kuchen.

Neben dem für eine Bauernstube ungewöhnlich großen Weinangebot, von dem viele auch glasweise angeboten werden, reizen alkoholfeie Getränke der Region. Das ist vor allem Apfelsaft. Beginnt doch die saarländische Viezstraße genau hier und für über den landschaftlichen Saargau bis an die Mosel. Die 14 Edelbrände, davon vier aus dem Eichenfass, stammen ebenso aus eigener Produktion wie die Liköre. Die Spezialität des Hauses ist ein Brand aus »Hundsärsch« (Mispeln).

→ Reservierung empfehlenswert.

Brände und Liköre können vor Ort erworben werden.
Im Hofladen des biozertifizierten Marienhofs (Lommerweg, Gerlfangen) werden aus eigener Erzeugung Fleisch, Geflügel, Brotgetreide und Backwaren, Eier und Kuhmilch sowie Nudeln und Konfitüren angeboten; darüber hinaus ein breites Naturkostsortiment.

Unter der Linde

St. Arnualer Markt 6,
66119 Saarbrücken
06 81 / 95 90 66 99
unterderlin.de

Größe: 50 Plätze im Gastraum, 150 auf der Terrasse
Preise: V 10–16, H 19–42 Euro
Kreditkarten: Alle gängigen Karten
Öffnungszeiten: Mo–Do 17–23.30 Uhr; Fr, Sa 12–23 Uhr; Ruhetag: So

Saarländische Küche und französische Klassiker

Nur wenige Kilometer vom Zentrum der Landeshauptstadt Saarbrücken entfernt, am Marktplatz des Stadtteils St. Arnual, liegt das Wirtshaus »Unter der Linde«. Seine Wurzeln reichen bis in die 1930er-Jahre zurück, Sebastian Becker hat das Lokal 2018 von seinem Vater übernommen. Der Gastraum mit Parkettboden und Holztischen hat ein edel-rustikales Flair. Für besondere Anlässe steht ein wohnliches Kaminzimmer mit dunklen Holzmöbeln zur Verfügung. Die Terrasse auf dem Marktplatz bietet bei geeignetem Wetter bis zu 150 Personen Platz. Die Gerichte tragen gleichermaßen saarländische und französische Züge. Letzteres ist sowohl der geografischen Nähe als auch der Handschrift des französischen Küchenchefs Cyrille Faivre geschuldet. Er verknüpft saarländische Kompetenz geschickt mit seinen französischen Wurzeln.

Als Vorspeisen stehen eine Pilzrahmsuppe mit Bioedelpilzen aus Mirko Kalkums Saarbrücker Anbau ebenso auf der Karte wie ein Lachstartar mit Kartoffelpuffer und ein Bunte-Bete-Carpaccio. Oeuf en Meurette – ein pochiertes Ei in Speck-Rotweinsauce –, Pot au Feu von Edelfischen sowie Scampi mediterran unterstreichen auf wohlschmeckende Art den französischen Einschlag der Küche. Die Fleischgerichtklassiker Rinderfilet, Rumpsteak, Cordon Bleu und Maishähnchenbrust sind handwerklich tadellos zubereitet. Sehr originell und zu empfehlen ist die zehn Stunden gegarte Hohe Rippe. Vegetarier erwarten eine mit Bulgur und Edelpilzen gefüllte Kohlroulade sowie das »Daarler Trio«, ein nach dem Saarbrücker Stadtteil benanntes Gericht aus Semmel-, Spinat- und Rote Bete Knödel mit unterschiedlichen Saucen. Als Fischgerichte sind neben dem Pot au feu ein Saiblingsfilet mit hausgemachten Gnocchi und originellerweise Rotweinsauce im Angebot. Den Fisch liefert das als nachhaltig zertifizierte Forellengut Rosengarten aus Trassem. Über die tagesaktuell zubereiteten Nachtische informiert das Servicepersonal.

Pastis, Spritz, Fruchtseccos sowie handwerkliche Biere stammen aus regionaler Produktion. Die Weinkarte konzentriert sich auf benachbarte Anbaugebiete und den Mittelmeerraum.

Sachsen-Anhalt

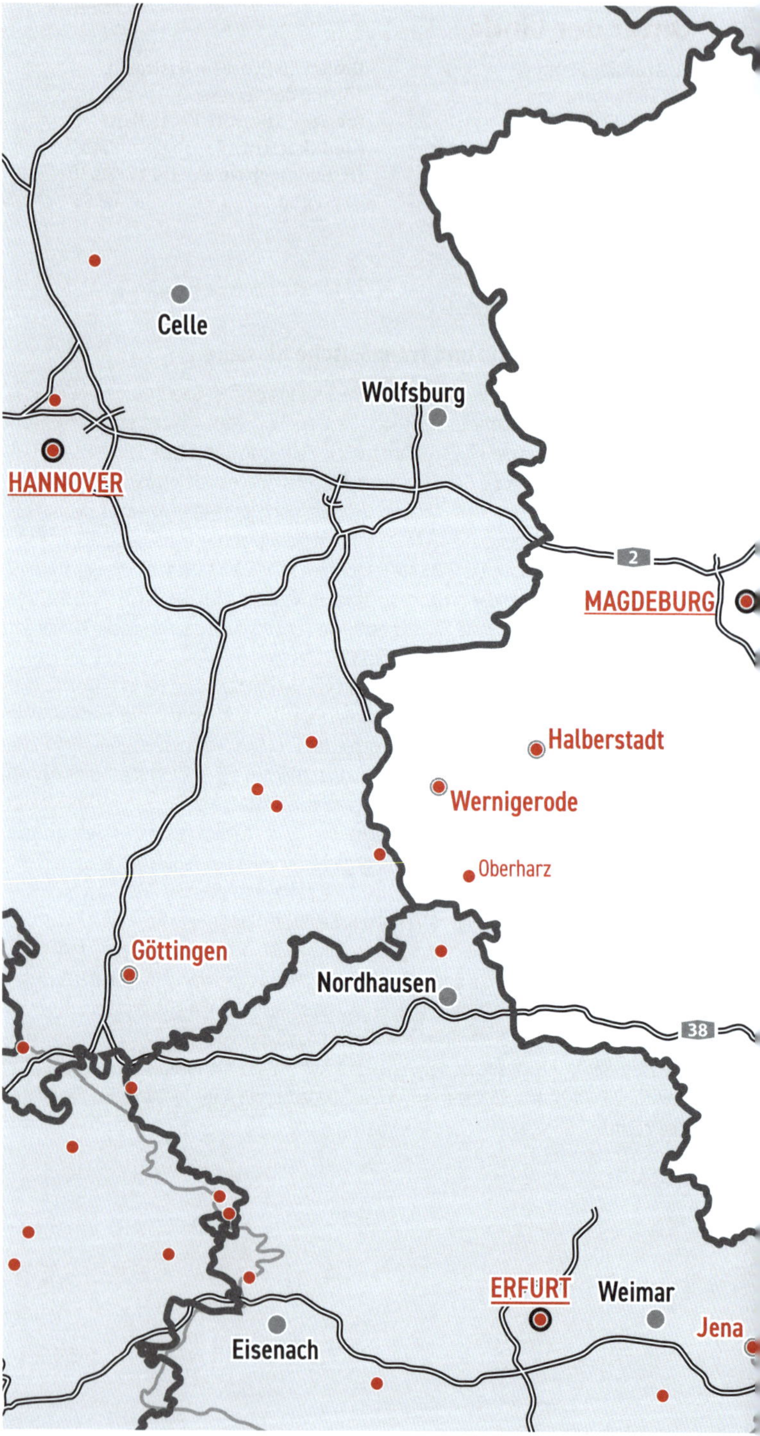

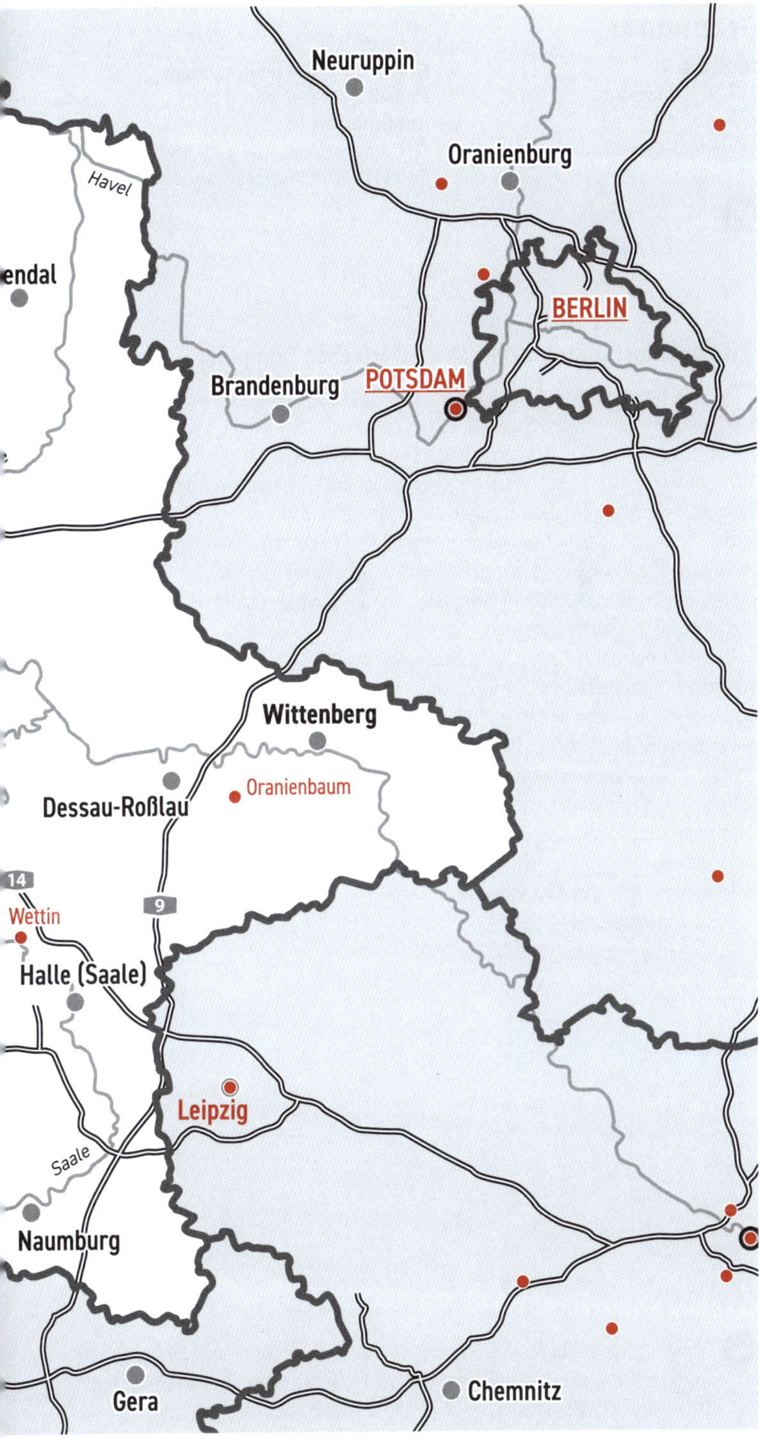
Neuruppin
Oranienburg
Havel
endal
BERLIN
POTSDAM
Brandenburg
Wittenberg
Oranienbaum
Dessau-Roßlau
14
9
Wettin
Halle (Saale)
Leipzig
Saale
Naumburg
Gera
Chemnitz

Stephanus

Domplatz 40,
38820 Halberstadt
0 39 41 / 60 46 43
stephanus-restaurant.de

Größe: 75 Plätze im Restaurant
Preise: V 9–16, H 17–28 Euro
Kreditkarten: EC
Öffnungszeiten: Mi–Sa 11–18 Uhr; So 11–17 Uhr; Ruhetage: Mo, Di

Café und Restaurant direkt am historischen Domplatz

Das Café und Restaurant »Stephanus« ist die gute Stube der Stadt. Wer den gotischen Dom und den sehenswerten Domschatz besichtigt, kehrt gern bei Beatrix und André Kotzsch ein. Sie haben das heruntergekommene Fachwerkhaus behutsam saniert und im Erdgeschoss das »Stephanus« eingerichtet. Im Sommer reizt die schmale Terrasse vor dem Haus mit ihrer Aussicht auf den Dom. André Kotzsch präsentiert eine saisonale Küche, die regionale Gerichte modern interpretiert. Er liebt seine Heimat, kocht deshalb regional und kauft viele Produkte im Umland ein. Gemüse wird von der Gärtnerei Staszat in Blankenburg bezogen. Weitere Lieferanten sind der Landwirt Boldt in Pabstorf oder die Wassermühle in Meisdorf fürs Mehl.

Das Mahl beginnt mit einer wärmenden Steckrüben-Kartoffel-Suppe. Der Kasseler Nacken mit Kartoffelstampf und Spitzkohlgemüse schmeckt ausgezeichnet, ebenso das Schnitzel mit Grünkohl und Kartoffeln oder die Bandnudeln mit Rahmwirsing in Apfelsenfsoße und Hähnchenbrust. Dann weckt ein gebratenes Zanderfilet mit Spitzkohl-Apfel-Gemüse im Senfrahm und goldgelben Kartoffeln die Aufmerksamkeit – zu Recht. André Kotzsch ist stolz auf die Torten, die täglich im Haus von einer Bäckerin hergestellt werden. Zusätzlich gibt es klassische Nachspeisen wie ein Crêpe mit Grand-Marnier-Erdbeeren und Vanilleeis.

Es werden Weine aus dem Anbaugebiet Saale-Unstrut und andere Getränke regionaler Herkunft angeboten.

Ein Ausflug zur Manufaktur der Familie Demmel, die feine Obstbrände, Liköre, Öle und Fruchtaufstriche mit Obst aus eigenem Anbau biologisch herstellt, ist empfehlenswert (Österstraße 1, 38836 Osterwieck, Ortsteil Rohrsheim, www.casa-culina.de).

Restaurant »Hoflieferant«

Fürstenwall 3b,
39104 Magdeburg
03 91 / 58 28 24 41
restaurant-hoflieferant.de

Größe: 90 Plätze auf zwei Ebenen
Preise: Hauptgerichte 18–25 Euro
Kreditkarten: EC, Master, Visa
Öffnungszeiten: Mi–Fr 17–22 Uhr; Sa 12–22 Uhr; So 12–15 Uhr; Ruhetage: Mo, Di

Experimentierfreudige Küche von vegan bis zur Blutwurst

Hoflieferant zu sein, war zu feudalen Zeiten ein Prädikat für Zuverlässigkeit und hohe Qualität. Das Restaurant »Hoflieferant« von Josephine Clemens stellt hohe Ansprüche an sich selbst. Es liegt zwischen der Elbe und dem Magdeburger Dom, der Garten ist durch die umliegenden hohen Mauern geschützt und im Sommer bis in den späten Abend ein beliebter Treffpunkt. Im Winter ermöglichen bodentiefe Fenster den ungehinderten Blick nach draußen. Die regionale Unterstützung wird großgeschrieben, die Speisekarte wird in einer Werkstatt der Diakonie in Halberstadt gefertigt.

Das Restaurant hat kontinuierlich ein kreatives veganes und vegetarisches Angebot, als Vorspeise etwa eine im Salz gebackene Calbenser Zwiebel auf Apfel. Auch die Hauptgänge zeigen mit gestampfter Ofenkürbis mit Magdeburger Rahmpilzen aus der Pilzmanufaktur von Hubert Böttcher oder gebratene Jakobsmuschel vom Gartenrettich mit pikantem Rote Bete Chutney die Kreativität der Köche. Aus Mecklenburg kommt der gebratene Waller mit Grünkohl und Kartoffeln von Ökobäuerin Hanna Pirke, deren saisonale Produktion fast vollständig in der Küche verkocht wird. Die Wildbratwurst aus Genthin wird für den »Hoflieferanten« produziert und mit Pilzen serviert. Ab und an stehen Klassiker der deutschen Küche wie das Kotelett vom Havelländer Apfelschwein, mit Apfelwein abgelöscht und würzigem Erbsenpüree auf der Karte. Ein veganes Gericht ist das Schawarma vom heimischen Portobello mit einer Paprika-Tomatencreme. Hausgemachte Fischstäbchen sind ein qualitätvolles Angebot für Kinder. Aus der Kuchenvitrine lockt eine kleine, frische Auswahl, aus der Küche wird ein süßes Eierlikör-Vanille-Parfait mit Kürbiskernöl und Feigen geschickt. Als herzhafte Alternative gibt es eine Käseauswahl vom Glinder Ziegenhof.

Das Bier wird aus Lindhorst von der Spezialitätenbrauerei Eckhart geliefert, der Saft aus Diesdorf in der Altmark und der Ingwerlikör von Ginger & Du.

➜ Der Magdeburger Dom ist das Wahrzeichen der Stadt und der erste gotische Kathedralbau hierzulande. Einen schönen Blick auf die Elbe genießt man von der Terrasse der Schweizer Milchkuranstalt bei einem lokalen Bier.

Brockenbauer

Schierker Weg 13,
38875 Oberharz am Brocken,
OT Tanne
03 94 57 / 33 12
brockenbauer.de

Größe: 70 Plätze im Gastraum
Preise: V 5–17, H 11–41 Euro
Kreditkarten: EC
Öffnungszeiten: Mo–Do 11–17 Uhr; Fr, Sa 11–21 Uhr; So 10–17 Uhr

Bio

Biorestaurant mit eigenen Tieren

Der große Hof von Bauer Uwe Thielecke und seiner Familie liegt mitten im Harz im kleinen Ort Tanne. Mehr als 500 Hektar Grünland werden ökologisch bewirtschaftet. Der Hof ist eine Zuchtstation für das selten gewordene Harzer Rote Höhenvieh, Slow-Food-Arche-Passagier. Durch die Beweidung zahlreicher Harzer Bergwiesen betreibt der »Brockenbauer« aktive Landschaftspflege. Neben dem Roten Höhenvieh hält Thielecke auch Angler Sattelschweine, ebenfalls Slow-Food-Arche-Passagier. Wer hier isst, trägt gleichermaßen zur Rettung der alten Rinder- und Schweinerassen, zur Artenvielfalt auf den Bergwiesen und zum Erhalt der Harzer Kulturlandschaft bei. Im Sommer 2015 haben Thieleckes ein eigenes Schlachthaus gebaut sowie ein Hofcafé und ein Steakhaus mit Hofladen eröffnet. Landwirtschaftsbetrieb, Hofcafé und Steakhaus sind biozertifiziert. Das gesamte Rind- und Schweinefleisch, ebenso wie die Fleisch- und Wurstwaren, stammt aus eigener Aufzucht, eigener Schlachtung, eigener Verarbeitung und eigener Reifung. Susann Thielecke, die Hofcafé und Steakhaus betreibt, verwertet die Schlachttiere von Kopf bis Schwanz möglichst lückenlos.

Im Hofcafé und Steakhaus gibt es eine Dauerkarte sowie saisonale Tagesgerichte. Klassiker bei den Vorspeisen sind die Rindersoljanka* und die Rinderkraftbrühe mit Maultaschen. Stets gibt es auch einen Schweinebraten mit Sauerkraut und böhmischen Knödeln. Empfehlenswert sind das Rinder-Hüftsteak mit Pfeffersoße und Bratkartoffeln oder die Schmorwurst mit Sauerkraut. Um weitere Steaks wie T-Bone oder Porterhouse genießen zu können, bitten die Gastgeber um Reservierung – nicht immer sind alle Fleischzuschnitte vorrätig. Nach den Schlachttagen können Herzragout oder Bulleneier auf der Speisekarte stehen. Zum Nachtisch empfiehlt sich der hausgebackene Kuchen. Im Sommer sitzt man entspannt vor dem Hofcafé auf der Terrasse.

Im Hofladen werden Frischfleisch, Speck, Schinken und Wurstwaren sowie Produkte anderer regionaler Biobetriebe verkauft.

Hotel zum Stein

Erdmannsdorffstraße 288,
06785 Oranienbaum-Wörlitz
03 49 05 / 5 00
hotel-zum-stein.de

Größe: 120 Plätze im Restaurant
Preise: V 8–16, H 19–31, N 9–10 Euro
Kreditkarten: Alle gängigen Karten
Öffnungszeiten: Täglich 11.30–21.30 Uhr

Leichte regionale Küche mitten im Wörlitzer Gartenreich

Edward Pirl, Oberkellner im Berliner »Hotel Adlon«, wollte sich in seiner Heimat selbstständig machen und kaufte das »Hotel zum Stein« mit seiner einmaligen Lage am Gartenreich in Wörlitz. Das war im Jahr 1914. Damals war das Haus noch ein reines Ausflugslokal. In Familienbesitz blieb das Hotel auch die nächsten 102 bewegten Jahre. 2014 wurden zum großen Jubiläum »100 Jahre Gastlichkeit« gefeiert. Nach der Wende war das Haus zu einem Wellnesshotel ausgebaut worden, das Familie Pirl nun in vierter Generation betreibt. Inmitten des anhaltinischen Gartenreichs gelegen, das in die Liste des UNESCO-Weltkulturerbes aufgenommen wurde, können Sie von hier aus die herrlichen Schlösser Wörlitz und Luisium besuchen oder auch das ebenfalls zum Welterbe gehörende Bauhaus-Ensemble in Dessau.

Das Hotelrestaurant offeriert eine regionale Küche. Vorweg gibt es anhaltinische Tapas mit Wörlitzer Zwiebelkuchen, einem feinen Rinderschinken aus den Elbtalauen und einer kleinen Wildschweinsülze. Probierenswert ist die Anhaltische Festsuppe mit Eierstich. Das Saiblingsfilet kommt vom Forellenhof Thießen aus Coswig und wird klassisch mit Dill-Gurken-Gemüse und Meerrettich serviert. Letzterer kommt auch beim Tafelspitz zum Einsatz: in der Meerrettichsoße zum bunten Wurzelgemüse. Der Tafelspitz wird auch in zwei Gängen serviert, vorweg dann eine Suppe mit Nudelsäckchen. Die glasierte Frischlingskeule, die von den in der Region typischen Kartoffelklößen begleitet wird, kommt aus dem Wörlitzer Forst. Als Schleckerei gelten Oma Pirls handgemachte Quarkkeulchen*, die nach altem Hausrezept zubereitet werden. Auch die Schafskäse-Brulée von Pfendts Biohof mit einem Gelbe-Bete-Sorbet fällt in diese Kategorie. Zum Angebot zählen eine Reihe von Menüs, die gelegentlich mit einer Flasche Wein ausgepreist sind.

Einen schönen Schwerpunkt legt die Weinkarte auf die Region Saale-Unstrut, von dort kommen etwa drei dutzend Weine.

➜ Der Wörlitzer See liegt nur wenige Meter entfernt. Eine Gondelfahrt an Schloss Wörlitz vorbei eröffnet neue Perspektiven auf die Gartenarchitektur des 18. Jahrhunderts.

Bistro in der Biothek

Marktstraße 13,
38855 Wernigerode
0 39 43 / 55 78 92
biothek-wr.de

Größe: 18 Plätze im Bistro, 15 auf der Terrasse
Preise: Mittagstisch 7–9 Euro
Kreditkarten: EC
Öffnungszeiten: Mo–Fr 11.30–14 Uhr; Ruhetage: Sa, So

Wohldosierte Mittagspause

Das »Bistro in der Biothek« bietet mittags günstige Suppen, Eintöpfe und Tellergerichte in drei Portionsgrößen. Der Bioladen, in dem sich das Bistro befindet, ist die Quelle der verwendeten Zutaten. Die Biothek bezieht ihre Produkte weitgehend von regionalen Betrieben: vom Käsehof Peter Gropengießer in Westerhausen und von der Metzgerei des Biozuchtbetriebs Thielecke in Tanne. Die Metzgerei führt Fleisch und Wurst vom Sattelschwein und vom Slow-Food-Arche-Passagier Rotes Höhenvieh*. Geflügel wird beim Geflügelhof Jung in Hordorf gekauft. Die Biogärtnereien von Thomas Handrick in Klein Quenstedt und von Midgard und Michel in Quedlinburg liefern Obst und Gemüse, Getränke werden von der Mosterei Malus in Silkerode, von Traditionsobst Dr. Bosse in Langenstein und vom Familienbetrieb Demmel in Rohrsheim bezogen. Die Demmels stellen auch Hochprozentiges wie einen Edelquittenobstbrand her.

Der Mittagstisch im Bistro ist überwiegend vegetarisch und vegan geprägt. Die frische Zubereitung und der gekonnte Umgang mit frischen Kräutern und aromatischen Gewürzen animiert dazu, die große Portion zu ordern. Beispiele für das Angebot sind das Bunte Ofengemüse mit Kartoffel-Möhren-Püree, der frische Blattsalat mit Joghurt-Kräuter-Dressing oder ein Kartoffel-Blumenkohl-Eintopf; dazu Saft aus Kaiser-Wilhelm-Äpfeln.

Auf Nachfrage gibt es einen guten toskanischen Biorotwein oder weitere Getränke aus dem Bioangebot.

→ Wernigerode, die Stadt unter dem Brocken, hat eine schöne Altstadt und ein sehenswertes Schloss, auch ein Besuch im Luftfahrtmuseum Wernigerode lohnt sich.

Jagdhütte Wettin

Könnernsche Straße 35,
06193 Wettin
03 46 07 / 2 04 81
jagdhuette-wettin.de

Größe: 80 Plätze in der Gaststube, 60 auf der Terrasse
Preise: Hauptgerichte 13–24 Euro
Kreditkarten: Alle gängigen Karten
Öffnungszeiten: Mi–Fr 11–14 und 17–22 Uhr; Sa 11–22 Uhr; So 11–17 Uhr; Ruhetage: Mo, Di, außer an Feiertagen

Liebevoll inszenierte Altdeutsche Küche

Zwanzig Kilometer nordwestlich von Halle, im Wald unterhalb des Bismarckturms, steht die Gaststätte »Jagdhütte Wettin«. Der gleichnamige Ort am rechten Saaleufer ist der erste Stammsitz des bedeutenden Herrschergeschlechts der Wettiner. Die Stadt geht auf eine Fluchtburg der Sorben im 6. Jahrhundert zurück, später wurde daraus eine dauerhafte Befestigung. Die Burg beherbergt ein Gymnasium mit Wohnheim. Der Gastraum der Jagdhütte ist rustikal eingerichtet. Es gibt ein Nebenzimmer, eine Terrasse und einen überdachten Freisitz mit Holzbackofen, den Schafstall. Die Wirtsleute Thomas und Simone Herda haben sich einer altdeutschen Küche verschrieben. Küchenchefin Simone offeriert schmackhafte, beherzt gewürzte (Wild-)Gerichte, die ansprechend serviert werden. Früchte und Kräuter des Waldes sammelt der Hausherr.

Die reichhaltige Karte verzeichnet Gerichte vom Wild, Schwein und Rind. Die Tageskarte bietet saisonale Spezialitäten, frisch geräucherte Forelle und Lamm. Unter den Vorspeisen findet sich ein gelungenes Würzfleisch* vom Reh. Als Hauptgerichte werden ein saftiges Wildgulasch mit Waldpilzen und geschmorten Zwiebeln mit Rotkohl und Klößen, ein Wettiner Rehbraten mit Champignons und hausgemachten Kartoffelbällchen und ein Hirschbraten mit Rotkohl und Ebereschenmus mit Waldpilzscheiben angeboten. Auf der Tageskarte stehen der Wettiner Wildschmaus mit Medaillons vom Reh, Wildschwein und Hirsch und das Schnitzel aus dem Rücken vom Teutschenthaler Naturschwein. Als Nachspeise überzeugt die Tagesempfehlung, eine Joghurt-Thymian-Creme mit Himbeerschaum an Vanilleeis und Kräuterhonig aus eigener Imkerei. Zahlreiche hausgemachte Eissorten.

Der Service ist aufmerksam und zuvorkommend. Alle Gerichte können als kleine Portion bestellt werden. Zum Digestif empfehlen sich Schnäpse aus eigener Herstellung. In der Getränkekarte Biere aus Landsberg und Wippra. Die Weinkarte bietet eine gute Auswahl aus den Anbaugebieten Saale-Unstrut und Rheinhessen.

→ Nach dem Essen empfehlen sich ein kleiner Spaziergang zum Bismarckturm und die Besichtigung der Burg Wettin.

Sachsen

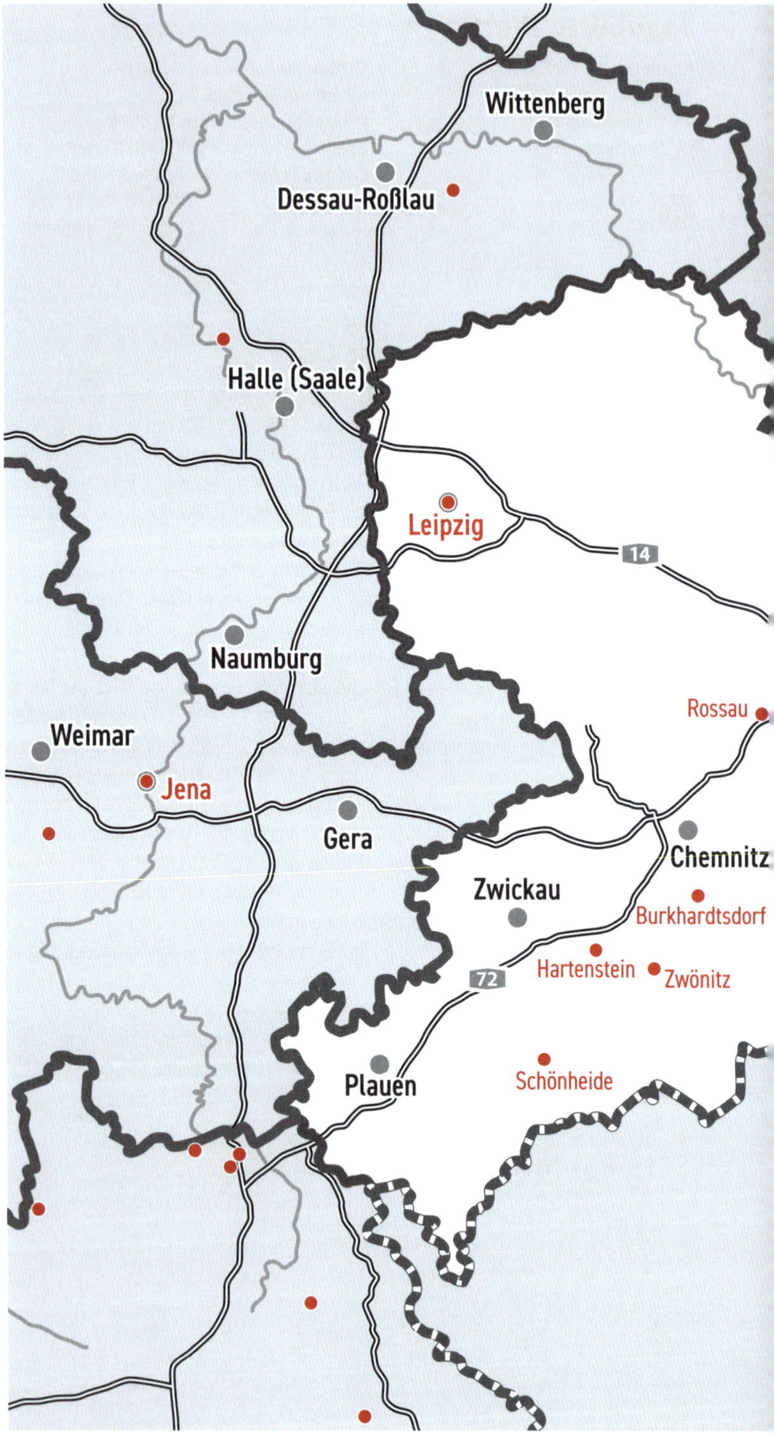
Wittenberg
Dessau-Roßlau
Halle (Saale)
Leipzig
14
Naumburg
Rossau
Weimar
Jena
Gera
Chemnitz
Zwickau
Burkhardtsdorf
Hartenstein
Zwönitz
72
Plauen
Schönheide

Cottbus
Elbe
Spree
4
Bautzen
Görlitz
Radebeul
DRESDEN
Bischofswerda
Kottmar
Hohnstein
Freital
Freiberg
Kreischa
Sayda

Wjelbik Bautzen

Kornstraße 7,
02625 Bautzen
0 35 91 / 4 20 60
wjelbik.de

Größe: 55 Plätze im Gewölbe
Preise: V 7–11, H 18–29, N 8–9 Euro; Drei-Gänge-Menü ab 30 Euro
Kreditkarten: EC, Master, Visa
Öffnungszeiten: Di–Sa 11.30–15 und 17.30–22 Uhr; Ruhetage: So, Mo

Sorbische Küche und sorbische Kultur

Zentral in Domnähe der Bautzener Altstadt gelegen, ist das »Wjelbik« das einzige Lokal der Stadt, das sich der sorbischen Kultur widmet. Es wird oft als das beste Restaurant der Stadt bezeichnet. Der Name bezieht sich auf das Gewölbe im Hauptraum des Restaurants. Ein anschließender Saal bietet weitere Plätze. Im Sommer wird auch im Freien serviert. Das Restaurant im alten Gemäuer ist modern eingerichtet. Es wird von Monika Lukasch als Restaurantleiterin und ihrem Ehemann und Küchenchef Thomas Lukasch in zweiter Generation als Familienbetrieb geführt. In einem bleiverglasten Fenster sind sorbische Sagen dargestellt, die in einem Faltblatt erläutert werden. Sorbische Küche und Kultur werden präsentiert und gelebt, die regionalen Lieferantinnen und Lieferanten auf der Speisekarte genannt. Die jahreszeitliche Küche steht im Vordergrund, die Speisen werden zeitgemäß aus regionalen und saisonalen Produkte frisch zubereitet. Besonders hervorzuheben ist der freundliche Service.

Etwa die Hälfte der Gerichte hat einen sorbischen Hintergrund: Eine Sorbische Hochzeitssuppe mit Eierstich, Fleischklößchen und Gemüsestreifen und ein weiteres sorbisches Hochzeitsessen, das Falsche Filet vom Ochsen, im Wurzelgemüsesud gegart und mit Meerrettichsoße und Gemüse serviert sind ausgezeichnete Beispiele. Des Probierens ebenfalls wert ist die mit feinem Kalbsfleisch gefüllte Sorbische Rinderroulade mit Senfsoße, frischem Gartengemüse und hausgemachten Serviettenknödeln. Beim weiteren Speisenangebot dominieren regionale Gerichte wie die Bautzener Senfsuppe mit pochiertem Ei, der Sächsische Sauerbraten oder Quark mit Leinöl. Des Weiteren werden eine rustikale Bautzener Schlachteplatte und fünf Lausitzer Köstlichkeiten angeboten: Forellenmuspraline, Hähnchenbratwurst, hausgeräucherte Entenbrust, gebackener Ziegenkäse und Fleischsülzchen, die von einem Salatteller begleitet werden. Fisch aus der Lausitzer Teichlandschaft kommt ebenfalls auf den Tisch wie das Lausitzer Forellenfilet mit Fenchel-Spinat-Gemüse und Gräupchenrisotto. Das Gemüse wird von der »RainKost« Obermühle aus Görlitz und vom Demeter-Biohof Wjesela in Croswitz bezogen. Auf keinen Fall sollte man ohne einen Nachtisch nach Hause gehen – es bietet sich eine Altbautzener Holunderkaltschale mit hausgemachter Quarkmousse an.

Es werden Säfte und Biere aus der Oberlausitz und überwiegend deutsche Weine angeboten, darunter eine gute Auswahl sächsischer Gewächse.

→ Eine Reservierung wird auch unter der Woche empfohlen.

NEU

L'Auberge »Gutshof«

Alte Belmsdorfer Straße 33,
01877 Bischofswerda
0 35 94 / 70 52 00
auberge-gutshof.de

Größe: Restaurant für 40 Personen im Sommer auch Plätze auf der Terrasse Weinstube für bis zu 30 Personen
Preise: V 8,50–18, H 22–32, N 9–11 Euro
Kreditkarten: Alle gängigen Karten
Öffnungszeiten: Mo, Di, Fr, Sa 16–22 Uhr; So 15–21 Uhr; Ruhetage: Mi, Do

Französischer Küchenzauber in der Oberlausitz

L'Auberge »Gutshof« zieht Freundinnen und Freunde guter Küche aus der ganzen Region an. Inhaberin und Küchenchefin Tina Weßollek greift beim Kochen auf viele althergebrachte Rezepturen aus Frankreich zurück und stellt von der Pastete über die Konfitüre bis zur Limonade oder dem Eis alles selbst her. Das Gewölberestaurant ist geschmackvoll eingerichtet, die Weinstube rustikal. Im darin aufgebauten Holzbackofen werden allabendlich Flammkuchen und anderes zubereitet. Die Zutaten werden so regional wie möglich bezogen, wie die Mehle und Getreideprodukte aus der Rätze-Mühle Spittwitz. Gemüse kommt aus dem Anbau der Gärtnerei Krauße Bischofswerda, Fisch aus den Oberlausitzer Teichwirtschaften, Honig von der Imkerei Heinrichsgarten in Göda. Beim Seefisch achtet Tina Weßollek auf eine MSC-Zertifizierung. Die aus Frankreich bezogenen Zutaten stammen von sorgfältig ausgesuchten und zum Teil persönlich bekannten Erzeuger*innen oder Lieferant*innen.

Die Gerichte werden mit Können und Leidenschaft zubereitet: Der frische Gemüsesalat mit fruchtiger Vinaigrette ist mit Nüssen und Grapefruit verfeinert, die Landpastete erhält durch Zwiebelmarmelade eine abrundende Geschmacksnote. Ein Lammrücken wird in Thymian-Honig-Jus mit Kartoffelgratin serviert, für Fleischfreunde gibt es einen BIG Auberge XL »Boeuf« mit Dip »nach Laune der Küchenchefin«, z. B. einen Limettendip. Einen großen Teil der Karte nehmen vegetarische Gerichte wie der im Ofen gebackene Ziegenkäse auf Baguette mit Buchweizenhonig und Thymian ein. Zahlreiche Gerichte können gluten- oder laktosefrei zubereitet werden; auch vegane Alternativen sind nach Absprache mit dem Service möglich. Die Küchenchefin wird alles tun, um ihre Gäste zufriedenzustellen. Die Nachspeisen verführen in den siebten, den kulinarischen Himmel: ein Brot-Zimtpudding mit hausgemachter Vanillesauce und warmem Obst. Obwohl das Rezept aus dem Elsass stammt, passt es sehr gut in die Oberlausitzer Küche. Wem nach einer Abkühlung ist, sollte ein hausgemachtes Eis oder Sorbet versuchen.

In der L'Auberge-Gutshof-Boutique kann – auch online – eine Auswahl der hausgemachten Frucht- und Gemüseaufstriche, Sirups, Kekse nach französischen Rezepturen und Macarons erworben werden. Im Herbst und Winter ergänzen Schokoladentrüffel und hausgemachte Bonbons das Sortiment.

Landgasthof Topfmarktscheune

Topfmarkt 7,
09235 Burkhardtsdorf
0 37 21 / 2 43 24
topfmarktscheune.de

Größe: 100 Plätze im Gastraum, 30 im Hof
Preise: V 6–10, H 19–25, N 5–8 Euro
Kreditkarten: EC
Öffnungszeiten: Di–Fr, 17–23 Uhr; Sa, So, Feiertag 11–23 Uhr; Ruhetag: Mo

Originell, urig, gemütlich, gut

Die Erzgebirgsnordrandstufe begrenzt mit etwa 500 m NHN das Erzgebirge zum südlichen Erzgebirgsbecken. Von Chemnitz kommend, liegt Burkhardtsdorf, in dem das Leineweber- und Strumpfwirkerhandwerk beheimatet war, direkt dahinter. Die rustikal und gemütlich im erzgebirgischen Stil ausgebaute »Topfmarktscheune« mit freigelegten Balken eines ehemaligen Dreiseitenhofs bietet dem Gast auf zwei Etagen ein einladendes Ambiente. Der Städter weiß sich hier »auf dem Land« und freut sich über das originelle Interieur. Den Gast erwartet – auf Tongeschirr aus Görzke im Hohen Fläming serviert – eine behutsam modernisierte Hausmannskost mit Produkten aus der Region, teilweise in Bioqualität oder aus dem eigenen Garten und Backofen. Er kann sich in der Speisekarte über Produzenten und Herkünfte der Produkte informieren. Die Gastgeber garantieren konsequenten Verzicht auf jegliche Zusatzstoffe und Geschmacksverstärker.

Der Einstieg in die saisonale Speisekarte gelingt mit einem Rote-Bete-Salat mit kleinem Fruchtspieß nach Omas Rezept oder der Holunderbeerensuppe mit Sauerkirschen und kleinen Stückchen von der Kakaobohne ausgezeichnet. Beim Hauptgang fällt die Wahl auf den Braten vom Erzgebirgsreh in Aroniasoße, serviert mit Kürbisknödel aus Biomehl und in Butter gebratenem Rosenkohl. Gelegentlich weist das freundliche Servicepersonal auf Gerichte hin, die auf einer Schiefertafel am Eingang des Restaurants notiert sind, wie ein Hüftsteak vom Angusrind vom benachbarten Bauern. Zur Kulinarik des Erzgebirges gehört unbedingt der Buttermilchgetzen mit Schinkenwürfeln und Bioleinöl, ein in der Pfanne ausgebackener, goldbrauner Kartoffelkuchen. Unbedingt probierenswert ist eine saisonale »Topfmarktscheunen«-Spezialität wie das Wilde Kräuterweibl, ein Potpourri vegetarischer Zutaten. Abgerundet wird das Mahl durch hausgemachte Gelees (auch zum Mitnehmen) von Blüten und Beeren aus eigener Ernte mit feinem Eis, garniert mit Kräutern und Honig vom Imker aus dem Nachbarort. Nicht unerwähnt bleiben dürfen die Tees mit Kräutern aus dem Garten des Hauses und andere Biotees. Das Jahr geht in der »Topfmarktscheune« traditionell zu Ende mit dem erzgebirgischen Neinerlaa* – neun Speisen kommen gleichzeitig auf den Tisch, jede mit einer (glücksbringenden) Bedeutung.

Der Service durch den Hausherrn ist freundlich zurückhaltend und angenehm unprätentiös – typisch erzgebirgisch.

Schmidt's Restaurant

Moritzburger Weg 67,
01109 Dresden
03 51 / 8 04 48 83
schmidts-dresden.de

Größe: 50 Plätze im Restaurant, 50 auf der Terrasse
Preise: Hauptgerichte 18–32 Euro
Kreditkarten: Alle gängigen Karten
Öffnungszeiten: Di–Fr 11.30–14.30 Uhr und 17–22 Uhr; Sa 17–22 Uhr, Ruhetage: So, Mo

Feine Küche, prächtig angerichtet im mediterranen Loft

»Schmidt's Restaurant« ist seit über 20 Jahren im Gebäudeensemble Deutsche Werkstätten Hellerau zu finden. Der wunderschöne Innenhof mit seinen riesigen Kastanienbäumen ist ein beliebtes Fotoobjekt. Bei gutem Wetter ist die schöne Terrasse einladend. Die mediterran anmutende Loftatmosphäre von »Schmidt's Restaurant« unterstreicht die jahreszeitlich inspirierte, zweiwöchentlich wechselnde Speisekarte. Zusätzlich zur Wochenkarte gibt es täglich mittags und abends wechselnde Speisenempfehlungen, die auf einer großen Tafel notiert werden. »Schmidt's Restaurant« legt größten Wert auf regionale Produkte, die saisonal variieren und unterstützt seit vielen Jahren die Slow-Food-Deutschland-Bewegung. Regionale Lieferanten sind die Gärtnerei Adam aus Dresden, die Fleischerei Schempp in Tauscha und die Käserei Vetter in Wehrsdorf.

Als Vorspeisen bietet sich »Schmidt's Frühlingsspaziergang« an, ein Salat aus Spargel, Rhabarber, Radebeuler Zupfsalaten und Oberlausitzer Zickleinzunge, oder eine Essenz vom Oberlausitzer Zicklein. Als Hauptgang begeistern karamellisierte Spanferkelbäckchen mit Portweinschalotten und Kichererbsenpüree, die Involtini vom Milchkalb oder die geschmorte Schulter vom sächsischen Wollschwein mit Walnussschaum, Cassis-Schwarzwurzel und Püree der Brunnenkresse gleichermaßen – der Ideenreichtum von Küchenchef und Geschäftsführer Olaf Kranz scheint unbegrenzt. Für Unschlüssige gibt es eine Art Potpourri der Tageskarte in fünf oder acht kleinen Gängen.

Auch beim Getränkeangebot sind Saisonalität und Regionalität von Bedeutung. Neben einigen hausgemachten Limonaden bezieht man Säfte aus der Region und Brände von der Brennerei Augustus Rex, die jetzt in Görlitz ansässig ist. Dazu viele Weine sächsischer Güter. Alle weiteren sind auf einer eigenen Lieferantenkarte auf der Website ersichtlich. Der freundliche Service rundet das Genusserlebnis ab.

→ Für architektonisch und an Design Interessierte ist das Ensemble ein Muss: Die Gartenstadt Hellerau ist bis weit über die Stadtgrenzen Dresdens hinaus all jenen ein Begriff, die sich mit modernen Lebensformen, Städtebau und Gesellschaftsideen des 20. Jahrhunderts auseinandersetzen.

Restaurant Daniel

Gluckstraße 3,
01309 Dresden
03 51 / 81 19 75 75
restaurant-daniel.de

Größe: 50 Plätze im Restauran,
35 auf der Terrasse
Preise: Hauptgerichte 20–30 Euro
Kreditkarten: EC, Master, Visa
Öffnungszeiten: Di–Sa 17–22 Uhr;
Ruhetage: So, Mo

Klarer Geschmack im schicken Ambiente

Etwas versteckt im Westen des Dresdener Stadtteils Striesen führt Daniel Fischer das »Restaurant Daniel«. Der frühere Ausbildungsleiter und Küchenchef der Hotelfachschule für Köche in Dresden hat sich hier den Traum vom eigenen Restaurant erfüllt. Das schicke Restaurant hat mit seinen klaren, modernen Linien und hellen Farben einen besonderen Charme. Bei schönem Wetter lockt die überdachte Außenterrasse. Regionalität, Frische, Saisonalität, Vielfalt und natürliche Zubereitung der Rohstoffe liegen Daniel Fischer am Herzen. Er baut auf den natürlichen Geschmack der frischen Lebensmittel, deren Erzeuger*innen er in der Regel persönlich kennt. Er ist sich sicher, dass es meist nicht viel mehr als gute Butter, frische Kräuter und etwas Salz braucht, um ein Gericht perfekt abzuschmecken. Der größte Teil des Fleischs stammt vom Hofgut Kaltenbach in Thiendorf, der frische Fisch kommt aus Kirschau und Lausitzer Teichwirtschaften. Gemüse, Kräuter und Salate liefert der lokale Wochenmarkt, Brot und Brötchen werden im Haus gebacken. Mit diesen Zutaten kocht Daniel Fischer mit seinem Team köstliche und ungekünstelte Gerichte, die auch das Auge erfreuen.

Als Vorspeisen gefallen die Maishähnchenterrine und die Bärlauchrahmsuppe mit Lammsalami. Sehr empfehlenswert ist die Lachsforelle mit buntem Gemüse und Radieschenrisotto, ebenso das Entrecôte vom Kalb mit geschmortem Sellerie und Endivien-Kartoffelstampf. Als Fischgang gefällt der »beste verfügbare Süßwasserfisch« mit Safransauce und Ruccolarisotto. Zum Nachtisch wird eine kleine süße Überraschung gereicht oder eine kleine Auswahl sächsischer Käse vom Hofgut Pommritz.

Das Bier kommt aus Meißen von der Brauerei Schwerter und von der Hausbrauerei Schiller in Coswig, die Säfte aus Siebenlehn. Die Weinkarte listet eine ganze Reihe lokaler Gewächse. Als Digestif stehen Brände der Dresdner Brennerei Augustus Rex bereit. Der Service ist freundlich, aufmerksam und kompetent.

→ An jedem letzten Mittwoch im Monat lädt Daniel Fischer einen Produzenten oder eine Produzentin zum Genussabend ein. Jäger*innen, Landwirt*innen, Teichwirt*innen und Gemüsehändler*innen von nebenan stellen ihre Produkte vor. Fischer kocht daraus ein Fünf-Gänge-Menü.

Genuss-Atelier

Bautzner Straße 149,
01099 Dresden
03 51 / 25 02 83 37
genuss-atelier.net

Größe: 45 Plätze im Restaurant, 40 auf der Terrasse
Preise: V 5–26, H 39–40, N 11–15 Euro; Vier-Gänge-Menü 66 Euro
Kreditkarten: EC, Master, Visa
Öffnungszeiten: Di–Fr 17–23 Uhr; Sa 12–15.30 und 17–23 Uhr; Ruhetage: So, Mo

Sächsisch fein für Auge und Gaumen

Am Ende der Dresdner Waldschlösschenbrücke, versteckt in einem Kellergewölbe der Bautzner Straße, befindet sich das »Genuss-Atelier«, das die Geschwister Nicole und Marcus Blonkowski seit 2014 erfolgreich betreiben. Das originale Sandsteintonnengewölbe strahlt ein uriges und gemütliches Flair aus. Die Bögen eröffnen reizvolle Durchblicke. Kleine Nischen und Trennungen durch Glasscheiben ermöglichen ein diskret-separates Sitzen und senken den Geräuschpegel. Die moderne Einrichtung kontrastiert zum Sandsteingemäuer. Bei schönem Wetter lädt eine Außenterrasse zum Verweilen ein. Koch Marcus Blonkowski setzt auf Regionalität, Frische und Saisonalität der Produkte. Viele Erzeugende, meist Landwirtschaft Treibende der Umgebung, kennt er persönlich; sie sind in der Speisekarte ausgewiesen: Käse kommt beispielsweise von der Krabatmilchwelt aus Wittichenau, dem Ziegenhof Lauterbach oder der Hofkäserei Schonborn. Die handgetischlerten Tische haben für jeden Gast eine Besteckschublade.

Als Vorspeisen gefallen das Frühlingsgemüse mit Tannenwipfeln die Rinderzunge süß-sauer mit Radieschen, Meerrettich und Friseé sowie die Brunnenkressesuppe mit hausgeräucherten Lachsschinken und schwarzem Knoblauch. Als Hauptspeise erfreuen das Lamm mit grünem Spargel, Aubergine, Quinoa sowie das Perlhuhn mit Kräuternocken und Frühlauch. Der Appetit auf einen Fisch wird mit einem Wolfsbarsch mit Fenchel und Zuckerschoten gestillt. Das Überraschungsmenü bietet eine Auswahl aus der Speisekarte, ergänzt durch kleine Grüße aus der Küche; es wird tischweise serviert. Die Nachtischkarte rundet das Geschmackserlebnis mit Basilikum, Macadamianuss und Früchten oder dem Shiso, Mais und Himbeere ab. Salzige Alternativen sind die Käseplatten aus der Region mit hausgebackenem Brot und eigenen Chutneys. Die Karte wechselt saisonal.

Der freundliche und aufmerksame Service liefert passende Getränke. Das frisch gezapfte Bier stammt von der Brauerei Rechenberger Bienenmühle aus dem Erzgebirge. Die Weine werden von Weingütern der sächsischen Weinstraße und der Region Saale-Unstrut bezogen, teilweise sind es Raritäten und limitierte Auflagen.

→ Weinraritätenkarte auf www.genuss-atelier.net/de/speisen-getraenke/#Raritaetenkarte.

Eigene Delikatessen, Weine und Genussboxen werden im Webshop vertrieben: shop.genuss-atelier.net.

Himmel und Hölle

Nicolaigasse 1,
09599 Freiberg
0 37 31 / 2 03 98 44
himmelundhoelle-freiberg.de

Größe: 50 Plätze im Gastraum, 25 im Nebenraum
Preise: Hauptgerichte 17–29 Euro
Kreditkarten: Alle gängigen Karten
Öffnungszeiten: Di–Sa 11–14 und 17–22 Uhr; Ruhetage: So, Mo

Sächsisch-regional mit exotischem Touch

Das Restaurant »Himmel und Hölle« am historischen Platz im Zentrum von Freiberg ist ein Neubau nach historischem Vorbild. Das warme, dunkle Holz der Innenausstattung, das angenehme Licht und die frischen Blumen auf allen Tischen laden zum Besuch ein. Die Speisekarte besticht mit zahlreichen saisonalen Gerichten regionaler Herkunft. Gleichzeitig findet der Gast Gerichte mit indischen und ayurvedischen Wurzeln, eine Passion des Inhabers Enrico Mai. Er vertritt die Prinzipien der Regionalität und Saisonalität von ganzem Herzen und möchte den Besuchenden der Universitätsstadt Freiberg, den Forschenden, den Studierenden, Geschäftsleuten und internationalen Gästen Zusätzliches bieten. In der Speisekarte findet sich eine Liste der wichtigsten Lieferantinnen und Lieferanten. Dass geschlachtete Tiere in der Küche vollständig verarbeitet werden, ist für Enrico Mai eine Selbstverständlichkeit. Alle Gerichte werden ohne Zusatzstoffe hergestellt.

Bei den »Himmlischen Kleinigkeiten« finden sich neben Ziegenkäsepralinen mit Belugalinsen und Wildkräutersalat auch ein Carpaccio vom Rehbock. Dazu wird hausgebackenes Brot gereicht. Die raffinierten, schmackhaften Suppen spiegeln das aktuelle Gemüseangebot des Marktes. Interessant ist der Kräuterpfannkuchen, gefüllt mit Kalbsragout und Bergkäse. Die Auswahl der Hauptgerichte ist von Region und Saison bestimmt. Geschmackvoll sind das vegetarische Sellerieschnitzel, gefüllt mit Ziegenkäse und das Filet von der Lichtenberger Regenbogenforelle. Gelegentlich stehen hausgemachte Rehbratwürstchen, Sauerbraten vom Hirschkalb aus dem Holzhauer Forst oder Rehragout mit erzgebirgischen Wickelklößen auf der Speisekarte. Zum Nachtisch überzeugten das Nougat-Parfait und die legendäre Curry-Crème-Brûlée mit Himbeer-Sorbet.

Neben den Craftbieren von der Hausbrauerei Tobias Kandler aus Freiberg wird ein Gersdorfer Ale aus der kleinen Glückauf-Brauerei im Erzgebirge angeboten. Weine kommen von Sachsenwinzern aus dem Elbtal und von einigen Biowinzern. Eine Spezialität ist die Kräuterlimonade »Meiner Mött's« - die Geschichte dazu erzählt Enrico Mai gern. Der aufmerksame Service pflegt einen intensiven Kontakt zu den Gästen.

Brasserie Ehrlich

Wiesenweg 1,
01705 Freital-Wurgwitz
03 51 / 30 93 42 32
brasserie-ehrlich.de

Größe: 20 Plätze im Restaurant, 10 im Stübli
Preise: Menü ab 63 Euro
Kreditkarten: EC, Visa
Öffnungszeiten: Do–Sa 17.30–23 Uhr; So, Feiertag 12–15 Uhr; Ruhetage: Mo–Mi

Ländliche Wirtschaft – gemütlich, köstlich, familiär

Die »Brasserie Ehrlich« ist 2016 aus der Dresdner Südvorstadt nach Freital-Wurgwitz umgezogen. Familie Fröhlich hat ein altes Kleinbauernhaus zu einem von französischen Brasserien inspirierten, stilvollen und gemütlichen familiengeführten Gasthaus ausgebaut. Vom Gastraum, von der Terrasse und vom Hofgarten aus hat man einen schönen Blick in das angrenzende Wiesental. Küchenchef Stephan Fröhlich mit Berufserfahrung in unterschiedlichen Ländern und seine Frau Nadine als Sommeliere setzen mit einem kleinen Team konsequent auf ein regionales und saisonales Angebot. Ziel ist es, jedem Gast ein unvergleichliches kulinarisches Erlebnis zu bereiten. Es werden regelmäßig Geschmackskombinationen kreiert, die die Gäste überraschen und begeistern. Die Speisekarte beinhaltet neben gehobenen modernen Speisen auch klassische Gerichte. Wildfleisch kommen von dem Wildbrethandel Falko Zoll in Olbernhau. Lamm und Honig kommt von Thomas Heinzig in Niedermuschütz. Die Backwaren sind aus einer kleinen Dresdner Bäckerei, die Säfte von umliegenden Streuobstwiesen. Aus dem eigenen Garten werden Obst, Gemüse und Kräuter verarbeitet. Alles, was über den eigenen Garten hinausgeht, wird durch Adams Gärtnerei in Dresden abgedeckt.

Die Speisekarte listet Drei- bis Fünf-Gänge-Menüs, aus denen einzelne Gänge bestellt werden können. Die Zusammenstellung der Menüs ist durchdacht, die Gänge sind perfekt aufeinander abgestimmt. Bei den Vorspeisen finden sich im Frühjahr Ziegenkäsetarte, Pumpernikelerde, Grünzeug, gepickeltes Gemüse, Rübli und Radi-Pesto oder Spinat-Sauerampfer-Suppe mit Erbsen und hausgeräucherter Forelle. Bei den Hauptgerichten überzeugt nicht nur der Gaumenschmaus, sondern auch das ausgezeichnete Handwerk: Rosa gegartes Roastbeef mit Zungenjus, Möhrencreme, Spargel, Krapfen oder Zartes aus der Rehkeule, Waldpilze, Selleriecreme und Gewürzbrotknödel. Die süßen Naschereien sind Klassiker des Hauses wie die Schokoladenküchlein mit flüssigem Kern, Rotwein-Butter-Eis, Nüsse und Eierlikör oder Cassis-Sorbet mit Meringue, Bauernrahm mit Walnüsse und Mirabellen-Eierlikör.

Die Speisen werden auf Wunsch von passenden Weinen begleitet. Die Getränkekarte listet fast ausschließlich – namhafte wie weniger bekannte – sächsische Weingüter.

➜ Eine Reservierung ist unbedingt empfohlen.

Obermühle Görlitz

An der Obermühle 5,
02826 Görlitz
0 35 81 / 87 98 32
obermuehle-goerlitz.de

Größe: 40 Plätze im Restaurant, 70 auf der Terrasse
Preise: V 5–12, H 15–32, N 9 Euro
Kreditkarten: EC, Master, Visa
Öffnungszeiten: Mi, Do 17–23 Uhr; Fr–So, 11–23 Uhr; Ruhetage: Mo, Di

Handwerk mit Herzblut und Innovation

Die Altstadt von Görlitz ist ein architektonisches Kleinod. Eine Besichtigung lässt sich gut mit einem Besuch in der »Obermühle Görlitz« verbinden, die einst tatsächlich eine Mühle war und nun ein gastliches Lokal mit Hausbrauerei und einem Hotel ist. Die »Obermühle« liegt direkt an der Neiße, stadtnah und zugleich mitten in der Natur. Inhaber und Küchenchef Jörg Daubner führt sie in zweiter Generation. Nicht nur in der Küche, sondern vor allem mit seinem Projekt »RainKost«, für das er den Innovationspreis Tourismus des Landkreises Görlitz erhielt, setzt er zukunftsweisende Akzente. »RainKost« ist die Übertragung der Prinzipien der Solidarischen Landwirtschaft (Solawi) für Restaurants. Auf der in Görlitz gelegenen Fläche werden Obst und Gemüse für den Eigenverbrauch ökologisch angebaut. Frischer können gute Produkte nicht in der Küche landen. Dort werden sie gekonnt und liebevoll verarbeitet. Die Jahreszeit bestimmt das Angebot der frisch gekochten Speisen. Neben den Produkten aus der »RainKost« werden regionale Produkte von persönlich bekannten Erzeugern und Erzeugerinnen bezogen und sind auf der kleinen, feinen Speisekarte ausgewiesen. Die Gerichte sind begrenzt verfügbar, aber es kann stets eine interessante, meist auch vegane Auswahl zusammengestellt werden. Wer sich nicht entscheiden möchte, wählt die wöchentlich wechselnden, auch vegetarisch oder veganen Überraschungsmenüs mit drei bis fünf Gängen.

Als Vorspeise werden Tapas regional interpretiert angeboten. Die Fleischvariante kommt mit hausgemachtem Aufschnitt; von der letztjährigen Ernte der »RainKost« ist fermentiertes Gemüse dabei. Neben einem Schnitzel vom Bio-Kalb erfreut die vegane Wirsingroulade nach Art der Obermühle mit Sojahack, Reis und Ratatouille. Das Obermühlen-Eis lockt zum Nachtisch ebenso wie die regionaltypischen Quarkkeulchen – in veganer Ausführung.

Neben dem handwerklich gebrauten und nur im Gasthaus erhältlichen Pils und einem kupferfarbenen Bier namens Ghost stehen Weine aus Sachsen sowie eigene Säfte und Kräutertees auf der Getränkekarte.

→ Regelmäßig werden in der Hausbrauerei Bierverkostungen durchgeführt. Es lassen sich Boote für eine Partie auf der Neiße mieten.

Das Gebäude wird aus der eigenen Wasserkraftanlage komplett mit Strom versorgt. Das Hotel ist Bett+Bike-Partner und bietet Gästen, die mit dem Fahrrad anreisen, diverse Extras.

Landhotel Gutshof

Wilhelm-Zierold-Weg 21, 08118 Hartenstein
03 76 05 / 71 43
landhotel-gutshof.de

Größe: 40 Plätze im Restaurant; weitere Stuben und Zimmer
Preise: V 5–10, H 15–22, N 6–7 Euro
Kreditkarten: EC, Amex, Eurocard, Visa
Öffnungszeiten: Di–Fr 17.30–21 Uhr; Sa 17.30–21.30 Uhr; Ruhetage: Mo, So

Einfach gut essen, ohne Schnickschnack

In Hartenstein östlich von Zwickau heißt Familie Gnadt in vierter Generation im »Landhotel Gutshof« willkommen. Das Haus und das Team blicken auf viele Jahre Erfahrungen und Ereignisse zurück, die den Gutshof zu dem werden ließen, was er heute ist. Die Leidenschaft für eine gute bodenständige Gastronomie ist zu spüren. Etwas abseits, direkt an der alten Salzstraße gelegen, ist der Gutshof ein idealer Ausgangspunkt für Aktivitäten. Der Gutshof ist geprägt von hellem Holz und frischen Farben, liebevoll und mit Gefühl fürs Detail dekoriert. »Einfach gut essen« ist das Motto und der Anspruch des Hauses, die Regionalität hat einen hohen Stellenwert. Die Küche ist ehrlich-sächsisch mit leicht mediterranen Ausflügen. Ein eigenes Blockheizkraftwerk, Solaranlage, LED-Technik und Ökostrom sorgen für ein nachhaltiges Konzept. Lieferant*innen aus der Region sind unter anderem die Fleischerei Heyer in Werdau, die Silberfleisch-Agrargenossenschaft Lößnitz-Stollberg eG oder der Straußenhof Ochsenkopp in Zschocken.

Die Karte zeigt einen saisonalen Charakter und bietet neben typisch erzgebirgischen Gerichten wie dem Schiebböcker* auch einige Kloßspezialitäten. Dazu zählen die Wickelklöße, ein flach ausgewalzter Kloßteig, mit einem Aufstrich zusammengerollt und in Wasser gegart. Der Aufstrich gibt dem Kloß den typischen Geschmack. Neben der traditionellen Variante mit in Butter gerösteten Semmelbröseln sind der Vielfalt kaum Grenzen gesetzt. Auf der Karte finden sich ebenfalls Gerichte der ehemaligen DDR-Küche, oft mit Anleihen aus französischen Kochbüchern und an die damaligen Gegebenheiten angepasst. In diese Kategorie gehören die Klassiker Würzfleisch* und das Steak au four* vom Schweinerücken. Überzeugend in Geschmack, Konsistenz und Zubereitung ist auch das Rindersteak aus der Region. Auf der Nachspeisenkarte das Quarkkeulchen* als typisch sächsische Nachspeise.

Landgasthaus zum Schwarzbachtal

Niederdorfstraße 3,
01848 Hohnstein-Lohsdorf
03 59 75 / 8 03 45
schwarzbachtal.de

Größe: 50 Plätze im Gastraum, 30 im Vorgarten
Preise: V 7–14, H 16–28, N 5–9 Euro; Drei-Gänge-Menü 32–40 Euro
Kreditkarten: Kreditkarte, EC
Öffnungszeiten: Mo, Di, Fr 17–22 Uhr; Sa, So, Feiertag 11.30–14 und 17–22 Uhr; Ruhetage: Mi, Do

Gemütlicher Landgasthof mit taffer Küchenchefin

Die Schwarzwälder Germanistin Barbara Siebert kam 1990 nach Sachsen und übernahm später das »Landgasthaus zum Schwarzbachtal«, ein historisches Haus im herrlichen Wandergebiet der Sächsischen Schweiz südöstlich von Dresden, nah dem Bahnhof des Schwarzbachbahn e.V. Lohsdorf. Der Gastraum wirkt einladend mit sonnengelben Wänden, liebevoll zusammengetragener Einrichtung und teils weiß-blau eingedeckten Tischen, alten Schränken und etwas Kunst. Barbara Siebert kocht selbst, sie ist ambitionierte Autodidaktin. Ihre Speisekarte zeigt zumeist, was die Region hergibt. Die Lieferant*innen sind ausgewiesen: Wild, Fisch, Käse, Fleisch, Backwaren kommen aus der Umgebung, u.a. der Ziegenhof Lauterbach aus Stolpen oder die Bäckerei Harnisch in Ulbersdorf. Kräuter wachsen vor der Tür. Im Sommer kann man im hübschen Vorgarten entspannt sitzen. Der Service ist meist gut gelaunt.

Das Angebot der Speisen variiert entsprechend der Jahreszeiten und der regional verfügbaren Zutaten. Empfehlenswert als Vorspeise sind Brennesselsuppe mit Wachteleiern und Knoblauchcroutons oder die Käse-Vielfalt des Ziegenhofs Lauterbach. Als Hauptgänge imponieren Wildgerichte wie Rehbraten mit Wacholder-Austernpilzsoße oder Lammbraten in Rotweinsoße mit Kartoffelgratin. Vegetarisch sind die Tagliatelle mit Brunnenkressepesto oder das Gemüsecurry eine gute Empfehlung. Zum Abschluss eines Menüs lohnt sich das Dessert im Glas, die Waldmeister-Pistaziencreme und das Rhabarber-Mangoragout gleichermaßen. Als Menü überzeugen Zuckerschotensuppe und Ziegenkäse, Perlhuhnbrust mit Maronen, Zwiebel-Apfel-Gemüsevariationen mit Gnocchi und zum Nachtisch Orangenkuchen, Schokoladen-Orange-Mousse und Kaffee-Orangen-Parfait.

Die Weinkarte zeigt Erzeugnisse sächsischer Weingüter, dazu gute Adressen aus den anderen deutschen Weinbaugebieten.

→ Aufgrund der Personalsituation wird um Anmeldung mit Speisenauswahl per E-Mail gebeten.

Es finden regelmäßig kulinarische Veranstaltungen mit Dichterlesungen und Kammermusik statt.

Berggasthof Beckenbergbaude

Beckenbergstraße 5,
02739 Kottmar
0 35 86 / 38 76 73
beckenbergbaude.de

Größe: 25 Plätze in der Gaststube
Preise: V 7–13, H 15–30, N 6–9 Euro
Kreditkarten: EC, Master, Visa
Öffnungszeiten: Mo–Fr 17–20.30 Uhr; Sa 11–14 und 17–23 Uhr; So 11–14 und 17–20.30 Uhr

Bio

Erster Bioberggasthof in Sachsen

Mit dem Konzept »Regional - Saisonal - Anders« lockt Küchenchef André Meyer seine Gäste auf den 408 Meter hohen Beckenberg im ostsächsischen Landkreis Görlitz. Der Eibauer Hausberg ist ein traditionelles Ausflugsziel. In der Gaststube finden 25 Gäste Platz, sie ist einfach und zweckmäßig eingerichtet. Gastgeber und Küchenchef André Meyer ist ein Pionier. Schon seit 2013 ist die Baude biozertifiziert und es gilt der Grundsatz »Regional vor Bio - und sonst nix«. Die Speisekarte gibt über die Herkunft aller wichtigen Zutaten Auskunft, vegane und glutenfreie Gerichte werden gekennzeichnet. Deren Anteil nimmt in der »Beckenbergbaude« beständig zu.

André Meyer ist beständig auf der Suche nach Oberlausitzer Traditionsgerichten, um sie neu zu interpretieren. Auf der Karte steht bei Verfügbarkeit Lausitzer Karpfen, als Filet gebraten mit Rotkohl, Kartoffeln und Meerrettich-Soße. Ein Drei-Gänge-Überraschungsmenü wird vegetarisch angeboten - bei Wunsch auch mit Fleisch. Das reguläre Angebot wird durch eine wöchentlich wechselnde Aktionskarte ergänzt. Es ist begeisternd, was André Meyer aus »Omas Küche« macht. Die Oberlausitzer Teichelmauke, traditionell ein mit Brühe servierte Kartoffelpüree (Mauke) mit Sauerkraut und gekochtem Rind- oder Schaffleisch richtet Meyer etwas feiner als die Tradition an –, aber auch nicht übertrieben fein. Wenn die Stupperle (von stuppen, stopfen, satt machen, kleine Kartoffelklöße) nicht auf der Karte stehen - es lohnt sich, den Service zu fragen, und die Küche macht sie meist trotzdem möglich.

Quartiermeister-Bier löscht den Durst, dazu Säfte vom Stadtgut Görlitz und vom Enderhof Vierkirchen, zudem sächsische Weine. Kaffee, Tee, Kakao stammen aus fairem Handel. Zum Nachtisch ist der »Flotter Dreier« empfehlenswert: ein Bioespresso, dazu eine Schokoladenpraline und ein Joghurt-Fruchteis.

→ Der Berggasthof eignet sich gut als Ausflugsziel für Wanderungen auf den Beckenberg. Der Küchenchef gibt in seiner Kochschule sein Wissen gern weiter (rechtzeitig buchen - das Angebot wird gut angenommen).

Landhotel Rosenschänke

Baumschulenstraße 17,
01731 Kreischa-Gombsen
03 52 06 / 2 18 70
landhotel-rosenschaenke.de

Größe: 30 Plätze im Restaurant, 35 im Rosengarten, 85 im Landhaussaal
Preise: V 10–12, H 18–28, N 9 Euro; Drei-Gänge-Menü 59 Euro
Kreditkarten: EC
Öffnungszeiten: Do–Sa 17.30–23 Uhr; Ruhetage: Mo–Mi

Rosige Zeiten mit erstklassiger Landküche

Inmitten ausgedehnter Obstplantagen, zwischen dem östlichen Erzgebirge und dem Elbtalkessel im Ortsteil Gombsen der Gemeinde Kreischa, liegt das »Landhotel Rosenschänke«. Direkt vor den Toren Dresdens sind zahlreiche attraktive Ausflugsziele auf gut ausgeschilderten Rad- und Wanderwegen erreichbar. Familie Walther betreibt das Landhotel in dritter Generation und hat es in den letzten Jahren liebevoll renoviert. Stephanie Connerth-Walther - die Juniorchefin - zeigt ihr Händchen für Dekoration und Wohlgefühl durch die Kombination von modernen Elementen mit Details aus vergangener Zeit. Evelyn Walther leitet die Küche und bietet neben einem wechselnden Menü eine kleine saisonale Speisekarte an. Sie kocht eine schmackhafte Gasthofküche mit erlesenen Produkten - und nicht zuletzt mit Zutaten aus dem eigenen Kräutergarten: Indianernessel, Pimpernelle, Gundermann und Pfefferkraut. Die Lieferanten kommen fast ausschließlich aus der Region, stellvertretend sei der Wildhandel Schulze aus Obernaundorf genannt. Der Rosengarten mit seinen schattigen Plätzen lädt im Sommer zum romantischen Verweilen ein.

Als Vorspeise wird ein Carpaccio mit Wildkräutern aus dem eigenen Garten, eingelegtem Beelitzer Spargel und Zitrusöl serviert. Im weiteren Verlauf begeistern Klassiker wie die sächsischen Wildbratwürste aus eigener Produktion mit Balsamicolinsen oder rosa gebratener Lammrücken mit Thymianjus, Bärlauchbutter, Bohnengemüse und Salbei-Kartoffelnocken. Als vegetarisches Gericht steht ein Rote-Bete-Risotto mit Meerrettich und pochiertem Ei auf der Karte. Als Nachtisch glänzen Waldmeister mit Zweierlei vom hausgemachten Joghurt vom Hof Mahlitzsch, marinierter Rhabarber sowie hausgemachtes Eis und Sorbets.

Mit zwei Sommeliers - Stephanie Connerth-Walther und ihrem Mann Christian - kann der Traditionsbetrieb mit fundiertem Wissen auch bei den Getränken aufwarten. Die Weinkarte führt viele familiengeführte Weingüter, vorrangig aus Sachsen und anderen deutschen Anbaugebieten. Dazu werden regionale Biere, Streuobstsäfte und feine Brände von lokalen Manufakturen angeboten, selbstgefertigte Limonade sowie den Rosen-Shrub-Tonic, einen erfrischenden Aperitif von heimischem Obst und Duftrosenblüten aus dem eigenen Garten.

→ Nach einer Übernachtung wird ein Frühstück mit frisch gebackenen Sauerteigbrötchen und Spezialitäten aus der Region serviert.

Max Enk – Restaurant mit Bar

Neumarkt 9–19,
im Städtischen Kaufhaus,
04109 Leipzig
03 41 / 99 99 76 38
max-enk.de

Größe: 50 Plätze im Restaurant
Preise: V 10 - 21, H 22 -64, N 12–17 Euro
Kreditkarten: Alle gängigen Karten
Öffnungszeiten: Mo–Sa 12–23 Uhr; Küche Mo–Do bis 21 Uhr, Fr, Sa bis 22 Uhr; Ruhetag: So

Im historischen Speisesaal des Städtischen Kaufhauses

Im Herzen von Leipzig, im historischen Lichthof des Städtischen Kaufhauses, befindet sich das Restaurant »Max Enk«. Unter dem Motto »Qualität ist kein Luxus, sondern die Basis« bietet es eine der raren gehobenen Küchen der Stadt. Saisonalität begleitet die Küche schon lange, jetzt geht der Trend zunehmend in Richtung Regionalität. Inhaber und Chefkoch Torsten Hempel besucht regelmäßig den Leipziger Wochenmarkt und hat sich ein Netzwerk regionaler Zuliefer*innen aufgebaut, das er beständig erweitert. Die Gäste haben die Wahl zwischen der Monats- und der Tageskarte. Auf beiden Karten findet man Erzeugnisse Leipziger Produzent*innen, wie der Patisserie »Hart und Herzlich«, Gemüse aus den Gärten von »ernte-mich« und das Fleisch von Matthias Schneiders Elbweiderindern.

Das dreigängige Mittagsmenü beginnt mit einer Soljanka. Als Hauptgericht folgen Filet und Backe vom Landschwein, dazu Kartoffelklöße, Champignons und Dijonsenfsauce. Der vegetarische Abschluss ist ein Ricotta-Blaubeer-Kuchen mit Vanillesoße. Abends verwöhnen solide, schnörkellose Speisen der regionalen und internationalen Hochküche. Nicht zuletzt die saisonalen Produkte werden erstklassig zubereitet. Das heimische Wintergemüse aus zweierlei Schwarzwurzel, Grünkohlgremolata, schwarzer Nuss, Blutorange und Kressesalat verdient als vegetarische Vorspeise eine besondere Empfehlung. Die Waldpilzessenz besticht durch ihr intensives Aroma. Zum Hauptgang begeistert ein butterzartes Ossobuco vom Graditzer Weiderind. Dem überzeugenden Gericht stehen die Kalbsbällchen mit Spitzkohl an Meerrettich-Schaum in nichts nach. Beim Nachtisch führt sowohl an den Pralinen der Patisserie »Hart und Herzlich« als auch dem Dreierlei aus Valrhona-Schokolade, Topfenknödel und Birneneis nichts vorbei. Eine Besonderheit ist das Leipziger Allerlei im neuen Gewand, bei dem die traditionellen Morcheln und Flusskrebse durch Champignons und Saibling, beide aus dem Leipziger Land, ersetzt werden.

Die erstklassigen Weine werden passend zu den Gängen empfohlen und kommen vorwiegend aus den deutschen Weinbaugebieten. Der Service ist zuvorkommend und aufmerksam. Die Einrichtung ist zeitgenössisch. Die Installationen des Leipziger Künstlers Kaeseberg setzen Akzente. Leider ist der Lichthof etwas hellhörig.

→ Mittags wird das Drei-Gänge-Laurentius-Menü für 28 Euro (vegetarisch 26 Euro) angeboten.

NEU

Schwung & Schwebe

Coppistraße 58,
04157 Leipzig
03 41 / 58 15 93 70
schwungundschwebe.de

Größe: 50 Plätze im Restaurant, 24 in den Salons und Plätze im Freien
Preise: Hauptgerichte 11–30 Euro
Kreditkarten: EC, Master, Visa
Öffnungszeiten: Di–Fr 9–21 Uhr; Sa, So 9–18 Uhr; Ruhetag: Mo

Einfach fantasievoll lecker

Die Fantasie der beiden Gastgeber Jens und Max zeigt sich schon in der überzeugenden Neugestaltung der vormaligen Sparkassenfiliale. Der Gastraum wird durch zwei gemütlich eingerichtete Salons im Stil von Omas Wohnzimmer ergänzt. »Schwung & Schwebe«: Eine gute Tasse Kaffee bringt den nötigen Schwung für den Tag, zum leckeren Essen verleiht ein Glas Wein oder Bier ein angenehme, schwebende Leichtigkeit. Das junge, kreative Team serviert eine Vielfalt kulinarischer Kleinigkeiten aus Leipzig und Umgebung. Die Küche ist inspiriert vom aktuellen Angebot. Salate, Obst, Brot, Käse und Fleisch kommen aus der Stadt Leipzig bzw. aus dem Umland. Die Bezugsquellen sind auf der Karte benannt. Die Grillzentrale veredelt das Fleisch alter Schweine- und Rinderrassen und die Landwirtschaft von Friedrichs Gut in Trebsen arbeitet ökologisch.Neben einem vielfältigen Frühstücksangebot und einer ansehnlichen Zahl vegetarischer und veganer Gerichte gibt es eine Auswahl frisch gebackener Kuchen und Torten. Der Kaffee findet seine Vollendung in der eigenen Rösterei. Sonntags gibt es klassische Mamaküche: Braten mit Beilagen, Fisch, Pasta auf Platten, mal mit Salat oder Suppe vorher, mal ein Nachtisch im Anschluss. Den Auftakt geben beispielsweise ein Kürbis-Paprika-Senf-Aufstrich mit frischem Brot der Bäckerei Kleinert, Melonensalat mit Feta, Panzanella Brotsalat mit frischen Salaten oder Grilled-Cheese-Sandwich mit Landkäse und Berchkäse der Molkerei Bennewitz. Als Hauptgerichte werden Kürbis-Kartoffel-Auflauf mit Mutzbratenbratwurst, Pastrami-Sandwich mit Kaffee-Rub und Mohnsenf sowie Broiler vom Geflügelhof Fiebig mit Gemüseauflauf serviert.

Das Essen begleitet eine gute kleine Weinauswahl und neben regionalen und Biobieren auch selbstgemachte Limonaden. Bemerkenswert ist der ungewöhnlich persönliche Service.

→ Zum Abschluss schmeckt ein Espresso aus der eigenen Rösterei. Neben Kaffee aus Indien und Brasilien ist auch Segelkaffee aus Kolumbien und der Biokaffee der Frauenkooperative Aprolma aus Honduras im Angebot.

NEU

Pekar

Odermannstraße 11,
04177 Leipzig
0 15 73 / 1 74 33 32
wir-sind-pekar.de

Größe: 40 Plätze im Gastraum
Preise: V 4–6, H 9–15, N 6 Euro
Kreditkarten: EC
Öffnungszeiten: Mo–Do 17–22 Uhr; Fr–So, 12–22 Uhr

Ein »Soul Food«-Restaurant. Cross over – nicht nur Pizza

Das Restaurant »Pekar« in der Leipziger Odermannstraße unweit des Lindenauer Markts ist 2016 aus einer mobilen Pizzeria entstanden. Es ist im Shabby-Chic-Stil eingerichtet. Saisonal und regional – das ist klar erkennbar die Passion der Betreiber. Gemüse wird von »Annalinde« bezogen, einem urbanen Landwirtschaftsbetrieb in der Nachbarschaft. Hühner und Schinken kommen von der Diakonie Leipzig, Öl von der Leipziger Ölmühle. Mozarella und Burrata werden in Bioqualität ergänzt. Das Mehl liefert eine voigtländische Biomühle, die Teigreifung über drei Tage kann mit Recht als »slow« bezeichnet werden. Die Produzenten sind in der Speisekarte aufgeführt, die alle zwei Monate wechselt.

Im »Pekar« teilen sich Pizzen mit weiteren Speisen die Karte. Es wird ein vegan/vegetarisches und ein fleischhaltiges Überaschungsmenü angeboten. Ab vier Personen stellt die Küche eine Speisenfolge zusammen. Die Gerichte werden in die Tischmitte gestellt und die Gäste können teilend in die schöne Vielfalt eintauchen. Eine typische Kombination sind Zucchetti (Zucchini mit Frischkäse), Kräuter-Arancini (Bällchen aus Dinkel, Kräutern und Blauschimmelkäse), Wildbratwurst nach Hausrezept und Chicken Taco (Maistortilla aus Leipzig, Huhn, Zwiebelsalsa, Korriander). Nach Geschmack und Appetit darf eine Pizza folgen. Sie wird im »Pekar« fantasievoll und mit regionalen Zutaten hergestellt. Prosciutto Speciale (Mozzarella, Kochschinken, Pilze, Kapern, Kräuterdressing), Herbie (Ricotta, Mozzarella, Blauschimmelkäse, Parmesan, Thymian, Salbei, Estragon) oder Zucchini (Ricotta, Burrata, Zucchini, Parmesan, Basilikum, Zitronenöl): Das sind ausgezeichnete Pizzen mit einem dünnen, knusprigen Boden und üppigem Belag.

→ Das Lokal ist sehr gut besucht. Es empfiehlt sich eine Reservierung (nur über Facebook oder E-Mail).

NEU

Mala

Schulze-Delitzsch-Straße 19,
04315 Leipzig-Neustadt
03 41 / 65 83 97 66
mala-leipzig.de

Größe: 45 Plätze im Gastraum
Preise: V 10–12, H 22, N 10 Euro
Kreditkarten: Giro, Master, Visa
Öffnungszeiten: Do–Sa,18–23 Uhr; So 10–22 Uhr; Ruhetage: Mo–Mi

Vegetarische und vegane Küche im Hinterhaus

Das »Mala« liegt im Leipziger Stadtteil Neustadt. Zum Restaurant im Hinterhaus führt der Weg durch eine Hofeinfahrt. Die Gaststube ist rustikal eingerichtet mit einer fröhlich zusammengewürfelten Einrichtung aus alten Möbeln. In den Regalen steht Fermentiertes, Kombucha-Ansätze und Eingemachtes. Die Mala-Crew hat sich der vegetarischen und veganen Küche verschrieben und verarbeitet die Produkte »Leaf-to-Root«. Die Speisenkarte ist kurz gehalten, die Bezugsquellen sind auf mehreren Seiten gelistet und ausführlich beschrieben. Sie sind ausnahmslos in der Umgebung von Leipzig angesiedelt.

Bei den Vorspeisen erwärmt die Yasai genannte Brühe aus Miso, Möhre, Zwiebel, Kimchi und eingelegtem Ei. Die gebratenen Austernseitlinge mit Chimichurri und Kohlchip sind eine überraschende Geschmackskombination. Zur Jahreszeit passen der geröstete Rosenkohl mit Rosenkohlpüree, Drillingen, Sauce Foyot und Holunderblütenkombucha oder der gebackene Weißkohl mit Barbarakraut (auch bekannt als Winterkresse), Kimchidressing und Teriyakijus. In der angebotenen Komposition präsentiert sich der gelegentlich stumpfe Kohl ausgesprochen frisch. Die Muschelnudeln mit Kichererbsensauce, gebackenen Kichererbsen und fermentierter Bete sättigen angenehm. Ein Menü kann gern mit einem Nachtisch beschlossen werden. Eclair mit Vanillecreme und eingewecktem Obst erinnern an den Sommer und die Käseplatte mit Feigensenf und Pickles schließt den Magen.

Der Service im Mala ist ausgezeichnet. Er bleibt keine Antwort schuldig und erläutert detailliert die Speisen wie die entsprechende Getränkebegleitung, die hervorragend mit den Speisen harmoniert. Neben den Weinen aus deutschen Anbaugebieten überraschen die alkoholfreien Varianten wie Kombucha mit Basilikum oder Kakao zum Käse.

NEU

Gaumenkitzel

Coswiger Straße 23,
01445 Radebeul
03 51 / 79 51 43 93
restaurant-gaumenkitzel.de

Größe: 60 Plätze in mehreren Gasträumen, 100 im Garten
Preise: V 9–13, H 24–30, N 10–15 Euro
Kreditkarten: Alle
Öffnungszeiten: Mi–Fr 17–23 Uhr; Sa, So 12–23 Uhr; Ruhetage: Mo, Di

Bodenständiges Spitzenrestaurant

Wunderschön zwischen Elbe und den Radebeuler Weinbergen im Meißener Bereich des Weinbaugebiets Sachsen liegt das Gasthaus »Gaumenkitzel«. Manuela und Tilo Hamann empfangen ihre Gäste in einem liebevoll sanierten, denkmalgeschützten Haus. Mit S-Bahn, Straßenbahn, dem Fahrrad über dem Elbradweg, aber auch mit dem Auto ist es gut erreichbar. Ob Fleisch, Fisch, Gemüse, Milchprodukte – alles wird regional bezogen, u. a. vom Hofgut Kaltenbach aus Thiendor, vom Hof Domania Wittichenau, von der Teichwirtschaft Karsten Ringpfeil aus Wartha oder der Aquakultur Kirschau. Zu den Lieferanten werden meist jahrelange persönliche Beziehungen gepflegt. Zudem liefert der eigene große Garten Zutaten für die Küche. Küchenchef Tilo Hamann fermentiert Obst und Gemüse. Die Ergebnisse geben vielen Gerichten ihren besonderen Gaumenkitzel.

Hamann stellt die Speisekarte aus saisonalen Zutaten zusammen. Neben einem Fleisch- und einem vegetarischen Menü (die Zahl der Gänge ist wählbar), gibt es weitere saisonale Gerichte. Fischparfait mit fermentierter roter Beete, Kürbis und Orange oder Würzfleisch von der Bauernente als Vorspeise, Ragout von der Freiland-Poularde mit Kürbisgnocchi und Grünkohl als Hauptgericht oder vegetarisch die Vollkornspaghetti mit Austernpilzen, Grünkohl, Cashewsoße und Pesto – das »Gaumenkitzel« macht seinem Namen alle Ehre. Ein Nachtisch ist sehr zu empfehlen, entweder klassisch die Sächsische Quarkkäulchen oder Beschwipster Aronia, ein Rührkuchen mit eingelegten Aroniabeeren. Sollte das Passende nicht auf der Karte stehen – die Küche gibt ihr Bestes, um auf die Wünsche der Gäste einzugehen, und zaubert etwas Individuelles.

Angeboten werden Elbtalweine aus dem Weingut Kastler Friedland und Bier aus dem nur einen halben Kilometer entfernten Radebeuler Brauhaus. Empfehlenswert sind die Kekila-Fruchtsäfte aus Lawalde-Lauba und die hausgemachten Limonaden. Exquisite Brände und Liköre kommen aus der Sächsischen Spirituosenmanufaktur Kirschau.

→ Tilo Hamann ist Mitglied des Köch*innen-Netzwerks Slow Food Chef Alliance.

NEU

Gasthaus Schwarze Seele

Altkötzschenbroda 19,
01445 Radebeul
01 52 / 53 23 52 54
gasthaus-schwarzeseele.de

Größe: 45 Plätze im Restaurant, 80 im Biergarten
Preise: V 8 – H 13–35, N 4–8 Euro
Kreditkarten: EC, Visa, Euro, Amex
Öffnungszeiten: Mo–Do 11–22 Uhr; Fr, Sa 11–23 Uhr; Ruhetag: So

Sächsische Küche wie bei Oma

Das denkmalgeschützte Gasthaus »Schwarze Seele« mit Restaurant und Ferienwohnungen steht mitten auf dem historischen Dorfanger von Altkötzschenbroda. Holger und Ramona Jowatzky haben das Gasthaus in drei Jahrzehnten zu einem echten Schmuckstück ausgebaut. Der Schankraum ist im Gründerzeitstil eingerichtet, ein weiterer Gastraum im Biedermeierstil. In der warmen Jahreszeit lädt der Biergarten vor dem Restaurant ein. Im Innenhof befindet sich eine Wohlfühloase mit Weinlaube und Springbrunnen. Holger Jowatzky setzt auf Erzeuger und Lieferanten aus Klein- oder Familienbetrieben aus der unmittelbaren Umgebung, die handwerklich und ursprünglich arbeiten. Das Ergebnis ist eine frische, regionale und saisonbezogene Küche.

Auf der Speisekarte findet man vorwiegend typisch sächsische Gerichte. Neben Klassikern wie Rinderroulade, Grützwurst oder Wildgulasch werden Gerichte angeboten, in denen die Innereien der Tiere verarbeitet werden: Nierchen, Herzragout, Rinder- und Kaninchenleber und Flecke süßsauer. Das Fleisch wird von der renommierten Land- und Wildfleischerei Schempp aus der Thiendorf bezogen, die noch die klassische Warmschlachtung praktiziert. Als Vorspeise gefallen die klare Ochsenschwanzsuppe oder das mit Käse überbackene und mit Pilzen verfeinerte Würzfleisch vom Hähnchen. Bei den Hauptgerichten, die meist als Pfannengerichte »wie bei Oma« gebraten werden, mundet das Schnitzel vom Fleischsommelier in Butterschmalz gebraten mit Mischgemüse und Kartoffeln oder auch Nierchen süß-sauer nach Art des Hauses mit Kartoffelstücken und saurer Gurke. Vegetarisches Gerichte sind die Pellkartoffeln mit hausgemachtem Kräuterquark und Leinöl aus der Lausitz sowie Teigrollen aus Treber, gefüllt mit Tomaten und Mozzarella. Aufmerksamkeit verdient zudem die saisonale Geflügel- und Wildkarte mit Wild aus heimischen Wäldern. Zum Nachtisch werden duftende Quarkkeulchen oder Plinsen – Eierkuchen nach sächsischer Art – mit hausgemachtem Quittenmus serviert. Zudem werden hausgebackene Kuchen angeboten.

Bei den Getränken wird auf ein betont regionales Angebot gesetzt. Das Bier – der Name »Kötzsch« passt zum Ortsteil – kommt vom Brauhaus Radebeul, die Weine mehrheitlich von Radebeuler Winzern, die Obstsäfte aus einer kleinen Mosterei. Neben einheimischen Destillaten gibt es ein außergewöhnliches Rum- und Whiskyangebot.

→ Der Weihnachtsmarkt in Altkötzschenbroda ist einen Besuch wert.

Es werden limitierte und seltene Rumsorten zum Verkauf angeboten.

Schmiedelandhaus

Döbelnerstraße 19,
09661 Rossau-Greifendorf
03 72 07 / 9 92 88
schmiedelandhaus.de

Größe: 65 Plätze im Restaurant, 100 im Garten
Preise: Hauptgerichte 14–22 Euro
Kreditkarten: EC, Master, Visa
Öffnungszeiten: Do 17–23 Uhr; Fr–So 11.30–23 Uhr; 15–17 Uhr Kaffee und Kuchen; Ruhetage: Mo–Mi

Sächsische Küche – das ist der Hammer

In einem Tal zwischen Hainichen und Döbeln liegen Greifendorf und das »Schmiedelandhaus«. In dem alten Fachwerkhaus werden die längst vergangenen Tage einer Schmiede lebendig, die Gerätschaften sind vorhanden und liegen griffbereit. Nur der Platz zum Arbeiten ist eng geworden, denn um das Schmiedefeuer, in den angrenzenden Räumen und im Sommer auch im herrlichen Garten unter alten Bäumen nehmen Gäste Platz und lassen sich verwöhnen. Familie Hohmann übernahm das Haus vor einem Jahrzehnt und serviert seither Klassiker der sächsischen Küche, außergewöhnliche Gaumenschmeichler, vorwiegend aus regionalen Produkten. In der Speisekarte sind die Bezugsquellen der Produkte aus der Region mit nachhaltig-ökologischem Anbau aufgeführt, wie Gemüse vom Gartenbau Martin aus Hainichen, Kartoffeln vom Landwirtschaftsbetrieb Thomas Förster aus Grünlichtenberg, Striegistaler Wieseneier aus mobilen Hühnerställen von Jörg Naumann und feine Öle und Leinmehl vom Gut Gadewitz.

Die Klassiker aus der kleinen, feinen Speisekarte sind alle sehr zu empfehlen. Gerade die vegetarischen Gerichte werden im »Schmiedelandhaus« mit großer handwerklicher Präzision und Detailverliebtheit zubereitet. Als kleiner Gruß aus der Küche kommt ein geröstetes, cremig-zartes Hokkaidokürbispüree. Die Möhrencremesuppe mit Thai-Curry und das gebratene Skreifilet und Petersilienwurzelsuppe, gebackenem Käsecrouton und schwarzer Walnuss werden als Voressen serviert. Als Hauptgerichte folgen entweder der zarte, gratinierte Rücken vom Frischling aus dem Nonnenwald mit gebackenem Rotkohl und innen fluffigen, außen knusprigen Semmelknödeln oder die vegetarischen Ricotta-Ravioli in Salbei-Honigsud mit Pinienkernen, getrockneten Tomaten und gedünsteter Lauchzwiebel. Die Entscheidung zwischen dem wolkig-weichen kleinen Topfenkuchen mit Eierlikörschaum und Rahmeis und Pannacotta aus Cornflakesmilch mit Beerenragout und Mangosorbet zum Abschluss fällt schwer.

Altsächsischer Gasthof Kleines Vorwerk

Mühlholzweg 12,
09619 Sayda
03 73 65 / 9 99 10
kleines-vorwerk.de

Größe: 35 Plätze in der Gaststube, 60 im Veranstaltungsraum und 16 im Wintergarten
Preise: V 8–13, H 12–30, N 4–9 Euro
Kreditkarten: EC, Master, Visa
Öffnungszeiten: Täglich 11–23 Uhr

Erzgebirgische und sächsische Spezialitäten

Im Wald von Sayda verborgen liegt das »Kleine Vorwerk« der Familie Peschel an der historischen Salzstraße von Halle nach Böhmen. Der liebevoll restaurierte Altsächsische Gasthof inmitten des Naturparks Erzgebirge strahlt eine einzigartige, naturverbundene Atmosphäre aus. Die Küche bietet nicht nur erzgebirgische und sächsische Spezialitäten. Die Zutaten liefert die umgebende Natur: Das »Kleine Vorwerk« hält eigene Hochlandrinder, Kamerunschafe und Ziegen. Wild liefern die umliegenden Wälder. Charolais-Rindfleisch, Schweinefleisch und Geflügel stammen aus Nachbarorten, beispielsweise von der Fleischerei Köhler in Clausnitz. Fische, vor allem Saiblinge und Forellen, wachsen in der nahen Fischhalterei Hallbach auf, Öl kommt von der Ölmühle Bobritzsch. Obst, Gemüse, Kräuter und Salate werden, soweit möglich, im eigenen Garten und auf umliegenden Wiesen geerntet. Gasthofleiter Robert Scharf und sein Team sorgen für eine jahreszeitlich wechselnde Speisekarte mit attraktiven Gerichten und hausgemachten Nachspeisen. Zusätzlich locken Sonderkarten mit jahreszeitlichen Höhepunkten und zu besonderen kulinarischen Veranstaltungen.

Feinschmecker schätzen das selbstgeräucherte Pastrami vom eigenen Rind mit hausgebackenem Vorwerksbrot, Gewürzgurken und Sauce Rouille, ein Frühlingsgenuss ist der Kopfsalat mit Radieschen, Wachteleiern und Schinken vom Mangalitza-Wollschwein mit Kefirdressing. Als Hauptgang erfreut ein Duett vom rosa gebratenen Rinder- und Schweinefilet. Vegetarier kommen auf ihre Kosten mit Blumenkohl-Mozzarella-Klitscher, dazu werden Erbsenpüree und confierte Tomaten gereicht.

Die Getränkekarte umfasst Biere von der Brauerei Rechenberg-Bienmühle aus dem Erzgebirge, Weine vom Sächsischen Staatsweingut und aus anderen deutschen Anbaugebieten sowie Weine aus Ungarn.

→ Für den besonderen Genuss kann ein Fünf-Gang-Menü für 80 Euro in der Vorwerks-Genusshütte gebucht werden. Dort schweift der Blick über das Tal ins Erzgebirge. Der Chefkoch bereitet das Essen am Holzofen direkt neben dem Gasttisch zu.

Hausgemachte Wurst sowie Honig können für zu Hause käuflich erworben werden.

Forstmeister

Auerbacherstraße 15,
08304 Schönheide
03 77 55 / 6 30
forstmeister.de

Größe: 80 Plätze im Restaurant, 80 auf der Terrasse
Preise: V 6–11, H 15–34, N 6–9 Euro
Kreditkarten: EC, Amex, Master, Visa
Öffnungszeiten: Mo–Mi 11.30–14 und 17–22 Uhr; Do 17–22 Uhr; Fr 15–23 Uhr; Sa 11.30–23 Uhr; So 11.30–22 Uhr

Feine Kräuterküche im Naturpark

Das Kräuterhotel »Forstmeister« mitten im waldreichen Bergland im Naturpark Erzgebirge-Vogtland am Fuß des 795 Meter hohen Kuhbergs feierte 2020 sein 30-jähriges Jubiläum. Wanderwege, Loipen und Reitwege laden zur aktiven Erholung ein. In der »Forstmeister«-Küche werden die Kräuter in den Mittelpunkt der qualitativ hochwertigen Gerichte gestellt. Dabei geht es Küchenmeisterin Cornelia Göpel als ausgebildeter Kräuterpädagogin auch um den Erhalt der Artenvielfalt. Neben den Pflanzen aus freier Natur liefert ihr Kräutergarten aromatische Pflanzen. Unter dem Motto »Kräuter-Erlebnis-Region Erzgebirge« gibt es eine zertifizierte Ausbildung zur Kräuterpädagogin/zum Kräuterpädagogen. Die Slow-Food-Philosophie wird im »Forstmeister« schon seit vielen Jahren gelebt. Die Erzeuger*innen des Umlands werden mit Namen und Anschrift in der Speisekarte genannt.

Die Kräuterküche ist nicht nur für das Auge attraktiv, sie bietet auch abwechslungsreiche Geschmackserlebnisse. In der kalten Jahreszeit eignet sich als Vorspeise ein Kürbis-Cappuccino oder ein Rote-Bete-Apfelsalat, bevor als Hauptgang Erzgebirgischer Sauerbraten in einer Lebkuchensoße mit hausgemachten Bambes (Kartoffelpuffern), Rumpsteak vom Limousin-Rind mit Kräuterkruste oder Wildschweinschnitzel aus heimischen Wäldern im Baconmantel mit Vogelbeermarmelade und Preiselbeerkroketten den Gaumen erfreuen. Als vitale Super-Food-Küche stehen dreierlei Knödel, Nudelbowl aus hausgemachten Rote-Bete-Nudeln mit Grillgemüse oder Ofengemüse mit Rauchmandeldressing zur Wahl. Typisch für die Region sind für zwischendurch auch die Käsespezialität Schiebböcker oder die hausgemachte Wildsülze. Nachtische wie Pistazien-Crème brûlée oder das Quitten-Birnenragout mit Mascarpone-Joghurtcreme, verfeinert mit Meissner Quittenlikör, sind unverzichtbar. Verführerisch die große Auswahl selbst gebackener Kuchen.

Je nach Jahreszeit werden Kräuterlimonaden oder heißer Punsch angeboten.

Sachsen

Viele Produkte aus eigener Erzeugung und von regionalen Produzent*innen sind im Hofladen erhältlich.

Zur Börse

Dreirosengasse 14,
08297 Zwönitz
0 37 75 4 / 23 97
zur-boerse-zwoenitz.de

Größe: 50 Plätze im Restaurant
Preise: Hauptgerichte 13–25 Euro
Kreditkarten: Keine
Öffnungszeiten: Fr, Sa 18–22 Uhr;
So, Feiertag 11–14 Uhr;
Ruhetage: Mo–Do

Gäste als Familienmitglieder auf Zeit

Das Restaurant »Zur Börse« im Zentrum der Bergstadt Zwönitz liegt etwas versteckt am Kühnhaider Bach in der Dreirosengasse. Das ist die Straße mit der ältesten Bebauung der Stadt. Alexander Schnerrer führt den Familienbetrieb in fünfter Generation. »Für uns sind Gäste wie Familie. Wir wollen gemeinsam eine gute Zeit verbringen.« Der Gastraum, dekoriert mit Familienstücken, erinnert an ein gemütliches Wohnzimmer. Die Bedienung serviert die frisch zubereiteten und ansprechend präsentierten Gerichte freundlich und zuvorkommend. Speisen der ursprünglichen, regionalen Landhausküche bestimmen das Angebot, deutlich orientiert an den Jahreszeiten. Dabei wird auf regionale Grundprodukte und eine ehrliche, handwerkliche Produktion Wert gelegt, das bezeugt die aktuelle Speisenauswahl, die mit Kreide auf einer Schiefertafel notiert wird.

Reh, Wildschwein (vom Bergmeistergut aus Niederzwönitz) und Rind (aus Drebach) wird vorzugsweise geschmort angeboten. Butterzarte Kalbsbäckchen mit Ingwerkarotten oder geschmorte Rehkeule mit Wickelklößen sind ganzjährig beliebt. Trüffelrisotto, Zander (vom Fischhof Ackermann in Adorf) auf Belugalinsen, gegrilltes Gemüse vom Guidohof in Limbach-Oberfrohna, Wildkräutersalat oder Karpfen blau von der Familie Tietze aus Niederdorf: Das kulinarische Spektrum ist weit und kombiniert traditionelle mit zeitgemäßer Kochkunst.

Thüringer- und Moselwein sowie selbst gemachte Limonade stehen auf der Getränkekarte. Natürlich werden auch regionale Biere wie »Specht« aus Ehrenfriedersdorf oder Pils vom Lößnitzer Brauereiverein ausgeschenkt.

→ Kurz vor dem Advent wird der beste Eierlikör gerührt und Christstollen gebacken – nach streng gehüteten Familienrezepten. In der Advents- und Weihnachtszeit wird das traditionelle »Neunerlei« zelebriert – ein Menü aus mindestens neun Bestandteilen, die jeweils eine besondere Bedeutung haben. Immer dabei ist eine deutsche Freilandgans. Auf diese Weise können die Gäste an den Traditionen der Wirtsleute und vieler erzgebirgischer Familien zur Adventszeit teilhaben. Das Neunerlei-Essen wird bis zum 1. Februar serviert. Am Tag darauf ist Mariä Lichtmess. Dann verlöschen nicht nur in der »Börse« die Weihnachtslichter.

Als Mitbringsel oder Geschenke sind der gute Eierlikör, der Honig von der Bienenkönigin Ingeburg, die Festtagswalnuss und der Christstollen nach Familienrezept zu empfehlen.

Schleswig-Holstein

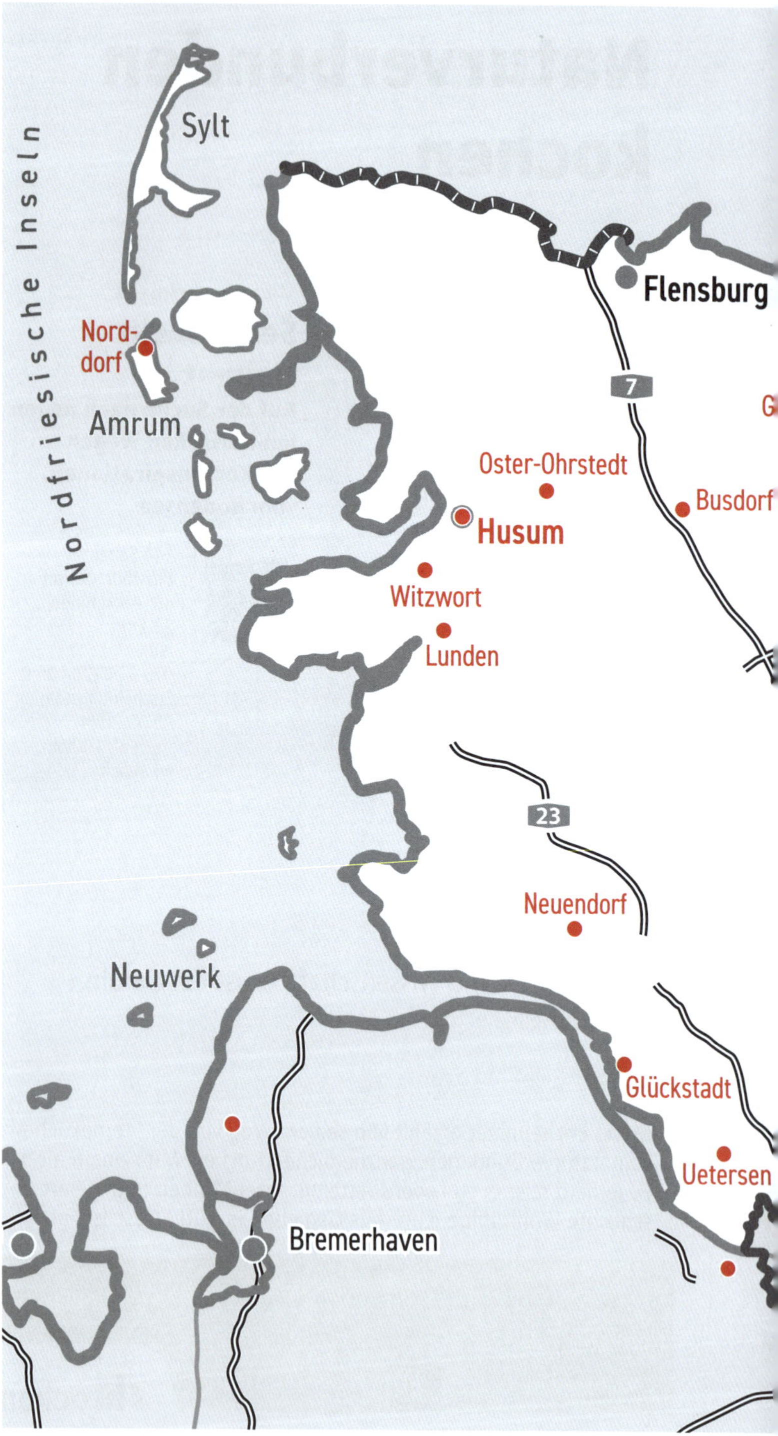

dersby
humby
Fehmarn
KIEL
Lütjenburg
Bissee
1
Nortorf
Großer
Plöner See
Neumünster
Poel
21
Lübeck
Wismar
Norder-
stedt
Tangstedt
Schweriner See
HAMBURG
Hamfelde
SCHWERIN
24
Elbe

Antik-Hof Bissee

Eiderstraße 13,
24582 Bissee
0 43 22 / 25 00
antikhof-bissee.de

Größe: 110 Plätze im Gastraum, 120 im Außenbereich
Preise: V 8–21, H 22–41, N 11–17 Euro
Kreditkarten: EC, Master, Visa
Öffnungszeiten: Mi–Do 17–23 Uhr; Fr 15–23 Uhr; Sa, So, Feiertagw 12–23 Uhr, Kaffee und Kuchen 15–17 Uhr; Ruhetage: Mo, Di, außer an Feiertagen

Feines Bioessen im rustikalen Ambiente

Durch eine ruhige, leicht hügelige Endmoränenlandschaft führt der Weg zum »Antik-Hof Bissee« unweit des Bothkamper Sees. Vor einem halben Jahrhundert wurde im ehemaligen Kuhstall des Bauernhauses von 1702 ein rustikaler Gastraum eröffnet. Das Herzstück dieses Raums bildet der in der Mitte angeordnete Kamin. Arend Hesse kümmert sich mit großem Engagement und Hingabe um seinen Betrieb. Die Nebengebäude sind zu Gästezimmern umgebaut, auch der Hofladen ist dort untergebracht. Unterstützt wird er durch Betriebsleiter Andreas Wolgast, der mit viel Erfahrung und Herzblut die traditionelle Landhausküche mit höchster Qualität und Ideenreichtum führt. Nicht zuletzt stellt er den jahreszeitlichen Bezug bei den angebotenen Gerichten sicher. Natürlich wechselt die Speisekarte im Einklang mit den Jahreszeiten und für Sonderwünsche gibt es immer ein offenes Ohr.

Zu den klassischen regionalen Gerichten aus Schleswig-Holstein zählen das hausgemachte Sauerfleisch* mit Bratkartoffeln, die selbstgemachte Wildbratwurst auf Weinkraut mit Kartoffelstampf sowie das Lammfilet vom Husumer Deichlamm. Den Bisseer Pannfisch* mit gebratenen Fischfilets aus hiesigen Gewässern begleiten eine körnige Senfsoße, ein kleiner Marktsalat und die unwiderstehlichen Bratkartoffeln. Ob Ziegenkäse aus Boksee, Lammfleisch aus Husum, Spargel aus Bosau oder Erdbeeren aus Preetz – die Zutaten stammen aus der direkten Nachbarschaft. Hinter dem Bisseer Wild-Duett verbirgt sich eine hausgemachte Wildbratwurst mit Wildleberkäse und einem Spiegelei an Sauerkraut mit Kartoffelstampf. Das Wild, das von den Mitarbeiterinnen und Mitarbeitern des Küchenteams fachgerecht zerlegt wird, liefern die Jäger aus den umliegenden Dörfern. Als veganes Gericht empfiehlt sich der Pilz-Kartoffel-Strudel auf confiertem Paprika mit Soja-Kräuter-Sahne oder als vegetarische Variante Spinat-Ricotta-Nocken mit Tomaten, Chutney und Salbeibutter, dazu Parmesan. Nach den Hauptspeisen empfiehlt sich ein Vanilleeis im Marzipanmantel auf warmen Kirschen oder ein gebackenes Apfel-Haselnuss-Törtchen. Ein Espresso-Macchiato mit hausgemachten Pralinen ist das i-Tüpfelchen. Brot und Kuchen sind hausgemacht und von vorzüglichem Geschmack.

Die Weinkarte präsentiert sorgfältig ausgewählte Weine, zahlreiche aus biologischer Herstellung.

Es werden selbst gekochte Konfitüren und Barbecuesaucen angeboten.

Odins Haithabu

Haddebyer Chaussee 13,
24866 Busdorf
0 46 21 / 85 05 00
odins-haddeby.de

Größe: 120 Plätze im Lokal, 50 auf der Terrasse
Preise: Hauptgerichte 12–27 Euro
Kreditkarten: EC, Master, Visa
Öffnungszeiten: Mo–Fr 8–22 Uhr; Sa, So 7–22 Uhr

Biogenussadresse am Schleiufer

Oliver Firla übernahm das seit 1828 bestehende Gasthaus 2009. Seine Kindheit auf dem Bauernhof und eine Großmutter als Selbstversorgerin haben sein Konzept von frischen guten Produkten, Regionalität und Saisonalität geprägt. Die Lieferant*innen und Partner*innen werden genannt: Die Galloways kommen vom Regionalerzeuger Bunde Wischen, Biokäse steuern die Rohmilchkäserei Backensholz, Feddersens Farm und andere bei, Gemüse wächst bei der »Wilden Kost«. Der Holmer Fischer Jörn Ross fängt täglich Fisch, der am Anleger des Gasthauses angelandet wird. Die angeschlossene Bäckerei backt nach handwerklichen Verfahren und Rezepten im Holzofen ihre Brote, Brötchen und Feingebäck. Im »Odins« kann der Gast mühelos den ganzen Tag verbringen.

Bereits das Freie-Auswahl-Frühstück ab 7.30 Uhr erfreut mit hausgeräuchertem Wacholderschinken, hausgemachten Wurstspezialitäten, Biokäse, selbst gekochter Konfitüre und selbst gebackenen Brötchen aus der eigenen Bäckerei. Brot gibt es auch mit warmem Cremeer vom Backensholzer Hof oder mit warmem Büffelkäse von Feddersens Farm. Die hausgemachten Spinatnudeln mit Ofengemüse und Deichkäse sind ein Genuss. Vorbildlich ist die Verwendung der weniger edlen Stücke wie Nacken und Bratenfleisch etwa Gallowaygulasch, geschmortes Beinfleisch oder Gallowaysauerfleisch. Gleiches gilt für die Dicke Rippe vom Geestschwein mit BBQ-Soße oder das geräucherte Rumpsteak mit Ofengemüse und Backkartoffel. Die Portionen sind reichhaltig, aber nicht üppig. Auf Wunsch erhält man einen »Nachschlag«, ein probates Mittel gegen die Lebensmittelverschwendung. Ein Erlebnis ist die vielfältig belegte, rustikale Wikingerpizza. So gestärkt, konnten die Nordmänner Meere und Länder erobern! Nachmittags locken üppige Schichttorten aus der eigenen Konditorei.

Auch die Getränkekarte erfreut mit Regionalgenuss: Fruchtsaftschorlen von Lütts Landlust und Säfte von der Süßmosterei Steinmeier aus Kiesby in Schleswig-Holstein.

➜ »Odins Vinbar« bietet neben Weinen eines badischen Guts herzhafte nordische Tapas auf der großen, mit einem gläsernen Windschutz eingefassten Deckterrasse.

Das Wikingermuseum Haithabu wurde 2018 in die UNESCO-Welterbeliste aufgenommen.

In der »Ostenfelder Meierei« (Zur Meierei 1, 25872 Ostenfeld), der kleinsten Meierei Schleswig-Holsteins, stellt Hauke Koll Kuh- und Ziegenkäse her. Er ist Träger des Käsepreises von Slow Food.

Der kleine Heinrich

Am Markt 2,
25348 Glückstadt
0 41 24 / 36 36
der-kleine-heinrich.de

Größe: 80 Plätze in der Gaststube, 25 auf der Terrasse
Preise: Hauptgerichte 19–30 Euro
Kreditkarten: EC, Visa
Öffnungszeiten: Täglich 11.30–22.30 Uhr, Nov–Ende: März 21 Uhr; So 11.30–17 Uhr; Ruhetag: Mo, außer an Feiertagen; Heiligabend und Silvester geschlossen

Traditionelle Gerichte in historischem Ambiente

Glückstadt wurde von Christian IV. im Jahr 1617 planmäßig als dänischer Elbehafen gegründet und hat seinen Charme bis heute erhalten - schmucke historische Häuser zieren die Stadt. »Der kleine Heinrich« wurde vor drei Jahrzehnten von Katrin van Weelden in einem der ältesten Häuser als Gaststätte direkt am Glückstädter Marktplatz urig eingerichtet. Die Wände schmücken blauweiße gebrannte Fliesenbilder des lokalen Malers Hans-Peter Wirsing. Der schräge Boden und die niedrigen Balken - »Duck di« - sind noch wie vor 350 Jahren. Der Name geht auf den letzten Glückstädter Walfänger zurück, der bis 1863 im nördlichen Eismeer auf Jagd ging. »Entspannt genießen« ist das Motto des »Heinrich«-Teams. Küchenchef Thomas Siade kocht seit vielen Jahren eine traditionelle Norddeutsche Hausmannskost mit Zutaten aus der Region.

Im »Heinrich« gibt es noch das Original der Hamburger Aalsuppe, also ohne Aal, sondern die Suppe in die allens rinkümmt oder Labskaus* mit Rotweinmatjes, Spiegeleiern und Roter Bete, es liegen Saure Rippchen vom Susländer Schwein oder Backfisch mit hausgemachter Remoulade auf dem Teller, aber auch viele saisonale Gerichte: im Mai Maischolle klassisch mit Speck und Butter gebraten. Glückstädter Matjes ist in Norddeutschland eine Institution. Hier kommt der Matjes von Henning Plotz, also handgekehlt und natürlich fermentiert. Er kommt in vielen Variationen, meist werden hervorragende Bratkartoffeln dazu gereicht. Weitere saisonale Klassiker sind Schwarzsauer, Grünkohl und natürlich Spargel aus der Lüneburger Heide. Im Herbst wird das Wild vom Adligen Kloster in Itzehoe zum Schmorbraten vom Hirsch. Traditionelle norddeutsche Nachspeisen sind Fliederbeersuppe oder Buttermilchsuppe mit Rosinen und Mehlklößchen. Als Besonderheit gibt es Faschingsdienstag einen Eintopf mit grauen Erbsen, die angeblich die Bevölkerung der Umgebung vor dem Hungern bewahrt haben soll.

Zu den meisten Speisen wird Bier getrunken, vier Sorten vom Fass sind im Angebot. Kleine Weinauswahl und Bio-Apfel-Cider.

→ Dienstags steht Fischer Urthel mit selbst gefangenen und gepulten Krabben vor der Tür - frischer geht es nicht.

Original Glückstädter Matjes, durch eigene Enzyme gereift, gibt es bei Henning Plotz, Schmiedestraße 3, 25348 Glückstadt, die Garnelen bei Hansegarnelen, Herrenweide 6, ebenfalls in Glückstadt.

Specht Speisewirtschaft

Friedenshöher Straße 21,
24376 Grödersby
0 46 42 / 9 83 48 63
spechtspeisewirtschaft.de

Größe: 50 Plätze im Gastraum, 20 auf der Terrasse
Preise: Hauptspeisen 16–34 Euro
Kreditkarten: EC, Kreditkarten
Öffnungszeiten: Do–So 18–21 Uhr; Ruhetage: Mo–Mi

Genussvoll über den Booten der Schlei

In Grödersby mit Blick auf Arnis – die kleinste Stadt Deutschlands – liegt »Spechts Speisewirtschaft« im schönen Angeln. Vom Jachthafen führen ein paar Stufen hinauf zum von Belinda Specht liebevoll eingerichteten Restaurant. Wer es luftiger mag, kann auf der Terrasse unter dem Sonnensegel Platz nehmen. Es bietet sich eine wunderbare Aussicht über die maritim anmutende Schleilandschaft. Doch sollte sich der Blick der Gäste bald auf die kleine Speisekarte von Volker Specht richten, vor allem auf die handgeschriebene Schiefertafel. Hier sind die tagesaktuellen, immer saisonalen Genüsse verzeichnet. Volker und Belinda Specht sind perfekte Gastgeber mit Leidenschaft und Hingabe. Der engagierte Koch hat höchste Ansprüche an Frische und Qualität aus der Region, gehört er doch zu den Gründern von »Feinheimsch«, der Vereinigung zur Förderung der Esskultur in Schleswig-Holstein.

Mit einer Fischsuppe von Ostseefischen zu starten, ist eine gute Wahl, aber es kann auch der saisonale Spargelsalat an Balsamico-Vinaigrette mit gebratenem Steinbutt oder das Matjesbrot sein. Je nach Fischfang variiert die Zusammensetzung der Suppe, abgerundet mit Tomaten und Kräutern. Das Sauerfleisch vom Sattelschwein in würzigem Gelee mit Rosmarinkartoffeln und Remouladensauce ist sehr begehrt. Das Sattelschwein ist hier selbstverständlich ein Angler Sattelschwein, ein Slow-Food-Arche-Passagier und unschwer zu erkennen an seinem ausgeprägten rosafarbenen Sattel. Das Galloway-Fleisch von der Schleimünde wird als Frikadelle angeboten. Das Uthland-Rindfleisch stammt von Tieren, die auf den nordfriesischen Inseln oder Halligen geboren wurden und aufgewachsen sind. Nicht nur als Rumpsteak ist es ein Genuss. Typisch regional, weil die Tiere auf den Wiesen rundherum zu sehen sind, ist der Lammrücken in Rosmarin-Knoblauch-Jus auf Blattspinat, Ofentomaten und Shiitake-Pilzen auf Kartoffelstampf. Für Vegetarier gibt es gebratenen Spinat-Bergkäse-Knödel mit Käse von der Biokäserei Backensholz. Traumhaft ist der süße Abschluss mit grünen Walnüssen, Sorbet-Variationen oder der blonden Schwedin. Gern erklärt der Koch am Tisch, was es mit der Sylter Pasta auf sich hat oder wie er welche Speise zu- und vorbereitet; selbstverständlich geht er auf Gästewünsche ein.

Zu den kulinarischen Genüssen treten ebenbürtige Getränke. Vom Tafelwasser über Softgetränke, vom Bier bis zum Schnaps sind regionale Vertreter wie Lille-Bräu aus Kiel oder die Dolleruper Destille zu finden. Gute Weinauswahl.

Gasthof Waldeslust

Dorfstraße 6,
22929 Hamfelde
0 41 54 / 25 26
waldeslust-hamfelde.de

Größe: 200 Plätze im Gastraum, dazu Terrasse und Wintergarten
Preise: V 10–18, H 16–36 Euro
Kreditkarten: EC
Öffnungszeiten: Mi–So 11.30–14.30 und 17–20 Uhr, nachmittags kleine Karte; Ruhetage: Mo, Di

Ausflugslokal mit vielen eigenen Tieren

Im Schleswig-Holsteinischen Kreis Lauenburg liegt Hamfelde. Der »Gasthof Waldeslust«, ein traditioneller Stormarner Landgasthof, wurde 1873 gegründet. Seit 1963 erweiterten Klaus und Edith Koops die Speisekarte um regional inspirierte Gerichte aus regionalen und eigenen Zutaten. Sylvia Koops vertieft diese Tradition seit zwei Jahrzehnten konsequent: Die auf dem 24 Hektar großen Hof aufgezogenen Tiere werden im eigenen Schlachthaus verarbeitet. Der Gasthof hat vier gemütliche Räume und die traditionelle Diele. Aus dem Wintergarten, der die Terrasse ergänzt, schweift der Blick in die Landschaft. Die umgebende Hahnheide mit ihren attraktiven Wanderwegen und dem Aussichtsturm lädt ebenso zu Streifzügen ein wie die Wiesen des Billetals.

Auf der Karte finden sich Gerichte von den eigenen Galloway-Rindern. Klassisch ist das gekochte Rindfleisch mit Meerrettich und Salzkartoffeln. Immer auf der Karte sind der Burger und das Gulasch vom Galloway. Die Kartoffeln aus der nahen Granderheide gibt es in vielen Variationen. Weitere Gerichte werden mit den eigenen Moorschnucken oder Forellen und Karpfen aus eigenen Teichen gekocht. Die Forelle kommt blau oder nach Art der Müllerin. Das Wild aus den umliegenden Wäldern wird als gebundene Jägersuppe oder Wildplatte mit fünf verschiedenen Sorten angeboten. Typisch norddeutsch-süß sind die dazu gereichten Birnen, Preiselbeeren und gebackenen Bananen. Einige Gerichte gibt es nur dann, wenn gerade geschlachtet wurde und nur in begrenzter Menge wie Hirsch-, Lamm- oder Kalbsleber, begleitet von Zwiebeln, Apfelmus, Erbsen und Kartoffelpüree. Die allseits beliebten Nachspeisen wie Variationen von der Schokomousse und Zitronencreme sind zum Teil hausgemacht. Wie es sich für ein ländliches Ausflugslokal gehört, gibt man sich mit kleinen Portionen nicht ab. Zahlreiche Gerichte kann man denn auch als Seniorenportion bestellen. Der freundliche Service betreut aufs Beste, Sonderwünsche inklusive. Nachmittags gibt es Kaffee und Kuchen mit Blick auf die Tiergehege, im Sommer auf der Sonnenterrasse.

Die Bioland-Molkerei Hamfelder Hof bietet in 5 km Entfernung Milch, Joghurt, Sahne und Butter aus eigener Produktion sowie viele Produkte Ihrer Milchproduzenten.

Nordfriesisches Lammkontor

Deichstraße 7–8,
25183 Husum
0 48 41 / 4 04 28
lammkontor.de

Größe: 40 Plätze im Restaurant – und der gemütliche Innenhof
Preise: V 7–17, H 25–36, D 12–14 Euro
Kreditkarten: EC
Öffnungszeiten: Do–Sa,15–22 Uhr; Ruhetage: So–Mi

Uriges Restaurant mit Lamm- und Weiderindspezialitäten

Husum, die »graue Stadt am Meer« (Theodor Storm), hatte im 19. und 20. Jahrhundert den größten Viehmarkt Europas und war über Jahrhunderte mit einer Vielzahl kleiner Hausbrauereien das Zentrum des schleswig-holsteinischen Bierexports. Auf dem Gelände einer ehemaligen Brauerei richtete Sönke Magnus Müller 2013 in einem früheren Eiskeller ein uriges Gasthaus ein. Es ist gemütlich, man sitzt zwischen Antiquitäten, die auch zum Verkauf angeboten werden. Im Sommer genießt man im »Hofgarten« genannten Innenhof Feines vom Grill mit hausgemachten Chutneys und frischen friesischen Salaten – und zum Kaffee selbst gebackenen Kuchen. Im Obergeschoss wurde eine gemütliche Deichbar eingerichtet, in der Wein und hausgemachte Deichtapas serviert werden. Das Team um Sönke Magnus Müller verarbeitet Kräuter aus dem Garten und kreiert aus regionalen Produkten fantasievolle Gerichte. Im Fokus stehen Salzwiesenlämmer der Züchter Matthias Pauls aus Vollerwiek und Dietmar Jessen aus Uelvesbüll. Die Weiderinder grasen bei Arne Theede in Tetenbüll. Das Gemüse kommt aus dem nahen Simonsberg.

Nach Kleinigkeiten, hier Deichtapas genannt, sind der karamellisierte Ziegenkäse vom Ziegenhof Detlefsen oder der Mildstedter Frühlingssalat mit Herz & Zunge vom Salzwiesenlamm überzeugende Vorspeisen. Als Hauptgerichte empfehlen sich verschiedene Partien vom Lamm, etwa die Lammkeule mit Kartoffel-Sellerie-Stampf, das rosa gebratene Lammnüsschen mit Wurzeln oder die Lammhaxe im eigenen Jus mit Wirsingknusper. Bemerkenswert ist das Rumpsteak vom Galloway, das in verschiedenen Größen angeboten wird. Auch Vegetarisches wie gefüllte Zucchini mit Simonsberger Knoblauchsirup ist ein Genuss. Zum Nachtisch gibt es Grießflammerie mit Himbeersauce oder Schattenmorellen mit Walnusssahne. Wer es herzhaft mag, freut sich über die Nordfriesische Käsevariationen mit Backensholzer Biorohmilchkäse, Emmelsbüller Ziegenkäse von August Dethlefsen und Bioschafskäse von Volquardsen aus Tetenbüll.

Die Atmosphäre ist einmalig, der Service zugewandt und gibt gern Auskunft zur Herkunft der Produkte. Die Getränkekarte macht Durst auf das »Beugelboddelbeer« der Dithmarscher und Flensburger Brauerei und auf das süffige Biobier »Urstrom« aus Dollerup.

Im Hofladen sind hochwertiges Fleisch vom Salzwiesenlamm und vom Nordfriesischen Weiderind sowie Biokäse von der Backensholzer Hofkäserei erhältlich.

Fischers Fritz

Martenshofweg 2–8,
24109 Kiel
04 31 / 53 31
fischers-fritz.com

Größe: 80 Plätze im Restaurant, 20 auf der Terrasse
Preise: V 8–20, H 17–30, N 10–11 Euro
Kreditkarten: Alle gängigen Karten
Öffnungszeiten: Täglich 12–14 und 17.45–22 Uhr

Maritimes Gasthaus mit feiner regionaler Küche

Die erste Schankgenehmigung kam 1802 vom dänischen König, als das Gasthaus noch eine Kate war, in der es weithin gerühmte Pfannkuchen gab: der »Pannekokenkrog«. Es ist das älteste noch bestehende Gasthaus in ganz Kiel. Eduard Birke machte aus ihm Mitte des vergangenen Jahrhunderts das erfolgreiche Tanz- und Ausflugslokal »Waldesruh«, erweiterte es um eine Pension, die sich später zu einem Tagungs- und Wellnesshotel entwickelte. 2005 schließlich kam das Restaurant »Fischers Fritz« hinzu als Antwort auf die leidige Frage, wo, bitte schön, es denn in Kiel guten Ostseefisch gebe. Das Fischrestaurant bietet seit dem ersten Tag eine feine regionale Küche mit Lieferant*innen der Umgebung. Auf der Webseite werden über 30 vorgestellt - inklusive des eigenen Kräutergartens.

Hier gibt es viel Fisch, direkt vom schleswig-holsteinischen Fischer und in allen Variationen: von Eckernförder Matjes, der mit Hausfrauensauce serviert wird, bis zum Lachsforellenfilet aus dem Schirnauer See, das der Fritzen-Küche mit gestovten Bohnen gut gelingt. Begonnen werden kann mit der klaren Fischsuppe mit Safran und Dill und beschlossen werden mit dem Ostsee-Kabeljau mit Kapern-Zitronensauce. Die Klassiker des Hauses wie den Backfisch mit Remouladensoße und Bratkartoffeln sollte man nicht unversucht lassen. Die Tageskarte spiegelt, was die Lieferant*innen tagesfrisch anbieten: Lammfleisch von seltenen Rassen oder Angler-Sattelschwein vom Bauern Schramm, das dann vorbildlich z. B. als Braten für Tagungen angeboten wird. Natürlich kocht die Küche auch Holsteiner Sauerfleisch*, meist vom Angler-Sattelschwein, oder auch das typische Labskaus*, das es für Ängstliche auch in Probierportionen gibt. Küchenchef Pierre Binder bezeichnet es augenzwinkernd als weltbestes Kieler Labskaus, für das er ausschließlich gepökelte Holsteiner Ochsenbrust verwendet. Für alle, die kein Fleisch essen, gibt es eine eigene Karte, die auch vegane Nachspeisen wie den gebackenen Apfelkrapfen mit Tofujoghurtsauce anbietet. Käse kommt von der Käsestraße Schleswig-Holstein, das Eis wird von Geesa's Eis in Kropp bezogen und zu Topfenknödel mit Pflaumenröster und Vanilleeis verarbeitet.

Der Apfelsaft vom Holsteiner Cox kommt von der Obstquelle Schuster, die Weine überwiegend aus Deutschland.

→ Am Falkensteiner Ufer hat man einen schönen Blick über die Kieler Förde und trinkt einen Kaffee im »Ute im Bikini«. Auch alles andere kann man bei der Slow-Food-Chef-Alliance-Köchin Nele Witt empfehlen, besonders die Pommes.

Lindenhof 1887

Friedrichstraße 39,
25774 Lunden
0 48 82 / 4 07
lindenhof1887.de

Größe: 46 Plätze im Gastraum
Preise: Hauptgerichte 22–43 Euro; Drei-Gänge-Menü ab 58 Euro
Kreditkarten: EC, Master, Visa
Öffnungszeiten: Mi–Mo 18–21 Uhr; Sa, So 11.30–13.30 Uhr; Ruhetag: Di

Gehobene regionale Küche im Landgasthof

Lunden, eine Gemeinde im Kreis Dithmarschen in der Nähe von Husum, hat mit dem Geschlechterfriedhof eines der eindrucksvollsten Gräberfelder Schleswig-Holsteins – es gibt berühmte Sagengestalten und große Söhne und Töchter. Und es gibt den »Lindenhof 1887«. Er wurde erbaut, als der Sohn des Pütscherbruers (»pütschern« heißt umständlich arbeiten, Bruer ist der Brauer) Christian Peters heiratete. Einige Generationen später hat Tjark-Peter Maaß den Hof der Eltern übernommen und ihn mit seiner Frau Jasmin zu einem kleinen, schönen Landgasthof mit Hotel umgebaut. Innen erinnern Bilder von Liedertafeln, Frauenchören und Schützengilden an die Vergangenheit. Der Chef hat unter anderem im »Vier Jahreszeiten« in Hamburg, im »Adlon« in Berlin und bei Sternekoch Luther im »Alten Meierhof« in Glücksburg gearbeitet. Er serviert im Lindenhof eine gehobene, regional inspirierte Küche, handwerklich bestens zubereitet und schön präsentiert, wobei die Produkte im Vordergrund stehen.

Vorspeisen wie der Ziegencamembert mit Wildkräutersalat oder – besonders interessant – der Lammschinken mit Rotkohlsalat, der einige der wichtigen Produkte der Region aufnimmt, überzeugen. Die geschmorte Lammkeule oder die Rinderschulter vom Galloway mit saisonalem Gemüse sind ein Genuss. Da der Wolfsbarsch auch im Norden ins Netz geht, freut sich der Fisch, mit Balsamico und Ratatouille auf den Tisch zu kommen. Im Frühling gibt es Spargel pfundweise oder auch als Spargelsuppe mit Wachtelei. Der kulinarische Kalender enthält Überraschungen, gern wird der Schwarze Mehlbeutel* angeboten. Überzeugend klingt das kleine vegane und vegetarische Angebot mit Gnocchi, Saisongemüse und Bärlauch. Nachspeisen machen der Küche offenbar besonderen Spaß, was der Grütze vom Holsteiner Cox, der Käseauswahl von der Hofküche Backensholz oder der MUKU Eiskrem vom Pharisäerhof in Nordstrand anzumerken ist.

Gegen den Durst helfen Flensburger Bier und eine feine Auswahl überwiegend deutscher Weine.

➜ Der Geschlechterfriedhof in Lunden ist in seiner Größe einzigartig.

In Katingsiel (Tönning) gibt es mit der »Schankwirtschaft Andresen« die älteste Schankwirtschaft an der Nordseeküste mit ihrer berühmten Kachelstube und einem sagenhaften Eiergrog.

NEU

PUR

Neuwerkstraße 9,
24321 Lütjenburg
0 43 81 / 40 41 47
einfachpurgeniessen.de

Größe: 25 Plätze im Restaurant, 40 Plätze im Garten
Preise: V 11–15, H 15–28, N 10–13 Euro
Kreditkarten: Alle gängigen Karten
Öffnungszeiten: Mi–Sa 17–22 Uhr, Ruhetage: So–Di

Produkte unserer Region

Als Margot und Karl Hutter 2005 ihr kleines Bistro eröffneten, setzten sie programmatisch auf regionale Zutaten und wollten gleichzeitig Gerichte der Welt nach Lütjenburg bringen. Das spiegelt sich auf der häufig wechselnden Speisekarte, die durch das eine oder andere Tagesgericht ergänzt wird. Karl Hutter bereitet der kreative Umgang mit Produkten und Rezepten viel Spaß. In seinem biozertifizierten Lokal stehen vegetarische und vegane Gerichte besonders im Fokus. Durch Faunakomponenten werden die Speisen auch Fisch- oder Fleischliebhabern gerecht. Die nahegelegene Gärtnerei Wolf, die einen großen Teil des Gemüses liefert, ist spezialisiert auf historische Tomatensorten, Wildsalat und essbare Blüten. Sobald es das Wetter zulässt, lädt ein üppiger Garten zum Verweilen ein. Hier duftet das, was auf dem Teller gereicht werden wird, denn überall wachsen Kräuter und Gemüse. Tomaten, eben noch am Strauch, liegen später auf dem Teller. Die Speisen zu teilen, zählt mit zum Konzept. So wird aus einem Essen unmittelbar und unaufgeregt eine Tafelrunde. Da alles frisch zubereitet wird, kann auch auf Allergien und Unverträglichkeiten spontan Rücksicht genommen werden. Der Service umsorgt die Gäste liebevoll mit viel Sachkenntnis.

Ob Tempeh Asam Manis, knusprig gebratene, fermentierte Sojabohnen mit Gemüse, eine chinesisch inspirierte Gemüsepfanne mit Erdnüssen oder indisches Masala – alle Gerichte lassen von fernen Ländern träumen. Wer die Speisen durch Fleisch oder Fisch ergänzen möchte, kann zwischen Ente, Rind oder Barsch wählen oder gleich das pochierte Barschfilet mit Beten und Kartoffelbrei versuchen. Die Fischsuppe mundet sowohl als Vor- wie auch als Hauptspeise. Der Fisch stammt überwiegend aus dem Plöner See von der Fischerei Lasner oder aus dem Selenter See von der Fischerei Rathje. Das Fleisch der geschmorten Haxe vom Suffolk-Lamm mit Lammjus, Kartoffelpüree und buntem Spitzkohlgemüse kommt von der Krumbeker Biohofschlachterei Muhs, das zu den Speisen gereichte Brot aus der Hofbäckerei Klostersee in Cismar. Vorzüglich korrespondierende Weine, vorzugsweise aus deutschen Anbaugebieten.

Die eigene Manufaktur vertreibt, neben einer eigenen Produktlinie mit Zitronengemüse, Fruchtaufstriche, Hühnersuppe und vieles mehr, ausgesuchte Produkte von kleinen Lebensmittelhandwerkern wie Fischkonserven des Hiddenseer Kutterfisch e.V. oder die Highland-Salami von Kiene aus Behrensdorf.

Zum Dückerstieg

Dückerstieg 7,
25554 Neuendorf-Sachsenbande
0 48 23 / 9 29 29
dueckerstieg.de

Größe: 56 Plätze im Gastraum, 23 im Außenbereich
Preise: Hauptgerichte 10–29 Euro
Kreditkarten: EC, Master, Visa
Öffnungszeiten: Mi, Do 17–22 Uhr; Fr–So, 11–14 und 17–22 Uhr; Ruhetage: Mo, Di

Saisonale Landküche mit Pfiff in der Wilstermarsch

Neuendorf-Sachsenbande liegt in der Schleswig-Holsteinischen Wilstermarsch nordöstlich der Elbe. Der Urgroßonkel des heutigen Eigentümers kaufte 1910 das Anwesen, um Landwirtschaft und einen Krug zu betreiben, der sich zu einer Schank- und Speisewirtschaft entwickelte. Vor fast fünfzig Jahren übernahmen Margrit und Ernst-Otto Prüß das Anwesen und begründeten den guten Ruf als Landgasthaus. Heute führen Inga und Frank Prüß das Landgasthaus »Zum Dückerstieg«, das eine regional-saisonale Landküche bietet, in vierter Generation. Wer regional essen möchte, ist hier richtig.

Die Nordseekrabben für die Krabbencremesuppe mit Schollenfilet fischt in der Saison die Krabbenfischerei Schneidereit aus Friedrichskoog. Der Tatar mit gebackener Schulter vom Holsteiner Ochsen an Kartoffel und Grünzeug beglückt als kleine Mahlzeit. Besonders ist der gebratene Stint, wahlweise mit Schmorgurke oder auf Blattspinat zu empfehlen. Der zarte kleine Fisch, der wegen seines Dufts auch Gurkenfisch genannt wird, schwamm in der nahen Elbe. Graue Erbsen in Rahm mit Kasseler, Backe, Kochwurst, Senfsoße, süßen und salzigen Kartoffeln sind eine absolute regionale Spezialität. Die Grauen Erbsen, auch Kapuzinererbsen genannt, gibt es nur rund um das 40 Kilometer entfernte Elmshorn. Traditionell wird das Gericht an Aschermittwoch serviert, steht aber auch im Februar gern auf der Karte. Nicht selten findet man weitere regionale Besonderheiten: Grünkohlgerichte, Mehlbüddel* und Schwarzsauer* sowie alte, fast vergessene Gemüsesorten. Die Ravioli von der lila Kartoffel mit Spinat, Bockshornkleekäse und Kräutersoße erfreuen nicht nur vegetarisch genießende Menschen. Ein Klassiker ist die Kalbsfleischfrikadelle mit Bärlauch-Kartoffel-Stampf und Rahmchampignons. Das Maishähnchen kommt als Zweierlei auf den Teller, die Brust in Rotwein, die Keule mit Kräutern aus dem eigenen Garten. Den Spanferkelrücken begleiten Holsteiner Schnüsch* und eine feine Estragonsoße. Zum Nachtisch gibt es Rhabarberknusper mit Tonkabohnenparfait, Joghurt-Crème-brûlée oder Pollenblütencreme mit Mohneis und Gewürzbirne.

Im offenen Weinausschank setzt das Gasthaus auf ausgesuchte deutsche Weine, beim Rotwein ergänzt durch südeuropäische Weine. Der Apfelsaft wird aus heimischem Obst gewonnen.

Die Suppen werden auch zum Mitnehmen angeboten.

Seeblick Amrum

Strunwai 13,
25946 Norddorf auf Amrum
0 46 82 / 92 10
seeblicker.de

Größe: 94 Plätze im Gastraum, 70 auf der Terrasse
Preise: V 7–15, H 18–37 Euro
Kreditkarten: EC, Master, Visa
Öffnungszeiten: täglich 12–15.30 und 17.30–20.30 Uhr; Reservierung empfohlen

Modernes Restaurant mit kreativer norddeutscher Küche

Vor 300 Jahren, als ein Großteil der männlichen Inselbevölkerung sich auf holländischen Walfangschiffen verdingte, gelegentlich sogar zu Reichtum kam, waren Gäste auf Amrum selten. Nur zögernd wurde Anfang des 20. Jahrhunderts die Schönheit der Insel mit ihrer Wald- und Dünenlandschaft und dem langen weißen Strand für den Fremdenverkehr erschlossen. Auf diese lange Geschichte kann das »Hotel Seeblick« zurückblicken, das heute in vierter Generation geführt wird. Als Friedrich von Bodelschwingh 1913 im beschaulichen Norddorf die ersten beiden Seehospize gegründet hatte, eröffnete die Familie Hesse ihre »Pension Hinrichs«. Die folgenden Generationen erweiterten Gebäude und Angebot bis zum heutigen hohen Standard unter Nicole und Gunnar Hesse, dem Urenkel des Gründers. Auch außerhalb der Küche wird gern experimentiert: Erfolgreiche Anbauversuche mit Haferwurzeln, alten Kartoffel- und Tomatensorten, wildem Topinambur und Bunter Bete gibt es ebenso wie Spezialitäten aus Amrumer Wildrosen oder Fichtentrieben. Im Herbst beteiligt sich Hesse am »Schleswig-Holstein Gourmet-Festival«, im Sommer am »Natur-Genuss-Festival«.

Küchenchef Gunnar Hesse verlässt sich auf die Qualität seiner lokalen Waren: Amrumer Rind von Hof Martinen, Fleisch vom Susländer Schwein, Gemüse aus dem Garten eines benachbarten Rentners, Fisch nach Saison vom Inselkutter veredelt er zu geschmackvollen und auch kreativen Gerichten. Der Amrumer Kürbis wird zur Rahmsuppe oder als Ragout und Püree zur Ente serviert. Klassisch norddeutsch wird zum Schollenfilet ein Kartoffelsalat gereicht. Mit einer Bierjus verfeinert Hesse die zwei Tage sanft geschmorte Rinderschulter. Einen kulinarischen Höhepunkt versprechen die handgesammelten Wildaustern aus dem Wattenmeer. Das vegetarische Angebot umfasst meist mehrere Gerichte, so die Käsepasta und Pilz mit Käsesauce vom Backensholzer Biokäse. Zum Nachtisch gibt es Rote Grütze oder einen veganen Apfelcrumble vom Holsteiner Cox.

Die Weine kommen überwiegend aus Deutschland. Toll, dass zwei heimische Craftbiere auf der Karte stehen.

Kirchspiels Gasthaus

Große Mühlenstraße 9–11,
24589 Nortorf
0 43 92 / 2 02 80
kirchspiels-gasthaus.de

Größe: 50 Plätze im Gastraum, 80 in Gesellschaftsräumen, 25 im Außenbereich
Preise: Hauptgerichte 18–40 Euro
Kreditkarten: EC, Amex, Master, Visa
Öffnungszeiten: Mo–So 18–22 Uhr; So 12–14 Uhr

Norddeutscher Landgasthof mit regionalen Spezialitäten

Unter Kirchspiel versteht man einen Bezirk, dessen Ortschaften einer Pfarrkirche zugeordnet sind. Seit 1854 ist »Kirchspiels Gasthaus« im Besitz der Familie Heeschen, die Landwirtschaft betrieben, Bier brauten, Branntwein brannten, Krüge herstellten und den von Pferden gezogenen Leichenwagen fuhren. Seit 2009 wird das Haus in der sechsten Generation von Ulf Heeschen geführt. Er bietet eine Küche mit Pfiff, ohne die Bodenständigkeit zu verlieren. Die Speisekarte wird alle sechs bis acht Wochen geändert. Sie ist nach Stichworten sortiert und enthält klassische regionale Gerichte oder von ihr abgeleitete, modernisierte Zubereitungen.

Vorweg gibt es die Klassiker des Hauses: die Gurkenrahmsuppe oder ein Carpaccio mit Backensholzer Käse und Basilikumopesto. Unter dem Stichwort »Fleischlos« ist das Kichererbsen-Tomaten-Ragout, dazu frischer Spinat mit Mandeln und Prangen-Bulgur zu finden. Unter der Rubrik »Land« können über das Jahr der Große Hans* mit Speck und heißen Schattenmorellen oder der Klassiker Birnen, Bohnen, Speck auf der Karte stehen. Das Wild für den hausgemachten Wildleberkäse mit Sauerkraut und Preiselbeeren wurde selbst erlegt oder kommt vom Gut Bossee in Westensee. Für zwei Personen, die etwas Zeit mitbringen, gibt es ein klassisches Chateaubriand mit Sauce béarnaise und bunter Gemüseauswahl. Die Fische kommen aus Rade von Thomas Phillipson (Fischerei Brauer) oder aus Nortorf von Arne Kunz. Daraus kocht Heeschen feine Sachen wie das Lachsforellenfilet an Spargelragout oder den Ostseedorsch mit frischem Spinat und Rhabarber. Hinterher ist vielleicht Platz für ein Rhabarbersorbet mit Dolleruper Waldgeist.

Zu trinken gibt es Flensburger Urstrom, Dolleruper Brände und etwa 40 Weine aus Deutschland, Frankreich und Italien.

→ »Kirchspiels Gasthaus« ist Mitglied des Netzwerks »Feinheimisch«, in dem sich Gastronomen, Erzeuger und Manufakturen aus Schleswig-Holstein zusammengetan haben. Die Gastronomen müssen 60 Prozent ihrer Produkte aus der Region beziehen. Sie wollen die regionale Küche bewahren und weiterentwickeln. Die Verwendung von Geschmacksverstärkern und Convenience-Produkten ist nicht erlaubt. Die Einhaltung der Vorgaben wird jährlich überprüft.

Hofküche Backensholz

Schwabstedter Damm 10,
25885 Oster-Ohrstedt
0 46 26 / 1 85 82 95
hofkueche-backensholz.de

Größe: 50 Plätze in der Gaststube, 50 auf der Terrasse
Preise: Events nach Voranmeldung 10–69 Euro
Kreditkarten: EC, Master Visa
Öffnungszeiten: Thementage und Öffnungszeiten lt. Webseite

Vom Hof auf den Teller

Die »Hofküche Backensholz« ist ein »vom-Hof-auf-den-Teller«-Bistro und -Restaurant zwischen Husum und Schleswig auf dem Backensholzer Hof, der Bioland-Betrieb der Familie Metzger-Petersen. Neben Milchprodukten und Fleisch vom eigenen Hof kommen die Zutaten entweder direkt aus der Nachbarschaft oder vom Ökogroßhändler Grell aus Kaltenkirchen. Slow-Food-Chef-Alliance-Koch Thilo Metzger-Petersen und sein Team betreiben die Hofküche mit Leidenschaft und höchsten Ansprüchen an Qualität und Nachhaltigkeit. Es wird handwerklich zwischen klassisch und zeitgemäß »Nose-to-Tail« gekocht. Das Bestreben nach unabhängiger und eigenständiger Versorgung wird bei der Wasserrecyclinganlage für das Gewächshaus deutlich, in dem Gemüse und Früchte angebaut werden. Die Hofküche geht mit ihrem aktuellen Restaurantkonzept unkonventionelle Wege mit deutlich reduzierten Öffnungszeiten. Es werden im Moment ausschließlich ein bis zwei Themenabende im Monat angeboten, die neben kulinarischen Erlebnissen vertiefende Informationen bieten. Ende Mai 2024 soll die Hofküche mittags gehobene Bistrogerichte anbieten.

»It's Burgertime« bietet frische Briochebuns, Rindfleischpattys vom Backensholzer Tier oder einen Gemüse-Dinkelpatty, geschmolzenen Käse aus dem eigenen Betrieb und hausgemachte Zwiebelmarmelade mit Kartoffeln vom acht Kilometer entfernten Biolandhof von Gunnar Söth. Die Saisonalität zeigt sich durch Veranstaltungen wie dem »Muschelessen«. Miesmuscheln mit ihrem aromatischen Fleisch werden direkt aus der Nordsee auf einem Weißwein-Gemüse-Sud mit backfrischem Milchweizenbaguette und Brot vom Joldelunder Bäcker mit Sauerrahmbutter gereicht. Bei »Thilos Käseabenden« oder der »Käseverkostung mit Agnes« gibt es neben zahlreichen Käsesorten vom eigenen Hof jede Menge Anekdoten und wahre Begebenheiten rund um den Käse. Auch dazu wird Brot vom Joldelunder Bäcker und frisches Wasser gereicht. Beim Sommergrillen werden Schweinebratwurst und -nacken vom Selker Schwein, Rinderbratwurst und Steak vom Backensholzer Rind, würziges Grillgemüse, Ofenkartoffeln von Gunnar Söth, eine frische Salatauswahl, verschiedene Grillsaucen und Milchweizenbaguette serviert. Dazu wird frisches Wasser ausgeschenkt; auf Wein oder Softdrinks muss nicht verzichtet werden.

→ Slow-Food-Unterstützer und Mitglied der Slow Food Chef Alliance.

Backensholz-Produkte und andere Bioprodukte gibt es im gut sortierten Hofladen. Dort werden Käsebrote oder Käseteller zum direkten Verzehr angeboten.

Gutsküche Wulksfelde

Wulksdorfer Damm 15,
22889 Tangstedt
0 40 / 64 41 94 41
gutskueche.de

Bio

Größe: 90 Plätze im Gastraum, 60 auf der Terrasse
Preise: Hauptgerichte 14–29 Euro, Tagespreise für Fleisch und Fisch
Kreditkarten: EC
Öffnungszeiten: Mi–So 12–22 Uhr; Ruhetage: Mo, Di

Innovativ-nachhaltige Bioküche auf dem Biobauernhof

Auf dem Gelände des ehemaligen Hamburger Staatsguts haben Rebecca und Matthias Gfrörer das frühere Wirtschaftshaus zu einem schicken und gemütlichen Restaurant mit offener Küche umgebaut. Das Restaurant hat einen eigenen einsehbaren Reiferaum für Fleisch. Die Gutsküche profitiert vom dazugehörenden Biobauernhof, der blüht und gedeiht. Gebacken wird in der Bäckerei nebenan, das Gemüse wächst auf der gegenüberliegenden Straßenseite. Das Fleisch von eigenen Tieren wird in der Gutsküche komplett zerlegt und verarbeitet. Weniger Food-Miles gehen nun wirklich nicht! Seit Neuestem gibt es das hofeigene Fleisch, Wild, Geflügel, Fisch und Meeresfrüchte nur noch als Beilage. Schwerpunkt ist eine saisonale Gemüseküche.

Vorweg kommen Tomaten mit handgeschöpften Büffelmozzarella frisch und aromatisch auf den Tisch. Oder eine Suppe von Frühlingszwiebel mit Bärlauch-Croutons. Auf der Beilagenkarte findet sich eine Paté Maison vom Rotwild mit Senffrüchten oder die Bouillabaisse mit Sauce Rouille & Knoblauchröstbrot. Die Gemüsehauptgerichte gibt es als halbe oder ganze Portion. Auf der Karte finden sich ein Hamburger National – was als Karottenvariationen mit einem wunderbaren Karottenjus auf den Tisch kommt oder ein leckeres Bärlauch-Gerstenrisotto, diesmal saisonal mit Schwarzwurzeln, Holsteiner Edamame und Mandeln. Wer möchte, kann aus Fleischstücken wählen, die im Reiferaum auf den Gast warten.Ebenfalls zu empfehlen sind die gerösteten Petersilienwurzeln mit Sauce Maltaise. Goethe's Frühling stellt sich als Ei mit grüner Soß' und jungem Gemüse vor. Als Abschluss gibt es glasierte Zwetschgen mit hausgemachtem Vanillerahmeis oder eine Quittentarte mit Zabaione. Es gibt auch eine herzhaften Variante, eine Rohmilchkäseauswahl mit hausgemachtem Brot und ausgezeichneten, selbst hergestellten Chutneys.

Die Weine sucht Rebecca Gfrörer selbst aus. Sie kommen von deutschen und französischen Topwinzern. Und sogar die Cola ist hier bio.

Nebenan im Hofladen von Gut Wulksfelde (Wulksfelder Damm 15-17, 22889 Tangstedt) gibt es hofeigene Bioprodukte zu kaufen. Im Hof Deli gibt es tagsüber Kaffee, Kuchen, frische Waffeln und kleine Biosnacks. In der Saison unbedingt die unterschiedliche Erdbeersorten probieren!

Gasthof Alt Sieseby

Dorfstraße 24
24351 Thumb, OT Sieseby
0 43 52 / 9 56 99 33
gasthof-alt-sieseby.de

Größe: 60 Plätze im Gastraum, 40 auf der Terrasse
Preise: V 13–15, H 17–30, N 10–14 Euro
Kreditkarten: Alle Karten außer Amex
Öffnungszeiten: Mi–So 12–21 Uhr, Ruhetage: Mo, Di

Kleinod mit liebevoller Regionalküche

Maria von Randow hat den Gasthof in Sieseby im Kreis Rendsburg-Eckernförde 2017 in ein charmantes helles Haus mit individuellen Möbelstücken und sechs Zimmern verwandelt. Sie ist ganz in ihrem Element und kann als gastgebende Köchin die Gäste umsorgen oder in ihrer Küche zaubern, was die regionalen Produkte hergeben.

Ihre bekannten sechs Schmankerl aus dem Frühlingsgarten mit zweierlei Fisch und Hülsenfrüchten entzücken den Gaumen. Auch der überbackene Ziegenkäse zum Ackersalat von Dieter Ziehbur und das Kürbissüppchen sind ein schöner Anfang. Die Kartoffeln vom Bistensee werden zu schön krossen Bratkartoffeln verarbeitet, dazu passen das Roastbeef mit Kräuterremoulade und die Scholle genauso wie die Avocadomousse. Zu den hausgemachten Fritten wird ein Entrecôte gebraten. Der Holsteiner Spargel von Familie Ehehing liegt mit einer hausgemachten Sauce hollandaise neben dem Katenschinken von der Fleischerei Petersen oder einem Saibling auf dem Teller. Sonntagmittags heißt es: Braten, solange der Vorrat reicht und mit allem drum und dran und vorweg eine Suppe. Hinterher vielleicht eine Mousse au Chocolat oder ein Kaffee von Torrefactum in Hamburg, schonend geröstet.

→ Dienstags ab 18 Uhr Table d'Hote. Bitte die Winterzeiten auf der Webseite beachten. Die Umgebung lädt zum Radfahren und Wandern am Wasser ein.

Zur Erholung

Mühlenstraße 56,
25436 Uetersen
0 41 22 / 25 92
zur-erholung-uetersen.de

Größe: 30 Plätze im Restaurant, 40 im Saal, 40 in Bernies Backyard
Preise: Wirtshauskarte 4–24 Euro
Kreditkarten: EC, Visa, Master, Amex
Öffnungszeiten: Mi–Sa ab 18 Uhr; Ruhetage: So–Di

Von der Snute bis zum Steert – Genuss in sechster Generation

Das »Zur Erholung« blickt auf eine lange Tradition zurück. Chef Alliance-Koch Bernd Ratjen kocht hier seit 2009, seine Schwester Anne umsorgt und berät die Gäste ebenso kundig wie herzlich. Beide haben das seit 1862 und in sechster Generation im Familienbesitz befindliche Gasthaus zu einer ganzheitlichen Stätte des kulinarischen Genusses entwickelt – mit einem zeitgemäßen Konzept. Die Geschwister servieren wie im guten, alten Wirtshaus ein rustikales, einfaches Speisenangebot in Bioqualität, aber in modernem Ambiente. Das Wirtshausangebot wird durch monatliche Themenabende – z. B. Grünkohl satt, Burgerabend – ergänzt. Kochschulangebote bieten kulinarische Erlebnisse und ergänzende Informationen. Bei den kulinarischen Weinabenden im Tante-Emma-Laden sitzen die Gäste an einer gemeinsamen Tafel.

Es wird streng regional und saisonal gekocht – auf einem hohen handwerklichen Niveau. Dadurch wird die Wirtshauskultur mit guten Speisen zu fairen Preisen im Norden neu belebt. Die Wirtshauskarte bietet einfache, aber perfekt gemachte Gerichte wie Holsteiner Kartoffelsuppe, Labskaus mit Spiegelei und wahlweise mit einem Rollmops veredelt oder Bratwurst an. Die Bratwurst wird selbst hergestellt, das Brot, egal ob Sauerteigbaguette oder Kräuterbrot, wird selbst gebacken. Dazu kommen Tagesempfehlungen je nach Saison. Die regionalen Zutaten sowie Tiere von ausgesuchten Höfen garantieren nicht nur einen unvergleichlichen Geschmack, sondern leisten auch einen Beitrag zur nachhaltigen Gastronomie.

»Bernies Dinner Club« bietet neben einem veganen Menü auch ein Menü mit Fisch/Fleisch. Beispiele aus den Menüs sind je nach Saison Spargelsalat mit Katenschinken, Molke und hervorragend abgestimmten Wildkräutern, Köhlerfilet mit Orangenbutter an buntem Mangold zu Kartoffelstampf. Manchmal kommt Lamm aus der benachbarten Haseldorfer Marsch geschmort und kurzgebraten auf den Teller oder es gibt einen Rhabarbertraum zum Abschluss, der seinem Namen alle Ehre macht: als Kuchen, geflämmt und als Sorbet.

Handwerksbiere von Wildwuchs kommen aus dem benachbarten Hamburg. Die Weine kommen schwerpunktmäßig aus Deutschland, alle werden zum Ladenpreis zuzüglich Serviceaufschlag serviert. Anne Ratjen empfiehlt mit Souveränität die passenden Weine.

→ Einmal im Monat im Dinner Club: Sechs-Gänge-Menü 99–111 Euro inkl. Aperitif.

Im »Tante-Anne-Laden« findet man Wurst, Eingekochtes und Fermentiertes aus der Küche, Frisches, Käse und Getränke von den Lieferanten des Hauses.

Der Rote Haubarg

Sand 5,
25889 Witzwort
0 48 64 / 8 45
roterhaubarg.de

Größe: 95 Plätze im Gastraum, 70 im »Peerstall«, 80 auf der Terrasse
Preise: V 7–17, H 13–35, N 6–12 Euro
Kreditkarten: EC, Master, Visa
Öffnungszeiten: Di–So 11–21 Uhr; Ruhetag: Mo

Authentisch nordfriesisch im Kulturdenkmal

Die nordfriesische Gemeinde Witzwort liegt zwischen Husum und Tönning im Osten der Halbinsel Eiderstedt. Haubarge, mächtige Bauernhäuser mit hohen, reetgedeckten Dächern über niedrigen Außenmauern, waren einst charakteristisch für das Landschaftsbild. Holländische Einwanderer hatten den Haustyp ab dem 17. Jahrhundert eingeführt, der Mensch, Vieh und den Haubarg (den Heuberg) unter einem Dach zusammenbrachte. Das einzig zugängliche der heute seltenen Typenhäuser ist der »Rote Haubarg« in Witzwort. Das Kulturdenkmal beherbergt ein Museum und das seit 2010 von Wioletta Gattorf geführte Restaurant. In den Gasträumen mit Dielenholzböden, friesisch grün-blauen Holzdecken, original Delfter Kacheln und liebevoll gepflegtem historischen Inventar wird eine authentische nordfriesische Küche serviert.

Das Restaurant darf sich seit 2010 »Partner des Nationalparks Wattenmeer« nennen, ein Gütesiegel für nachhaltig arbeitende Unternehmen. Gemüse und Obst kommen von Jan Nebbe aus dem nahe gelegenen Simonsberg, die Kartoffeln baut Gonne Kühlmann auf Nordstrand an. Mehrere Schlachtereien liefern Fleisch: Landschlachterei Kühn aus Oldenswort liefert Lamm-, Schweine- und Rindfleisch, die Landschlachterei Burmeister aus Viöl die genannten Sorten ohne Schwein, dafür aber Fleisch vom Galloway. Von Kinky Fleischwaren, einer Schlachterei in Bredtstedt, kommt Lamm- und Schweinefleisch. Die Witzworter Meierei liefert Molkereiprodukte gleich aus der Nachbarschaft und das Eis kommt von einer Eismanufaktur aus Nordstrand. Produkte, die für die Region stehen, werden regional bezogen – so kann hier Nordfriesland geschmeckt werden.

Auf der Speisekarte finden sich Labskaus* und Scholle Büsumer Art mit Nordseekrabben, es laden Lammgerichte wie die geschmorte Lammkeule mit Speckbohnen oder Tafelspitz vom Gallowayrind, klassisch zubereitet mit Meerrettichsoße und Bouillonkartoffeln, zu einem genussvollen Streifzug durch Zeit und Region ein. Neben Schmorgerichten und einfachen Speisen dürfen die ehernen Pfeiler nordfriesischer Küchentradition wie Husumer Pannfisch und zum Nachtisch ein Friesenpfannkuchen nicht fehlen. Alte Gemüsesorten wie Pastinaken oder Mangold haben ebenso ihren Platz auf der Karte wie der seltene Brotpudding – in leicht modernisierter Fassung.

Thüringen

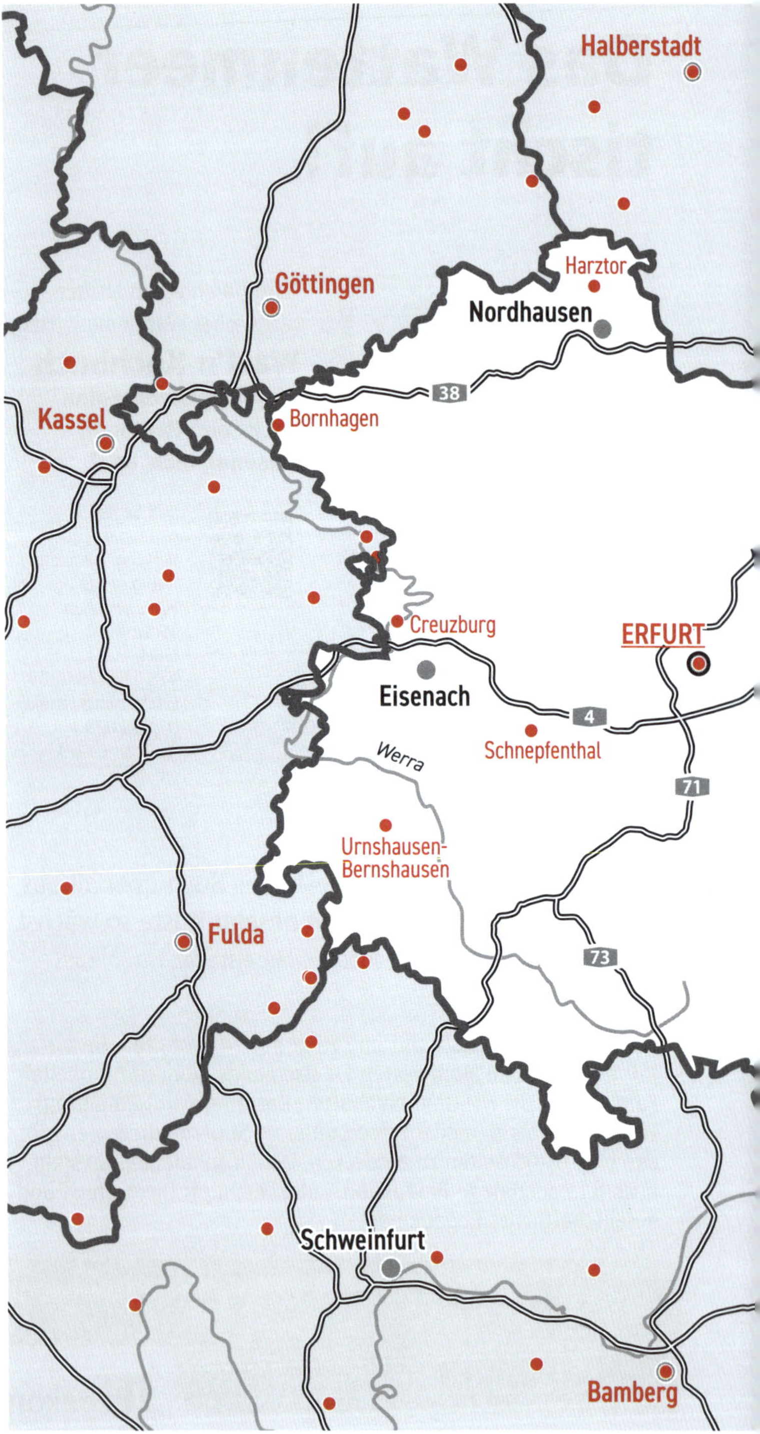
Halberstadt
Harztor
Göttingen
Nordhausen
38
Bornhagen
Kassel
Creuzburg
ERFURT
Eisenach
4
Schnepfenthal
Werra
71
Urnshausen-Bernshausen
Fulda
73
Schweinfurt
Bamberg

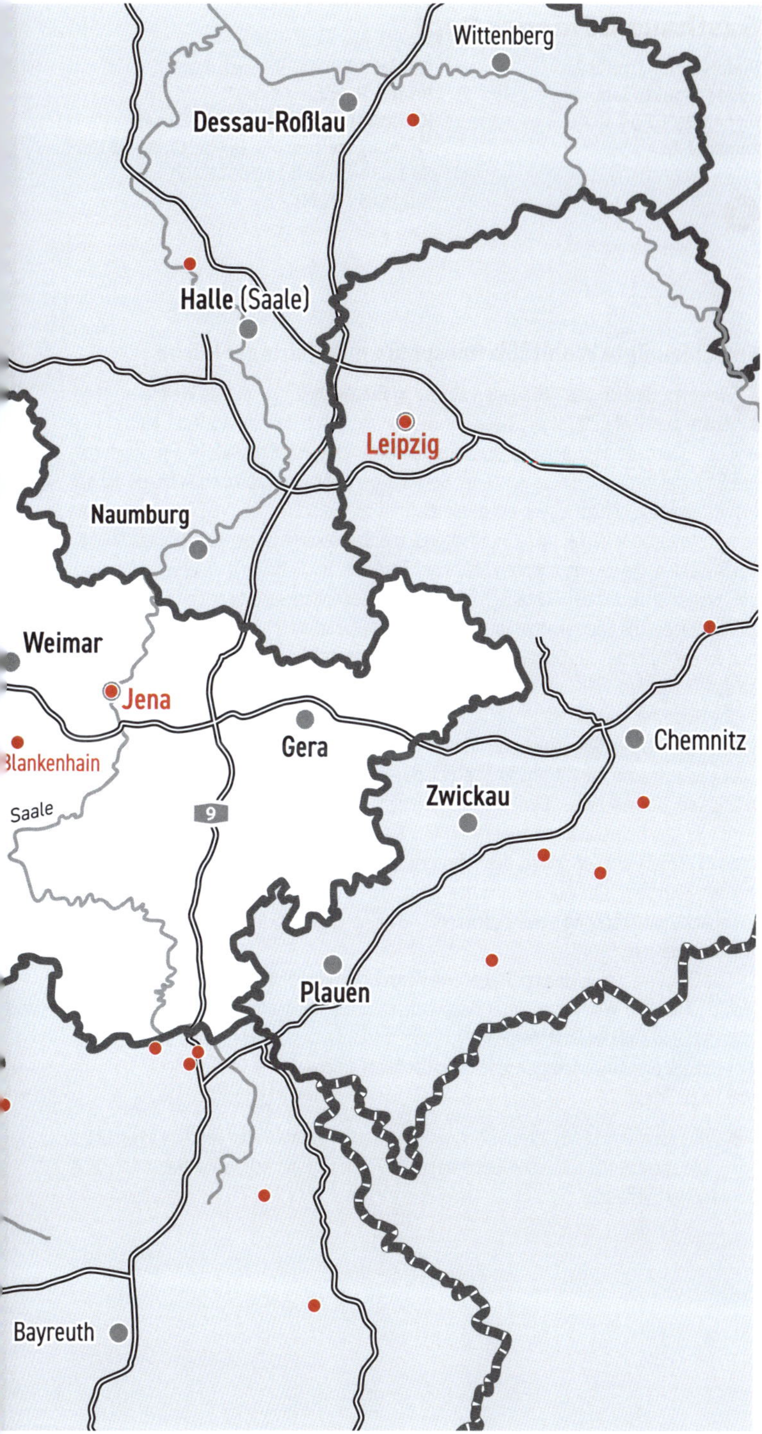
Wittenberg
Dessau-Roßlau
Halle (Saale)
Leipzig
Naumburg
Weimar
Jena
Blankenhain
Saale
Gera
Chemnitz
Zwickau
9
Plauen
Bayreuth

Gasthaus Güldener Zopf

Rudolstädter Straße 2,
99444 Blankenhain
03 64 59 / 61 64 48 00
zumzopf.de

Größe: 40 Plätze im Gastraum
Preise: Hauptgerichte 17–25 Euro
Kreditkarten: Alle gängigen Karten
Öffnungszeiten: Mo, Do–Sa 17.30–22 Uhr; So 11.30–15 und 17.30–21.30 Uhr; Ruhetage: Di, Mi

Entschleunigte Wohlfühlatmosphäre mit Thüringer Küche

Für einen Besuch des »Güldenen Zopfs« in Blankenhain, Landkreis Weimarer Land, sollte man Zeit mitbringen. Nach der Begrüßung durch den Serviceleiter Marcel Link und der Übergabe der Speisekarte werden ein Tellerchen mit Schmalz, einem wunderbaren Sauerteigbrot und ein begleitender Schnaps gereicht - den üblichen Schnaps danach gibt es hier als Schnaps davor, ein dezenter Kniff zur Entschleunigung. Die Gäste prosten sich zu, entspannt beginnt die Unterhaltung. Die Speisekarte ist geprägt von traditionellen Gerichten, die sie von anderen Thüringer Traditionslokalen wenig unterscheidet. Doch ein zweiter Blick und der Austausch mit dem gut geschulten Service zeigen schmeckbare Unterschiede. Die Speisekarte legt einige regionale Lieferant*innen offen: Durocschweine und Rinder kommen aus Oberweißbach, Fisch kommt vom Forellengrund Helm, Schafskäse aus Ziegenried, Wild aus eigener Jagd.

Die Sülze mit Bratkartoffeln, ein beliebtes Kneipengericht nicht nur in Thüringen, ist hier eine Sülze von der Schweinshaxe, dünn als Carpaccio geschnitten, begleitet von Bauchspeck und Kräutersalat. Unbedingt probierenswert ist das deftige Thüringer Bier-Rostbrätel vom Durocschwein. Der auch in Thüringen bekannte Tafelspitz mit Meerrettichsoße wird hier aus Ochsenbacken zubereitet. Alle Fleischgerichte sind großartig gekocht, das Fleisch zergeht auf der Zunge, das Brätel ist nicht zu fettig. Als Nachtisch musste es der Kloßkrapfen sein: eine Aufwertung des Thüringer Kloßes in kleine Krapfen, die in einer Zwieback-Zimt-Mischung gewälzt, frittiert und mit eingelegten Zwetschgen und Vanilleeis serviert werden.

Das Bier liefert eine kleinen Brauerei in Watzdorf, Wein kommt aus dem Saale-Unstrut-Gebiet. Auch die Weinkarte bietet Gesprächsstoff: Es werden nicht nur Weine gelistet, hier darf und soll der Gast, begleitet von Informationen des Service, seine Bewertung zu Geschmack und Ausdruck individuell und handschriftlich äußern. Das macht die Weinauswahl zum Erlebnis.

→ Das Weimarer Land lädt zum Wandern und Radeln ein mit vielen beschaulichen Orten. Die spektakuläre 36-Loch-Golfanlage im Golfresort mit schönster Naturkulisse ist gut erreichbar.

Klausenhof

Friedensstraße 28,
unterhalb von Burg Hanstein,
37318 Bornhagen
03 60 81 / 6 14 22
klausenhof.de

Größe: 110 Plätze in den Gasträumen
Preise: Hauptgerichte 15–30 Euro
Kreditkarten: EC
Öffnungszeiten: Do 17–20 Uhr; Fr 12–21 Uhr; Sa 12–22 Uhr; So 12–20 Uhr; Ruhetage: Mo–Mi

Deftige bis gehobene Küche in ritterlichem Ambiente

Der »Klausenhof« in Bornhagen liegt im Eichsfeld, im Dreiländereck Thüringen, Hessen, Niedersachsen. Er liegt auf dem Weg zur Burg Hanstein. Das Fachwerkgebäude mit romantischer Außenanlage und Lindengarten wurde mit Liebe zum Detail restauriert, das historische Erscheinungsbild in den gemütlichen Gasträumen aufgenommen. Beeindruckend ist die Mittelalterschänke mit wuchtigen Bänken und Tischen. Ritter- und Fürstensaal im Obergeschoss liefern einen besonderen Rahmen für Feiern. Hier kann man bei Rittergelagen mit schmackhafter Kräuterküche tafeln. Dass die Küche im Restaurant so gehoben ist, kann dabei überraschen. Küchenchef Christian Grebenstein hat lange in der Spitzengastronomie gearbeitet und konzentriert sich im Familienunternehmen auf regionale Produkte. Gemüse, Obst und Kräuter wachsen im eigenen Garten. Reh- und Schwarzwild wird in den umliegenden Wäldern erlegt. Die Fleischreifung kann man in der gläsernen Wildkammer nachvollziehen. Käse liefern Produzenten aus den Dörfern Schönhagen und Dietzenrode. Die Wurst kommt aus eigener Schlachtung: feinste luftgetrocknete Eichsfelder Wurst, die sich »Stracke« oder »Feldkieker« nennt. Einige der Spezialitäten können für Zuhause erworben werden.

Zum überzeugenden Auftakt gibt es eine Spargelvelouté mit Morcheln und Petersilienöl oder Ziegenfrischkäse mit eingelegten Rübchen und lauwarmer Brühe, wer sucht, findet auch knackige Salate auf der Karte. Die Hauptgerichte sind regionale Spezialitäten, die kreativ verfeinert werden: die im Ofen geschmorte Keule vom glücklichen Hahn mit Lorbeer und Wurzelgemüse oder die Sülze vom Wildschwein mit gebratenen Kartoffelklößen. Raffiniert ist der Frischlingsbraten vom Wildschwein an Brombeerrotkohl mit Kartoffelklößen oder das Bärlauch-Kartoffel-Soufflé mit geschmortem Stangenlauch und Rote-Bete-Kartoffel-Salat. Sehr zu empfehlen ist die Vesperplatte mit eigenen Wurstspezialitäten. Zum Abschluss gibt es die Käseplatte, ein Quitteneis oder eine Nachtischvariation aus Karamellcreme, Quitteneis und Roter Grütze.

Flüssiges wird auch angeboten: Hansteiner Tee mit Kräutern aus dem eigenen Garten, selbst gemachte Limonaden und ein gutes Hausbier, extra für den »Klausenhof« gebraut.

→ Die Übernachtung in den mittelalterlichen Zimmern ist ein tolles Erlebnis, das durch ein hervorragendes Frühstück perfektioniert wird. Der Gasthof ist ein wunderbarer Ausgangspunkt für Wanderungen am Grünen Band oder zur Burg Hanstein.

Café & Restaurant Saline

Wilhelmsglücksbrunn 1,
99831 Creuzburg
03 69 26 / 7 10 03 25
wilhelmsgluecksbrunn.de

Größe: 50 Plätze im Restaurant und die Terrasse
Preise: Hauptgerichte 10–20 Euro
Kreditkarten: EC, Master, Visa
Öffnungszeiten: Mi–So 12–21 Uhr; Ruhetage: Mo, Di; im Winter verkürzte Zeiten, bitte Webseite konsultieren und telefonisch bis 18 Uhr reservieren

Deftige Thüringer Küche mit eigenen Bioprodukten

Die Saline wurde erstmals 1426 erwähnt. Das Gasthaus befindet sich in einem barocken Gutshaus. Wie es sich für Thüringen gehört, war Goethe zu Gast. 1997 übernahm die Diakonia Evangelischer Betreuungs- und Hilfsverein Eisenach das Stiftsgut. Die Gastronomie verarbeitet vor allem Produkte der eigenen ökologischen Landwirtschaft. Das Stiftsgut besitzt Lacaune-Milchschafe, eine Wasserbüffel- und Gallowayherde sowie eine Käserei, die Schafs- und Büffelmilch verarbeitet. Auch Hühner und Bienen zählen dazu. Alle weiteren Produkte werden von zertifizierten Biobetrieben bezogen.

Die Saline bietet typisch-deftige Thüringer Gerichte wie die Thüringer Bratwurst und das Thüringer Rostbrätel an. Bemerkenswert ist die große Zahl vegetarischer und veganer Gerichte wie die vegetarische Bratwurst mit lauwarmem Gemüse-Kartoffel-Salat. Vorspeisen sind der Eintopf vom Wasserbüffel und der gebackene Schafscamembert mit Preiselbeeren und Brot. Es folgen eine Sülze vom Lamm mit Bratkartoffeln und Salatbeilage sowie ein Lammrücken mit mediterranem Gemüse, Kartoffelspalten und einem Dip aus Schafskräuterquark. Aufmerksamkeit verdienen die Tagesangebote, die sich nach den Saisonprodukten der Landwirtschaft und den Schlachtterminen richten, nach denen gelegentlich frische Büffelleber auf der Karte steht. Nicht nur Kinder schätzen die Kartoffelpuffer mit Apfelmus. Zum Nachtisch empfiehlt sich ein feines, cremiges Vanilleeis aus Schafsmilch von eigenen Tieren mit Schokoladen-Chili-Eierlikör. Auch Käse und Marillenknödel stehen zur Wahl und vorzügliche, selbst gebackene Kuchen.

Die Getränkekarte ist gut sortiert. Es gibt Wasser aus der Region und Limonaden. Ein Höhepunkt ist das Apfelbier von Rother-Bräu aus der nahen Rhön. Ebenso gibt es Neumarkter Lammsbräu, Pfälzer Bioweine und zahlreiche internationale Weine.

→ Die Saline liegt am schönen Werratal-Radweg. Einen Ausflug wert sind auch die Wartburg, die nahe Creuzburg und die Liboriuskapelle an der Werrabrücke.

Der Hofladen der Saline führt ein umfangreiches Biosortiment.

Kromer's Restaurant & Gewölbekeller

Kleine Arche 4,
99084 Erfurt
03 61 / 64 47 72 11
kromers-restaurant.de

Größe: 50 Plätze im Restaurant
Preise: Hauptgerichte 17–23 Euro
Kreditkarten: EC, Master
Öffnungszeiten: Di–Fr 17–23 Uhr; Sa 11.30–23 Uhr; So 11.30–15 Uhr; Ruhetag: Mo

Thüringer Küche mit Altstadtflair und Bratkartoffeln

Erfurt, die Perle Thüringens, blickt auf eine mehr als 1000-jährige Geschichte zurück. Die Stadt hat einen der besterhaltenen mittelalterlichen Stadtkerne, schmucke Patrizierhäuser und liebevoll rekonstruierte Fachwerkhäuser. Mitten in der historischen Altstadt befindet sich »Kromer's Restaurant« mit Gewölbekeller und idyllischem Innenhof. Namensgeber ist Carl Kromer aus dem Schwarzwald, der 1898 in Erfurt den Grundstein für die legendären »Kromer's-Bratkartoffeln« nach Klaras Rezept legte. Eine schöne Idee ist die regelmäßige Präsentation des »Erzeugers des Monats«.

Die Karte enthält Klassiker der Thüringer Küche, neben Bratkartoffeln sind das Kartoffelklöße und Rinderrouladen. Vorab erfrischt eine Basilikum-Gurken-Limonade. Von den Vorspeisen gefällt der Brotsalat mit Brotwürfeln, gegrilltem Gemüse und Petersilienpesto, dazu rote Zwiebeln und Käsesplitter. Auch ein gegrillter Ziegenkäse mit Edelkastanienhonig vom Bienenhaus Bischleben wird angeboten, dazu Wildkräutersalat und Äpfelchen. Bei den Hauptgerichten stehen beispielsweise Spinatknödel mit auf Austernpilz-Avocadogemüse auf der Karte. Die Pilze kommen aus der »Erfurter Pilzmanufaktur Sascha Sauer«. Die Fleischerei Zänker um die Ecke liefert die Wildschweinsülze, die mit eigener Remouladensoße und den legendären Bratkartoffeln einträchtig auf dem Teller liegt. Die geschmorten Schweinebäckchen werden von Speckbohnen und Kloßscheiben begleitet. Kromer's Bratkartoffeln werden aus Knollen des Regiobauern Lindemann handwerklich sauber zubereitet, nur so verdienen sie ihren Namen. Als Nachtisch empfiehlt sich der Beerenteller mit Vanilleeis. Zu anderer Jahreszeit verführt der Kaiserschmarrn mit Früchten, grünem Pfeffer und Vanilleeis.

Auf der Getränkekarte stehen Thüringer Obstbrände. Lecker ist ein Destillat aus Haselnüssen der Destille Erfurt. Es gibt frisch gezapfte Fassbiere einer Kleinbrauerei vom Eichsfeld, Kromer's Hauswein sowie Weine aus dem Anbaugebiet Saale-Unstrut.

→ Unter dem Birnbaum im Hof lässt es sich gut vom Trubel der bezaubernden Erfurter Gassen erholen.

Bei »Goldhelm« auf der Krämerbrücke findet man besondere Eissorten. Neben salzigem Karamell gibt es die Schneeziege (Ziegenfrischkäse und grüner Pfeffer) und La Palma Vanille (Olivenölcrunch mit Meersalz); auch gibt es berühmte Pralinen. Auf dem Domplatz ist vormittags Frischwarenmarkt.

»Almstube« auf der Ziegenalm Sophienhof

Dorfstraße 44,
99768 Harztor-Ilfeld,
OT Sophienhof
03 63 31 / 4 82 35
ziegenalm.de

Größe: 30 Plätze in der Almstube
Preise: Hauptgerichte 6–16 Euro
Kreditkarten: Keine
Öffnungszeiten: Mi–Fr 11–18 Uhr; Sa, So, Feiertag 10–18 Uhr; Ruhetage: Mo, Di

Alles aus Ziegen und Lämmern

Sophienhof ist ein idyllisch gelegenes Bergdorf im Harz. Der Ortsteil von Harztor liegt auf einem 550 Meter hohen, von Wäldern umgebenen Wiesenplateau im Landschaftsschutzgebiet Südharz. Auf dem Ziegenhof der Familie Liebig werden Gäste vom Frühjahr bis in den Herbst durch freundliches Gemecker von 150 Ziegen und das Blöken von 80 Schafen empfangen – das Damwild schaut vergleichsweise ruhig zu. Die »Ziegenalm« hat einen Hofladen und die »Almstube«. Scheint die Sonne, gibt es geschützte Plätze an der Hausmauer oder auf der Terrasse. Alle auf der Speisekarte angebotenen Käse-, Wurst- und Fleischgerichte stammen aus der eigenen Landwirtschaft. Die Kartoffeln und das Gemüse liefern Betriebe aus der Region. Das Geschirr wird von einer Töpferin aus dem Umkreis hergestellt.

Des Probierens wert ist die Rostbratwurst vom Slow-Food-Arche-Passagier Angler Sattelschwein oder das Zickleinfleisch der Harzer Edelziege, dazu gibt es Sauerkraut mit Bratkartoffeln; wer mag, bestellt sich eine Lammsülze. Der Rinderbraten vom Harzer Roten Höhenvieh, auch das ein Slow-Food-Arche-Passagier, wird mit Klößen und Rotkohl aufgetragen, er konkurriert mit dem aromatischen Lammbraten zu Bohnen und Bratkartoffeln. Die Ziege liefert die Milch für die traditionelle, vegetarische Ofenkartoffel mit Kräuterquark. Wer die Almvesper bestellt, erhält ein ausgesuchtes Sortiment verschiedener Käse- und Wurstsorten. Nach altem Rezept wird aus der Milch vom Hof ein Ziegeneis gerührt. Ein Glas frische Ziegenmilch ist eine rare Köstlichkeit und nur in der Saison erhältlich. Zum Kräutertee und Malzkaffee gibt es hausgebackenen Kuchen.

→ Von November bis Ende März ist in der Woche nur donnerstags von 12 bis 18 Uhr geöffnet.

Im Hofladen kann man Wurst, Käse, Eier, Apfelsaft und Eingemachtes kaufen, alles aus eigener Produktion.

Restaurant »Landgrafen«

Landgrafenstieg 25,
07743 Jena
0 36 41 / 50 70 71
landgrafen.com

Größe: 100 Plätze im Restaurant und ein großer Biergarten
Preise: Hauptgerichte 13–32 Euro
Kreditkarten: EC, Master, Visa
Öffnungszeiten: Do, Fr 17–22 Uhr; Sa 11.30–22 Uhr; So 11.30–18 Uhr; Ruhetage: Mo–Mi

Feine Küche über den Dächern von Jena

Hoch über der Universitätsstadt gewährt das 1891 erbaute »Landgrafen« einen schönen Blick über die Stadt; das Restaurant wird auch als »Balkon Jenas« bezeichnet. Zu DDR-Zeiten eine HO-Gaststätte, wurde es nach einer aufwendigen Restauration 2006 neu eröffnet, 2014 übernahm Daniel Reichel das Zepter. Küchenchef ist Maik Jahn. Beide setzen auf Qualität und Regionalität. Zutaten, »die ein Drittklässler nicht aussprechen kann«, werden von der Küche gemieden, es wird Fleisch von Tieren verarbeitet, die gut gelebt haben. Ein Großteil der Lieferant*innen wird aufgelistet: Fisch kommt vom Forellenhof Mellingen, das Zicklein vom Ziegenhof Schleckweda. Wild liefert die Wildvermarktung Blankenhain. Das Sauerteigbrot backt die Bäckerei vor Ort für den »Landgrafen«; es reift sieben Stunden, bevor es eingeschossen wird.

Im Sommer duftet es nach gegrilltem Gemüse und Wildravioli in Salbeibutter, am Nachbartisch wird eine Landgrafenroulade mit Kirschrotkohl serviert. Saisonales und Raritäten werden auf der Wochenkarte angeboten wie eine mit Pilzen gefüllte Maispoularde mit Graupen und grünem Spargel. Auch die Püreesuppe von der Urkarotte ist sehr schmackhaft. Der gelegentlich leicht mediterrane Stil des »Landgrafen« zeigt sich in der Lammstelze mit Rosmarin-Honig-Soße, Wurzelgemüse und Polenta. Nicht fehlen darf der Sauerbraten mit Kirschrotkohl und Thüringer Klößen, einfach und gut ist das Rinderragout mit hausgemachtem Serviettenknödel. Den Abschluss versüßt ein Schokoladen-Mandel-Guglhupf mit Kirschragout und Vanilleeis. Für den Nachwuchs werden Eierkuchen und Apfelmus serviert.

Frisch gezapft fließen ein eigenes Hausbier und Apoldaer Pils aus dem Hahn, dazu Maisels Weiße und Maisels Kellerbier. Die Weine kommen überwiegend aus der Region, Weingüter aus dem Anbaugebiet Saale-Unstrut, einige Pfälzer und Italiener. Brände von Augustus Rex aus Dresden mit Spezialitäten von heimischen Streuobstwiesen. Naturtrüben Apfelsaft liefert das Obstgut Triebe aus Schöngleina.

➔ Der Biergarten ist von März bis Oktober geöffnet, mit dem besten Ausblick auf die Stadt.

Jena hat viel zu bieten: In Schillers Gartenhaus kann man ein bedeutendes Stück deutscher Kulturgeschichte erleben.

Zum Ziegenhainer

Edelhofgasse 3,
07749 Jena-Ziegenhain
0 36 41 / 36 04 73
zum-ziegenhainer.de

Größe: 70 Plätze im Gastraum und die Terrasse
Preise: Hauptgerichte 10–20 Euro
Kreditkarten: EC
Öffnungszeiten: Sa, So 11–15 Uhr; Ruhetage: Mo–Fr

Perle im Saaletal – nicht nur für Zigarrenliebhaber

Unweit des Stadtkerns der Universitätsstadt Jena inmitten der südländisch anmutenden Landschaft des Jenaer Saaletals liegt, halb im Tal und halb am bewaldeten Kalkhang, das alte Dorf Ziegenhain. Familie Naumann prägt seit dreieinhalb Jahrzehnten die Geschicke des Gasthauses »Zum Ziegenhainer«. Zweimetermann Uwe Naumann, bekennender Genussmensch und Zigarrenliebhaber, führt mit seiner Mutter das Haus mit seiner großen Terrasse inmitten des idyllischen Dorfs. Bekannt ist er für seine kauzigen Anmerkungen zum Speisenangebot. »Frischküche« nennt er die stets persönlich vorgetragenen Tagesgerichte samt Weinempfehlung. Das Gasthaus ist authentisch rustikal mit Holzvertäfelung und historischen Fotografien – ein wenig, als wäre die Zeit stehen geblieben. Für Zigarrenraucher ist ein Raum mit gut gefülltem Humidor eingerichtet. Die Küche ist saisonal und regional orientiert, kombiniert mit Zutaten der weiten Welt. Zur Bärlauchzeit gibt es Bärlauchsuppe, zur Spargelzeit Spargelomelett mit Hausbrot. Zu den Fleischgerichten werden reichlich Thüringer Klöße mit Bröckchen, also gerösteten Weißbrotwürfeln im Inneren, in der Keramikschüssel serviert, dekoriert mit blauen Kornblumen aus Ziegenhainer Gärten. Die selbst gezogenen, höchst aromatischen Soßen gibt es auch zum Nachnehmen. Fleisch und Fisch kommen, wann immer es geht, aus unmittelbarer Umgebung, Fische von der Grümpelquelle, Wild wird in Thüringer Wäldern geschossen, das Landschwein und die Martinsgans halten die Bauern und Bäuerinnen des Vertrauens, zu denen Ronnie Häussler zählt. Weil das regionale Angebot oft nicht ausreicht, wird es von Fleischimporten ergänzt.

Der Ziegenhainer Professorentopf ist ein schönes Sonntagsessen, dessen Rezept auf einem alten Heuboden entdeckt wurde: Gulasch vom Zicklein mit Backpflaumen und Süßwein zubereitet, dazu Gemüse und Klöße. Empfehlenswert auch das Filet vom Landschwein mit Rahmsoße, Champignons, Gemüse und Kroketten und als Vorspeise der gebackene Ziegenkäse mit Kirschenchutney. Zum Nachtisch gibt es ein Kornelkirschparfait.

Der Wein kommt aus der heimischen Saaleregion, aus Bad Sulza und Kloster Pforta, dazu hausgemachtes Holunderwasser und regionale Biere.

→ Jena mit seinen zahlreichen Kunst- und Wissenschaftsmuseen ist einen Besuch wert. Dort steht das älteste Planetarium der Welt.

Landgasthof zur Tanne

Cumbacher Straße 1,
99880 Schnepfenthal
0 36 22 / 6 90 05
zurtanne.de

Größe: 50 Plätze in der Gaststube, 60 im Biergarten
Preise: Hauptgerichte 17–30 Euro
Kreditkarten: EC
Öffnungszeiten: Mi 17.30–22 Uhr; Do–So, 11.30–22 Uhr; Ruhetage: Mo, Di

Landgasthof mit Biergarten und eigener Metzgerei

Das behäbige Gebäude des »Landgasthofs zur Tanne«, 1690 als Gemeindeschenke erbaut, hat sich bis heute erhalten. Vor über einem Jahrzehnt hat Familie Hühnergarth das Haus übernommen und mit viel Engagement zu dem entwickelt, was es heute ist. Im Restaurant sind zwei Generationen der Familie Hühnergarth beschäftigt. Vater Ulf und Mutter Sabine und Sohn Emil, der die hauseigene Metzgerei verantwortet. Der Charakter eines Landgasthofs ist sofort erkennbar, in den Nebengebäuden sind Metzgerei und Sauenstall angegliedert. Die Familie hält außerdem Schafe und Highland-Rinder in Freilandhaltung. Der Platz vor dem Ensemble wird beherrscht von einem großen, mit Kräutern bepflanzten Rondell, im Sommer sitzt man im Biergarten. Die Gaststube ist hell, freundlich und immer gut belegt. Die Karte wechselt häufig und bietet an die Saison und Region angepasste Gerichte, im Fokus stehen die Fleischgerichte aus eigener Herstellung. Beliebt sind auch die regelmäßigen Themenwochen. Die Küche ist bodenständig und schnörkellos.

Da die Karte häufig wechselt, können nur einige allgemeine Hinweise gegeben werden: Die selbst gemachten, echten Thüringer Klöße schmecken hervorragend, ebenso wie die Wurst- und Fleischspezialitäten. Die vegetarischen Optionen sind überschaubar. Lecker ist das selbst gemacht Eis und die Patisserie.

→ Ferien im Februar, Juli und Oktober sind auf der Webseite einzusehen.

Die Thüringer Waldbahn ist die einzige deutsche Straßenbahn, die von Gotha nach Tabarz durch den Wald fährt. Sie hat in der Nähe der Tanne eine Haltestelle nach gemütlichen 41 Minuten durch die schöne Landschaft. Auch Schloss Tannenberg mit Museum in Waltershausen ist einen Besuch wert.

In der Hoffleischerei unbedingt mit Bratwürsten, Schinken und Wurst aus eigener Produktion eindecken.

Landhotel »Zur Grünen Kutte«

Hauptstraße 9,
36457 Urnshausen-Bernshausen
03 69 64 / 8 23 46
gruene-kutte.de

Größe: 60 Plätze in der Gaststube, 20 im Biergarten
Preise: Hauptgerichte 10–22; Drei-Gänge-Menü ab 30 Euro
Kreditkarten: EC
Öffnungszeiten: Fr–Mi 10–22 Uhr; Ruhetag: Do

Regionale Rhöner Küche im ländlich-rustikalen Ambiente

Gundi und Lutz Heidinger leiten in Bernshausen in fünfter Generation das Landhotel »Zur Grünen Kutte«. Es liegt idyllisch in den waldreichen thüringischen Bergen der Rhön, umgeben von saftigen Wiesen, auf denen Kühe weiden. Lutz Heidinger hat für seine kulinarischen Vorstellungen Küchenchef Christian Farinski als innovativen Koch gewonnen. Die Kräuter und der Salat für die Küche kommen aus dem eigenen Garten. Das Fleisch liefern Bauernhöfe aus der Region oder es werden Tiere von den eigenen Weiden verarbeitet. Die Fischzucht hat in der Rhön eine lange Tradition, ein reiches Angebot an heimischen Fischen ist gewährleistet. Die Speisenangebote sind kinderfreundlich.

Der Anfang wird mit Suppen und Vorspeisen gemacht: Die Rhöner Festtagssuppe, eine kräftige Rinderkraftbrühe mit Einlage, ist wie das Würzfleisch* ein Klassiker der Region. Hervorragend ist die wacholdergeräucherte, lauwarme Rhönforelle auf Petersilienkartoffeln mit Sahnemeerrettich, klassisch das Rumpsteak vom Weiderind. Die Wildgerichte wechseln, je nachdem, was erlegt werden konnte. Wildschweinbraten oder ein zarter Rotwildbraten sind immer ein Genuss, begleitet von hausgemachten Thüringer Klößen. Nicht fehlen darf der gefüllte Schweinebraten mit Kräutern der Saison oder die geschmorte Rinderroulade nach Hausfrauenart mit deftigem Apfelrotkohl. Vegetarische Gerichte sind Dermbacher Eiernudeln, Thüringer Klöße und knackige Salate.

Das Bier kommt von einer kleinen fränkischen Brauerei, besonders süffig ist das Klosterbier. Die Säfte keltern kleine Mostereien in der Region, des Probierens wert ist vor allem der naturtrübe Rhöner Apfelsaft. Was in der Rhön nicht zu Saft oder Tee verarbeitet wird, landet als feiner Likör oder Schnaps in der Flasche – als Rhöntropfen, ein beliebter Kräuterschnaps, Rhöner Kartoffelbrand oder Brennnesselobstler. Weit über die Grenzen der Rhön hinaus bekannt ist der Dermbacher Eierlikör. Weine werden aus Rheinhessen oder Franken auch in Bioqualität angeboten.

→ Auf dem Spielplatz neben dem Hotel können Kinder toben. Zahlreiche Wander- und Fahrradwege motivieren zu Aktivitäten an der frischen Luft.

Unweit des Landhotels findet man in Dermbach die Rhöner Eismanufaktur mit bestem Eis.

Nachwort der Redaktion

Liebe Nutzerinnen und Nutzer des Genussführers von Slow Food Deutschland,
Sie halten ein Lesebuch mit 450 Artikeln in der Hand, an dem weit über sechzig Autorinnen und Autoren mitgewirkt haben. Doch das ist nur die Spitze des Eisbergs. Dahinter leuchtet das Engagement einer nahezu zehnfach so großen Testgruppen-Gemeinschaft auf. Für sie ist die Arbeit in den beiden Jahren – seit der vorhergehenden Druckausgabe des *Genussführers* – nicht einfacher geworden. Gasthäuser schließen nicht mehr vornehmlich durch Pächterwechsel oder mit dem Ruhestand der Betreiber. Die Gründe sind vielfältiger. Modifizierte und neue gastronomische Konzepte entstehen wie Pilze im Sommerregen. Drängende Fragen müssen in der Diskussion mit der Genussführer-Kommission von Slow Food Deutschland beantwortet werden: Passt das eine oder andere Restaurantformat zu Slow Food und damit in den Genussführer – oder auch nicht? Das erfordert zunehmend Zeit und Geduld. Auch das finanzielle Engagement der Testgruppen ist angesichts steigender Preise in den Gasthäusern und Restaurants erheblich, denn alle testen auf eigene Kosten. Den Engagierten ist sehr zu danken!
Für die Redaktion des Genussführers gleicht die Vielfalt der Texte, die aus den Testgruppe gerade für Neuaufnahmen eingereicht werden, auch im vierten Jahr einer Wundertüte. Jede neue Rezension ist eine kleine Welt für sich. Jede Testgruppe und letztlich jede Autorin und jeder Autor setzt seine, setzt ihre Akzente. Auf einer knappen Seite einen Gasthof, ein Ausflugslokal, eine Berghütte oder ein vegan arbeitendes Restaurant so zu beschreiben, dass Leserinnen und Leser des Genussführer-Buchs (und der Genussführer-App gleichermaßen) einen angemessenen Eindruck erhalten – da ist Phantasie und Kreativität gefragt und das verdient großen Respekt! In den Texten der Testgruppen findet ihre tiefe Begeisterung für gutes, sauberes und faires Essen nachlesbar Ausdruck. Das ist der echte Kern des Genussführers.
Darüber hinaus wird ein weiterer dynamischer Schritt von den Testgruppen erwartet: die kontinuierliche Aktualisierung der Datenbank. Darin spielt die Genussführer-App ihren unschlagbaren Mehrwert aus: Ein schneller Blick aufs Smartphone zeigt die mehrfach wöchentlich aufgespielten frischen Daten der Gasthäuser bezüglich der Öffnungszeiten und der Preisspanne der Gerichte ebenso wie bedauerliche Löschungen und erfreuliche Neuaufnahmen. Durch die Aktualisierung der Daten auf ihrem Smartphone partizipiert die Leserschaft unmittelbar.
Den Leserinnen und Lesern der gedruckten Ausgabe empfehlen wir, vor einem Restaurantbesuch ihrerseits kurz im Internet aktiv zu werden – oder sich zumindest im Gasthaus telefonisch anzumelden. Was vor kurzem nur in Ausnahmefällen notwendig war, ist heute sehr häufig für einen Besuch unabdingbar. Bei dieser Gelegenheit werden sie von den Gastgebenden sicherlich bestens informiert und einem erfreulichen Besuch wird nichts im Wege stehen.

Alle Slow-Food-Mitglieder sind aufgerufen, die empfohlenen Restaurants als Gäste zu besuchen und die guten Küchen ihrer Umgebung, zuhause oder auf Reisen kennenzulernen. Das, was wir vor einigen Jahren über die guten Produkte gesagt haben – sie zu genießen, um sie zu erhalten – gilt in verstärktem Maß für die guten und besten Slow-Food-Restaurants. Unser Besuch versetzt sie in die Lage, wirtschaftlich zu überleben. Ausschließlich auf schmeckende, mit allen Sinnen erlebende Weise entwickeln wir Vorstellungen von der kulinarischen Landkarte unseres Landes. Sie dürfte gelegentlich reicher und vielfältiger sein, als wir es uns vorstellen.
Die Testgruppen freuen sich nach wie vor darüber, weitere Gasthäuser für den Genussführer ausfindig zu machen. Dazu können Sie als kritische Besucher Ihren Beitrag leisten. Informieren Sie uns über Ihren Restaurantbesuch in Genussführergasthäusern ebenso wie über Ihre persönlichen Entdeckungen. Vor allem: Sprechen Sie nicht nur in Ihrem Umfeld über gute Erfahrungen. Berichten Sie uns wertschätzend von Ihren kulinarischen Erlebnissen. Die App bietet dazu eine besonders niederschwellige Möglichkeit. Wenn Sie Ihrerseits ein Feedback zu Ihren Fragen oder Einschätzungen wünschen, müssten Sie eine Möglichkeit der Kontaktmöglichkeit zu Ihnen notieren. Wir freuen uns auch über jede Zuschrift per Mail oder Post.

Martin Wurzer-Berger, Redaktion

Bildnachweis

S. 26 Shutterstock, bitt24
S. 28, 29, 30 fotolia, Philippe Ramakers
S. 31 Adobe Stock, Orxan
S. 32 Shutterstock, Brent Hofacker
S. 33 Shutterstock, Thomas Baldauf
S. 34 fotolia, HLPhoto
S. 36 pixabay, Meditations
S. 37 fotolia, Printemps
S. 38 fotolia, ArTo
S. 40 fotolia, eightstock
S. 41 fotolia, Tanja
S. 43 Shutterstock, babypleum
S. 45 pixabay, Hans
S. 47 fotolia, mhp
S. 49 Shutterstock, Shebeko
S. 50 Shutterstock, Vaclav Mach
S. 52 fotolia, EcoPim-studio
S. 53 fotolia, sunset man
S. 54 fotolia, makasana photo
S. 55 Shutterstock, Isaac gil
S. 58 Adobe Stock, Printemps
S. 61 Adobe Stock, Xalanx
S. 64 Shutterstock, Jenny Sturm
S. 72 fotolia, Jürgen Hüls
S. 80 Adobe Stock, jehafo
S. 94 fotolia, Christin

GASTSTÄTTEN

1A, Restaurant im Hotel Reuner 351
99er Kulinarium 250

A

Adams Bauernstube 516
Adelskammer 198
Adler, Gasthaus zum 145
Adler, Gasthof 162
Adler, Landgasthof Zum 184
Adler, Restaurant im Landhotel 211
Adler-Stuben 134
Adlgaß, Forsthaus 248
Affentor-Schänke 376
Allesisstgut, Restaurant 404
Altdeutsches Restaurant 217
Alte Backstube 369
Alte Brennerei, Gutsschänke 495
Alteburg, Gutsgaststätte 158
Alte Münze 418
Alte Nagelschmiede, Restaurant 193
Altenburschla, Landhotel Gemeindeschänke 400
Alten Kurhaus, Zum 482
Alten Zollhaus, Restaurant Zum 227
Alter Esel 271
Alter Wirt Grünwald 237
Altes Amtshaus 437
Altes Stadttor, Landgasthof 491
Alte Vogtei 488
Alte Wirtschaft an der Lamitz 254
Alt Sieseby, Gasthof 568
Andres, Gutshof 255
Antik-Hof Bissee 554
Apex Bistro 419
Apfelwein Föhl 390
Arte, Café – Essen Wein Kultur 291
Auers Schlosswirtschaft 286

B

Backensholz, Hofküche 566
Bäckerhaus – Weinstube und Café, Zum 119
Backers, Landgasthof 434
Badischer Hof Seckenheim 148
Beckenbergbaude, Berggasthof 539
Beckerwirt 210
Berching, Post 203
Bienenheim, Waldwirtschaft 277
Biothek, Bistro in der 524
Blauer Affe 112
Blümchen, Das 126
Blumenthal, Gasthaus Schloss 190
Bornheimer Ratskeller 375
Börse, Restaurant zur 438
Börse, Zur 550
Brasserie Ehrlich 535
Brennerei, Landgasthaus 345
Brockenbauer 522
Broeding 284
Buschkamp, Historisches Gasthaus im Museumshof Senne 446

C

Canova 355
Casino 195
chairs 373
Corvers-Kauter, Dr., Gutsausschank im Weingut 392

D

Daheim im Lorsbacher Thal 377
Danibauer, Tafernwirtschaft und Café 232
Daniel, Restaurant 532

Danzer's feines Achter'n Diek 426
dasrößle, Dorfgasthaus 175
DelikArt Restaurant 451
De oll Dörpschaul, Restaurant 407
Dickas, Gasthaus 209
Diem, Gasthof 258
Distelhäuser Brauhaus 173
Doldenmädel, Braugasthaus 335
Domschenke, Restaurant 448
Dorfbrunnen, Am 265
Dornrös'chen, Odenwald-
Gasthaus 384
Dückerstieg, Zum 563
Düll, Brauereigasthof 272

E

Eichhofen, Brauereigasthof 220
Eiflers Zeiten 458
Eisenhütte 412
Em Krützche 466
Emma Metzler 374
erasmus, Restaurant 139
Erholung, Zur 569
Essers Gasthaus 464
Esszimmer, Restaurant 149
Euringer, Landgasthof 267
Eyachmühle, Gasthaus 118
Eymann, Weinstube 486

F

Fährhaus 417
Failenschmid, Landgasthof 165
Falderhof, Restaurant im 469
Falken, Landhaus zum 189
Felschbachhof 503
Fetz, das Restaurant 485
Fetz, Gasthaus 214
Fiedler, Landgasthof 215
Fischerei, Die 222
Fischers Fritz 560
Flörsbacher Hof 372
Flux 423
Forellental, Restaurant zum 420
Forstmeister 549
FOXX Deli & Café 154
Franziskus 231
Frea 337
Freden, Gasthof zum 413
Fritz Funk, Besenwirtschaft 146
Fuchsbräu 202
Fünf 140
Fürstenfelder 235
Fuxbau 499

G

Galerie-Hotel & La petite Galerie 475
Gasthof zur Sonne, 299
Gaumenkitzel 545
Gebrüder Kraus, Gasthaus 501
Genholter Hof 453
Genießer Wirtshaus 477
Genuss-Atelier 533
Goldenen Hirschen, Gasthaus
zum 200
Goldener Hahn 342
Goldener Stern, Gasthaus 234
Goldenes Kreuz, Landhotel 274
Goldenes Schiff 300
Goldmarie 279
Golfclub, Restaurant im 105
Gräfinthaler Hof 510
Greifen-Post, Restaurant 224
Grenningloh – Das Restaurant &
Vinothek im Hofgut 487
grünen Baum, Brauereigasthof
Zum 307

grünen Baum, Landgasthof zum 350
Grünen Kutte, Landhotel zur 582
Güldener Zopf, Gasthaus 574
Gutshof, Landhotel 537

H

Hack, Gasthof 368
Haferland, Hotel 408
Hafner Wirtshaus 301
Hainmühle 383
Hambels 504
Hammel, Zum 297
Hämmerle's Restaurant »Landgenuss« 508
Hammermühle, Restaurant, Biohof & Café 244
Happa 336
Harmonie, Restaurant 264
Harzer Speisekammer 415
Haus Müller 468
Heckerstuben im Wasserschloss Eichtersheim 102
Heinehof 113
Heitzenhofen, Schlosswirtschaft 218
Hensler, Weinstube 251
Herrmannsdorfer Landwerkstätten 278
Herzberger, Forellengut 391
Himmel und Hölle 534
Hirsch, Dorfstube im Romantik-Hotel 164
Hirschen-Dorfmühle, Gasthof 109
Hirschen, Gasthaus 138
Hirschen, Gasthaus zum (BW) 137
Hirschen, Gasthaus zum (BY) 275
Hirsch, Gasthaus 103
Hirsch, Gasthof zum (BW) 153
Hirsch, Gasthof zum (BY) 159
Hirsch Manolzweiler, Landgasthaus 182
Hobenköök 362
Hoflieferant, Restaurant 521
Hofmann, Gasthof 308
Hörger 257
Huberwirt 305
Hulda, Gasthaus Zur 204
Hummelbude 457

I

India Club 333
Iphöfer Kammer, Zur 249

J

Jagdhütte Wettin 525
Jägerhof, Landgasthaus 484
Jägerhof, Landgasthof 387
Jägerwirt, Gasthaus 199
Jakob, Brauereigasthof 290
Johann Gerner, Wirtschaft von 243
Johann Schäfer Brauhaus 467

K

Kaalia 364
Kaisermühle 344
Kaiserstuhl, Gasthaus zum 179
Kapellchen, Zum 401
Kappeneck, Restaurant und Bar 196
Kapuzinerhof 261
Karl's Esszimmer 104
Karpfen, Zum 498
Kartoffelhaus 125
Keller, Landgasthof 185
Kirchspiels Gasthaus 565
Kirschweiler Brücke, Restaurant 492
Kitchen Library 331
Klausenhof 575
kleine Heinrich, Der 556

Kleines Vorwerk, Altsächsischer Gasthof 548
Klinglwirt 280
Klinker, Restaurant 365
Klink, Weinstube 168
Kloster Allerheiligen 155
Klostermühle, Hotel-Restaurant 496
Klosterstüberl 236
Klosterwirt Polling 306
Knupfer, Gasthof 121
Kochnische, Die 442
Koppes Tafelhaus – Restaurant 110
Kraatz, Gutshof 346
Kraft, Land Gasthaus 397
krenzers rhön 370
Kris & Chris Bistronomie 450
Kromer's Restaurant & Gewölbekeller 577
Krone, Brauerei und Gasthof zur 174
Krone, Gasthaus Zur 124
Krone, Naturlandhaus 266
Krone, Restaurant 136
Küche13 356
Kuhlemann, Fischerstüberl im Restaurant 289
Kühners Landhaus 256
Kulinariat, Das 276
Kunstmuseum Bonn, Café im 449

L

Lamm Feuerbach 169
Landbrecht, Gasthaus 230
Landgrafen, Restaurant 579
Landgraf, Gasthaus 398
Landhaus Rössle Veinau, Wirtschaft im 163
Landwirtschaft, Restaurant 478
Langenwaldsee, Restaurant im Hotel 129
Laquai, Weinwirtschaft 389
L'Auberge »Gutshof« 529
Laurer, Gasthaus 207
lecker werden 456
Lenz im Hirsch 252
Letten, Waldgasthof Am 260
Linde, Landgasthaus Zur 304
Lindenhof 1887 561
Lingenbacher Hof 470
Löffels Landhaus 497
Lohmayr Stub'n 302
Löwen Altheim 100
Löwen, Gasthaus zum (BW) 111
Löwen, Gasthaus zum (BY) 219
Löwen, Zum 166

M

machtSINN 246
maiBeck 465
Maier, Restaurant 130
Maimühle, Restaurant 515
Mainlust – Desche Otto 379
Mala 544
Malberg Hütte 490
Marienbildchen, Gut, Landgasthof 476
Mättle, Wirtshaus 147
Mausefalle, Restaurant 471
Max Enk – Restaurant mit Bar 541
Mayers Burgrestaurant Hohenbeilstein 107
Meier, Landgasthof 303
Meisenheimer Hof, Restaurant und Hotel 494
Menge, Restaurant im Hotel Menge 444
Merkles Pfarrwirtschaft & Garten 123
Michelberger 334

Michels Stern, Gasthof 273
Minholz, Fischerei 206
Moarwirt 216
Mohrenstube 116
Mondi Restaurant 386
Mühle am Schlossberg 505
Mümlingstube 371
Muskat, Das, Biorestaurant und Café 221

N

Neugrüns Köche 332
Neuwirt, Brauerei-Gasthof 287
Nil, Restaurant 361
Nolte, Brauhaus 428
Nordfriesisches Lammkontor 559
Nöth, Gasthof 239
Numa 447

O

Obere Mühle, Gasthaus 197
Oberhafenkantine 360
Obermühle Görlitz 536
Obsthof am Steinberg 378
Ochsen, Gasthof zum 120
Ödenturm, Gasthaus zum 213
Odins Haithabu 555
Ollanner Buurhuus, Restaurant 425
Ölmühle, Gasthof zur 188
Orangerie im Schloss Ziethen 343

P

Pades 358
PAN's Bebop 455
Pappelkrug, Landgasthof 459
Patershausen, Gartenwirtschaft im Hofgut 382
Paulus, Landgasthof 513
Pekar 543
Piechas Biobüffet 338
Pinkus Müller, Altbierküche 472
Pippin, Die kleine Gastronomie 443
Polsterberger Hubhaus 416
Polsters Klosterhof 288
Polsterstube im Gasthaus Polster 223
Post, Gasthof zur 245
Postwagen, Der 247
Potsdam, Landhotel 347
Potthoff, Landgasthof 452
Pschorr, Der 282
PUR 562

R

Ramster, Restaurant 433
Rapp, Restaurant Café 143
Rathaus, Hotel 436
Ratskeller Oldenburg 430
Rebstock, Landgasthof 172
Rebstock, Winzerhaus 180
Reck's Restaurant 160
red – die grüne Küche 133
Rengersfeld, Dorfstube 381
Reussenstein, Restaurant zum 115
Rieger's Restaurant 296
Riehles Rebstock 161
Rindenmühle, Restaurant 178
Ritter, Gasthaus Zum 208
Ritter, Restaurant Zum 380
Rittmeister, Restaurant 406
Rodelhaus Braunlage 414
Rose, Biorestaurant 131
Rosenkranz-Genuss 156
Rosenschänke, Landhotel 540
Rössle, Gasthaus 122
Rössle, Gasthaus zum 114
Rössle, Landgasthof 167

Rössl, Landgasthof zum 152
Rote Haubarg, Der 570
Rotes Ross Marktbergel 270
Rothen Ochsen, Schildwirtschaft zum 144
Ruppertsberg, Hofgut 502

S

Saarschleife, Dorfküche im Hotel zur 511
Safran Bio-Restaurant 157
Saline, Café & Restaurant 576
Scheidels Restaurant zum Kranz 141
Scheierle Belsenberg, Vesperstube 108
Scheunenstrauße Waltershofen 128
Schillings Gasthof 407
Schinkenwirt, Restaurant Waldhotel 474
Schlemmer-Scheune, Genießerhof 117
Schlenkerla 201
Schlüssel, Berggasthof 183
Schmelz, Die, Mühlengasthaus im Grünen 388
Schmidt's Restaurant 531
Schmiedelandhaus 547
schönen Aussicht, Zur 194
Schönwalde, Landgut 349
Schwanenburg, Restaurant 423
Schwanen, Gasthaus 171
Schwan, Gasthof zum 259
Schwarzbachtal, Landgasthaus zum 538
Schwarzen Adler, Landgasthof zum 269
Schwarze Seele, Gasthaus 546
Schweigelberg, Forsthaus 238
Schweizer Wirtin, Die 263
Schwung & Schwebe 542
Seeblick Amrum 564
Sennhütte, Berggasthof 226
Sennhütte, Restaurant 142
Sindel-Buckel, Gasthaus 225
Sir Tobi, Restaurant 281
Sonne, Gasthof zur 101
Sophienhof, »Almstube« auf der Ziegenalm 578
Sörgel, Landgasthof 192
Spangenberg, Restaurant Ratskeller 399
Spanier, Landhaus 512
Specht Speisewirtschaft 557
Speisekammer West 170
Spieker, Gasthaus 462
Spielweg im Münstertal, Restaurant 151
Spitzer, Gasthaus 298
Stappen, Gasthaus 463
Stappen – Oberkassel 454
Stark, Gasthaus 285
Steichele, Weinrestaurant 293
Stein, Hotel zum 523
Stephanus 520
Sternen, Landgasthof Zum 106
Stern, Gasthaus Zum 393
Stübers Restaurant 483

T

Tanne, Gasthaus 177
Tanne, Landgasthof zur 581
Tavernwirt 191
Teestübchen im Schnoor, Restaurant mit Café und Hofgarten 357
Tegtmeyer »Zum alten Krug«, Gasthof 429
Teichhof, Der 396
Theaterklause 348

To Huus Gastwirtschaft 429
Toms Näschtl 493
Topfmarktscheune, Landgasthof 530
Traube, Gasthaus zur 268
Traube, Hotel 295
Treuschs Johanns-Stube 395
Treuschs Schwanen 394
Trio Berlin 330

U

unhold 354
Unter der Linde 517
Unterwirt, Gasthaus 233

V

Vaas, Zum 228

W

Wagner, Landgasthof 253
Waldeslust, Gasthof 558
Waldfrieden, der 176
Waldschänke 432
Waldvogel 262
Wallner, Landgasthof 240
Wallonenhof 500
Wegermann's Bio-Landhaus 460
Weinstall, Restaurant 212
Weißenbeck, Gasthaus 205
Weißenstein, Restaurant 385
Wern's Mühle – Landhaus im Ostertal 514
Werschemer Lamm, Gasthaus 181
Westrich, Landgasthof 445
Wildenwart, Schlosswirtschaft 229
Wilde Triebe, Restaurant 431
Wildland Natural Resort, Restaurant 424
Windmühle Fissenknick, Die 461
Wintringer Hof, Landgasthaus 509
Winzerhof Gietzen, »Weinzeit« im 489
Wirtschaft, Die 294
Wißkirchen, Restaurant im Hotel 473
Wjelbik Bautzen 528
Wolfsbrunnen, Restaurant 132
Wolfs Junge 363
Wulksfelde, Gutsküche 567

X

Xaver's 283

Z

Zähringer Burg, Gasthaus 127
Zähringer Hof, Gasthaus 150
Ziegenhainer, Zum 580
Zirbelstube, Restaurant 292
Zurück zum Glück 422

ORTE

A
Aachen 442, 443
Abtswind 188
Adelshofen 189
Aichach 190
Aichach-Sulzbach 191
Alfeld 192
Altdorf 193, 194
Altheim 100
Amberg 195
Amoltern 101
Angelbachtal 102
Annweiler am Trifels 482
Arnsberg 444
Augsburg 196
Augustfehn 412

B
Bacharach 483
Bad Hindelang 197
Bad Iburg 413
Bad Liebenzell 103
Bad Steben 198
Bad Tölz 199
Bad Urach 104
Bad Windsheim 200
Baden-Baden 105
Bamberg 201
Bankholzen 106
Bautzen 528
Bedburg-Hau 445
Beilngries 202
Beilstein 107
Belsenberg 108
Berching 203
Berg 204
Bergkirchen 205
Berlin 330–338
Bernau am Chiemsee 206
Biederbach 109
Bielefeld 446, 447
Bietigheim 110
Billerbeck 448
Birgland 207, 208
Birkenhördt 484
Bischofsheim 209
Bischofswerda 529
Bissee 554
Bitzfeld 111
Blankenhain 574
Blieskastel 508
Böblingen 115
Bodman 112
Böhmfeld 210
Bollschweil 113, 114
Bonn 449–451
Borgholzhausen 452
Borken 368
Bornhagen 575
Braunlage 414
Bremen 354–357
Brüggen 453
Bürgstadt 211
Burkhardtsdorf 530
Busdorf 555

C
Castell 212
Chammünster 213
Clausthal-Zellerfeld 415, 416
Creuzburg 576

D
Deggenhausertal 116
Dietenhofen 214
Dietersheim 215
Dietingen 117
Dietramszell 216
Dinkelsbühl 217
Dobel 118
Dornum 417
Dörscheid 485
Dreieich 369
Dresden 531–533
Duggendorf 218
Düsseldorf 454

E
Ebersbach-Roßwälden 119
Ehingen 120, 121
Ehingen am Hesselberg 219
Ehrenberg 370
Eichhofen 220
Elzach 122
Endingen 123
Erbach 371
Erfurt 577
Erlangen 221–223
Essen 455–457
Euskirchen 458

F
Feuchtwangen 224, 225
Finsterwalde 342
Fladungen 226
Flörsbachtal 372
Forchheim 227
Forstinning 228

Frankfurt 373-379
Frasdorf 229
Freiamt 124
Freiberg 534
Freiburg 125-128
Freising 230
Freital 535
Freudenstadt 129
Freystadt 231
Freyung 232
Fridolfing 233
Friedberg 234
Friedrichshafen 130
Fulda 380
Fürstenfeldbruck 235, 236

G

Gersfeld 381
Glückstadt 556
Gönnheim 486, 487
Görlitz 536
Goslar 418
Gößweinstein 238
Göttingen 419
Grödersby 557
Grünwald 237

H

Hagen 420
Halberstadt 520
Halle (Westfalen) 459
Hamburg 360-365
Hamfelde 558
Hamm 488
Hammelburg 239
Hann. Münden 421
Hannover 422, 423
Hartenstein 537
Harztor 578
Hattingen 460
Hatzenport 489
Hausen 490
Hayingen 131
Hebertshausen 240
Heidelberg 132, 133
Heroldsberg 241
Herrieden 242
Heßdorf 243
Heusenstamm 382
Hinterzarten 134
Höchst 384
Hohenburg 244
Hohenschambach 245
Hohnstein 538
Holzkirchen 246
Homberg 383
Horn 461
Hornbostel 424
Hövelhof 462
Husum 559

I

Ihringen 135
Ingolstadt 247
Inzell 248
Inzlingen 136
Iphofen 249, 250

J

Jena 579, 580
Jork 425
Juist 426

K

Kandern 137, 138
Karlsruhe 139, 140
Kassel 385, 386
Kastellaun 491
Kempten i. A. 251, 252
Kenzingen 141
Kiel 560
Kinding 253
Kirchenlamitz 254
Kirchlauter 255
Kirschweiler 492
Kissing 256
Kleinblittersdorf 509
Kleines Wiesental 142
Köln 464-469
Königsfeld 143
Korschenbroich 463
Kottmar 539
Kranzberg 257
Kreischa 540
Kremmen 343
Krumbach 258
Kürnach 259

L

Landau 493
Langenhagen 427
Lauf 260
Laufen 261
Laupheim 144
Lauterbach 387
Leibertingen 145
Leipheim 262
Leipzig 541-544
Lenggries 263
Lichtenberg 264
Lindlar 470
Löchgau 146
Lohr 265
Lollar 388
Lorch 389
Lörrach 147
Lunden 561

Lüneburg 428, 429
Lütjenburg 562

M

Magdeburg 521
Maierhöfen 266
Manching 267
Mandelbachtal 511
Mannheim 148
Markt Bibart 268
Markt Nordheim 269
Marktbergel 270
Marktbreit 271–273
Meisenheim 494
Mettlach 512
Mittelbiberach 149
Mölsheim 495
Moosbach 274
Muhr am See 275
Mülheim 471
Müllrose 344
München 276–284
Münchweiler 496
Münster 472
Münstermaifeld 497
Münstertal 150, 151

N

Nakensdorf 406
Nassenfels 285
Neckargemünd 152
Neu-Isenburg 390
Neubeuern 286
Neuburg 287
Neuendorf 563
Neuhardenberg 345
Neukirch 153
Neunkirchen 288
Neupotz 498
Neustadt an der Waldnaab 289
Neustadt an der Weinstraße 499
Nittenau 290
Nonnweiler 512, 513
Norddorf 564
Nordwestuckermark 346
Nortorf 565
Nürnberg 291–294

O

Oberharz 522
Oberstaufen 295
Oberstdorf 296
Oberursel 391
Odenthal 473
Oestrich 392
Offenbach 393
Offenburg 154
Oldenburg 430
Olsberg 474
Oppenau 155
Oranienbaum 523
Ortenburg 297
Osnabrück 431
Oster-Ohrstedt 566
Osterwaal 298
Otterberg 500, 501
Ottweiler 514

P

Paderborn 475
Pappenheim 299
Passau 300
Peingdorf 432
Perl 515
Perlesreut 301
Pfullingen 156
Piding 302
Pilsach 303
Pleinfeld 304
Pleiskirchen 305
Polling 306
Potsdam 347, 348

R

Radebeul 545, 546
Radolfzell 157
Rauhenebrach 307, 308
Rehlingen 516
Reichelsheim 394, 395
Reutlingen 158
Riedenburg 309
Ringgau-Grandenborn 396
Roetgen 476
Römerstein 159
Roßbach 310
Rosenow 405
Rossau 547
Rostock 406
Ruderatshofen 311
Ruppertsberg 502

S

Saarbrücken 517
Salem 160
Samerberg-Grainbach 312
Sayda 548
Schaprode 407
Schauenburg 397
Scherzingen 161
Schleching 313
Schnepfenthal 581
Schneverdingen 433
Schönheide 549

Schonungen-Hausen 314
Schönwalde-Glien 349
Schramberg 162
Schwäbisch Hall 163
Schwanstetten 315
Seeheim 398
Simmerath 477
Sonnenbühl 164
Spalt 316, 317
Spangenberg 499
St. Johann 165
Steinenbronn 166
Stockheim 318
Strasskirchen 319
Straubenhardt 167
Stühlingen 171
Stuttgart 168–170
Sulzburg 172

T

Tangstedt 567
Tauberbischofsheim 173
Temmen 350
Tettnang 174
Thalmässing 320
Thumby 568
Todtnau 175, 176
Tunau 177
Twist 434

U

Überlingen 184, 185
Uetersen 569
Ulmet 503
Urnshausen-Bernshausen 582
Ursberg 321

V

Velburg 322
Verden 435
Villingen-Schwenningen 178
Vogtsburg 179, 180

W

Wachenheim 504
Waging 323
Waldershof 324
Wanfried 400
Wartenberg-Rohrbach 505
Weißenburg in Bayern 325
Wernigerode 524
Wettin 525
Wieck 408
Wiernsheim 181
Wiesbaden 401
Wildemann 436
Wildeshausen 437
Willich 478
Windelsbach 326
Winterbach 182
Witzwort 570
Wurster Nordseeküste 438

Z

Zell 183
Zenting 327
Zossen 351
Zwönitz 550

Deutschland
Süd

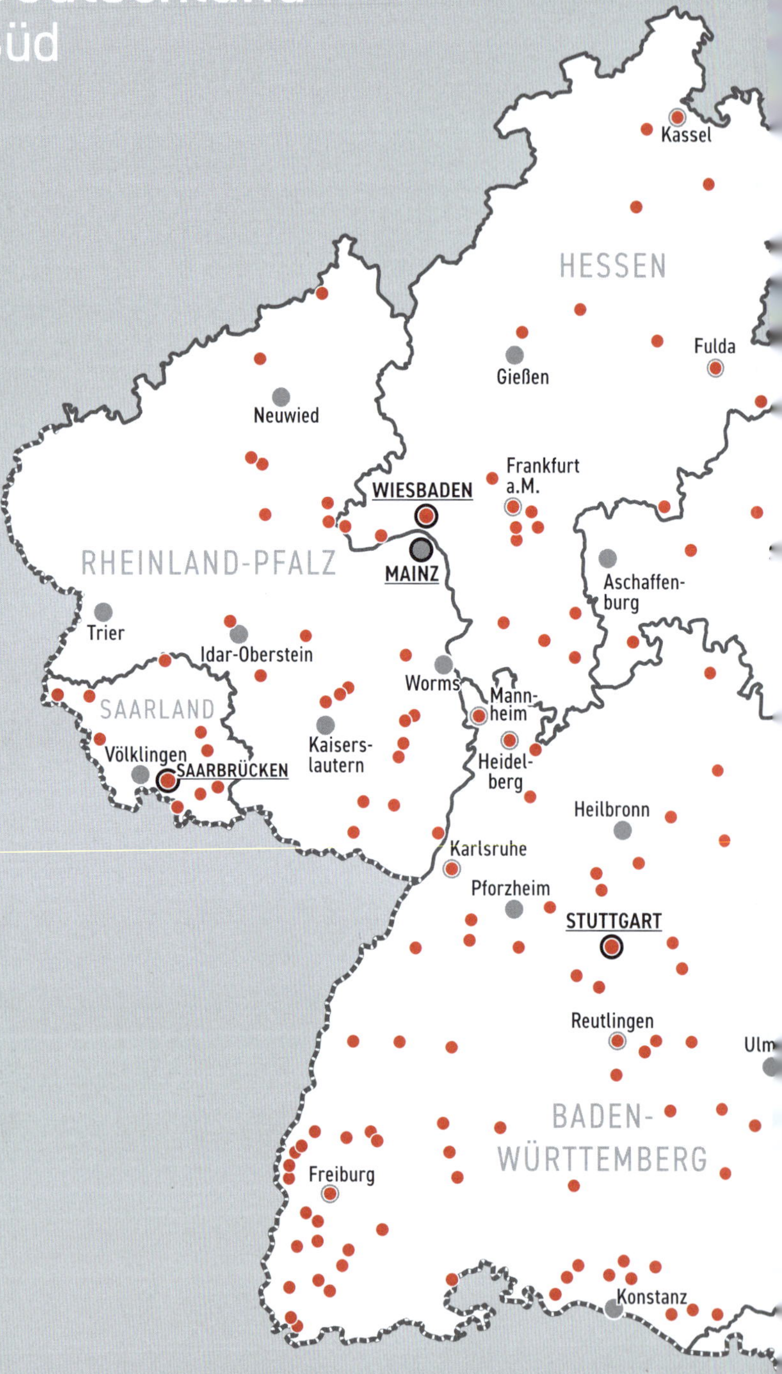